E. A. Wallis Budge

Saint Michael The Archangel

Three Encomiums By Theodosius, Archbishop Of Alexandria...

E. A. Wallis Budge

Saint Michael The Archangel
Three Encomiums By Theodosius, Archbishop Of Alexandria...

ISBN/EAN: 9783744797108

Printed in Europe, USA, Canada, Australia, Japan

Cover: Foto ©Lupo / pixelio.de

More available books at **www.hansebooks.com**

SAINT MICHAEL THE ARCHANGEL:

THREE ENCOMIUMS

BY THEODOSIUS, ARCHBISHOP OF ALEXANDRIA,
SEVERUS, PATRIARCH OF ANTIOCH, AND
EUSTATHIUS, BISHOP OF TRAKE

THE COPTIC TEXTS WITH EXTRACTS FROM
ARABIC AND ETHIOPIC VERSIONS, EDITED, WITH A TRANSLATION BY

E. A. WALLIS BUDGE, Litt. D.,

FORMERLY SCHOLAR OF CHRIST'S COLLEGE, CAMBRIDGE, AND TYRWHITT
HEBREW SCHOLAR, KEEPER OF THE DEPARTMENT OF EGYPTIAN
AND ASSYRIAN ANTIQUITIES BRITISH MUSEUM.

LONDON:
KEGAN PAUL, TRENCH, TRÜBNER & Co., Ltd.
PATERNOSTER HOUSE, CHARING CROSS ROAD.
1894.

CONTENTS

	PAGE
PREFACE	V
INTRODUCTION	IX
ENGLISH TRANSLATION OF THE COPTIC TEXTS	1*—108*
THE ENCOMIUM BY ABBA THEODOSIUS, ARCHBISHOP OF ALEXANDRIA	1
THE ENCOMIUM BY SEVERUS, PATRIARCH OF ANTIOCH	63
THE ENCOMIUM BY EUSTATHIUS, BISHOP OF TRAKE	93
THE ARABIC VERSION OF THE ENCOMIUM BY THEODOSIUS (EXTRACT)	137
THE ARABIC VERSION OF THE ENCOMIUM BY SEVERUS (EXTRACT)	155
THE ARABIC VERSION OF THE ENCOMIUM BY EUSTATHIUS (EXTRACT)	170
THE ETHIOPIC VERSION OF THE ENCOMIUM BY SEVERUS	193
THE COPTIC FORMS OF GREEK WORDS WHICH OCCUR IN THE ENCOMIUMS	217
LIST OF PROPER NAMES	238

PREFACE.

In the summer of the year 1892 I had the pleasure of showing to the Marquess of Bute, at the British Museum, a bilingual Coptic and Arabic manuscript containing three unpublished Encomiums upon Saint Michael the Archangel by Abba Theodosius, Archbishop of Alexandria, Severus of Antioch, and Eustathius, Bishop of Trake, respectively; this manuscript is the property of Lord Zouche, who was so kind as to allow me to take a complete copy of it so far back as 1885. Lord Bute enquired concerning the contents of the Encomiums, and regretted that these interesting documents were not accessible to the students of the early history and literature of Egyptian Christianity, and subsequently he undertook to defray the expenses connected with the printing of the same.

To Lord Bute we already owe a work on the Coptic Liturgy,* and it is to his help that those who occupy themselves with the Christian literature of Egypt owe the appearance of this contribution to printed Coptic texts.

There is no reason for doubting that the three Encomiums were written about the beginning of the

---

* *The Coptic Morning Service for the Lord's Day*, translated into English by John, Marquess of Bute, K. T., with the original Coptic of those parts said aloud, London, 1882.

VIIth century of our era, and in them we see some of the earliest specimens of this class of Coptic literature in existence. The most ardent lover of Coptic literature must confess that the lives of Coptic saints and the Encomiums upon them are generally too full of miracles and somewhat monotonous exhortations to the listener and reader, but the Encomiums now published for the first time are interesting exceptions to the rule, for they contain narratives which are full of importance, not only for the philologist and antiquary, but also for the student of comparative folk-lore and demonology. To the Coptic texts are appended the complete narrative portions of the Arabic translation of the Encomiums, and the Ethiopic version of the Encomium upon Saint Michael by Severus of Antioch, edited from a venerable manuscript of the XVth century in the British Museum.

The Encomium by Eustathius, Bishop of Trake, is of special interest, for it supplies details concerning the making of an εἰκών of Saint Michael, and contains an extract from the Coptic version of *Physiologus*, which we now know existed. To my friend Prof. I. Guidi of Rome I am indebted for valuable assistance in reading the proof sheets of the Arabic portion of the work.

May 15. 1894.

E. A. WALLIS BUDGE.

INTRODUCTION.

The manuscript from which the Coptic texts printed in this volume are taken is the property of Lord Zouche, and was brought from Cairo by Curzon, the famous author of *Visits to Monasteries in the Levant*, London, 1849, some fifty years ago. It consists of 187 leaves of thick brownish-white paper, which now measure $11\frac{5}{8}$ in. by $9\frac{5}{8}$; the edges have been trimmed and gilded, and the book is bound in modern binding. On the inside of the front cover is written: —

"History of the wonders produced by the cabalistic "use of the name of the Archangel Michael. A very "early, and very fine Coptic Manuscript, with the Arabic "translation on the margin. It came from Cairo, and "is the finest Coptic manuscript on Paper I have seen."

Whether this is Mr. Curzon's handwriting I am unable to say.

Each page is occupied by one column of 21 lines of Coptic text, and to the right is a narrower column of Arabic which forms a version of the Coptic text; the paragraphs are short, and each begins with a capital letter. Nearly every page of the manuscript is bespattered with grease which fell from the candles, by the light of which it was read in church on the twelfth day of the month Athôr. The quires are twenty-three in number, and are signed with letters on the top corners of the pages; twenty-one quires consist each of eight leaves, one of ten, and one of eleven. The page opposite to the first leaf inscribed with text is ornamented with a cross painted in gold, over which an intricate lace pattern in blue is traced, and bears upon it traces of inscriptions in red ink. The book is complete with the exception of a few lines of the title of the first Encomium therein, and a few lines at the end of the third or last Encomium; the titles of the Encomiums are written in red and black, and on fol. 88*a* are some designs in gold and blue somewhat similar to those reproduced from the Xth century Coptic MS. (Borgia Collection, No. 108) by M. Hyvernat in his splendid *Album de Paléographie Copte*, Paris, 1888, pl. 13. The manuscript, when finished, was carefully read by some one who made a number of alterations and corrections in the text (see foll. 14*a*, 31*b*, 43*a*, 48*a*, 50*b*, 51*b*, 59*a*, 149*b* &c.), who occasionally added variant readings (see fol. 69*b*), and who added in the margins words which the scribe had omitted.

Bound up with the manuscript, at the end, is a leaf which belongs to another book which seems to have been written about the same period, and by the same scribe.

The colophon reads: —

ϧⲉⲛ ⲫⲣⲁⲛ ⲙ̀ ⲫⲓⲱⲧ ⲛⲉⲙ ⲡϣⲏⲣⲓ ⲛⲉⲙ ⲡⲓⲡⲛ̅ⲁ̅ ⲉ̀ⲑ ⲟⲩⲁⲃ ϯⲧⲣⲓⲁⲥ ⲉ̀ⲑ ⲟⲩⲁⲃ ⲟⲩⲟϩ ⲛ̀ ⲟ̀ⲙⲟⲟⲩⲥⲓⲟⲥ ⲉⲥⲭⲏ ϧⲉⲛ ⲟⲩⲙⲉⲑⲛⲟⲩϯ ⲛ̀ ⲟⲩⲱⲧ ⲫⲁⲓ ⲅⲁⲣ ⲡⲉ ⲡⲉⲛ ⲛⲟⲩϯ ϧⲉⲛ ⲟⲩⲙⲉⲑⲙⲏⲓ ⲁⲛⲟⲛ ϧⲁ ⲛⲓⲭⲣⲏⲥⲧⲓⲁⲛⲟⲥ ⲧⲉⲛⲟⲩⲱϣⲧ ⲙ̇ⲙⲟⲥ ⲧⲉⲛϯⲱⲟⲩ ⲛⲁⲥ.

Ⲁϥϣⲱⲡⲓ ⲛ̇ⲝⲉ ⲡⲁⲓ ϣⲉ ⲛ̇ ⲉⲣ ⲫ̇ⲙⲉⲩⲓ̀ ⲉⲑ ⲛⲁⲛⲉ ϥ ⲛ̇ⲧⲉ ⲡⲁⲓ ⲁ̇ⲅⲓⲟⲛ ⲛ̇ ϫⲱⲙ ⲉ̇ⲃⲟⲗϩⲓⲧⲉⲛ ⲡⲓⲟⲩⲁϩⲥⲁϩⲛⲓ ⲛⲉⲙ ⲧ̇ⲡⲣⲟⲛⲓⲁ̀ ⲙ̇ ⲡⲉⲛⲓⲱⲧ ⲉ̇ⲧ ⲧⲁⲓⲏⲟⲩⲧ ⲡⲓ ⲡⲁⲧⲣⲓⲁⲣⲭⲏⲥ ⲉⲑ ⲟⲩⲁⲃ ⲁⲃⲃⲁ ⲓⲱⲁⲛⲛⲏⲥ ⲡⲓⲣⲉϥⲉⲣϩⲉⲙⲓ ⲛ̇ ⲛⲉⲛⲯⲩⲭⲏ ⲡⲓ ⲙⲁ ⲛ̇ ⲉⲥⲱⲟⲩ ⲉⲧ ⲉⲛϩⲟⲧ ⲫⲏ ⲉ̀ⲧⲁϥ ⲉⲣ ⲟⲩⲱⲓⲛⲓ ϧⲉⲛ ⲛⲓ ⲉⲕⲕⲗⲏⲥⲓⲁ̀ ⲛ̇ⲧⲉ ⲛⲓⲟⲣⲑⲟⲇⲟⲝⲟⲥ ϩⲓⲧⲉⲛ ⲛⲉϥⲥⲃⲱⲟⲩⲓ̀ ⲙ̇ ⲡ̅ⲛ̅ⲁ̅ⲧⲓⲕⲟⲛ ⲉⲑ ⲃⲉⲃⲓ ⲉ̀ⲃⲟⲗϧⲉⲛ ⲣⲱϥ ⲡ̅ⲟ̅ⲥ̅ ⲧⲁϫⲣⲟϥ ϩⲓϫⲉⲛ ⲡⲉϥ ⲑⲣⲟⲛⲟⲥ ⲛ̇ ϩⲁⲛ ⲙⲏϣ ⲛ̇ ⲣⲟⲙⲡⲓ ϧⲉⲛ ϩⲁⲛ ⲥⲛⲟⲩ ⲛ̇ ϩⲓⲣⲏⲛⲓⲕⲟⲛ ⲧⲉϥⲁⲓⲧⲉⲛ ⲛ̇ ⲉⲙ̇ⲡϣⲁ ⲙ̇ ⲡⲉϥⲥⲙⲟⲩ.

Ⲉ̀ⲃⲟⲗϩⲓⲧⲉⲛ ⲟⲩⲥϩⲓⲙⲓ ⲙ̇ ⲙⲁⲕⲁⲣⲓⲁ̀ ⲙ̇ ⲙⲁⲓ ⲭ̅ⲣ̅ⲥ̅ ⲙ̇ ⲙⲁⲓ ⲁ̀ⲅⲁⲡⲏ ⲙ̇ ⲙⲁⲓ ⲡⲣⲟⲥⲫⲟⲣⲁ̀ ⲙ̇ ⲙⲁⲓ ϣⲉⲙⲙⲟ ⲙ̇ ⲙⲁⲓ ⲡ ⲉⲑ ⲛⲁⲛⲉϥ ⲛⲓⲃⲉⲛ ⲁⲥⲑⲁⲙⲓⲟϥ ⲉ̀ⲃⲟⲗϧⲉⲛ ⲡⲉϥⲭⲓⲛ ⲃⲓⲥⲓ ⲙ̇ ⲙⲏⲓ ⲉⲩ ⲉⲣ ⲫ̇ⲙⲉⲩⲓ̀ ⲛⲁⲥ ⲉⲑⲃⲉ ⲡⲟⲩϫⲁⲓ ⲛ̇ ⲧⲉⲥ ⲯⲩⲭⲏ ϧⲁ ⲧ ϫⲓϫ ⲛ̇ ⲟⲩⲥϩⲓⲙⲓ ⲟⲩ ⲙⲁⲓ ⲛⲟⲩϯ ⲉⲩⲙⲟⲩϯ ⲉ̀ ⲡⲉⲥⲣⲁⲛ ϫⲉ ⲙⲉⲗⲟⲭ ⲟⲩⲟϩ ⲁⲥⲧⲏⲓϥ ⲛ̇ ϯⲁ̀ⲅⲓⲁ̀ ⲛ̇ [ⲉ]ⲕⲕⲗⲏⲥⲓⲁ̀ ⲛ̇ⲧⲉ ⲡⲓⲁⲣⲭⲏⲁⲅⲅⲉⲗⲟⲥ ⲉⲑ ⲟⲩⲁⲃ ⲙⲓⲭⲁⲏⲗ ⲣⲁⲥ ⲉⲗ ϧⲁⲗⲓϫ ⲥⲁ ⲣⲏⲥ ⲙ̇ ⲃⲁⲃⲩⲗⲱⲛ.

Ⲡ̅ⲟ̅ⲥ̅ ⲓ̅ⲏ̅ⲥ̅ ⲡ̅ⲭ̅ⲥ̅ ⲡⲓⲁⲗⲏⲑⲓⲛⲟⲥ ⲛ̇ ⲛⲟⲩϯ ⲉϥ ⲉϭⲓ ⲛ̇ⲧⲉⲥ ⲑⲩⲥⲓⲁ̀ ⲛ̇ ⲧⲟⲧ ⲥ ⲙ̇ ⲫ̇ⲣⲏϯ ⲉ̀ⲧⲁϥ ϣⲱⲡ ⲉ̀ⲣⲟϥ ⲙ̇ ⲡⲓⲇⲱⲣⲟⲛ ⲛ̇ⲧⲉ ⲁ̀ⲃⲉⲗ ⲡⲓⲑⲙⲏⲓ ⲛⲉⲙ ϯⲑⲩⲥⲓⲁ̀ ⲛ̇ⲧⲉ ⲡⲉⲛ ⲓⲱⲧ ⲁⲃⲣⲁⲁⲙ ⲛⲉⲙ ⲡⲓⲥⲑⲟⲓ ⲛ̇ ⲟⲩϥⲓ ⲛ̇ⲧⲉ ⲍⲁⲭⲁⲣⲓⲁⲥ ⲡⲓⲟⲩⲏⲃ ⲛⲉⲙ ϯ ⲧⲉⲃⲓ ⲥⲛⲟⲩϯ ⲛ̇ⲧⲉ ϯⲭⲏⲣⲁ ⲛ̇ⲧⲉϥⲁⲣⲉϩ ⲉ̀ ⲡⲉⲥⲱⲛϧ ⲛ̇ ϩⲁⲛ ⲙⲏϣ ⲛ̇ ⲣⲟⲙⲡⲓ ⲉ̀ⲃⲟⲗϩⲁ ⲡⲓⲣⲁⲥⲙⲟⲥ ⲛⲓⲃⲉⲛ ⲟⲩⲟϩ ⲉ̀ϣⲱⲡ ⲁⲥⲱⲁⲛⲓ̀ ⲉ̀ⲃⲟⲗϧⲉⲛ ⲥⲱⲙⲁ ⲙ̇ ⲫ̇ⲣⲏϯ ⲛ̇ ⲣⲱⲙⲓ ⲛⲓⲃⲉⲛ ⲛ̇ⲧⲉ ⲡⲓⲁⲣⲭⲏⲁⲅⲅⲉⲗⲟⲥ ⲉⲑ ⲟⲩⲁⲃ ⲙⲓⲭⲁⲏⲗ ⲧⲱⲃϩ ⲙ̇ ⲡⲟϭ ⲛ̇ⲧⲉϥ ⲭⲁ ⲛⲉⲥⲛⲟⲃⲓ ⲛⲁⲥ ⲉ̀ⲃⲟⲗ ⲟⲩⲟϩ ⲛ̇ⲧⲉϥⲥϧⲁⲓ ⲙ̇ ⲡⲉⲥⲣⲁⲛ ϩⲓ ⲡ̇ϫⲱⲙ ⲙ̇ ⲡⲱⲛϧ ⲧⲉϥ ⲙ̇ⲧⲟⲛ ⲙ̇ⲙⲟⲥ ⲛⲉⲙ ⲛⲏ ⲉⲑ ⲟⲩⲁⲃ ⲧⲏⲣⲟⲩ ϧⲉⲛ ⲕⲉⲛ ϥ ⲛ̇ ⲛⲉⲛⲓⲟⲧ ⲉⲑ ⲟⲩⲁⲃ ⲁⲃⲣⲁⲁⲙ ⲛⲉⲙ ⲓ̀ⲥⲁⲁⲕ ⲛⲉⲙ ⲓ̀ⲁ̀ⲕⲱⲃ ϩⲉⲛ ⲡⲓⲡⲁⲡⲁⲣⲁⲇⲓⲥⲟⲥ ⲛ̀ⲧⲉ ⲡⲟⲩⲛⲟϥ ϧⲉⲛ ⲑⲙⲉⲧⲟⲩⲣⲟ ⲛ̀ⲧⲉ ⲛⲓⲫⲏⲟⲩⲓ̀ ⲁⲙⲏⲛ ⲉ̀ⲥⲉϣⲱⲡⲓ ⲗⲁⲥ ⲛⲓⲃⲉⲛ ⲉⲑ ⲛⲁⲭⲟⲥ ϫⲉ ⲁⲙⲏⲛ ⲉϥⲉϭⲓ ⲕⲁⲧⲁ ⲡⲓⲥⲙⲟⲩ ⲁⲙⲏⲛ.

ⲡⲉ̀ϩⲟⲟⲩ ⲫⲁⲓ ⲥⲟⲩ $\overline{\mathrm{z}}$ ⲙ̀ ⲡⲁⲱⲛⲓ $\frac{\mathrm{p}}{\mathrm{m}}$ $\overline{\mathrm{ⲣⲕⲉ}}$.

"In the name of the Father, and of the Son, and of the "Holy Spirit, the Holy and Consubstantial Trinity, which "existeth in One Godhead; this in very truth is our "God, and we Christians worship it and glorify it.

"This copy of this holy book, a memorial of good, "was written by the command and by the care of our "glorious father, the holy Patriarch, Abba John,[1] the "governor of our souls, the shepherd whom we reve-"rence, who illumineth the churches of the orthodox by "means of the spiritual instruction which poureth from "his mouth (may God confirm him upon his seat for "many years of peaceful time, and may He make us "worthy of his blessing!), by a blessed woman, who "loved Christ, who loved [to make] alms and oblations, "who loved strangers, and who loved all things that "were good, and she by the God-loving woman, whose "name is called Melokh, had it made by her own true "labour that it might be a memorial for her for the sal-"vation of her soul, and she gave it to the holy church "of the holy Archangel Michael at Râs el-Khalij,[2] to the

---

[1] *I. e.*, Yûnas ibn Ali Ghâlib, who sat from A. D. 1189—1216; see Renaudot, *Historia Patriarcharum Alexandrinorum*, p. 554; Wansleb, *Histoire de l'Église d'Alexandrie*, p. 325; Malan, *A Short History of the Copts*, p. 95; and Le Quien, *Oriens Christianus*, tom. ii. p. 488.

[2] *I. e.*, راس الخليج "the head of the canal," which is often

"south of Babylon.¹ May the Lord Jesus Christ, the true
"God, receive her offering from her hand, even as He
"received the gifts of Abel² the righteous man, and of
"our father Abraham,³ and the incense of Zacharias⁴ the

---

called خليج مصر, "the canal of Miṣr," الخليج الكبير "the great canal,"
and خليج امير المومنين "the canal of the Commander of the Faithful." This canal is said to have been dug by ʿAmr ibn el-ʿÂsi,
A. H. 23, and it is supplied with water from the narrow arm
of the Nile which flows to the east of the Island of Rôḍa; the
mouth of it is situated a little to the N. W. of Old Cairo, and
it lies due west of the Christian cemeteries and "mounds of
rubbish" which are found to the south of the modern city of
Cairo. Following a course more north than east, it runs through
the entire city, and an authority quoted by Yâḳût says that it
formerly extended as far as the Gulf of Suez (من النيل الى بحر
القلزم), and that ships sailed upon it carrying food to Mecca and
Medina. See Dozy, *Supplément*, tom. i. p. 389. col. 2; Wüstenfeld, *Yâḳût*, tom. ii. p. 466, at the top. For native explanations
of خليج see *Ḳâmûs*, ed. Bûlâk, vol. i. p. ١٨٥; and for the descriptions of the buildings at Fûm el-Khalîj, see Baedeker, *Lower
Egypt*, p. 304.

¹ As M. Amélineau has pointed out (*La Géographie de
l'Égypte*, p. 551), the use of the name Babylon here is somewhat loose, and the writer has clearly identified Babylon with
Old Cairo. In the list of churches in Maṣr given by *Ibn Daḳmâḳ* in his كتاب الانتصار لواسطة عقد الامصار ed. Bûlâk, ١٨٩٣, p. ١٠٧
the church of St. Michael is said to be situated "to the south
of Maṣr, opposite to the pool in the neighbourhood of the
mosque" (كنيسة ميكائيل هذه الكنيسة بظاهر مصر قبالة بركة الشعيبية بجوار
المسجد); and Makrîzî, ed. Bûlâḳ, vol. i. p. ٥١٧, says that there
was a church of Michael "near the Khalîj of the Beni Waʾil, at
the southern exit of the city of Miṣr" عند خليج بنى وائل خارج مدينة
مصر قبلى.

² Genesis iv. 4. ³ Genesis xv. 9. ⁴ St. Luke i. 9.

"priest, and the two mites of the widow,[1] and may He
"guard her life from all temptation for many years; and
"when she shall go forth from the body, after the
"manner of all men, may the holy Archangel Michael
"pray unto God that He may forgive her her sins,
"that He may write her name in the Book of Life, and
"that He may make her to lie down with all the saints
"in the bosom of our holy father Abraham, with Isaac
"and Jacob in the Paradise of joy in the kingdom of
"the heavens; Amen, so let it be! And every tongue
"which sayeth Amen shall receive according to the bless-
"ing, Amen.

„The seventh day of Paôni,[2] in the nine hundred
"and twenty-sixth year of the Era of the Martyrs
"(*i. e.*, A. D. 1210)."

The volume comprises: —

    I. The Encomium upon Saint Michael by Theodosius, Archbishop of Alexandria, foll. 1—86.

    II. The Encomium upon Saint Michael by Severus, Patriarch and Archbishop of Antioch, foll. 87—127.

    III. The Encomium upon Saint Michael by Eustathius, Bishop of Trakè, foll. 128—187.

The principal contents of these Encomiums may be summarized as follows: —

---

[1] St. Mark xii. 42; St. Luke xxi. 2.   [2] *I. e.*, June 1.

I. THE ENCOMIUM OF THEODOSIUS.[1]

After a declaration of his absolute reliance upon God, "Who openeth the door of speech of every man," and Christ and Saint Michael, Theodosius begs his hearers to assist him in undertaking to write an Encomium upon Saint Michael. He likens himself to an unskilled sailor who, having stored his all in a frail bark, intends to set out to sail over the great ocean, but his boat is not strong enough to withstand the buffetings of the waves, his merchandise is of little or no value, and is not worth committing to the care of the merchants who sail in great ships; he fears to leave the harbour wherein lies his little craft, lest, having launched out into the deep, and being ignorant of the mariner's art, his boat be swamped, and he lose not only his boat and its load, but also his life. He next explains that the boat is his own flesh, which he cannot govern, and that the sailor is his ignorant heart, and that the Holy Scriptures are the knowledge of celestial seamanship; nevertheless as his hearers insist upon his doing so he will attempt to speak concerning the incorporeal and luminous commander of the hosts of heaven, the advocate of man before God, Saint Michael the Archangel. Referring to other encomiums[2] which

---

[1] Probably the Jacobite Patriarch of Alexandria, who ascended the patriarchal throne A. D. 536; see Le Quien, *Oriens Christianus*, ii. col. 430; Gibbon, *Decline and Fall*, Chap. 47.

[2] For a Coptic sermon on the Assumption, which was pronounced on the xvith day of the month Mesore, see Zoega, *Catalogus Codicum Copticorum*, Romae, 1810, p. 94; and for

he had written upon the season of the new year, and upon the festivals, and upon Saint John the Baptist, he declares his intention of speaking once again on the occasion of the festival of Saint Michael.

According to Theodosius Michael is, after Christ, the chief of those who feast in the Palace of the heavenly kingdom, and there he sits surrounded by Adam, Seth, Enoch, Methuselah, Noah, Abraham, Isaac, Jacob, Joseph, Moses, Aaron, Joshua, Gideon, Barak, Samson, Jephthah, David, Solomon, Ezekiel, Isaiah, Jeremiah, Ananias, Azarias, Misael, Elijah, Elisha, John the Baptist, the Twelve Apostles, and the armies of the saints and martyrs; in the same place are the Angels, Archangels, Cherubim, Seraphim, Thrones, Divinities, and Powers. The feast is made ready, and Theodosius, going to each of the Patriarchs, Prophets, and Apostles, asks him if he doth not rejoice on the day of the festival of Michael; each of these calls to remembrance some tribulation from which he was delivered by the Archangel Michael, and declares the joy with which he celebrates the festival. Michael entreated God to forgive Adam, he carried Abel's sacrifice up to God, he nourished Seth when his mother's milk failed, he took Methuselah's prayers up to God, he guided Noah's ark, together with Gabriel he ate with Abraham under the tree of Mamre, he took the knife from Abraham's hand when he was about to slay Isaac,[1] he fixed Jacob's wages

---

works of his extant in Syriac see Wright, *Cat. Syr. MSS. in the British Museum*, iii. p. 1329, col. 2; Assemânî, *B. O.*, ii. 80; and Zotenberg, *Catalogue*, p. 27.

[1] When Abraham bound Isaac, "Michael, the high-priest above,

THE ENCOMIUM OF THEODOSIUS.   xvii

in Mesopotamia, he caused Joseph to be made ruler of Egypt, he led the Israelites¹ under Moses² and Aaron unto the promised land, he helped Gideon to war against Midian, he gave Samson to his parents, he helped Solomon³ to build the temple, he slew 185,000 Assyrians, he comforted Isaiah and Jeremiah in their

---

bound Gabriel," מיכאל כהן גדול של מעלה עקדו לגבריאל; see Eisenmenger, *Entdecktes Judenthum*, Bd. i. p. 816.

¹ Michael is essentially the angel of the Jews, who derive his name, מיכאל, from מי + כאל in the passages מי כמוכה באלהים (Exodus xv. 11) and אין כאל ישרון (Deuteronomy xxxiii. 26). He is one of the four angels (Michael, Gabriel, Uriel and Raphael) who stand round God's throne, and his position is at His right hand; he is God's banner-bearer. The seventy nations of the world have each a prince like Michael, and these princes are their gods; but Michael acts only under the orders and direction of אלהים, Who taketh care for Israel. Michael is often associated with Gabriel, and together with him set fire to the Temple in Jerusalem; he is the prince of the Jews, and the "governor of Jerusalem," and at the coming of the Messiah it is he who will blow the trumpet. See Daniel x. 13, 21; xii. 1; Buxtorf (*ed.* Fisher), p. 609; and Eisenmenger, *Entdecktes Judenthum*, Bd. i. pp. 850—853; ii. pp. 383, 713.

² Michael is said to have been the teacher of Moses, and זנגו״נאל also was his teacher; now by taking the numerical values of the letters forming these names we have:

מיכאל = 40+10+20+1+30 = 101

זנגו״נאל = 30+1+3+7+50+3+7 = 101

See Eisenmenger, *Entdecktes Judenthum*, Bd. i. p. 858; ii. 375.

³ On the day when Solomon married Pharaoh's daughter, Michael the great prince came down from heaven and set a great reed in the sea; round about this reed a forest sprang up, and on this spot was the city of Rome built. See Eisenmenger, *Entdecktes Judenthum*, Bd. i. p. 736.

(c)

affliction, he shut the lions' mouths for Daniel, he rolled the stone from the sepulchre wherein Christ had lain, he cooled the furnace for the Three Children, and he strengthened every saint and martyr to endure affliction and torture. To this great Archangel Theodosius exhorts his hearers to make offerings, and these he will present unto God, and deliver the donors thereof from everlasting punishment. Whatsoever a man giveth unto Michael will be returned unto him two-fold in this world, and God will shew mercy unto him in His kingdom. That his hearers may have no doubt about the ready help of Michael, Theodosius narrates what he did for the pious Dorotheos, and his wife Theopisthe, in a time of great trouble and affliction.

Dorotheos and Theopisthe lived in the city of Senahor,[1] where they possessed much land, and flocks and herds, and great wealth; they were devout Christians, and loved the Archangel Michael, and on the eleventh day of each month they sent large gifts and wine to his church, that his festival might be celebrated on the morrow with due pomp and reverence. After they had visited the church on the day of the festival, it was their custom to entertain the poor, and the maimed, and the halt, and the blind, and the destitute, and to feed them with food and wine, and this they did until their name spread throughout the whole land of Egypt. After a time it fell out that no rain came upon the

---

[1] Or ⲥⲚⲉⲱⲡⲓ, Arab. صنهور, a city in the Delta at no great distance from Saïs; see Amélineau, *La Géographie de l'Égypte*, Paris, 1893, p. 415 f.

earth, and that for three years in succession the waters of the Nile did not rise to their usual height; many people died, and the cattle perished of thirst. During two of these years Dorotheos and his wife continued to give alms and oblations as usual, but when the third drew nigh they found that all their cattle were dead, with the exception of a single sheep; moreover, all their stores had come to an end, and they had no wearing apparel left except the dress in which they were wont to celebrate the Sacrament. Having sacrificed their last sheep on the eleventh day of Paôpi (*i. e.*, October 8), they had nothing left wherewith to celebrate the annual festival of Saint Michael which took place on the twelfth day of Athór (*i. e.*, November 8), and in these straits Dorotheos determined to sell his own and his wife's apparel that he might obtain the wherewithal to buy a sheep. He exchanged his own festal garments for corn, but the shepherd to whom he went refused to give him a sheep of the value of one third of a *dînâr*[1] in exchange for Theopisthe's silken dress, on the ground that no one in his house wore anything but woollen garments. When Dorotheos had left him and was walking along the road sadly, he met a general riding upon a white horse, and accompanied by soldiers, who asked him why he was thus carrying his wife's garments; he explained to him that a great man had come to visit him, and that he had no money to buy a sheep to slay in his honour, and that he was going to sell his wife's garments to buy one. The general, who was, of

---

[1] The *dînâr* was worth about ten shillings in English money.

course, Michael, promised to obtain a sheep for him if he would receive him and his company into his house, and Dorotheos having gladly undertaken to do this, the general sent a soldier to the shepherd for a sheep of the value of a third of a *dinâr*. Next the general sent a soldier to the fish market for a fish, also of the value of a third of a *dinâr*, and when he had brought it, the company moved on to the house of Dorotheos. Having arrived at the door the general knocked and was admitted by Theopisthe, who bade him welcome on Saint Michael's day, and who looked upon the sheep and the fish in glad surprise; the general gave orders that the sheep should be killed, but commanded them not to touch the fish until he had himself done what he wished with it. The happy husband and wife made ready cushions whereon the general was to recline, they had the sheep killed, and did all in their power to make their house fit to receive the general, who they thought to be a local governor. Now when Dorotheos went into the wine-cellar to bring out what little wine was left, he found it filled with vessels of wine up to the very door; and when he went to the place where the oil was kept for food and anointing purposes, he found there seven jars filled with oil to the very brim, and other vessels which contained butter, cheese, vinegar, and every other household necessary. And when he and his wife had gone into their bed-chamber they found a chest filled with richer and more goodly raiment than that which they had worn at their wedding. Out of their newly gotten abundance they prepared a great feast, and laid the tables for the brethren, they arrayed themselves in rich apparel, and went into the church of the Archangel Michael, and partook of the Mysteries, and knelt down before the image of the saint, and offered up prayer and thanksgiving for the great thing which had been done for them.

Soon after they had returned to their house the general and his soldiers arrived, and when he had taken his seat, he asked for the fish, and told Dorotheos to open it; when this had been done he took out the maw, which was very large, and found therein a bundle sealed with seals. The general took the bundle, and opened it, found it full of gold money, and when it had been counted there were found to be three hundred golden *danânîr*,[1] and three small pieces each of the value of a third of a *dînâr;* these he gave to Dorotheos and told him to give one third of a *dînâr* to the shepherd, another to the fishmonger, and another to the man from whom he had obtained corn in exchange for his own garments, and to keep the three hundred *danânîr* as an earnest of what should yet be given unto them. When Dorotheos protested against receiving all this great gift, the general shewed him who he was, and told them that all the gifts which they had made unto the Archangel Michael had been made unto himself, for he himself was Michael. What he had given them was only the interest upon the capital which was laid up for them with God in the heavenly Jerusalem; having thus spoken he went up

---

[1] *I. e.*, about one hundred and fifty pounds in English money.

into heaven. With exhortations to a godly life and almsgiving Theodosius brings his Encomium to an end.

II. THE ENCOMIUM[1] OF SEVERUS, PATRIARCH OF ANTIOCH.[2]

This Encomium was pronounced on the day of the festival of Saint Michael, which happened to fall upon a Sunday. After a series of quotations from the Psalms and Saint Matthew's Gospel, Severus proceeds to tell the story of Ketsón the merchant, and of his conversion from Paganism to Christianity. Ketsón was a native of Entiké, and was a very rich merchant, who on one occasion loaded a ship with his wares and sailed to Kalónia; he arrived on the first day of Athôr, and stayed there and sold his merchandise. On the eleventh day of Athôr he saw men draping the shrine of Saint Michael with cloth, and crowning it with lanterns, and he tarried there to see what would be the end of the matter; in the evening men lit the lamps and sang hymns, and Ketsón determined to pass the night by the door of the shrine to

---

[1] The Ethiopic version of this Encomium printed on pp. 294—216 is taken from Brit. Mus. MS. Orient. No. 691, foll. 156a—170a; see Wright, *Catalogue of the Ethiopic MSS. in the British Museum*, p. 163. For a French version of the Coptic text see Amélineau, *Contes et Romans*, tom. i. p. 85.

[2] He sat from A. D. 512—519. For lists of his works see Wright, *Catalogue of the Syriac MSS. in the British Museum*, pp. 1322—1324: Assemânî, *B. O.*, ii. pp. 46, 80, 96, 120, 126, 158, 205, 283, 298; Zotenberg, *Catalogue*, pp. 27, 37, 64, 123; Cave, *Hist. Lit.*, tom. i. p. 499ff; and Fabricius, *Bibl. Graec.* tom. x. p. 614*ff.*

see what would take place therein. When the night had come the clergy and the congregation performed the service, and in the morning Ketsón set out to visit two Christians of his acquaintance, and to ask them the meaning of what he had seen. When he had heard from them of Saint Michael's power, he asked them where he could find him, for he wished to ask him to deliver him from evil, but they told him that he could only see Michael when he had become a Christian; Ketsón promised to give each of them money¹ if they would help him to become a Christian, and they agreed to take him to the Bishop to be baptized. On the morrow the three men went to the Bishop, who asked the stranger whence he came, what god he worshipped, and if he had a wife and family; and when he learned that Ketsón had a wife and family in his native town, he sent him away to persuade his wife to become a Christian, lest, being baptized without her knowledge, she should cause him to apostatize. During the return of Ketsón by sea to his native city the Devil raised up a mighty storm which well-nigh swamped the ship, but when he had cried out to Christ, the winds sank to rest, and the waves went down, and he arrived at home in safety; his wife decided to become a Christian without any hesitation, and having made all ready they set out for Kalônia. And when they had returned to

---

¹ On page 54*, line 28, strike out the words "a basket of." The Arabic version reads, "I will give to you a *dînâr* apiece"; ⲕⲟⲧ ⲛⲟⲙⲓⲥⲙⲁ must then mean some coin like a *dînâr*, or of that value.

the Bishop he baptized Ketsôn, and his wife, and their four sons, giving them the names of Matthew, Irene, John, Stephen, Joseph and Daniel. Ketsôn tarried in Kalônia for one whole month to be instructed in the things of his new religion, and he gave six hundred *mathakil*[1] to the shrine of the Archangel.

Soon after Matthew, who was formerly called Ketsôn, had returned to his city, he died, and his fellow citizens began to persecute his widow and sons, probably because they had changed their religion, and they went so far as to plunder their storehouse. By the advice of John, the eldest son, the whole family went and lived in the "royal city", but scarcely had they taken up their abode there when the house of a nobleman called Sylôn was broken into and plundered, and the Devil, who had taken upon himself the form of a man, went about throughout the city accusing Matthew's sons of having committed the robbery, and the young men were dragged before Kesanthos the governor to answer for the crime. While the examination was taking place Michael, in the form of a patrician, came and sat down by the governor, and suggested that Matthew's youngest son should go to house of the chief watchman, and command the stolen things to appear in the name of Jesus Christ; when this had been done a voice bade them go into the cellar, and having done so they found all Sylôn's property hidden therein.

Shortly afterwards a certain man invited some

---

[1] *I. e.*, about three hundred pounds in English money.

friends to a feast in his house one evening, and as one of them was returning home, a scorpion stung him, and he fell down and died immediately. The watchmen of the city found the body, and seeing no traces of violence upon it, they buried it in the morning. And again the Devil, who took upon himself the form of a man, went about the city accusing the four young men of the murder, and they were brought into the governor's presence with their hands tied behind them, and with heavy chains upon their necks. Once more Michael appeared in the form of a nobleman, and having heard the accusation which had been brought against the young men, he suggested that the dead man himself should be brought into the court, and asked to say who or what had killed him; when this had been done Michael commanded Daniel, the youngest son of Matthew, to adjure the dead man in the name of Christ to say what had happened unto him, and he stated straightway that the bite of a scorpion had killed him. After this Michael went up into heaven with great glory, taking the soul of the dead man with him.

By the advice of John, Kesanthos the governor wrote to the Emperor Constantine,[1] and informed him of the wonderful thing which had happened, and asked him to send to his city a Bishop who should enlighten his town with the true faith; when the Emperor heard this he wrote to John,[2] Archbishop of Ephesus, and

---

[1] He was Emperor from A. D. 306—337.

[2] There is clearly a mistake here, for John of Ephesus was not born until A. D. 516, but it is equally clear that John of Ephesus is meant by the writer of the Encomium, for he was

asked him to go and baptize the people of the city of Entias. Shortly after, John set out with two deacons, an elder, a reader, three singers of Psalms, and twelve other men, and they took with them an altar, altar coverings, sacramental vessels, books, and everything that was necessary for the founding of a church. On the arrival of the Archbishop, the governor of Entias, and John the son of Matthew, and all the people of the city went out to meet him, and they escorted him into the city and were blessed by him. On the morrow they began to build a church to the Virgin Mary, and by the help of every man in the city it was finished in sixteen days; the baptism of the people by the Archbishop next took place in a pool of water situated to the east of the city, and John, the son of Matthew, was consecrated bishop over them. A few days later the new bishop suggested to Kesanthos the governor that they should build a church in honour of Saint Michael, and after eight months the coping stone was put on, and the building was consecrated to Saint Michael on the twelfth day of Athôr. After the bishop and the governor had taken part in the Communion they went into the city with the multitude, and set fire to the temple of Zeus, and a large church dedicated to the Apostles was afterwards built upon the spot where the pagan edifice had stood. These things were duly reported to the Emperor Constantine (sic), and he glorified God. The Encomium ends with exhortations to a godly life.

---

famous as a founder of churches and monasteries. For Constantine we should probably read "Justinian".

III. THE ENCOMIUM[1] OF EUSTATHIUS,[2] BISHOP OF THE ISLAND OF TRAKE.[3]

The third and last Encomium on Saint Michael by Eustathius is perhaps the most interesting in the book. It was composed for recitation on the Archangel's festival, which took place on the twelfth day of Paôni (*i. e.*, June 6), and in it Eustathius sets forth the history of the noble lady Euphemia, the wife of Aristarchus, a general in the service of the Emperor Honorius, by whom he had

---

[1] A French version of this Encomium, translated from another MS. I believe, is published by M. Amélineau in his *Contes et Romans de L'Égypte Chrétienne*, tom. I. p. 21 ff.

[2] The name is given as Anastasius by M. Amélineau, but in any case I am unable to identify the bishop to whom this Encomium is attributed.

[3] I have translated the word ⲚⲎⲤⲞⲤ by "island", but it is not by any means clear that Trakê was an island in the ordinary sense of the word. In the Coptic text (see *infra* p. 14, l. 25) Jacob says ⲀⲒⲪⲰⲦ ϢⲀ ϮⲚⲎⲤⲞⲤ "I fled to the Island", and ⲚⲎⲤⲞⲤ here is the exact translation of جزيرة, "Island", an Arabic name for Mesopotamia, that is the land between the two rivers, or the land entirely surrounded by the Tigris and Euphrates. As our author says that Trakê was "the Island to which the Empress [Eudoxia] banished Saint John Chrysostom", and as this famous man was banished first to Cucusus, a village in the mountains on the borders of Cilicia and the Lesser Armenia, secondly to Arabissus, about sixty miles from Cucusus, and thirdly to Pityus, at the foot of the Caucasus, on the N. E. of the Black Sea, we must assume that this district represents the "Island of Trakê" referred to by Eustathius. M. Amélineau translates "l'île de Turquie", and adds the pertinent remark, "Les Coptes n'ont jamais eu de notions bien précises en fait de géographie" (*op. cit.*, p. 21).

been appointed governor of Traké. He was a Christian, and had received baptism at the hands of Saint John Chrysostom,[1] and for many years he made gifts and offerings on the twelfth, twenty-first, and twenty-ninth days of every month, on the festivals of Saint Michael, of the Virgin Mary,[2] and of the birthday of our Lord[3] respectively; finally he was seized with mortal sickness, and knowing that his death was nigh, he called Euphemia his wife to him, and charged her to neglect in no way the "offering of the holy Archangel Michael", and to continue to do alms, and to make the customary gifts to the church after his death; the pious lady promised not only to make the customary gifts, but to increase them. She then begged her husband before his death to instruct a painter to paint a picture of the Archangel Michael upon a wooden tablet, that she might hang it in her bed-chamber to induce the saint to protect her, and to be her guardian after the death of Aristarchus. The dying man straightway sent for a cunning painter, and told him to paint upon a wooden tablet the figure of the Archangel, and to cover it with a plate of fine gold inlaid with precious stones; when this was done and brought to him, he gave it to Euphemia, who rejoiced over it with great joy. Aristarchus marvelled when he saw his wife's gladness, but being touched by the mournful words with which she described the

---

[1] Born about A. D. 347, and died 407.
[2] The annual commemoration takes place upon the twenty-first day of Tôbi.
[3] The annual commemoration takes place upon the twenty-ninth day of Khoiak

widow's lonely condition, he took her hand and laid it upon that of the figure of the Archangel, and, in a solemn address to the Saint, committed his wife to his care; Euphemia was comforted by this act of her husband, and she believed that no wiles of the Devil could prevail over her. Aristarchus died shortly afterwards, and his pious widow continued to give the gifts which her husband was wont to give, and added thereunto.

Meanwhile, however, the envy of the Devil was stirred up, and taking upon himself the form of a nun, he went to Euphemia's house accompanied by devils, also in the forms of nuns, and having gained admittance to her presence, he began to tempt her to promise to marry Hilarichus, the chief prefect in the service of the Emperor Honorius,[1] whose wife had recently died; the Devil shewed her many gold and silver ornaments to persuade her, and at length Euphemia told him that she would marry a second time without hesitation provided that her guardian gave her the permission to do so. The Devil asked who the guardian was, and thinking that it must necessarily be a man, began to charge her with infidelity and deceit, until finally, at the Devil's request, she agreed to shew him who her guardian was, on the condition that the Devil should turn to the east, and pray to God to be forgiven for the evil thoughts which he had harboured concerning herself. This the Devil refused to do, and excused himself by saying that he had vowed to pray nowhere except in his own cell, and when Euphemia

---

[1] He reigned from A. D. 395—423.

gained the better of him in the argument which followed upon this statement, he threatened to do violence unto her; and when, seeing that he changed his form and appearance frequently, she cried out for help to Saint Michael, and made the sign of the Cross over herself, the Devil and all his works disappeared "like a spider's web".

And the Devil appeared a second time to her in the form of an Ethiopian, with the head of a goat, and with bloody eyes, and his hair stood up like the bristles on a mountain pig;. he carried a sharp two-edged, drawn sword in his hands, and at the sight of him Euphemia fled for help to the tablet with the Archangel's likeness upon it. When the Devil saw this he was afraid to enter the bed-chamber, and standing outside he began to curse the wooden tablet which Euphemia had in her hands. Calling to remembrance, one after another, his evil deeds in days of old, and admitting that this piece of wood has baffled his wiles, even as the wood of the Cross baffled him before, he threatens that he will come again to Euphemia on a twelfth day of Paòni (*i. e.*, June 6), for on that day Michael will be kneeling in prayer before God, and entreating Him to make the Nile to rise to its proper height during the inundation,[1] and to make the rain and dew to fall, and

---

[1] This is interesting as shewing how completely the attributes of Ḥâpi, the old Egyptian god of the Nile, had been transferred by the Copts to a Jewish Archangel; in Eisenmenger (*Entdecktes Judenthum*, ii. p. 379) a passage is quoted wherein Michael is said to be the prince of the waters, under whom are seven princes.

as he must continue in prayer ceaselessly for three whole days and nights, it will be impossible for him to come to help her; and the Devil threatens that when he comes, he will break the wooden tablet in pieces over her head. When Euphemia ran towards him holding the tablet he disappeared.

When the next twelfth day of Paôni had come, at the first hour of the day, the Devil appeared to Euphemia in the form of the Archangel Michael; on his head was a crown set with pearls of great price, a girdle of gold inlaid with precious stones encircled his loins, in his hand was a golden sceptre, but it lacked the figure of the Holy Cross, and he was provided with wings.[1] After speaking to her words of comfort he told her that he had been sent to her by God to say that her husband had already inherited the good things of the kingdom, and to advise her to desist from squandering all her wealth in giving gifts to the poor. He shewed her what evils the Devil had brought upon Job because of his envy of him, and how he had blinded Tobit by devils who had taken the form of birds, and he then advised her in the name of God to marry Hilarichus, that she might bear him a son to inherit all her possessions after her death. Perceiving at once that her visitor was the Devil himself, she challenged him to shew her any passage in the Scriptures which directed her to cease from doing alms and

---

[1] In Coptic MSS. Michael's head is surrounded with a halo; see Hyvernat, *Album de Paléographie Copte*, Paris, 1888, plate LI.

deeds of charity, and to marry a second time; in support of the quotations which she makes from the Bible and of her arguments in favour of the life which she was then leading, she appeals to the testimony of the book *Physiologus* wherein it is said: — "When the first "mate of the turtle-dove dieth, it doth not dwell with "a second mate, but it departeth unto the wilderness, "where it hideth itself until the day of its death.¹ And "he also sheweth us that the raven family doth not "dwell with any mate save one,² and that as we rend

---

¹ The Greek has (Lauchert, Geschichte des Physiologus, p. 258): — ὁ Φυσιολόγος ἔλεξεν περὶ τῆς τρυγόνος· ὅτι ἀναχωρεῖ κατ' ἰδίαν τοῖς ἐρήμοις, διὰ τὸ μὴ ἀγαπᾶν μέσον πλήθους ἀνδρῶν εἶναι, and with this compare ἔχει δὲ τὸν ἄρρενα ἡ τρυγὼν τὸν αὐτὸν καὶ φάττα, καὶ ἄλλον οὐ προσίενται, καὶ ἐπῳάζουσιν ἀμφότεροι καὶ ὁ ἄρρην καὶ ἡ θέλεια; see Aristotle, *H. A.* ix. 7. The Syriac version reads (Land, *Anecdota*, tom. iv. p. 63): — ܐܡܪܝ ܗܟܝܠ ܣܒ ܕܚܕܐ ܡܢ ܚܒܪܘܗܝ ܢܡܘܬ ܕܠܐ ܡܙܕܘܓ ܬܘܒ. ܫܢܝܐ ܠܗ ܫܦܢܝܢܐ ܠܚܘܪܒܐ ܘܠܐ ܪܚܡ ܒܥܠܡܐ ܠܡܗܘܐ. "but if one of them dieth before "its fellow, the one that remaineth behind doth not mate again. "The turtle-dove goeth to the wilderness, and loveth not to be "in the world"; and the Ethiopic (Hommel, *Physiologus*, text, p. 23): — ሥዕርተ ፡ ዘሕይወት ፡ ትፍ ፡ ውስተ ፡ ገዳም ፡ ወኢትነብ ፡ ምስለ ፡ ብዙኃን ። "the turtle-dove departeth far away into the desert, and "abideth not with the multitude." An Arabic version is given by Land, *Anecdota*, iv. p. 159.

² The Greek has (Lauchert, *op. cit.*, p. 257): — ὁ Φυσιολόγος ἔλεξε περὶ αὐτῆς, ὅτι μονόγαμός ἐστιν· ὅταν γὰρ ὁ ταύτης ἄρρην τελευτήσῃ οὐκέτι συγγίνεται ἀνδρὶ ἑτέρῳ, οὔτε ὁ ἄρρην ἑτέρᾳ γυναικί. In the Ethiopic version (Hommel, *op. cit.*, p. 22) we have ሶበ ፡ ሞተ ፡ ምት ፡ ቆ ፡ ኢትነሥእ ፡ ካልእ ፡ ምት ፡ ተቦታሊ ፡ ኢይነሥእ ፡ ካልአት ፡ በሲተ ። "when the male raven dieth, the female taketh not a second mate; and similarly if the female bird dieth the

"our garments for our brother when he dieth, even so "likewise when a raven dieth his mate draweth out "her own tongue, and splitteth it with her claws, so "that when she uttereth her cry every one may know "that her mate is not there, and if another raven de- "sireth to take her by violence she crieth out straight- "way, and when all the other ravens hear her cry they "know by [the sound of] her cleft tongue that some "other raven wisheth to take her by violence, and they "gather together to help her, and to rebuke the raven "that wisheth to marry her by force. When children "see ravens gathered together in this manner, and "uttering cries wishing to rebuke the raven that desired "to take her by violence, and that desired to go astray "from that which God hath commanded them, those "ignorant children are wont to say, 'The ravens are "celebrating a marriage to-day,' and they know not "that the ravens wish to rebuke the raven that desireth "to make to sin the raven whose mate is dead."[1] However, although it is difficult to say where the quotations from Physiologus end, or whether, in the Coptic version, the statements about the turtle-dove and raven formed one chapter or section or not, this part of Euphemia's speech to the Devil is of peculiar value, for it shews

---

male taketh not another mate"; but in the Syriac version this statement is made to apply to the turtle-dove, ܐܡܘܣܐ; see Land, *op. cit.*, IV. p. 63, chap. 36.

[1] In the French version by M. Amélineau it is said, "Le sage Salomon dit que la tourterelle et les corneilles ne prennent qu'un seul mari", but what follows is quite different from what we have above.

that a version of Physiologus had been made in Coptic at an early period; in no other version, however, which I have been able to consult could I find any reference whatever to the female raven slitting her tongue with her claws.

When Euphemia had declared her intention of continuing to do acts of charity and of not marrying a second time, the Devil, who was in the form of Michael, artfully reminded her that he had promised to come to her on a twelfth day of Paôni, and went on to say that God had sent him unto her to protect her until sunset, and tried to persuade her that it was he who had cast Satan forth from heaven. Then Euphemia asked him where was the figure of the Holy Cross which should be upon his sceptre, and referred to the picture of the Archangel which was painted on the tablet; the Devil answered that painters decorated their pictures with such things wishing to glorify their art, but that he and his angels had not the figure of the Cross with them. To this Euphemia made answer that all persons and letters coming from the Emperor bear his tokens and seal, and that similarly the angels which bear not the figure of the Cross must be devils in the form of angels, and that if he wished her to believe that he is Michael, he must salute the picture of the Archangel which she will bring to him. As she rose up to bring the tablet, the Devil changed his form into that of a raging, roaring lion, and he laid hold of her by the neck and strangled her until she was well nigh dead, but with the little strength which remained Euphemia cried out to Michael, who straightway appeared in all his glory, and chastised the Devil, and drove him away in disgrace. This done, he spake comforting words to her, and told her that when she had performed that day the service which she was wont to do in his name, he would come with his angels and take her up into the rest of God, and giving her the salutation of peace he went up into heaven.

After the departure of the Archangel Euphemia went to the Bishop of the city, Abba Anthimus, who was the first-fruits of the ministry of Saint John Chrysostom, and when she had told him what had happened, he quickly administered the Sacrament unto her, and after she had ministered unto the poor brethren in her own house, she sent and begged Bishop Anthimus to come to her. When he had come with his priests (of whom Eustathius the writer of this Encomium was one) and deacons, the pious lady opened the doors of her house, and gave every thing to the Bishop for distribution among the poor, and sinking down upon her bed she entreated him to pray for her. After a time she revived sufficiently to ask that the tablet upon which the figure of the Archangel was painted might be brought to her to kiss before she died, and when it was brought she kissed it and entreated Michael to be with her in that terrible hour; then suddenly there was a sound like the roaring of a cataract, and all present in the chamber saw the Archangel appear in great glory, and take the soul of Euphemia and lay it in his shining apparel, and bear it up to heaven, while the sound of a multitude was heard singing, "God knoweth the way of the righteous, and their inheritance shall abide for ever."

Now the picture which had been lying on Euphemia's face when she died had disappeared in a mysterious manner, and none knew where it had gone, but when they had buried her and had come into the church to celebrate the Sacrament, it was seen to be hanging in air in the apse without any support whatever, and it was as firm as a "pillar of adamant". The news of this miracle reached Constantinople in due course, and the Emperors Arcadius[1] and Honorius,[2] and the Empress Eudoxia,[3] came to the Island of Trakê and saw the miracle, and bowed in prayer at the couch whereon Saint John Chrysostom had died; any sick person who lay upon that couch straightway rose up healed. After the death of Euphemia, the olive wood tablet upon which the figure of the archangel Michael was painted, on the twelfth day of each month, which is the day of the Archangel, put forth olive leaves at each of its four corners together with "fine, fresh fruit", and a number of cures and healings were performed thereby. After a few laudatory words of Saint John Chrysostom and some deprecatory observations concerning his own ability, Eustathius brings his Encomium to a close.

In his *Contes et Romans de L'Égypte Chrétienne*, M. Amélineau gives versions of two stories which, like the above Encomium of Eustathius, were to be read on the twelfth day of Paôni. In the first of these the

---

[1] Born A. D. 383, died 408. [2] Born A. D. 384, died 423.
[3] This may have been a royal lady called Eudoxia, but it can hardly have been the Empress, because she died about the year 604, while Chrysostom did not die until 607.

causes of the conversion of Aristarchus from paganism to Christianity are given, and in the second we have the account of the temptation of Eusebius, a man who subsequently became a monk in the Scete desert, by the beautiful wife of a merchant his close friend; in both of these occur some interesting and remarkable instances of the belief in the almighty power which Michael the Archangel was thought to possess.

TRANSLATION.

IN THE NAME OF GOD.

[Page 1] [The Encomium which was pronounced by the one] mighty in all blessings, the most holy and blessed man, the man filled with the Holy Spirit, and perfect in all virtues, Abba Theodosius, the son of the Apostolic Fathers, and the friend of angels, the Archbishop of the city of Alexandria...... on the day of the festival of the holy Archangel Michael, that is to say, on the twelfth day of the blessed month Athôr[1], wherein he spake many things concerning the alms and charities, which [the blessed Dorotheos and his wife Theopisthe] used to [make] unto God, [in the name of the holy Archangel] Michael every month, on the day of the festival, and how the holy Archangel ministered unto them and brought their good works up into God's presence, and how he fulfilled all their petitions,......joyfully, for God loveth him; and Theodosius spake, moreover, concerning the Saints who are [mentioned] in the Scriptures, all of whom the holy Archangel Michael helped and delivered out of their tribulation and affliction. In the peace of God. Amen.

---

[1] *I. e.*, November 8.

[p. 2] I find the source of my discourse in Him Who comforteth and strengtheneth me in all things, Who knoweth all the earth, Who trieth the reins, Who openeth the door of speech of every man, and Who searcheth out things diligently.

Who is this?

It is the Word of God, Whose Body I break in my hands, and Whose glorious Blood I pour out into the cup and give to those who believe upon Him. It is my Lord and God, Jesus Christ, the Saviour of all, Who speaketh with His truth-speaking mouth, Who careth for all mankind, and Who is filled with mercy and grace towards the image of God.[1]

Who is this?

It is Michael, the holy Archangel, the commander of the hosts of heaven.

Now, I beseech you, O my beloved and dear children of the Word, to assist me in this great undertaking, lest, having put out on this great and boundless sea, I be unable to bring my little bark to shore. For ye all know of my poverty, and ye know that I have no merchandise wherewith to load a great ship, which could sail across the sea, and [be strong enough] to resist the buffetings of the winds. Moreover, the sailor is feeble, and my boat is a little one, and [I am afraid] that if I put out to sea [p. 3] from this harbour in which there is no danger to go into another, the winds will raise up waves and tempests against me on the sea; and I know not how to sail a ship even to save my own life [and to bring myself] to the shore. Doth any one then say,

---

[1] The allusion is to Genesis i. 27.

"This man hath found favour [with God], and is delivered?" For the soul of man is to Him more precious than the whole world filled with gold and silver, and I am therefore afraid to cast away my own soul. I know well that my bark is frail, and that my merchandise is without value, and that I have no knowledge of the craft of the mariner, and [I am afraid] to launch out into the deep, lest having once put out to sea I should never return again in peace. And although I might endure the perils of the sea and the tempests thereof, I could not bear the scorn of those who would make a mock of me, and say, "O thou fool, who made thee to undertake that "which was more than thy strength could bear? Thou "didst know full well that thou wast feeble and that thou "hadst nothing in thy power wherewith to do that which "is beyond thy strength. And besides, merchants are "many, why then didst thou not sell thy few wares to "them and let them trade therewith? Thus wouldest thou "have gained thy profit therefrom, and thus wouldest "thou have saved thyself, and thy merchandise entirely, "and thy boat, and that which belongeth to thee—for thou "hadst no knowledge of the craft of the mariner."

And now, my brethren, I will show unto you of what kind is my boat and who is the sailor. [p. 4] My boat is my sinful flesh, which I am not able to govern rightly, and the sailor is my own heart, in which there is neither understanding nor the knowledge of celestial seamanship. Now celestial seamanship is the Holy Scriptures which I understand not, and for this reason ye may [truly] tell me this day that I am attempting to do that which is beyond my strength, especially as ye compel me to speak concerning the glory of one who is not of the earth like ourselves but of heaven, and of the matters concerning his God. He is not a being of flesh, but he is incorporeal and is a creature of light. He is not a being made with clay, but is of the Holy Ghost. He is not of those servants of earth, but is a minister, a flame of fire. He is not a governor of this earth, but an archangel of the hosts of heaven. He is not a general of this earth whose king can dismiss him whenever he pleaseth, but he is a commander of the forces of heaven, and, together with his King, endureth for ever. He never uttereth the word for the destruction of souls, but he is at all times an ambassador before God our Creator for the salvation of our souls and bodies. He maketh accusations against no man, but is careful for all. He hateth not mankind, but loveth every image of God. He is not our adversary, but is at peace with every man. [p. 5] He is not unmerciful, but a compassionate being in whom abideth the long-suffering of God. Whosoever asketh [from him] receiveth; whosoever seeketh findeth; and whosoever knocketh it shall be opened unto him.[1] And I myself, having seen that my God doth give, will joyfully stretch out my hands to Him this day unhesitatingly, and I will ask that I may receive abundantly, and will knock that it may be opened unto me.

But perhaps thou wilt say, O man, filled with virtue and loving understanding, "What is this that thou seek-"est this day at His hand, [seeing that] thou hast already "begun to speak? Thou hast already pronounced en-"comiums at the season of the new year and at the "beginnings of all the festivals of God, and thou hast

---

[1] Compare St. Matthew vii. 7.

"likewise made a discourse upon him than whom of those
"who have been born of women' none greater hath arisen,
"[I mean] the kinsman of Christ, Saint John the Baptist,
"the friend of the holy Bridegroom. Moreover, knowest
"thou not, O my father, that moderation in all things is
"good? As thou art moderate in thy eating, and drinking,
"and praying, even so shouldst thou be moderate in all
"things, as Paul, the greatest of the Apostles, saith, 'The
"training of God is great gain, and if thou canst bear it
"thou shalt be perfect.'" And I will answer thee and say
unto thee, "Beloved, thou sayest rightly, and in showing
"solicitude [for me thou doest well], but nevertheless I
"will behold, and will speak unto God as did Abraham,
"the friend of God and the chief of the patriarchs, who
"became the father of a multitude of nations, saying, [p. 6]
"'Let me speak, O Lord, with my God even this once
"also²', even although I should make myself like unto the
"friend of God in speaking this once. And if I dared to
"speak even unto three times He would not turn away
"from me, for He is One God and One Lord, and to
"Him belongeth the mercy which abideth for ever. With
"this too will I convince you, that it is God Who hath
"commanded us to ask that we may receive³. And why
"did ye entreat me to come into your midst on this
"great festival, which hath spread abroad not only over
"all the earth but likewise in heaven, and why [if ye did
"not wish me to speak] did ye, little and great, men and
"women, cry out to me, saying, 'We beseech thee not
"to keep silent concerning this great visitation, but show

---

¹ St. Matthew xi. 11; St. Luke vii. 28.   ² Genesis xviii. 32.
³ St. Matthew vii. 7; St. Luke xi. 9.

"us concerning the great festival, and concerning the glory "of him whom we celebrate in it, who is an ambassador "to God for us all.'"

Who are the nobles of the palace except Christ and the captain of all His hosts, the holy Michael? Moreover, let us ourselves follow after them, each following the other in fitting order, O my beloved, for humility exalteth and leadeth aright; come now then, and follow me, for the nobles of the palace have already gone into the feast of the holy Archangel Michael, and have sat down to meat.

Who are these nobles who have sat down to meat with the Archangel Michael? [p. 7]

Hearken unto me, and I will show you. [They are] Adam, Seth, Enoch, Methuselah, Noah, Abraham, Isaac, Jacob, Joseph, Moses, Aaron, Joshua, Gideon, Barak, Samson, Jephthah, David, Solomon, Ezekiel, Isaiah, Jeremiah, Ananias, Azarias, Misael, Elijah, Elisha, and the rest of the prophets, Zachariah the priest, John the Baptist, and the Twelve Apostles, the holy Stephen, the old man Simeon the holy priest, the army of the saints, and the army of the righteous. But what profit have I in speaking of earthly beings only? for in that place is the God of glory with all the host of heaven, Angels, Archangels, Cherubim, Seraphim, Thrones, Divinities and Powers, and they all ascribe glory to God and to Michael the great and holy Archangel, whom He hath made ruler over them all. And now I wish to return to the feast-chamber of the holy and mighty Archangel Michael to ask the great ones of this earth in what manner they keep with us this great and holy festival this day, and if they [keep it] with rejoicings, that I may "rejoice with them that rejoice", according to the words of the Apostle.¹ Briefly, I will begin with the father of all mankind whom God hath created in His own image and likeness, [p. 8] and I will ask my lord and father Adam, for he it is whom I have seen to be the chief of the feast. And although I am terrified and afraid because I see the whole company of those who are rejoicing with him at the feast this day, and paying honour unto him, still I will ask him, and I will mingle in their midst. And although I be a sinner yet will I salute him in the joy of my heart, saying, "Hail, my lord, holy father! Hail, "father of all fatherhood! Hail, father of all our human "race, both of those who have lived and of those who "shall yet come into existence!" And when I shall have given to him this threefold salutation, he will perforce call me as a father calls his son, saying, "Come, O my "son, and keep with us this great festival which we "celebrate this day"; thus shall I find freedom of speech before that being whose name is never proclaimed to his King [before his entering to Him], but he goeth into His presence without advocate or mediator to proclaim his name.

This being is not the ruler of one company only, but he is over all the hosts of heaven, and over everything according to the command of God; he standeth not at the left but at the right hand of God, and entreateth Him at all times on behalf of the race of men.

Who then is this that is clothed with such great honour and glory?

Hearken, it is Michael the mighty Archangel of the hosts of heaven.

---
¹ Romans xii. 15.

Who is this whose festival all ranks of beings celebrate?

[p. 9] It is Michael the ruler of the kingdom of heaven.

Who is this being whom the King hath made to bear such a mighty sceptre, who is filled with majestic glory, who is robed with rich raiment, and who is girt about with a golden girdle set with precious stones, the like of which existeth not?

It is Michael the mighty and exalted Archangel.

Who is this in whom the angels and the armies of the heavens have hope, and whose festival they celebrate with him this day?

It is Michael, whom God hath appointed to be ruler over all His kingdom.

Who is this who giveth [his] commands to all the armies of heaven, and they obey him?

It is Michael the Archangel, who was obedient to the command of God, and who cast out from Him the evil slanderer and rebel.

Who is this, for whose sake all handicraftsmen in the world cease from their labours, and whose festival they celebrate this day?

It is Michael the Archangel, who hath ordered the denizens of heaven and redeemed the peoples of the earth, and who, by reason of his great love for us, maketh mention of us before God our Creator. The inhabitants of heaven celebrate his festival this day without opposition, and it is also the work of the peoples of the earth to do likewise this day, and to rejoice and to celebrate the festival with the holy Archangel Michael.

Michael is not a man, and no being that liveth upon earth hath seen him in his glory, as it is written in another place, "He is a Spirit¹ [p. 10] and not flesh." Michael is incorporeal, and no corporeal being that eateth can see him, or endure his glory. And I will answer and say unto you, and I will convince you and prove to you that the inhabitants of heaven will never again sin; and in their midst there will nevermore be enmity, nor envy, nor hatred, nor slander, nor adultery, nor murder, nor theft, nor any impurity; but they are holy, and they shall rest in holiness—now those things shall never exist among the saints in this world—and they shall keep an endless feast with Christ the King for ever, because they have cast forth from their midst Satan, the slanderer and enemy of the Creator and the adversary of all truth. For this reason they celebrate this day the festival of the holy Archangel Michael, the ruler of the hosts of heaven, who hath prepared for us this table, of which we are [un]worthy, that is to say, the table of this festival which is set for us in heaven and [upon] earth according to the command of our Saviour Jesus Christ, Whose command is the command of His Father—for Father and Son and Holy Spirit are One God, and One consubstantial and indivisible Kingship, inscrutable and without origin which can be found out—Who is the Cause of all things; and under His dominion alone are the inhabitants of heaven and of earth.

[p. 11] And now, my beloved, having made known unto you the greatness of this feast which is spread for us this day, it is meet that we ourselves should celebrate the festival of him whose festival the angels of God celebrate this day, and we must beautify ourselves, both in our outer and in our inner man, that we may go into

---

¹ Compare St. John iv. 24.

this glorious feast this day, and eat of all the good things which God hath prepared for us. But perhaps ye will say, "Behold this is a royal feast, and it is meet that "we should not sit down until the nobles of the palace "have first been invited." Then will I ask [Adam], saying, "Art thou not he whom God did create with His "own hands, in His own image and likeness, and did fill "with glory and call thy name 'Adam'? I entreat now "thy goodness and majesty and I beseech thee to tell me "if thou dost not thyself also rejoice at the feast of the "holy Archangel Michael." Hearken now, for Adam speaketh, "Yea, I am Adam, and it is for me to invite "all men to this festival this day. But I rejoice more than "they all, for when I had angered God, and He had "brought me out from Paradise, because I had trans-"gressed His command by reason of my helpmeet Eve "making me to eat of the fruit of the tree, concerning "which He commanded me not to eat, it was Michael who "prayed to God for me until He forgave me my sin; "[p. 12] for this reason I rejoice at his festival this day."

"O Abel, thou noble younger son, tell me if thou "dost rejoice this day at the festival of the holy and "mighty Archangel Michael?"

[Abel saith,] "I rejoice and I keep the festival this "day, for it was he whose festival they celebrate this "day who carried my sacrifice and offering up to God, "Who did not regard the sacrifice of my brother, because "he brought it not with an upright heart; for this reason "I rejoice this day."

"And thou, O Seth, do I see thee rejoicing on the "day of the holy Archangel Michael?'

[He saith,] "Indeed I rejoice and am glad [this day],

"for when Cain had destroyed my brother [Abel] God
"gave me to my parents [in his stead]; and when my
"mother found no milk wherewith to suckle me—now her
"milk had dried up by reason of her sorrow for my brother
"Abel—the holy Archangel Michael nourished me with spi-
"ritual food from heaven, and therefore I rejoice this day."

"O Enoch, the just man, whom God removed from
"this world, do I see thee rejoicing this day?"

He saith, "Indeed I rejoice and am glad [this day],
"because the whole race of man hath sprung from my
"seed, and because Michael hath never ceased to entreat
"God to show mercy unto sinners, and to make them to
"live for ever, [p. 13] and I rejoice at his festival because
"he prayeth for my children."

"O Methuselah, the old man whose days were lengthen-
"ed, whose white and pure garments I see in the midst
"of the feast, why dost thou rejoice this day?"

He saith, "How can I help rejoicing? I am the eighth
"from Adam, and I am the man whose prayers were taken
"by the holy Archangel Michael and carried up to heaven,
"and finally God blessed me with a long life which ex-
"ceeded that of my father Adam by thirty-eight years."

"O Noah, the just man, I say unto thee, 'Hast thou—
"but I see thou hast—great joy this day?'"

He saith, "How can I help rejoicing and being glad? for
"when God was angry with the world, and wished to destroy
"it, He placed me in the ark with my wife, and children,
"and creatures of every kind that moveth upon earth, and
"He opened the cataracts of heaven and poured out rain
"upon us for forty days and forty nights, and we saw
"neither sun, nor moon, nor stars; but Michael guided
"and directed us, and ceased not to pray to God until

"the waters which had increased abated, and the dry "land appeared, and I and those who were with me were "delivered."

"O Abraham, the father of the patriarchs, dost not "thou rejoice this day on the festival of the holy Arch- "angel Michael?"

[p. 14] He saith, "Yea, I rejoice especially, for I was "the first man with whom Michael and his brother angel "Gabriel sojourned, and he entreated God for me that I "might be worthy of [my son] Isaac, and I ate with them "under the tree of Mamre."

"O Isaac, the holy vow and sacrifice acceptable to the "living God, what doest thou in this place this day? Dost "thou console thyself with great consolation on the festival "of the holy Archangel Michael?"

He saith, "Indeed I am comforted, for I was the only "child of my parents, and my mother was barren and "bore no other child besides me. Afterwards my father "bound me hand and foot, and laid me upon stones on "a desert mountain, and with my own eyes I saw the knife "in the hands of my father who wished to slay me; but "Michael stood up and took the knife out of my father's "hand, and gave him a ram in my stead, and the sa- "crifice was completed."

"O Jacob, prince of patriarchs, who prevailed with "God, and who wast a giant among men, dost not thou "rejoice this day at the festival of the holy Archangel "Michael?"

He saith, "Yea, I do rejoice this day, for when my "brother Esau cast me forth I fled to Mesopotamia, to "Laban my mother's brother, and Michael came to me "and decreed my wages from the sheep, and he blessed "me, and my children, [p. 15] and my wives, and he made "all Israel to be blessed for my sake."

"O Joseph, the just man, whose brethren were jealous "of him, what doest thou in this place this day? Dost "thou rejoice at the festival of the Archangel Michael?"

And straightway Joseph, the just man, answereth at once, saying, "Verily, it behoveth me to rejoice this day, "for when my brethren were jealous of me, and drove "me forth into a strange land, and I became a miserable "alien without any one to comfort me, and with a mul- "titude of evils round about me, the Archangel Michael "came to me, and comforted me in them all, and finally "he prayed to God and He made me ruler over Egypt."

"O Moses, and Aaron, and Joshua the son of Nun, "what is your part in this festival this day?"

These saints make answer, saying, "Joy is our part, "for Michael was our leader and the guide of our people "until we had overcome our enemies, and he prepared "the way for us into the land of promise; on this account "we rejoice this day."

[O Gideon]...............[1]

"I am Gideon, and I rejoice especially, for it was "Michael who came to me and filled me with strength, "and I went forth and fought against Midian, and delivered "my people."

"O Jephthah[2], and Anna thy wife, what is your work "in this festival to-day?"

[p. 16] These Judges answer and say, "Verily, our "joy is great, for we were barren from our youth up,

---

[1] The scribe has omitted the address to Gideon.
[2] We should probably read Manoah; see Judges xiii.

"and we had no child. But we rose up, and prayed, and "offered up a sacrifice to God, and the holy Archangel "Michael looked upon our feebleness, and carried our "prayers and sacrifice to God, and made mention of us "before Him, and He blessed us with the mighty man "Samson, therefore we and our son rejoice this day."

"O David, the just king, the father of Christ according "to the flesh, behold I see thee this day rejoicing and "playing upon thy ten-stringed lyre at the feast to which "the holy Archangel hath invited us this day."

David saith, "Verily I rejoice this day and am glad. "The songs and music for each one of the festivals of "all the saints are written upon my heart, but that be-"fitting this festival of the holy Archangel Michael which "I sing is, 'The angel of the Lord encampeth round about "'those that fear him, and delivereth them.'"[1]

"O Solomon, the wise man, dost not thou rejoice on "this festival of the Archangel Michael?"

He saith, "I rejoice especially, for it was the Arch-"angel Michael who was with me from my youth up, "and who made peace to exist in my days, and he "entreated God, Who commanded me to build a house "for Him."

[p. 17] "O Hezekiah, the just king, dost not thou rejoice "this day at the festival of the holy Archangel Michael?"

He saith, "How can I help rejoicing? for when the "wicked Assyrians afflicted me and my people, it was the "holy Archangel Michael who destroyed one hundred and "four-score and five thousand of their men in one night, "and delivered me and my people."

---

[1] Psalm xxxiv. 7.

"O Isaiah, the mighty prophet, what is thy joy this day at the festival of the holy Archangel Michael?"

He saith, "This is [the cause of] my joy: in all the sufferings which Manasseh and his friends brought upon me the holy Archangel Michael stood by me, and strengthened me, and comforted me until they sawed me in twain with a wood saw."

"O holy father Jeremiah, thou mighty light-giving lamp, do I see thee rejoicing this day at the festival of the holy Archangel Michael?"

He saith, "I rejoice exceedingly, for when all the kings of Judah wrought evil things upon me, and afflicted me in the dungeon, Michael stood by me, and helped me, and strengthened me."

"O Ezekiel, the mighty prophet, come and show us what is thy joy this day at the feast of the holy Archangel Michael."

He saith, "I rejoice and am glad, for it was Michael who brought unto me a paper which was written upon, and I swallowed it, [p. 18], and it filled me with prophecy."

"O Daniel the prophet, the man to be desired, dost not thou rejoice this day at the feast of the holy Archangel Michael?"

He saith, "What joy is there like unto mine? for when they cast me into the den of lions, and sealed it with a seal, the Archangel Michael came to me, not once nor twice, and he shut the mouths of the lions, and they came not nigh unto me at all. And when I was an-hungered Habakkuk came to me, and brought me good food, and gave me to drink."

"O ye twelve Apostles, why do ye rejoice this day at the festival of the holy Archangel Michael?"

They say, "We rejoice indeed, for were we not in great sorrow when the lawless Jews crucified our Lord Jesus Christ, and were we not in sorrow and in hiding for fear of the Jews, until Mary the Virgin and those who were with her went into the sepulchre on the first day of the week, and she showed us that she had found that the holy Archangel Michael had rolled away the stone from it, and was sitting upon it, and announcing the glorious tidings, 'The Lord hath risen?'"

"O Zacharias, and John thy son, do not ye keep the festival of the Archangel Michael this day?"

[p. 19] He saith, "I rejoice, because Michael the Archangel hath sealed us, me to be a priest, and John my son, the child of Elisabeth, the kinswoman of Mary the mother of God according to the flesh, to be the Baptist; for this reason we rejoice this day."

"O Stephen, the archdeacon and protomartyr, dost not thou rejoice with us in this great festival?"

He saith, "Yea, for when they cast stones at me I saw the heavens open, and the Archangel Michael and all the angels were gazing at our Lord Jesus Christ at the right hand of the Good Father."

"O ye three children, Ananias, Azarias, and Misael, do not ye rejoice this day at the festival of the Archangel Michael?"

They say, "How can we help rejoicing? for when Nebuchadnezzar the king cast us into the furnace filled with fire, God commanded Michael and he scattered the flames of fire, and made the furnace to become like dew."

"O ye company of martyrs and saints, do not ye

"rejoice this day at the festival of the Archangel
"Michael?"

All the saints say, "Verily our joy is great, for Michael
"the Archangel hath strengthened us in every need and
"sorrow which we have suffered, and [hath strengthened
"us] to endure the torture and to fulfil our martyrdom and
"strife, for which we have received the great good things
"which we have; [p. 20] for this reason we rejoice this
"day."

"O all ye armies of heaven, do not ye rejoice this
"day?"

They say, "In truth, all joy is ours." For, O my beloved, great is the honour of this feast which is spread for us not only upon earth, but also in heaven.

And now, O my wise and beloved ones, let us keep ourselves with all diligence, and let us guard our souls on the festival of the holy Archangel Michael. Let us put on fine garments meet for the marriage-feast, lest if we enter therein arrayed in torn and foul garments, and having our bodies full of uncleanness, they turn us out in disgrace from before those who are clothed in glorious apparel, and who will remove their garments from our path lest they be in any way defiled by us. And after being cast forth in great disgrace these same beings will mock at us, saying, "O senseless and abominable men,
"how is it that ye are not ashamed [to do this thing]?
"If ye be not ashamed before men, how is it that ye are
"not ashamed before God the King, and before His holy
"governor Michael? Do ye not know whose chamber
"this is, and whose feast it is? Do ye not know that it
"is the feast of the King and of His chief captain who
"hath obtained all power before his God the King, Who

"hath given him all these honours because of his true "valour? [p. 21] And I marvel much at your boldness "[in coming] into this inner place, for God hath already "given unto you the command, 'Come not into the marriage "chamber without the marriage garment upon you', but "ye have not hearkened thereunto. Have ye not heard "what befell the man who dared to go into the feast in "unclean garments like unto your own? It is written that "He made them bind him hand and foot and cast him "into outer darkness, where there is weeping and gnashing "of teeth."[1]

And now, O beloved, let me lead you through into the outer chamber, and sit ye down for a little, so that when God the King shall have come in with Michael His chief captain, Michael may entreat him to show mercy unto you, and to the other suppliants, and to those who sit at the gate; for the Archangel whose festival ye keep this day is compassionate, and will not forsake you. And strengthen your hearts and souls, and I will entreat him not to take vengeance upon you during this festival lest ye bring suffering upon yourselves here. Briefly then I have shown you and ye know, O beloved, that the objections which I have brought before you, and especially the things which have been spoken by ourselves, are made by men like unto ourselves, and not by God. But perhaps some one will say to me, "What are unclean, or what "are beautiful garments? [p. 22] What is the beautifying "of the body? Is there any hypocrisy with God, or doth "He love the rich more than the poor man? Cannot I "of my own will become poor, or if I desire cannot I be- "come rich, and if any man wish it can he not become of

---

[1] St. Matthew xxii. 1—14.

"no account?" God forbid that it should be thus. God is no hypocrite, neither doth He love the rich man more than the poor man; God forbid! But I will show you what is the beautiful apparel which ye must put on if ye wish to go into the feast of Michael. "Anoint thy head "with oil, and wash thy face,"[1] the interpretation of which is that thou must cast forth from thee all evil deeds, and keep the festival with the holy Archangel Michael. And when they bid thee to the feast of Michael the Archangel, cleanse thy heart from all evil things, and take out from thyself every impure thought, and put on thy fine raiment, and go to the church of God which is this house of prayer. Drive forth from thee all fornication, and anger, and impurity, and array thyself in innocency, and peace, and truth, and enter into His courts with joy, and rejoice with the Archangel Michael. And when they bid thee to the marriage chamber of the true King and of His chief captain, let thy alms and thy charities open the door thereof for thee, and whatsoever thou shalt give to Him, [p. 23] verily thou shalt find it upon the table before thee. If thou wouldst glorify the Archangel Michael, the chief captain of the true King, send the widows and orphans forth from thee with their faces bright and full of joy, and with their bodies clothed with the measure of thy power; I say unto thee that thy sacrifice shall be accepted before God and before His holy Archangel Michael, and thou thyself shalt be gratified. Receive the stranger on his holy festival, and show mercy unto him, and the Archangel Michael will have mercy upon thee, and will receive thee joyfully, and will carry thee into the court of the

---

[1] St. Matthew vi. 17.

King with joy, and thy face shall be light. If any man ask anything at thy hand on the day of the Archangel Michael delay not to give it to him. For I say unto thee, O beloved, that whatsoever a man giveth, Michael taketh it from his hand and carrieth it up to God; he will give it back to thee twofold upon earth, and God will show mercy unto thee in His kingdom, for "charity maketh "man to be praised in judgment." Again it is written, "Be merciful, that [men] may be merciful to you."[1] And if thou shalt keep the festival of the Archangel Michael every month — now the twelfth day is the day of his commemoration — and art mindful of gifts for him with joy according to thy power, the Archangel himself will pray to God for thee at all times, [p. 24] that He may bless thee [by granting] all thy petitions according to the measure of thy remembrance [of Him]. But perhaps, O beloved, thou wouldst say unto me, "If I give alms or "gifts, I give them to thee in the name of God; Michael "is not God that sacrifices should be offered unto him." On this I make answer, Verily thou hast well spoken, O man upright in the belief of God; but hearken and I will show thee. Is there not set over the country a governor in whose hands are all the companies of soldiers and all the army, in which thou findest one man of higher rank than another, but is not the governor higher than they all? Now although the governor may establish a friendship between himself and one of the army, and may bestow great honours upon him, he doth not act thus with all the company in which his friend serveth, but he acteth thus because he knoweth that the company in

---

[1] St. Matthew v. 7 (?).

which his friend is stationed is many in number. And this friend is at all times near the governor, who is able to deliver him from all the many trials of this world which is full of trouble and affliction, and he findeth freedom of speech before him after the manner of a noble, and thus the rest of the company findeth favour in the sight of the governor by reason of him. And likewise every one who doeth alms or giveth a gift in the name of the Archangel Michael, receiveth his gift and carrieth it to God, as Christ our God in truth said, "[p. 25] Whosoever receiveth a prophet in the name of a pro-"phet shall receive the reward of a prophet; and whosoever "shall receive a righteous man in the name of a righteous "man shall receive the reward of a righteous man. And "whosoever shall give you a cup of cold water in my "name"—and ye are Christ's—"verily I say unto you that "his reward shall not perish."[1] If thou bringest a gift unto God in the name of His holy Archangel Michael, or any alms or charity, whether it be great or whether it be little, on the festival of Michael—be not thou halting between two opinions in the matter, lest thou thyself shalt cause thy labour to be in vain, but believe wholly and firmly without any stumblingblock—the Archangel Michael will receive it and bring it before God, and its savour will be like the smell of incense, and he will take counsel for them that great good things be prepared for them, and he will take them from the hand of God to deliver them from everlasting punishment. And now would ye know what things God will give in return to those who bring sacrifices, and charities, and alms to give to Him

---

[1] St. Matthew x. 41, 42.

in the name of the holy Archangel Michael—ye must know also that He will minister unto them in this world, and that when they are removed from this life He will receive them unto Himself in the mansions of His kingdom—listen then, and I will tell you concerning this mighty power (?) that ye may glorify [p. 26] the God of the holy Archangel Michael.

There was a righteous and God-loving man in the city of Senahôr whose name was Dorotheos, and he loved to give alms and charities, and this man had as his helpmeet a woman called Theopisthe, who was as pious and as perfect in mercy and charity as her husband; and these people had given great gifts in the name of the God of the holy Archangel Michael from the time when they had first come together. And they were both young, and the parents of both had left them a goodly inheritance, and they were very rich, and they had many possessions, and much wealth, and sheep, and oxen, and cattle, and other goods of this world. And these two people had great love for God, and for His holy Archangel Michael, and when the twelfth day of the month drew nigh they were wont to be careful for it, and to make ready offerings from the morning of the eleventh day of the month; and they sent with great zeal and without sparing gifts and wine to the church of the holy Archangel Michael. After this they were wont to slay sheep, and to devote themselves to the preparation of the food and gifts which were needed for the wants of the people. And after they had received the life-giving Mysteries on the twelfth day of the month, [p. 27] they gathered together every one to partake of the food, the blind, and the deaf, and the destitute, and the orphans, and widows, and strangers,

and they stood up and ministered unto them with great
enjoyment of soul, and joy of spirit, and gladness of heart,
until they had eaten their fill; then they brought to them
choice wine and drew for them until they had drunk their
fill, and they anointed their heads with fine oil, saying,
"Go in peace, O beloved brethren; we have been ac-
"counted worthy of great honour this day in that your
"holy feet have entered into the house of your servants."
And thus Dorotheos and Theopisthe continued to do on
the twelfth day of each month, and at length the fame
of their goodness reached unto every place in all the
land of Egypt, and multitudes of people honoured them
by reason of the glory of their good works, and glorified
God Who had created them, and praised and blessed
their parents who had begotten them, and all men ascribed
honour to them by reason of the noble deeds which they
manifested in the name of the God of Michael. And they
fled from vain-glory, for their hope was strong in God
and in the Archangel Michael.

And it came to pass that after they had continued to
do thus for a long time God commanded the heavens to
pour no rain upon the earth for three years, by reason
of the [p. 28] sins of the children of men, and the whole land
of Egypt and all those that were therein were troubled
because of their sufferings by thirst and by the destruction
of food, as it is written, "Then the multitude came to
"an end and died, and the cattle perished with them."
And moreover, the waters of Gihon (Nile) did not rise,
and no rain fell upon the earth for a space of three whole
years. Now this holy man Dorotheos and his wife did
not cease to do according to their wont every month,
and they prayed to God and to His Archangel Michael,

saying, "O God of Michael, take not away from us Thy "gifts and charities, for we are Thy servants." And as they continued to do these things ill-luck fell upon them, and multitudes of their cattle perished. Now when two years of the famine were ended and the third was drawing nigh, everything which they had had come to an end, and at length of the very few beasts which they had left all died except one sheep. Then the pious man said to his blessed wife, "O my sister, thou knowest that to-day "is the eleventh day of Paopi¹, and that to-morrow is the "festival of the holy Archangel Michael. Let us be careful "for the gift which we are wont to give to the steward, "and let us slay this one sheep that we may make it "ready for the festival of the holy Archangel Michael. If "we die we belong to God, and if we live we are also "His; [p. 29] blessed be the name of God for ever." His wife saith to him, "As God liveth, O my brother, this "care hath been in my mind since yesterday, but I could "find no occasion to ask thee concerning it, for I know "what hath happened to thee; but I rejoice greatly that "thou hast not forgotten the gift for God, and do thou, "O my brother, even as thou hast said." And when the morning of the twelfth day of Paopi had come they rose up early at dawn, and performed all their ministration, and they omitted nothing which they were wont to do in the time of their wealth; and there was left to them nothing except a little oil and a little wine, and also they had no garments at all except those in which they were wont to receive the Eucharist. Nevertheless at this time they blessed God and the holy Archangel Michael, and

---

¹ *I. e.*, the 8th of October.

they hymned and praised Him day and night with floods of tears, saying, "O God Jesus Christ, help us. O thou "Archangel Michael, pray to God for us that He may "open to us the hand of His mercy and blessing, lest the "hope of thy offering and gift which we bring to God "in thy holy name, O Archangel Michael, perish from our "hands. Thou knowest our hearts and our love towards "thee. We have no helper besides thee, for thou [p. 30] hast "been our helper from our youth up, and thou hast been "an ambassador for us before God our Saviour. And now "we beseech thee, O kind guardian, holy Archangel, if it "be meet that after all the oaths which we have sworn "with God and with thee, this great affliction should over-"take us at the end of our lives and we must cease from "thy gift and alms to thee, let thy goodness prevent us "and do thou entreat God to show great mercy unto us, "and to remove us from this vain life like all our fathers— "for behold, O our helper, thou seest what things have "befallen us for our sins' sake, and it is good for us to "die, for the death of every man is better than life without "good fruit—lest if this affliction continueth with us we "forget thy gift and thy charity which we have offered "unto God and to thee, for poverty produceth multitudes "of evils, which bring on death and make men to become "doers of what is amiss. And now, O Archangel Michael, "we have shown forth our weakness before thee, forget "us not because of our sins, but do unto us as it is written, "'The angel of God encampeth round about every one "'that feareth Him, and delivereth them.'[1] And David saith "concerning the peoples, [p. 31] 'God feedeth them in their

---

[1] Psalm xxxiv. 7.

"'hunger',[1] and he saith also, 'The righteous man seeketh "'after bread all the day, but God is merciful and giveth "'it to him'. And now, O our helper, thou holy Archangel "Michael, thou seest all the matters of thy servants and "there is nothing more left for us to say except, 'We are "'willing and ready to die'. Help us, O God our Saviour, "and we utter these words blessing God, 'God hath given "'and God hath taken away; may God's will be done, "'and may God's name be blessed for ever. Amen'".[2]

And these and such like words did the righteous man and his wife say from the twelfth day of Paopi, and they continued to entreat the God of Michael until the ninth hour of the eleventh day of the month Athor, the morrow of which, that is to say the twelfth day, was the great day[3] of the festival of the holy Archangel Michael, just as we are gathered together one with another to celebrate his festival this day.

Now when the time for the customary monthly preparation of the holy sacrifice had arrived, that is to say the evening of the eleventh day, which is the night before the twelfth day, the truly believing man Dorotheos began to say to his pious wife, "O my sister, what canst thou "do by sitting down? Knowest thou not that to-morrow "is the festival? Forget not the good gift, and let not "the glorious commemoration of the Archangel Michael, "which is pleasant to thy heart be [p. 32] burdensome to thee, "O my sister, lest thou be deprived of the hope in God, "for it is He who showeth grace to us in everything." And that blessed woman said, "Well dost thou agree

---

[1] Compare Psalm xxxiv. 9, 10.   [2] Job i. 21.
[3] *I. e.*, the day of the annual commemoration.

"with me, and well hast thou brought before me the
"delight, and joy, and riches of our soul, which is the
"glorious commemoration of the holy Archangel Michael.
"Verily, O my brother, from the dawn of this day until
"now, neither have floods of tears ceased to well up in
"my eyes nor fire to burn within me, by reason of the
"festival of our helper the holy Archangel Michael. And
"now, O my brother, let us see what thou canst do, lest
"our gift come to an end, and we defraud the being to
"whom we have been accustomed to make it. We have
"heard, moreover, how the great Apostle Paul said,
"'Whosoever hath begun to do a good work let him
"'complete it against the day of the manifestation of our
"'God Jesus Christ';[1] behold, we have begun to do a good
"work, and let us be careful to complete it". Dorotheos
saith to her, "What have we left, my sister? peradventure
"it may suffice for our need." Theopisthe saith, "We have
"a vessel full of bread which is fit to be set before the
"brethren, and a little oil sufficient for the food and for
"the anointing of the heads of the brethren, but we have
"neither wheat nor flour." Dorotheos saith, "Verily, my
"sister, we have these things, although we have no sheep
"to slay; but the will of God be done. [p. 33] God
"asketh from us nothing but what we have the might [to
"give], as it is written, 'I will love Thee, O God, my
"'strength';[2] it is better that we should give a little than
"that we should give nothing at all. And now let me
"give utterance to that which is in my heart. Behold
"each of us still has left festal apparel. I will take my
"garments first, and will buy flour therewith for the

---

[1] Philippians i. 6.   [2] Psalm xviii. 1.

"preparation of our gift, which shall suffice for the gift
"for the people, and for the flour offerings, and when
"to-morrow cometh, I will take thy garments, and will
"go and buy with them a sheep which we will slay
"for this festival to-morrow, which is the great [day] of
"the festival of the holy Archangel Michael. If we find
'[a sheep] we will eat of him, and if we find him not we
"will glorify God; and if we die it is God Who will
"receive us unto Himself because we did not cease from
"[making] His offering." The prudent woman saith to
him, "O my brother, there are not only thy clothes and
"mine, but my vail also. I would give my soul for the
"sake of making a gift to God and for charity's sake".
Her husband saith unto her, "The zeal which thou hast
"manifested towards these things is well, but keep thy
"vail to cover thy head, according to the words of [our]
"master Paul."[1]

And after these things Dorotheos took the apparel in which he was wont to receive the Mysteries, and sold it for corn, [p. 34] and he gave the corn to the steward; then he returned to his house joyfully, and said, "Behold, "God hath provided for us in the matter of the gift." And it came to pass that when it was the morning of the twelfth day of Athôr the pious woman sought [Dorotheos], and said to him, "O my brother, arise, take my "apparel that thou mayest see if thou canst not find a "sheep that we may make ready for the brethren who "are coming to us." Now Dorotheos, wishing to try her zeal, said to her, "O my sister, if I take thy apparel "what wilt thou do when thou wishest to receive the

---

[1] 1 Corinthians xi. 5—13.

"Blessings on this great festival to-day? I am a man, "and I can go into every place alike without shame to "myself, but a woman may not uncover herself, especially "not in the church". And when the pious woman heard these things she wept bitterly, and said, "Woe is me, O "my beloved brother, what is that which thou hast spoken "to me this day? Are we separated this day, and have "we become twain? Am not I with thee one body? "Have I no part with thee in the offering? Wilt not "thou take from me my share on the festival of the "Archangel Michael? Nay, my brother, think not thus "within thyself that I should be uncovered, for those "who are in the church are neither male nor female in "Christ, but are even as angels, and archangels, and Che-"rubim and Seraphim, with the Saviour in their midst;" [p. 35] and saying these things she wept bitterly. When Dorotheos saw the exceeding zeal of her spirit he was moved concerning her, and he rejoiced in the strength of her belief, and said to her, "Rise up, and have a care "for the offering and the oil, which we are going to send "to the church, and let us set out the table and the little "bread thereupon, and make ready the little wheat [which "we have]. And I will go out, and perhaps God will "give us a sheep wherewith we may make ready food "for the brethren on this great festival this day."

And he rose up with great zeal and good confidence towards God and His holy Archangel Michael, and he took the garment, and went along his way, praying to the God of Michael that He would make his way prosperous. Now as he was going along the way he came upon a shepherd and he said to him, "Peace [be upon thee], my beloved;" and the shepherd said to him, "And upon thee also." The pious man said to the shepherd, "Can I not find with you a sheep to-day? for a great man hath visited us this day." The shepherd said to him, "What price shall he be?" Dorotheos answered, "The third of a *dînâr* will be enough [for me to give]." And the shepherd said, "Give me the price of him that I may give him to thee." Then the pious man handed to him the garment of his wife, saying, "Take this into "thy care for three days, and if I do not bring thee the "third of a *dînâr* take away the garment, and thou shalt "have full power over it." The shepherd answered and said, "What can I do with this garment? [p. 36] I have "no one in my house who weareth any but woollen gar-"ments;" and the shepherd turned away from the pious man who was holding the garment in his hand. Then Dorotheos went upon his way weeping bitterly, and pondered in his heart, "What shall I do, or what can I say "to my wife?" And as he was walking along his road weeping, and having his eyes heavy with crying, he looked before him and saw the holy Archangel Michael coming along riding upon a white horse like a royal governor, with angels marching by his side in the form of soldiers; and Dorotheos was greatly afraid, and withdrew from the way, leaving the path for the governor and his soldiers. And when the holy Archangel Michael had come up with him, he drew bridle and stood by him, and said, "Hail, Dorotheos, good and faithful man, "whither goest thou, and whence comest thou that thou "art thus carrying this garment, and art walking along "the road by thyself?" And Dorotheos, standing at a distance from him, answered and said, "Peace also be to "thee! O my lord and master and governor, thy coming "to us this day is well." The governor, who was Michael, said to him, "Is not Theopisthe alive?" and Dorotheos, with his head bent towards the ground by reason of the glory of the governor, replied, "Master, thy handmaid "liveth." The governor saith to him, "What is this in "thy hand?" [p. 37] and Dorotheos answered shamefacedly, "The garment of my wife." The governor saith to him, "What wouldst thou do with it?" Dorotheos saith to him, "A mighty man hath visited us this day, and I am not "able to find for him that which befitteth his rank. By "reason of the season [of dearth] which hath come upon "us we have no money in our hands, and I took this "garment to give in exchange for a sheep, but the shep- "herd would not take it, and I neither know what to do, "nor what to set before the governor." The governor, who was Michael, said to him, "If I pledge myself to "obtain a sheep for thee, wilt thou receive me and those "who are with me into thy house this day?" Dorotheos answered and said unto him, "Yea, master, hold thou thy "servant worthy that thou shouldst come under the roof "of his house."

Then the governor, who was Michael, said to one of the angels who were with him in the forms of soldiers, "Go with Dorotheos to the shepherd and say to him, "The governor who passed by thee [this day] saith to "thee, Send me now a sheep of the value of the third "of a *dinâr*, and I pledge myself to obtain the price "thereof before mid-day this day, and to send it to thee." And Dorotheos and the angel, who was in the form of a soldier, went to the shepherd in the name of the Archangel, and took a sheep.

Then the governor, who was Michael, looked at Dorotheos and said to him, "Behold, [p. 38] the sheep is "ready for the great man whom thou hast received into "thy house at thy bidding this day; see now if thou "canst not find a fish for my own want, for I do not "eat sheep's flesh." Dorotheos saith to the governor joyfully, "If God provideth it I shall buy it." The governor saith to him, "How wilt thou buy it?" Dorotheos answered, "I will leave this garment for it until I can send "the price of it to the fish merchant." And the governor called to one of the soldiers who were with him, and said, "Go to the market(?) and say to those who catch "fish, 'The governor who hath lately passed by you saith "to you, Send me a fine, large fish, the price of which "is the third of a *dinâr*, and I will send the price of it "to you with Dorotheos by mid-day to-day;'" and the angel, who was in the form of a soldier, went to the catchers of fish in the name of the governor and took from them a fish and brought it to the governor. The governor then said to Dorotheos, "What wilt thou do "next? for thy business is now complete;" and Dorotheos said to him, "Yea, master, everything is now completed." And the governor said, "Let us go on;" and they took up everything, that is to say the sheep and the fish, and they went forward and Dorotheos walked along, thinking within himself, [p. 39] Where shall I find the money to pay for this sheep and this fish, and where shall I find the bread, and the wine, and the cushions upon which the governor may recline, and everything else which he needeth? And it came to pass, that multitudes of thoughts as to what he should do were in his heart, and he continued to pray to God and to the holy Archangel, saying, "O holy Archangel, O faithful helper, stand

"thou by me this day, for I am thy servant, and thou
"knowest that I have done all these things in the name
"of our Lord Jesus Christ." Now while Dorotheos was
walking along meditating these things the Archangel knew
the thoughts of his heart, but he waited in order that
he might see his faithful zeal for him.

And it came to pass that when they had arrived at
the house of Dorotheos Michael knocked first at the door
of the dwelling, and Theopisthe, the free-woman, the wife
[of Dorotheos] came out; and Michael said, "Peace [to
"thee], O Theopisthe, thou beloved God-loving woman,
"how doest thou in these days?" Theopisthe answered,
"Peace be upon thee, my lord, and master, and governor!
"Well has God brought thee to us this day with Michael
"the holy Archangel. Come in, master, stand not without."
And while Theopisthe the wife was saying these things,
behold her husband Dorotheos came with the sheep in
his hand, and the fish, and the garment, and laid them
down before her. She saith to him, "O my master and
"brother, where didst thou find these things which thou
"hast brought with thee here? [p. 40] I see that the
"garment is still with thee." Dorotheos saith to her,
"The governor pledged himself for me and gave them
"to me." And Theopisthe said to him, "Well hath God
"brought to us this day the governor and those that are
"with him with the holy Archangel Michael, and verily
"we will partake of the things for which he hath pledged
"himself for us;" and she spake these things joyfully.
And the governor, who was Michael, said, "I will go to
"the Offering, for to-day is the festival of the holy Arch-
"angel Michael, and when the hour hath come make
"ready the place with care, and kill the sheep and the

"fish, but see that no one goeth near the fish until I
"have come and done with it according to my will."
And they said, "According to the command of our master
"so shall it be;" and he went out from them, and they
knew not who he was, but they thought that he was a
governor of the district.

Then Dorotheos said to Theopisthe his wife, "What
"shall we spread upon the ground for the governor [to
"recline upon], and where shall I find bread meet for
"his honour? Let us devote ourselves to doing this day
"what lieth in our power for him." His wife said to
him, "O my brother, God hath not forsaken us. Arise,
"find a man to kill the sheep, and let us make ready
"the things in the house;" and he did so. And his wife
said to him, "Bring out a little wine that we may know
"if it is fit for the governor or not", [p. 41] and when
he had gone and had opened the door of the cellar he
found it filled with wine to the very door. And Dorotheos
was afraid, and went back to his wife and asked,
"Hath any one brought wine here since I went out?"
She saith to him, "As God liveth, when I brought out
"a little wine for the Offering this day there was nothing
"left in the cellar except one bottle;" and Dorotheos said
to her, "Let us wait until we see what is the end of
"the matter." And they gave themselves to bringing out
a little oil for the food of the brethren, and for the anointing
of their heads, and when they had gone into the
place where the oil was kept they found [there] seven
jars filled to the brim with fine oil, and vessels which
were filled with everything which they wanted in the
house, butter, and cheese, and honey, and vinegar, and
every other household matter; and they were afraid to go in.

After these things, when they had gone into their bed-chamber, they found a chest filled with all kinds of fine raiment of greater beauty and richer than that which they had worn at their wedding and in the days which were past; and after these things they went into the place where the bread was made, and there they found good and excellent bread. And straightway they knew that an act of grace had been done to them, and they glorified the God of the Archangel Michael. And Dorotheos said to Theopisthe his wife, "God hath pro-"vided all things, come, let us spread them ready for the "governor, [p. 42] for the hour hath come for us to go "in to the holy offering." And when they had made all things ready, and had laid out a place upon which the governor might recline according to his rank, and had dressed the tables for the brethren according to their custom, they arranged themselves in goodly apparel, and went into the holy ministration in the church of the holy Archangel Michael; and they prayed there with great joy. And when they had come into the church they both bowed down before the place for prayer, and prayed to God giving great thanks, and they uttered blessings before the image of the holy Archangel Michael, and said, "We give thanks unto Thee, O our God Jesus "Christ, and to Thy good Father, and to the Holy Spirit "for ever, Amen. And we bless Thy holy Archangel "Michael because Thou hast not hidden Thy mercy from "us, neither hast Thou forgotten our gift; but Thou hast "sent unto us Thy loving-kindness quickly." After these things they partook of the Mysteries and received the blessing of peace. Then they came out quickly into the presence of the brethren, and they sat down, and waited for the governor with great expectation; and there were gathered together there men and women until the whole place was filled with them. And Dorotheos and Theopisthe girded up their loins, and stood up and ministered unto them in every thing which they needed, [p. 43] and they served them with good wine and choice oil and excellent food. And it came to pass that while they were thus ministering the governor, that is to say Michael, came with his soldiers, and knocked at the door. And Dorotheos and Theopisthe went out quickly with joy, and they opened the door, and received them, saying, "Happy are we in that we are held worthy of thy coming "to us this day, O our master and governor, with thy "soldiers; verily we rejoice this day, for this day is a "great day, the festival of the holy Archangel Michael. "Come thou in, O blessed one, and may God make thee "joyful." Now when the governor had come in and found the whole place filled with women, and with small and great, he made as if he were astonished, and said to Dorotheos and Theopisthe, "O my brethren, what need have ye "of all this multitude of men and women whom I see "here? Lay not trouble upon yourselves this day by "reason of our coming to you. Have ye not considered the "affliction in which ye now are, and would it not be better "to act thus in times of abundance?" And they answered and said, "O master and governor, forgive us. We have "not laid trouble upon ourselves for thy sake, we only "render thanksgiving to our God and to His Archangel "Michael. Among those whom thou seest here to-day "there is no stranger, they all are kinsmen of ours "and are united to us in God;" and while these saints were saying these things [p. 44] the Archangel Michael rejoiced at the perfectness of their natural dispositions.

And after these things Michael and those who were with him went into the place which Dorotheos and Theopisthe had prepared for him, and when they had gone in they made the Archangel to sit down upon a seat. And he said to Dorotheos, "Bring me the fish before "thou doest anything to him." And when they had brought him he said to Dorotheos, "Sit down and open his belly;" and he did so. The governor said, "Take out his maw," and he took it out, and found that it was very large. And Dorotheos said, "What is this, master?" and Michael said, "Open it;" and when he had opened it he found a bundle inside it sealed with seals. And he marvelled at the thing and said, "What is this, master?" and the governor, who was Michael, said to him, "Large fishes "like this swallow everything which they find in the water, "but open the packet, that thou mayest see what is "inside it." Dorotheos said to him, "Master, how can I "open it? it is sealed." Then the Archangel Michael stretched out his hand and took the bundle, and he found it to be full of fine gold money; and when they had counted it they found that it amounted to three hundred *dînârs*, and among the money were three pieces each of the value of a third of a *dînâr*. And when Dorotheos had taken them he lifted up his eyes to heaven, and said, "Righteous art thou, O God, and to Thee belong "those who are upright, [p. 45] and those who put their "confidence in Thee shall never be ashamed."

Then the governor said to Dorotheos and Theopisthe his wife, "Come hither to me, O my beloved brethren, "and let me speak with you. Because ye are people of

"charity and because of the exceeding great trouble which
"ye have undertaken for the sake of my coming unto
"you this day, behold, God hath given to you this money
"under this seal, which is that of the finger of God my
"King, and which belongeth unto Him. And now in
"return for your charities and for the trouble which ye
"have endured for the race of man, and for those things
"which ye have done unto me and unto those who are
"with me this day, God hath shown a favour unto you
"this day by [the gifts of] these three hundred *dinârs*
"and these three pieces each of the value of a third of
"a *dinâr*. Take them, and give one to the shepherd,
"and one to the fisherman in exchange for the fish, and
"take this last and give it as payment for the corn to
"the man unto whom thou didst give thy garments yes-
"terday in pledge for the sake of the gift [to the church]."
And they, I mean Dorotheos and Theopisthe, threw them-
selves down upon the ground, and bowing low before
the governor, said, "What is this that thou sayest to us,
"O our lord, and master, and governor? Hast thou come
"to us thy servants that we should take aught from thee?
"Are not all men bound to minister unto the soldiers of
"the king? Art thou not set over us to do with us that
"which thou wilt? And, moreover, thou hast taken nothing
"except the grace of God and His gift. Knowest thou
"not, O our master and governor, [p. 46] what day this
"is, and that the little piece of bread which thou hast
"eaten with our kinsfolk is not ours, but that of God
"and His holy Archangel Michael, whose festival we
"celebrate this day? Nevertheless, O master and gov-
"ernor, if it be thy wish, we will take only the three
"pieces of money each of the value of a third of a *dinâr*,

"that we may give them in payment, one for the sheep,
"[one for] the fish, and the third for the redemption of
"the apparel which is pledged according to thy com-
"mand." And the governor, who was Michael, said to
them, "Verily, by the life of my God and King ye must
"perforce take all, and ye must not leave one behind, if
"ye fear my God and King. For if He heard that ye had
"not done so He would be wroth, and I should receive
"rebuke before my God and King for your sakes; and
"I will persuade Him to be pleased to grant unto you
"even greater gifts than these. And since ye must wish
"to know the truth, it is not only these things which are
"entrusted to me to give to you, but when I shall have
"returned to my city I will give unto you your riches
"as aforetime, and many exceeding great honours; and
"now take these things which are the usury upon them."
And when Dorotheos and Theopisthe his wife heard
these things they marvelled, and said unto him, "Master,
"we beseech thee, mock not at thy servants, and say not
"things which are beyond our nature to bear. Our master
"came unto us and did we give [him] money that we
"might receive usury at his hands? Verily we never saw
"thee, master, [p. 47] before thou camest into our house,
"and we never looked upon thy face before this day,
"and yet how sayest thou that thou hast received any-
"thing from our hands?" The governor answered and
said, "Listen unto me, and I will show you. The time
"when I [first] came into your house was when your
"parents died, and ye inherited possessions and money.
"From that time until this day I have come into your
"house once every month, and after I have departed ye
"have sent to me, yea, ye have sent large gifts to my

"city unto my God and King, and your names have been "written upon them all until the time when ye shall come "into the presence of my God and King, that He may "give them to you two-fold." And Dorotheos and his wife Theopisthe answered and said, "We entreat thee, "O our master and governor, to show us this favour "only to tell us what thy name is, that we may never "be slack by reason of these things which thou hast "spoken unto us." Then the governor, who was Michael, answered and said unto them, "Since ye wish to hear I "will show you my name and the name of my city. I "am Michael, the governor of the denizens of heaven "and of the peoples of the earth. I am Michael, the "chief captain of the powers of heaven. I am Michael, "the ruler of the worlds of light. I am Michael, [p. 48] "who decide all battles before the king. I am Michael, "the glory of all beings in heaven and in earth. I am Mi-"chael, the mighty one, by whom all the mercy of God hath "taken place. I am Michael, the steward of the kingdom "of heaven. I am Michael, the Archangel, who stand "by the hands of God. I am Michael, who bring in "the gifts and offerings of men to God my King. I am "Michael, who walk with those men whose trust is in "God. I am Michael the Archangel, who minister unto "all mankind in uprightness, and I have ministered unto "you from your youth up until this hour, and I will "never cease to minister unto you until I have brought "you to Christ my eternal King. Inasmuch as ye have "ministered unto me and unto my God with fulness of "strength I will never forget your gifts, and I will never "put your offerings and charities which ye have done "to God in my name behind me. Did not I stand in "your midst yesterday and hear what ye said to each "other in respect of your wonted gifts at the festival? "Was not I with you when ye wept, and besought me, "saying, "Entreat God to take us out of this world "since the hope of thy charity is taken away from us?" "[p. 49] Did not I see you when ye brought forth your "garments in which ye were accustomed to receive the "Blessings, and wished to sell them for the sake of the "sacrifice? I say unto you that I was present at all these "times, and will be with you, and I will never forget "any of the things which ye have done from your youth "up until this present, and I will show forth them all for "you before God, Who is my King; and verily your "offerings have been received like those of Abel, and "Noah, and Abraham, because ye gave them in upright- "ness of heart. Blessed are ye, and good shall come "unto you, and as are your names, so shall your blessing "be; for the interpretation of Dorotheos is 'sacrifice of "God', and the interpretation of Theopisthe is 'charity "'of God'."

"I am the Archangel Michael who stand by the hands "of God, and ye have gotten for yourselves one to pray "for you. I am Michael who receive your prayers, and "supplications, and charities, and bring them up to God. "And likewise it was I who went to Cornelius[1] and "showed him the way of the life by baptism, which he "received at the hands of Peter the chief of the Apostles. "Fear ye not, for I will not depart from you, and I will "be near unto you when my God draweth nigh unto you, "because of your great charity towards me, [p. 50] as it

---

1 See Acts x. 30.

"is written, 'Draw nigh to God, and He will draw nigh "'unto you'."¹

"And now, O Dorotheos and Theopisthe, be strong, "and take these things from my hands, for I have already "told you that it is the increase (*or* usury), and that the "crown(?) is in the heavenly Jerusalem, the city of the "King of all the beings of heaven and earth. And I "have already given thanks unto you before God in return "for your gifts and charities". And when he had said these things unto them, he gave them the money with the [salutation of] peace, and went up to heaven with his angels; and Dorotheos and Theopisthe looked after him with fear until he had gone into heaven in the peace of God; Amen.

And Dorotheos and Theopisthe his wife did as the holy Archangel Michael commanded them, and they finished the festival with joy, and they ate and glorified God; and they ceased not from the works of charity which they were wont to do in the name of Michael until they ended their life.

And now, O my beloved, will not ye profit a little by what ye have just heard? Is not this narrative sufficient to persuade your minds? Be ye not prevented from bringing [your offerings] to God in the name of Michael, for are ye not now certain that it is Michael the Archangel who will receive whatsoever ye give to God, [p. 51] and that he will make it manifest before Him on your behalf, and also that whatsoever ye give in the name of the God of Michael, He will give a twofold increase to you through him, as He did to these

---

¹ St. James iv. 8.

holy men? Ye have already heard, O my beloved, of the great gifts to God which these holy people, Dorotheos and Theopisthe, whose minds were right with Him, set apart for Him, and how God extended His love towards them, and how He sent to them the Archangel Michael, who provided great and boundless riches, and a ladder to the kingdom of heaven for them. And I, O beloved brethren, know of a truth that whatsoever ye give in the name of the holy Archangel Michael ye shall receive twofold in this world, even before ye attain unto heaven.

And now, O men filled with virtue, restrain not yourselves, and set not a limit upon your power [of giving], for ye know that it is not for what ye have given, or for what ye will give, that the Archangel Michael will minister unto you with joy, and whether it be little or much he will receive it from you as [the gift of] your zeal. God seeketh from you nothing which is beyond your power, He only looketh for an offering of goodwill; listen, and I will show you. When the Saviour was with us upon earth [p. 52] men were wont to bring their rich gifts, and to cast them into the treasury [of the temple], but God did not justify them greatly. But when the widow woman searched in her house and found only two mites, she brought them with uprightness of heart, and cast them into the treasury; and He gave her a blessing, and praised her, saying, "Everything which she hath she "hath given; she hath given all her life".[1] And do thou likewise, O my beloved, be zealous to give gifts unto God in the name of the Archangel Michael, and he himself will give unto thee a multitude of good things, and will

---

[1] St. Mark xii. 42; St. Luke xxi. 2.

minister unto thee by them. If thou givest a gift in the name of the Archangel Michael, God will give to thee of that gift, and Michael will ascribe honour unto thee; and if thou givest a gift in the name of the God of Michael, it is God Who will help thee in His mercy in His never-ending kingdom in heaven. If thou shalt receive a stranger in the name of the God of Michael, God will receive thee in the courts of peace. If thou givest drink to the thirsty in the name of the God of Michael, God will give thee to drink of the good things of His kingdom. If thou clothest a naked person in the name of the God of Michael, God will clothe thee in a robe of glory in the heavens. If thou givest a cup of wine to anyone in the name of the God of Michael, [p. 53] God will give thee to drink of the wine of the true, rich vine; and if thou hast not wine, give a cup of cold water only, according to the words of God in the Gospel which say, "Whoso-"ever shall give you a cup of cold water in My name "(and ye are Christ's) shall not lose his reward,"[1] and God will give thee to drink of the fountain of life which cometh forth from His holy throne. If thou visitest a sick person in the name of the God of Michael, God will send His angel to visit thee in thy great sickness, which is the day of thy death. If thou goest to those who are in prison, and comfortest them on the festival of the Archangel Michael, God will send Michael to deliver thee from the prison of Amenti,[2] and God shall say unto thee, "I "was in prison and thou camest unto Me."[3] If thou buildest a church in the name of the God of Michael, God will

---

[1] St. Matthew x. 42.   [2] *I. e.*, the Egyptian 𓇋𓏠𓈐𓏏𓈉
[3] St. Matthew xxv. 36.

bless thee with a house, not built with hands, in heaven. And if thou seest anyone feeble with bodily infirmity, and ministerest unto them with medicines, the God of Michael shall heal thee of the sickness of Amenti, for it is written, "Be merciful that mercy may be shown unto you;"¹ and again, "Blessed are the merciful, for mercy shall be shown "unto them;"² and again, "Charity shall make a man to "be praised in judgment;" and again, [p. 54] "Charity shall "cover the multitude of sins."³

O beloved brethren, it is meet for us to strive to show mercy by means of gifts to God, and charity in the name of the God of Michael, for we know that it is meet and right so to do; and God is nigh at all times, and He giveth to each one according to his works. And let us stretch out our hands in charity at all times, O my beloved, for charity is of God, and charity is mercy. He showed mercy unto our father Adam, and unto our mother Eve, and He accepted their repentance, and forgave them their transgressions through the prayers of Michael. He shewed love towards the righteous man Abel, and accepted his sacrifice through the prayers of Michael. He shewed mercy unto Enoch, and removed him from this life without letting him see death, through the prayers of Michael. He shewed mercy unto Noah, and made him an ark, and delivered him and all his house through the prayers of Michael. He shewed mercy unto Abraham our father, according to His covenant with him, and He gave him Isaac through the prayers of Michael. He shewed mercy unto Isaac at first when he was about to be sacrificed, and gave a ram

---

¹ Prov. xiii. 21, 22; Zech. vii. 9; St. Luke vi. 36, 37.
² St. Matthew v. 7.   ³ 1 St. Peter iv. 8.

in his stead [,through the prayers of Michael]. He shewed mercy unto Jacob, and gave him grace in the sight of his brother Esau, through the prayers of Michael. And God shewed mercy unto Joseph, [p. 55] and delivered him out of the hands of his brethren, and from the Egyptian woman, through the prayers of Michael. And God shewed mercy unto Moses, the greatest of the prophets, and filled him with grace more than any other man, through the prayers of Michael. He shewed mercy unto Joshua the son of Nun, and made the sun stand more than a whole day until he had overthrown his foes, through the prayers of Michael. He shewed mercy unto David the king, and He chose him out from among his brethren, and anointed him king over His people, through the prayers of Michael. He shewed mercy unto Solomon, and commanded him to build the temple of God, through the prayers of Michael. He shewed mercy unto the righteous king Hezekiah, and He added fifteen years of grace to his days, through the prayers of Michael. He hath shewed mercy unto the whole race of Adam, and our God hath wrought exceeding grace with them, for He bowed the heavens, and came down upon earth, and took flesh in the holy Virgin, and gave His own soul as a redemption for us, to deliver us from Amenti, through the prayers of Michael. And God shewed mercy unto our fathers the Apostles, and chose them out from the whole world, and He gave them power to turn all men to the knowledge of the truth through the prayers of Michael.

[p. 56] And now, my beloved, behold we know that God's whole will existeth in mercy and love, and that the holy Archangel Michael is a comforter and ambassador for us with God. Let us then ourselves follow and seek after mercy and love, for it is written, "Mercy exalteth, "and love maketh upright;" and our Master, and God, and Saviour, Jesus Christ the merciful One, cried out, saying, "Be merciful, that mercy may be shown to you,"[1]—that is to say, give to God that gifts may be given to you— and again, "With what measure ye mete, it shall be measured unto you."[2] Let us then mete with good measure to-day, on the festival of the holy Archangel Michael, that he may mete to us good measure in the kingdom of heaven; and let us keep a spiritual festival this day in the name of the Archangel Michael, that we may keep with him and with God the festival which endureth for ever in heaven. Let us put away from us all injustice on the festival of the holy Archangel Michael, that we may array ourselves in the apparel of light, and let us glorify God, and His holy Archangel Michael on this day of his holy festival, that he may glorify us with great and perfect beauty. And let us draw nigh to the Archangel Michael in his holy festival, [p. 57] having our bodies cleansed with holy water and made beautiful with glorious apparel, and our hands full of incense, saying, "O ruler "of the heavens, O Archangel, pray to God that He may "mercifully grant us bread of sufficiency, and clothing, and "entreat Him on our behalf to forgive us. O holy Arch- "angel Michael, pray to God for us, that He may merci- "fully grant us to be at peace with each other, for thou "art our peace. Thou knowest, O our champion, that we "are earth, and dust, and ashes, but God is merciful to "forgive us; we have sinned, and to thee it belongeth to "pray to God to forgive us, O Michael the holy Archangel!

---

[1] Compare St. Luke vi. 36, 37.   [2] St. Matthew vii. 2.

"We have sinned, and thou must pray to God our King "for us. We know of a truth, O Archangel Michael, that "thou art the wall of the loving-kindness of God, the "merciful One, and that thou art an ambassador for us be-"fore God, the Father of blessed compassion in everything "for us, that He may forgive us all the sins which we have "wrought, wittingly and unwittingly, wilfully and against "our will, and that He may grant unto us a way to leave "them behind us and to press forward, and that He may "stablish us spotless before Himself. It is thou, O holy "Archangel Michael, the general of the hosts of heaven, "[p. 58] who dost take care for us, and who dost glorify "every one who keepeth the festival in thy holy name in "every place."

O my beloved, verily I have put my hand to a great undertaking, one which is beyond my power, and I have sought a great and wide sea which I am not able to pass over; but I said at the beginning of this encomium that my ship was small, that my merchandise was without value, that I knew not the craft of the sailor, and that the great deep—which is the deep of this encomium in which I ascribe honour to the holy and mighty Archangel—was very difficult to pass over. And I beseech you, my brethren, to help me to save myself from this great and boundless abyss, that I may come to land again in safety, for I have begun to speak to you concerning the glory and honour which belong to, and are meet for the Archangel Michael, whose festival we celebrate this day. But my tongue is a tongue of flesh, and my flesh is the flesh of weakness, and I have not power to describe the measure of his glory, nor the greatness of his rank. Thou art, O holy Archangel Michael, with God, the joy of my heart, the ornament of my tongue, the speech of my mouth, and the director of my heart towards God. What mouth, or what tongue, or what heart filled with power is able to describe the measure of thy worth, [p. 59] or to arrive at the knowledge of the measure of the majesty and glory with which God hath endowed thee? All these things which I have said, O ruler of the kingdom of heaven, are meet for the glory of thy majesty, but forgive me, O my lord Michael, for I am a sinner, and my works are feeble. I beseech thee, O Michael my helper, to accept this my little sacrifice which I have brought in to give to thee at this holy festival, and restrain not thyself from hearkening unto thy servant because my gift is miserable; but accept my zeal, even as thou didst accept the two mites, for I know that thou art merciful and gracious, and therefore I seek thee, for I have no other ambassador with God but thee, O Archangel Michael. And if thou wilt do good unto me, and wilt receive my little offering, even though it be poor, I will be watchful henceforth to ascribe honour to thee with my sinful mouth, and halting tongue, and heart, all the days of my life. And moreover, I verily believe that if I forget thy name and do not keep it always in remembrance in my heart all the days of my life, O Archangel, that I shall bear no fruit, and be without reward from God; for it is the remembrance of thy holy name, [p. 60] O great and holy Archangel, which delivereth me in my lying down and rising up. O holy Archangel Michael, through whom the whole race of Adam hath found freedom of speech before God, it is thou who comest and makest mention of us before Him, that He may show mercy upon us; be thou with us on this day of thy great festival wherein thou art an ambassador before God for us; that He may accept our zeal which we show in thy holy commemoration, O Michael our holy Archangel, that He may direct all our paths so that we may walk always before Him in the will of God; that He may deliver us from all the snares which the enemy of all truth and the evil liar spreadeth for us; and that He may stablish us to Himself in the kingdom and priesthood to be a holy family and a living people by the prayers which the Lady of us all, the bearer of God the Word, maketh for us—for verily the holy Mary, who was Virgin at all times, is our ambassadress before the holy and mighty Archangel Michael, whose festival we celebrate this day, and who prayeth to God always for us—and by the prayers of the whole company of our incorporeal associates; and by the prayers of Saint John the Baptist, the forerunner and holy martyr [of Christ], than whom among those born of women none greater hath arisen; [p. 61] and by the prayers of the Patriarchs, and Prophets, and the chief Apostles who follow the true Bridegroom, our Life, our Lord Jesus Christ; by the prayers of the three holy children Shadrach, Meshach, and Abednego; by the prayers of Saint Stephen, and of the whole company of the holy martyrs, and of the holy men who bore the cross, who stand before the royal throne of God the Word, and entreat Him day and night to have mercy upon His people. He is our Lord and our God, Jesus Christ, to Whom be all glory, and honour, and adoration, and reverence, which are meet for the Father with Him, and the Holy and vivifying and consubstantial Spirit with Him, now and always, and for ever and ever, Amen.

[P. 63] [Here beginneth] the discourse of Abba Severus, the holy patriarch and Archbishop of Antioch, in which he shewed forth the compassion of God, and spake concerning the presence of the holy Archangel Michael, and of his love towards man, and how he delivereth men from the snares of the Devil. In it he also spake briefly concerning the holy Lord's Day—now in that year the festival of the holy Archangel Michael happened to fall upon the holy Lord's Day—and he spake, moreover, concerning Matthew the merchant, and his wife, and his son, and of how they believed in God through the prayers of the holy Archangel Michael. This discourse was pronounced on the twelfth day of the month Athôr, at the gathering together of the multitude to celebrate the festival of the holy Archangel Michael at his shrine, in the peace of God. Amen.

I hear David, the holy Psalmist, inviting us to assemble together on this festival to-day, [p. 64] and crying out, and saying, "The angel of God encampeth round about "all those who fear Him, and delivereth them."[1] My beloved, the festival this day is two-fold: it is the festival of the holy Archangel Michael, and the festival of

---

[1] Psalm xxxiv. 7.

the holy Lord's Day, [the day of] the resurrection of our Saviour. Behold I see that a great calm hath come, and that there is not a breath of wind to disturb us, and that ye all are ready to receive the words of instruction; so then, whether it be I who speak, or ye who listen, let there be wholly fulfilled in us the words, "And "some brought forth an hundredfold, some sixty, and some "thirty."[1] And moreover, ye know that the Giver of the true reward, our Lord Jesus Christ, the Son of the Living God, is not far from us, for He saith with His lifegiving and truthful mouth, "Where two or three are gathered "together in My name, there am I in the midst;"[2] and since our God is with us let us accept the words of David, the Prophet and Psalmist, which say, "Be still, "and know that I am God. I am exalted over the heathen, "I am exalted over the whole earth."[3] Ye know also, O my beloved, that to-day is the festival of our salvation, the holy Lord's Day, in which, first of all, it is meet that we should hymn, and bless, and glorify God—to Whom all honour is due always, [p. 65] and for ever and ever. Amen—and afterwards, that we should direct our discourse to the honour of Michael, the mighty and holy Archangel. Hear ye also Him in the holy Gospel according to Matthew: "The Archangel of God said to the women, "Fear ye not, for I know that ye seek Jesus Who was "crucified. He is not here; for He is risen, as He said "to His disciples."[4] And Saint Matthew saith, "He was "like lightning, and his clothing was white like snow,"[5]

---

[1] St. Matthew xiii. 8.
[2] St. Matthew xviii. 20.
[3] Ps. xlvi. 10.
[4] St. Matthew xxviii. 5.
[5] St. Matthew xxviii. 3.

that was the holy Archangel Michael, the ruler of the hosts of heaven. Let us then keep the feast this day, my beloved, for God is in our midst, and the whole company of the angels keep the festival of the holy Archangel with us, for it is Michael who entreateth God always to forgive the whole race of man their sins. With which of all the saints was not the Archangel present to deliver him out of all his afflictions? and to which of all the martyrs did not the Archangel Michael give strength by God's command until he received his crown? And now, my beloved, if ye wish to know whether the Archangel Michael be present with those who walk after God with all their hearts, or whether he prayeth unto God that he may be their helper, listen, and I will show you this great miracle which took place through the power of God and through the prayers of the holy Archangel Michael, [p. 66] which is related by men worthy of belief.

There was once a merchant whose name at first was Ketsôn, and he sprang from the country of Entikê, and he was very rich and he had there much business; but he knew not God, for he was a pagan and worshipped the sun, and he lived in his heathenism, and God wished to deliver him. And it came to pass on a time that he loaded a ship with his wares, and departed to a city in the country of Philippi (?) called Kalônia, in which they worshipped God alone, and he entered therein on the first day of the month Athôr, and stayed there and sold his wares. And when the eleventh day of the month Athôr had come, at the time of noon on that day he passed by the shrine of the Archangel Michael, and saw [men] crowning it with lanterns and draping it with cloth, and he marvelled greatly, and sat down there according

to the dispensation of God to see what would be the
end of the matter. And when the evening was come
he saw that all the multitude was gathered together
there, and they lit the lamps and sang sweet hymns of
praise; and the man marvelled, and because of his exceed-
ingly great astonishment he slept by the door of the
shrine. [p. 67] And during the night the clergy and the
law-loving gathered together and performed the service,
and the man marvelled greatly at what he heard. And
when the morning had come he set out to go unto two
Christians who dwelt in that city, and he asked them,
saying, "My brethren, what hath happened, and what is
"[the meaning of] the crowd which is in this city to-day?"
And the men said to him, "To-day is the twelfth day of
"Athôr on which we celebrate the festival of the holy
"Archangel Michael, for it is he who prayeth for us to
"God that He will forgive us our sins, and will deliver
"us from all evil." And the merchant said to them,
"Where is he? for I myself would speak with him and
"ask him to deliver me from all evil." And they answered
and said to him, "Thou wilt not be able to see him until
"thou art perfect, but if thou wilt become a Christian
"thou canst ask not only him who is the servant, but
"thou shalt also see his God, and become a participator
"in his glory, and He will deliver thee from all evil."
The merchant saith to them, "My brethren, I beseech
"you to bring me with you to-morrow that I may become
"a Christian, and I will give each of you a basket of
"money, for my heart inclineth greatly to the object of
"your worship." And the men said to him, "Thou canst
"not become like unto ourselves until our Father the
"Bishop hath prayed over thee, [p. 68] and hath sancti-

"fied thee and baptized thee in the name of the Father, and "the Son, and the Holy Ghost; then wilt thou have become "a Christian. But wait until our Father the Bishop hath "a convenient season, and then we will take thee to him, "and he will make thee like unto ourselves;" and he did as they spake to him, and he waited that day.

And on the morrow he came to them and said, "My "good brethren, take me with you, that the God of Whom "ye spake may give you your reward;" and the two believing men took him to the Bishop and shewed him everything which had taken place. And the Bishop said to the merchant, "From what country comest thou?" and the merchant said, "I am from the country of Entikè." And the Bishop said to him, "Art thou persuaded to "become a Christian?" and the merchant said, "Yea, of "a certainty, O my Father, for by what I have seen and "heard in this city it seemeth good to me to become a "Christian." And the Bishop said to him, "What god "dost thou worship?" and the merchant said, "I worship "the Sun". And the Bishop said to him, "When the sun "hath set and hath gone down into the earth, if a "necessity arise where canst thou find him to help thee?" The merchant said to him, "My Father, be graciously "pleased to help me, and baptize me, and I entreat thee "to make me a Christian like all the men of this city." [p. 69] And the Bishop said to him, "Hast thou a wife "or children?" and the merchant said to him, "My wife "and my children are at home in my city." And the Bishop said to him, "If it be so, we will not invoke "God's blessing upon thee, lest the minds of thy wife and "children be not in accordance with thine, and there "arise a stumblingblock between you and between us,

"and it happen that either she is separated from thee,
"or she causeth thee to apostatize from the service of
"God and from the baptism which thou wilt have received
"—for the first transgression took place through a wo-
"man—but if her heart be in accordance with thine, come,
"and I will make thee a Christian." When the merchant
heard these things he rejoiced greatly, and having been
blessed by the hand of the Bishop, he came forth and
made ready to depart to his city.

And when the Devil, the hater of all good, knew
that the man had given his heart to God he was envious
of him, and it came to pass that when Ketsôn had come
upon the sea, he raised up a mighty storm, and he made
the waves to rise up round about the ship, so that all
those who were therein were well nigh drowned. Then
the merchant cried out, saying, "O my Lord Jesus Christ,
"help me in this great need, and I will believe in the
"great glory which I have seen in the shrine of the holy
"Archangel Michael, and henceforth, until the day of our
"death, [p. 70] I and all my house will be Christians."
And straightway at that moment a voice came to him,
saying, "Be not afraid, for no evil shall betide thee;"
and immediately the crests of the waves bowed down
and sank to rest, and the ship righted herself and sailed
along smoothly, and by the command of God the merchant
arrived in his own city, and no evil happened to him.

And when he had gone into his house he rejoiced
with exceeding great joy, and he told his household of
the marvellous thing which had happened to him in the
ship, and of all that had befallen him in the city of Ka-
lônia. And he spake to them, saying, "Verily, the sun
"which we worship is not a god, but he is the servant

"of the great God of heaven, Jesus Christ, the Son of "the living God, Who He is, and it is He who is the "God of the universe, and it is through Him that all "things exist;" and he told them also concerning the honour of the holy Archangel Michael, his mighty son, and they marvelled greatly. Then the man turned to his wife, and said to her, "If thou wilt be obedient unto "me, arise, come with me, and let us become Christians, "and let us make ourselves servants of Christ, and let "us not halt between two opinions. If, however, thou wilt "not be persuaded I will not force thee. Behold I have "eight thousand *mithḳâls* remaining to me, and of these "I will give thee one thousand, and thou shalt abide in "thine own worship; but as for me, I will go and receive "remission for my sins." [p. 71] And his wife said to him gladly, "Verily, my master and brother, whatsoever way "thou goest, that will I travel with thee, and whatsoever "death thou shalt die, that will I myself die;" so they made everything ready, and they embarked and came to the city of Kalónia, and the man marvelled how God had helped them. And they went to the two men whom [Ketsón had] first [seen], and they saluted them, and made known to them that they had come to be made Christians, and they took them to the Bishop, and shewed him, saying, "This is the man who came recently to be made a "Christian, and behold, he hath now come with his wife "and child to become Christians." And the Bishop rejoiced with an exceeding great joy at the conversion of their souls, and when they had been brought in to him he said, "Do ye in very truth wish to become Christians?" And the merchant answered humbly, "Yea, by God's will, and "by thy holy prayers, O Father." Then the Bishop caused them to make ready a Jordan in the shrine of the holy Archangel Michael, and he instructed the man, and his wife, and his four sons, and their servants, and he baptized them in the name of the Father, and the Son, and the Holy Ghost. Now the name of the merchant was at first Ketsón, but the Bishop changed it, and called his name Matthew, [p. 72] and his wife he called Irene; and he called the first of the four sons John, the second, Stephen, the third, Joseph, and the fourth, Daniel. And he made ready the Communion and gave to them of the holy Mysteries, the Body and Blood of our Lord Jesus Christ. And after their baptism they tarried a month with the Bishop, and he instructed them in the things of their upright faith. And Matthew the merchant, by reason of the exceeding great joy which had come to him, gave six hundred *mithḳâls* to the shrine of the Archangel as a thanksgiving offering for his salvation. And they received blessing at the hands of the Bishop before returning to their own country, and they bade farewell to the chief men of the city and to the law-loving men with great joy, and by the will of God they returned to their country, being guided and directed by the holy Archangel Michael.

And when they had gone into their house they made a great feast for their people, and they distributed great charity to the needy, and widows, and orphans, and their village marvelled at them, and their name was in the mouth of every one; and they made their country to shine by their good deeds.

And it came to pass after these things, when two months had passed by, that the excellent man Matthew went to his rest; he had come [to work in the vineyard] at the eleventh hour, [p. 73] but through the prayers of the holy Archangel Michael he received the wages of the whole day. And his little sons and their mother ceased not from the good things which they were wont to do in abundance while their father was alive. Now the Devil and his fiends could not bear to see the good deeds which these holy people were doing, and he stirred up the people of their city against them, and he made them to hate them with a great hatred, and at length they rose up against them and seized their possessions by violence, and the things which were in their storehouse. Then John said to his mother and brethren, "Behold, ye see how much they have afflicted us since "our father died, arise now and let us leave this place, "and go to the royal city, and live there; for it is written "in the holy Gospel, 'If they persecute you in one city, "'flee to another'.' And behold they have persecuted "and afflicted us here; but God's will be done." So they arose secretly, and took what things remained unto them, and they went into the royal city, and lived there, saying, "May the God of the Archangel Michael be our helper;" and they multiplied the charities which they were wont to do of old.

And again the Devil could not bear it, but was disturbed when he saw these pious people giving their charities in faith—now he knew not that the holy Archangel Michael would put him to shame—and at length he roared like a lion. [p. 74] And it came to pass that when a few days had gone by, the watchmen of the city went in and robbed the house of one of the chief

---

[1] St. Matthew x. 23.

nobles of the city, and they carried off much booty; and the nobleman told the governor who was over the city, and he made an enquiry into the matter by the hand of the controller of the city, who straightway laid hold of the watchmen and compelled them to find for him the nobleman's property. And while they were disturbed concerning this matter, behold the Devil took the form of a man, and went about throughout the city, and cried out, saying, "I know who stole the property of Sylôn the "nobleman, for I saw these four strange young men, who "came here a few days ago, go into the house, and "plunder it, and we know of a truth that this hath been "their business from the time when they lived in their "country." And when the men of the city heard these things they told the governor, and straightway they dragged them along by the hair of their head by the governor's command, and brought them in before him. Now they dragged them along without mercy, and their mother followed after them weeping, and she comforted them, saying, "Fear ye not, my children, for God, in "Whom we believe, and His holy Archangel Michael are "able to deliver you from all evil, [p. 75] and from those "who speak falsely against you for His sake." And as she spake these things a voice came to them out of heaven, saying, "Fear ye not, for I will not allow any "evil to betide you: I am Michael, and I will watch over "you to guard you from all evil."

And it came to pass that while they were standing before the governor who was questioning them, the Archangel [Michael] came and stood a little way off in the form of a patrician of the empire; and when the governor saw him he rose and stood up and besought him, saying,

"Prithee come, sit down, and listen to this dispute." And when he had sat down the governor made them bring the four young men before him, and he said to them, "Be quick and give back to the nobleman the stolen "things before I inflict punishment upon you." And they answered and said, "As the Lord God of the Christians "liveth, and by the glory of His holy Archangel Michael "we have never taken part in this matter." And the Archangel Michael said to the governor, "I am sure that "the truth will be manifest by these means. Let them "take the youngest brother of these men, and carry him "into the house of the chief watchman, whose heart is "inflamed against these men, and let him cry out, saying, "'In the name of my Lord Jesus Christ, let the stolen "'things which belong to Sylôn the nobleman, [p. 76] on "'account of which they have accused us, appear;' and "straightway the truth will be made manifest." And straightway the governor commanded them to take the little child into the house of the chief watchman, as the Archangel Michael had said, and he cried out, saying, "In the name of my Lord Jesus Christ and of the holy "Archangel Michael, let the things stolen from Sylôn "the nobleman appear." And straightway a voice came, and everyone heard it, saying, "Go down into the cellar, "and ye will find everything; these young men are inno- "cent of the offence;" and they went down straightway into the cellar, and found all the stolen things. And when they told the governor what had happened he marvelled greatly, and when he turned round to tell him that had taken the form of a patrician, that is to say Michael, what had happened, he did not know where he had gone; and he marvelled greatly. And he set the young men free, and they went to their house glorifying God and His holy Archangel Michael; and these pious people did not cease from doing the good deeds which they were wont to do unto everyone, and everyone marvelled at their good life.

And it came to pass some time after these things had happened that a certain man accused two men before the governor of not having paid the debt awarded by a former judgment, and the governor gave the two men over to certain soldiers that they might compel them each to pay one hundred *mithḳâls*, [p. 77] but they had not the wherewithal to pay. And it happened opportunely that the good man John met them, and when he saw the soldiers mercilessly driving them along with blows, he said to the soldiers, "For what reason do ye "beat these men?" And the soldiers said, "We have "seized them because each [oweth] one hundred *mithḳâls*." And John said to them, "Will they be set free if the two "hundred *mithḳâls* be paid?" and the soldiers answered, "Yea, but if they pay not the money they will be slain." Then John entreated the soldiers, saying, "Wait a little, "and I will come back to you;" and he went into his house and brought out two hundred *mithḳâls*, and he gave them to the soldiers, and they set the two men free, and he also gave unto each of the four soldiers, who had been set over the two men, a *mithḳâl*.

And again the Devil, the enemy of all truth, could not bear [to see this], and was filled with envy against the pious brethren because of their good works, and he stirred up a great and exceedingly hard and severe trial, which was this. And it came to pass after these things that a certain man in the city had invited some friends and neighbours into his house—now it was eventide—and this man lived nigh unto the house of the pious brethren; and when they had eaten and drunk, a certain man rose up to go to his house. And as he was walking across the open ground of the city, a scorpion stung him, and he fell down and died immediately, and no man knew what had happened to him. [p. 78] And when the watchmen of the city were going about on their rounds together, they found the dead man, and they brought him into the light, and although they examined the body they knew not what had happened to him; and they made him ready for burial and when it was morning they carried him to the sepulchre.

And the Devil, taking upon himself the form of a man, cried out to the whole city, saying, "This wicked "murder of the man who is dead—the cause of his "death and his murderer being known unto no man— "cannot have been committed by any one except those "four strange young men, and I am [ready] to bear "witness to this fact." And these words spread throughout the whole city, and the general went and told the governor Kesanthos, who straightway commanded and they brought the four young men [before him] with their hands tied behind them, and chains round their necks. And as they were bringing them before the governor, a voice came to them, saying, "Fear ye not, for behold "the time of tribulation passeth by, and peace shall come "unto you from God;" and they set them before the governor as condemned criminals. And behold straightway the holy Archangel Michael took the form of a great general of the Greek Emperor, and when Kesanthos saw him, he rose up and stood upon his feet before him;

and when he had come up to him they sat down together. And when the Archangel Michael saw the young men standing there, [p. 79] he said to Kesanthos the governor, "What is the business of these young men?" and the governor told him what had happened. And Michael said to him, "It is not known then, who slew the man?" and the governor said to him, "They have brought these "young men in to me, saying that they slew him." And Michael said to him, "It seemeth to me that if the matter "be thus, and that a man hath died, we cannot know "who hath slain him until we bring the dead man here "in our midst, and we ask him, and he tell us and shew "us who hath slain him; so then if thou wishest to know "the truth let them bring the dead man himself here, "and we will question him, and he will speak to us, and "shew us who hath slain him." And straightway the governor commanded, and they brought the dead man into the midst [of them]. And the Archangel Michael said unto Daniel, the youngest brother of the pious men, "Go, say to the dead man, In the name of my Lord "Jesus Christ, the God of heaven and earth, show us "what did happen unto thee;" and the child did so. Then God, Who loveth mankind, and Who wisheth to make His holy name glorious in all places, so that men may believe in Him, made the soul of the man to return to his body, and he came to life for the salvation of the governor and of the whole multitude of the people of that country. And the man cried out, saying, "Woe "unto thee, O Kesanthos the governor, for thou hast been "bold to sit down with the holy Archangel Michael, [p. 80] "the general-in-chief of the powers of heaven; and, more-"over, these men, who have been accused are innocent "of the offence, and are just men, for it is not they who "have slain me, but the scorpion which bit me, and caused "me to die. And it is by reason of the excellence of "these men that hath happened unto thee the great "blessing that thou hast been deemed worthy to see the "holy Archangel Michael. And behold, the marvellous "things of God which thou hast seen set thou in thy "heart, and forsake these pleasures, and these dead idols "in which there is no profit, that God may forgive you "the offences of your previous life. And as for me, a "great act of grace hath been shewn unto me, for through "these just men I have seen the Archangel Michael." And straightway the Archangel Michael went up into heaven with great glory, and the governor and all the multitude saw him go up into heaven, taking up with him the soul of the dead man; and the governor and all they who were with him were in exceeding great fear.

And after a long time the heart of the governor became quiet after the fearful, and mighty, and marvellous thing which he had seen, and he rose up and kissed John, saying, [p. 81] "Blessed be the hour in which ye "came into this city. We beseech you to show us your "God in Whom ye believe, and we ourselves will believe "in Him for our salvation." And John said to them, "We believe in the Lord Jesus Christ, the Son of the "living God;" and the governor and all the multitude cried out, saying, "Verily, Jesus Christ is the living God, "and there is no other God besides Him." And John said to the governor, "Arise, and write to Constantine, "the Emperor of the Greeks, and tell him of everything "[that hath happened]; and entreat him to send to us "one of the Bishops of your country that he may instruct "you in the name of the Father, and of the Son, and of "the Holy Ghost." And Kesanthos the governor wrote to the Emperor Constantine, saying, "Kesanthos, whom "men call governor, dareth to write to the mighty Ruler "and Emperor, Constantine, the servant of Jesus Christ, "sending greeting. A mighty act of grace hath come "to us from the good God, Who hath had us in re- "membrance, and He hath brought us from the service of "polluted idols, and hath turned us to Himself by His "great and exceeding goodness through the prayers of "the holy Archangel Michael, and we have been ac- "counted worthy to see him with our eyes, and he made "a dead man to speak with us mouth to mouth, after "he was dead, and afterwards he went up to heaven "with great glory, and we all saw him. And further- "more, [p. 82] we entreat thy majesty to send unto us "one of the Bishops who are with thee, that he may "enlighten us in the right faith, and that he may shew "us the way wherein we should travel unto God, and "that he may give unto us the holy sign of the Cross. "And if thou wilt do this for us, thou wilt receive a great "crown from Christ by reason of this thing; may the "God-loving Emperor be strong through the strength of "Christ the King of the Universe."

And the Emperor Constantine received the letter with great readiness, and he read it and marvelled greatly at what had happened, and he glorified God. And he wrote to Saint John, the Archbishop of Ephesus, with great solicitude, saying, "First of all I kiss thy holy hands "which hold the flesh of the Son of God in truth. Great "joy hath come unto us from God, and behold, we send "unto thee to tell thee also thereof, for we know that

"thou wilt rejoice exceedingly. I desire that thou wilt under-
"take a small toil—now thou art prompt [to labour] with
"all thy heart, for thou knowest that thy labour shall not
"be in vain—and that thou wilt do it for the sake of
"Christ Who hath suffered for the race of man. Trouble
"thou thyself and go unto the city of Entias, and heal
"those who are sick therein in the name of Christ, and
"lead them away from the service of ministering unto
"polluted idols, and baptize them in the name of the
"Father, and of the Son, and of the Holy Ghost; and
"this shall be for thee an acceptable thing with God and
"His holy angels. [p. 83] May we both be strong through
"the strength of Christ our God."

And the Emperor Constantine sent this letter to Abba John, Archbishop of Ephesus, together with the letter of Kesanthos the governor; and when the Archbishop had read the letters he rejoiced greatly at the conversion of the whole country. Then he took with him two deacons, and an elder, and a reader, and three singers of Psalms, and twelve workers, and he took with him for the stablishing of the altar a golden table, and four cups of silver, and three cups of gold, and a cloth made of finest byssus, and a covering made wholly of silk, and the four Gospels, and the Psalter, and the Epistles of Paul, and the Acts, and the Catholic Epistle of St. James, and in short everything necessary for a church; and they prayed, and set out upon the road rejoicing. And when they had drawn nigh unto the city, the men thereof told the governor of the arrival of the Archbishop and of those who were with him; and the governor, and John, and all the people of the city came forth to meet the Archbishop, and when they came up to him the governor and all the multitude bowed down before him, and were blessed by him. And the governor told the Archbishop everything that had happened, and he showed him John, saying, "Through this man and his brethren hath God "shown mercy unto us;" and thus they went into the city in great peace. [p. 84] And the governor entreated the Archbishop [to come with him,] and brought him into the palace, for as yet there was no church built in the city. And on the morrow the Archbishop said to the governor, "Let us mark out a place for a church," and the governor said to him, "My father, I have here "a new site upon which they were going to build, let us "look at it, and if it be suitable we will make a church "there." And the Archbishop and the governor went there together, and they looked at the place upon which they were going to build; and it pleased the Archbishop. Then the governor made the herald to cry out throughout all the city, saying, "Let every man come, and labour "at the building of the church," and straightway the whole city was gathered together to work at the church, whether it were nobleman, or whether it were poor man, and even the governor himself laboured with his own hands, and everyone believed that he would receive a blessing from Christ. And by the will of God they finished the building in sixteen days, and the Archbishop consecrated the church to the name of the Holy Virgin, the God-bearer Mary.

And when the Archbishop saw the great multitude who wished to be baptized, he said to the governor, "Where shall we baptize this multitude?" Now a church with a place for water for baptism therein had not yet been built. And the wise John answered and said to the governor and the Archbishop, "The pool of water "which lieth to the east of the city is, I say, suitable for "this great honour." [p. 85] And straightway a voice came from heaven, and everyone heard it, saying, "This is the "place, which hath been set apart by God, O John, son "of the apostle;" and the Archbishop, and the governor, and all the multitude who heard this marvelled. And the Archbishop and the governor commanded, and all the multitude were gathered together to the place of the pool of water, and the Archbishop prayed over the water on every side of the pool. Now at that time a great and wonderful thing happened, for when the Archbishop came to the consecration the whole multitude heard voices in the water which repeated the consecration with the Archbishop. And when the Archbishop had finished the prayers, he commanded that all the multitude should go into the water, and they all leaped into the water, and cried out, saying, "We receive baptism in the name "of the Father, and of the Son, and of the Holy Ghost." And when the governor and all the multitude had been baptized, the Archbishop took them to the church, and ordained John to be [their] bishop, and one of his three brethren he ordained elder, and the other two he made deacons. And a son of the governor called Echillas he made deacon, and all the multitude rejoiced in God.

Then the Archbishop was careful concerning the Offering, and he laid it up upon the altar, [p. 86] and made the Offering. And the governor and all the multitude marvelled at what they saw and at what they heard, for they had never before heard such things, and they had never before seen the like, for this was the first time that the Offering had been offered up in that country; and when they had all partaken of the Holy Mysteries, the Archbishop pronounced over them the benediction of peace, and each one went to his own house. And the Archbishop tarried with them a month of days, and he instructed them, and taught them the ordinances of the Church; and afterwards he went to his city with great joy.

And Kesanthos the governor, and all the multitude of the city glorified God, and they paid honour unto Saint John the Bishop, and unto his brethren, for they grew in the doctrine of God. And after a few days the holy Bishop said to the governor, "Let us build a church "in the name of the holy Archangel Michael," and the governor said to him, "Do whatsoever thy soul desireth, "O our father, for we are ready to listen unto thee." Then the holy Bishop John laid the foundation of the church, and the whole city helped him, and he finished it with great zeal, and he put on its coping-stone in eight months; [p. 87] and the holy Bishop John consecrated the shrine on the twelfth day of the month Athôr, in the name of the Archangel Michael. Now this festival of the Archangel Michael was a double one; for it was the festival of the Archangel Michael, and also the festival of the consecration of the church.

And it came to pass after the Communion that the Bishop, and the governor, and all the multitude went together into the city to the temple of Zeus, and they burnt it with fire; and the dumb fiend which was in the statue cried out, saying, "Thou inflictest great pain upon "me, O John, for thou hast cast me out of my dwelling-"place." And the governor caused a large church to be built on the spot where the temple had stood, and he dedicated it to the name of the Apostles; and Saint John confirmed everyone in the faith, and everyone praised him.

When the Emperor Constantine heard concerning the good deeds which John was doing, he glorified God, and he wrote to John a letter in which he besought him to bless him and his empire, and called him a new Daniel, the destroyer of idols; and the whole country of Entias grew daily in doctrine all the days of Saint John, through the multitude of the miracles which God wrought by his hand.

Ye see, then, O my beloved, the power of God and the loving-kindness of the holy Archangel Michael. [p. 88] In the growth of all the seeds of the field we find the entreaty of Michael, and through the prayers of Michael the trees bear fruit. In the ships, whether they be sailing on the sea, or anchored in port we find the entreaty of Michael. In the ascetics who live in the mountains we find the entreaty of Michael, and he giveth them strength to live their ascetic life. In the assembly of the monks we find the entreaty of Michael, who is a peacemaker in their midst. In the prayers of the Bishops, and elders, and deacons at the altar we find the entreaty of Michael. With the sick we find the entreaty of Michael, who giveth them strength, and healeth them. We find the entreaty of Michael with those who are afflicted at the tribunal, and he becometh their helper. We find the entreaty of Michael the Archangel with those who are suffering punishment, and he becometh their helper. In short, to those who live he giveth strength in their time of need, and for those who are dead, he prayeth God to shew mercy unto them. Who is there among all the righteous unto whom the Archangel Michael did not go, and to whom he did not give strength in all his times of need? Among the martyrs who is there unto whom the Archangel Michael did not go and deliver out of all his affliction and torture, and give strength?

And behold, O my beloved, we know the love of God towards man, and we know the prayers of the Archangel Michael, who hath become an ambassador for all mankind, [p. 89] for whom he prayeth to God the Father that He may shew mercy unto them all, and make their paths straight, and let us give unto him the things which he desireth, that he may bestir himself for us on account of them, and that he may love us exceedingly, and may pray to God for us. Let us love each other in the love of God, and let us live in the unity of brotherly love, and let no slander be upon our lips, for slander is a poisoned dart. Fornication is a stinking sin, and one which is greatly hated by God and His angels, and it is the poverty and death of the soul and of the body. Fornication is the friend of the Devil, it is the enemy of God and His angels, it is hated of Christians, and it is the friend of vain-glory.

And now, my children, let us put away from us all impure ways, and let us walk in the straight paths of virtue; let us walk in sinlessness and in unspottedness, for a pure marriage never polluteth a man. Consider Moses, who spake with God five hundred and seventy times, for he had a wife and children, and these prevented him not from ministering in the Holy of Holies. But let us not multiply our words overmuch concerning these things, for the testimony of the things which are old and of those which are new sufficeth us; and finally let us end our discourse and come to him whose festival we celebrate this day, the holy Archangel Michael. This festival to-day hath not need of the money of him that eateth, and drinketh, and rejoiceth, and is glad by himself, [p. 90] while he leaveth the poor, and the orphan, and the widow hungry and thirsty. This festival hath no need of [thy] money, O thou who deckest thyself in an abundance of rich apparel, while the poor man naked perisheth with cold at [thy] gate. This festival hath no need of the money of those men who live at ease in their decorated houses, while the poor man perisheth with cold in the open spaces of the village. This festival hath no need of [the money of] anyone who eateth and maketh merry, while the poor man lieth in affliction in prison. This festival hath no need of the man who maketh himself glad while the poor man lieth sick and unvisited. The commandments are not of man, but of God, and God gave to the race of man the commandments which are written in the Gospels.

And finally, my brethren, with an upright heart let us beseech the Archangel Michael to obtain pardon for us from God, and I say unto you that the whole world standeth through the prayers of Michael, and through the prayers of the Holy Virgin, the God-bearer Mary; therefore let us ascribe unto them the glory which is their due on this festival, for the time hath come when we must go to celebrate the Holy Mysteries. And let us ascribe glory unto Him, to Whom all glory is due, our Lord, and God, and Saviour, Jesus Christ, [p. 91] through Whom and with Whom all glory, and honour, and adoration are due to the Father, and to the life-giving and consubstantial Holy Spirit with Him, now and always, and for ever and ever. Amen.

[P. 93] The Encomium which was composed by Apa Eustathius, Bishop of Trakè, the Island to which the Empress banished Saint John Chrysostom, and where he finished his course. It was composed for the festival of the holy Archangel Michael, which took place on the twelfth day of the month Paôni, and was recited by the blessed man before he laid down his body. And he spake, moreover, in this Encomium concerning the righteous man whose name was Aristarchus, and concerning his God-loving wife, the honourable lady Euphemia, and he likewise spake, at the end of this Encomium, a few things of Saint John Chrysostom which glorify the holy Trinity. In the peace of God. Amen.

"I will open my mouth in parables, and with my "tongue will I declare hidden things,"[1] according to the words of the sacred Psalmist David, the father of Christ, according to the flesh, [p. 94] and I will cry out louder than any sounding reed, or instrument of music, or cymbal, or harp, and I myself will proclaim with the righteous man, saying, "The angel of God encampeth round about "those that fear Him, and delivereth them;"[2] and let us also add the words of the prophet, and say, "This is

---

[1] Psalm lxxviii. 2.   [2] Psalm xxxiv. 7.

"the day which He hath made, let us gather together, and "rejoice, and be glad in it,"[1] not with noise only, but with the joy of gladness which exceedeth all other joy, for we shall see the Creator of all things assembled with us this day at the feast of His mighty and holy Archangel Michael, the general of the hosts of the heavens. Who is there among us that will not celebrate this festival when he seeth that the King of Kings, and the God of all flesh hath come into this house to-day to do honour unto Michael, His mighty and glorious General, the ruler of light? And who is there among us that will not put on glorious apparel to come into this holy house to-day, to eat of the good things which the King and the King's son have prepared for us at the feast, the feast of the holy Archangel Michael? The things which are set before us to eat this day are not after the flesh, the pleasure of which ye will forget after ye have eaten of them, but that which is made ready for us this day is the Body of God, which He took upon Himself in the womb of the holy Virgin Mary, [p. 95] the spotless Lamb, Who gave Himself for us to deliver us from the Adversary. The wine which is set before us this day is not material wine, of which, when we have taken, we become drunken, and things which are unseemly happen in us, but it is the Blood from the side of God the Word on the Cross, which the soldier pierced, and He poured it out for us to cleanse us from our sins; and it is not pieces of meat which, if left for a day or two, perish and putrefy, that are set before us this day, but the thoughts of the Holy Scriptures, which shed abroad glory though they last for

---

[1] Psalm cxviii. 24.

ever. O who can [not] understand with his mind a celestial being this day, when he seeth the mighty joy which is spread abroad in heaven and upon earth by reason of the commemoration of the holy Archangel Michael? Let us turn, now, to the mighty deeds and miracles which have come to pass through the Archangel Michael, in whose shrine—the shrine which we have built to his holy name—we are to-day gathered together to celebrate his noble commemoration.

Do ye not call to mind the honourable lady Euphemia, the wife of Aristarchus, the governor whom the pious Emperor Honorius appointed over the Island of Trakè? Now, ye all know, O Christ-loving people, that this general was an exceedingly pious man, unto which fact was borne witness by everyone, [p. 96] and his prayers and his alms came before God like those of Cornelius[1] of old. And this noble man, Aristarchus the governor, from the time when he received holy baptism at the hands of our glorious father and teacher, John the Great, did not cease to make gifts and offerings on the twelfth day of every month in the name of the holy Archangel Michael, and on the twenty-first day of every month in the name of the holy Virgin Mary, and on the twenty-ninth day of every month (which is the day of the birth of our God Jesus Christ, when men make innumerable offerings and give alms in commemoration of God the Word), and thus this righteous man continued to do for a long time. And it came to pass after these things, when his course was ended, and he was about to depart, after the manner of all men, unto Christ, that he called his wife, the honourable lady Euphemia, unto him, and said to her, "Behold,

---

[1] Acts x. 31.

"my sister, thou seest that my course is run, and that I
"must depart unto God after the manner of all my fathers.
"Thou thyself hast heard the doctrines of life with which
"we have been charged by the thrice-blessed John, through
"whom this whole island hath become enlightened and
"hath learned to know God, and thou hast with thine
"own ears heard him say in thine own house, 'There is
"nothing so great as charity', [p. 97] and, 'Mercy shall
"'make a man glorious at the judgment', and, in short,
"all the other words of consolation which that mighty
"man John spake unto us for the salvation of our souls.
"And moreover, behold, I charge thee this day, and I
"set God between thee and me, before I go forth from
"this world, that thou cease not to do the things which
"we now do on the twelfth day of each month (which
"is the day of the holy Archangel Michael), and on the
"twenty-first day (which is the day of the Queen, the
"Mother of the King of Kings), and on the twenty-ninth
"day also (which is the day of the birth of God the
"Word). Take heed, then, that thou despisest not the
"offering of the holy Archangel Michael (for it is he who
"prayeth for all men), that he may pray for us before
"God, that God may shew loving mercy unto us, and
"may receive unto Himself my miserable soul."

And that prudent woman said unto her husband, "O
"my master and brother, as God in Whom we have be-
"lieved liveth, I will not neglect to do the things which
"thou hast commanded me to do, nay, I will add greatly
"unto them; but there is a matter on my mind, which I
"wish thee to fulfil for me, and to complete before thou
"layest down the body;" and Aristarchus said to her,
"Whatsoever thou wishest, tell me, and by the will of

"God I will perform it for thee." [p. 98] Euphemia saith
to him, "I wish that thou wouldst command a painter to
"paint for me the picture of the holy Archangel Michael
"upon a wooden tablet, and that thou wouldst give it to
"me that I may place it in my bed-chamber where I sleep.
"And I wish thee to commit me into his hands as an
"object of trust, so that when thou shalt have departed
"from the body he may become my guardian, and deliver
"me from every evil thought of Satan; for when thou
"shalt have gone forth from the body I shall eat my
"bread in tears and with a sorrowful heart, because from
"the very moment that a woman's husband departeth
"from her, she hath no longer any hope in life, and she
"is like unto a body without a head, and the body with-
"out a head is without a soul, and it perisheth of its own
"accord. And moreover, the wise man Paul hath said,
"'The head of a woman is her husband',[1] and a woman
"without a husband is like unto a ship without a rudder,
"which is ready to sink, together with the merchandise
"with which it is laden. And now, O my master and
"brother, just as in times past thou hast never caused
"me sorrow [by refusing] anything which I have asked
"from thee, cause me not now sorrow [by refusing] this
"thing also, and peradventure the holy Archangel Michael
"will protect me, for I have no [other] hope here, but I look
"for the mercy of God and of his holy Archangel Michael."

[p. 99] And when the general heard these things he made haste to perform that which she had asked from him, and he straightway commanded them to bring a cunning painter, and he commanded him to paint the

---

[1] Ephesians v. 23.

picture of the holy Archangel Michael upon a wooden tablet, and to lay upon it a plate of fine gold inlaid with precious stones; and when the painter had finished it Aristarchus gave it to Euphemia, and she rejoiced over it like him that found much treasure, even as it is written,[1] and she said unto him, "O my master and brother, "let thy mercy be with me, and do thou gratify my wish "in this thing also, so that when my courage faileth, and "I become weak and helpless, no treacherous plots may "rise up against me when thou hast laid down the body." And Aristarchus said to her, "Whatsoever thou askest I "am ready to perform for thee, for thou knowest that I "never grieved thee at any time about anything." Euphemia saith to him, "I wish thee to commit me into "the hands of the holy Archangel Michael whom thou "hast had painted upon this wooden tablet, and also to "entreat him on my behalf that he may become my "guardian until the day of my death; for when thou shalt "have gone forth from the body I shall have no hope in life "except in God and His Archangel Michael, for thou knowest "that a widow eateth her bread with sighs and tears."

[p. 100] Now when the general had heard these things he became sad at heart by reason of the melancholy words which she spake to him, but he marvelled at her great faith in the holy Archangel Michael. And at length he took her hand and laid it upon the figure of the holy Archangel Michael which had been painted upon the wooden tablet, and he cried out, saying, "O thou holy "Archangel Michael, who didst slay the serpent of old, "who didst cast out the haughty rebel against his God,

---

[1] St. Matthew xiii. 44.

"and didst hurl him chained into the fiery pool filled with "fire and sulphur, who dost at all times bow thyself down "in supplication before the Good Father for the sake of "the race of men, thou likeness and similitude of God "Almighty, behold I place in thy hands this day my wife "Euphemia as a deposit, that peradventure thou mayest "watch over her, and deliver her from all the plots and "wiles of the Devil who will rise up against her; and "when she prayeth unto thee for help, do thou hearken "unto her, and deliver her, for we have no hope save in "God and in thee." And when Euphemia heard these things she rejoiced greatly, and she believed confidently with great faith that no wile of the Adversary would prevail over her from this hour, because the Archangel Michael would watch over her.

And it came to pass after these things that she took the figure of the image of the Archangel which had been painted for her, [p. 101] and she placed it in the bed-chamber in which she slept, and she used to offer up to the figure precious incense, and a lamp was burning before it by day and by night continually, and she used to pray unto it three times a day and ask it to help her; and after these things God visited the pious general Aristarchus, whose name we have mentioned a little way back, and he departed the way of all men. Now the wise and honourable lady Euphemia, the wife of Aristarchus the general, ceased not to give the alms which she was wont to give, nor to make the offerings which the general used to make in his lifetime before he died in the name of the holy Archangel Michael, and she hastened to increase those which were made in former times while her husband was alive.

And the Devil, who hath hated every good thing in our race from the beginning, could not bear to see the noble deeds which this woman wrought in the name of the holy Archangel Michael, and he was envious of her, and wished to destroy the reward which she hoped to receive thereby from God. And it came to pass one day that he took the form of a nun, [p. 102] and having put on golden¹ apparel—now devils went with him in the form of virgins—he came and stood at the door of Euphemia's house, and he sent in her servant to her, saying, "Go and tell the honourable lady Euphemia, the wife "of Aristarchus the general, behold a virgin nun standeth "at the door wishing to make obeisance unto thee, and "her daughters also are with her." And when the prudent woman heard these words she came out to the fourth door of her house, and she commanded them to bring her in to her, thinking that she was in truth a nun; and when the servants came out and saw the Devil standing there wearing a false garb, they made obeisance unto him, and commanded him and those who were with him to come in, and the Devil came in, and his face was bent towards the ground like a true nun, and those who were with him did likewise. Now when the honourable lady saw her in such a garb, she marvelled greatly at her exceedingly great humility and she rose up, and quickly taking him [by the hand]—now he was wearing the dress of a woman—she brought him unto her house, and when he and those who were with him came to the bed-chamber where the image of the Archangel Michael was, he was afraid to enter therein. And the prudent woman Eu-

---

¹ Read ⲚⲞⲨⲜ "false".

phemia did honour unto her, saying, [p. 103] "Prithee, "dear sister, come into this bed-chamber wherein holy "prayers are made, for I bear witness, before God and "before His holy Archangel Michael, that from the day "on which my blessed husband Aristarchus died until now, "no man hath passed through the door of this bed-cham- "ber, but only the women servants who minister unto the "wants of my body, and the noble and honourable ladies "who have come to visit me according to the love of "God."

And the Devil, who was in the form of a nun, answered and said, "Why hath no man passed through the "door of thy bed-chamber? for, certainly, where there is "no man there is no help of God therein. And all the "women who have ever lived upon the earth have dwelt "with their husbands, one alone, Mary the Mother of Christ, "excepted; and moreover, if thou wishest to please God "with all thy heart, I will give thee counsel concerning "a matter which is acceptable before God." Euphemia saith, "What is it?" And the Devil said, "Knowest thou "my lord Hilarichus, the chief prefect, who standeth high "in the affection of the Emperor Honorius? He is my "kinsman, and he is also of near kin unto the Emperor. "And his wife died in these last days, and when he heard "that thy glorious husband Aristarchus was dead, [p. 104] "he said, Is it not meet that I should take to wife a "woman who is my equal in rank? I will arise and take "to wife the honourable lady Euphemia—that is to say "thyself—and I will give her more of the purple than she "had in former times. And behold Hilarichus hath given "me these splendid gifts, and grant thou that I may per- "suade thee to marry him, for he is powerful in the "palace and the Emperor loveth him;" and straightway he shewed her many ornaments of gold and much gold and silver to seduce her to his evil design. And Euphemia restrained herself greatly, and answered very quietly, "How can I do such a thing as this of my own "will? But first of all let me go and take counsel with "my guardian, to whose care my blessed husband com-"mitted me before he went forth from the body, and if "he commandeth me to live with a husband, then I will "do so without hesitation, but if he doth not command "me to do so I will never do so of my own free will."

And the Devil answered, "Who is this guardian?" and Euphemia said, "Behold, he hath been with me in "my bed-chamber day and night from the time when my "blessed husband committed me to his care, until now, "watching over me." And the Devil answered, and said unto her, "Dost thou not know that if thou failest to keep "[one of] the commandments of God in thy heart, thou "wilt become guilty of offending in all? [p. 105] And more-"over, God hath said, 'Whosoever shall offend in one "'commandment shall be guilty of them all,'[1] and thou "knowest that God hateth falsehood exceedingly. And "again David saith in the fifth Psalm, 'God shall destroy "'everyone that speaketh falsehood',[2] and if thou speakest "falsehood God will destroy thee speedily. Didst thou "not say unto me a short time since, 'From the day on "'which my husband went forth from the body until now, "'no man hath passed through the door of my bed-cham-"'ber, not even my servants'?" And Euphemia answered, "What I say is true, and there is no falsehood in my

---

[1] St. James ii. 10. [2] Psalm v. 6.

"words, O my noble sister. I swear to thee by God
"Almighty and by His holy and mighty Archangel Mi-
"chael, who slew the dragon of old, that from the day
"wherein my husband went forth from the body until this
"day no man hath passed through the door of my bed-
"chamber, neither have I permitted any man to approach
"me, nor even to look upon my face."

And the Devil, who was in the form of a nun, said
to the honourable lady Euphemia, "First of all thou didst
"say, 'No man hath come nigh me since my husband died,'
"and behold, [p. 106] now thou dost commit sin and ful-
"fillest iniquity, for behold, thou hast sworn a false oath.
"Didst thou not but a little time back say, 'First I will
"'go into my bed-chamber, and take counsel with the
"'guardian into whose hands my husband committed me,
"'before he went out of the body?' Is not a guardian a
"man? Have not men ever been made the guardians of
"women? Is there not then a man in thy bed-chamber?
"And now, inasmuch as I find this man, concerning whom
"thou hast spoken falsehood, and hast sworn a lying oath,
"in thy bed-chamber, I would never acknowledge thee
"to be my kinswoman even if thou wert to give me all
"thy wealth." And the mouth of the prudent woman
Euphemia smiled a spiritual smile, and she said to the
Devil who was in the form of a nun, "O my sister, this
"thing—to dwell with a man—is impossible for me to do,
"and I tell thee that neither for the wealth and the orna-
"ments which thou hast brought unto me [to cause me to
"do] this thing, nor, in truth, if they were to give me all
"the riches which are in the palace of the pious Emperor
"Honorius, and all the ornaments which he hath, and the
"wealth of the whole world, could I break the compact

"which I made with my blessed husband Aristarchus, the "glorious general, [p. 107] and live together with a strange "man until I depart unto him. And I am pure from all "uncleanness. I did say that my guardian was in my bed-"chamber, and in saying this I did not lie. The guardian, "into whose hands my master and husband committed me, "is mightier than any other guardian and than all the kings "of the world. He hath no need of any one to inform "him concerning sin, or what is good, or that which we "decide concerning him, but that which we think upon, "and that upon which we meditate in our hearts and minds, "he knoweth straightway. If it be a little thought of the "Devil which entereth into the heart of anyone, from the "moment when he prayeth in the mere name of that "guardian his heart gaineth confidence, and if a legion of "the Devil's army besiegeth him, or appeareth to encamp "round about him, if that guardian cometh he maketh it "to disappear like smoke. If thou wishest, O my sister, "I will commit thee into the hands of that guardian that "he may be thy helper until the day wherein thou must "depart from the body, and at thy death he will give "thee over into the hands of the Good God as a precious "gift, and thou shalt inherit everlasting life."

And the Devil, who was in the form of a nun, answered and said unto her, "Shew me this man, then, for "according to what thou sayest he must be very rich." Euphemia answered and said to him, [p. 108] "First of all "rise up, and let us turn our faces to the east, and let "us pray and offer up supplication before God. And do "thou make confession concerning that which thou didst "think in thy heart about that guardian, and say these "words: 'O God, forgive me for what I have imagined

"'concerning that guardian and this woman whose hus-
"'band committed her into his hands, and I will never
"'again turn to such a thought or allow it to come into
"'my heart concerning the holy one of God.' If thou wilt
"make this confession I will shew thee my guardian, face
"to face, and afterwards thou shalt ask him to help and
"protect thee." The Devil saith unto her, "A command-
"ment was given unto me before I assumed this holy dress
"never to spread out my hands in prayer until I returned
"to my cell, and never to eat with any person who liveth
"in the world unless he weareth our garb." And Eu-
phemia answered and said to the Devil, "Thou didst say
"unto me, 'He that keepeth all the law and offendeth in
"'one particular is guilty of the whole of it', and now, out of
"thine own mouth, I can shew that thou hast transgressed
"the commandments of God, that is to say, those which
"He gave to His Apostles from olden time." And the
Devil said to her, [p. 109] "What commandments have I
"transgressed? Shew me. If thou dost not shew me at
"once I will raise up against thee a mighty war unto
"death." And the honourable lady Euphemia answered
and said unto the Devil, "In olden time our Good Saviour
"commanded His disciples and sent them forth to preach
"the Gospel, saying, 'Whatsoever house ye enter into,
"'salute it and say, Peace be upon this house, and your
"'peace shall be in it; and if not, let it return unto you'.[1]
"And did He not command them to pray in whatsoever
"place they entered into, (and also to eat with everyone
"except those who deny that Christ hath come in the
"flesh), saying, 'Whatsoever they set before you that eat

---

[1] St. Matthew x. 13.

"'without enquiry, and eat with thanksgiving.'[1] And again "the Apostle hath commanded us in his Epistle, saying, "'Pray without ceasing, and in everything give thanks,'[2] "and no man of God ceaseth from praying by day and "by night. If then, thou art a woman and there is no "root of craftiness hidden in thy heart, arise, and let us "pray together, and after the prayer I will bring that "Guardian, and thou shalt see him, and shalt salute him "mouth to mouth, if by any means thou art worthy to "look upon his face."

[P. 110] Now when the Devil knew that the honourable lady Euphemia had vanquished him on every side, he sought to take flight, and he began to change his appearance, and he took upon himself exceedingly varied forms. And when the honourable and noble lady Euphemia saw that he changed his appearance, she feared greatly, and cried out, saying, "O Michael, the Archangel, who "didst destroy all the might of the Adversary, help me "in this hour of necessity, for thou knowest, O my master, "that thou art he, into whose hands my blessed husband "committed me before he went forth from the body, that "thou mightest watch over me, and be a strong tower "for me against the devices of the Enemy;" and when she had said these words she made the sign of the Cross over herself in the name of the Father, and the Son, and the Holy Spirit, and straightway the Devil and all his works disappeared from before her like a spider's web.

And it came to pass some time after these things that the Devil appeared unto her in the form of an Ethiopian

---

[1] St. Luke x. 8; 1 Corinthians x. 27.　[2] 1 Thess. v. 17, 18.

of huge stature, and he was like a he-goat, and his eyes
were very full of blood, and the hair of his head stood
up straight like the bristles of a mountain boar, and he
had a bright two-edged sword drawn in his hands, and
as he stood before her a strong foetid smell came to her
from him. [p. III] And when the honourable lady Euphe-
mia saw that he had changed his appearance, straightway
she went into her bed-chamber, and took the tablet upon
which the picture of the holy Archangel Michael was
painted, and she embraced it, and cried out, saying, "O
"holy Archangel Michael, help me, and deliver me out
"of the hand of the crafty one." Now the Devil was
standing outside the door of the bed-chamber, for he was
not able to enter therein by reason of the glory of the
holy Archangel Michael which filled the chamber, and he
laid his finger upon his nose, and he drew harsh noises
from his throat, and cried out, saying. "By Hercules, what
"would I do unto thee, O Euphemia, if I could come to
"thee! I wished to seduce thee, and to drag thee down
"to perdition with me, but I find that thou hast conquered
"me through this wooden tablet to which thou clingest.
"In days of old I stirred up the Jewish nation against the
"Messiah, Whom they call Christ, for I thought that I
"should destroy His power, but He hath humbled me and
"my power by the wood of the Cross. It was I who in
"the beginning seduced Adam and Eve, and made them
"transgress the commandment of God, and I made them
"aliens unto Paradise and the habitation of light. And
"again, it was I who led astray the angels until they
"were cast out from their glory, and it was I who made
"the giants to sin until God destroyed them by the
"waters of the Deluge. [p. 112] It was I who shewed the

"inhabitants of Sodoma, and Gomorrah, and Thedôim,[1] and
"Zôboim, how to commit wickedness so great that at length
"God rained upon them fire and sulphur, and destroyed
"them. It was I who shewed Jezebel how to sin, and I
"slew Ahab also with her in her sin. It was I who stirred
"up the children of Israel against Aaron, and they wearied
"him until he made a calf for them to worship, and God
"was angry with them, and destroyed them, and, in short,
"it is I who have made all sin to come into being. Was
"it not thou, O Michael, who didst cast me and my angels
"forth from heaven down into a pit filled with fire? And
"behold, O Michael, I have left thee heaven and earth,
"and we fly by ourselves in the air, hither and thither,
"and we overcome those whom we are able to destroy,
"one by fornication, another by adultery, another by swear-
"ing falsely, another by backbiting, another by craftiness,
"another by fraud, another by envy, another by scorn,
"and another by theft; and if we know that we are not
"able to overcome a man by such wiles, we bring upon
"him a sleep so deep that he is unable to watch and to
"make an opportunity wherein he may pray for his sins.
"Behold, moreover, we have left thee heaven and earth
"so that we might not see thy face, for thy form terrifieth
"us greatly, [p. 113] and thy apparel in the painting which
"is painted upon this wooden tablet in divers colours by
"sorcery overcometh my mighty power this day. It was
"wood, which they made into a Cross, that tore me up

---

[1] ⲐⲈⲆⲰⲒⲘ is clearly a mistake for ⲀⲆⲀⲘⲀ; compare ⲈⲤⲞ-
ⲆⲞⲘⲀ ⲚⲈⲘ ⲄⲞⲘⲞⲢⲢⲀ ⲀⲆⲀⲘⲀ ⲚⲈⲘ ⲤⲈⲂⲰⲒⲘ. Genesis x. 19
(Lagarde, *Der Pentateuch Koptisch*, p. 21). The Arabic trans-
lator, following the Coptic orthography writes مجوﺏ.

"by the roots in days of old, and now, again, it is wood,
"upon which thy effigy is painted, which hindereth me,
"and overcometh me and all my host this day, and which
"doth not allow me to work my will upon the honourable
"lady Euphemia this day. By Hercules, this day doth
"Michael afflict me on all sides, and I am in sore straits!
"What shall I do unto thee, O thou honourable lady Eu-
"phemia? Thou art saying at this moment that I shall
"not overcome thee so long as thou trustest in this little
"wooden tablet which is in thy hands, and if it be so,
"know that I will come to thee another time on a day
"which thou shalt not know, that is to say, on the twelfth
"day of the month Paôni,¹ for on that day Michael will
"be in conclave with the angels, and will be bowing down
"and praying with all the angel host outside the veil of
"the Father for the waters of the River (*i. e.*, the Nile)
"of Egypt, and for dew, and for rain. And I know that
"it will happen that he will continue in prayer ceaselessly
"for three days and three nights, and in prostrations and
"bowings down, without standing up, until God shall hear
"him and grant him his requests. And moreover, I will
"come on that day, yea, I will come to thee prepared
"with my mighty power, and I will lay hold of this tablet
"of wood which is in thy hands, and I will smash it in
"pieces upon thy head, [p. 114] and we shall see if thou
"canst bring the Archangel Michael here to help thee on
"that day." And when the prudent woman heard these
things she took the picture of the Archangel Michael and
ran out of her bed-chamber after the Devil, and straight-
way he disappeared from before her.

¹ *I. e.*, The 6th of June.

And it came to pass that the noble and honourable lady Euphemia continued to make much prayer and supplication day and night, from the day upon which the Devil departed from her until the day concerning which he said, "I will come, and I will contend with thee," that is to say, until the twelfth day of Paôni; and she besought God and the holy Archangel Michael to be unto her a helper and defender. Now on the twelfth day of Paôni —the day of the Archangel Michael—Euphemia made ready the things which were necessary for the festival of Michael, both the offerings and the first-fruits for the people in the shrine [of the Archangel], and the preparations for the brethren in her house after the Blessing, and briefly, she made it her care to provide abundantly for the feast, according to her wont, for she was very rich.

Now the Devil, who at all times hateth that which is good, could not bear to see the good works which this woman was doing, and the things which she was making ready to give away on the festival of the holy Archangel Michael. And when the light had gone forth on the morning of the twelfth day of Paôni, whilst Euphemia was still standing in prayer at the first hour, [p. 115] and was asking God in the name of the Archangel Michael to stand by her until she had fulfilled the ministration which she had undertaken, and to deliver her from all the wiles of the Devil, behold the Devil came and stood before her in the form of an archangel; and he had mighty wings, and he was girded round the loins with a girdle of gold inlaid with precious stones, and he had upon his head a crown set with pearls of great price, and in his right hand was a golden sceptre, but the figure of the Holy Cross was not upon it. And he came and stood before her in this great glory and magnificence, and when Euphemia saw him she feared greatly, and fell upon the ground. And he took her by the hand, and lifted her up, and said unto her, "Fear not, O noble "woman, before God and His holy angel. Hail, thou "woman, whose blessed husband hath found favour before "God, and whose own blessing hath become like a light- "giving lamp before God! Hail, thou woman, whose "sacrifices and oblations have become as it were a bul- "work of adamant for the whole world; the accursed "Devil shall never lead thee astray. Put thy trust in me, "O blessed woman, for I have come from God Almighty, "and I have seen that the prayers which thou hast made "this day have come up before God, [p. 116] and they "are a thousand times brighter than the sun, and they "send forth light which terrifieth all the angel hosts. God "hath sent me unto thee, and He hath told me the things "which I shall tell thee; hearken, then, unto the things "which shall come forth from my mouth that thou mayest "find great honour before God. Thou knowest that God "hath said, 'To hearken is better than to make sacrifice,'[1] "and if thou hearkenest not unto the things which I am "about to tell thee, it is not unto me that thou wilt be "disobedient, but unto God, and it is written, 'Whosoever "'hearkeneth not shall be destroyed'."[2] And the prudent woman Euphemia answered and said, "Shew me what "are the things which God hath commanded thee to say "unto me, and I will do and keep them." And the Devil answered saying, "God hath commanded me to come from "Him unto thee and to say unto thee, 'Thou art wasting

---

[1] 1 Samuel xv. 22.   [2] Acts iii. 23.

"thy husband's possessions. Thou sayest, 'I will give alms
"'for the salvation of his soul', but behold, he hath already
"inherited the good things of the kingdom of heaven.
"It is not for thee to increase the offerings and all the
"oblations which thou makest, and the many prayers which
"thou offerest up. Give a little, and keep a little in thy
"house lest, after a time, thou come to the end of thy
"wealth; and besides this, if the Devil seeth thee making
"alms in this wise he will become envious of thee, [p. 117]
"and he will scatter thy possessions as he scattered those
"of Job; for he did thus to the poor, and therefore the
"Devil destroyed everything which he had, and he even
"put loathsome worms in his body, and sorrow for his
"sons and his daughters, for he made the house in which
"they were to fall upon them, and they died together.
"And the Devil also was envious of the holy man Tobit
"because of the deeds of mercy which he was wont to
"do, for he used to bury the bodies of the dead[1] which
"he found unburied, and the Devil envied him and brought
"him to poverty—now he was very rich—and at length
"he made birds to void dung in his eyes and they
"became blind; now it was not mere birds that did this,
"but it was the Devil himself and his demons who took
"upon themselves the forms of birds, and made him blind
"because they were envious of him. And, moreover, my
"daughter, if thou wilt hearken unto me according to the
"commands of God, cease from such works as those
"which thou doest. And, moreover, God hath told me
"to say unto thee, 'Behold, thou hast no son by thy
"'blessed husband Aristarchus the general, arise now, and

[1] Tobit xii. 12.

"'take a noble husband, and bear him a son, so that when
"'thou shalt have gone forth from the body he may inherit
"'the possessions which thou hast, and may perform thy
"'commemoration when thou hast gone forth from the
"'body; for what wilt thou do? [p. 118] if thou remainest
"'childless there is no hope for thee for ever.' And,
"moreover, God hath commanded me to say unto thee,
"'If thou wilt hearken unto Me, and wilt take a husband,
"'marry Hilarichus who is about to go to war with the
"'Emperor Honorius, for behold he wisheth to make ready
"'his army, and to snatch his empire out of his hands,
"'and to make himself master of all the wealth of the
"'Greeks'."

Then the prudent woman Euphemia perceived the wiles of the Devil, and she knew that it was he who was speaking with her, by reason of words which were full of passion, and she said to him, "Shew me where it "is written in the Scriptures, Make neither charities nor "offerings, or, Thou shalt not pray, or, Thou shalt marry "a second husband. On the other hand we find that God "commandeth in several places, saying, 'Charity shall cover "'the multitude of sins';' and again, 'Mercy maketh a man "'to be praised in the judgment'; and again, we hear the "prophet crying out, saying, 'Bring your sacrifices, and go "'into His courts';² and again, in another place, 'Sacrifice "'and words of blessing glorify Me';³ and again, 'The "'sacrifice of God is a holy heart';⁴ and again, we hear "Paul the teacher preaching unto us with his sweet words, "saying, 'Pray without ceasing, and in everything give

---

[1] 1 St. Peter iv. 8.   [2] Psalm xcvi. 8.   [3] Psalm l. 14, 15, 23
[4] Psalm li. 17.

"'thanks'.¹ And besides, thou sayest unto me, [p. 119] "'Marry a second husband', but the man, whose name "thou hast first mentioned to me, and with whom I am "to dwell, is a heretic and an atheist, whom God shall "destroy without delay, and He will put a bridle in his "mouth, and bind him in the depths of the sea, and He "will humble him and all his hosts before the pious Ho-"norius."

"And again as concerning marriage with a second "husband, Solomon hath informed us in *Physiologus* that "when the first mate of the turtle-dove dieth, it doth not "dwell with a second mate, but it departeth into the "wilderness, where it hideth itself until the day of its "death. And he also sheweth us that the raven family "doth not dwell with any mate save one, and that as we "rend our garments for our brother when he dieth, even "so likewise when a raven dieth his mate draweth out "her own tongue, and splitteth it with her claws, so that "when she uttereth her cry every one may know that "her mate is not there, and if another raven desireth to "take her by violence she crieth out straightway, and "when all the other ravens hear her cry they know by "her cleft tongue that some other raven wisheth to take "her by violence, and they gather together to help her, "and to rebuke the raven that wisheth to take her by "violence. Now therefore when children see ravens ga-"thered together in this manner, [p. 120] and uttering cries "wishing to rebuke the raven that desireth to take her "by violence, and that desireth to go astray from that "which God hath commanded them, those ignorant chil-

¹ 1 Thess. v. 17, 18.

"dren are wont to say, 'The ravens are celebrating a
"'marriage to-day', and they know not that the ravens
"wish to rebuke the raven that desireth to make to sin
"the raven whose mate is dead. And moreover, far be
"it from me ever to bring anyone else into my marriage
"with my master and husband Aristarchus, and I will never
"cease to make the offerings and to do the charities which
"my blessed husband was wont to do before he died, in
"the name of the holy Archangel Michael. And now,
"shew me who thou art that thus bearest such great glory
"and majesty, and whence hast thou come, and what is
"thy name, for thy coming unto me hath disturbed me
"greatly."

And the Devil answered saying, "Art not thou she
"who hath made supplication unto God from the day
"when the Devil came unto thee in the form of a nun
"wishing to seduce thee? And did he not say unto thee,
"'I will come unto thee on the twelfth day of Paôni, which
"'is the day of the Archangel [Michael]', and did he not
"say unto thee, 'The Archangel Michael will not cease
"'on that day from bowing down in prayer before.God
"'for the waters of the River (*i. e.*, the Nile), and the
"'rain, and the dew'? I, then, am Michael the Archangel
"whom God hath sent to thee to help thee until the sun
"setteth this day, in order that the wicked hunter may
"not come and do that which is evil unto thee, [p. 121]
"and therefore it is meet that thou shouldst come and
"kneel in adoration unto me; and I have left my angels
"that I might come unto thee." And the honourable lady
Euphemia answered and said unto him, "I have heard in
"the Holy Gospel that when the Devil came unto our
"Good Saviour to tempt Him, he said unto Him, 'Fall

"'down and worship me, and I will give Thee all the
"'kingdoms of the world, and the glory thereof',[1] and that
"Christ knew at once that he was the Evil One and
"rebuked him; perhaps thou art he who wisheth to lead
"me astray?" And the Devil answered, "I am not he
"—and far be it from me ever to become so—and how
"could such as he be found [arrayed] in such glory as I
"bear? For from the time when he disobeyed God's
"command, He was angry with him, and He commanded
"me, Michael, and I stripped him of all his glory." And
the noble woman answered, saying, "If thou art Michael,
"where is the figure of the Cross which should be upon
"thy sceptre, according to what I see painted in this
"picture wherein the figure of Michael is depicted?" And
the Devil answered, saying, "Painters wish to decorate their
"pictures in order that their art may be the more glorified,
"[p. 122] but the figure of the Cross is not with us nor
"with all the other angels." And Euphemia answered,
saying, "How can I believe thy words? For no man will
"fulfil the behest for which any soldier hath come from
"the Emperor, neither will he by any means receive him,
"unless he bear the token of the Emperor; and, moreover,
"thus is it with the letters which the Emperor sendeth
"forth from his kingdom, no man believeth that they are
"genuine unless they be sealed with the Emperor's seal;
"and thus also is it with the angels who come upon the
"earth, for if the figure of the Cross of the King of glory
"be not with them, men will not believe that they are
"angels, but they will flee from them [believing] them to
"be devils; and especially in the case of the Archangel

---

[1] St. Matthew iv. 9.

"of all the angels, for how could he come upon the earth
"without bearing the armour of the seal of salvation of
"his Emperor Who is to come, that is to say, the Holy
"Cross of Jesus Christ, the Son of the living God? Now
"if thou wishest me to believe that thou art Michael the
"deliverer, let me bring to thee his picture for thee to
"salute, and then I will worship thee without any hesi-
"tation whatever."

Now when the Devil saw that she was pressing him on all sides, [p. 123] and he could not find any excuse to utter before her, and that she rose up from the place wherein she was sitting, wishing to bring to him the picture of the holy Archangel Michael, he changed his form and took that of a raging lion, the roars of which filled the whole city, and he laid hold of her neck quickly, and strangled her until she was well nigh dead, and he spake these words unto her, saying, "This is the day "wherein thou hast fallen into my hands. I have taken "pains to catch thee for a long time past, but I could "not do so until to-day; let now him in whom thou put- "test thy confidence come and deliver thee out of my "hand." And that prudent woman was in exceedingly great tribulation, for she was nigh unto death, and she cried out, saying, "O Michael the Archangel, help me in "this hour of need." And it came to pass that while the Devil was seeking to inflict more suffering upon her, behold the holy Archangel Michael appeared unto her straightway, bearing upon himself royal rank and dignity, and he held in his right hand a golden sceptre which bore upon it the figure of the holy Cross; and the whole place shone a thousand times more brightly than the sun. And when the Devil saw him he cried out in terror, saying, "O thou Archangel Michael, my master, I have "sinned against heaven and in thy sight, [p. 124] for I "have dared to come into the place wherein is thy pic- "ture; I entreat thee not to destroy me before my time, "for the Creator hath granted me a few days. And thou, "O Archangel, art he who made me an alien unto the "mansions of heaven, and now I will depart and flee from "before thee until the day of my great disgrace, and I "promise and swear unto thee before God that I will not "return from this time forth to tempt men or women in "the place wherein thou art." Now while the Devil was saying these things he was gripped fast in the hand of the holy Archangel Michael, like a bird in the hand of a little child, and when the Archangel had made him suffer greatly he set him free in great disgrace.

And the Archangel Michael spake unto the honour- able lady Euphemia, saying, "Be strong, and of good "courage, and be not afraid of the Devil, for he shall "not have power to overcome thee from this time forth. "I am Michael the Archangel whom thou servest, into "whose hands thy blessed husband Aristarchus the general "committed thee. I am Michael, and it is before the pic- "ture in thy bed-chamber upon which my form is painted "that thou offerest up prayer every day, and I am Mi- "chael who take thy prayers before God. It was I who "stood by at the time when thou saidst unto thy hus- "band, 'Let be painted for me a picture of the Archangel "'Michael that I may place it in my house as a protector, "'[p. 125] and thou shalt commit me into his hands that "'he may be my guardian, and may be my helper before "'God until He visit me, and I depart to Him after the "'manner of all men'. I am Michael who hearken unto "everyone who prayeth unto God in my name. Be not "afraid, for behold after thou hast performed the service "which thou art wont to do in my name, I and a mul- "titude of angels will come for thee, and I will take thee "up into the rest of God which thy husband hath inherited. "Peace be with thee." And when the Archangel Michael had said these things he went up into heaven with great glory, and she stood looking after him.

And it came to pass after these things that Euphemia went to the church of Abba Anthimus, the Bishop of this city, who was the first-fruits of the ministry of Saint John Chrysostom, the Archbishop of Constantinople, through whom the whole of this island hath been enlightened, and she shewed him all the things which the Archangel had spoken unto her, and he glorified God and the mighty Archangel Michael; and he gathered together the elements for the Sacrament, and he performed the service thereof quickly and with great honour. And after the Sacrament she came out from the church and went in to her house, and she fulfilled her ministrations unto the poor brethren, and did service unto them, [p. 126] and when they had eaten and drunk she sent for the Father, the Bishop, and she begged him to hold her house worthy to enter into, and he went to her quickly. And when they brought to her the news that he had come to her she went out to him to the third door of her house, and she cast herself down at his feet, and kissed them a long time, and the holy Bishop raised her up, and said unto her, "Rise up, O woman, blessed of God and man! Verily "God hath accepted thy sacrifices from thee like [those] "of Abel the righteous man, and He hath smelled the "[savour of thy] offering like that of Melchisedec, the

"King of Salem, the priest of God the Highest, because "thou hast brought them in uprightness." And she took him with great honour and brought him into her bedchamber, wherein was the picture of the Archangel Michael, and she placed an ivory throne for him to sit upon, and a bench of silver for the priests and deacons, and when they had prayed and had sat down, she opened the doors [of the cupboards] of her house, and brought out all her possessions, from the most precious thing to that of least value, that which was of great price, and that which was of no account, and she laid them before her. And she said to the Bishop, "O my holy father, "receive these few possessions from my hands, and dis- "tribute them among the poor, for me and for my blessed "husband, in the name of the holy Archangel Michael, "[p. 127] that he may pray for me and for my blessed "husband, Aristarchus the general, before God, and that "He may shew mercy unto my wretched soul at His "terrible judgment seat;" and the Bishop commanded them to carry all the things which belonged unto her into the church, and Euphemia set her servants free and sent them away.

And it came to pass on that same day, which was the twelfth day of Paôni, while we were sitting in converse with the Bishop, that we smelled a choice smell of incense, the like of which we never smelled before (now I myself was there sitting with Father Anthimus, the holy Bishop, the first-fruits of the ministry of Saint John Chrysostom, and I was at that time a priest), and when we had smelled this choice smell of incense, we were astonished to see this wonderful sight. And afterwards she turned to Father Anthimus, the Bishop, and said to him, "I beseech thee, O my father, to pray for me that "I may meet God in a favourable hour, for behold the "hour draweth nigh unto me when my soul shall be sepa- "rated from my poor body until the day of the great "judgment, for behold the Archángel Michael hath come "for me, and with him are my husband Aristarchus and "a multitude of angels;" and when she had lain down upon her bed, and had spread out her hands, the Bishop prayed over her for a long time. [p. 128] And afterwards she lifted up her face to the Bishop and to all the people there, and said to them, "I entreat thee for God's sake "to shew me a favour and to give me the picture of the "Archangel Michael, that I may kiss it yet once more "before I depart from the body," and straightway the Bishop took the picture and gave it unto her, and she kissed it, saying, "O my master, thou holy Archangel "Michael, stand by me in this terrible hour." Now when we had heard her say these words, we and all the people also heard the sound [as] of a mighty multitude [of waters] falling violently upon each other, like the roaring of a cataract, and the eyes of all, little and great, men and women, saw the holy Archangel Michael shining like the sun, and standing by the honourable lady Euphemia, and his feet were like fine brass pouring out flames of fire, and he had a harp in his right hand, and in his left a wheel (*or* disk), like [that of] a chariot, upon which was a cross, and he wore apparel a thousand times finer than that of the kings of [this] world, and when we had looked upon him in this guise we were astonished and afraid by reason of [our] fear of him. And we saw him standing and spreading out his garment of light to invite the soul of that blessed woman, [p. 129] the honourable lady Euphemia, to come unto his holy apparel, and thus she gave up the ghost with the picture of the Archangel Michael laid upon her eyes before she departed from the body. And we heard the noise of a multitude singing hymns, and saying, "God knoweth the way of the righteous, and "their inheritance shall abide for ever."[1]

Now the picture of the Archangel Michael which was upon the face of the woman when she gave up the ghost, flew away straightway, and we knew not whither it had gone; and we laid the woman in the sepulchre of Aristarchus her husband.

And it came to pass when we had buried her that we came into the church to celebrate the Sacrament, and the Bishop came into the place wherein we are now gathered together in the name of the holy Archangel Michael; and when he had gone into the place of offering up the sacrifice according to his wont, he saw the picture of the Archangel, which had flown from the house of Euphemia, hanging in the air without [support by] the hand of man in the apse of the holy place. And the Bishop cried out, saying, "O men of the island of Traké, "come and see this great miracle of the holy Archangel "Michael;" and all the multitude ran into the place of offering up sacrifice, and we saw with our own eyes the image of the Archangel Michael hanging in the air without [support by] the hand of man or anything else, [p. 130] but it was as firm and immovable as a pillar of adamant which cannot move at all from its place. O what cries were uttered at that time when all the multitude shouted glory to God and to the holy Archangel Michael!

[1] Psalm i. 6.

And it came to pass that the news of this exceedingly great miracle reached the God-loving Emperor Arcadius, and the Empress Eudoxia in Constantinople, and the Emperor Honorius in Rome, and they determined to visit this island together, and thereupon they came together with the Empress, and they saw with their own eyes the miracle of the picture of the holy Archangel Michael, and they bowed themselves down to the ground in prayer at the couch of the blessed John Chrysostom on which he had died, and which wrought such great cures in this island, for immediately any [sick] man lay upon the couch of Saint John Chrysostom, he gained his health straightway.

O who can tell the marvellous thingswhich happened through that picture of the Archangel Michael (which we see at this moment with our own eyes appearing in his holy shrine), in whose holy commemoration we are gathered together this day! And, moreover, on the twelfth day of every month (which is the day of the Archangel Michael), [p. 131] that picture putteth forth olive leaves at its four corners, together with fine, fresh fruit, and it doeth thus because the tablet upon which the picture is painted is [made] of olive wood.

And, of a surety, ye have in remembrance the woman who had in her a certain sickness which is called "abscess", that is to say, "tumour" (?), and who wasted away and became exceedingly weak by reason of the sickness and pain which were in her, and having come into this holy shrine, and partaken of the fruit of the olive which the picture put forth on the twelfth day of the month which was passed, ye saw that as she ate of the fruit of the picture, the sore which was in her burst straightway, and she was cleansed, and became whole, and departed to her house, glorifying God and the holy Archangel Michael, and never became diseased again.

And hear ye also this great miracle which took place, and which it is not our desire to omit. Ye also saw the sick man who suffered so much pain in one side of his head that his right eye was well nigh falling out of his head, and when he came into this holy shrine, and had taken a little of the oil in the lamp, and had made the sign of the Cross upon his face, in the name of the Father, and the Son, and the Holy Ghost, and had taken one of the leaves which the picture put forth, [p. 132] and had laid it upon the afflicted part of his head, he became whole straightway, and departed to his house in peace.

What shall we say [of thee], or what shall we omit, O my master and lord, after God? Verily thou art the governor of all men and of all animals, and thou art the steward of them all before God. With what honour ought we to honour thee, O thou chief general of the hosts of heaven! I know that no honour is equal unto that which is thine, because thou standest at all times before the throne of the Almighty, entreating Him concerning the stablishing of all mankind, and we know that the power is thine to go within the veil of God Almighty, none preventing thee. And, at this point, let us consider to be sufficient that which we have spoken concerning the angel of God, His minister of flaming fire, the holy Archangel; and we will say here also, with the prophet David, the words which we have placed at the beginning of this discourse, "The angel of the Lord encampeth round about "all those that fear him, and delivereth them."[1]

---

[1] Psalm xxxiv. 7.

And here let us direct our discourse to him who hath conquered and who hath taken the crown, the charioteer who hath gained the victory in all visible and invisible conquests, who hath received the gift of the Holy Spirit, [p. 133] who hath destroyed a second Chedorlaomer, who hath illumined Constantinople, and not that city only, but also this island, and the whole world, I mean my master and Father, John [Chrysostom], Archbishop of Constantinople, nay, rather of the whole world. O who can tell [the number of] thy writings, full of life and full of all spiritual consolation (or ornament)? O who can declare and count the multitude of the commentaries which thou hast composed, O holy Archbishop John, the golden tongued! If thou wouldst declare thy honour thou wouldst need thine own tongue, for no tongue of flesh could describe the glory of thy holy life. Thou didst boldly rebuke the kings who had turned away from the truth, even as David prophesied concerning our Fathers the Apostles, saying, "Their sound hath gone out over the "whole earth, and their words have reached unto the "ends of the world."[1] And as for thee thyself, O mighty John, what place is there, or what monastery, throughout the whole inhabited world, wherein thou wilt not find [some account of] thy life, and thy sweet commentaries? even those which are upon the Two Natures of Christ, and they have gone from city to city, and from country to country, and thy discourses have been transmitted and have been made things to guard safely which shall be preserved for all time.

---

[1] Psalm xix. 4.

And moreover, [p. 134] I will be so bold as to declare that the Empress banished thee by the dispensation of God to this island, and thou didst soften our nature which was as hard as stone and didst make us exceedingly gentle; and we have abandoned the service of idols, and have become servants of God, the Creator of the universe. And thou didst come to this island as a stranger, and thou didst come and didst make thyself like unto the solid wall which standeth firm in the palace of kings, and thou didst take the prisoners, and thou didst make them free, and didst send them back to their country in peace and glory; for the Devil had made them prisoners from the beginning, and had cast them into the blackest darkness, but the King of Kings held them to be precious, and sent thee unto this island to redeem us out of the captivity of the Devil, and thou didst give us unto the King of Kings as a gift [more precious] than any royal gift (now what is more choice, or what is more glorious than all the souls which thou hast delivered out of the hand of the Devil?), and thou hast brought us into the palace of the King of Kings.

And I entreat thee, O my master and my holy father, that peradventure thou mayest grant unto me thy forgiveness, for behold, I have been so bold as to attempt a work which is above my ability, that is to say, to speak words in thy honour. And I think, O my beloved, that in any case I must now moderate my speech, otherwise the length of the discourse will make thee to forget that to which thou hast listened at the beginning; [p. 135] for in everything there should be moderation. And finally, let us present ourselves before the holy Archangel Michael, and let us beseech him to pray for us to the Good God to forgive us our sins, for he is mighty with our Lord Jesus Christ, through Whom be all glory, and honour, [and all adoration, which are meet for the Father with Him, and the Holy, and lifegiving, and consubstantial Spirit with Him, now, and at all times, and for ever and ever. Amen.]

Νιϣϯ ϧⲉⲛ ⲛⲓⲥⲙⲟⲩⲧ ⲧⲏⲣⲟⲩ ⲡⲉⲛⲁⲅⲓⲟⲧⲁⲧⲟⲥ ⲉⲧ
ⲥⲙⲁⲣⲱⲟⲩⲧ. ⲫⲏ ⲉⲑ ⲙⲉϩ ⲉⲃⲟⲗϧⲉⲛ ⲡⲓ ⲡ̅ⲛ̅ⲁ̅ ⲉⲑ
ⲟⲩⲁⲃ ⲟⲩⲟϩ ⲉϥϫⲏⲕ ⲉⲃⲟⲗ ϧⲉⲛ ⲁⲣⲉⲧⲏ ⲛⲓⲃⲉⲛ ⲁⲃⲃⲁ
ⲑⲉⲟⲇⲟⲥⲓⲟⲥ. Ⲡϣⲏⲣⲓ ⲛ̀ ⲛⲓⲛⲓⲟϯ ⲛ̀ ⲁⲡⲟⲥⲧⲟⲗⲟⲥ
ⲟⲩⲟϩ ⲡϣⲫⲏⲣ ⲛ̀ ⲛⲓⲁⲅⲅⲉⲗⲟⲥ ⲡⲓⲁⲣⲭⲏⲉ̀ⲡⲓⲥⲕⲟⲡⲟⲥ
ⲛ̀ⲧⲉ ϯ Ⲃⲁⲕⲓ ⲣⲁⲕⲟϯ(?) . . . . ϧⲉ]ⲛ ⲡⲓⲉ̀ϩⲟⲟⲩ ⲛ̀
ⲁ̅. ⲭ̅. ϣⲁⲓ ⲙ̀ ⲡⲓⲁⲣⲭⲁⲅⲅⲉⲗⲟⲥ ⲉⲑ ⲟⲩⲁⲃ ⲙⲏⲭⲁⲏⲗ. Ⲉⲧⲉ
ⲫⲁⲓ ⲡⲉ ⲥⲟⲩ ⲓ̅ⲃ̅ ⲙ̀ ⲡⲓⲁ̀ⲃⲟⲧ ⲉⲧ ⲥⲙⲁⲣⲱⲟⲩⲧ ⲁⲑⲱⲣ.
ⲟⲩⲟϩ ⲁϥⲭⲱ ⲛ̀ ϩⲁⲛ ⲙⲏϣ ⲛ̀ ⲥⲁϫⲓ ⲉⲑⲃⲉ ⲛⲓⲙⲉⲧ-
ⲛⲁϩⲧ ⲛⲉⲙ ⲛⲓⲁⲅⲁⲡⲏ ⲉⲧⲟⲩ . . . ⲙ . . . .
. . ⲉⲧⲥ . . ⲙ̀ⲫϯ . . ⲙⲓⲭⲁⲏⲗ . . ⲉϩⲟⲟⲩ ⲛ̀ ϣⲁⲓ
ⲕⲁⲧⲁ ⲁ̀ⲃⲟⲧ ϫⲉ ⲡⲓⲁⲣⲭⲁⲅⲅⲉⲗⲟⲥ ⲉⲑ ⲟⲩⲁⲃ ϥ ⲉⲣ
ⲇⲓⲁ̀ⲕⲱⲛⲓⲛ ⲇⲉ ⲙ̀ⲙⲱⲟⲩ ⲟⲩⲟϩ ⲉϥⲓⲛⲓ ⲛ̀ ⲛⲟⲩⲉⲃⲛⲟⲩⲓ
ⲉⲑⲛⲁⲛⲉⲩ ⲉ̀ ⲡϣⲱⲓ ⲙ̀ ⲡⲉⲙⲑⲟ ⲙ̀ ⲫϯ ϥϫⲱⲕ ⲉ̀ⲃⲟⲗ
ⲛ̀ ⲛⲟⲩ ⲉⲧⲙⲁ ⲧⲏⲣⲟⲩ ⲟⲩⲟϩ ⲟⲩⲛ . . . ⲉⲧϯ ϧⲉⲛ
ⲟⲩⲣⲁϣⲓ ⲫⲁⲓ ⲉⲣⲉ ⲫϯ ⲙⲉⲓ ⲙ̀ⲙⲟϥ Ⲟⲩⲟϩ ⲁϥⲥⲁϫⲓ ⲟⲩⲛ
ⲁ̅. ⲃ̅. ⲉⲑⲃⲉ ⲛⲏ ⲉ̀ⲑ ⲟⲩⲁⲃ ⲉⲧ ϧⲉⲛ ⲛⲓⲅⲣⲁⲫⲏ ⲛⲁⲓ ⲉ̀ⲧⲁϥ
ϯ ⲧⲟⲧϥ ⲛⲉⲙⲱⲟⲩ ⲛ̀ϫⲉ ⲡⲓⲁⲣⲭⲁⲅⲅⲉⲗⲟⲥ
ⲉ̀ⲑ ⲟⲩⲁⲃ ⲙⲓⲭⲁⲏⲗ ⲟⲩⲟϩ ⲁϥⲛⲁϩⲙⲟⲩ
ⲉ̀ⲃⲟⲗϧⲉⲛ ⲛ̀ ⲟⲩϩⲟϫϩⲉϫ ⲧⲏⲣⲟⲩ
ⲛⲉⲙ ⲛ̀ ⲟⲩ ⲁ̀ⲛⲁⲅⲕⲏ ϧⲉⲛ
ⲟⲩϩⲓⲣⲏⲛⲏ ⲛ̀ⲧⲉⲫϯ ⲁ̀ⲙⲏⲛ

[1] The first leaf of the MS. is torn in many places and several lacunae occur in the text.

ⲀⲚⲞⲔ ϮϪⲒⲘⲒ Ⲛ̀ ⲦⲀⲢⲬⲎ Ⲙ̀ ⲠⲒⲤⲀϪⲒ ⲈⲂⲞⲖϦⲈⲚ ⲪⲎ
ⲈⲦⲞⲒ Ⲛ̀ ⲤⲞⲖⲤⲈⲖ ⲚⲎⲒ ϨⲒ ⲚⲞⲘϮ ϦⲈⲚ ϨⲰⲂ ⲚⲒⲂⲈⲚ ⲪⲎ
ⲈⲦ ⲤⲰⲞⲨⲚ Ⲙ̀ ⲠⲔⲀϨⲒ ⲦⲎⲢϤ٭ ⲞⲨⲞϨ ϤϦⲞⲦϦⲈⲦ Ⲛ̀
ⲚⲒϬⲖⲰⲦ ⲪⲎ ⲈⲦ ⲞⲨⲰⲚ Ⲙ̀ ⲪⲢⲞ Ⲙ̀ ⲠⲒⲤⲀϪⲒ Ⲛ̀ ⲞⲨⲞⲚ

Ⲃ. Ⲇ. ⲚⲒⲂⲈⲚ ⲈⲦ ⲔⲰϮ | ϦⲈⲚ ⲞⲨⲤⲠⲞⲨⲆⲎ. ⲚⲒⲘ ⲠⲈ ⲪⲀⲒ. 5
Ⲛ̀ⲐⲞϤ ⲠⲈ ⲠⲖⲞⲄⲞⲤ Ⲙ̀ ⲪϮ ⲪⲀⲒ ⲈⲦⲈ ⲀⲚⲞⲔ ϮⲪⲰϢ
Ⲙ̀ ⲠⲈϤⲤⲰⲘⲀ ϦⲈⲚ ⲦⲀϪⲒϪ ⲞⲨⲞϨ ϮⲬⲰϢ Ⲙ̀ ⲠⲈϤ-
ⲤⲚⲞϤ ⲈⲦ ⲦⲀⲒⲎⲞⲨⲦ Ⲉ̀ ⲠⲒⲠⲞⲦⲎⲢⲒⲞⲚ ⲞⲨⲞϨ ϮϮ Ⲙ̀-
ⲘⲞϤ Ⲛ̀ ⲚⲎ ⲈⲐ ⲚⲀϨϮ ⲈⲢⲞϤ. Ⲛ̀ⲐⲞϤ ⲠⲈ ⲠⲀⲞ̅Ⲥ̅
ⲞⲨⲞϨ ⲠⲀⲚⲞⲨϮ Ⲓ̅Ⲏ̅Ⲥ̅ Ⲡ̅Ⲭ̅Ⲥ̅ ⲠⲒⲤⲰⲦⲎⲢ Ⲙ̀ ⲠⲦⲎⲢϤ ⲪⲎ 10
ⲈⲦ ⲰϢ ⲈⲂⲞⲖϦⲈⲚ ⲢⲰϤ Ⲛ̀ ⲀⲖⲎⲐⲒⲚⲞⲚ ⲪⲎ ⲈⲦ ϬⲒ
ⲪⲢⲰⲞⲨϢ ϦⲀ ϮⲘⲈⲦⲢⲰⲘⲒ ⲦⲎⲢⲤ ⲪⲎ ⲈⲦ ⲘⲈϨ Ⲛ̀
ⲚⲀⲒ ⲚⲈⲘ ⲘⲈⲦϢⲀⲚⲐⲘⲀϦⲦ ⲈϦⲞⲨⲚ Ⲉ̀ ⲦϨⲒⲔⲰⲚ Ⲙ̀
ⲪϮ. ⲚⲒⲘ ⲠⲈ ⲪⲀⲒ. ⲪⲀⲒ ⲠⲈ ⲠⲒⲀⲢⲬⲎⲀⲄⲄⲈⲖⲞⲤ

Ⲃ. Ⲃ. ⲈⲐ ⲞⲨⲀⲂ | ⲘⲎⲬⲀⲎⲖ ⲠⲀⲢⲬⲎⲄⲞⲨⲤ Ⲛ̀ⲦⲈ ⲦϪⲞⲘ Ⲛ̀ 15
ⲚⲒⲪⲎⲞⲨⲒ̀. ⲀⲖⲖⲀ ϮϮϨⲞ Ⲉ̀ⲢⲰⲦⲈⲚ ⲚⲀⲘⲈⲚⲢⲀϮ ⲚⲈⲘ
ⲚⲀϢⲎⲢⲒ Ⲙ̀ ⲘⲈⲚⲢⲒⲦ Ⲛ̀ⲦⲈ ⲠⲒⲤⲀϪⲒ ϨⲒⲚⲀ ⲈⲐⲢⲈⲦⲈⲚϮ
ⲦⲞⲦⲈⲚ ⲚⲈⲘⲎⲒ ϦⲈⲚ ⲦⲀⲒ ⲚⲒϢϮ Ⲛ̀ ⲀⲢⲬⲎ ⲘⲎⲠⲞⲦⲈ
Ⲛ̀ⲦⲀ ϨⲒ ⲦⲞⲦ Ⲉ̀ ⲠⲀⲒ ⲚⲒϢϮ Ⲙ̀ ⲠⲈⲖⲀⲄⲞⲤ ⲪⲎ ⲈⲦⲈ
Ⲙ̀ⲘⲞⲚ ⲀⲨⲢⲎⲬϤ Ⲛ̀ⲦⲀϤ ⲞⲨⲞϨ Ⲙ̀ⲘⲞⲚ ϢϪⲞⲘ Ⲙ̀ⲘⲞⲒ 20
Ⲉ̀ ⲤⲰⲔ Ⲛ̀ ⲦⲀ ⲔⲞⲨϪⲒ Ⲛ̀ ⲔⲨⲂⲰⲦⲞⲤ Ⲉ̀ ⲠⲒⲬⲢⲞ. ϪⲈ
ⲞⲨⲎⲒ ⲦⲈⲦⲈⲚⲤⲰⲞⲨⲚ Ⲛ̀ ⲦⲀ ⲘⲈⲦϨⲎⲔⲒ ⲦⲎⲢⲞⲨ ⲞⲨⲞϨ
ϪⲈ Ⲙ̀ⲘⲞⲚ ⲐⲎⲒ Ⲛ̀ ϨⲖⲒ ϦⲈⲚ ⲦⲀ ⲘⲈⲦⲒⲈⲂϢⲰⲦ ϨⲒⲚⲀ
Ⲛ̀ⲦⲀϢⲂⲦ Ⲛ̀ ⲞⲨⲚⲒϢϮ Ⲛ̀ ⲔⲨⲂⲰⲦⲞⲤ Ⲉ̀ ⲞⲨⲞⲚϢϪⲞⲘ

Ⲅ. Ⲇ. Ⲙ̀ⲘⲞⲤ Ⲉ̀ ⲈⲢ ϪⲒⲚⲒⲞⲢ | ϦⲈⲚ ⲪⲒⲞⲘ Ⲉ̀ⲘⲀϢⲰ ⲞⲨⲞϨ 25
Ⲛ̀ⲦⲈⲤϤⲀⲒ ϦⲀ ⲦϨⲢⲈϢⲒ Ⲛ̀ ⲚⲒⲈⲐⲚⲞⲨ. ⲀⲖⲖⲀ ⲞⲨⲔⲞⲨ-
ϪⲒ ⲠⲈ ⲠⲒⲀⲂⲒⲚ ⲞⲨⲞϨ ⲞⲨⲔⲞⲨϪⲒ ⲠⲈ ϮⲔⲨⲂⲰⲦⲞⲤ ⲞⲨⲚ
ⲈⲦⲈ Ⲛ̀ⲦⲎⲒ[ϮⲈⲢ ϨⲞⲦ]ⲘⲎⲠⲞⲦⲈ Ⲛ̀ⲦⲀⲒ̀ ⲈⲂⲞⲖϦⲈⲚ ⲦⲀⲒ

ⲗⲩⲙⲛⲏ ⲉ̀ⲧⲉ ⲙ̀ⲙⲟⲛ ⲗⲩⲙⲛⲏ ⲛ̀ⲧⲁⲥ ϣⲁ ⲕⲉ ⲗⲩⲙⲛⲏ
ⲉⲥϣⲑⲉⲣⲑⲱⲣ ⲛ̀ⲧⲉ ⲛⲓⲑⲏⲟⲩ ⲧⲱⲟⲩⲛ ⲉ̀ϫⲱⲓ ⲟⲩⲟϩ
ⲛ̀ⲧⲉ ⲛⲓ ϩⲱⲓⲙⲓ ⲛⲉⲙ ⲛⲓⲭⲟⲗ ϩⲓⲧⲉⲑⲁⲗⲁⲥⲥⲁ ⲛ̀
ϯⲥⲱⲟⲩⲛ ⲛ̀ ⲛⲏⲃⲓ ⲁⲛ ϫⲉ ϩⲓⲛⲁ ⲛ̀ⲧⲁⲛⲟϩⲉⲙ ⲛ̀
ⲧⲁⲯⲩⲭⲏ ⲙ̀ⲙⲁⲩⲁⲧⲥⲉ̀ ⲡⲓⲭⲣⲟ.   Ⲧⲟⲧⲉ ⲟⲩⲟⲛ 5
ⲛⲓⲃⲉⲛ ⲛⲁϫⲟⲥ ϫⲉ ⲁ̀ ⲫⲁⲓ ϫⲓⲙⲓ ⲛ̀ ⲟⲩϩⲙⲟⲧ ϧⲁⲧⲉⲛ

Γ. B. ⲫϯ | ϫⲉ ⲁϥⲛⲟϩⲉⲙ ϫⲉ ⲟⲩⲉⲓ ⲧ ⲯⲩⲭⲏ ⲙ̀ ⲡⲓⲣⲱⲙⲓ
ⲛ̀ ⲧⲟⲧϥ ⲥⲧⲁⲓⲏⲟⲩⲧ ⲉ̀ϩⲟⲧⲉ ⲡⲓⲕⲟⲥⲙⲟⲥ ⲧⲏⲣϥ ⲉ̀ⲧ
ⲙⲉϩ ⲛ̀ ⲛⲟⲩⲃ ϩⲓ ϩⲁⲧ.   Ⲉⲑⲃⲉ ⲫⲁⲓ ϯ ⲉⲣ ϩⲟⲧ
ⲙⲏⲡⲱⲥ ⲛ̀ⲧⲁϩⲓⲟⲩⲓ̀ ⲛ̀ ⲧⲁⲯⲩⲭⲏ ⲟⲩⲟϩ ϯⲉ̀ⲙⲓ ϫⲉ 10
ⲧⲁⲕⲩⲃⲱⲧⲟⲥ ϫⲱϫⲉⲃ ⲟⲩⲟϩ ⲧⲁⲓ ⲉⲃϣⲱⲧ ⲟⲩⲕⲟⲩϫⲓ
ⲡⲉ ⲟⲩⲟϩ ϯⲉ̀ⲙⲓ ⲁ̀ⲛⲟⲕ ⲛ̀ ⲛⲏⲃⲓ ⲁⲛ ⲙⲏⲡⲟⲧⲉ
ⲛ̀ⲧⲁϩⲓ ⲧⲟⲧ ⲉ̀ⲑⲁⲗⲁⲥⲥⲁ ⲛ̀ⲧⲁϣⲧⲉⲙⲧⲁⲥⲑⲟⲓ ϧⲉⲛ
ⲟⲩϩⲓⲣⲏⲛⲏ.   Ⲟⲩⲟϩ ⲁ̀ⲛⲟⲕ ⲁⲓϣⲁⲛϥⲁⲓ ϧⲁ ⲛⲓϥⲓⲥⲓ
ⲛ̀ⲧⲉ ⲫⲓⲟⲙ ⲛⲉⲙ ⲛⲓϩⲱⲓⲙⲓ ⲛ̀ ϯⲛⲁϣϥⲁⲓ ⲁⲛ ϧⲁ 15
ⲟⲩϣϥⲓⲧ ⲛ̀ⲧⲉ ⲫⲏ ⲉ̀ⲑ ⲛⲁ ϯ ϣⲱϣ ⲛⲏⲓ ⲛ̀ⲥⲉⲭⲟⲥ

Δ. A. ϫⲉ ⲱ̀ ⲡⲓⲁ̀ⲧⲉ̀ⲙⲓ | ⲛ̀ ⲣⲱⲙⲓ ⲛⲓⲙ ⲡⲉ ⲫⲏ ⲉ̀ⲧⲁϥ ⲉⲣ
ⲁ̀ⲛⲁⲅⲕⲁⲍⲓⲛ ⲙ̀ⲙⲟⲕ ⲉⲑⲣⲉⲕⲓ̀ⲣⲓ ⲥⲁ ⲡϣⲱⲓ ⲛ̀ ⲧⲉⲕϫⲟⲙ
ⲓⲥϫⲉ ⲕⲉ̀ⲙⲓ ϫⲉ ⲕⲟⲓ ⲛ̀ ϩⲏⲕⲓ ⲟⲩⲟϩ ⲙ̀ⲙⲟⲛ ϩⲗⲓ ⲛ̀
ⲧⲟⲧⲕ ⲙ̀ⲡⲉⲣⲓ̀ⲣⲓ ⲥⲁ ⲡϣⲱⲓ ⲛ̀ ⲧⲉⲕϫⲟⲙ.   Ⲁⲗⲗⲁ 20
ϩⲁⲛⲙⲏϣ ⲛⲉ ⲛⲓϣⲱⲧ ⲡⲱⲥ ⲙ̀ⲡⲉ ⲕϯ ⲛⲱⲟⲩ ⲛ̀
ⲧⲉⲕⲕⲟⲩϫⲓ ⲙ̀ ⲡⲉⲕⲓ̀ⲉⲃϣⲱⲧ ⲉⲑⲣⲟⲩ ⲉⲣ ϣⲱⲧ ⲛ̀ ϧⲏⲧⲥ
ϩⲓⲛⲁ ⲛ̀ⲧⲉⲕϭⲓ ⲙ̀ ⲡⲓⲭⲫⲟ ⲛⲉⲙ ϯⲙⲉⲧⲓ̀ⲉⲃϣⲱⲧ ⲛⲉⲙ
ϯⲕⲩⲃⲱⲧⲟⲥ ⲟⲩⲛ ⲟⲩⲟϩ ⲁⲕⲛⲟϩⲉⲙ ⲛ̀ⲧⲉⲕⲯⲩⲭⲏ
ⲛⲉⲙ ϯⲕⲩⲃⲱⲧⲟⲥ ⲛⲉⲙ ⲡ ⲉ̀ⲧ ⲉⲛⲧⲁⲕ ⲟⲩⲛ ϧⲉⲛ 25
ⲟⲩϩⲓⲣⲏⲛⲏ ⲉ̀ϣⲱⲡ ⲕⲉ̀ⲙⲓ ⲛ̀ ⲛⲏⲃⲓ ⲁⲛ.   Ⲁ̀ⲛⲟⲕ ⲇⲉ

Δ. B. ϯⲛⲁⲧⲁⲙⲱⲧⲉⲛ | ⲱ̀ ⲛⲁⲥⲛⲏⲟⲩ ϫⲉ ⲁϣ ⲧⲉ ϯⲕⲩⲃⲱ-
ⲧⲟⲥ ⲓⲉ ⲟⲩ ⲡⲉ ⲡⲓⲁ̀ⲃⲓⲛ ϯⲕⲩⲃⲱⲧⲟⲥ ⲇⲉ ⲧⲁⲥⲁⲣⲝ

ⲛ̀ ⲣⲉϥⲉⲣⲛⲟⲃⲓ ⲑⲁⲓ ⲉⲧⲉ ⲙ̀ⲡⲓ ⲉⲣ ⲕⲟⲓⲛⲟⲙⲓⲛ ⲙ̀ⲙⲟⲥ
ⲛ̀ · ⲕⲁⲗⲱⲥ. ⲡⲓⲀⲃⲏⲛ ⲆⲈ ⲡⲉ ⲡⲁ ϩⲏⲧ ⲫⲁⲓ ⲉ̀ⲧⲉ
ⲙ̀ⲙⲟⲛ ⲉⲙⲓ ⲛ̀ ϧⲏⲧϥ ⲟⲩⲆⲉ ⲛⲏⲃⲓ ⲉ̀ ⲡϣⲱⲓ ⲟⲩⲟϩ
ⲡⲓⲛⲏⲃⲓ ⲉ̀ ⲡϣⲱⲓ ⲉ̀ †ⲥⲱⲟⲩⲛ ⲙ̀ⲙⲟϥ ⲁⲛ. ⲛⲁⲓ ⲛⲉ
ⲛⲓⲅⲣⲁⲫⲏ ⲉ̀ⲧⲉ ⲙ̀ⲡⲓⲥⲟⲩⲟⲛⲟⲩ. ⲈⲐⲂⲈ ⲫⲁⲓ ⲚⲐⲰⲦⲈⲚ 5
ⲦⲈⲦⲈⲚⲤⲀϪⲒ ⲚⲈⲘⲎⲒ Ⲙ̀ ⲪⲞⲞⲨ ϨⲒⲚⲀ ⲈⲐⲢⲒ ⲈⲢ ⲤⲀ
ⲠϢⲰⲒ Ⲛ̀ ⲦⲀ ϪⲞⲘ ⲘⲀⲖⲒⲤⲦⲀ ⲪⲎ ⲈⲦⲈⲦⲈⲚ ⲈⲢ ⲀⲚⲀⲄ-
ⲔⲀⲌⲒⲚ Ⲙ̀ⲘⲞⲒ ⲈⲐⲢⲒⲤⲀϪⲒ Ⲉ̀ ⲠⲈϤⲦⲀⲒⲞ̀ ⲚⲈⲘ ⲪⲀ ⲠⲈϤ
Ⲉ. Ⲁ. ⲞⲤ̄. Ⲟⲩ ⲈⲂⲞⲖϦⲈⲚ ⲠⲔⲀϨⲒ ⲚⲈⲘⲀⲚ | ⲀⲚ [ⲠⲈ] ⲀⲖⲖⲀ
Ⲟⲩ ⲈⲂⲞⲖϦⲈⲚ ⲦⲪⲈ ⲠⲈ Ⲛ̀ ⲞⲨⲤⲀⲢⲔⲒⲚⲞⲚ ⲀⲚ ⲠⲈ 10
ⲀⲖⲖⲀ Ⲟⲩ ⲀⲤⲰⲘⲀⲦⲞⲤ ⲠⲈ ⲞⲨⲞⲨⲰⲒⲚⲒ ⲠⲈ ⲞⲨⲐⲀⲘⲒⲞ̀
ⲀⲚ ⲠⲈ ⲈⲂⲞⲖϦⲈⲚ ⲠⲒⲞ̀ⲘⲒ ⲀⲖⲖⲀ ⲞⲨⲠⲚ̄Ⲁ̄ ⲈϤ ⲞⲨⲀⲂ
ⲠⲈ Ⲛ̀ Ⲟⲩ ⲈⲂⲞⲖϦⲈⲚ ⲚⲒⲆⲒⲀⲔⲰⲚ Ⲛ̀ⲦⲈ ⲠⲔⲀϨⲒ ⲀⲚ ⲠⲈ
ⲀⲖⲖⲀ ⲞⲨⲆⲒⲀⲔⲰⲚ ⲈⲂⲞⲖϦⲈⲚ ⲞⲨϢⲀϨ Ⲛ̀ ϨⲢⲰⲘ.
ⲞⲨⲀⲢⲬⲰⲚ Ⲛ̀ⲦⲈ ⲠⲔⲀϨⲒ ⲀⲚ ⲠⲈ ⲀⲖⲖⲀ ⲞⲨⲀⲢⲬⲎ- 15
ⲀⲄⲄⲈⲖⲞⲤ Ⲛ̀ⲦⲈ ⲦϪⲞⲘ Ⲛ̀ⲦⲈ ⲚⲒⲪⲎⲞⲨⲒ̀ ⲠⲈ Ⲛ̀ ⲞⲨⲀⲢⲬⲎ-
[ⲤⲦⲢⲀⲦⲨ]ⲄⲞⲨⲤ Ⲛ̀ⲦⲈ ⲠⲔⲀϨⲒ ⲀⲚ ⲠⲈ ⲪⲀⲒ ⲈⲦ ⲈϤⲚⲀ-
ⲔⲞⲢϤϤ Ⲛ̀ϪⲈ ⲠⲈϤⲞⲨⲢⲞ ϦⲈⲚ ⲠⲒⲚⲀⲨ ⲈⲦ ⲈϤⲞⲨⲰϢ
ⲀⲖⲖⲀ ⲞⲨⲀⲢⲬⲎⲤⲦⲢⲀⲦⲨⲄⲞⲨⲤ Ⲛ̀ⲦⲈ ⲦϪⲞⲘ Ⲛ̀ ⲚⲒ-
Ⲉ. Ⲃ. | ⲪⲎⲞⲨⲒ̀ Ϥ̀ⲘⲎⲚ ⲈⲂⲞⲖ ⲚⲈⲘ ⲠⲈϤⲞⲨⲢⲞ ϢⲀ ⲈⲚⲈϨ. 20
ⲀϤⲤⲀϪⲒ ⲀⲚ ϦⲀ ⲠⲦⲀⲔⲞ̀ Ⲛ̀ ⲚⲒⲮⲨⲬⲎ ⲀⲖⲖⲀ ⲞⲨⲢⲈϤⲈⲢ-
ⲠⲢⲈⲤⲂⲈⲨⲒⲚ ϦⲀ ⲠⲚⲞϨⲈⲘ Ⲛ̀ ⲚⲈⲚⲮⲨⲬⲎ ⲚⲈⲘ ⲚⲈⲚ-
ⲤⲰⲘⲀ Ⲛ̀ ⲤⲚⲞⲨ ⲚⲒⲂⲈⲚ ϦⲀⲦⲈⲚ ⲪϮ ⲠⲈⲚⲢⲈϤⲐⲀⲘⲒⲞ̀.
Ⲛ̀ ⲞⲨⲢⲈϤⲤⲈⲘⲒ ⲀⲚ ⲀⲖⲖⲀ ⲞⲨϦⲀⲒⲢⲰⲞⲨϢ ϦⲀ ⲠⲦⲎⲢϤ
Ⲛ̀ ⲞⲨⲘⲀⲤⲦⲈ ⲢⲰⲘⲒ ⲀⲚ ⲀⲖⲖⲀ ⲞⲨⲘⲈⲚⲢⲒⲦ Ⲛ̀ⲦⲈ 25
ⲦϨⲒⲔⲰⲚ Ⲙ̀ ⲪϮ ⲦⲎⲢⲞⲨ. Ⲛ̀ ⲞⲨϪⲀϪⲒ ⲚⲦⲀⲚ ⲀⲚ
ⲠⲈ ⲀⲖⲖⲀ ϤⲞⲒ Ⲛ̀ ϨⲒⲢⲎⲚⲎ ⲚⲈⲘ ⲞⲨⲞⲚ ⲚⲒⲂⲈⲚ Ⲛ̀ Ⲟⲩ
ⲀⲦ ⲚⲀⲒ ⲀⲚ ⲠⲈ ⲀⲖⲖⲀ ⲞⲨⲢⲈϤϢⲈ Ⲛ̀ ϨⲎⲦ ⲠⲈ ⲈⲢⲈ

ϩ̄. ⲁ. ⲑⲙⲉⲧⲛⲁϩⲧ ⲙ̀ ⲫϯ ϣⲟⲡ ⲛ̀ ⲃ̀ⲏⲧϥ | ϫⲉ ⲫⲏ ⲉ̀ⲧ
ⲉⲣⲉ̀ⲧⲓⲛ ϣⲁϥϭⲓ ⲫⲏ ⲉ̀ⲧ ⲕⲱϯ ϣⲁϥϫⲓⲙⲓ ⲟⲩⲟϩ ⲫⲏ
ⲉ̀ⲧ ⲕⲱⲗϩ ⲥⲉⲛⲁⲟⲩⲱⲛ ⲛⲁϥ. ⲟⲩⲟϩ ⲁ̀ⲛⲟⲕ ϩⲱ
ⲉ̀ⲧⲁⲓⲛⲁⲩ ⲉ̀ ⲧϫⲓⲛϯ ⲙ̀ ⲡⲁ ⲟ̅ⲥ̅ ϧⲉⲛ ⲟⲩⲣⲁϣⲓ ⲁⲓϩⲓ-
ⲧⲟⲧ ⲟⲩⲛ ⲉ̀ⲣⲟϥ ⲙ̀ ⲫⲟⲟⲩ ⲁⲧϭⲛⲉ ⲙⲉⲧⲁⲣⲕⲟⲥ. 5
ⲉⲓⲉⲣⲉ̀ⲧⲓⲛ ϩⲓⲛⲁ ⲛ̀ⲧⲁϭⲓ ⲛ̀ ⲟⲩⲙⲏϣ ⲟⲩⲟϩ ⲉⲓⲕⲱⲗϩ
ϩⲓⲛⲁ ⲛ̀ⲥⲉⲟⲩⲱⲛ ⲛⲏⲓ ⲁⲗⲗⲁ ϥⲛⲁϫⲟⲥ ⲛ̀ⲑⲟⲕ ⲱ̀
ⲫⲏ ⲉ̀ⲑ ⲙⲉϩ ⲛ̀ ⲁ̀ⲣⲉⲧⲏ ⲟⲩⲟϩ ϥⲙⲉⲓ ⲛ̀ ϯⲥⲃⲱ ϫⲉ
ⲟⲩ ϩⲁⲣⲁ ⲡⲉ ⲉ̀ⲧ ⲉⲕϣⲓⲛⲓ ⲛ̀ⲥⲱϥ ⲛ̀ ⲧⲟⲧϥ ⲙ̀ ⲫⲟⲟⲩ
ⲙⲉⲛⲉⲛⲥⲁ ⲑⲣⲉⲕ ⲉⲣ ϣⲟⲣⲡ ⲛ̀ⲧⲉⲕϫⲱ. ⲁ̀ⲕⲕⲏⲛ 10
ϩ̄. ⲃ. ⲛ̀ϫⲱ ⲛ̀ ⲟⲩⲉⲩⲅⲉⲣⲕⲱⲙⲓⲟⲛ | ⲉ̀ϫⲉⲛ ϯⲣⲟⲙⲡⲓ ⲙ̀ ⲃⲉⲣⲓ
ⲛⲉⲙ ⲧⲁ̀ⲣⲭⲏ ⲛ̀ ⲛⲓϣⲁⲓ ⲛ̀ⲧⲉ ⲡⲟ̅ⲥ̅ ⲧⲏⲣⲟⲩ ⲟⲩⲟϩ ⲡⲁⲓ
ⲣⲏϯ ⲟⲩⲛ ⲁⲕϫⲱ ⲛ̀ ⲕⲉ ⲗⲟⲅⲟⲥ ⲉ̀ϫⲉⲛ ⲫⲏ ⲉ̀ⲧⲉ ⲙ̀ⲡⲉ
ⲟⲩⲟⲛ ⲧⲱⲛϥ ϧⲉⲛ ⲛⲓⲙⲓⲥⲓ ⲛ̀ⲧⲉ ⲛⲓϩⲓⲟ̀ⲙⲓ ⲉ̀ ⲛⲁⲁϥ
ⲉ̀ϩⲟⲧ ⲉ̀ⲣⲟϥ ⲡⲥⲩⲅⲅⲉⲛⲏⲥ ⲙ̀ ⲡⲭ̅ⲥ̅ ⲡⲓⲁ̀ⲅⲓⲟⲥ ⲓⲱⲁⲛⲛⲏⲥ 15
ⲡⲓⲣⲉϥϯ ⲱⲙⲥ ⲡϣⲫⲏⲣ ⲙ̀ ⲡⲓⲡⲁⲧϣⲉⲗⲉⲧ ⲉ̀ⲑ ⲟⲩⲁⲃ.
ⲙⲏ ⲕⲉ̀ⲙⲓ ⲁⲛ ⲱ̀ ⲡⲁ ⲓⲱⲧ ϫⲉ ⲛⲁⲛⲉ ⲡⲓϣⲓ ϧⲉⲛ
ϩⲱⲃ ⲛⲓⲃⲉⲛ ⲙ̀ ⲫⲣⲏϯ ⲉ̀ ⲁⲕⲟⲩⲱⲙ ⲓⲉ̀ ⲛ̀ⲧⲉⲕⲥⲱ
ⲓⲉ̀ ⲛ̀ⲧⲉⲕϣⲗⲏⲗ ⲭⲁⲟⲩⲁϣ ⲡⲓϣⲓ ϧⲉⲛ ϩⲱⲃ ⲛⲓⲃⲉⲛ
ⲙ̀ⲫⲣⲏϯ ⲉ̀ⲧⲉϥϫⲱ ⲙ̀ⲙⲟⲥ ⲛ̀ϫⲉ ⲡⲉⲛⲥⲁⲃ ⲛ̀ ⲁ̀ⲡⲟⲥ- 20
ⲍ̄. ⲁ. ⲧⲟⲗⲟⲥ | ⲡⲁⲩⲗⲟⲥ ϫⲉ ϯⲁ̀ⲥⲕⲩⲥⲓⲥ ⲛ̀ⲧⲉ ⲫϯ ⲟⲩⲛⲓϣϯ
ⲡⲉ ϧⲉⲛ ⲡⲓϩⲛⲟⲩ ⲁⲕϣⲁⲛϫⲱⲕ ⲉ̀ⲃⲟⲗ ⲛ̀ⲧⲉⲕⲧⲱⲟⲩⲛ
ϧⲁⲣⲟⲥ. ⲁ̀ⲛⲟⲕ ⲇⲉ ϯⲛⲁ ⲉⲣ ⲟⲩⲱ̀ ⲛⲁⲕ ⲟⲩⲟϩ
ⲛ̀ⲧⲁϫⲟⲥ ⲛⲁⲕ ⲱ̀ ⲡⲁ ⲙⲉⲛⲣⲓⲧ ϫⲉ ⲁⲕⲥⲁϫⲓ ⲛ̀ ⲕⲁⲗⲱⲥ
ⲟⲩⲟϩ ⲁⲕⲟⲩⲱⲛϩ ⲛ̀ ⲟⲩϥⲓⲣⲱⲟⲩϣ ⲉ̀ⲃⲟⲗ ⲁⲗⲗⲁ ϯⲛⲁ 25
ⲉⲣ ⲧⲟⲗⲙⲁⲛ ⲟⲩⲟϩ ⲛ̀ⲧⲁϫⲟⲥ ⲙ̀ ⲫⲣⲏϯ ⲙ̀ ⲡϣⲫⲏⲣ
ⲙ̀ ⲡⲟ̅ⲥ̅ ⲁⲃⲣⲁⲁⲙ ⲡⲁ̀ⲣⲭⲱⲛ ⲛ̀ ⲛⲓⲡⲁⲧⲣⲓⲁⲣⲭⲏⲥ ⲫⲏ
ⲉ̀ⲧⲁϥ ⲉⲣ ⲓⲱⲧ ⲛ̀ ⲟⲩⲙⲏϣ ⲛ̀ ⲉⲑⲛⲟⲥ ⲉ̀ⲧⲁϥϫⲟⲥ ⲙ̀

ⲫϯ ϫⲉ ⲓⲥϫⲉ ⲟⲩⲟⲛϣϫⲟⲙ ⲛ̀ ⲥⲁϫⲓ ⲛⲉⲙ ⲡⲁ ϭⲥ ⲙ̀

ⲍ̄. ⲃ. ⲫϯ ⲡⲁⲓ ⲕⲉ ⲥⲟⲡ ⲟⲩⲟϩ ⲕⲁⲛ ⲫⲁⲓ ⲟⲩⲥⲟⲩⲟ̀ | ⲥⲁϫⲓ
ⲛ̀ⲧⲏⲓ ⲉⲑⲣⲓⲧⲉⲛⲑⲱⲛⲧ ⲉ̀ ⲡϣⲫⲏⲣⲓ ⲙ̀ ⲫϯ ⲁⲗⲗⲁ
ⲁ̀ⲛⲟⲕ ⲉ̀ⲓⲉ ⲉⲣ ⲧⲟⲗⲙⲁⲛ ϣⲁ ⲅ̄ ⲛ̀ ⲥⲟⲡ ϩⲱⲗⲟⲥ
ⲟⲩⲟϩ ϥⲛⲁⲧⲁⲥⲑⲟⲓ ⲁⲛ. ϫⲉ ⲟⲩⲉⲓ ⲛ̀ⲑⲟϥ ⲡⲉ ⲟⲩⲛⲟⲩϯ 5
ⲛ̀ ⲟⲩⲱⲧ ⲟⲩⲟϩ ⲟⲩϭⲥ ⲛ̀ ⲟⲩⲱⲧ ⲟⲩⲟϩ ⲑⲱϥ ⲧⲉ
ϯⲙⲉⲧϣⲁⲛⲁϩⲑⲏϥ ⲉ̀ⲑ ⲙⲏⲛ ⲉ̀ⲃⲟⲗ ϣⲁ ⲉ̀ⲛⲉϩ. ⲃⲉⲛ
ⲫⲁⲓ ϯⲑⲱⲧ ⲙ̀ ⲡⲉⲕϩⲏⲧ ϫⲉ ⲫϯ ⲫⲏ ⲉ̀ⲧⲁϥϩⲟⲛϩⲉⲛ
ⲛⲁⲛ ϫⲉ ⲛ̀ⲧⲉⲛⲉ̀ⲣⲉⲧⲓⲛ ϩⲓⲛⲁ ⲛ̀ⲧⲉⲛϭⲓ ⲙ̀ⲙⲟⲛ ϫⲉ
ⲉⲑⲃⲉ ⲟⲩ ⲧⲉⲧⲉⲛⲉ̀ⲣⲉⲧⲓⲛ ⲙ̀ⲙⲟⲓ ⲉⲑⲣⲓⲣⲁⲃϣ ⲃⲉⲛ 10
ⲧⲉⲧⲉⲛⲙⲏϯ ⲃⲉⲛ ⲡⲁⲓ ⲛⲓϣϯ ⲛ̀ ϣⲁⲓ ⲉ̀ⲧ ⲫⲱⲣϣ
ⲉ̀ⲃⲟⲗ ⲃⲉⲛ ⲡⲓⲕⲟⲥⲙⲟⲥ ⲧⲏⲣϥ ⲙ̀ⲙⲁⲩⲁⲧϥ ⲁⲛ ⲁⲗⲗⲁ

ⲏ̄. ⲁ. ⲛⲉⲙ ⲃⲉⲛ ⲛⲓⲫⲏⲟⲩⲓ̀ | ⲟⲩⲟϩ ⲛ̀ⲑⲱⲧⲉⲛ ⲧⲉⲧⲉⲛϣ
ⲉ̀ⲃⲟⲗ ⲉ̀ϫⲱⲓ ⲛⲓⲕⲟⲩϫⲓ ⲛⲉⲙ ⲛⲓⲛⲓϣϯ ⲛⲓϩⲱⲟⲩⲧ ⲛⲉⲙ
ⲛⲓϩⲓⲟ̀ⲙⲓ ⲉ̀ⲣⲉⲧⲉⲛϫⲱ ⲙ̀ⲙⲟⲥ ϫⲉ ⲧⲉⲛϯϩⲟ̀ ⲉ̀ⲣⲟⲕ ⲙ̀ⲡ 15
ⲉⲣ ⲭⲁ ⲣⲱⲕ ⲉ̀ⲃⲟⲗϩⲁ ⲡⲁⲓ ⲛⲓϣϯ ⲛ̀ ϣⲓⲛⲓ ⲟⲩⲟϩ
ⲛ̀ⲧⲉⲕⲧⲁⲙⲟⲛ ⲉ̀ ⲡⲁⲓ ⲛⲓϣϯ ⲛ̀ ϣⲁⲓ ⲛⲉⲙ ⲡⲧⲁⲓⲟ̀
ⲙ̀ ⲫⲏ ⲉ̀ⲧⲟⲩ ⲉⲣ ϣⲁⲓ ⲛⲁϥ ⲛ̀ ⲃⲏⲧϥ ⲫⲁⲓ ⲉ̀ⲧ ⲉⲣ
ⲡⲣⲉⲥⲃⲉⲩⲓ̀ⲛ ⲃⲁⲣⲟⲛ ⲧⲏⲣⲉⲛ ⲃⲁⲧⲉⲛ ⲫϯ. ⲛⲓⲙ ⲛⲉ
ⲛⲓϣϯ ⲛ̀ⲧⲉ ⲡⲓⲡⲁⲗⲗⲁⲧⲓⲟⲛ ⲉ̀ⲃⲏⲗ ⲉ̀ ⲡⲭ̄ⲥ̄ ⲛⲉⲙ ⲡⲉϥⲁⲣ- 20
ⲭⲏⲥⲧⲣⲁⲧⲩⲅⲟⲩⲥ ⲉ̀ⲑ ⲟⲩⲁⲃ ⲙⲓⲭⲁⲏⲗ. ⲟⲩⲟϩ ⲙⲉⲛⲉⲛ-
ⲥⲱⲥ ⲧⲉⲛⲛⲁⲟⲩⲁϩⲧⲉⲛ ⲛ̀ⲥⲱⲟⲩ ϩⲱⲛ ⲛⲁⲛ ⲉ̀ ⲡⲉⲧⲉⲛ

ⲏ̄. ⲃ. ϫⲓⲛϣⲓⲛⲓ ⲱ̀ ⲛⲁⲙⲉⲛⲣⲁϯ ϫⲉ ⲡⲓⲑⲉⲃⲓⲟ̀ | ⲁϥϭⲓⲥⲓ
ⲟⲩⲟϩ ϥⲥⲟⲩⲧⲱⲛ ⲁⲗⲗⲁ ⲁⲙⲱⲓⲛⲓ ⲟⲩⲁϩⲑⲏⲛⲟⲩ ⲛ̀ⲥⲱⲓ
ϫⲉ ⲟⲩⲉⲓ ⲁ̀ ⲛⲓⲛⲓϣϯ ⲛ̀ⲧⲉ ⲡⲓⲡⲁⲗⲗⲁⲧⲓⲟⲛ ⲕⲏⲛ ⲛ̀ 25
ϩⲱⲗ ⲉ̀ ⲡⲓⲇⲓⲡⲛⲟⲛ ⲛ̀ⲧⲉ ⲡⲓⲁⲣⲭⲏⲁ̀ⲅⲅⲉⲗⲟⲥ ⲉ̀ⲑ ⲟⲩⲁⲃ
ⲙⲓⲭⲁⲏⲗ ⲟⲩⲟϩ ⲛ̀ⲧⲟⲩⲣⲱⲧⲉⲃ ⲛⲓⲙ ⲛⲉ ⲛⲁⲓ ⲛⲓϣϯ
ⲉ̀ⲧⲁⲩ ⲉⲣ ϣⲟⲣⲡ ⲛ̀ ⲣⲱⲧⲉⲃ ⲛⲉⲙ ⲡⲓⲁⲣⲭⲏⲁ̀ⲅⲅⲉⲗⲟⲥ

ⲙⲏⲭⲁⲏⲗ ⲥⲱⲧⲉⲙ ⲁⲛⲟⲕ ⲇⲉ ϯⲛⲁⲧⲁⲙⲱⲧⲉⲛ ⲉⲣⲱⲟⲩ.
Ⲁⲇⲁⲙ. Ⲥⲏⲑ. Ⲉⲛⲱⲭ. Ⲙⲁⲑⲟⲩⲥⲁⲗⲁ. Ⲛⲱⲉ̀.
Ⲁⲃⲣⲁⲁⲙ. Ⲓ̀ⲥⲁⲁⲕ. Ⲓ̀ⲁⲕⲱⲕ. Ⲓ̀ⲱⲥⲏⲫ. Ⲙⲱⲩⲥⲏⲥ.
Ⲁⲁⲣⲱⲛ. Ⲓⲏⲥⲟⲩ. Ⲅⲉⲇⲉⲱⲛ. Ⲃⲁⲣⲁⲭ. Ⲥⲁⲙⲯⲱⲙ.

ⲃ̄. ⲁ. Ⲓⲉⲫⲑⲁⲓⲉ. Ⲇⲁⲩⲓ̀ⲇ. Ⲥⲟⲗⲟⲙⲱⲛ. | Ⲓⲉⲍⲉⲕⲓⲏⲗ. Ⲏ̀ⲥⲁⲓⲁⲥ. 5
Ⲓⲉⲣⲉⲙⲓⲁⲥ. Ⲁⲛⲁⲛⲓⲁⲥ. Ⲁⲍⲁⲣⲓⲁⲥ. Ⲙⲓⲥⲁⲏⲗ. Ⲏⲗⲓⲁⲥ.
Ⲉⲗⲓⲥⲉⲟⲥ. ⲛⲉⲙ ⲡⲥⲱϫⲡ ⲛ̀ ⲛⲓ ⲕⲉ ⲡⲣⲟⲫⲏⲧⲏⲥ.
Ⲍⲁⲭⲁⲣⲓⲁⲥ. ⲡⲓⲟⲩⲏⲃ. ⲛⲉⲙ Ⲓⲱⲁⲛⲛⲏⲥ ⲡⲓⲣⲉϥ ϯ
ⲱⲙⲥ ⲛⲉⲙ ⲡⲓ ⲓ̄ⲃ̄ ⲛ̀ ⲁ̀ⲡⲟⲥⲧⲟⲗⲟⲥ. ⲛⲉⲙ ⲡⲓⲁ̀ⲅⲓⲟⲥ
ⲥⲧⲉⲫⲁⲛⲟⲥ. ⲛⲉⲙ ⲛⲓⲃⲉⲗⲗⲟ ⲥⲩⲙⲉⲱⲛ ⲡⲓⲟⲩⲏⲃ ⲉ̀ⲑ 10
ⲟⲩⲁⲃ. ⲛⲉⲙ ⲡⲭⲱⲣⲟⲥ ⲛ̀ⲧⲉ ⲛⲏ ⲉ̀ⲑ ⲟⲩⲁⲃ. ⲛⲉⲙ
ⲡⲭⲱⲣⲟⲥ ⲛ̀ⲧⲉ ⲛⲓⲟⲙⲏⲓ. Ⲟⲩⲟϩ ⲟⲩ ⲡⲉ ⲡⲁⲭϥⲟ
ⲁⲓⲥⲁϫⲓ ⲉ̀ ⲛⲁ ⲡⲕⲁϩⲓ ⲙ̀ⲙⲁⲩⲁⲧⲟⲩ ⲁⲗⲗⲁ ϧⲉⲙⲙⲁⲩ
ⲛ̀ϫⲉ ⲡⲟ̅ⲥ̅ ⲛ̀ⲧⲉ ⲡⲱⲟⲩ ⲛⲉⲙ ⲡⲧⲁⲅⲙⲁ ⲧⲏⲣϥ ⲛ̀ⲧⲉ

ⲃ̄. ⲃ. ⲛⲓⲫⲛⲟⲩⲓ̀ ⲛⲓⲁⲅⲅⲉⲗⲟⲥ ⲛⲉⲙ ⲛⲓⲁⲣⲭⲏⲁ̀ⲅⲅⲉⲗⲟⲥ | ⲛⲓ- 15
ⲭⲉⲣⲟⲩⲃⲓⲙ ⲛⲉⲙ ⲛⲓⲥⲉⲣⲁⲫⲓⲙ ⲛⲓⲑⲣⲟⲛⲟⲥ ⲛⲓⲙⲉⲧⲟ̅ⲥ̅
ⲛⲉⲙ ⲛⲓϫⲟⲙ ⲉⲩⲙ̀ⲙⲁⲩ ⲛ̀ϫⲉ ⲛⲁⲓ ⲧⲏⲣⲟⲩ ⲉⲩϯ
ⲱ̀ⲟⲩ ⲙ̀ ⲫϯ ⲛⲉⲙ ⲫⲏ ⲉⲧ ⲁϥⲁⲓϥ ⲛ̀ ⲁⲣⲭⲱⲛ ⲉ̀ϫⲱⲟⲩ
ⲧⲏⲣⲟⲩ ⲡⲓⲛⲓϣϯ ⲛ̀ ⲁⲣⲭⲏⲁⲅⲅⲉⲗⲟⲥ ⲉ̀ⲑ ⲟⲩⲁⲃ ⲙⲏ-
ⲭⲁⲏⲗ. Ⲁⲗⲗⲁ ϯⲟⲩⲱϣ ⲁⲛⲟⲕ ⲉⲑⲣⲓⲕⲟⲧ ⲛ̀ ⲕⲉ ⲥⲟⲡ 20
ⲉ̀ ϯⲁⲩⲗⲏ ⲛ̀ⲧⲉ ⲡⲓⲛⲓϣϯ ⲛ̀ ⲁⲣⲭⲏⲁ̀ⲅⲅⲉⲗⲟⲥ ⲉⲧ ⲟⲩⲁⲃ
ⲙⲏⲭⲁⲏⲗ ⲟⲩⲟϩ ⲛ̀ⲧⲁϣⲉⲛ ⲛⲓⲛⲓϣϯ ⲛ̀ ⲣⲱⲙⲓ ⲛ̀ⲧⲉ
ⲡⲕⲁϩⲓ ϫⲉ ⲡⲱⲥ ⲥⲉⲭⲏ ϧⲉⲛ ⲡⲁⲓ ⲛⲓϣϯ ⲛ̀ ϣⲁⲓ ⲉⲑ
ⲟⲩⲁⲃ ⲛⲉⲙⲁⲛ ⲙ̀ ⲫⲟⲟⲩ. ⲓⲥϫⲉ ⲥⲉⲣⲁϣⲓ ϩⲓⲛⲁ ⲛ̀ⲧⲁ-

ⲅ̄. ⲁ. ⲣⲁϣⲓ ⲛⲉⲙ ⲛⲏ ⲉ̀ⲑ ⲣⲁϣⲓ | ⲕⲁⲧⲁ ⲡⲥⲁϫⲓ ⲙ̀ ⲡⲓⲁⲡⲟⲥ- 25
ⲧⲟⲗⲟⲥ. Ⲁⲡⲗⲱⲥ ϯⲛⲁϩⲓ ⲧⲟⲧ ⲉ̀ⲃⲟⲗϧⲉⲛ ⲫⲓⲱⲧ ⲛ̀
ϯⲙⲉⲧⲣⲱⲙⲓ ⲧⲏⲣⲥ ⲫⲏ ⲉⲧ ⲁ ⲫϯ ⲑⲁⲙⲓⲟϥ ⲕⲁⲧⲁ
ⲡ ⲉⲧⲉ ⲫⲱϥ ⲛ̀ ⲓ̀ⲛⲓ ⲛⲉⲙ ϩⲓⲕⲱⲛ ⲡⲁ ⲟ̅ⲥ̅ ⲛ̀ ⲓⲱⲧ

ⲁⲇⲁⲙ ⲛ̅ⲑⲟϥ ⲡⲉ ⲉ̀ⲧ ⲁⲓⲛⲁⲩ ⲉ̀ⲣⲟϥ ⲉϥⲟⲓ ⲛ̅ ϣⲟⲣⲡ
ϧⲉⲛ ⲡⲓⲁ̀ⲣⲓⲥⲧⲟⲛ Ⲟⲩⲟϩ ⲛ̅ⲧⲁϣⲉⲛϥ ⲁ̀ⲛⲟⲕ ⲉⲓⲟⲓ ⲛ̅
ϩⲟⲧ ⲟⲩⲟϩ ϯⲥⲑⲉⲣⲧⲉⲣ ϫⲉ ⲟⲩⲉⲓ ϯⲛⲁⲩ ⲉ̀ ϯⲑⲱⲟⲩⲧⲥ
ⲧⲏⲣⲥ ⲛ̅ⲧⲉ ⲛⲏ ⲉ̀ⲧ ϧⲉⲛ ⲡⲓⲁ̀ⲣⲓⲥⲧⲟⲛ ⲉⲩⲣⲁϣⲓ ⲛⲉⲙⲁϥ
ⲙ̅ ⲫⲟⲟⲩ ⲟⲩⲟϩ ⲉⲩⲧⲁⲓⲟ̀ ⲙ̅ⲙⲟϥ ⲁ̀ⲛⲟⲕ ⲇⲉ ϯⲛⲁ- 5

Ⅰ. B. ⲙⲟⲩⲭⲧ ⲛⲉⲙⲱⲟⲩ. Ⲕⲁ̀ⲛ ⲁ̀ⲛⲟⲕ ⲟⲩⲣⲉϥⲉⲣⲛⲟⲃⲓ |
ⲟⲩⲟϩ ⲁⲓϣⲁⲛϯ ⲛⲁϥ ⲙ̅ ⲫⲣⲁϣⲓ ⲙ̅ ⲡⲁ ϩⲏⲧ. ⲭⲉⲣⲉ
ⲡⲁ ϭⲥ̅ ⲛ̅ ⲓⲱⲧ ⲉ̀ⲑ ⲟⲩⲁⲃ ⲭⲉⲣⲉ ⲫⲓⲱⲧ ⲛ̅ ⲛⲓⲙⲉⲧⲓⲱⲧ
ⲧⲏⲣⲟⲩ ⲭⲉⲣⲉ ⲫⲓⲱⲧ ⲙ̅ ⲡⲅⲉⲛⲟⲥ ⲧⲏⲣϥ ⲛ̅ⲧⲉ ϯⲙⲉⲧ-
ⲣⲟⲙⲓ ⲛⲏⲉ̀(sic) ⲉ̀ⲧⲁⲩϣⲱⲡⲓ ⲛⲉⲙ ⲛⲏ ⲉ̀ⲑ ⲛⲁϣⲱⲡⲓ 10
ⲟⲩⲛ. Ⲟⲩⲟϩ ⲁ̀ⲛⲟⲕ ϩⲱ ⲉ̀ϣⲱⲡ ⲁⲓϣⲁⲛϯ ⲛⲁϥ ⲙ̅
ⲡⲁⲓ ⲭⲉⲣⲉⲧⲓⲥⲙⲟⲥ ⲉ̀ⲧ ⲟⲓ ⲙ̅ ⲙⲁϩ Ⲅ̅ ⲁ̀ⲛⲁⲅⲕⲏ ϩⲱϥ
ⲛ̅ⲧⲉϥⲙⲟⲩϯ ⲛⲏⲓ ⲙ̅ ⲫⲣⲏϯ ⲛ̅ ⲟⲩⲓⲱⲧ ⲙ̅ ⲡⲉϥϣⲏⲣⲓ
ϫⲉ ⲁ̀ⲙⲟⲩ ⲱ̀ ⲡⲁϣⲏⲣⲓ ⲛ̅ⲧⲉⲕ ⲉⲣ ϣⲁⲓ ⲛⲉⲙⲁⲛ ϩⲱⲕ
ϧⲉⲛ ⲡⲁⲓ ⲛⲓϣϯ ⲛ̅ ϣⲁⲓ ⲙ̅ ⲫⲟⲟⲩ ⲟⲩⲟϩ ⲁⲓϣⲁⲛⲭⲓⲙⲓ 15
ⲛ̅ ⲟⲩⲡⲁⲣⲣⲏⲥⲓⲁ̀ ϧⲁ ⲧⲟⲧⲕ Ⲉⲛⲁⲅ̀ⲓⲣⲓ ⲙ̀ⲡⲉϥⲙⲉⲩⲓ̀

Ⅱ. A. ⲁⲛ | ϧⲁⲧⲉⲛ ⲡⲉϥⲟⲩⲣⲟ ⲁⲗⲗⲁ ⲁϥϩⲏⲗ ⲉ̀ϧⲟⲩⲛ
ⲭⲱⲣⲓⲥ ⲙⲉⲥⲓⲧⲏⲥ ⲓⲉ ⲣⲉϥⲉⲣⲫⲙⲉⲩⲓ̀. ϥⲟⲓ ⲛ̅ ⲁⲣⲭⲱⲛ
ⲁⲛ ⲉ̀ϫⲉⲛ ⲟⲩⲁⲇⲍⲓⲥ ⲛ̅ ⲟⲩⲱⲧ ⲁⲗⲗⲁ ⲉ̀ϫⲉⲛ ⲡⲭⲱⲣⲟⲥ
ⲧⲏⲣϥ ⲛ̅ⲧⲉ ⲛⲓⲫⲏⲟⲩⲓ ⲕⲁⲧⲁ ⲡⲟⲩⲁϩⲥⲁϩⲛⲓ ⲙ̅ ⲡϭⲥ̅ 20
ⲟⲩⲟϩ ⲛⲉⲙ ϩⲱⲃ ⲛⲓⲃⲉⲛ ⲛ̅ϥⲟ̀ϩⲓ ⲉ̀ⲣⲁⲧϥ ⲥⲁ ϫⲁϭⲏ
ⲁⲛ ⲁⲗⲗⲁ ϥ̀ⲟ̀ϩⲓ ⲇⲉ ⲉ̀ ⲣⲁⲧϥ ⲥⲁ ⲟⲩⲓ̀ⲛⲁⲙ ⲙ̅ ⲫϯ
ⲉϥⲕⲱϯ ⲛ̅ ⲧⲟⲧϥ ⲛ̅ ⲥⲏⲟⲩ ⲛⲓⲃⲉⲛ ⲉ̀ϫⲉⲛ ⲡⲅⲉⲛⲟⲥ
ⲛ̅ ⲛⲓⲣⲱⲙⲓ. Ⲛⲓⲙ ⲡⲉ ⲫⲁⲓ ⲉ̀ⲣⲉ ⲛⲁⲓ ⲛⲓϣϯ ⲛ̅ ⲧⲁⲓⲟ̀
ⲧⲟⲓ ϩⲓⲱⲧϥ ⲙ̅ ⲡⲁⲓ ⲣⲏϯ ⲛⲉⲙ ⲡⲁⲓ ⲛⲓϣϯ ⲛ̅ ⲱ̀ⲟⲩ. 25

Ⅱ. B. Ⲥⲱⲧⲉⲙ ⲫⲁⲓ ⲡⲉ ⲙⲓⲭⲁⲏⲗ ⲡⲓⲛⲓϣϯ ⲛ̅ ⲁⲣⲭⲁ̀ⲅⲅⲉⲗⲟⲥ |
ⲛ̅ⲧⲉ ⲧϫⲟⲙ ⲛ̅ ⲛⲓⲫⲏⲟⲩⲓ̀. Ⲛⲓⲙ ⲡⲉ ⲫⲁⲓ ⲉ̀ⲧⲉ ⲥⲉ ⲉⲣ
ϣⲁⲓ ⲛⲁϥ ⲛ̀ϫⲉ ⲛⲓⲁ̀ⲣⲉⲧⲏ ⲧⲏⲣⲟⲩ. ⲛ̅ⲑⲟϥ ⲡⲉ ⲙⲓⲭⲁⲏⲗ

ⲡⲁⲣⲭⲱⲛ ⲛ̀ ⲑⲙⲉⲧⲟⲩⲣⲟ ⲛ̀ ⲛⲓⲫⲏⲟⲩⲓ̀. ⲛⲓⲙ ⲡⲉ ⲫⲁⲓ
ⲉ̀ⲧ ⲁ ⲡⲟⲩⲣⲟ ⲉⲣ ⲫⲱⲣⲓⲛ ⲙ̀ⲙⲟⲁ ⲛ̀ ⲧⲁⲓ ⲛⲓϣϯ ⲛ̀
ϭⲣⲏⲡⲓ ⲉ̀ⲑ ⲙⲉϩ ⲉ̀ⲃⲟⲗϧⲉⲛ ⲡⲁⲓ ⲛⲟⲭ ⲛ̀ ⲱⲟⲩ ⲟⲩⲟϩ
ⲁϥϯ ϩⲓⲱⲧϥ ⲛ̀ ⲛⲟⲭ ⲛ̀ ⲥⲧⲟⲗⲏ ⲟⲩⲟϩ ⲁϥⲙⲟⲣϥ ϧⲉⲛ
ⲡⲁⲓ ⲙⲟⲭϧ ⲛ̀ ⲛⲟⲩⲃ ϩⲓ ⲱ̀ⲛⲓ ⲙ̀ ⲙⲏⲓ ⲉ̀ⲧⲉ ⲙ̀ⲡⲉ 5
ⲟⲩⲟⲛ ϣⲱⲡⲓ ⲙ̀ ⲡⲉϥ ⲣⲏϯ ⲫⲁⲓ ⲡⲉ ⲙⲓⲭⲁⲏⲗ ⲡⲓⲛⲓϣϯ
ⲛ̀ ⲁⲣⲭⲁ̀ⲅⲅⲉⲗⲟⲥ ⲉ̀ⲧ ϭⲟⲥⲓ. ⲛⲓⲙ ⲡⲉ ⲫⲁⲓ ⲉ̀ⲣⲉ

ⲓⲃ. ⲁ. ⲛⲓⲁⲅⲅⲉⲗⲟⲥ ⲛⲉⲙ ⲛⲓⲧⲁⲅⲙⲁ ⲛ̀ⲧⲉ ⲛⲓⲫⲏⲟⲩⲓ̀ | ⲉⲣ
ϩⲉⲗⲡⲓⲥ ⲙ̀ ⲫⲟⲟⲩ ⲟⲩⲟϩ ⲉⲩⲉⲣ ϣⲁⲓ ⲛⲉⲙⲁϥ ϧⲉⲛ
ⲡⲉϥϣⲁⲓ ⲛ̀ⲑⲟϥ ⲡⲉ ⲙⲓⲭⲁⲏⲗ ⲫⲏⲉ̀ⲧ ⲁ ⲫϯ ⲑⲁϣϥ ⲛ̀ 10
ⲁⲣⲭⲱⲛ ⲛ̀ ⲧⲉϥⲙⲉⲧⲟⲩⲣⲟ ⲧⲏⲣⲥ. ⲛⲓⲙ ⲡⲉ ⲫⲁⲓ
ⲉ̀ⲧⲉ ⲥⲉϩⲟⲛϩⲉⲛ ⲛ̀ ⲛⲓⲧⲁⲅⲙⲁ ⲧⲏⲣⲟⲩ ⲛ̀ⲧⲉ ⲛⲓⲫⲏⲟⲩⲓ̀
ⲥⲉⲥⲱⲧⲉⲙ ⲛⲁϥ ⲛ̀ⲑⲟϥ ⲡⲉ ⲙⲓⲭⲁⲏⲗ ⲡⲓⲁⲣⲭⲁ̀ⲅⲅⲉⲗⲟⲥ
ⲉ̀ⲧⲁϥⲥⲱⲧⲉⲙ ⲛ̀ ⲥⲁ ⲫⲟⲩⲁϩⲥⲁϩⲛⲓ ⲙ̀ ⲡ̄ⲥ̄ ⲉ̀ ⲉϥϩⲓⲟⲩⲓ̀
ⲉ̀ⲃⲟⲗϩⲁⲣⲟϥ ⲙ̀ ⲡⲓⲣⲉϥⲥⲉⲙⲓ ⲉ̀ⲧ ϩⲱⲟⲩ. ⲛⲓⲙ ⲡⲉ ⲫⲁⲓ 15
ⲉ̀ⲧ ⲉⲣⲉ ⲧⲉⲭⲛⲏ ⲛⲓⲃⲉⲛ ⲉ̀ⲧ ϧⲉⲛ ⲡⲓⲕⲟⲥⲙⲟⲥ ⲧⲏⲣϥ
ⲉⲩⲕⲱⲣϥ ⲟⲩⲟϩ ⲉⲩⲉⲣ ϣⲁⲓ ⲛⲁϥ ⲙ̀ ⲫⲟⲟⲩ. ⲫⲁⲓ

ⲓⲃ. ⲃ. ⲡⲉ ⲙⲓⲭⲁⲏⲗ ⲡⲓⲁⲣⲭⲁ̀ⲅⲅⲉⲗⲟⲥ | ⲫⲏ ⲉ̀ⲧ ⲥⲟⲃϯ ⲛ̀
ⲛⲁ ⲛⲓⲫⲏⲟⲩⲓ̀ ⲟⲩⲟϩ ϥⲥⲱⲧ ⲛ̀ ⲛⲁⲡⲕⲁϩⲓ ϥⲓⲣⲓ ⲙ̀
ⲡⲉⲛⲙⲉⲩⲓ̀ ⲙ̀ ⲡⲉⲙⲑⲟ ⲙ̀ ⲫϯ ⲡⲉⲛ ⲣⲉϥⲑⲁⲙⲓⲟ̀ ⲉⲑⲃⲉ 20
ⲧⲉϥⲛⲓϣϯ ⲛ̀ ⲁ̀ⲅⲁⲡⲏ ⲉ̀ⲃⲟⲩⲛ ⲉ̀ⲣⲟⲛ. ⲡⲗⲏⲛ ⲁⲧϭⲛⲉ
ⲥⲕⲁⲛⲇⲁⲗⲟⲛ ⲛⲁ ⲛⲓⲫⲏⲟⲩⲓ̀ ⲉⲣ ϣⲁⲓ ⲙ̀ ⲫⲟⲟⲩ ⲟⲩ
ⲡⲉ ⲡϩⲱⲃ ⲛ̀ ⲛⲁ ⲡⲕⲁϩⲓ ϧⲉⲛ ⲫⲁⲓ ⲙ̀ ⲡⲁⲓ ⲣⲏϯ ϣⲁⲧ
ⲟⲩⲣⲁϣⲓ ⲙ̀ ⲡⲁⲓ ⲣⲏϯ ⲟⲩⲟϩ ⲛ̀ⲧⲟⲩⲉⲣ ϣⲁⲓ ⲛⲉⲙ
ⲡⲓⲁⲣⲭⲁⲅⲅⲉⲗⲟⲥ ⲉⲑ ⲟⲩⲁⲃ ⲙⲏⲭⲁⲏⲗ. ⲟⲩⲟϩ ⲛⲉ 25
ⲟⲩⲣⲱⲙⲓ ⲁⲛ ⲡⲉ ⲟⲩⲟϩ ⲛⲉ ⲙ̀ⲙⲟⲛ ⲣⲱⲙⲓ ⲛⲁⲛⲁⲩ
ⲉ̀ⲣⲟϥ ϧⲉⲛ ⲡⲉϥⲱ̀ⲟⲩ ⲛ̀ⲧⲉϥⲱⲛϧ ϩⲓϫⲉⲛ ⲡⲓⲕⲁϩⲓ ⲙ̀

ⲓⲅ. ⲁ. ⲫⲣⲏϯ ⲉ̀ⲧ ⲥϧⲏⲟⲩⲧ ϧⲉⲛ ⲕⲉ ⲙⲁ ϫⲉ | ⲟⲩⲡ̄ⲛ̄ⲁ̄

ⲟⲩⲟϩ ⲟⲩⲥⲁⲣⲝ ⲁⲛ. ⲙⲏⲭⲁⲏⲗ ⲟⲩⲥⲱⲙⲁ ⲁⲛ ⲡⲉ
ⲟⲩⲟϩ ⲙ̇ⲙⲟⲛ ϣϫⲟⲙ ⲛ̇ ⲟⲩⲥⲱⲙⲁ ⲛ̇ ⲣⲉϥⲟⲩⲱⲙ
ⲛⲁⲩ ⲉⲣⲟϥ ⲓⲉ ⲛ̇ⲧⲉϥϧⲁⲓ ϧⲁ ⲡⲉϥⲱⲟⲩ. ⲁⲛⲟⲕ ⲇⲉ
ϯⲛⲁ ⲉⲣ ⲟⲩⲱ̀ ⲛ̇ⲧⲁⲭⲟⲥ ⲛⲱⲧⲉⲛ ⲟⲩⲟϩ ⲛ̇ⲧⲁⲑⲱⲧ ⲙ̇
ⲡⲉⲧⲉⲛ ϩⲏⲧ ϧⲉⲛ ⲡⲁⲓ ϩⲩⲥⲟⲛ ϫⲉ ⲛⲁ ⲧⲫⲉ ⲛⲁⲉⲣ- 5
ⲛⲟⲃⲓ ⲁⲛ ⲟⲩⲇⲉ ⲙ̇ⲙⲟⲛⲙⲉⲧⲭⲁϫⲓ ϧⲉⲛ ⲧⲟⲩⲙⲏⲧ ⲛ̇
ⲕⲉ ⲥⲟⲡ ⲁⲛ. ⲟⲩⲇⲉ ⲭⲟϩ ⲟⲩⲇⲉ ⲙⲟⲥϯ ⲟⲩⲇⲉ
ⲕⲁⲧⲁⲗⲁⲗⲓⲁ̀ ⲟⲩⲇⲉ ⲛ̇ⲱⲓⲕ ⲟⲩⲇⲉ ϧⲱⲧⲉⲃ ⲟⲩⲇⲉ
ϭⲓⲟⲩⲓ̀ ⲟⲩⲇⲉ ϩⲗⲓ ⲉ̀ⲃⲟⲗ ϧⲉⲛ ⲡⲓϭⲱϧⲉⲛ ⲁⲗⲗⲁ
ⲥⲉⲟⲩⲁⲃ ⲉⲩⲙ̇ⲧⲟⲛ ⲙ̇ⲙⲱⲟⲩ ϧⲉⲛ ⲛⲏ ⲉ̀ⲑ ⲟⲩⲁⲃ 10

ⲓⲅ. ⲃ. ⲟⲩⲇⲉ ⲉⲩϣⲟⲡ ϧⲉⲛ ⲛⲏ | ⲉ̀ⲑ ⲟⲩⲁⲃ ϧⲉⲛ ⲡⲓⲕⲟⲥⲙⲟⲥ
ϣⲁ ⲉ̀ⲛⲉϩ ⲥⲉⲉⲣ ϣⲁⲓ ⲛ̇ ⲥⲏⲟⲩ ⲛⲓⲃⲉⲛ ϧⲁⲧⲉⲛ ⲡⲓ-
ⲟⲩⲣⲟ ⲭ̅ⲥ̅ ϧⲉⲛ ⲟⲩϣⲁⲓ ⲛ̇ ⲁⲧ ⲕⲱⲣϥ. ϫⲉ ⲟⲩⲏⲓ
ⲁⲩⲕⲏⲛ ⲉ̀ϩⲓⲟⲩⲓ̀ ⲉ̀ⲃⲟⲗϧⲉⲛ ⲧⲟⲩⲙⲏϯ ⲙ̇ ⲡⲓⲣⲉϥⲥⲉⲙⲓ
ⲡⲭⲁϫⲓ ⲛ̇ ⲡⲓⲣⲉϥⲑⲁⲙⲓⲟ̀ ⲡⲭⲁϫⲓ ⲛ̇ ⲙⲉⲑⲙⲏⲓ ⲛⲓⲃⲉⲛ 15
ⲡⲥⲁⲇⲁⲛⲁⲥ(sic) ⲉⲑⲃⲉ ⲫⲁⲓ ⲥⲉⲉⲣ ϣⲁⲓ ⲙ̇ ⲡⲓⲁⲣⲭⲏ-
ⲁⲅⲅⲉⲗⲟⲥ ⲉ̀ⲑ ⲟⲩⲁⲃ ⲙⲏⲭⲁⲏⲗ ⲙ̇ ⲫⲟⲟⲩ ⲡⲁⲣⲭⲉⲅⲟⲩⲥ
ⲛ̇ⲧⲉ ⲧϫⲟⲙ ⲛ̇ ⲛⲓⲫⲏⲟⲩⲓ̀ ⲫⲏ ⲉ̀ⲧⲁϥⲭⲱ ⲛⲁⲛ ⲉⲡⲉⲥⲏⲧ
ⲛ̇ ⲧⲁⲓ ⲧⲣⲁⲡⲏⲍⲁ ⲉ̀ⲧⲉⲛ ⲙ̇ⲡϣⲁ ⲙ̇ⲙⲟⲥ ⲉ̀ⲧⲉ ϯⲧⲣⲁⲡ-

ⲓⲇ. ⲁ. ⲏⲍⲁ ⲙ̇ ⲡⲁⲓ ϣⲁⲓ ⲫⲁⲓ ⲉ̀ⲧ ⲭⲏ ⲛⲁⲛ ⲉ̀ϧⲣⲏⲓ ϧⲉⲛ |20
ⲧⲫⲉ ⲛⲉⲙ ϩⲓϫⲉⲛ ⲡⲕⲁϩⲓ ⲟⲩⲛ ⲕⲁⲧⲁ ⲫⲟⲩⲁϩⲥⲁϩⲛⲓ
ⲙ̇ ⲡⲉⲛⲥⲱⲧⲏⲣ ⲓⲏ̅ⲥ̅ ⲡⲭ̅ⲥ̅ ϫⲉ ⲡⲉϥⲟⲩⲁϩⲥⲁϩⲛⲓ ⲫⲁ
ⲡⲉϥⲓⲱⲧ ⲡⲉ. ϫⲉ ⲫⲓⲱⲧ ⲛⲉⲙ ⲡϣⲏⲣⲓ ⲛⲉⲙ ⲡⲓⲡ̅ⲛ̅ⲁ̅ ⲉ̀ⲑ
ⲟⲩⲁⲃ ⲟⲩⲛⲟⲩϯ ⲛ̇ ⲟⲩⲱⲧ ⲡⲉ ⲟⲩⲙⲉⲧⲟⲩⲣⲟ ⲛ̇ ⲟⲩⲱⲧ
ⲟⲩⲟ̀ⲙⲟⲟⲩⲥⲓⲟⲥ ⲛ̇ ⲟⲩⲱⲧ ⲙ̇ⲙⲟⲛ ⲫⲱⲣϫ ⲛ̇ⲧⲁϥ. ⲟⲩ 25
ⲁⲧ ϧⲉⲧϧⲱⲧϥ ⲟⲩ ⲁⲧ ϩⲟⲛϥ ⲁⲗⲗⲁ ⲛ̇ⲑⲟϥ ⲡⲉ ⲡⲱⲡ
ⲙ̇ ⲡⲧⲏⲣϥ ⲥⲁ ϧⲣⲏⲓ ⲙ̇ ⲡⲉϥⲉⲣ ϣⲓϣⲓ ⲙ̇ⲙⲁⲩⲁⲧϥ
ⲛⲁ ⲛⲓⲫⲏⲟⲩⲓ̀ ⲛⲉⲙ ⲛⲁ ⲡⲕⲁϩⲓ. ⲟⲩⲟϩ ⲁⲛⲟⲛ

ⲥⲱⲛ ⲧⲛⲟⲩ ⲱ̀ ⲛⲁ ⲙⲉⲛⲣⲁϯ ⲉⲑⲃⲉ ϫⲉ ⲁⲛⲕⲏⲛ ⲛⲁ-
ⲓ̅ⲇ̅. ⲃ. ⲉⲛⲥⲟⲩⲟⲛ ⲑⲙⲉⲧⲛⲓϣϯ ⲙ̀ ⲡⲁⲓ ϣⲁⲓ | ⲉ̀ⲧ ⲫⲱⲣϣ
ⲛⲁⲛ ⲉ̀ⲃⲟⲗ ⲙ̀ ⲫⲟⲟⲩ ⲥⲉⲙ̀ⲡϣⲁ ⲉⲑⲣⲉⲛ ⲉⲣ ϣⲁⲓ ⲥⲱⲛ
ⲙ̀ ⲫⲏ ⲉ̀ⲧ ⲉⲣⲉ ⲛⲓⲁⲅⲅⲉⲗⲟⲥ ⲛ̀ⲧⲉ ⲫϯ ⲉⲣ ϣⲁⲓ ⲛⲁϥ
ⲙ̀ ⲫⲟⲟⲩ. ⲟⲩⲟϩ ⲛ̀ⲧⲉⲛⲥⲟⲗⲥⲉⲗ ⲙ̀ ⲡⲉⲛ ⲥⲁ ⲃ̀ⲟⲩⲛ 5
ⲛⲉⲙ ⲥⲁ ⲃⲟⲗ ϧⲉⲛ ⲡⲉϫⲓⲛϩⲱⲗ ⲉ̀ϧⲟⲩⲛ ⲉ̀ ⲡⲗⲓⲇⲓⲡⲛⲟⲛ
ⲫⲁⲓ ⲉⲧ ⲙⲉϩ ⲛ̀ ⲱ̀ⲟⲩ ⲙ̀ ⲫⲟⲟⲩ ϩⲓⲛⲁ ⲛ̀ⲧⲉⲛⲟⲩⲱⲙ
ⲉ̀ⲃⲟⲗϧⲉⲛ ⲛⲓⲁⲅⲁⲑⲟⲛ ⲧⲏⲣⲟⲩ ⲛⲁⲓ ⲉ̀ⲧⲁϥⲥⲉⲃⲧⲱⲧⲟⲩ
ⲛⲁⲛ ⲛ̀ϫⲉ ⲫϯ. ⲁⲗⲗⲁ ⲁ̀ⲧⲉⲧⲉⲛ ϫⲟⲥ ϫⲉ ⲓⲥϫⲉ ⲟⲩⲁ̀ⲣⲓ-
ⲥⲧⲟⲛ ⲛ̀ ⲟⲩⲣⲟ ⲡⲉ ⲥⲉⲙ̀ⲡϣⲁ ⲛ̀ⲧⲉⲛϩⲉⲙⲥⲓ ϣⲁⲧ 10
ⲟⲩⲑⲱϩⲉⲙ ⲛ̀ ⲛⲓⲛⲓϣϯ ⲛ̀ⲧⲉ ⲡⲓⲡⲁⲗⲗⲁⲇⲓⲟⲛ ⲛ̀
ⲓ̅ⲉ̅. ⲁ. ϣⲟⲣⲡ. ⲉⲓⲉ̀ϣⲉⲛϥ ⲁ̀ⲛⲟⲕ ϫⲉ ⲱ̀ ⲡⲁ ⲟ̅ⲥ̅ | ⲙⲏ ⲛ̀ⲑⲟⲕ
ⲁⲛ ⲡⲉ ⲉⲧ ⲁ ⲫϯ ⲑⲁⲙⲓⲟ̀ⲕ ϧⲉⲛ ⲛⲉϥϫⲓϫ ⲙ̀ⲙⲓⲛ
ⲙ̀ⲙⲟϥ ⲕⲁⲧⲁ ⲡⲉϥⲓ̀ⲛⲓ ⲛⲉⲙ ⲧⲉϥϩⲓⲕⲱⲛ ⲟⲩⲟϩ ⲁϥ-
ⲙⲁϩⲕ ⲉ̀ⲃⲟⲗϧⲉⲛ ⲡⲉϥⲱ̀ⲟⲩ ⲟⲩⲟϩ ⲁϥⲙⲟⲩϯ ⲉ̀ ⲡⲉⲕ- 15
ⲣⲁⲛ ϫⲉ ⲁⲇⲁⲙ ⲟⲩⲟϩ ⲁ̀ⲛⲟⲕ ϯⲛⲟⲩ ϯⲉ̀ⲣⲉ̀ⲧⲓⲛ ⲉ̀ⲃⲟⲗ-
ϩⲓⲧⲉⲛ ⲧⲉⲕⲙⲉⲧⲁⲅⲁⲑⲟⲥ ⲛⲉⲙ ⲧⲉⲕⲙⲉⲑⲛⲓϣϯ ⲟⲩⲟϩ
ϯϩⲟ ⲉ̀ⲣⲟⲕ ⲉⲑⲣⲉⲕ ⲧⲁⲙⲟⲓ ϫⲉ ⲙⲏ ⲛ̀ⲑⲟⲕ ϩⲱⲕ
ⲕⲣⲁϣⲓ ϧⲉⲛ ⲡϣⲁⲓ ⲙ̀ ⲡⲓⲛⲓϣϯ ⲛ̀ ⲁⲣⲭⲁⲅⲅⲉⲗⲟⲥ
ⲉⲑ ⲟⲩⲁⲃ ⲙⲏⲭⲁⲏⲗ. ⲥⲱⲧⲉⲙ ⲡⲉϫⲁϥ ⲛ̀ϫⲉ ⲁⲇⲁⲙ 20
ϫⲉ ⲁϩⲁ ⲁ̀ⲛⲟⲕ ⲡⲉ ⲁⲇⲁⲙ ⲟⲩⲟⲥ ⲁ̀ⲛⲟⲕ ⲉⲧ ⲉⲥⲧⲟⲓ
ⲓ̅ⲉ̅. ⲃ. ⲛⲏⲓ ⲉⲑⲣⲓⲟⲩϩⲉⲙ ⲛ̀ ⲟⲩⲟⲛ ⲛⲓⲃⲉⲛ | ⲉ̀ ⲡⲁⲓ ϣⲁⲓ ⲙ̀
ⲫⲟⲟⲩ ⲛ̀ⲧⲁⲣⲁϣⲓ ϧⲉⲛ ⲟⲩⲙⲉⲧϩⲟⲩⲟ̀ ⲉ̀ⲣⲱⲟⲩ ⲧⲏⲣⲟⲩ
ⲉⲑⲃⲉ ϫⲉ ⲉ̀ⲧⲁⲓϯ ϫⲱⲛⲧ ⲙ̀ ⲫϯ ⲟⲩⲟϩ ⲁϥⲉⲛⲧ
ⲉ̀ⲃⲟⲗϧⲉⲛ ⲡⲓⲡⲁⲣⲁⲇⲓⲥⲟⲥ ⲉⲑⲃⲉ ϫⲉ ⲁⲓⲉⲣ ⲡⲁⲣⲁⲃⲉⲛⲓⲛ 25
ⲛ̀ⲧⲉϥ ⲛ̀ⲧⲟⲗⲏ. ϧⲉⲛ ⲡϫⲓⲛⲑⲣⲉ ⲧⲁⲃⲟⲏⲑⲟⲥ ⲉⲩⲁ̀ ⲑⲣⲓ
ⲟⲩⲱⲙ ⲉ̀ⲃⲟⲗϩⲓ ⲡⲟⲩⲧⲁϩ ⲙ̀ ⲡⲓϣϣⲏⲛ ⲉ̀ⲧⲁϥϩⲟⲛϩⲉⲛ
ⲛⲏⲓ ⲉϣⲧⲉⲙⲟⲩⲱⲙ ⲉ̀ⲃⲟⲗ ⲛ̀ ϧⲏⲧϥ. ⲙⲏⲭⲁⲏⲗ ⲇⲉ

ⲛ̀ⲑⲟϥ ⲁϥϯϩⲟ ⲙ̀ ⲡ̄ⲟ̄ⲥ̄ ⲉ̀ϫⲱⲓ ϣⲁⲧ ⲉϥⲭⲁ ⲡⲁⲛⲟⲃⲓ
ⲛⲏⲓ ⲉ̀ⲃⲟⲗ ⲉⲑⲃⲉ ⲫⲁⲓ ϯⲣⲁϣⲓ ϧⲉⲛ ⲡⲉϥϣⲁⲓ ⲙ̀
ⲫⲟⲟⲩ. ⲱ̀ ⲁ̀ⲃⲏⲗ ⲡⲓⲕⲟⲩϫⲓ ⲛ̀ ϣⲏⲣⲓ ⲉ̀ⲧ ⲧⲁⲓⲏⲟⲩⲧ

ⲓϛ̄. ⲁ. ⲙⲁⲧⲁⲙⲟⲓ ϩⲱⲕ ⲓⲥϫⲉ ⲕⲣⲁϣⲓ | ⲙ̀ ⲫⲟⲟⲩ ϧⲉⲛ ⲡϣⲁⲓ
ⲙ̀ ⲡⲓⲛⲓϣϯ ⲛ̀ ⲁⲣⲭⲁ̀ⲅⲅⲉⲗⲟⲥ ⲉ̀ⲑ ⲟⲩⲁⲃ ⲙⲏⲭⲁⲏⲗ. 5
ⲁⲛⲟⲕ ⲇⲉ ϯⲣⲁϣⲓ ⲟⲩⲟϩ ϯ ⲉⲣ ϣⲁⲓ ⲙ̀ ⲫⲟⲟⲩ ϫⲉ
ⲟⲩⲉⲓ ⲫⲏ ⲉ̀ⲧⲟⲩⲉⲣ ϣⲁⲓ ⲛⲁϥ ⲙ̀ ⲫⲟⲟⲩ ⲛ̀ⲑⲟϥ ⲡⲉ
ⲉ̀ⲧⲁϥ ϥⲁⲓ ⲙ̀ ⲡⲁ ϣⲟⲩϣⲱⲟⲩϣⲓ ⲛⲉⲙ ⲡⲁ ϭⲗⲓⲗ ϩⲁ
ⲫϯ ⲟⲩⲟϩ ⲙ̀ⲡⲉ ϥⲥⲟⲙⲥ ⲉ̀ ⲡϣⲟⲩϣⲱⲟⲩϣⲓ ⲙ̀ ⲡⲁ
ⲥⲟⲛ ⲉⲑⲃⲉ ϫⲉ ⲙ̀ⲡⲉ ϥⲉⲛϥ ϧⲉⲛ ⲟⲩⲥⲱⲟⲩⲧⲉⲛ ⲉⲑⲃⲉ 10
ⲫⲁⲓ ⲁⲛⲟⲕ ϯⲉⲣ ϣⲁⲓ ⲙ̀ ⲫⲟⲟⲩ. ⲛ̀ⲑⲟⲕ ⲇⲉ ϩⲱⲕ
ⲱ̀ ⲥⲏⲑ ϯⲛⲁⲩ ⲉ̀ⲣⲟⲕ ⲙ̀ ⲫⲟⲟⲩ ⲉⲕⲑⲉⲗⲏⲗ ϧⲉⲛ ⲡϣⲁⲓ
ⲙ̀ ⲡⲓⲁⲣⲭⲁⲅⲅⲉⲗⲟⲥ ⲉ̀ⲑ ⲟⲩⲁⲃ ⲙⲏⲭⲁⲏⲗ ⲡⲉϫⲁϥ ϫⲉ

ⲓϛ̄. ⲃ. ⲁ̀ⲛⲟⲕ ⲙⲉⲛ ϯⲣⲁϣⲓ ⲟⲩⲟϩ | ϯⲑⲉⲗⲏⲗ. ⲉⲑⲃⲉ ϫⲉ
ⲉ̀ⲧⲁ ⲕⲁⲓⲛ ⲣⲱⲃⲧ ⲛ̀ ⲁ̀ⲃⲏⲗ ⲡⲁ ⲥⲟⲛ ⲁ̀ ⲫϯ ⲧⲏⲓⲧ 15
ⲛ̀ ⲛⲁ ⲓⲟϯ ⲟⲩⲟϩ ⲙ̀ⲡⲉ ⲧⲁ ⲙⲁⲩ ϫⲓⲙⲓ ⲛ̀ ⲟⲩⲉⲣⲱϯ
ⲉⲑⲣⲉ̀ ⲥϣⲁⲛⲟⲩϣⲧ ⲉⲑⲃⲉ ϫⲉ ⲁϥϣⲱⲟⲩϊ ⲛ̀ϫⲉ ⲡⲉ-
ⲥⲉ̀ⲣⲱϯ ⲉⲑⲃⲉ ⲡⲉⲥⲙ̀ⲕⲁϩ ⲛ̀ ϩⲏⲧ ⲉ̀ϫⲉⲛ ⲁ̀ⲃⲏⲗ ⲡⲁ
ⲥⲟⲛ. ⲁⲗⲗⲁ ⲡⲓⲁⲣⲭⲁⲅⲅⲉⲗⲟⲥ ⲉ̀ⲑ ⲟⲩⲁⲃ ⲙⲏⲭⲁⲏⲗ
ⲁϥϣⲁⲛⲟⲩϣⲧ ϧⲉⲛ ⲟⲩϩ̀ⲣⲉ ⲙ̀ ⲡⲛ̄ⲁ̄ⲧⲓⲕⲟⲛ ⲉ̀ⲃⲟⲗϧⲉⲛ 20
ⲧⲫⲉ ⲉⲑⲃⲉ ⲫⲁⲓ ϩⲏⲡⲡⲉ ϯⲣⲁϣⲓ ⲙ̀ ⲫⲟⲟⲩ. ⲱ̀ ⲉ̀ⲛⲱⲭ
ⲡⲓⲑⲙⲏⲓ ⲫⲏⲉ̀ⲧ ⲁ ⲫϯ ⲟⲩⲟⲑⲃⲉϥ ⲉ̀ⲃⲟⲗϧⲉⲛ ⲡⲓⲕⲟⲥⲙⲟⲥ

ⲓⲍ̄. ⲁ. ϩⲏⲡⲡⲉ ϯⲛⲁⲩ ⲉ̀ⲣⲟⲕ ⲕⲣⲁϣⲓ | ⲙ̀ ⲫⲟⲟⲩ ⲡⲉϫⲁϥ ϫⲉ
ⲁⲛⲟⲕ ⲙⲉⲛ ϯⲣⲁϣⲓ ⲟⲩⲟϩ ϯⲑⲉⲗⲏⲗ ⲉⲑⲃⲉ ϫⲉ ⲡⲅⲉⲛⲟⲥ
ⲧⲏⲣϥ ⲛ̀ⲧⲉ ϯⲙⲉⲧⲣⲱⲙⲓ ϩⲁⲛ ⲉ̀ⲃⲟⲗϧⲉⲛ ⲡⲁϫⲣⲟϫ 25
ⲡⲉ ⲟⲩⲟϩ ⲙⲓⲭⲁⲏⲗ ⲛ̀ϥⲭⲱ ⲛ̀ ⲧⲟⲧϥ ⲉ̀ⲃⲟⲗ ⲁⲛ ⲉϥϯϩⲟ
ϩⲁ ⲫϯ ⲉⲑⲣⲉϥⲛⲁⲓ ⲛ̀ ⲛⲓⲣⲉϥⲉⲣⲛⲟⲃⲓ ⲟⲩⲟϩ ⲛ̀ⲧⲉϥⲧⲁⲛ
ϧⲱⲟⲩ ϣⲁ ⲉ̀ⲛⲉϩ ⲁⲛⲟⲕ ⲙⲉⲛ ϯⲣⲁϣⲓ ϧⲉⲛ ⲡⲉϥ ϣⲁⲓ

ⲉⲑⲃⲉ ϫⲉ ϥⲧⲥⲃⲟ ⲉϫⲉⲛ ⲛⲁϣⲏⲣⲓ. Ⲱ ⲙⲁⲑⲟⲩⲥⲁⲗⲁ
ⲡⲓ ⲃⲉⲗⲗⲟ ⲉⲧⲁϥⲁⲓⲁⲓ ϧⲉⲛ ⲛⲉϥⲉϩⲟⲟⲩ ⲡⲱⲥ ⲕⲣⲁϣⲓ
ⲛ̀ⲑⲟⲕ ϩⲱⲕ ϫⲉ ⲟⲩⲉⲓ ⲧⲛⲁⲩ ⲉ̀ ⲡⲉⲕⲟⲩⲱϣⲱ ⲛⲉⲙ

ⲓⲍ. ⲃ. ⲡⲥⲱⲧϥ ⲛ̀ ⲛⲉϥⲥⲃⲱⲥ | ϧⲉⲛ ⲑⲙⲏϯ ⲙ̀ ⲡⲁⲓ ⲁ̀ⲣⲓⲥⲧⲟⲛ
ⲡⲉϫⲁϥ ⲇⲉ ⲛ̀ϫⲉ ⲙⲁⲑⲟⲩⲥⲁⲗⲁ ϫⲉ ⲡⲱⲥ ⲁ̀ⲛⲟⲕ 5
ϯⲛⲁⲣⲁϣⲓ ⲁⲛ ⲟⲩⲟϩ ⲁ̀ⲛⲟⲕ ⲡⲉ ⲡⲓⲙⲁϩ ⲏ̅ ⲓⲥϫⲉ ⲛ̀
ⲁ̀ⲇⲁⲙ. ⲉ̀ ⲁ̀ ⲡⲓⲁⲣⲭⲏⲁⲅⲅⲉⲗⲟⲥ ⲉ̀ⲑ ⲟⲩⲁⲃ ⲙⲏⲭⲁⲏⲗ
ϭⲓ ⲛ̀ ⲛⲁⲉⲩⲭⲏ ⲁϥⲉⲛⲟⲩ ⲉ̀ ⲡϣⲱⲓ ϣⲁ ⲫϯ ⲉ ⲁϥⲉⲣ
ϩⲙⲟⲧ ⲛⲏⲓ ⲛ̀ ⲟⲩⲛⲟϭ ⲛⲁϩϯ ϣⲁⲧ ⲉϥⲉⲣϩⲟⲩⲟ̀ ⲉ̀ ⲫⲁ
ⲁ̀ⲇⲁⲙ ⲡⲁⲓⲱⲧ ⲛ̀ ⲗ̅ⲏ̅ ⲛ̀ ⲣⲟⲙⲡⲓ. Ⲱ ⲛⲱⲉ̀ ⲡⲓⲑⲙⲏⲓ 10
ⲁ̀ⲛⲟⲕ ⲙⲉⲛ ϯϫⲱ ⲙ̀ⲙⲟⲥ ϫⲉ ⲛⲁⲕⲟⲓ ⲙ̀ ⲫⲣⲏϯ ⲉ̀
ϯⲛⲁⲩ ⲉ̀ⲣⲟⲕ ϫⲉ ⲛⲁⲕⲟⲓ ϧⲉⲛ ⲟⲩⲛⲓϣϯ ⲛ̀ ⲣⲁϣⲓ
ⲙ̀ ⲫⲟⲟⲩ ⲡⲉϫⲁϥ ϫⲉ ⲡⲱⲥ ϯⲛⲁⲣⲁϣⲓ ⲁⲛ ⲟⲩⲟϩ ⲛ̀

ⲓⲏ. ⲁ. ⲧⲁⲑⲉⲗⲏⲗ ϫⲉ ⲟⲩⲉⲓ ⲉ̀ⲛⲁⲓϫⲏ ϧⲉⲛ | ⲡⲓⲛⲁⲩ ⲉⲧ ⲁ̀
ⲫϯ ϫⲱⲛⲧ ⲉ̀ ⲡⲓⲕⲟⲥⲙⲟⲥ ⲉ̀ ⲡϫⲓⲛϧⲟⲧϥ ⲉ̀ⲃⲟⲗ ⲁϥϩⲓⲧϥ 15
ⲉ̀ϧⲟⲩⲛ ⲉ̀ ϯⲕⲩⲃⲱⲧⲟⲥ ⲛⲉⲙ ⲧⲁⲥϩⲓⲙⲓ ⲛⲉⲙ ⲛⲁϣⲏⲣⲓ
ⲛⲉⲙ ⲉ̀ⲃⲟⲗϧⲉⲛ ⲅⲉⲛⲟⲥ ⲛⲓⲃⲉⲛ ⲉⲧ ⲕⲓⲙ ϩⲓϫⲉⲛ
ⲡⲕⲁϩⲓ ⲟⲩⲟϩ ⲁϥⲟⲩⲱⲙ ⲛ̀ ⲛⲓ ⲕⲁⲧⲁⲣⲁⲕⲧⲏⲥ ⲛ̀ⲧⲉ
ⲧⲫⲉ. ⲉ̀ ⲁϥϫⲱϣ ⲉ̀ϫⲱⲛ ⲙ̀ ⲡⲓⲙⲟⲩ ⲛ̀ ϩⲱⲟⲩ ⲛ̀
ⲥ̅ⲛ̅ ⲛ̀ ⲉ̀ϩⲟⲟⲩ ⲛⲉⲙ ⲥ̅ⲛ̅ ⲛ̀ ⲉ̀ϫⲱⲣϩ ⲟⲩⲇⲉ ⲙ̀ⲡⲉ ⲛ 20
ⲛⲁⲩ ⲉ̀ ⲫⲣⲏ ⲟⲩⲇⲉ ⲡⲓⲓⲟϩ ⲟⲩⲇⲉ ⲛⲓⲥⲓⲟⲩ. ⲁⲗⲗⲁ
ⲙⲏⲭⲁⲏⲗ ⲉⲧ ⲉⲣ ⲟⲓⲕⲱⲛⲟⲙⲓⲛ ⲙ̀ⲙⲟⲛ ⲟⲩⲟϩ ⲙ̀ⲡⲉ
ϥ ⲣ ⲁϫ ⲧⲟⲧϥ ⲉ̀ⲃⲟⲗ ⲉϥϯϩⲟ ⲉ̀ ⲫϯ ϣⲁⲧⲉ ϥⲧⲁϩⲛⲟ

ⲓⲏ. ⲃ. ⲛ̀ ⲛⲓⲙⲱⲟⲩ | ⲉ̀ ⲁⲩⲁⲥⲓⲁⲓ ⲁϥⲟⲩⲱⲛϩ ⲉ̀ⲃⲟⲗ ⲛ̀ϫⲉ
ⲡⲓϣⲟⲩⲉ ⲉ̀ ⲁⲓⲛⲟϩⲉⲙ ⲁ̀ⲛⲟⲕ ⲛⲉⲙ ⲛⲏ ⲉ̀ⲑ ⲛⲉⲙⲏⲓ. 25
Ⲱ ⲁ̀ⲃⲣⲁⲁⲙ ⲫⲓⲱⲧ ⲛ̀ⲧⲉ ⲛⲓⲡⲁⲧⲣⲓⲁⲣⲭⲏⲥ ⲙⲏ ⲛ̀ⲑⲟⲕ
ϩⲱⲕ ⲕⲣⲁϣⲓ ⲙ̀ⲫⲟⲟⲩ ϧⲉⲛ ⲡϣⲁⲓ ⲙ̀ ⲡⲓⲁⲣⲭⲏⲁⲅⲅⲉⲗⲟⲥ
ⲉ̀ⲑ ⲟⲩⲁⲃ ⲙⲏⲭⲁⲏⲗ ⲡⲉϫⲁϥ ϫⲉ ⲁϩⲁ ⲁ̀ⲛⲟⲕ ϧⲉⲛ

ⲟⲩⲙⲉⲧⲥⲟⲩⲟ̀ ⳨ⲣⲁϣⲓ ϫⲉ ⲁ̀ⲛⲟⲕ ⲡⲉ ⲡⲓϣⲟⲣⲡ ⲛ̀ ⲣⲱⲙⲓ
ⲉ̀ⲧ ⲁ ⲙⲏⲭⲁⲏⲗ ϫⲱⲓⲗⲓ ⲉ̀ⲣⲟϥ ⲡⲉϥϣ̀ⲫⲏⲣ ⲛ̀ ⲁⲅⲅⲉⲗⲟⲥ
ⲅⲁⲃⲣⲓⲏⲗ ⲟⲩⲟϩ ⲁϥ⳨ⲥ̀ⲟ̀ ⲙ̀ ⲡ̄ⲟ̄ⲥ̄ ⲉ̀ϫⲱⲓ ϩⲓⲛⲁ ⲁⲓⲉⲣ
ⲡⲉⲙⲡϣⲁ ⲛ̀ ⲓ̀ⲥⲁⲁⲕ ⲟⲩⲟϩ ⲁⲓⲟⲩⲱⲙ ⲛⲉⲙⲱⲟⲩ ⲃⲁⲧⲉⲛ
ⲓ̄ⲇ̄. ⲁ. ⲡⲓϣϣⲏⲛ ⲛ̀ⲧⲉ ⲙⲁⲙⲣⲏ. Ⲱ̀ ⲓ̀ⲥⲁⲁⲕ ⲡⲓϣϣ ⲉ̀ⲑ ⲟⲩⲁⲃ |5
ⲛⲉⲙ ⲡⲓϣⲟⲩϣⲟⲩϣⲓ ⲉ̀ⲧ ϣⲏⲡ ⲙ̀ ⲫ⳨ ⲉ̀ⲧ ⲟⲛⲃ̀.
Ⲛⲑⲟⲕ ϩⲱⲕ ⲕⲉⲣ ⲟⲩ [ϧⲉⲛ ⲡⲁⲓ ⲙⲁ ⲙ̀ ⲫⲟⲟⲩ] ⲕⲥⲉⲗ-
ⲥⲱⲗ ϧⲉⲛ ⲡⲁⲓ ⲛⲓϣ⳨ ⲛ̀ ⲥⲟⲗⲥⲉⲗ ϧⲉⲛ ⲡϣⲁⲓ ⲙ̀
ⲡⲓⲁⲣⲭⲏⲁⲅⲅⲉⲗⲟⲥ ⲉ̀ⲑ ⲟⲩⲁⲃ ⲙⲏⲭⲁⲏⲗ ⲡⲉϫⲁϥ ϫⲉ
ⲁ̀ⲛⲟⲕ ⲙⲉⲛ ⳨ⲥⲉⲗⲥⲱⲗ ϫⲉ ⲟⲩⲉⲓ ⲁ̀ⲛⲟⲕ ⲟⲩϣⲏⲣⲓ 10
ⲙ̀ⲙⲁⲩⲁⲧϥ ⲛ̀ⲧⲉ ⲛⲁ ⲓⲟ⳨ ⲟⲩⲟϩ ⲧⲁ ⲙⲁⲩ ⲟⲩⲁϭⲣⲏⲛ
ⲡⲉ ⲙ̀ⲡⲉ ⲥⲙⲓⲥⲓ ⲛ̀ ⲟⲩϣⲏⲣⲓ ⲉ̀ⲃⲏⲗ ⲉ̀ⲣⲟⲓ. Ⲟⲩⲟϩ
ⲙⲉⲛⲉⲛⲥⲁ ⲫⲁⲓ ⲁ̀ ⲡⲁ ⲓⲱⲧ ⲥⲟⲛϩ ⲛ̀ ⲧⲟⲧ ⲛⲉⲙ ⲣⲁⲧ
ⲟⲩⲟϩ ⲁϥⲟⲗⲧ ⲉ̀ϫⲉⲛ ϩⲁⲛⲱⲛⲓ ϩⲓϫⲉⲛ ⲟⲩⲧⲱⲟⲩ
ⲉϥϣⲟⲩⲓ̀ⲧ ⲉ̀ ⲁⲓⲛⲁⲩ ⲉ̀ ⳨ⲙⲁⲭⲉⲣⲁ ϧⲉⲛ ⲛⲁⲃⲁⲗ ϧⲉⲛ 15
ⲓ̄ⲇ̄. ⲃ. ⲧ̀ϫⲓϫ ⲙ̀ ⲡⲁ ⲓⲱⲧ ϥⲟⲩⲱϣ ⲉ̀ ϧⲟⲑⲃⲉⲧ | ⲉ̀ⲃⲏⲗ ϫⲉ
ⲁ̀ ⲙⲏⲭⲁⲏⲗ ⲣⲁⲃⲁϣ̀ ⲁϥⲁ̀ⲙⲟⲛⲓ ⲛ̀ ⳨ⲙⲁⲭⲏⲣⲁ ⲉ̀ⲃⲟⲗ
ϧⲉⲛ ⲧ̀ϫⲓϫ ⲙ̀ ⲡⲁ ⲓⲱⲧ ⲟⲩⲟϩ ⲁϥⲧ̀ ⲛⲁϥ ⲛ̀ ⲟⲩⲱⲓⲗⲓ
ⲛ̀ ⲉⲥⲱⲟⲩ ⲛ̀ ⲧⲁ ϣⲉⲃⲓⲱ̀ ⲁϥϫⲱⲕ ⲉ̀ⲃⲟⲗ ⲛ̀ϫⲉ ⲡⲁ
ϣⲟⲩϣⲟⲩϣⲓ. Ⲱ̀ ⲡⲁⲣⲭⲱⲛ ⲛ̀ ⲛⲓⲡⲁⲧⲣⲓⲁⲣⲭⲏⲥ 20
ⲓⲁⲕⲱⲃ ⲫⲏ ⲉ̀ⲧⲁϥϣⲱⲡⲓ ⲛ̀ ϫⲱⲣⲓ ϧⲉⲛ ⲫ⳨ ⲟⲩⲟϩ ⲛ̀
ⲁϥⲟϥ ϧⲉⲛ ⲛⲓⲣⲱⲙⲓ ⲙⲏ ⲕⲣⲁϣⲓ ⲛ̀ⲑⲟⲕ ⲙ̀ ⲫⲟⲟⲩ
ϧⲉⲛ ⲡϣⲁⲓ ⲙ ⲡⲓⲁⲣⲭⲏⲁⲅⲅⲉⲗⲟⲥ ⲉ̀ⲑ ⲟⲩⲁⲃ ⲙⲏⲭⲁⲏⲗ.
Ⲡⲉϫⲁϥ ⲇⲉ ⲛ̀ϫⲉ ⲓⲁⲕⲱⲃ ϫⲉ ⲁϩⲁ ⳨ⲣⲁϣⲓ ⲙ̀ ⲫⲟⲟⲩ
ϫⲉ ⲁ̀ ⲡⲁ ⲥⲟⲛ ⲛ̀ⲥⲁⲩ ⲕⲟⲗⲧ ⲉ̀ⲃⲟⲗ ⲁⲓⲫⲱⲧ ⲉ̀ ⳨ⲛⲏ- 25
ⲕ̄. ⲁ. ⲥⲟⲥ ϣⲁ ⲗⲁⲃⲁⲛ ⲡⲥⲟⲛ ⲛ̀ ⲧⲁ ⲙⲁⲩ. | Ⲁϥⲓ ϣⲁ ⲣⲟⲓ
ⲛ̀ϫⲉ ⲙⲏⲭⲁⲏⲗ ⲁϥⲥⲉⲙⲛⲉ ⲡⲁⲃⲉⲭⲉ ⲛⲏⲓ ⲉ̀ⲃⲟⲗϧⲉⲛ
ⲛⲉϥⲉ̀ⲥⲱⲟⲩ ⲟⲩⲟϩ ⲁϥⲥ̀ⲙⲟⲩ ⲉ̀ⲣⲟⲓ ⲛⲉⲙ ⲛⲁϣⲏⲣⲓ

ⲛⲉⲙ ⲛⲁϩⲓⲟⲙⲓ ⲁϥⲑⲣⲉ ⲡⲓⲥⲗ̄ ⲧⲏⲣϥ ϭⲓ ⲥⲙⲟⲩ ⲉⲃⲟⲗ
ⲛ̀ ϩⲏⲧ. Ⲱ ⲓⲱⲥⲏⲫ ⲡⲓⲑⲙⲏⲓ ⲫⲏ ⲉ̀ⲧⲁⲩⲭⲟⲥ ⲉ̀ⲣⲟϥ
ⲛ̀ϫⲉ ⲛⲉϥⲥⲛⲏⲟⲩ ⲕⲉⲣ ⲟⲩ ϧⲉⲛ ⲡⲁⲓ ⲙⲁ ⲙ̀ ⲫⲟⲟⲩ
ⲕⲣⲁϣⲓ ϧⲉⲛ ⲡϣⲁⲓ ⲙ̀ ⲡⲓⲁⲣⲭⲁⲅⲅⲉⲗⲟⲥ ⲙⲏⲭⲁⲏⲗ.
Ⲁⲡⲁⲝ ⲁⲡⲗⲱⲥ ⲡⲉϫⲁϥ ⲛ̀ϫⲉ ⲓⲱⲥⲏⲫ ⲡⲓⲑⲙⲏⲓ ϧⲉⲛ 5
ⲟⲩⲙⲉⲑⲙⲏⲓ ϧⲧⲟⲙⲓ ⲉⲑⲣⲓ ⲣⲁϣⲓ ⲙ̀ ⲫⲟⲟⲩ. ϫⲉ ⲟⲩⲉⲓ

Ⲕ. Ⲃ. ϧⲉⲣ ⲡⲓⲭⲓⲛⲑⲣⲟⲩⲭⲟⲥ ⲉ̀ⲣⲟⲓ ⲛ̀ϫⲉ ⲛⲁ ⲥⲛⲏⲟⲩ ⲟⲩⲟϩ
ⲁⲓⲧⲏⲓⲧ ⲉ̀ⲃⲟⲗ ϣⲁ ⲟⲩⲕⲁϩⲓ ⲛ̀ ϣⲉⲙⲙⲟ ⲟⲩⲟϩ | ⲁⲓⲉⲣ
ϣⲉⲙⲙⲟ ⲛ̀ ⲭⲱⲃ ⲭⲱⲣⲓⲥ ⲣⲉϥϯ ⲛⲟⲙϯ ⲛⲏⲓ ⲉ̀ ⲁ̀
ϩⲁⲛ ⲕⲉⲙⲏϣ ⲙ̀ ⲡⲉⲧ ϩⲱⲟⲩⲓ̀ ⲉ̀ⲭⲱⲓ. Ⲁϥⲓ̀ ϣⲁ 10
ⲣⲟⲓ ⲛ̀ϫⲉ ⲙⲏⲭⲁⲏⲗ ⲡⲓⲁⲣⲭⲛⲁⲅⲅⲉⲗⲟⲥ ⲁϥⲛⲁϩⲙⲉⲧ
ⲉ̀ⲃⲟⲗ ⲛ̀ ϩⲏⲧⲟⲩ ⲧⲏⲣⲟⲩ ⲁ̀ⲡ ϩⲁⲉ̀ ⲇⲉ ⲁϥⲧϩ̀ⲟ ⲉ̀ ⲫϯ
ⲁϥⲁⲓⲧ ⲛ̀ ⲟⲩⲣⲟ ⲉ̀ ⲭⲏⲙⲓ. Ⲱ ⲙⲱⲩⲥⲏⲥ ⲛⲉⲙ ⲁ̀ⲁ̀
ⲣⲱⲛ ⲛⲉⲙ ⲏ̀ⲥⲟⲩ ⲛ̀ⲧⲉ ⲛⲁⲩⲏ̀ ⲟⲩ ⲡⲉ ⲡⲉⲧⲉⲛⲑⲱϣ
ⲛ̀ⲑⲱⲧⲉⲛ ⲟⲩⲛ ⲛⲉⲙ ⲡⲁⲓ ϣⲁⲓ ⲙ̀ ⲫⲟⲟⲩ. Ⲡⲉϫⲉ ⲛⲏ 15
ⲉ̀ⲑ ⲟⲩⲁⲃ ϫⲉ ⲡⲓⲣⲁϣⲓ ⲫⲱⲛ ⲡⲉ ϫⲉ ⲟⲩⲉⲓ ⲙⲏⲭⲁⲏⲗ
ⲇⲉ ⲁⲧ(sic) ⲉⲣ ϭⲁⲩ ⲙⲱⲓⲧ ϩⲁⲭⲱⲛ ⲛⲉⲙ ⲡⲉⲛ ⲗⲁⲟⲥ

Ⲕⲕ̄. ⲁ. ϣⲁⲧ ⲉⲛⲃⲣⲟ ⲉ̀ϫⲉⲛ ⲛⲉⲛ ϫⲁϫⲓ ⲟⲩⲟϩ ⲁϥϭⲓ | ⲙⲱⲓⲧ
ⲛⲁⲛ ⲉ̀ⲡⲓⲕⲁϩⲓ ⲛ̀ⲧⲉ ϯ ⲉ̀ⲡⲁⲅⲅⲉⲗⲓⲁ̀ ⲉⲑⲃⲉ ⲫⲁⲓ ⲧⲉⲛ
ⲣⲁϣⲓ ⲙ̀ ⲫⲟⲟⲩ. Ⲁⲛⲟⲕ ⲡⲉ ⲅⲉⲇⲉⲱⲛ[1] ϯⲣⲁϣⲓ ϧⲉⲛ 20
ⲟⲩⲙⲉⲧϩⲟⲩⲟ̀ ⲉⲑⲃⲉ ϫⲉ ⲙⲏⲭⲁⲏⲗ ⲡⲉ ⲉ̀ⲧⲁϥⲓ̀ ϣⲁ ⲣⲟⲓ
ⲁϥⲙⲁϩⲧ ⲛ̀ ϫⲟⲙ ⲟⲩⲟϩ ⲁⲓⲓ̀ ⲉ̀ⲃⲟⲗ ⲁⲓⲃⲱⲧⲉ ⲉ̀ ⲡⲕⲁϩⲓ
ⲙ̀ ⲙⲁⲇⲓⲁⲙ ⲁⲓⲛⲟϩⲉⲙ ⲙ̀ ⲡⲁⲗⲁⲟⲥ. Ⲱ ⲓⲉⲫⲑⲁⲓⲉ̀
ⲛⲉⲙ ⲁⲛⲛⲁ ⲧⲉϥⲥϩⲓⲙⲓ ⲟⲩ ⲡⲉ ⲡⲉⲧⲉⲛ ϩⲱⲃ ϧⲉⲛ
ⲡⲁⲓ ϣⲁⲓ ⲙ̀ ⲫⲟⲟⲩ. Ⲁⲩⲉⲣ ⲟⲩⲱ̀ ⲛ̀ϫⲉ ⲛⲓⲕⲣⲓⲧⲏⲥ 25
ⲟⲩⲟϩ ⲡⲉϫⲱⲟⲩ ϫⲉ ⲧⲁⲫⲙⲏⲓ ⲡⲉⲛⲣⲁϣⲓ ⲟⲩⲛⲓϣϯ

---

[1] The scribe has omitted the address to Gideon.

ⲡⲉ ϫⲉ ⲛⲁⲛⲟⲓ ⲛ̀ ⲁϭⲣⲏⲛ ⲓ̀ⲥϫⲉⲛ ⲧⲉⲛⲙⲉⲧⲕⲟⲩϫⲓ ϣⲁⲧ
ⲕ̅ⲁ̅. ⲃ. ⲉⲛⲙⲉⲧⲛⲟϫ | ⲙ̀ⲡⲉ ϣⲏⲣⲓ ϣⲱⲡⲓ ⲛⲁⲛ ⲁⲛⲟⲛ ⲇⲉ
ⲉ̀ⲣⲁⲧⲉⲛ ⲉ̀ⲛⲉⲣ ⲡⲣⲟⲥⲉⲩⲭⲏⲥⲑⲉ ⲁⲛϥⲁⲓ ⲛ̀ ⲟⲩϣⲟⲩ-
ϣⲟⲩϣⲓ ⲙ̀ ⲫ̇ϯ ⲁϥⲥⲟⲙⲥ ⲛ̀ϫⲉ ⲡⲓⲁⲣⲭⲏⲁⲅⲅⲉⲗⲟⲥ
ⲉⲑ ⲟⲩⲁⲃ ⲙⲓⲭⲁⲏⲗ ⲉ̀ϫⲉⲛ ⲡⲉⲛⲑⲉⲃⲓⲟ̀ ⲟⲩⲟϩ ⲁϥⲱ̀ⲗⲓ 5
ⲛ̀ⲧⲉⲛⲡⲣⲟⲥⲉⲩⲭⲏ ⲛⲉⲙ ⲡⲉⲛϣⲟⲩϣⲟⲩϣⲓ ϣⲁ ⲫ̇ϯ
ⲁϥⲉⲣ ⲡⲉⲛⲙⲉⲩⲓ̀ ⲙ̀ⲡⲉⲙⲑⲟ ⲙ̀ ⲫ̇ϯ ⲁϥⲉⲣ ϩⲙⲟⲧ ⲛⲁⲛ
ⲙ̀ ⲡⲓϫⲱⲣⲓ ⲥⲁⲙⲯⲱⲙ ⲁ̀ⲛⲟⲛ ⲇⲉ ⲛⲉⲙ ⲡⲉⲛϣⲏⲣⲓ ⲧⲉⲛ-
ⲣⲁϣⲓ ⲙ̀ ⲫⲟⲟⲩ. ⲱ̀ ⲇⲁⲩⲓ̀ⲇ ⲡⲟⲩⲣⲟ ⲛ̀ ⲑⲙⲏⲓ ⲟⲩⲟϩ
ⲫⲓⲱⲧ ⲡ̅ⲭ̅ⲥ̅ ⲕⲁⲧⲁ ⲥⲁⲣⲝ̇ ϩⲏⲡⲡⲉ ϯⲛⲁⲩ ⲉ̀ⲣⲟⲕ ⲙ̀ 10
ⲫⲟⲟⲩ ⲕⲣⲁϣⲓ ⲟⲩⲟϩ ⲉⲕⲕⲓⲙ ⲛ̀ ⲧⲉⲕ ⲕⲩⲑⲁⲣⲁ ⲑⲁ ⲡⲓ
ⲕ̅ⲃ̅. ⲁ. ⲓ̀ ⲛ̀ ⲕⲁⲡ ⲃ̀ⲉⲛ | ⲡⲁⲓ ⲁ̀ⲣⲓⲥⲧⲟⲛ ⲉ̀ⲧⲁϥⲑⲁϩⲙⲉⲛ ⲉ̀ⲣⲟϥ
ⲛ̀ϫⲉ ⲡⲓⲁⲣⲭⲏⲁⲅⲅⲉⲗⲟⲥ ⲉⲑ ⲟⲩⲁⲃ ⲙⲓⲭⲁⲏⲗ ⲙ̀ ⲫⲟⲟⲩ.
ⲡⲉϫⲁϥ ⲛ̀ϫⲉ ⲇⲁⲩⲓ̀ⲇ ϫⲉ ϧⲉⲛ ⲟⲩⲙⲉⲑⲙⲏⲓ ϯⲣⲁϣⲓ
ⲙ̀ ⲫⲟⲟⲩ ⲟⲩⲟϩ ϯⲑⲉⲗⲏⲗ ϫⲉ ⲛⲓϣⲁⲓ ⲧⲏⲣⲟⲩ ⲛ̀ⲧⲉ 15
ⲛⲏ ⲉⲑ ⲟⲩⲁⲃ ⲟⲩⲯⲁⲗⲙⲱⲇⲓⲁ̀ ⲛ̀ⲧⲉ ⲫⲟⲩⲁⲓ ⲫⲟⲩⲁⲓ
ⲙ̀ⲙⲱⲟⲩ ⲉⲧ ⲥϧⲛⲟⲩⲧ ϩⲓϫⲉⲛ ⲡⲁϩⲏⲧ ⲡⲓⲉⲣ ⲯⲁⲗⲓⲛ
ⲇⲉ ⲉⲧ ⲧⲟⲙⲓ ⲉ̀ ⲡⲁⲓ ϣⲁⲓ ⲫⲁⲓ ⲛ̀ⲧⲉ ⲡⲓⲁⲣⲭⲏⲁⲅⲅⲉⲗⲟⲥ
ⲉⲑ ⲟⲩⲁⲃ ⲙⲓⲭⲁⲏⲗ ⲉ̀ⲧⲉ ⲫⲁⲓ ⲡⲉ ϫⲉ ⲡⲁ̀ⲅⲅⲉⲗⲟⲥ ⲙ̀
ⲡ̅ⲟ̅ⲥ̅ ϩⲓⲕⲟⲧ ⲙ̀ ⲡⲕⲱϯ ⲛ̀ ⲟⲩⲟⲛ ⲛⲓⲃⲉⲛ ⲉⲧ ⲉⲣ ϩⲟϯ 20
ϧⲁ ⲧⲉϥϫⲏ ⲟⲩⲟϩ ϥⲛⲁⲛⲁϩⲙⲟⲩ. ⲱ̀ ⲥⲟⲗⲟⲙⲱⲛ
ⲕ̅ⲃ̅. ⲃ. ⲡⲓⲥⲟⲫⲟⲥ | ⲙⲏ ⲭⲣⲁϣⲓ ⲁⲛ ϧⲉⲛ ⲡϣⲁⲓ ⲙ̀ ⲡⲓⲁⲣⲭⲏ-
ⲁⲅⲅⲉⲗⲟⲥ ⲙⲓⲭⲁⲏⲗ ⲡⲉϫⲁϥ ϫⲉ ϧⲉⲛ ⲟⲩⲙⲉⲧϣⲟⲩⲟ̀
ϯⲣⲁϣⲓ ⲉⲑⲃⲉ ⲡⲓⲁⲣⲭⲏⲁⲅⲅⲉⲗⲟⲥ ⲉⲑ ⲟⲩⲁⲃ ⲙⲓⲭⲁⲏⲗ
ⲛ̀ⲑⲟϥ ⲁϥϣⲱⲡⲓ ⲛⲉⲙⲏⲓ ⲓ̀ⲥϫⲉⲛ ⲧⲁ ⲙⲉⲧⲕⲟⲩϫⲓ ⲟⲩⲟϩ 25
ⲁϥⲉⲣⲉ ϯϩⲓⲣⲏⲛⲏ ϣⲱⲡⲓ ϧⲉⲛ ⲛⲁⲉ̀ϩⲟⲟⲩ ⲁϥϯϩⲟ̀ ⲙ̀
ⲫ̇ϯ ⲁϥϩⲟⲛϩⲉⲛ ⲛⲏⲓ ⲉⲑⲣⲓ ⲕⲱⲧ ⲛ̀ ⲟⲩⲏⲓ ⲙ̀ ⲡ̅ⲟ̅ⲥ̅.
ⲱ̀ ⲓ̀ⲉⲍⲉⲕⲓⲁⲥ ⲡⲟⲩⲣⲟ ⲛ̀ ⲑⲙⲏⲓ ⲙⲏ ⲛ̀ⲑⲟⲕ ϩⲱⲕ ⲕⲣⲁϣⲓ

ⲙ̅ ⲫⲟⲟⲩ ϧⲉⲛ ⲡϣⲁⲓ ⲙ̅ ⲡⲓⲁⲣⲭⲏⲁⲅⲅⲉⲗⲟⲥ ⲉ̇ⲑ ⲟⲩⲁⲃ
ⲙⲏⲭⲁⲏⲗ. Ⲡⲉϫⲁϥ ⲇⲉ ⲡⲱⲥ ϯⲛⲁⲣⲁϣⲓ ⲁⲛ ϫⲉ ⲁ

ⲕ̅ⲅ̅. ⲁ. ⲛⲓⲥⲩⲣⲓⲟⲥ ⲉⲣ ϩⲟⲟⲩ | ϩⲟϫϩⲉϫ ⲙ̇ⲙⲟⲓ ⲛⲉⲙ ⲡⲁ
ⲗⲁⲟⲥ ⲡⲓⲁⲣⲭⲏⲁⲅⲅⲉⲗⲟⲥ ⲉ̇ⲑ ⲟⲩⲁⲃ ⲙⲏⲭⲁⲏⲗ ⲛ̇ⲑⲟϥ
ⲡⲉ ⲉ̇ⲧⲁϥϣⲁⲓⲣⲓ ⲉ̇ⲣⲱⲟⲩ ϧⲉⲛ ⲡⲓⲉ̇ⲭⲱⲣϩ ⲉ̇ⲣⲉ ⲧⲟⲩⲏ̅ⲡ̅ⲓ̅ 5
ⲓ̇ⲣⲓ ⲛ̇ ⲣ̅ⲡ̅ⲉ̅ ϣⲟ ⲛ̇ ⲣⲁⲛ ⲉ ⲁϥⲛⲁϩⲙⲉⲛ ⲁ̇ⲛⲟⲕ ⲛⲉⲙ
ⲡⲁ ⲗⲁⲟⲥ ⲧⲏⲣϥ. Ⲱ̇ ⲏ̇ⲥⲁⲓⲁⲥ ⲡⲓⲛⲓϣϯ ⲙ̅ ⲡⲣⲟ-
ⲫⲏⲧⲏⲥ ⲟⲩ ⲡⲉ ⲡⲉⲕⲣⲁϣⲓ ϩⲱⲕ ⲙ̅ ⲫⲟⲟⲩ ϧⲉⲛ ⲡϣⲁⲓ
ⲙ̅ ⲡⲓⲁⲣⲭⲏⲁⲅⲅⲉⲗⲟⲥ ⲉ̇ⲑ ⲟⲩⲁⲃ ⲙⲏⲭⲁⲏⲗ. Ⲡⲉϫⲁϥ
ϫⲉ ⲫⲁⲓ ⲡⲉ ⲡⲁ ⲣⲁϣⲓ ϫⲉ ⲛⲓϧⲓⲥⲓ ⲧⲏⲣⲟⲩ ⲉ̇ⲧ ⲁ̀ 10
ⲙⲁⲛⲁⲥⲥⲏ ⲛⲉⲙ ⲛⲉϥϣⲫⲏⲣ ⲉ̇ⲛⲟⲩ ⲉ̇ϫⲱⲓ ⲛⲁϧⲟϩⲓ
ⲉ̇ⲣⲁⲧϥ ⲛⲉⲙⲏⲓ ⲛ̇ϫⲉ ⲡⲓⲁⲣⲭⲏⲁ̀ⲅⲅⲉⲗⲟⲥ ⲙⲓⲭⲁⲏⲗ ⲉϥϯ

ⲕ̅ⲅ̅. ⲃ. ϫⲟⲙ ⲛⲏⲓ | ⲛⲉⲙ ⲛⲟⲙϯ ϣⲁⲧ ⲟⲩⲃⲁⲥⲧ ϧⲉⲛ ⲧⲁ
ⲙⲏϯ ϧⲉⲛ ⲟⲩⲃⲁϣⲟⲩⲣ ⲛ̇ ϣⲉ. Ⲱ̇ ⲡⲁ ⲓⲱⲧ ⲉ̇ⲑ
ⲟⲩⲁⲃ ⲓ̇ⲉⲣⲉⲙⲓⲁⲥ ⲁ̇ⲛⲟⲕ ϯⲛⲁⲩ ⲉ̇ⲣⲟⲕ ⲙ̅ ⲫⲟⲟⲩ ⲛⲉⲙ 15
ⲡⲁⲓ ⲛⲓϣϯ ⲛ̇ ⲃⲏⲃⲥ ⲉ̇ⲧ ⲉⲣ ⲟⲩⲱⲓⲛⲓ ⲟⲩⲟϩ ⲕⲣⲁϣⲓ
ϧⲉⲛ ⲡϣⲁⲓ ⲙ̅ ⲡⲓⲁⲣⲭⲏⲁⲅⲅⲉⲗⲟⲥ ⲉ̇ⲑ ⲟⲩⲁⲃ ⲙⲏ-
ⲭⲁⲏⲗ ⲡⲉϫⲁϥ ϫⲉ ⲁ̇ⲛⲟⲕ ⲙⲉⲛ ϯⲣⲁϣⲓ ⲛ̇ ϩⲟⲩⲟ̀
ϫⲉ ⲁ̀ ⲛⲓⲟⲩⲣⲱⲟⲩ ⲧⲏⲣⲟⲩ ⲛ̇ⲧⲉ ⲓⲟⲩⲇⲁ ⲓ̇ⲣⲓ ⲛⲉⲙⲏⲓ
ⲛ̇ ⲛⲓⲡⲉⲧϩⲱⲟⲩ ⲧⲏⲣⲟⲩ ⲟⲩⲟϩ ⲛⲁⲩⲃⲱⲧⲥ ⲟⲩⲃⲏⲓ 20
ϧⲉⲛ ⲟⲩϭⲱⲗⲕ ⲛⲁⲣⲉ ⲙⲓⲭⲁⲏⲗ ⲇⲉ ⲟ̀ϩⲓ ⲉ̇ⲣⲁⲧϥ ⲛⲉ-
ⲙⲏⲓ ⲁϥϣⲱⲡⲓ ⲛⲏⲓ ⲛ̇ ⲟⲩⲃⲟⲏⲑⲟⲥ ⲛⲉⲙ ⲟⲩⲗ̇ⲙⲁϩⲓ.

ⲕ̅ⲇ̅. ⲁ. Ⲱ̇ ⲓ̇ⲉⲍⲉⲕⲓⲏⲗ ⲡⲓⲛⲓϣϯ | ⲙ̅ ⲡⲣⲟⲫⲏⲧⲏⲥ ⲁ̇ⲙⲟⲩ ϫⲉ
ⲛ̇ⲧⲉⲕⲧⲁⲙⲟⲛ ⲉ̇ⲡⲉⲕⲣⲁϣⲓ ϩⲱⲕ ⲙ̅ ⲫⲟⲟⲩ ϧⲉⲛ
ⲡϣⲁⲓ ⲙ̇ ⲡⲓⲁⲣⲭⲏⲁⲅⲅⲉⲗⲟⲥ ⲉ̇ⲑ ⲟⲩⲁⲃ ⲙⲏⲭⲁⲏⲗ. 25
Ⲡⲉϫⲁϥ ϫⲉ ⲁ̇ⲛⲟⲕ ⲙⲉⲛ ϯⲣⲁϣⲓ ⲟⲩⲟϩ ϯⲟⲩⲛⲟϥ ϫⲉ
ⲙⲏⲭⲁⲏⲗ ⲡⲉ ⲉ̇ⲧⲁϥⲓ̇ⲛⲓ ⲛⲏⲓ ⲙ̇ ⲡⲓⲭⲁⲣⲧⲏⲥ ⲉ̇ⲧ
ⲥϧⲏⲟⲩⲧ ⲟⲩⲟϩ ⲁⲓⲟⲙⲕϥ ⲁⲥϫⲱⲕ ⲛⲏⲓ ⲉ̇ⲃⲟⲗ ⲛ̇ϫⲉ

3

ⲧⲁ ⲡⲣⲟⲫⲏⲧⲓⲁ. Ⲱ ⲇⲁⲛⲓⲏⲗ ⲡⲓⲡⲣⲟⲫⲏⲧⲏⲥ ⲫⲣⲱⲙⲓ
ⲛ̀ⲧⲉ ⲛⲓⲉ̀ⲡⲓⲑⲩⲙⲓⲁ ⲙⲏ ⲛ̀ⲑⲟⲕ ϩⲱⲕ ⲕⲣⲁϣⲓ ⲙ̀ ⲫⲟⲟⲩ
ϧⲉⲛ ⲡϣⲁⲓ ⲙ̀ ⲡⲓⲁⲣⲭⲏⲁⲅⲅⲉⲗⲟⲥ ⲉ̀ⲑ ⲟⲩⲁⲃ ⲙⲓⲭⲁⲏⲗ.
Ⲡⲉϫⲁϥ ⲛ̀ϫⲉ ⲇⲁⲛⲓⲏⲗ ϫⲉ ⲁϣ ⲛ̀ ⲣⲁϣⲓ ⲉ̀ⲑ ⲛⲁϣ̀ⲫⲟϩ

ⲕ̅ⲇ̅. ⲃ. ⲉ̀ ⲡⲁ ⲣⲁϣⲓ ϫⲉ ⲟⲩⲉⲓ | ⲡⲓⲁⲣⲭⲏⲁⲅⲅⲉⲗⲟⲥ ⲙⲓⲭⲁⲏⲗ 5
ⲟⲩⲥⲟⲡ ⲁⲛ ⲟⲩⲇⲉ ⲃ̅ ⲁϥⲓ̀ ϣⲁ ⲣⲟⲓ ⲉ̀ⲧⲁⲩ ϩⲓⲧ ⲇⲉ
ⲉ̀ ⲫⲗⲁⲕⲕⲟⲥ ⲛ̀ ⲛⲓⲙⲟⲩⲓ ⲁⲩⲉⲣ ⲥⲫⲣⲁⲅⲓⲍⲓⲛ ⲉ̀ϫⲱⲓ
ϧⲉⲛ ϩⲁⲛ[ⲥ]ⲫⲣⲁⲅⲓⲥ. Ⲙⲓⲭⲁⲏⲗ ⲇⲉ ⲡⲓⲁⲣⲭⲏⲁⲅ-
ⲅⲉⲗⲟⲥ ⲁϥⲙⲁϣⲑⲁⲙ ⲛ̀ ⲣⲱⲟⲩ ⲛ̀ ⲛⲓⲙⲟⲩⲓ ⲙ̀ⲡⲟⲩϣ̀-
ϧⲱⲛⲧ ⲉ̀ⲣⲟⲓ ⲉ̀ ⲡⲧⲏⲣϥ ⲉ̀ⲧⲁⲓⲥⲕⲟ ⲇⲉ ⲟⲩⲛ ⲁϥⲓ̀ⲛⲓ 10
ⲛⲏⲓ ⲛ̀ ⲁⲃⲃⲁⲕⲟⲩⲙ ⲉϥⲟⲡⲧ ⲛ̀ ϩⲁⲛϩ̀ⲣⲏⲟⲩⲓ̀ ⲉⲩⲕⲉ-
ⲛⲓϣⲱⲟⲩⲧ ⲟⲩⲟϩ ⲁϥⲧⲥⲟⲓ. Ⲱ ⲡⲓ ⲓ̅ⲃ̅ ⲛ̀ ⲁ̀ⲡⲟⲥⲧⲟⲗⲟⲥ
ⲉⲑⲃⲉ ⲟⲩ ⲧⲉⲧⲉⲛⲣⲁϣⲓ ⲛ̀ⲑⲱⲧⲉⲛ ⲟⲩⲛ ⲙ̀ ⲫⲟⲟⲩ
ϧⲉⲛ ⲡⲁⲓ ⲛⲓϣϯ ⲛ̀ ϣⲁⲓ ⲛ̀ⲧⲉ ⲡⲓⲁⲣⲭⲏⲁⲅⲅⲉⲗⲟⲥ ⲉ̀ⲑ
ⲟⲩⲁⲃ ⲙⲓⲭⲁⲏⲗ. Ⲡⲉϫⲱⲟⲩ ϫⲉ ⲁ̀ⲛⲟⲛ ⲙⲉⲛ ⲧⲉⲛ- 15

ⲕ̅ⲉ̅. ⲁ. ⲣⲁϣⲓ ⲁⲛ ϫⲉ ⲙⲏ ⲛ̀ⲭⲏ | ϧⲉⲛ ⲟⲩⲛⲓϣϯ ⲛ̀ ⲉⲙⲕⲁϩ
ⲛ̀ ϩⲏⲧ ϧⲉⲛ ⲡⲭⲓⲛⲑⲣⲉ ⲛⲓⲡⲁⲣⲁⲛⲟⲙⲟⲥ ⲛ̀ ⲓⲟⲩⲇⲁⲓ̀
ⲉⲣ ⲥⲧⲁⲩⲣⲱⲛⲓⲛ ⲙ̀ ⲡⲉⲛ ⲟ̅ⲥ̅ ⲓ̅ⲏ̅ⲥ̅ ⲡ̅ⲭ̅ⲥ̅ ⲉ̀ ϯⲉⲛⲭⲏ
ϧⲉⲛ ⲡⲉⲛⲙ̀ⲕⲁϩ ⲛ̀ ϩⲏⲧ ⲛⲉⲙ ⲡⲓⲭⲱⲡ ⲉⲑⲃⲉ ⲧϫⲟϯ
ⲛ̀ ⲛⲓ ⲓⲟⲩⲇⲁⲓ. Ⲁⲥⲧⲁⲙⲟⲛ ⲛ̀ϫⲉ ⲙⲁⲣⲓⲁⲙ ϯⲡⲁⲣ- 20
ⲑⲉⲛⲟⲥ ϫⲉ ⲁⲥϩⲱⲗ ⲉ̀ ⲡⲓⲙ̀ϩⲁⲩ ⲛ̀ ϣⲟⲣⲡ ⲛ̀ ⲧⲕⲩ-
ⲣⲓⲁⲕⲏ ⲛ̀ⲑⲟⲥ ⲛⲉⲙ ⲛⲏ ⲉⲑ ⲛⲉⲙⲁⲥ ⲁⲥϫⲓⲙⲓ ⲙ̀
ⲡⲓⲁⲣⲭⲏ ⲁⲅⲅⲉⲗⲟⲥ ⲉ̀ⲑ ⲟⲩⲁⲃ ⲙⲓⲭⲁⲏⲗ ⲉ̀ ⲁϥⲥⲕⲉⲣ-
ⲕⲉⲣ ⲙ̀ ⲡⲱ̀ⲛⲓ ⲉ̀ⲃⲟⲗϩⲓ ⲣⲱϥ ⲙ̀ ⲡⲓⲙ̀ϩⲁⲩ ⲟⲩⲟϩ
ⲁϥϩⲉⲙⲥⲓ ϩⲓϫⲱϥ ⲉϥϩⲓ ϣⲉⲛⲛⲟⲩϥⲓ ⲛ̀ ⲱ̀ⲟⲩ ϫⲉ ⲁ̀ 25

ⲕ̅ⲉ̅. ⲃ. ⲡ̅ⲟ̅ⲥ̅ ⲧⲱⲛϥ. Ⲱ ⲍⲁⲭⲁⲣⲓⲁⲥ ⲛⲉⲙ ⲓ̀ⲱⲛⲛⲏⲥ | ⲡⲉϥ-
ϣⲏⲣⲓ ⲙⲏ ⲛ̀ⲑⲱⲧⲉⲛ ⲧⲉⲧⲉⲛⲉⲣ ϣⲁⲓ ϩⲱⲧⲉⲛ ⲙ̀ ⲫⲟⲟⲩ
ϧⲉⲛ ⲡϣⲁⲓ ⲙ̀ ⲡⲓⲁⲣⲭⲏⲁⲅⲅⲉⲗⲟⲥ ⲛⲓⲭⲁⲏⲗ. Ⲡⲉϫⲁϥ

ϫⲉ ϯⲣⲁϣⲓ ϫⲉ ⲁϥⲉⲣ ⲥⲫⲣⲁⲅⲓⲍⲓⲛ ⲛⲁϥ ⲙ̀ ⲙⲓⲭⲁⲏⲗ
ⲛ̀ ⲁⲣⲭⲏⲁⲅⲅⲉⲗⲟⲥ ⲁ̀ⲛⲟⲕ ⲇⲉ ⲛ̀ ⲟⲩⲏⲃ ⲓⲱⲁⲛⲛⲏⲥ ⲇⲉ
ⲡⲁϣⲏⲣⲓ ⲛ̀ ⲣⲉϥⲧⲱⲙⲥ ⲛ̀ⲑⲟϥ ⲡⲉ ⲡϣⲏⲣⲓ ⲛ̀ ⲉⲗⲓⲥⲁⲃⲉⲧ
ⲧⲥⲩⲅⲅⲉⲛⲏⲥ ⲙ̀ ⲙⲁⲣⲓⲁⲙ ⲑⲙⲁⲩ ⲙ̀ ⲡ̅ⲭ̅ⲥ̅ ⲕⲁⲧⲁ ⲥⲁⲣⲝ
ⲉⲑⲃⲉ ⲫⲁⲓ ⲧⲉⲛⲣⲁϣⲓ ⲙ̀ ⲫⲟⲟⲩ.   Ⲱ ⲥⲧⲉⲫⲁⲛⲟⲥ 5
ⲡⲓⲁⲣⲭⲏⲇⲓⲁⲕⲱⲛ ⲙ̀ ⲡⲣⲟⲇⲟⲙⲁⲣⲧⲩⲣⲟⲥ (sic) ⲙⲏ
ⲕⲣⲁϣⲓ ϩⲱⲕ ⲛⲉⲙⲁⲛ ϧⲉⲛ ⲡⲁⲓ ⲛⲓϣϯ ⲛ̀ ϣⲁⲓ ⲡⲉϫⲁϥ
ϫⲉ ⲁⲅⲁ ϫⲉ ϧⲉⲛ ⲡⲓⲛⲁⲩ ⲉ̀ⲧⲁⲩϭⲓ ⲱ̀ⲛⲓ ⲉ̀ϫⲱⲓ ⲁⲓ-

ⲕ̅ⲋ̅. ⲁ. ⲛⲁⲩ | ⲉ̀ ⲛⲓⲫⲏⲟⲩⲓ̀ ⲉⲩⲟⲩⲏⲛ· ⲉ̀ⲣⲉ ⲡⲓⲁⲣⲭⲏⲁⲅⲅⲉⲗⲟⲥ
ⲙⲓⲭⲁⲏⲗ ⲛⲉⲙ ⲛⲓⲁⲅⲅⲉⲗⲟⲥ ⲧⲏⲣⲟⲩ ⲥⲟⲙⲥ ⲉ̀ ⲡⲉⲛ 10
ⲟ̅ⲥ̅ ⲓⲏ̅ⲥ̅ ⲡ̅ⲭ̅ⲥ̅ ⲉϥⲥⲁ ⲟⲩⲓⲛⲁⲙ ⲙ̀ ⲫⲓⲱⲧ ⲛ̀ ⲁ̀ⲅⲁⲑⲟⲥ.
Ⲱ ⲡⲓ ⲅ̅ ⲛ̀ ⲁ̀ⲗⲟⲩ ⲁⲛⲁⲛⲓⲁⲥ ⲁⲍⲁⲣⲓⲁⲥ ⲙⲓⲥⲁⲏⲗ ⲙⲏ
ⲧⲉⲧⲉⲛⲣⲁϣⲓ ϩⲱⲧⲉⲛ ⲙ̀ ⲫⲟⲟⲩ ϧⲉⲛ ⲡϣⲁⲓ ⲙ̀ ⲡⲓⲁⲣ-
ⲭⲏⲁⲅⲅⲉⲗⲟⲥ ⲙⲓⲭⲁⲏⲗ. Ⲡⲉϫⲱⲟⲩ ⲛ̀ϫⲉ ⲛⲏ ⲉ̀ⲑ ⲟⲩⲁⲃ
ϫⲉ ⲡⲱⲥ ⲧⲉⲛⲛⲁⲣⲁϣⲓ ⲁⲛ ϫⲉ ϧⲉⲛ ⲡⲭⲓⲛⲑⲣⲉ ⲛⲁ- 15
ⲃⲟⲩⲭⲟⲇⲟⲛⲟⲥⲟⲣ ⲡⲟⲩⲣⲟ ϩⲓⲧⲉⲛ ⲉ̀ ϯϩⲣⲱ ⲛ̀ ⲭⲣⲱⲙ
ⲉ̀ⲑ ⲙⲟϩ ⲁϥⲟⲩⲁϩⲥⲁϩⲛⲓ ⲛ̀ϫⲉ ⲫϯ ⲙ̀ ⲙⲓⲭⲁⲏⲗ
ⲁϥⲛⲉϩ ⲡϣⲁϩ ⲙ̀ ⲡⲓⲭⲣⲱⲙ ⲉ̀ⲃⲟⲗ ⲁϥⲑⲣⲉ ϯϩⲣⲱ

ⲕ̅ⲋ̅. ⲃ. ⲉⲣ ⲙ̀ ⲫⲣⲏϯ ⲛ̀ ⲟⲩⲓ̀ⲱϯ. | Ⲱ ⲡⲭⲱⲣⲟⲥ ⲛ̀ ⲛⲓⲙⲁⲣ-
ⲧⲩⲣⲟⲥ ⲛⲉⲙ ⲛⲏ ⲉ̀ⲑ ⲟⲩⲁⲃ ⲙⲏ ⲧⲉⲧⲉⲛⲣⲁϣⲓ ⲛ̀ⲑⲱ- 20
ⲧⲉⲛ ⲙ̀ ⲫⲟⲟⲩ ϧⲉⲛ ⲡϣⲁⲓ ⲙ̀ ⲡⲓⲁⲣⲭⲏⲁⲅⲅⲉⲗⲟⲥ
ⲙⲓⲭⲁⲏⲗ. Ⲡⲉϫⲉ ⲛⲏ ⲉ̀ⲑ ⲟⲩⲁⲃ ⲧⲏⲣⲟⲩ ϫⲉ ϧⲉⲛ
ⲟⲩⲙⲉⲑⲙⲏⲓ ⲟⲩⲛⲓϣϯ ⲡⲉ ⲡⲉⲛⲣⲁϣⲓ ϫⲉ ⲟⲩⲉⲓ ⲁ̀ⲛⲁⲅⲕⲏ
ⲛⲓⲃⲉⲛ ⲛⲉⲙ ⲙ̀ⲕⲁϩ ⲉ̀ⲧ ⲁⲛϥⲁⲓ ϧⲁⲣⲱⲟⲩ ⲛⲓⲁⲣⲭⲏⲁⲅ-
ⲅⲉⲗⲟⲥ ⲙⲓⲭⲁⲏⲗ ⲁϥϯ ϫⲟⲙ ⲛⲁⲛ ϣⲁⲧ ⲉⲛϥⲁⲓ ϧⲁ 25
ⲛⲓⲃⲁⲥⲁⲛⲟⲥ ⲉ̀ⲧⲉⲙⲙⲁⲩ ⲟⲩⲟϩ ⲛ̀ⲧⲉⲛϫⲱⲕ ⲛ̀ⲧⲉⲛ-
ⲙⲁⲣⲧⲩⲣⲓⲁ̀ ⲉ̀ⲃⲟⲗ ⲛⲉⲙ ⲡⲉⲛⲁ̀ⲅⲱⲛ ⲟⲩⲟϩ ⲉⲑⲃⲏⲧϥ
ⲁⲛϭⲓ ⲛ̀ ⲛⲁⲓ ⲛⲓϣϯ ⲛ̀ ⲁ̀ⲅⲁⲑⲟⲛ ⲉⲑⲃⲉ ⲫⲁⲓ ⲧⲉⲛⲣⲁϣⲓ

3*

ⲕⲍ̄. ⲁ. ⲙ̀ ⲫⲟⲟⲩ. ⲱ̀ ⲛⲓⲧⲁⲅⲙⲁ ⲧⲏⲣⲟⲩ ⲛ̀ⲧⲉ | ⲫⲛⲟⲩⲓ̀
ⲙⲏ ⲧⲉⲧⲉⲛⲣⲁϣⲓ ⲅⲱⲧⲉⲛ ⲙ̀ ⲫⲟⲟⲩ. ⲡⲉⲭⲱⲟⲩ ⲝⲉ
ⲧⲁⲫⲙⲏⲓ ⲡⲓⲣⲁϣⲓ ⲧⲏⲣϥ ⲫⲱⲛ ⲡⲉ ⲛⲁ ⲙⲉⲛⲣⲁϯ
ⲟⲩⲛⲓϣϯ ⲅⲁⲣ ⲡⲉ ⲡⲧⲁⲓⲟ̀ ⲙ̀ ⲡⲁⲓ ϣⲁⲓ ⲫⲁⲓ ⲉ̀ⲧ ⲫⲱⲣϣ
ⲛⲁⲛ ⲉⲓⲭⲉⲛ ⲡⲕⲁϩⲓ ⲙ̀ⲙⲁⲩⲁⲧϥ ⲁⲛ ⲁⲗⲗⲁ ϧⲉⲛ ϯ 5
ⲕⲉ ⲫⲉ ⲟⲩⲛ. ϯⲛⲟⲩ ⲇⲉ ⲱ̀ ⲛⲓⲙⲉⲛⲣⲁϯ ⲛ̀ ⲕⲁⲧ
ϩⲏⲧ ⲁⲙⲱⲓⲛⲓ ⲛ̀ⲧⲉⲛ ⲉⲣ ⲥⲡⲟⲇⲁⲍⲓⲛ ϩⲱⲛ ⲟⲩⲛ
ⲛ̀ⲧⲉⲛⲁⲣⲉϩ ⲉ̀ ⲛⲉⲛⲯⲩⲭⲏ ϧⲉⲛ ⲡϣⲁⲓ ⲙ̀ ⲡⲓⲁⲣⲭⲏⲁⲅ-
ⲅⲉⲗⲟⲥ ⲉⲑ ⲟⲩⲁⲃ ⲙⲏⲭⲁⲏⲗ ⲟⲩⲟϩ ⲙ̀ⲙⲟⲛ ϩⲉⲃⲥⲱ
ⲉ̀ ⲛⲁⲛⲉⲩ ⲉⲩⲉⲣ ⲡⲣⲉⲡⲓ ⲙ̀ ⲡⲓϩⲟⲡ ⲧⲟⲓ ϩⲓⲱⲧⲉⲛ 10

ⲕⲍ̄. ⲃ. ⲙⲏ ⲡⲟⲧⲉ ⲛ̀ⲧⲉⲛ ϩⲱⲗ ϩⲉⲛ ϩⲁⲛⲥⲧⲟⲗⲏ | ⲉⲩⲭⲁⲓⲱⲟⲩ
ⲉⲩ ⲭⲱⲛⲥ ⲉ̀ⲣⲉ ⲛⲉⲛⲥⲱⲙⲁ ⲙⲉϩ ⲛ̀ ⲑⲱⲗⲉⲃ ⲛ̀ⲥⲉⲕⲱⲗ-
ⲧⲉⲛ ⲉ̀ⲃⲟⲗ ϧⲉⲛ ⲟⲩϣⲓⲡⲓ ⲙ̀ ⲡⲉⲙⲑⲟ ⲛ̀ ⲛⲏ ⲉ̀ⲧⲉ
ⲛⲓϩⲉⲃⲥⲱ ⲉ̀ⲧ ⲫⲉⲣⲓ ⲱ̀ⲟⲩ ⲧⲟⲓ ϩⲓⲱ̀ⲧⲟⲩ ⲟⲩⲟϩ ⲛ̀ⲥⲉⲟⲩ-
ⲛⲟⲩ ⲥⲁⲃⲟⲗ ⲙ̀ⲙⲟⲛ ⲛ̀ϫⲉ ⲛⲁ ⲛⲓϩⲉⲃⲥⲱ ⲛ̀ ⲕⲁⲑⲁⲣⲟⲥ 15
ϫⲉ ⲙⲏⲡⲟⲧⲉ ⲛ̀ⲧⲟⲩⲑⲱⲗⲉⲃ ϩⲱⲟⲩ ⲛ̀ ϧⲏⲧⲉⲛ.
ⲙⲉⲛⲉⲛⲥⲁ ⲡⲁⲓ ⲛⲓϣϯ ⲇⲉ ⲛ̀ ϣⲓⲡⲓ ⲛⲥⲉϩⲓⲧⲉⲛ ⲉ̀ⲃⲟⲗ
ⲛ̀ⲥⲉϯ ϣⲱϣ ⲛⲁⲛ ϧⲉⲛ ⲛⲁⲓ ⲥⲁϫⲓ ⲛ̀ϫⲉ ⲛⲏ ⲉ̀ⲧⲉⲙ-
ⲙⲁⲩ ⲉⲩⲭⲱ ⲙ̀ⲙⲟⲥ ϫⲉ ⲱ̀ ⲛⲓⲥⲁϧϩⲏⲧ ⲉ̀ⲧ ⲗⲟⲃⲓ ⲡⲱⲥ
ⲧⲉⲧⲉⲛϣⲓⲡⲓ ⲁⲛ ⲓⲥϫⲉ ⲧⲉⲧⲉⲛϣⲓⲡⲓ ⲁⲛ ϧⲁ ⲧϩⲏ ⲛ̀ 20

ⲕⲏ̄. ⲁ. ⲛⲓⲣⲱⲙⲓ ⲡⲱⲥ ⲙ̀ ⲡⲉⲧⲉⲛϣⲓⲡⲓ ϧⲁ ⲧϩⲏ | ⲙ̀ ⲡⲟⲩⲣⲟ
ⲫϯ ⲛⲉⲙ ⲡⲉϥⲁⲣⲭⲏⲥⲧⲣⲁⲧⲩⲅⲟⲥ ⲉ̀ⲑ ⲟⲩⲁⲃ ⲙⲏⲭⲁⲏⲗ
ⲡⲓⲁⲣⲭⲏⲁⲅⲅⲉⲗⲟⲥ. ⲙⲏ ⲧⲉⲧⲉⲛ ⲉ̀ⲙⲓ ⲁⲛ ϫⲉ ⲧⲁⲓ
ⲁⲩⲗⲏ ⲑⲁ ⲛⲓⲙ ⲡⲉ ⲟⲩⲟϩ ⲫⲁ ⲛⲓⲙ ⲡⲉ ⲡⲁⲓ ⲁⲣⲓⲥ-
ⲧⲟⲛ ϫⲉ ⲑⲁ ⲡⲟⲩⲣⲟ ⲧⲉ ⲛⲉⲙ ⲡⲉϥⲁⲣⲭⲏⲥⲧⲣⲁ- 25
ⲧⲩⲅⲟⲩⲥ ⲫⲏ ⲉ̀ⲧ ⲫⲱⲣϫ ⲙ̀ ⲙⲉⲧⲭⲱⲣⲓ ⲛⲓⲃⲉⲛ
ⲙ̀ⲡⲉⲙⲑⲟ ⲙ̀ ⲡⲉϥⲟ̄ⲥ̄ ⲡⲟⲩⲣⲟ ⲉ̀ ⲁϥϯ ⲛⲁϥ ⲛ̀ ⲛⲁⲓ
ⲧⲁⲓⲟ̀ ⲧⲏⲣⲟⲩ ⲉⲑⲃⲉ ⲧⲉϥⲙⲉⲧⲭⲱⲣⲓ ⲧⲁⲫⲙⲏⲓ. ϯⲟⲓ

ⲛ̀ ϣⲫⲏⲣⲓ ⲇⲉ ⲛ̀ⲧⲉⲧⲉⲛ ⲡⲁⲣⲣⲏⲥⲓⲁ ϣⲁ ⲡⲁⲓ ⲙⲁ
ⲉⲧ ⲥⲁ ϧⲟⲩⲛ ⲟⲩⲟϩ ⲁϥϯ ⲛⲱⲧⲉⲛ ⲙ̀ ⲡⲁⲓ ⲣⲏϯ ⲛ̀

ⲕⲏ. ⲃ. ⲟⲩⲥⲩⲅⲭⲱⲣⲏⲥⲓⲥ ⲙ̀ⲏ ⲙ̀ ⲡⲉⲧⲉⲛ ⲥⲱⲧⲉⲙ ⲉ̀ⲣⲟϥ. |
ⲉϥϫⲱ ⲙ̀ⲙⲟⲥ ϫⲉ ⲙ̀ⲡ ϥⲣ ⲓ̀ ⲉ̀ ϧⲟⲩⲛ ⲉ̀ ⲫⲙⲁ ⲙ̀
ⲡⲓϭⲟⲡ ⲛ̀ ⲧϩⲉⲃⲥⲱ ⲙ̀ ⲛⲓϩⲱⲡ ⲧⲟⲓ ϩⲓ ⲑⲏⲛⲟⲩ ⲁⲛ 5
ⲙⲏ ⲙ̀ⲡⲉⲧⲉⲛⲥⲱⲧⲉⲙ ⲉⲑⲃⲉ ⲫⲏ ⲉ̀ⲧⲁϥ ⲉⲣ ⲧⲟⲗⲙⲁⲛ
ⲁϥϩⲱⲗ ⲉ̀ ϧⲟⲩⲛ ϧⲉⲛ ⲟⲩϩⲉⲃⲥⲱ ⲉⲥϭⲁⲓⲱ̀ⲟⲩ ⲙ̀
ⲡⲉⲧⲉⲛ ⲣⲏϯ ϫⲉ ⲟⲩ ⲡⲉ ⲉ̀ⲧⲁϥϣⲱⲡⲓ ⲙ̀ⲙⲟϥ. Ⲉⲥ-
ϧⲛⲟⲩⲧ ϫⲉ ⲁϥⲑⲣⲟⲩⲥⲱⲛϩ ⲛ̀ ⲧⲟⲧϥ ⲛⲉⲙ ⲣⲁⲧϥ
ⲟⲩⲟϩ ⲗⲩϭⲓⲧϥ ⲉ̀ ⲡⲭⲁⲕⲓ ⲉ̀ⲧ ⲥⲁⲃⲟⲗ ⲡⲓⲙⲁ ⲉ̀ⲧⲉ 10
ⲫⲣⲓⲙⲓ ⲛⲁϣⲱⲡⲓ ⲙ̀ⲙⲟϥ ⲛⲉⲙ ⲡⲓⲥⲑⲉⲣⲧⲉⲣ ⲛ̀ⲧⲉ ⲛⲓ-
ⲛⲁϫϩⲓ. ϯⲛⲟⲩ ⲇⲉ ⲱ̀ ⲛⲉⲛⲙⲉⲛⲣⲁϯ ⲙⲁⲣⲉⲛⲥⲟⲩⲧⲱⲛ
ⲑⲏⲛⲟⲩ ⲉ̀ ϯⲁⲩⲗⲏ ⲉⲧ ⲥⲁ ⲃⲟⲗ ϩⲉⲙⲥⲓ ⲛ̀ ⲟⲩⲕⲟⲩϫⲓ

ⲕⲑ. ⲁ. ϩⲓⲛⲁ ⲁϥϣⲁⲛⲓ̀ ⲉⲧ ϧⲟⲩⲛ ⲛ̀ϫⲉ ⲡ̅ⲥ̅ | ⲡⲟⲩⲣⲟ ⲛⲉⲙ
ⲡⲉϥⲁⲣⲭⲏⲥⲧⲣⲁⲧⲩⲅⲟⲩⲥ ⲙⲏⲭⲁⲏⲗ ⲛ̀ⲧⲉϥ ϯϩⲟ̀ ⲉ̀ⲣⲟϥ 15
ϩⲓⲛⲁ ⲉⲑⲣⲉϥⲉⲣ ⲟⲩⲛⲁⲓ ⲛⲉⲙⲱⲧⲉⲛ ⲛⲉⲙ ⲡⲓⲥⲱϫⲡ ⲛ̀
ⲛⲏ ⲉⲑ ϣⲁⲧⲙⲉⲑⲛⲁⲓ ⲛⲉⲙ ⲛⲏ ⲉⲑ ϩⲉⲙⲥⲓ ϧⲁⲧⲉⲛ
ⲡⲓⲣⲟ ϫⲉ ⲡⲓⲁⲣⲭⲏⲁⲅⲅⲉⲗⲟⲥ ⲟⲩⲛⲁⲏⲧ ⲫⲏ ⲉ̀ⲧⲉⲧⲉⲛⲉⲣ
ϣⲁⲓ ⲛⲁϥ ⲙ̀ ⲫⲟⲟⲩ ⲟⲩⲟϩ ϥⲛⲁⲭⲁ ⲑⲏⲛⲟⲩ ⲥⲁ ⲃⲟⲗ ⲁⲛ.
Ⲁⲗⲗⲁ ⲧⲁϫⲣⲉ ⲛⲉⲧⲉⲛϩⲏⲧ ⲛⲉⲙ ⲛⲉⲧⲉⲛⲯⲩⲭⲏ ⲛ̀ ϣⲟⲣⲡ 20
ⲟⲩⲟϩ ϯϩⲟ ⲉ̀ⲣⲟϥ ϫⲉ ⲟⲩⲉⲓ ⲛϭⲓ ⲙ̀ ⲡϣⲓϣ ϧⲉⲛ ⲑⲙⲏϯ
ⲙ̀ ⲡⲁⲓ ϣⲁⲓ ⲙ̀ ⲫⲟⲟⲩ ⲁⲛ ⲙⲏ ⲡⲟⲧⲉ ⲛ̀ⲧⲉⲧⲉⲛⲥⲱⲕ ⲛⲱⲧⲉⲛ

ⲕⲑ. ⲃ. ⲛ̀ ⲟⲩϧⲓⲥⲓ ϧⲉⲛ ⲡⲁⲓ ⲙⲁ ⲫⲁⲓ. Ⲁⲡⲁⲝ ⲁⲡⲗⲱⲥ ⲇⲓⲕⲏⲏⲛ |
ⲛ̀ⲧⲁⲙⲱⲧⲉⲛ ⲟⲩⲟϩ ⲁ̀ ⲧⲉⲧⲉⲛⲉ̀ⲙⲓ ⲱ̀ ⲛⲉⲛⲙⲁⲣⲁ(sic).
Ϫⲉ ⲛⲓϣⲱϣ ⲉ̀ⲧⲁⲓϭⲁⲓ ⲙ̀ⲙⲱⲟⲩ ⲙⲁⲗⲓⲥⲧⲁ ⲛⲏ ⲉ̀ⲧ ⲥⲁϫⲓ 25
ⲛⲉⲙⲁⲛ ϩⲱⲟⲩ ϩⲁⲛⲣⲱⲙⲓ ⲛⲉ ⲙ̀ⲡⲉⲛⲣⲏϯ ⲟⲩⲟϩ ⲫϯ ⲁⲛ
ⲡⲉ. Ⲁⲗⲗⲁ ⲙⲏ ⲛⲁⲣⲉ ⲟⲩⲁⲓ ⲛⲁⲭⲟⲥ ⲛⲏⲓ ϫⲉ ⲁϣ ⲛⲉ
ⲛⲓϩⲉⲃⲥⲱ ⲉ̀ⲧ ϫⲁⲓⲱ̀ⲟⲩ ⲓⲉ ⲉ̀ⲧ ⲥⲁⲓϣⲟⲩ ⲓⲉ ⲁϣ ⲡⲉ

ⲡⲥⲟⲗⲥⲉⲗ ⲙ̀ ⲡⲓⲥⲱⲙⲁ ⲙⲏ ⲟⲩⲟⲛ ⲙⲉⲧϣⲟⲃⲓ ϧⲁⲧⲉⲛ
ⲫϯ ⲓⲉ ⲫϯ ⲙⲉⲓ ⲙ̀ ⲡⲓⲣⲁⲙⲁⲟ ⲉ̀ϩⲟⲧⲉ ⲡⲓⲣⲙⲕⲓ ⲙⲏ
ϧⲉⲛ ⲡⲁⲟⲩⲱϣ ⲁⲓⲉⲣ ϩⲏⲕⲓ ⲓⲉ ϯⲟⲩⲱϣ ⲁⲛ ⲉ̀ ⲉⲣ
ⲣⲁⲙⲁⲟ ⲓⲉ ⲟⲩⲟⲛ ⲟⲩⲣⲱⲙⲓ ⲛⲁⲟⲩⲱϣ ⲉⲑⲣⲉϥϣⲱⲡⲓ
ϧⲉⲛ ⲟⲩⲑⲉⲃⲓⲟ ⲙⲏ ⲙ̀ⲡ ⲉⲥϣⲱⲡⲓ ⲙ̀ ⲡⲁⲓ ⲣⲏϯ ⲱ 5

ⲗ̄. ⲁ. ⲛⲁⲙⲉⲛⲣⲁϯ | ⲙ̀ⲙⲟⲛ ⲫϯ ⲟⲓ ⲛ̀ ϣⲟⲃⲓ ⲓⲉ ϥⲙⲉⲓ ⲙ̀
ⲡⲓⲣⲁⲙⲁⲟ ⲉ̀ϩⲟⲧⲉ ⲡⲓⲣⲙⲕⲓ ⲛ̀ ⲛⲉⲥϣⲱⲡⲓ ⲁⲗⲗⲁ ϯⲛⲁ
ⲧⲁⲙⲟⲕ ⲉ̀ ⲛⲓⲣⲉⲃⲥⲱ ⲉ̀ⲧ ⲥⲁⲓⲱ̀ⲟⲩ ⲛⲉⲙ ⲛⲏ ⲁⲕ-
ϣⲁⲛⲟⲩⲱϣ ⲉ̀ ϩⲱⲗ ⲉ̀ ⲡⲁⲣⲓⲥⲧⲟⲛ ⲙ̀ ⲙⲏⲭⲁⲏⲗ ⲥⲉⲙ-
ⲡϣⲁ ⲛ̀ⲧⲉⲕⲧⲏⲓⲧⲟⲩ ϩⲓⲱⲧⲕ. Ⲑⲱϩⲥ ⲛ̀ⲧⲉⲕ ⲁ̀ⲫⲉ 10
ϧⲉⲛ ⲟⲩⲛⲉϩ ⲟⲩⲟϩ ⲓ̀ⲁϩ ⲡⲉⲕϩⲟ ⲉ̀ⲃⲟⲗ ⲉ̀ⲧⲉ ⲡⲉϥ
ⲟⲩⲱϩⲉⲙ ⲫⲁⲓ ⲡⲉ ⲙ̀ ⲡⲁⲓ ⲣⲏϯ ⲉⲑⲣⲉⲕϩⲓⲟⲩⲓ̀ ⲉ̀ⲃⲟⲗ-
ϩⲁⲣⲟⲕ ⲙ̀ ⲡ ⲉ̀ⲧ ϩⲱⲟⲩ ⲛⲓⲃⲉⲛ ⲟⲩⲟϩ ⲛ̀ⲧⲉⲕⲉⲣ ϣⲁⲓ

ⲗ̄. ⲃ. ⲛⲉⲙ ⲡⲓⲁⲣⲭⲏⲁⲅⲅⲉⲗⲟⲥ | ⲉ̀ⲟ ⲟⲩⲁⲃ ⲙⲏⲭⲁⲏⲗ ⲕⲁⲗⲱⲥ
Ⲟⲩⲟϩ ⲁⲩϣⲁⲛⲑⲁϩⲙⲉⲕ ⲉ̀ ⲡⲁⲣⲓⲥⲧⲟⲛ ⲙ̀ ⲙⲏⲭⲁⲏⲗ 15
ⲡⲓⲁⲣⲭⲏⲁⲅⲅⲉⲗⲟⲥ ⲧⲟⲩⲃⲟ ⲙ̀ ⲡⲉⲕϩⲏⲧ ⲉ̀ⲃⲟⲗϩⲁ
ⲡⲉⲧϩⲱⲟⲩ ⲛⲓⲃⲉⲛ ⲟⲩⲟϩ ⲁⲗⲓⲟⲩⲓ̀ ⲉ̀ⲃⲟⲗϩⲁⲣⲟⲕ ⲙ̀
ⲙⲉⲩⲓ̀ ⲛⲓⲃⲉⲛ ⲉⲧ ⲥⲱϥ ⲟⲩⲟϩ ⲧⲉⲕⲥⲧⲟⲗⲏ ⲉ̀ⲧ ⲥⲁ-
ⲓⲱ̀ⲟⲩ ⲟⲩⲟϩ ⲁⲕϣⲁⲛϣⲉ ⲛⲁⲕ ⲉ̀ ⲧⲉⲕⲕⲗⲏⲥⲓⲁ̀ ⲙ̀ ⲫϯ
ⲉ̀ⲧⲉ ⲑⲁⲓ ⲧⲉ ⲡⲏⲓ ⲛ̀ⲧⲉ ϯⲡⲣⲟⲥⲉⲩⲭⲏ ϭⲟϫⲓ ⲉ̀ⲃⲟⲗ- 20
ϩⲁⲣⲟⲕ ⲙ̀ ⲡⲟⲣⲛⲓⲁ̀ ⲛⲓⲃⲉⲛ ⲛⲉⲙ ⲛⲓⲙ̀ⲕⲁⲩϩ ⲛⲉⲙ
ⲛⲓⲑⲱⲗⲉⲃ ⲟⲩⲟϩ ϯϩⲓⲱⲧⲕ ⲙ̀ ⲡⲓ ⲧⲟⲩⲃⲟ ⲛⲉⲙ ϯϩⲓ-
ⲣⲏⲛⲏ ⲛⲉⲙ ϯⲙⲉⲑⲙⲏⲓ ⲟⲩⲟϩ ⲉⲕϩⲏⲗ ⲉ̀ ϧⲟⲩⲛ ⲉ ⲛⲉ-
ϥⲁⲩⲗⲏⲟⲩ ϧⲉⲛ ⲟⲩⲣⲁϣⲓ ⲉⲑⲣⲉⲕⲣⲁϣⲓ ⲛⲉⲙ ⲡⲓⲁⲣ-
ⲭⲏⲁⲅⲅⲉⲗⲟⲥ ⲙⲏⲭⲁⲏⲗ. Ⲁⲩϣⲁⲛⲑⲁϩⲙⲉⲕ ⲉ̀ ⲫⲙⲱⲓⲧ 25
ⲙ̀ ⲡϭⲟⲡ ⲙ̀ ⲡⲟⲩⲣⲟ ⲙ̀ ⲙⲏⲓ ⲛⲉⲙ ⲡⲉϥⲁⲣⲭⲏⲥⲧⲣⲁ-

ⲗ̄ⲇ̄. ⲁ. ⲧⲩⲅⲟⲩⲥ | ⲭⲱ ⲛ̀ ⲛⲉⲕⲙⲉⲑⲛⲁϩⲧ ⲛⲉⲙ ⲛⲉⲕⲁ̀ⲅⲁⲡⲏ
ⲛ̀ⲥⲉⲁ̀ⲟⲩⲱⲛ ⲙ̀ ⲡⲣⲟ ⲙ̀ⲡⲓ ϩⲟⲡ ⲫⲏ ⲇⲉ ⲉ̀ⲧ ⲉⲕ-

ⲛⲁⲧⲏⲓϥ ⲭⲛⲁⲭⲉⲙϥ ⲧⲁⲫⲙⲏⲓ ϩⲓⲭⲉⲛ ϯⲧⲣⲁⲡⲏⲍⲁ
ⲙ̀ ⲡⲉⲕⲙ̀ⲑⲟ ⲁⲕϣⲁⲛⲟⲩⲱϣ ⲉⲑⲣⲉⲕ ϯⲱ̀ⲟⲩ ⲙ̀ ⲡⲓⲁⲣ-
ⲭⲏⲁⲅⲅⲉⲗⲟⲥ ⲙⲏⲭⲁⲏⲗ ⲡⲁⲣⲭⲏⲥⲧⲣⲁⲧⲩⲅⲟⲩⲥ ⲙ̀ ⲡⲓ-
ⲟⲩⲣⲟ ⲙ̀ ⲙⲏⲓ. ⲭⲱ ⲛ̀ ⲛⲓⲭⲏⲣⲁ ⲛⲉⲙ ⲛⲓⲟⲣⲫⲁⲛⲟⲥ
ⲉⲑⲣⲟⲩ ⲓ̀ ⲉ̀ⲃⲟⲗϩⲁ ⲧⲟⲧⲕ ⲉ̀ⲣⲉ ⲛ̀ ⲟⲩϩⲟ ⲉⲣ ⲟⲩⲱⲓⲛⲓ 5
ⲉⲩⲙⲉϩ ⲛ̀ ⲣⲁϣⲓ ⲉ̀ⲣⲉ ⲛ̀ⲟⲩⲥⲱⲙⲁ ϩⲱⲃⲥ ⲙ̀ ⲡϣⲓ ⲛ̀
ⲧⲉⲕⲭⲟⲙ. ϯⲭⲱ ⲙ̀ⲙⲟⲥ ⲛⲁⲕ ϫⲉ ⲡⲉⲕϣⲟⲩϣⲱⲟⲩϣⲓ
ⲛⲁϣⲱⲡⲓ ⲉϥϩⲏⲡ ⲙ̀ ⲡⲉⲙ̀ⲑⲟ ⲙ̀ ⲫϯ ⲛⲉⲙ ⲡⲓⲁⲣ-

ⲗⲁ̄. ⲃ. ⲭⲏⲁⲅⲅⲉⲗⲟⲥ | ⲉ̀ⲑ ⲟⲩⲁⲃ ⲙⲏⲭⲁⲏⲗ ⲟⲩⲟϩ ⲁⲕⲥⲉⲗ-
ⲥⲱⲗⲕ ϣⲟⲡ ⲉ̀ⲣⲟⲕ ⲛ̀ ⲟⲩϣⲉⲙⲙⲟ ϧⲉⲛ ⲡⲉϥϣⲁⲓ ⲉ̀ⲑ 10
ⲟⲩⲁⲃ ⲟⲩⲟϩ ⲁⲣⲓ ⲟⲩⲛⲁⲓ ⲛⲉⲙⲁϥ. ⲡⲓⲁⲣⲭⲏⲁ̀ⲅⲅⲉⲗⲟⲥ
ⲇⲉ ⲙⲏⲭⲁⲏⲗ ⲛⲁⲓ̀ ⲉ̀ⲃⲟⲗϩⲁ ϫⲱⲕ ⲛ̀ⲧⲉϥϣⲟⲡⲕ ⲉ̀ⲣⲟϥ
ϧⲉⲛ ⲟⲩⲣⲁϣⲓ ⲛ̀ⲧⲉϥⲟⲗⲕ ⲉ̀ ϧⲟⲩⲛ ⲉ̀ ⲧⲁⲩⲗⲏ ⲙ̀
ⲡⲟⲩⲣⲟ ϧⲉⲛ ⲟⲩⲟⲩⲛⲟϥ ⲉ̀ⲣⲉ ⲡⲉⲕϩⲟ ⲛ̀ ⲟⲓ ⲛ̀ ⲟⲩⲱⲓⲛⲓ.
ⲉϣⲱⲡ ⲁⲣⲉϣⲁⲛ ⲟⲩⲣⲱⲙⲓ ⲉ̀ⲣⲉ̀ⲧⲓⲛ ⲛ̀ ϩⲗⲓ ⲛ̀ ⲧⲟⲧⲕ 15
ϧⲉⲛ ⲡⲉϩⲟⲟⲩ ⲙ̀ ⲡⲓⲁⲣⲭⲏⲁⲅⲅⲉⲗⲟⲥ ⲙⲏⲭⲁⲏⲗ ⲙ̀ⲡ̄
ⲉⲣ ⲉⲣ ⲁⲣⲕⲟⲥ ⲉ̀ ϯ ⲛⲁϥ ϯⲭⲱ ⲙ̀ⲙⲟⲥ ⲛⲁⲕ ⲱ̀ ⲡⲓⲙⲉⲛⲣⲓⲧ
ϫⲉ ⲫⲏ ⲉ̀ⲧⲉ ⲡⲓⲣⲱⲙⲓ ϯ ⲙ̀ⲙⲟϥ ⲙⲏⲭⲁⲏⲗ ⲡⲉ ⲉ̀ⲧ

ⲗⲃ̄. ⲁ. ϣⲟⲡ ⲙ̀ⲙⲟϥ ⲛ̀ ⲧⲟⲧϥ | ⲟⲩⲟϩ ϥϥⲁⲓ ⲙ̀ⲙⲟϥ ϣⲁ ⲫϯ
ⲉ̀ϫⲱⲕ ϥⲕⲱⲃ ⲙ̀ⲙⲟϥ ⲛⲁⲕ ⲛ̀ ⲃ̄ ⲛ̀ ⲕⲱⲃ ⲛ̀ ⲥⲟⲡ ϩⲓⲭⲉⲛ 20
ⲡⲕⲁϩⲓ ⲟⲩⲟϩ ⲫϯ ⲛⲁⲛⲁⲓ ⲛⲁⲕ ϧⲉⲛ ⲧⲉϥⲙⲉⲧⲟⲩⲣⲟ
ϫⲉ ⲡⲓⲛⲁⲓ ϣⲟⲩϣⲟⲩ ⲙ̀ⲙⲟϥ ⲉ̀ϫⲉⲛ ⲡⲓϩⲁⲡ. ⲡⲁⲗⲓⲛ
ⲥⲥϧⲏⲟⲩⲧ ϫⲉ ⲛⲁⲓ ⲛ̀ⲧⲟⲩⲛⲁⲓ ⲛⲱⲧⲉⲛ ⲁⲕϣⲁⲛϣⲱⲡⲓ
ⲉ̀ⲕ ⲉⲣ ϣⲁⲓ ⲙ̀ ⲡⲓⲁⲣⲭⲏⲁⲅⲅⲉⲗⲟⲥ ⲙⲏⲭⲁⲏⲗ ⲕⲁⲧⲁ
ⲁ̀ⲃⲟⲧ ⲉ̀ⲧⲉ ⲥⲟⲩ ⲓ̄ⲃ̄ ⲡⲉϩⲟⲟⲩ ⲙ̀ ⲡⲉϥ ⲉⲣ ⲫⲙⲉϩⲓ̀ 25
ⲛ̀ⲧⲉⲕϥⲓⲣⲱⲟⲩϣ ϩⲁ ⲡⲉϥ ⲇⲱⲣⲟⲛ ϧⲉⲛ ⲟⲩⲣⲁϣⲓ
ⲕⲁⲧⲁ ⲧⲉⲕⲭⲟⲙ. ⲛ̀ⲑⲟϥ ϩⲱϥ ⲡⲓⲁⲣⲭⲏⲁⲅⲅⲉⲗⲟⲥ

ⲗⲃ̄. ⲃ. ϥⲛⲁϣⲱⲡⲓ ϥⲙⲏⲛ ϥϯϩⲟ̀ ⲙ̀ ⲫϯ ⲉ̀ ϫⲱⲕ | ⲛ̀ ⲥⲛⲟⲩ

ⲛⲓⲃⲉⲛ ϩⲓⲛⲁ ⲛ̀ⲧⲉϥ ⲉⲣ ϩⲙⲟⲧ ⲛⲁⲕ ⲛ̀ ⲛⲉⲕⲉⲧⲏⲙⲁ
ⲧⲏⲣⲟⲩ ⲕⲁⲧⲁ ⲡϣⲓ ⲙ̀ ⲡⲉⲕⲙⲉⲩⲓ̀. ⲓⲉ ⲭⲟⲩⲱϣ ⲱ̀
ⲡⲙⲉⲛⲣⲓⲧ ⲉ̀ ⲭⲟⲥ ⲛⲏⲓ ϫⲉ ⲁⲓϣⲁⲛϯ ⲛ̀ ⲟⲩⲙⲉⲧⲛⲁⲏⲧ
ⲓⲉ ⲇⲱⲣⲟⲛ ⲁ̀ⲛⲟⲕ ϯⲛⲁϯ ⲛⲁⲕ ⲃ̀ⲉⲛ ⲫⲣⲁⲛ ⲙ̀ ⲫϯ
ⲙⲏ ⲟⲩⲛⲟⲩϯ ⲡⲉ ⲙⲓⲭⲁⲏⲗ ϣⲁ ⲧⲁ ⲧⲁⲗⲉ ⲑⲩⲥⲓⲁ 5
ⲛⲁϥ ⲁ̀ⲛⲟⲕ ϩⲱ ϯⲛⲁⲉⲣ ⲟⲩⲱ̀ ⲛⲁⲕ ⲱ̀ ⲡⲓⲙⲉⲛⲣⲓⲧ
ⲛ̀ⲧⲁϫⲟⲥ ⲕⲁⲗⲟⲥ ⲃ̀ⲉⲛ ⲟⲩⲙⲉⲑⲙⲏⲓ. ⲱ̀ ⲫⲏ ⲉⲧ
ⲥⲟⲩⲧⲱⲛ ⲃ̀ⲉⲛ ⲡⲓⲛⲁϩϯ ⲛ̀ⲧⲉ ⲡ̅ⲥ̅. Ⲡⲗⲏⲛ ⲥⲱⲧⲉⲙ
ⲁ̀ⲛⲟⲕ ϯⲛⲁⲧⲁⲙⲟⲕ ⲙⲏ ⲟⲩⲟⲩⲣⲟ ⲛ̀ ⲟⲩⲱⲧ ⲁⲛ ⲉⲧ
ⲗ̅ⲅ̅. ⲁ. ⲑⲏϣ ⲉ̀ϫⲉⲛ ϯⲭⲱⲣⲁ ⲟⲩⲟϩ ⲥⲉⲭⲏ | ⲃ̀ⲉⲛ ⲛⲉϥϫⲓⲝ 10
ⲛ̀ϫⲉ ϩⲁⲛⲧⲁⲅⲙⲁ ⲛⲉⲙ ϩⲁⲛⲙⲉⲧⲙⲁⲧⲟⲓ ⲟⲩⲟϩ ⲃ̀ⲉⲛ
ⲛⲁⲇⲁⲍⲓⲥ(sic) ⲧⲏⲣⲟⲩ ϣⲁ ⲕϫⲉⲙ ⲟⲩⲁⲓ ⲉϥϭⲟⲥⲓ ⲉ̀
ⲕⲉ ⲟⲩⲁⲓ ⲟⲩⲟϩ ⲡⲓⲟⲩⲣⲟ ⲥⲁ ⲡϣⲱⲓ ⲙ̀ ⲡⲧⲏⲣϥ.
Ⲁⲣⲉϣⲁⲛ ⲟⲩⲁⲓ ⲥⲉⲙⲛⲉ ⲟⲩⲙⲉⲧϣⲫⲏⲣ ⲟⲩⲧⲱϥ ⲛⲉⲙ
ⲟⲩⲁⲓ ⲛ̀ⲧⲉ ⲛⲁϯⲇⲁⲍⲓⲥ ⲟⲩⲟϩ ⲛ̀ⲧⲉϥϯ ⲛⲁϥ ⲛ̀ ϩⲁⲛ- 15
ⲧⲁⲓⲟ̀ ⲉⲩⲟⲓ ⲛ̀ ⲛⲟϫ. Ⲙⲏ ⲁϥⲓ̀ⲣⲓ ⲙ̀ ⲡⲁⲓ ⲣⲏϯ ⲟⲩⲃⲉ
ⲧⲉϥⲇⲁⲍⲓⲥ ϩⲟⲗⲱⲥ ⲑⲏ ⲉⲧ ⲉϥⲭⲏ ⲛ̀ ⲃ̀ⲏⲧⲥ ⲁⲗⲗⲁ
ⲁϥⲓ̀ⲣⲓ ⲙ̀ ⲫⲏ ⲉ̀ⲧⲉⲙⲙⲁⲩ ϫⲉ ϥⲥⲱⲟⲩⲛ ⲛ̀ϫⲉ ⲟⲩⲛⲓϣϯ
ⲧⲉ ⲧⲉϥⲇⲁⲍⲓⲥ ⲟⲩⲟϩ ϥ̀ⲃⲉⲛⲧ ⲉ̀ ⲡⲟⲩⲣⲟ ⲛ̀ ⲥⲛⲟⲩ
ⲗ̅ⲅ̅. ⲃ. ⲛⲓⲃⲉⲛ ⲟⲩⲟϩ ⲟⲩⲟⲛϣϫⲟⲙ ⲙ̀ⲙⲟϥ ⲉ̀ ⲛⲁϩⲙⲉϥ | ϩⲁ 20
ⲛⲉⲛϩⲉϫⲓⲥ ⲙ̀ ⲡⲓⲕⲟⲥⲙⲟⲥ ⲉ̀ⲧ ⲟϣ ⲛ̀ ⲃ̀ⲓⲥⲓ ϩⲓ ⲑⲗⲓⲯⲓⲥ
ϩⲓⲛⲁ ⲛ̀ⲧⲉϥϫⲓⲙⲓ ⲛ̀ ⲟⲩⲡⲁⲣⲣⲏⲥⲓⲁ ⲃ̀ⲁⲧⲉⲛ ⲡⲟⲩⲣⲟ
ⲙ̀ ⲫⲣⲏϯ ⲛ̀ ⲟⲩⲛⲓϣϯ ⲛ̀ ⲣⲱⲙⲓ ϣⲁⲧⲉ ϩⲁⲛⲕⲉⲭⲱ-
ⲟⲩⲛⲓ ϫⲓⲙⲓ ⲛ̀ ⲟⲩϩⲙⲟⲧ ⲉ̀ⲃⲟⲗϩⲓ ⲧⲟⲧϥ. Ⲡⲁⲓ ⲣⲏϯ
ⲟⲩⲟⲛ ⲛⲓⲃⲉⲛ ⲉ̀ⲧ ϯ ⲛ̀ ⲟⲩⲁⲅⲁⲡⲏ ⲓⲉ ⲟⲩⲇⲱⲣⲟⲛ ⲃ̀ⲉⲛ 25
ⲫⲣⲁⲛ ⲙ̀ ⲡⲓⲁⲣⲭⲏⲁⲅⲅⲉⲗⲟⲥ ϥϣⲟⲡ ⲉ̀ⲣⲟϥ ⲛ̀ⲛⲟⲩ-
ⲇⲱⲣⲟⲛ ⲟⲩⲟϩ ϥⲓ̀ⲛⲓ ⲙ̀ⲙⲱⲟⲩ ⲙ̀ ⲫϯ ⲙ̀ ⲫⲣⲏϯ ⲉⲧ
ⲉϥⲭⲱ ⲙ̀ⲙⲟⲥ ⲛ̀ϫⲉ ⲡ̅ⲭ̅ⲥ̅ ⲡⲉⲛⲛⲟⲩϯ ⲃ̀ⲉⲛ ⲟⲩⲙⲉⲑⲙⲏⲓ.

ϫⲉ ⲫⲏ ⲉ̀ⲧ ϣⲱⲡ ⲛ̀ ⲟⲩⲡⲣⲟⲫⲏⲧⲏⲥ ϧⲉⲛ ⲫⲣⲁⲛ ⲙ̀

ⲗ̅ⲇ̅. ⲁ. ⲛ̀ ⲟⲩⲡⲣⲟⲫⲏⲧⲏⲥ ⲉϥⲉϭⲓ ⲙ̀ ⲡⲃⲉⲭⲉ ⲛ̀ ⲟⲩⲡⲣⲟⲫⲏⲧⲏⲥ |
ⲟⲩⲟϩ ⲫⲏ ⲉ̀ⲧ ϣⲱⲡ ⲉ̀ⲣⲟϥ ⲛ̀ ⲟⲩⲑⲙⲏⲓ ϧⲉⲛ ⲫⲣⲁⲛ
ⲛ̀ ⲟⲩⲑⲙⲏⲓ ⲉϥⲉϭⲓ ⲙ̀ ⲡⲃⲉⲭⲉ ⲛ̀ ⲟⲩⲑⲙⲏⲓ ⲟⲩⲟϩ ⲫⲏ
ⲉ̀ⲑ ⲛⲁⲧⲥⲉ ⲑⲏⲛⲟⲩ ⲛ̀ ⲟⲩⲁⲫⲟⲧ ⲙ̀ ⲙⲱⲟⲩ ϩⲟⲭ ϩⲉⲛ 5
ⲡⲁ ⲣⲁⲛ ϫⲉ ⲛ̀ⲑⲱⲧⲉⲛ ⲛⲁ ⲡⲭ̄ⲥ̄ ⲁⲙⲏⲛ ϯⲭⲱ ⲙ̀ⲙⲟⲥ
ⲛⲱⲧⲉⲛ ϫⲉ ⲛ̀ⲛⲉ ϥⲧⲁⲕⲟ̀ ⲛ̀ϫⲉ ⲡⲉϥⲃⲉⲭⲉ. ⲉ̀ϣⲱⲡ
ⲇⲉ ⲁⲕϣⲁⲛⲓ̀ⲛⲓ ⲟⲩⲇⲱⲣⲟⲛ ⲙ̀ ⲫϯ ⲉ̀ϫⲉⲛ ⲫⲣⲁⲛ ⲙ̀
ⲡⲉϥⲁⲣⲭⲏⲁⲅⲅⲉⲗⲟⲥ ⲉ̀ⲑ ⲟⲩⲁⲃ ⲙⲏⲭⲁⲏⲗ ⲓ̀ⲉ ⲟⲩⲙⲉ-
ⲑⲛⲁⲏⲧ ⲓ̀ⲉ ⲕⲉ ϩⲗⲓ ⲛ̀ ⲁ̀ⲅⲁⲡⲏ ⲓ̀ⲧⲉ ⲕⲟⲩϫⲓ ⲓ̀ⲧⲉ 10
ⲛⲓϣϯ ϧⲉⲛ ⲡϣⲁⲓ ⲙ̀ ⲙⲏⲭⲁⲏⲗ ⲙ̀ⲡⲉ ⲉⲣⲉⲣ ϩⲏⲧ ⲃ̄
ϧⲉⲛ ⲡⲓϩⲱⲃ ⲙⲏⲡⲟⲧⲉ ⲛ̀ⲧⲉⲕⲧⲁⲕⲟ̀ ⲙ̀ ⲡⲉⲕϧⲓⲥⲓ ⲙ̀ⲙⲓⲛ

ⲗ̅ⲇ̅. ⲃ. ⲙ̀ⲙⲟⲕ ⲁⲗⲗⲁ ⲛⲁϩϯ | ϩⲟⲗⲱⲥ ϧⲉⲛ ⲟⲩⲧⲁϫⲣⲟ ⲁⲧ-
ϭⲛⲉ ⲥⲕⲁⲛⲇⲁⲗⲟⲛ. ϫⲉ ⲡⲓⲁⲣⲭⲏⲁⲅⲅⲉⲗⲟⲥ ⲙⲏⲭⲁⲏⲗ
ϥϣⲱⲡ ⲙ̀ⲙⲱⲟⲩ ⲟⲩⲟϩ ϥ̀ⲓⲛⲓ ⲙ̀ⲙⲱⲟⲩ ⲙ̀ⲡⲉⲙⲑⲟ ⲙ̀ 15
ⲫϯ ⲉⲩⲥⲟⲑⲓ ⲛ̀ ⲥⲉⲑⲓ ⲛ̀ ⲟⲩϥⲓ ⲟⲩⲟϩ ϥϭⲓ ⲙ̀ ⲡⲥⲟⲃⲛⲓ
ⲉ̀ϫⲱⲟⲩ ϩⲓⲛⲁ ⲛ̀ⲧⲟⲩ ⲥⲟⲃϯ ⲛⲱⲟⲩ ⲛ̀ ϩⲁⲛⲁ̀ⲅⲁⲑⲟⲛ
ⲉⲩⲟⲓ ⲛ̀ ⲛⲓϣϯ ⲟⲩⲟϩ ⲛ̀ⲧⲉϥⲃⲓⲧⲟⲩ ⲛ̀ ⲧⲟⲧϥ ⲙ̀ ⲫϯ
ϩⲓⲛⲁ ⲛ̀ⲧⲟⲩⲛⲟϩⲉⲙ ⲉ̀ⲃⲟⲗϩⲁ ⲛⲓⲕⲟⲗⲁⲥⲓⲥ ϣⲁ ⲉ̀ⲛⲉϩ.
ⲁⲗⲗⲁ ⲧⲉⲛⲟⲩⲱϣ ⲉ̀ ⲉ̀ⲙⲓ ⲉ̀ ⲛⲏ ⲉ̀ⲧⲉ ⲫϯ ϯ ⲙ̀ⲙⲱⲟⲩ 20
ⲛ̀ ϣⲉⲃⲓⲱ ⲛ̀ ⲛⲓⲣⲱⲙⲓ ⲉ̀ⲧ ⲓⲛⲓ ⲟⲩϣⲟⲩϣⲟⲩϣⲓ ⲛⲉⲙ
ⲛⲓⲁ̀ⲅⲁⲡⲏ ⲛⲉⲙ ⲛⲓⲙⲉⲧⲛⲁⲏⲧ ⲉ̀ⲧⲟⲩϯ ⲙ̀ⲙⲱⲟⲩ ⲙ̀

ⲗ̅ⲉ̅. ⲁ. ⲫϯ ϧⲉⲛ ⲫⲣⲁⲛ | ⲙ̀ ⲡⲓⲁⲣⲭⲏⲁⲅⲅⲉⲗⲟⲥ ⲉ̀ⲑ ⲟⲩⲁⲃ
ⲙⲏⲭⲁⲏⲗ. ⲛ̀ⲑⲟϥ ⲇⲉ ϥⲉⲣ ⲇⲓⲁⲕⲱⲛⲓⲛ ⲙ̀ⲙⲱⲟⲩ ϧⲉⲛ
ⲡⲓⲕⲟⲥⲙⲟⲥ ⲟⲩⲟϩ ⲁⲩϣⲁⲛⲟⲩⲱ̀ⲧⲉⲃ ⲉ̀ⲃⲟⲗϩⲁ ⲡⲁⲓ 25
ⲉⲱⲛ ϣⲁϥϣⲟⲡⲟⲩ ⲉ̀ⲣⲟϥ ⲉ̀ ⲛⲉⲛⲁⲩⲗⲏⲟⲩ ⲙ̀ ⲡⲉϥⲟⲩⲣⲟ.
ⲥⲱⲧⲉⲙ ⲉⲑⲣⲓⲧⲁⲙⲱⲧⲉⲛ ⲉ̀ ⲧⲁⲓ ⲁⲣⲭⲏ ⲉ̀ⲧ ⲟⲓ ⲛ̀
ⲛⲓϣϯ ϩⲓⲛⲁ ⲛ̀ⲧⲉⲧⲉⲛϯ ⲱ̀ⲟⲩ ⲙ̀ ⲫϯ ⲙ̀ ⲡⲓⲁⲣⲭⲏⲁⲅ-

ⲅⲉⲗⲟⲥ ⲉⲑ ⲟⲩⲁⲃ ⲙⲓⲭⲁⲏⲗ. Ⲛⲉ ⲟⲩⲟⲛ ⲟⲩⲙⲁⲓⲛⲟⲩϯ
ⲛ̀ ⲣⲱⲙⲓ ⲛ̀ ⲑⲙⲏⲓ ϧⲉⲛ ⲥⲉⲛⲁϩⲱⲣ ϯⲃⲁⲕⲓ ϧⲙⲉⲓ ⲛ̀
ϯⲙⲉⲧⲛⲁϩⲧ ⲛⲉⲙ ϯⲁⲅⲁⲡⲏ ⲉ̀ ⲡⲉϥⲣⲁⲛ ⲡⲉ ⲇⲱ-
ⲗⲉ̅. ⲃ. ⲣⲟⲑⲉⲟⲥ. Ⲟⲩ ⲟϩⲛⲉ ⲟⲩⲟⲛ ⲛ̀ⲧⲉ ⲫⲁⲓ | ⲛ̀ ⲟⲩⲃⲟⲏⲑⲟⲥ
ⲙ̀ⲙⲁⲩ ⲉ̀ ⲡⲉⲥⲣⲁⲛ ⲡⲉ ⲑⲉⲟ̀ⲡⲓⲥⲑⲉ ⲛⲉ ⲟⲩⲉⲩⲥⲉⲃⲏⲥ 5
ⲟⲩⲛ ⲧⲉ ⲑⲁⲓ ⲉⲥⲭⲏⲕ ⲉ̀ⲃⲟⲗ ϧⲉⲛ ⲡⲓⲛⲁⲓ ⲛⲉⲙ ϯⲁ̀-
ⲅⲁⲡⲏ ⲙ̀ ⲫⲣⲏϯ ⲙ̀ ⲡⲉⲥϩⲁⲓ ⲟⲩⲟϩ ⲛⲉ ⲟⲩⲟⲛ ⲛ̀ⲧⲱⲟⲩ
ⲛ̀ ⲟⲩⲛⲓϣϯ ⲛ̀ ⲇⲱⲣⲟⲛ ⲉ̀ⲭⲉⲛ ⲫⲣⲁⲛ ⲙ̀ ⲫϯ ⲙ̀ ⲡⲓⲁⲣ-
ⲭⲏⲁⲅⲅⲉⲗⲟⲥ ⲉⲑ ⲟⲩⲁⲃ ⲙⲓⲭⲁⲏⲗ Ⲓⲥⲭⲉⲛ ⲡⲓⲥⲛⲟⲩ
ⲉ̀ⲧⲁⲩⲑⲱⲟⲩϯ ⲛⲉⲙ ⲛ̀ⲟⲩ ⲉ̀ⲣⲛⲟⲩ ⲟⲩⲟϩ ⲛⲁⲩⲟⲓ ⲛ̀ 10
ⲁ̀ⲗⲟⲩ ⲙ̀ ⲓ̅ⲃ̅ ⲟⲩⲟϩ ⲁ̀ ⲛⲟⲩⲓⲟϯ ⲥⲱϫⲡ ⲛⲱⲟⲩ ⲛ̀
ⲟⲩⲛⲓϣϯ ⲛ̀ ⲕⲗⲏⲣⲟⲛⲟⲙⲓⲁ ⲉⲥⲟⲩⲉⲥⲑⲱⲛ ϧⲉⲛ ⲟⲩ-
ⲙⲉⲧⲣⲁⲙⲁⲟ̀ ⲛⲉⲙ ϩⲁⲛⲭⲣⲏⲙⲁ ⲉⲩⲟϣ ⲛⲉⲙ ϩⲁⲛⲙⲏϣ
ⲗ̅ϛ̅. ⲁ. ⲛ̀ ⲥⲙⲟⲧ ⲓⲥⲭⲉⲛ ⲉ̀ⲥⲱⲟⲩ | ϣⲁ ⲉ̀ϩⲱⲟⲩ ϣⲁ ⲧⲉⲃⲛⲱⲟⲩⲓ̀
ⲉ̀ ⲛⲁϣⲱⲟⲩ ⲛⲉⲙ ⲡⲥⲱⲭⲡ ⲛ̀ ⲛⲉⲛⲕⲟⲥⲙⲏⲥⲓⲥ ⲙ̀ ⲡⲓ- 15
ⲕⲟⲥⲙⲟⲥ. Ⲟⲩⲟϩ ⲡⲁⲓ ⲓ̅ⲃ̅ ⲛⲉ ⲟⲩⲟⲛ ⲛ̀ⲧⲱⲟⲩ ⲛ̀
ⲟⲩⲥⲩⲛⲏⲇⲉⲥⲓⲥ ⲉ̀ ⲛⲁⲛⲉⲥ ⲉ̀ϧⲟⲩⲛ ⲉ̀ ⲫϯ ⲛⲉⲙ ⲡⲉ-
ϥⲁⲣⲭⲏⲁⲅⲅⲉⲗⲟⲥ ⲉⲑ ⲟⲩⲁⲃ ⲙⲓⲭⲁⲏⲗ. Ⲁⲩϣⲁⲛⲫⲟϩ
ⲇⲉ ⲉ̀ ⲥⲟⲩⲓ̅ⲃ̅ ⲕⲁⲧⲁ ⲁ̀ⲃⲟⲧ ϣⲁⲩϭⲓⲣⲱⲟⲩϣ ⲉ̀ ϯⲑⲩ-
ⲥⲓⲁ ⲓⲥⲭⲉⲛ ϣⲱⲣⲡ ⲛ̀ ⲥⲟⲩ ⲓ̅ⲁ̅ ⲉ̀ⲧⲉ ⲓ̅ⲃ̅ ⲕⲁⲧⲁ ⲁ̀ⲃⲟⲧ 20
ⲉⲩⲟⲩⲱⲣⲡ ⲙ̀ ⲡⲓⲇⲱⲣⲟⲛ ⲛⲉⲙ ⲡⲓⲏⲣⲡ ⲉ̀ ϯⲉⲕⲕⲗⲏⲥⲓⲁ
ⲛ̀ⲧⲉ ⲡⲓⲁⲣⲭⲏⲁⲅⲅⲉⲗⲟⲥ ⲉⲑ ⲟⲩⲁⲃ ⲙⲓⲭⲁⲏⲗ ϧⲉⲛ
ⲟⲩⲛⲓϣϯ ⲛ̀ ⲥⲡⲟⲩⲇⲏ ⲭⲱⲣⲓⲥ ⲙⲉⲧⲁⲣⲕⲟⲥ. Ⲙⲉⲛⲉⲛⲥⲁ
ⲗ̅ϛ̅. ⲃ. ⲫⲁⲓ ϣⲁⲩϧⲱⲧⲉⲃ | ⲛ̀ ⲟⲩⲉ̀ⲥⲱⲟⲩ ⲉ̀ ⲁⲩϣⲓ ⲧⲟⲧⲟⲩ ⲉ̀ ⲡϥⲓ-
ⲣⲱⲟⲩϣ ⲛ̀ ⲛⲓϧⲣⲏⲟⲩⲓ̀ ⲛⲉⲙ ⲛⲓⲁⲅⲁⲡⲏ ⲉⲩⲉⲣ ⲡⲣⲉⲡⲓ 25
ⲉ̀ ⲡϩⲱⲃ ⲙ̀ ⲡⲓⲗⲁⲟⲥ ⲟⲩⲟϩ ⲙⲉⲛⲉⲛⲥⲁ ⲡⲓϫⲓⲛϭⲓ ⲉ̀ⲃⲟⲗ-
ϧⲉⲛ ⲛⲓⲙⲩⲥⲧⲏⲣⲓⲟⲛ ⲛ̀ ⲣⲉϥⲧⲁⲛϧⲟ ϧⲉⲛ ⲡⲉ̀ϩⲟⲟⲩ
ⲙ̀ ⲓ̅ⲃ̅ ⲕⲁⲧⲁ ⲁ̀ⲃⲟⲧ ϣⲁⲩⲑⲱⲟⲩϯ ⲛ̀ ⲟⲩⲟⲛ ⲛⲓⲃⲉⲛ

ετ ϣατ ⲛ̀ ϩⲣε ⲛⲉⲙ ϩⲁⲛⲃⲉⲗⲗⲉⲩ ⲛⲉⲙ ϩⲁⲛⲇⲁⲗⲉⲩ
ⲛⲉⲙ ⲛⲏ ⲉ̀τ ⲉⲣ ⲭⲁⲉ ϩⲓ ϩⲁⲛⲟⲣⲫⲁⲛⲟⲥ ⲛⲉⲙ ϩⲁⲛ-
ⲭⲏⲣⲁ ⲛⲉⲙ ⲛⲓϣⲉⲙⲙⲱⲟⲩ ⲟⲩⲟϩ ⲉⲩⲟ̀ϩⲓ ⲉ̀ⲣⲁⲧⲟⲩ
ⲉⲩⲉⲣ ⲇⲓⲁⲕⲱⲛⲓⲛ ⲙ̀ⲙⲱⲟⲩ ⲃⲉⲛ ⲟⲩⲛⲓϣϯ ⲙ̀ ⲙⲟⲑⲛⲉⲥ

λζ̄. ⲁ. ⲙ̀ ⲯⲩⲭⲏ ⲛⲉⲙ ⲟⲩⲟⲩⲱⲥⲑⲉⲛ ⲙ̀ ⲡⲡⲛ̄ⲁ̄ ⲛⲉⲙ | ⲟⲩⲣⲁϣⲓ 5
ⲛ̀ ϩⲏⲧ ϣⲁⲧ ⲟⲩⲭⲱⲕ ⲉ̀ⲃⲟϩ ⲙ̀ ⲡⲓⲟⲩⲱⲙ. Τⲟⲧⲉ
ϣⲁⲩⲓ̀ⲛⲓ ⲛⲱⲟⲩ ⲛ̀ ⲟⲩⲏⲣⲡ ⲉϥⲥⲟⲧⲡ ⲉⲩⲱⲧϩ ⲉ̀ⲣⲱⲟⲩ
ϣⲁⲧ ⲟⲩⲭⲱⲕ ⲉ̀ⲃⲟⲗⲃⲉⲛ ⲡⲓⲥⲱ ϣⲁⲩⲑⲱϩⲥ ⲛ̀ⲧⲟⲩⲁ̀ⲫⲉ
ⲃⲉⲛ ⲟⲩⲛⲉϩ ⲉϥⲧⲁⲓⲏⲟⲩⲧ ⲉⲩⲭⲱ ⲙ̀ⲙⲟⲥ ⲭⲉ ⲙⲁϣⲉ
ⲛⲱⲧⲉⲛ ⲃⲉⲛ ⲟⲩϩⲓⲣⲏⲛⲏ ⲱ̀ ⲛⲉⲛⲙⲉⲛ[ⲣ]ⲁϯ ⲛ̀ ⲥⲛⲏⲟⲩ 10
ⲭⲉ ⲁⲛⲉⲣ ⲡⲉⲙⲡϣⲁ ⲛ̀ ⲟⲩⲛⲓϣϯ ⲛ̀ ⲧⲁⲓⲟ ⲙ̀ ⲫⲟⲟⲩ
ⲃⲉⲛ ⲡⲭⲓⲛⲓ̀ ⲛ̀ ⲛⲉⲧⲉⲛⲇⲁⲗⲁⲩⲭ ⲉ̀ⲑ ⲟⲩⲁⲃ ⲉ̀ⲃⲟⲩⲛ
ⲉ̀ ⲡⲏⲓ ⲛ̀ ⲛⲉⲧⲉⲛ ⲉ̀ⲃⲓⲁ̀ⲓⲕ. Φⲁⲓ ⲇⲉ ⲁⲩⲭⲉⲙⲟⲩ ⲉⲩⲣⲁ
ⲙ̀ⲙⲟϥ ⲃⲉⲛ ⲥⲟⲩ ⲓ̄ⲃ̄ ⲕⲁⲧⲁ ⲁ̀ⲃⲟⲧ ϣⲁⲧⲉ ⲡⲟⲩϣⲉⲛ-

λζ̄. ⲃ. ⲛⲟⲩϥⲓ | ⲫⲟϩ ⲉ̀ ⲙⲁⲓ ⲛⲓⲃⲉⲛ ⲛ̀ⲧⲉ ⲧⲭⲱⲣⲁ ⲧⲏⲣⲥ 15
ⲛ̀ ⲭⲏⲙⲓ ⲟⲩⲟϩ ⲛⲁⲣⲉ ⲟⲩⲙⲏϣ ϣⲟⲩϣⲟⲩ ⲙ̀ⲙⲱⲟⲩ
ⲛ̀ ⲃⲏⲧⲟⲩ ⲛ̀ⲥⲉϯ ⲱ̀ⲟⲩ ⲙ̀ ⲫϯ ⲡⲟⲩⲣⲉϥⲑⲁⲙⲓⲟ̀ ⲉⲑⲃⲉ
ⲡⲱ̀ⲟⲩ ⲛ̀ ⲛⲟⲩϩⲃⲏⲟⲩⲓ̀ ⲉ̀ⲑ ⲛⲁⲛⲉⲩ Ⲛ̀ⲥⲉϯ ⲧⲁⲓⲟ̀ ⲛ̀
ⲉⲙⲧⲟⲛ ⲛ̀ ⲛⲟⲩⲓ̀ⲟϯ ⲉ̀ⲧⲁⲩⲭⲫⲱⲟⲩ ⲉⲣⲉ ⲣⲱⲙⲓ ⲛⲓⲃⲉⲛ
ϯ ⲧⲁⲓⲟ̀ ⲛⲱⲟⲩ ⲉⲑⲃⲉ ⲧⲟⲩⲡⲣⲟϩⲉ[ⲣⲉ]ⲥⲓⲥ ⲉ̀ⲑ ⲛⲁⲛⲉⲥ 20
ⲉ̀ⲧⲁⲩⲟⲩⲱⲛϩⲥ ⲉ̀ⲃⲟⲗ ⲃⲉⲛ ⲫⲣⲁⲛ ⲙ̀ ⲫϯ ⲙ̀ ⲙⲏⲭⲁⲏⲗ.
Ⲁⲩⲭⲉⲙⲟⲩ ⲇⲉ ⲟⲩⲛ ⲉⲩϥⲏⲧ ⲉ̀ⲃⲟⲗϩⲁ ⲡⲓⲱ̀ⲟⲩ ⲉ̀ⲧ
ϣⲟⲩⲓ̀ⲧ ⲁⲗⲗⲁ ⲛⲁⲣⲉ ⲧⲟⲩϩⲉⲗⲡⲓⲥ ⲧⲁⲭⲣⲏⲟⲩⲧ ⲃⲉⲛ

λⲏ̄. ⲁ. Φϯ ⲛⲉⲙ ⲡⲓⲁⲣⲭⲏⲁ̀ⲅⲅⲉⲗⲟⲥ ⲉ̀ⲑ ⲟⲩⲁⲃ | ⲙⲏⲭⲁⲏⲗ.
Ⲁⲥϣⲱⲡⲓ ⲇⲉ ⲙⲉⲛⲉⲛⲥⲁ ⲟⲩⲥⲏⲟⲩ ⲉϥⲟⲓ ⲛ̀ ⲛⲓϣϯ 25
ⲉⲩⲙⲏⲛ ⲉ̀ ⲡⲁⲓ ϩⲱⲃ ⲫⲁⲓ ⲙ̀ ⲡⲁⲓ ⲣⲏϯ ⲁϥⲟⲩⲁϩ-
ⲥⲁϩⲛⲓ ⲛ̀ⲭⲉ Φϯ ⲉϣⲧⲉⲙⲟⲣⲉ ⲧⲫⲉ ⲛ̀ ⲟⲩⲙⲟⲩ ⲛ̀
ϩⲱⲟⲩ ϩⲓⲭⲉⲛ ⲡⲕⲁϩⲓ ⲛ̀ Γ̄ ⲛ̀ ⲣⲟⲙⲡⲓ ⲉⲑⲃⲉ ⲛⲓⲛⲟⲃⲓ

4*

ⲛ̀ ⲛⲓϣⲏⲣⲓ ⲛ̀ⲧⲉ ⲛⲓⲣⲱⲙⲓ ϣⲁⲧⲉ ⲡⲕⲁϩⲓ ⲧⲏⲣϥ ⲛ̀
ⲭⲏⲙⲓ ϣⲑⲟⲣⲧⲉⲣ ⲛⲉⲙ ⲛⲏ ⲉ̀ⲧ ϣⲟⲡ ⲛ̀ ⲃⲏⲧϥ ⲉⲑⲃⲉ
ⲡⲃⲓⲥⲓ ⲛ̀ ϯⲙⲉⲧⲁⲧϭⲓ ⲛⲉⲙ ⲡⲧⲁⲕⲟ ⲙ̀ ⲡⲓⲉⲕⲟ ⲙ̀
ⲫⲣⲏϯ ⲉ̀ⲧ ⲥⲃ̀ⲏⲟⲩⲧ Ⲧⲟⲧⲉ ⲁ̀ ⲟⲩⲙⲏϣ ⲭⲁ ⲧⲟⲧⲟⲩ
ⲉ̀ⲃⲟⲗ ⲁⲩⲙⲟⲩ ⲛⲉⲙ ⲛⲓⲧⲉⲃⲛⲱⲟⲩⲓ̀ ⲁⲩϥⲱϯ ⲉ̀ⲃⲟⲗ 5

ⲗ̄ⲏ. ⲃ. ⲉⲩⲥⲟⲡ ⲭⲉ ⲟⲩⲉⲓ | ⲙ̀ⲡⲉ ⲡⲓⲙⲱⲟⲩ ⲛ̀ⲧⲉ ⲅⲉⲱⲛ ⲓ̀ ⲉ̀
ⲡϣⲱⲓ ⲟⲩⲇⲉ ⲟⲩⲙⲟⲩ ⲛ̀ ϩⲱⲟⲩ ⲙ̀ⲡ ⲉϥⲓ̀ ⲉ̀ ⲡⲉⲥⲏⲧ
ϩⲓⲭⲉⲛ ⲡⲕⲁϩⲓ ⲛ̀ Ⲅ̄ ⲛ̀ ⲣⲟⲙⲡⲓ ⲉⲩⲙⲏⲛ. Ⲡⲁⲓ ⲣⲱⲙⲓ
ⲇⲉ ⲉ̀ⲑ ⲟⲩⲁⲃ ⲛⲉⲙ ⲧⲉϥⲥϩⲓⲙⲓ ⲙ̀ⲡ ⲟⲩⲭⲁ ⲧⲟⲧⲟⲩ
ⲉ̀ⲃⲟⲗ ⲃⲉⲛ ⲫⲏ ⲉ̀ ⲛⲁⲩ̀ⲓⲣⲓ ⲙ̀ⲙⲟϥ ⲕⲁⲧⲁ ⲁ̀ⲃⲟⲧ 10
ⲉⲩⲧⲱⲃϩ ⲙ̀ ⲫϯ ⲛⲉⲙ ⲡⲉϥⲁⲣⲭⲏⲁⲅⲅⲉⲗⲟⲥ ⲙⲏⲭⲁⲏⲗ
ⲉⲩϫⲱ ⲙ̀ⲙⲟⲥ ϫⲉ ⲫϯ ⲙ̀ ⲙⲓⲭⲁⲏⲗ ⲙ̀ⲡ ⲉⲣⲱⲗⲓ ⲙ̀
ⲡⲉⲕⲇⲱⲣⲟⲛ ⲟⲩⲇⲉ ⲧⲉⲕⲁⲅⲁⲡⲏ ⲉ̀ⲃⲟⲗϩⲁⲣⲟⲛ ⲁ̀ⲛⲟⲛ
ϩⲁ ⲛⲉⲕⲉ̀ⲃⲓⲁⲓⲕ ⲟⲩⲟϩ ⲉ̀ⲧⲓ ⲉⲩϧⲉⲛ ⲛⲁⲓ ⲁⲩϭⲓⲧⲟⲧⲟⲩ
ⲙ̀ ϣⲓⲃⲧ ϩⲱⲟⲩ ⲟⲩⲛ ⲟⲩⲟϩ ⲁ̀ ⲟⲩⲙⲏϣ ⲛ̀ⲧⲉ ⲛ̀ⲟⲩ- 15

ⲗ̄ⲑ. ⲁ. ⲧⲉⲃⲛⲱⲟⲩⲓ̀ ⲧⲁⲕⲟ̀. Ⲉⲧⲁⲩϫⲱⲕ ⲇⲉ ⲉ̀ⲃⲟⲗ | ⲛ̀ ⲣⲟⲙⲡⲓ
ⲉ̀ϯ ⲁⲩϭⲓⲧⲟⲧⲟⲩ ⲉ̀ ϯⲙⲁϩ Ⲅ̄ϯ ⲁ̀ ϩⲱⲃ ⲛⲓⲃⲉⲛ ⲉ̀ⲧ
ⲧⲟⲓ ⲛⲱⲟⲩ ⲕⲏⲛ ⲉ̀ ⲁⲩⲉⲣ ϧⲁⲉ ⲉ̀ⲃⲏⲗ ⲉⲩⲕⲟⲩϫⲓ
ⲁⲥⲥⲱϫⲡ ⲛⲱⲟⲩ ⲛ̀ ⲟⲩⲧⲉⲃⲛⲱⲟⲩⲓ̀ ⲧⲏⲣⲟⲩ ⲁⲩⲙⲟⲩ
ⲉ̀ⲃⲏⲗ ⲉ̀ ⲟⲩⲉ̀ⲥⲱⲟⲩ ⲛ̀ ⲟⲩⲱⲧ. Ⲡⲉϫⲉ ⲡⲓⲉⲩⲥⲉⲃⲏⲥ 20
ⲛ̀ ⲣⲱⲙⲓ ⲉ̀ ⲧⲉϥⲙⲁⲕⲁⲣⲓⲁ̀ ⲛ̀ ⲥϩⲓⲙⲓ ϫⲉ ⲱ̀ ⲧⲁ ⲥⲱⲛⲓ
ⲁ̀ⲣⲓ ⲉ̀ⲙⲓ ϫⲉ ⲫⲟⲟⲩ ⲡⲉ ⲥⲟⲩ Ⲓ̄Ⲃ̄ ⲙ̀ ⲡⲁⲟ̀ⲡⲓ ⲡⲉϥⲣⲁⲥϯ
ⲇⲉ ⲡⲉ ⲡϣⲁⲓ ⲙ̀ ⲡⲓⲁⲣⲭⲏⲁⲅⲅⲉⲗⲟⲥ ⲉ̀ⲑ ⲟⲩⲁⲃ ⲙⲏ-
ⲭⲁⲏⲗ. Ⲙⲁⲣⲉⲛ ϥⲓⲣⲱⲟⲩϣ ⲉ̀ ⲡⲓⲇⲱⲣⲟⲛ ⲛ̀ⲧⲉⲛⲧⲏⲓϥ
ⲉ̀· ⲡⲓⲟⲓⲕⲟⲛⲟⲙⲟⲥ ⲛ̀ⲧⲉⲛϣⲱⲧ ⲉ̀ ⲡⲁⲓ ⲕⲉ ⲉ̀ⲥⲱⲟⲩ 25

ⲗ̄ⲑ. ⲃ. ϩⲓⲛⲁ ⲛ̀ⲧⲉⲛⲥⲟⲃϯ ⲙ̀ ⲡϣⲁⲓ ⲙ̀ ⲡⲓⲁⲣⲭⲏⲁⲅⲅⲉⲗⲟⲥ |
ⲉ̀ⲑ ⲟⲩⲁⲃ ⲙⲏⲭⲁⲏⲗ ⲁⲛϣⲁⲛⲙⲟⲩ ⲇⲉ ⲁ̀ⲛⲟⲛ ⲛⲁ
ⲡⲟ̅ⲥ̅ ⲁⲛϣⲁⲛ ⲱⲛϧ ⲁ̀ⲛⲟⲛ ⲛ̀ⲟⲩϥ ⲟⲩⲛ ⲛⲉ ⲟⲩⲟϩ

ⲙⲁⲣⲉ ⲫⲣⲁⲛ ⲙ̄ ⲡ̄ⲟ̄ⲥ̄ ϣⲱⲡⲓ ⲉϥⲥⲙⲁⲣⲱⲟⲩⲧ ϣⲁ
ⲉⲛⲉϩ. ⲡⲉϫⲉ ⲧⲉϥⲥϩⲓⲙⲓ ⲇⲉ ⲛⲁϥ ϫⲉ ϥⲟⲛϩ ⲛ̀ϫⲉ
ⲡ̄ⲟ̄ⲥ̄ ⲱ̀ ⲡⲁ ⲥⲟⲛ ϫⲉ ϥ ⲛⲉⲙⲏⲓ ⲛ̀ϫⲉ ⲡⲁⲓ ⲙ̀ⲕⲁϩ ⲥⲁ
ϧⲟⲩⲛ ⲙ̀ ⲡⲁϩⲏⲧ ⲓ̀ⲥϫⲉⲛ ϧⲁⲧϩⲏ ⲛ̀ ⲥⲁϥ ⲁⲗⲗⲁ
ⲙ̀ⲡⲓϫⲉⲙ ⲣⲉⲡⲓ ⲛ̀ⲧⲁⲉⲣⲉⲧⲓⲛ ⲙ̀ⲙⲟⲕ ϫⲉ ⲟⲩⲉⲓ †ⲥⲱⲟⲩⲛ 5
ⲛ̀ ⲛⲏ ⲉ̀ⲧⲁⲩϣⲱⲡⲓ ⲙ̀ⲙⲟⲛ. †ⲛⲟⲩ ⲇⲉ ⲟⲩⲛⲓϣ† ⲡⲉ
ⲡⲁ ⲣⲁϣⲓ ϫⲉ ⲙⲡ ⲉⲕⲉⲣ ⲡⲱⲃϣ ⲙ̀ ⲡⲁ ⲇⲱⲣⲟⲛ ⲙ̀

ϥ̄. ⲁ. ⲫ† ⲁⲣⲓⲟⲩⲓ̀ ⲱ̀ ⲡⲁ ⲥⲟⲛ ⲙ̀ ⲫⲣⲏ† ⲉ̀ⲧⲁⲕϫⲟⲥ | ⲉ̀ⲧ
ⲁ ⲧⲟⲟⲩⲓ̀ ⲇⲉ ϣⲱⲡⲓ ⲛ̀ ⲥⲟⲩ ⲓ̄ⲃ̄ ⲙ̀ ⲡⲁⲟ̀ⲡⲓ ⲁⲩⲧⲱⲟⲩ-
ⲛⲟⲩ ⲓ̀ⲥϫⲉⲛ ϣⲱⲣⲡ ⲉ̀ⲙⲁϣⲱ ⲁⲩϫⲱⲕ ⲙ̀ⲡⲟⲩϣⲉⲙϣⲓ 10
ⲉ̀ⲡⲧⲏⲣϥ ⲉ̀ⲃⲟⲗ ⲟⲩⲟϩ ⲙ̀ⲡ ⲟⲩϫⲱϫⲓ ⲛ̀ ϩⲗⲓ ⲛ̀ⲧⲉ
ⲡⲥⲛⲟⲩ ⲙ̀ⲡⲟⲩ ⲱⲥⲑⲉⲛ ⲟⲩⲟϩ ⲙ̀ⲡⲉ ϩⲗⲓ ⲥⲱϫⲡ
ⲛ̀ⲱⲟⲩ ⲉ̀ⲃⲉⲗ ⲉ̀ⲛⲕⲟⲩϫⲓ ⲛ̀ ⲛⲱⲓ̀ⲧ ⲛⲉⲙ ⲟⲩⲕⲟⲩϫⲓ ⲛ̀
ⲏⲣⲡ ϣⲁⲧⲉ ⲛ̀ⲟⲩ ⲕⲉ ϩⲉⲃⲥⲱ ⲁⲩⲕⲏⲛ ⲉ̀ⲃⲏⲗ ⲉ̀ ⲛⲏ
ⲉⲧ ⲟⲩϭⲓⲥⲙⲟⲩ ⲛ̀ ϧⲏⲧⲟⲩ ϩⲟⲗⲱⲥ. ⲛⲁⲩϫⲏ ⲇⲉ 15
ϧⲉⲛ ⲛⲁⲓ ⲛⲁⲩ ⲥⲙⲟⲩ ⲉ̀ ⲫ† ⲛⲉⲙ ⲡⲓⲁⲣⲭⲁ̀ⲅⲅⲉⲗⲟⲥ
ⲉⲑ ⲟⲩⲁⲃ ⲙⲏⲭⲁⲏⲗ ⲉⲩϩⲱⲥ ⲟⲩⲟϩ ⲉⲩⲥⲙⲟⲩ ⲉ̀ ⲫ†
ⲙ̀ ⲡⲓⲉ̀ϩⲟⲟⲩ ⲛⲉⲙ ⲡⲓⲉ̀ϫⲱⲣϩ ϧⲉⲛ ϧⲁⲛ ⲉⲣ ⲙⲱⲟⲩⲓ̀

ϥ̄. ⲃ. ⲉⲩⲟϣ | ⲉ̀ⲃⲟⲗ ⲉⲩϫⲱ ⲙ̀ⲙⲟⲥ ϫⲉ ⲱ̀ ⲡⲉⲛⲟ̄ⲥ̄ ⲓ̄ⲏ̄ⲥ̄ ⲡ̄ⲭ̄ⲥ̄
ⲁ̀ⲣⲓ ⲃⲟⲏⲑⲓⲛ ⲉ̀ⲣⲟⲛ ⲱ̀ ⲡⲓⲁⲣⲭⲁⲅⲅⲉⲗⲟⲥ ⲙⲏⲭⲁⲏⲗ 20
ⲙⲁ†ϩⲟ ⲙ̀ ⲡ̄ⲟ̄ⲥ̄ ⲉ̀ϫⲱⲛ ϩⲓⲛⲁ ⲛ̀ⲧⲉϥⲁ̀ⲟⲩⲱⲛ ⲛⲁⲛ ⲛ̀
ⲧϫⲓϫ ⲙ̀ ⲡⲉϥϩⲙⲟⲧ ⲛⲉⲙ ⲡⲉϥⲥⲙⲟⲩ ⲙⲏⲡⲟⲧⲉ ⲛ̀ⲧⲉϥ-
ⲧⲁⲕⲟ ⲛ̀ⲧⲟⲧⲉⲛ ⲛ̀ϫⲉ ⲧϩⲉⲗⲡⲓⲥ ⲛ̀ⲧⲉ ⲧⲉⲕ ⲁ̀ⲅⲁⲡⲏ
ⲛⲉⲙ ⲡⲉⲕⲇⲱⲣⲟⲛ ⲫⲁⲓ ⲉ̀ⲧ ⲉ̀ⲛⲓⲛⲓ ⲙ̀ⲙⲟϥ ⲙ̀ ⲫ†
ⲉ̀ϫⲉⲛ ⲡⲉⲕⲣⲁⲛ ⲉⲑ ⲟⲩⲁⲃ ⲱ̀ ⲡⲓⲁⲣⲭⲁⲅⲅⲉⲗⲟⲥ 25
ⲙⲏⲭⲁⲏⲗ. ⲛ̀ⲑⲟⲕ ⲉⲧ ⲥⲱⲟⲩⲛ ⲛ̀ ⲛⲉⲛϩⲏⲧ ⲛⲉⲙ
ⲧⲉⲛⲁ̀ⲅⲁⲡⲏ ⲉ̀ϧⲟⲩⲛ ⲉ̀ⲣⲟⲕ ⲟⲩⲟϩ ⲙ̀ⲙⲟⲛ ⲛ̀ⲧⲁⲛ ⲛ̀
ⲟⲩⲡⲣⲟⲥⲧⲁⲧⲏⲥ ⲉ̀ⲃⲏⲗ ⲉ̀ⲣⲟⲕ ⲛ̀ⲑⲟⲕ ⲉⲧ ⲟⲓ ⲛⲁⲛ ⲙ̀

ⲡ̄ⲁ̄. ⲁ. ⲡⲣⲟⲥⲧⲁⲧⲏⲥ | ⲓⲥϫⲉⲛ ⲧⲉⲛⲙⲉⲧⲕⲟⲩϫⲓ ϣⲁ ϯⲛⲟⲩ
ϩⲓⲛⲁ ⲛ̀ⲧⲉⲕⲉⲣ ⲡⲣⲉⲥⲃⲉⲩⲓⲛ ⲉ̀ϫⲱⲛ ⲙ̀ⲡⲉⲙⲑⲟ ⲙ̀ ⲫϯ
ⲡⲉⲛⲥⲱⲧⲏⲣ. ⲁⲛⲟⲛ ⲙⲉⲛ ϯⲛⲟⲩ ⲧⲉⲛϯϩⲟ ⲉ̀ⲣⲟⲕ
ⲱ̀ ⲡⲓϥⲁⲓⲣⲱⲟⲩϣ ⲛ̀ ⲁ̀ⲅⲁⲑⲟⲥ ⲙⲏⲭⲁⲏⲗ ⲡⲓⲁⲣⲭⲏⲁⲅ-
ⲅⲉⲗⲟⲥ ⲉ̀ⲑ ⲟⲩⲁⲃ ⲓⲥϫⲉ ϩⲱⲧ ⲡⲉ ⲛ̀ⲧⲉ ⲡⲁⲓ ⲛⲓϣϯ 5
ⲛ ⲉⲙⲕⲁϩ ⲧⲁϩⲟⲛ ϧⲉⲛ ⲧⲉⲛ ϧⲁⲉ̀ ⲙⲉⲛⲉⲛⲥⲁ ⲛⲓⲁ̀-
ⲛⲁⲩϣ ⲉ̀ⲧⲁⲛⲥⲉⲙⲛⲏⲧⲟⲩ ⲛⲉⲙ ⲫϯ ⲟⲩⲟϩ ⲛⲉⲙⲁⲕ
ⲟⲩⲛ ϫⲉ ⲛ̀ ⲛⲉⲛⲭⲱϫⲓ ⲙ̀ ⲡⲉⲕⲇⲱⲣⲟⲛ ⲛⲉⲙ ⲧⲉⲕⲙⲉⲧ-
ⲛⲁⲏⲧ ⲙⲁⲣⲉ ⲧⲉⲕⲙⲉⲧⲁ̀ⲅⲁⲑⲟⲥ ⲉⲣ ϣⲟⲣⲡ ⲛ̀ ⲧⲁϩⲟⲛ.

ⲡ̄ⲁ̄. ⲃ. ⲕⲱ̀ⲧ ⲛ̀ⲧⲉⲛ ⲫϯ ⲛ̀ⲧⲉϥⲉⲣ ⲟⲩⲛⲓϣϯ ⲛ̀ ⲛⲁⲓ ⲛⲉⲙⲁⲛ | 10
ⲟⲩⲟϩ ⲛ̀ⲧⲉϥⲟⲗⲧⲉⲛ ⲉ̀ⲃⲟⲗϧⲉⲛ ⲡⲁⲓ ⲃⲓⲟⲥ ⲛ̀ ⲉϥⲗⲏⲟⲩ
ⲙ̀ ⲫⲣⲏϯ ⲛ̀ ⲛⲉⲛⲓⲟϯ ⲧⲏⲣⲟⲩ ϫⲉ ⲟⲩⲉⲓ ϩⲏⲡⲡⲉ ⲱ̀
ⲡⲉⲛⲡⲣⲟⲥⲧⲁⲧⲏⲟ ⲕⲛⲁⲩ ⲉ̀ ⲛⲏ ⲉ̀ⲧⲁⲩⲧⲁϩⲟⲛ ⲉⲑⲃⲉ
ⲛⲉⲛⲛⲟⲃⲓ ⲛⲁⲛⲉⲥ ⲛⲁⲛ ⲛ̀ⲧⲉⲛⲙⲟⲩ ϯⲛⲟⲩ ⲫⲙⲟⲩ
ⲫⲁ ⲟⲩⲟⲛ ⲛⲓⲃⲉⲛ ϥⲥⲱⲧⲡ ⲉ̀ϩⲟⲧⲉ ⲡⲱⲛϧ ⲭⲱⲣⲓⲥ 15
ⲟⲩⲧⲁϩ ⲉ̀ⲑ ⲛⲁⲛⲉϥ ⲙⲏⲡⲟⲧⲉ ⲛ̀ⲧⲉ ⲡⲁⲓ ϩⲟϫϩⲉϫ
ⲙⲟⲩⲛ ⲉ̀ϫⲱⲛ ⲛ̀ⲧⲉⲕⲉⲣ ⲡⲱⲃϣ ⲛ̀ ⲛⲉⲕⲇⲱⲣⲟⲛ ⲛⲉⲙ
ⲛⲉⲕⲙⲉⲧⲛⲁⲏⲧ ⲉ̀ⲧⲁⲛⲥⲉⲙⲛⲏⲧⲟⲩ ⲛⲉⲙ ⲫϯ ⲛⲉⲙⲁⲕ
ϩⲱⲕ ϫⲉ ϯⲙⲉⲧϩⲕⲓ ⲓ̀ⲣⲓ ⲛ̀ ⲟⲩⲙⲏϣ ⲛ̀ ϩⲃⲏⲟⲩⲓ

ⲡ̄ⲃ̄. ⲁ. ⲉⲩⲥⲱⲕ ⲉ̀ ⲫⲙⲟⲩ ⲟⲩⲟϩ ϥⲉⲣⲟ ⲛ̀ ⲛⲓⲣⲱⲙⲓ | ⲉⲑⲣⲟⲩ 20
ⲭⲁ ⲧⲟⲧⲟⲩ ⲉ̀ⲃⲟⲗ. ϯⲛⲟⲩ ⲇⲉ ⲁ̀ⲛⲟⲛ ⲧⲉⲛⲟⲩⲱⲛϩ
ⲛ̀ⲧⲉⲛⲙⲉⲧⲁⲧϫⲟⲙ ⲙ̀ ⲡⲉⲙⲑⲟ ⲛ̀ ⲛⲉⲕϫⲓϫ ⲱ̀ ⲡⲓⲁⲣ-
ⲭⲏⲁ̀ⲅⲅⲉⲗⲟⲥ ⲙⲏⲭⲁⲏⲗ ⲙ̀ⲡⲉⲣⲉⲣ ⲡⲉⲛⲱⲃϣ ⲉⲑⲃⲉ
ⲛⲉⲛⲛⲟⲃⲓ ⲁⲗⲗⲁ ⲁ̀ⲣⲓⲟⲩ̀ⲓ̀ ⲛⲉⲙⲁⲛ ⲙ̀ ⲫⲣⲏϯ ⲉ̀ⲧ
ⲥϧⲏⲟⲩⲧ ϫⲉ ⲡⲁⲅⲅⲉⲗⲟⲥ ⲙ̀ ⲡⲟ̅ⲥ̅ ϥϩⲓⲕⲟⲧ ⲙ̀ ⲡⲕⲱϯ 25
ⲛ̀ ⲟⲩⲟⲛ ⲛⲓⲃⲉⲛ ⲉ̀ⲧ ⲉⲣ ϩⲟϯ ϧⲁ ⲧⲉϥϩⲏ ⲟⲩⲟϩ
ϥⲛⲁⲛⲁϩⲙⲟⲩ ϥϫⲱ ⲙ̀ⲙⲟⲥ ⲛ̀ϫⲉ ⲇⲁⲩⲓⲇ ⲉⲑⲃⲉ ϩⲁ-
ⲛⲟⲩⲟⲛ ϫⲉ ϥϣⲁⲛϣ ⲙ̀ⲙⲱⲟⲩ ϧⲉⲛ ⲟⲩϩⲃⲱⲛ ϥϫⲱ

ⲙ̀ⲙⲟⲥ ⲟⲩⲛ ϫⲉ ⲡⲓⲑⲙⲏⲓ ϥⲕⲱϯ ⲛ̀ⲥⲁ ⲱⲓⲕ ⲙ̀ ⲡ ⲉ̀ϩⲟⲟⲩ

ⲙ̅ⲃ̅. ⲃ. ⲧⲏⲣϥ ⲡ͞ⲟ͞ⲥ ⲇⲉ ϥⲛⲁⲓ ⲟⲩⲟϩ | ϯⲛⲟⲩ ⲇⲉ ⲱ̀
ⲡⲉⲛⲡⲣⲟⲥⲧⲁⲧⲏⲥ ⲉ̀ⲑ ⲟⲩⲁⲃ ⲙⲏⲭⲁⲏⲗ ⲡⲓⲁⲣⲭⲏⲁⲅ-
ⲅⲉⲗⲟⲥ ⲕⲛⲁⲩ ⲛ̀ⲑⲟⲕ ⲉ̀ ⲡϩⲱⲃ ⲧⲏⲣϥ ⲛ̀ⲧⲉ ⲛⲉⲕⲉ-
ⲃⲓⲁⲓⲕ ⲟⲩⲟϩ ⲙ̀ⲙⲟⲛ ⲛ̀ⲧⲁⲛ ⲛ̀ⲟⲩⲥⲁϫⲓ ⲉ̀ⲭⲟϥ ⲉ̀ⲃⲏⲗ 5
ⲉ̀ ⲫⲁⲓ ϩⲟⲗⲱⲥ ϫⲉ ⲁ̀ⲛⲕⲏⲛ ⲉ̀ ⲙⲟⲩ ⲉ̀ⲙⲁϣⲱ ⲁ̀ⲣⲓ
ⲃⲟⲏⲑⲓⲛ ⲉ̀ⲣⲟⲛ ⲫϯ ⲡⲉⲛ ⲥⲱⲧⲏⲣ ⲟⲩⲟϩ ⲧⲉⲛⲭⲱ ⲙ̀
ⲡⲁⲓ ⲕⲉ ⲥⲁϫⲓ ⲫⲁⲓ ϫⲉ ⲧⲉⲛⲥⲙⲟⲩ ⲉ̀ ⲡ͞ⲟ͞ⲥ ⲡ͞ⲟ͞ⲥ ⲡⲉ
ⲉ̀ⲧ ⲁϥϯ ⲟⲩⲟϩ ⲡ͞ⲟ͞ⲥ ⲡⲉ ⲉⲧⲁϥϭⲓ ⲫⲟⲅϣϣ ⲙ̀ ⲫϯ
ⲙⲁⲣⲉϥϣⲱⲡⲓ ϥⲥⲙⲁⲣⲱⲟⲩⲧ ⲛ̀ϫⲉ ⲫⲣⲁⲛ ⲙ̀ ⲫϯ ϣⲁ 10
ⲉⲛⲉϩ ⲁ̀ⲙⲏⲛ. ⲟⲩⲟϩ ⲉ̀ⲃⲟⲗϧⲉⲛ ⲛⲁⲓ ⲥⲁϫⲓ ⲛⲉⲙ

ⲙ̅ⲅ̅. ⲁ. ⲛⲏ ⲉ̀ⲧ ⲓ̀ⲛⲓ ⲙ̀ⲙⲱⲟⲩ ⲛⲁⲣⲉ ⲛⲓⲑⲙⲏⲓ ϫⲱ ⲙ̀ⲙⲱⲟⲩ |
ⲓ̀ⲥϫⲉⲛ ⲥⲟⲩ ⲓ̅ⲃ̅ ⲙ̀ ⲡⲁⲟ̀ⲡⲓ ⲟⲩⲟϩ ⲛⲁⲩⲙⲏⲛ ⲉⲩⲧϩⲟ
ⲉ̀ ⲫϯ ⲙ̀ ⲙⲏⲭⲁⲏⲗ ϣⲁ ⲁ̀ⲗⲡ ⲟ̅ⲑ̅ ⲛ̀ ⲥⲟⲩ ⲓ̅ⲃ̅ ⲙ̀
ⲡⲓⲁ̀ⲃⲟⲧ ⲁ̀ⲑⲱⲣ ⲉⲧⲉ ⲡⲉϥⲣⲁⲥϯ ⲡⲉ ⲥⲟⲩ ⲓ̅ⲃ̅ ⲛ̀ⲧⲁϥ 15
ⲡⲉ ⲡⲓⲛⲓϣϯ ⲛ̀ ⲉ̀ϩⲟⲟⲩ ⲛ̀ ϣⲁⲓ ⲙ̀ ⲡⲓⲁⲣⲭⲏⲁⲅⲅⲉⲗⲟⲥ
ⲉ̀ⲑ ⲟⲩⲁⲃ ⲙⲏⲭⲁⲏⲗ ⲙ̀ ⲫⲣⲏϯ ⲉ̀ⲧⲉⲛⲑⲟⲩⲏⲧ ⲙ̀
ⲫⲟⲟⲩ ⲛ̀ ⲉⲣ ϣⲁⲓ ⲛⲁϥ ⲁ̀ⲛⲟⲛ ⲇⲉ ⲛⲉⲙⲱⲧⲉⲛ ⲱ̀
ⲛⲉⲛⲙⲉⲛⲣⲁϯ ⲉ̀ⲧⲁⲩϥⲟϩ ⲇⲉ ⲉ̀ ⲫⲛⲁⲩ ⲙ̀ ⲡⲓϥⲓⲣⲱ-
ⲟⲩϣ ⲉ̀ ϯⲩⲥⲓⲁ ⲉ̀ⲑ ⲟⲩⲁⲃ ⲛⲁ ⲛ̀ ⲁⲣⲟⲩϩⲓ ⲥⲟⲩ ⲓ̅ⲁ̅ 20
ⲡⲉ ϫⲱⲣϩ ⲛ̀ ⲥⲟⲩ ⲓ̅ⲃ̅ ⲕⲁⲧⲁ ⲁ̀ⲃⲟⲧ ⲧⲟⲩⲥⲩⲛⲏⲑⲓⲁ̀

ⲙ̅ⲅ̅. ⲃ. ⲁϥⲓ̀ ⲧⲟⲧϥ ⲛ̀ϫⲉ ⲡⲓⲡⲓⲥⲧⲟⲥ ⲛ̀ ⲣⲱⲙⲓ | ⲧⲁϥⲙⲏⲓ
ⲉ̀ⲧⲉϥⲉⲩⲥⲉⲃⲏⲥ ⲛ̀ ⲥϩⲓⲙⲓ ⲡⲉϫⲁϥ ⲛⲁⲥ ϫⲉ ⲱ̀ ⲧⲁ-
ⲥⲱⲛⲓ ⲧⲉ ϩⲉⲙⲥⲓ ⲇⲉ ⲉⲣⲉ ⲉⲣ ⲟⲩ ⲙⲏⲧⲉ ⲉ̀ⲙⲓ ⲁⲛ
ϫⲉ ⲣⲁⲥϯ ⲡⲉ ⲡⲓϣⲁⲓ ⲙⲏ ⲁ̀ⲣⲉ ⲉⲣ ⲡⲱⲃϣ ⲙ̀ ⲡⲓⲇⲱ- 25
ⲣⲟⲛ ⲛ̀ ⲁ̀ⲅⲁⲑⲟⲛ ⲙⲏ ⲁ̀ⲅⲣⲱϣ ⲉ̀ⲭⲱ ⲛ̀ϫⲉ ⲡⲉⲣ ⲫⲙⲉⲩⲓ̀
ⲉⲧ ⲧⲁⲓⲏⲟⲩⲧ ⲙ̀ ⲡⲓⲁⲣⲭⲏⲁⲅⲅⲉⲗⲟⲥ ⲙⲏⲭⲁⲏⲗ ⲫⲁⲓ
ⲉ̀ⲧ ϩⲟⲗϫ ϩⲓϫⲉⲛ ⲡⲉϩⲏⲧ ϫⲉ ⲟⲩⲉⲓ ⲱ̀ ⲧⲁ ⲥⲱⲛⲓ

ⲙ̄ⲡⲉ ⲛ̄ ⲑⲣⲉ ⲛⲉ ⲣⲁⲧ ⲧ̄ϩⲉⲗⲡⲓⲥ ⲛ̀ⲧⲉ ⲫ̄ⲧ̄ ϫⲉ ⲛ̀ⲑⲟϥ
ⲉ̀ⲧ ⲉⲣ ϩⲙⲟⲧ ⲛⲁⲛ ⲛ̀ ϩⲱⲃ ⲛⲓⲃⲉⲛ. ⲡⲉϫⲉ ϯⲙⲁ-
ⲕⲁⲣⲓⲁ ⲇⲉ ⲉ̀ⲧⲉⲙⲙⲁⲩ ϫⲉ ⲕⲁⲗⲱⲥ ⲁⲕⲓ̀ⲛⲓ ⲛⲏⲓ ⲛ̀
ⲧⲁⲥⲩⲙⲫⲟⲛⲓⲁ ⲉ̀ⲑ ⲙⲉϩ ⲛ̀ ⲣⲁϣⲓ ⲕⲁⲗⲱⲥ ⲁⲕⲓ̀ⲛⲓ

ⲡⲇ̄. ⲁ. ⲛⲏⲓ ⲛ̀ ⲟⲩⲥⲟⲗⲥⲉⲗ | ⲛⲉⲙ ⲟⲩⲣⲁϣⲓ ⲛⲉⲙ ⲟⲩⲙⲉⲧ- 5
ⲣⲁⲙⲁⲟ̀ ⲛ̀ⲧⲉ ⲛⲉⲛⲯⲩⲭⲏ ⲉ̀ⲧⲉ ⲫⲁⲓ ⲡⲉ ⲡ ⲉⲣ ⲫⲙⲉⲩⲓ̀
ⲉ̀ⲧ ⲧⲁⲓⲏⲟⲩⲧ ⲙ̀ ⲡⲓⲁⲣⲭⲏⲁⲅⲅⲉⲗⲟⲥ ⲉ̀ⲑ ⲟⲩⲁⲃ ⲙⲏ-
ⲭⲁⲏⲗ Ⲧⲁϥⲙⲏⲓ ⲱ̀ ⲡⲁⲥⲟⲛ ϫⲉ ⲓⲥϫⲉⲛ ϣⲟⲣⲡ ⲙ̀
ⲫⲟⲟⲩ ϣⲁ ϯⲛⲟⲩ ⲙ̀ⲡⲉⲥ ⲧⲁϩⲛⲟ ⲛ̀ϫⲉ ⲟⲩ ⲙⲟⲩⲙⲓ
ⲛ̀ ⲉⲣⲙⲏ ⲃⲉⲛ ⲛⲁⲃⲁⲗ ⲟⲩⲟϩ ⲉ̀ⲣⲉ ⲟⲩⲭⲣⲱⲙ ⲟⲩⲱⲙ 10
ⲃⲉⲛ ⲡⲁ ⲥⲁ ⲃⲟⲩⲛ ⲉⲑⲃⲉ ⲡϣⲁⲓ ⲙ̀ ⲡⲓⲁⲣⲭⲏⲁⲅⲅⲉⲗⲟⲥ
ⲉ̀ⲑ ⲟⲩⲁⲃ ⲡⲉⲛⲡⲣⲟⲥⲧⲁⲧⲏⲥ ⲙⲏⲭⲁⲏⲗ. Ϯⲛⲟⲩ ⲇⲉ
ⲱ̀ ⲡⲁⲥⲟⲛ ⲁⲛⲁⲩ ϫⲉ ⲭⲛⲁⲉ̀ⲣ ⲟⲩ ⲙⲏⲡⲟⲧⲉ ⲛ̀ⲧⲉ
ⲡⲉⲛⲇⲱⲣⲟⲛ ⲧⲁⲕⲟ ⲟⲩⲟϩ ⲛ̀ⲧⲉⲛ̀ϯ ⲟ̀ⲥⲓ ⲙ̀ ⲡⲓ ⲕⲉ

ⲡⲇ̄. ⲃ. ⲟⲩⲁⲓ ⲉ̀ⲧ ⲁⲛⲕⲏⲛ ⲛ̀ ⲁⲓϥ | ϫⲉ ⲟⲩⲉⲓ ⲁⲛⲥⲱⲧⲉⲙ ⲉ̀ 15
ⲡⲥⲁϩ ⲡⲁⲩⲗⲟⲥ ϥⲥ̄ϫⲱ ⲙ̀ⲙⲟⲥ ϫⲉ ⲫⲏ ⲉ̀ⲧⲁϥϣⲓ ⲧⲟⲧϥ
ⲉ̀ ⲓ̀ⲣⲓ ⲛ̀ ⲟⲩⲁ̀ⲅⲁⲑⲟⲛ ⲙⲁⲣⲉϥϫⲟⲕϥ ⲉ̀ⲃⲟⲗ ϣⲁ ⲡⲉ-
ϩⲟⲟⲩ ⲛ̀ ⲟⲩⲱⲛϩ ⲉ̀ⲃⲟⲗ ⲙ̀ ⲡⲉⲛ ⲟ̄ⲥ̄ ⲓ̄ⲏ̄ⲥ̄ ⲡⲭ̄ⲥ̄ ϩⲏⲡⲡⲉ
ⲟⲩⲛ ⲁ̀ⲛⲟⲛ ⲁⲛϩⲓ ⲧⲟⲧⲉⲛ ⲉ̀ ⲡⲓϩⲱⲃ ⲉ̀ⲑ ⲛⲁⲛⲉϥ
ⲙⲁⲣⲉⲛⲣⲱⲓⲥ ⲛ̀ ⲧⲉⲛϫⲟⲕϥ ⲉ̀ⲃⲟⲗ. Ⲡⲉϫⲁϥ ⲇⲉ ⲛⲁⲥ 20
ϫⲉ ⲟⲩ ⲡⲉ ⲉ̀ⲧϣⲟⲡ ⲛⲁⲛ ⲱ̀ ⲧⲁⲥⲱⲛⲓ ⲓⲥϫⲉ ϥⲣⲱϣⲓ
ⲉ̀ ⲫⲏ ⲉ̀ⲧⲉⲛϣⲁⲧ ⲙ̀ⲙⲟϥ ⲡⲉϫⲁⲥ ⲃⲉⲛ ⲟⲩⲣⲁϣⲓ ϫⲉ
ⲟⲩⲟⲛ ⲟⲩⲙⲟⲩⲕⲓ ⲛ̀ ⲱⲓⲕ ⲛ̀ ⲧⲟⲧⲉⲛ ⲥⲉⲙⲡϣⲁ ⲛ̀ⲧⲉⲛ-
ⲭⲁϥ ⲃⲁ ⲧⲟⲧⲟⲩ ⲛ̀ ⲛⲓⲥⲛⲏⲟⲩ ⲛⲉⲙ ⲟⲩⲕⲟⲩϫⲓ ⲛ̀
ⲛⲉϩ ϥⲣⲱϣⲓ ⲉ̀ ϯⲃⲣⲉ ⲛⲉⲙ ⲡⲉϩϩⲥ ⲛ̀ ⲧⲁ̀ⲫⲉ ⲛ̀ 25

ⲡⲉ̄. ⲁ. ⲛⲓⲥⲑⲟⲩ | ⲁⲗⲗⲁ ⲙ̀ⲙⲟⲛ ⲛ̀ ⲱⲓⲧ ⲛ̀ⲧⲁⲛ ⲟⲩⲇⲉ ⲟⲩⲥⲟⲩⲟ̀
ⲡⲉϫⲁϥ ϫⲉ ⲧⲁϥⲙⲏⲓ ⲱ̀ ⲧⲁⲥⲱⲛⲓ ⲉ̀ⲣⲉ ⲛⲁⲓ ϣⲟⲡ
ⲛⲁⲛ ⲡⲉ ⲙ̀ⲙⲟⲛⲧⲉⲛ ⲉ̀ⲥⲱⲟⲩ ⲉ̀ϣⲁⲧϥ ⲁⲗⲗⲁ ⲡⲉ ⲉⲧⲉ

ⲥⲛⲁϥ ⲙ̄ ⲫϯ ⲙⲁⲣⲉϥϣⲱⲡⲓ ⲫϯ ⲕⲱϯ ⲛ̄ⲥⲁ ϩⲗⲓ ⲛ̄
ⲧⲟⲧⲉⲛ ⲁⲛ ⲉⲃⲏⲗ ⲉⲧⲉⲛⲭⲟⲙ ⲙ̄ ⲫⲣⲏϯ ⲉⲧ ⲥⲃⲛⲟⲩⲧ
ϫⲉ ϯⲛⲁⲙⲉⲛⲣⲓⲧⲕ ⲡⲟ̄ⲥ̄ ⲧⲁⲭⲟⲙ ⲛⲁⲛⲉ ⲥ ⲛ̄ⲧⲉⲛϯ ⲛ̄
ⲟⲩⲕⲟⲩϫⲓ ⲉϩⲟⲧⲉ ⲛ̄ⲧⲉⲛϣⲧⲉⲙ ϯ ϩⲗⲓ ⲉ̀ ⲡⲧⲏⲣϥ ⲁⲗⲗⲁ
ⲫⲏ ⲉ̀ⲧⲁϥⲓ̀ ϩⲓϫⲉⲛ ⲡⲁϩⲏϯ ϯⲛⲁⲭⲟϥ ⲛⲉ ϩⲏⲡⲡⲉ 5
ⲟⲩⲟⲛ ⲕⲉ ϩⲃⲱⲥ ⲛ̄ⲧⲉ ⲡⲓⲟⲩⲁⲓ ⲡⲓⲟⲩⲁⲓ ⲉⲑⲃⲉ ⲡⲓⲥ-
ⲙⲟⲩ ⲁⲩⲕⲏⲛ ⲛ̄ⲥⲉⲡⲓ ⲛⲁⲛ ϯⲛⲁϭⲓ ⲙ̄ ⲡⲁϩⲃⲱⲥ ⲛ̄

ⲡ̅ⲉ̅. ⲃ. ϣⲟⲣⲡ ⲛ̄ⲧⲁϣⲟⲡϥ | ⲛ̄ ⲥⲟⲩⲟ ⲉ̀ ⲡⲥⲟⲃϯ ⲙ̄ ⲡⲓⲇⲱⲣⲟⲛ
ⲕⲁⲗⲟⲩ ⲛ̄ⲧⲉϥⲣⲱϣⲓ ⲙ̄ ⲡⲓⲇⲱⲣⲟⲛ ⲉⲑⲃⲉ ⲡⲓⲗⲁⲟⲥ ⲉⲑⲃⲉ
ⲡⲓϩⲱⲛ ⲛⲉⲙ ⲉⲑⲃⲉ ⲡⲭⲱϥ ⲙ̄ ⲡⲓⲥⲟⲩⲟ̀ ⲁⲣⲉϣⲁⲛ ⲣⲁⲥϯ 10
ⲇⲉ ϣⲱⲡⲓ ϯⲛⲁϭⲓ ⲙ̄ ⲫⲏ ⲉⲧⲉ ⲫⲱⲛ ⲛ̄ ϩⲃⲱⲥ ⲛ̄ⲑⲟ
ϩⲱ ⲛ̄ⲧⲁϩⲱⲗ ⲛ̄ⲧⲁϣⲟⲡ ⲛ̄ ⲃⲏⲧϥ ⲛ̄ ⲟⲩⲉ̀ⲥⲱⲟⲩ ⲛ̄
ⲧⲉⲛϣⲁⲧϥ ⲉ̀ ⲡⲓ ϣⲁⲓ ⲛ̄ ⲣⲁⲥϯ ϫⲉ ⲛ̄ⲑⲟϥ ⲡⲉ ⲡⲓ-
ⲛⲓϣϯ ⲛ̄ ϣⲁⲓ ⲛ̄ⲧⲉ ⲡⲓⲁⲣⲭⲏⲁⲅⲅⲉⲗⲟⲥ ⲉⲑ ⲟⲩⲁⲃ
ⲙⲏⲭⲁⲏⲗ ⲟⲩⲟϩ ⲁⲛϣⲁⲛϫⲓⲙⲓ ⲧⲉⲛⲛⲁⲟⲩⲱⲙ ⲁⲛϣ- 15
ⲧⲉⲙϫⲓⲙⲓ ⲧⲉⲛⲛⲁϯ ⲱ̀ⲟⲩ ⲙ̄ ⲫϯ. ⲟⲩⲟϩ ⲁⲛϣⲁⲛ-

ⲡ̅ⲋ̅. ⲁ. ⲙⲟⲩ ⲟⲩⲛ ⲡⲟ̄ⲥ̄ ⲡⲉ ⲉⲑ ⲛⲁϣⲟⲡⲧⲉⲛ | ⲉ̀ⲣⲟϥ ϫⲉ ⲟⲩⲉⲓ
ⲙ̄ⲡⲉ ⲛ̄ⲭⲱϫⲓ ⲙ̄ ⲡⲉϥⲇⲱⲣⲟⲛ. ⲡⲉϫⲉ ϯⲥⲟⲫⲓⲁⲥⲧⲏⲥ
ⲛ̄ ⲥϩⲓⲙⲓ ⲛⲁϥ ⲱ̀ ⲡⲁ ⲥⲟⲛ ⲡⲁ ϩⲃⲱⲥ ⲛⲉⲙ ⲫⲱⲕ
ⲙ̄ⲙⲁⲩⲁⲧⲟⲩ ⲁⲛ ⲁⲗⲗⲁ ⲛⲉⲙ ⲡⲁ ⲕⲉ ⲉⲣϣⲱⲛ ⲟⲩⲟϩ 20
ϯϯ ⲛ̄ ⲧⲁ ⲯⲩⲭⲏ ⲉϫⲉⲛ ⲡ ⲇⲱⲣⲟⲛ ⲙ̄ ⲡⲟ̄ⲥ̄ ⲛⲉⲙ
ϯⲙⲉⲧⲛⲁⲏⲧ ⲡⲉϫⲉ ⲡⲉⲥϩⲁⲓ ⲇⲉ ⲛⲁⲥ ϫⲉ ⲕⲁⲗⲱⲥ
ⲱ̀ ⲧⲁ ⲥⲱⲛⲓ ⲟⲩⲡⲣⲟϩⲉⲣⲉⲥⲓⲥ ⲉ̀ⲛⲁⲛⲉⲥ ⲁⲣⲉ ⲟⲩ-
ⲟⲛϩⲥ ⲉ̀ⲃⲟⲗ ⲡⲗⲏⲛ ⲭⲱ ⲙ̄ⲡⲉ ⲉⲣϣⲱⲛ ⲛⲉ ⲉ̀ ⲡϫⲓⲛ-
ϩⲱⲃⲥ ϯ ⲛ̄ⲧⲉ ⲕⲉ ⲁ̀ⲫⲉ ⲛ̄ ⲃⲏⲧϥ ⲙ̄ ⲫⲣⲏϯ ⲙ̄ ⲡⲥⲁϫⲓ 25
ⲙ̄ ⲡⲓⲥⲁⲃ ⲡⲁⲩⲗⲟⲥ ⲙⲉⲛⲉⲛⲥⲁ ⲫⲁⲓ ⲁϥϭⲓ ⲙ̄ ⲡⲉϥ-

ⲡ̅ⲋ̅. ⲃ. ϩⲃⲱⲥ ⲫⲏ ⲉ̀ⲧⲉϥϭⲓ | ⲛ̄ ⲛⲓⲙⲩⲥⲧⲏⲣⲓⲟⲛ ⲛ̄ ⲃⲏⲧϥ
ⲁϥⲧⲏⲓϥ ϧⲁ ⲡⲓⲥⲟⲩⲟ̀ ⲟⲩⲟϩ ⲁϥϯ ⲙ̄ ⲡⲓⲥⲟⲩⲟ̀ ⲙ̄

ⲡⲓⲟⲓⲕⲟⲛⲟⲙⲟⲥ ⲉ̀ ⲁϥⲕⲟⲧϥ ⲉ̀ ⲡⲉϥⲏⲓ ϧⲉⲛ ⲟⲩⲣⲁϣⲓ
ⲉϥⲭⲱ ⲙ̀ⲙⲟⲥ ϫⲉ ϩⲏⲡⲡⲉ ⲁ̀ ⲡⲟ̅ⲥ̅ ⲥⲟⲃϯ ⲛⲁⲛ ⲙ̀ ⲡϩⲱⲃ
ⲙ̀ ⲡⲓⲇⲱⲣⲟⲛ Ⲁⲥϣⲱⲡⲓ ⲇⲉ ⲉ̀ⲧⲁ ϣⲱⲣⲡ ϣⲱⲡⲓ ⲛ̀ ⲥⲟⲩ
ⲓ̅ⲃ̅ ⲛ̀ ⲁⲑⲱⲣ ⲁⲥⲕⲱϯ ⲉ̀ⲣⲟϥ ⲛ̀ϫⲉ ϯⲉⲩⲥⲉⲃⲏⲥ ⲛ̀
ⲥϩⲓⲙⲓ ⲟⲩⲟϩ ⲡⲉϫⲁϥ ⲛⲁϥ ϫⲉ ⲱ̀ ⲡⲁ ⲥⲟⲛ ⲧⲱⲛⲕ 5
ϭⲓ ⲙ̀ ⲡⲁ ϩⲃⲱⲥ ϩⲓⲛⲁ ⲛ̀ⲧⲉⲕⲛⲁⲩ ⲙⲏ ⲕⲛⲁϫⲓⲙⲓ ⲙ̀
ⲡⲓⲉ̀ⲥⲱⲟⲩ ϩⲓⲛⲁ ⲛ̀ⲧⲉⲛⲥⲉⲃⲧ ⲉ̀ ⲡϩⲱⲃ ⲛ̀ ⲛⲓⲥⲛⲏⲟⲩ
ⲉ̀ⲑ ⲛⲏⲟⲩ ϩⲁⲣⲟⲛ. Ⲁϥⲟⲩⲱϣ ⲇⲉ ⲉ̀ ⲉ̀ⲙⲓ ⲉ̀ ⲧⲉⲥⲡⲣⲟ-

ⲚⲌ̄. ⲁ. ϩⲉⲣⲉⲥⲓⲥ ⲡⲉϫⲁϥ | ⲛⲁⲥ ϫⲉ ⲱ̀ ⲧⲁⲥⲱⲛⲓ ⲁⲓϣⲁⲛϭⲓ
ⲙ̀ ⲡⲉ ϩⲃⲱⲥ ⲟⲩⲟϩ ⲛ̀ⲧⲉ ⲉⲣ ⲟⲩⲱϣ ⲉ̀ ϭⲓ ⲥⲙⲟⲩ ⲟⲩ 10
ⲡⲉ ⲉ̀ⲧ ⲉ̀ⲣⲉ ⲁⲓϥ ϧⲉⲛ ⲡⲁⲓ ⲛⲓϣϯ ⲛ̀ ϣⲁⲓ ⲙ̀ ⲫⲟⲟⲩ
Ⲭⲉ ⲟⲩⲉⲓ ⲇⲉ ⲁ̀ⲛⲟⲕ ⲟⲩϩⲱⲟⲩⲧ ⲁⲓϣⲁⲛϩⲱⲗ ⲉ̀ ⲙⲁ
ⲛⲓⲃⲉⲛ ⲉⲓⲟⲓ ⲙ̀ ⲡⲁⲓ ⲣⲏϯ ⲙ̀ⲙⲟⲛ ϣⲓⲡⲓ ϩⲓϫⲱⲓ ϯⲥ-
ϩⲓⲙⲓ ⲇⲉ ⲛ̀ⲑⲟⲥ ⲙ̀ⲙⲟⲛ ϣϫⲟⲙ ⲉⲑⲣⲉⲥⲃⲱϣ ⲙ̀ ⲡⲉⲥ-
ⲥⲱⲙⲁ ⲙⲁⲗⲓⲥⲧⲁ ϧⲉⲛ ϯⲉⲕⲕⲗⲏⲥⲓⲁ̀. Ⲉⲧⲁⲥⲥⲱⲧⲉⲙ 15
ⲇⲉ ⲉ̀ ⲛⲁⲓ ⲥⲁϫⲓ ⲛ̀ϫⲉ ϯⲑⲉⲟ̀ⲥⲉⲃⲏⲥ ⲛ̀ ⲥϩⲓⲙⲓ
ⲁⲥⲣⲓⲙⲓ ϧⲉⲛ ⲟⲩⲛ̀ϣⲁϣⲓ ⲟⲩⲟϩ ⲡⲉϫⲁⲥ ϫⲉ ⲟⲩⲟⲓ
ⲛⲏⲓ ⲱ̀ ⲡⲁⲙⲉⲛⲣⲓⲧ ⲛ̀ ⲥⲟⲛ ⲟⲩ ⲡⲉ ⲫⲁⲓ ⲉ̀ⲧ ⲉⲕϫⲱ

ⲚⲌ̄. ⲃ. ⲙ̀ⲙⲟϥ ⲛⲏⲓ ⲙ̀ ⲫⲟⲟⲩ ⲙⲏ ⲁⲛϥⲱⲣϫ | ⲙ̀ ⲫⲟⲟⲩ
ⲟⲩⲟϩ ⲁⲛ ⲉⲣ ⲃ̅ ⲙⲏ ⲁ̀ⲛⲟⲕ ⲛⲉⲙⲁⲕ ⲟⲩⲥⲱⲙⲁ ⲛ̀ 20
ⲟⲩⲱⲧ ⲁⲛ ⲙⲏ ⲙ̀ⲙⲟⲛ ⲧⲟⲓ ⲛ̀ⲧⲏⲓ ⲛⲉⲙⲁⲕ ϧⲉⲛ ϯⲡⲣ-
ⲟⲥⲫⲟⲣⲁ ⲙⲏ ⲕϭⲓ ⲛ̀ ⲧⲟⲧ ϩⲱ ⲁⲛ ⲙ̀ ⲡⲁⲓ ⲙⲉⲣⲟⲥ
ϧⲉⲛ ⲡϣⲁⲓ ⲙ̀ ⲡⲓⲁⲣⲭⲏⲁⲅⲅⲉⲗⲟⲥ ⲙⲏⲭⲁⲏⲗ Ⲙ̀ⲙⲟⲛ
ⲱ̀ ⲡⲁⲥⲟⲛ ⲙ̀ⲡ ⲉⲣ ⲙⲉⲩⲓ̀ ⲙ̀ ⲡⲁⲓ ⲣⲏϯ ϧⲉⲛ ⲡⲉⲕϩⲏⲧ
ϫⲉ ⲉⲓⲉ̀ϣⲱⲡⲓ ⲉⲓⲃⲏⲛϣ ⲁⲗⲗⲁ ⲛⲏ ⲉ̀ⲧ ⲣⲁⲛⲟⲩⲧ ϧⲉⲛ 25
ϯⲉⲕⲕⲗⲏⲥⲓⲁ̀ ⲙ̀ⲙⲟⲛ ϩⲱⲟⲩⲧ ⲟⲩⲇⲉ ⲥϩⲓⲙⲓ ϧⲉⲛ ⲡⲭ̅ⲥ̅
ⲁⲗⲗⲁ ϩⲁⲛⲁⲅⲅⲉⲗⲟⲥ ϩⲓ ⲁⲣⲭⲏⲁⲅⲅⲉⲗⲟⲥ ϩⲓ ⲭⲉⲣⲟⲩ-
ⲃⲓⲙ ⲛⲉⲙ ⲥⲉⲣⲁⲫⲓⲙ ⲉ̀ⲣⲉ ⲡⲥⲱⲧⲏⲣ ϧⲉⲛ ⲧⲟⲩⲙⲏϯ.

ⲙⲁ̅. ⲁ̅. Ⲁⲥϫⲱ ⲛ̀ ⲛⲁⲓ ⲉⲥⲣⲓⲙⲓ ϧⲉⲛ ⲟⲩⲛⲓϣⲁϣⲓ ⲉ̀ⲧⲁϥⲛⲁⲩ
ⲉ̀ ⲡϩⲟⲩⲟ̀ ⲙ̀ ⲡⲣⲱⲕϩ ⲙ̀ ⲡⲉⲥ ⲡⲛⲁ ⲁϥϣⲑⲟⲣⲧⲉⲣ
ⲉⲑⲃⲏⲧⲥ ⲟⲩⲟϩ ⲁϥⲣⲁϣⲓ ⲉ̀ ⲡⲧⲁϫⲣⲟ ⲙ̀ ⲡⲉⲥⲛⲁϩϯ·
Ⲡⲉϫⲁϥ ⲛⲁⲥ ϫⲉ ⲧⲱⲟⲩⲛⲓ ϭⲓⲣⲱⲟⲩϣ ⲉ̀ ϯⲡⲣⲟⲥⲫⲟⲣⲁ
ⲛⲉⲙ ⲡⲓⲛⲉϩ ⲛ̀ⲧⲉⲛ ⲟⲩⲟⲣⲡⲟⲩ ⲉ̀ ϯⲉⲕⲕⲗⲏⲥⲓⲁ ⲟⲩⲟϩ 5
ⲛ̀ⲧⲉⲛ ⲭⲱ ⲛ̀ ϯⲧⲣⲁⲡⲏⲍⲁ ⲛⲉⲙ ⲛⲓⲕⲟⲩϫⲓ ⲛ̀ ⲟⲩⲱ̀ⲓⲕ
ⲟⲩⲟϩ ϭⲓⲡⲣⲱⲟⲩϣ ⲛ̀ ⲟⲩⲕⲟⲩϫⲓ ⲙ̀ ⲃⲟϯ ϩⲓⲛⲁ ⲛ̀ⲧⲁϣⲉ
ⲛⲏⲓ ⲉ̀ⲣⲉ ⲫϯ ⲑⲉϣ ⲟⲩⲉ̀ⲥⲱⲟⲩ ⲉ̀ⲣⲟⲛ ⲛ̀ⲧⲉⲛⲥⲟⲃϯ ⲛ̀
ⲧϩⲣⲉ ⲛ̀ ⲛⲓⲥⲛⲏⲟⲩ ϧⲉⲛ ⲡⲁⲓ ⲛⲓϣϯ ⲛ̀ ϣⲁⲓ ⲙ̀ ⲫⲟⲟⲩ

ⲙⲁ̅. ⲃ̅. ⲥⲁⲧⲟⲧϥ ⲇⲉ ⲁϥⲧⲱⲛϥ ϧⲉⲛ ⲟⲩⲛⲓϣϯ ⲛ̀ ⲥⲡⲟⲩⲇⲏ 10
ⲛⲉⲙ ⲟⲩⲥⲩⲛⲏⲇⲉⲥⲓⲥ ⲉ̀ ⲛⲁⲛⲉⲥ ⲉ̀ ϧⲟⲩⲛ ⲉ̀ ⲫϯ ⲛⲉⲙ
ⲡⲉϥⲁⲣⲭⲏⲁⲅⲅⲉⲗⲟⲥ ⲉⲑ ⲟⲩⲁⲃ ⲙⲏⲭⲁⲏⲗ Ⲁϥϭⲓ ⲙ̀
ⲡⲓϩⲃⲱⲥ ⲛⲁϥⲙⲟϣⲓ ⲇⲉ ⲉϥϩⲟ ⲉ̀ ⲫϯ ⲙ̀ ⲙⲏⲭⲁⲏⲗ
ϩⲓⲛⲁ ⲛ̀ⲧⲉϥⲥⲟⲩⲧⲱⲛ ⲡⲉϥⲙⲱⲓⲧ ⲟⲩⲟϩ ϧⲉⲛ ⲡϫⲓⲛⲑ-
ⲣⲉϥⲥⲓⲛⲓϣⲟⲩ ⲁϥⲓ̀ ϩⲓϫⲉⲛ ⲟⲩ ⲙⲁ ⲛ̀ ⲉ̀ⲥⲱⲟⲩ ⲡⲉϫⲁϥ 15
ⲛⲁϥ ϫⲉ ⲧϩⲓⲣⲏⲛⲏ ⲙ̀ ⲡⲓⲙⲉⲛⲣⲓⲧ Ⲡⲉϫⲉ ⲡⲓⲙⲁ ⲛ̀
ⲉ̀ⲥⲱⲟⲩ ⲛⲁϥ ϫⲉ ⲉ̀ϫⲱⲕ ϩⲱⲕ ⲡⲉϫⲉ ⲡⲓⲉⲩⲥⲉⲃⲏⲥ ⲛ̀
ⲣⲱⲙⲓ ⲙ̀ ⲡⲓⲙⲁ ⲛ̀ ⲉ̀ⲥⲱⲟⲩ ϫⲉ ⲙⲏ ϯⲛⲁϫⲓⲙⲓ ⲛ̀ ⲟⲩⲉ̀-
ⲥⲱⲟⲩ ϧⲁ ⲧⲟⲧⲕ ⲙ̀ ⲫⲟⲟⲩ ⲉⲑⲃⲉ ⲟⲩⲛⲓϣϯ ⲛ̀ ⲣⲱⲙⲓ

ⲙⲃ̅. ⲁ̅. ⲁϥⲓ̀ ⲉ̀ϫⲱⲛ ⲡⲉϫⲉ ⲡⲓⲙⲁ ⲛ̀ ⲉ̀ⲥⲱⲟⲩ ⲛⲁϥ ϫⲉ ⲟⲩⲏⲣ 20
ⲧⲉ ⲧⲉϥϯⲙⲏ Ⲡⲉϫⲁϥ ⲇⲉ ⲛⲁϥ ϫⲉ ϥⲣⲱϣⲓ ϧⲁ ⲟⲩ-
ⲧⲉⲣⲙⲏⲥ ϫⲉ ⲡⲓⲙⲁ ⲛ̀ ⲉ̀ⲥⲱⲟⲩ ϫⲉ ⲙⲟⲓ ⲛⲏⲓ ⲛ̀ⲧⲉϥ-
ϯⲙⲏ ϩⲓⲛⲁ ⲛ̀ⲧⲁⲧⲏⲓϥ ⲛⲁⲕ ⲡⲓⲁ̀ⲅⲁⲑⲟⲥ ⲇⲉ ⲛ̀ ⲣⲱⲙⲓ
ⲁϥⲥⲱⲟⲩⲧⲉⲛ ⲛⲁϥ ⲙ̀ ⲡϩⲃⲱⲥ ⲛ̀ ⲧϩϩⲓⲙⲓ ⲉϥϫⲱ
ⲙ̀ⲙⲟⲥ ϫⲉ ϭⲓ ⲛ̀ⲑⲁⲓ ϧⲁ ⲧⲟⲧⲕ ϣⲁ ⲅ̅ ⲛ̀ ⲉ̀ϩⲟⲟⲩ 25
ⲁⲓϣⲧⲉⲙⲓ̀ⲛⲓ ⲛⲁⲕ ⲛ̀ ⲟⲩⲧⲉⲣⲙⲏⲥ ⲱ̀ⲗⲓ ⲙ̀ ⲡⲓϩⲃⲱⲥ
ⲕⲟⲓ ⲛ̀ ⲣⲉⲙϩⲉ ⲙ̀ⲙⲟϥ Ⲁϥ ⲉⲣ ⲟⲩⲱ̀ ⲛ̀ϫⲉ ⲡⲓⲙⲁ ⲛ̀
ⲉ̀ⲥⲱⲟⲩ ⲡⲉϫⲁϥ ϫⲉ ⲟⲩ ⲡⲉ ⲉ̀ ϯⲛⲁⲁⲓϥ ⲙ̀ ⲡⲁⲓ ϩⲃⲱⲥ

5*

ⲙ̄ⲙⲟⲛ ϩⲗⲓ ϧⲉⲛ ⲡⲁ ⲏⲓ ⲉϥϯ ⲛ̀ ϩⲗⲓ ϩⲓⲱⲧϥ ⲉⲃⲏⲗ

ⲙ̄ⲑ. ⲃ. ⲉ̀ ϩⲁⲛⲥⲟⲣⲧ ⲁ̀ ⲡⲓⲙⲁ ⲛ̀ ⲉ̀ⲥⲱⲟⲩ | ⲇⲉ ⲧⲁⲥⲑⲟ ⲉ̀
ⲡⲓⲉⲩⲥⲉⲃⲏⲥ ⲛ̀ ⲣⲱⲙⲓ ⲉ̀ⲣⲉ ⲡⲓϩⲃⲱⲥ ⲛ̀ ⲧⲟⲧϥ ⲁϥⲕⲟⲧϥ
ϩⲓ ⲡⲉϥⲙⲱⲓⲧ ⲉϥⲣⲓⲙⲓ ϧⲉⲛ ⲟⲩⲛ̀ϣⲁϣⲓ ⲉϥⲙⲉⲩⲓ ϧⲉⲛ
ⲡⲉϥϩⲏⲧ ϫⲉ ⲟⲩ ⲡⲉ ⲉ̀ ϯⲛⲁⲁⲓϥ ⲓⲉ ⲟⲩ ⲡⲉ ⲉ̀ 5
ϯⲛⲁⲭⲟϥ ⲛ̀ ⲧⲉϥϩϩⲓⲙⲓ ⲉ̀ϯ ⲉϥⲙⲟϣⲓ ϩⲓ ⲡⲉϥⲙⲱⲓⲧ
ⲉϥⲣⲓⲙⲓ ⲉ̀ⲣⲉ ⲛⲉϥⲃⲁⲗ ϩⲟⲣϣ ⲡⲉ ⲉⲑⲃⲉ ⲡⲓⲣⲓⲙⲓ ⲁϥ-
ⲥⲟⲙⲥ ⲉⲙ ⲡⲉϥⲙⲑⲟ ⲁϥⲛⲁⲩ ⲉ̀ ⲡⲓⲁⲣⲭⲏⲁⲅⲅⲉⲗⲟⲥ ⲉⲑ
ⲟⲩⲁⲃ ⲙⲏⲭⲁⲏⲗ ⲁϥⲓ̀ ⲉϥⲧⲁⲗⲏⲟⲩⲧ ⲉⲩϩⲑⲟ ⲛ̀ ⲟⲩⲟⲃϣ
ⲙ̀ ⲫⲣⲏϯ ⲛ̀ ⲟⲩⲛⲓϣϯ ⲛ̀ ⲁⲣⲭⲱⲛ ⲛ̀ⲧⲉ ⲡⲟⲩⲣⲟ ⲉ̀ⲣⲉ 10
ϩⲁⲛⲁⲅⲅⲉⲗⲟⲥ ⲙⲟϣⲓ ⲛⲉⲙⲁϥ ⲉⲩⲟⲓ ⲙ̀ ⲡⲥⲙⲟⲧ ⲛ̀

ⲛ. ⲁ. ϩⲁⲛⲙⲁⲧⲟⲓ ⲁϥ ⲉⲣ ϩⲟϯ ⲉ̀ⲙⲁϣⲱ ⲉ̀ ⲁϥⲥⲟⲕϥ | ⲉ̀ⲃⲟⲗ-
ϩⲁ ⲡⲓⲙⲱⲓⲧ ⲙ̀ ⲙⲟϣⲓ ⲁϥⲭⲱ ⲙ̀ ⲡⲓⲙⲁ ⲛ̀ ⲙⲟϣⲓ ⲙ̀
ⲡⲓⲁⲣⲭⲱⲛ ⲛⲉⲙ ⲡⲉϥⲙⲁⲧⲟⲓ. ⲉⲧⲁϥϩⲟϩ ⲇⲉ ⲉ̀ⲣⲟϥ
ⲛ̀ϫⲉ ⲡⲓⲁⲣⲭⲏⲁⲅⲅⲉⲗⲟⲥ ⲉⲑ ⲟⲩⲁⲃ ⲙⲏⲭⲁⲏⲗ ⲁϥⲥⲱⲕ 15
ⲙ̀ ⲡⲓⲭⲁⲙⲟⲥ ⲉ̀ⲧ ⲧⲟⲓ ⲉ̀ ⲣⲱϥ ⲙ̀ ⲡⲓϩⲑⲟ ϣⲁ ⲇⲱⲣⲟ-
ⲑⲉⲟⲥ ⲁϥⲟ̀ϩⲓ ⲉ̀ⲣⲁⲧϥ ⲡⲉϫⲁϥ ϫⲉ ⲭⲉⲣⲉ ⲇⲱⲣⲟⲑⲉⲟⲥ
ⲡⲓⲡⲓⲥⲧⲟⲥ ⲛ̀ ⲁⲅⲁⲑⲟⲥ ⲕϩⲏⲗ ⲉ̀ⲑⲱⲛ ⲓⲉ ⲉ̀ⲧⲁⲕⲓ̀ ⲉ̀ⲃⲟⲗ
ⲑⲱⲛ ⲉⲕⲟⲓ ⲙ̀ ⲡⲁⲓ ⲣⲏϯ ⲉ̀ⲣⲉ ⲧⲁⲓ ϣⲑⲏⲛ ⲧⲁⲗⲏⲟⲩⲧ
ⲉ̀ⲣⲟⲕ ⲉⲕⲙⲟϣⲓ ⲙ̀ⲙⲁⲩⲁⲧⲕ ϩⲓ ⲫⲙⲱⲓⲧ ⲁϥ ⲉⲣ ⲟⲩⲱ̀ 20
ⲛ̀ϫⲉ ⲇⲱⲣⲟⲑⲉⲟⲥ ⲡⲉϫⲁϥ ⲉ̀ ⲛⲁϥ ⲟⲩⲛⲟⲩ ⲇⲉ ⲉ̀ⲃⲟⲗ

ⲛ. ⲃ. ϩⲁ ⲡⲓⲁⲣⲭⲱⲛ ϫⲉ ⲧϩⲓⲣⲏⲛⲏ ⲛⲁⲕ ϩⲱⲕ | ⲱ̀ ⲕⲩⲣⲓ ⲡⲁ
ⲟ̄ⲥ̄ ⲡⲓⲁⲣⲭⲱⲛ ⲕⲁⲗⲱⲥ ⲁϥϣⲱⲡⲓ ⲛ̀ϫⲉ ⲡⲉⲕϫⲓⲛⲓ̀ ϣⲁ-
ⲣⲟⲛ ⲙ̀ ⲫⲟⲟⲩ. ⲡⲉϫⲉ ⲡⲓⲁⲣⲭⲱⲛ ⲇⲉ ⲛⲁϥ ⲫⲏ
ⲛ̀ⲑⲟϥ ⲡⲉ ⲙⲏⲭⲁⲏⲗ ⲙⲏ ⲑⲉⲟ̀ⲡⲓⲥⲑⲉ ⲱⲛϩ ⲡⲉϫⲉ ⲇⲱ- 25
ⲣⲟⲑⲉⲟⲥ ⲉ̀ⲣⲉ ⲡⲉϥϩⲟ ⲫⲱϧⲧ ⲉ̀ ⲡⲕⲁϩⲓ ⲉⲑⲃⲉ ⲡⲱ̀ⲟⲩ
ⲙ̀ ⲡⲓⲁⲣⲭⲱⲛ ϫⲉ ⲥⲱⲛϩ ⲛ̀ϫⲉ ⲧⲉⲕⲃⲱⲕⲓ ⲱ̀ ⲡⲁ ⲟ̄ⲥ̄
ⲡⲉϫⲉ ⲡⲓⲥⲧⲣⲁⲧⲩⲗⲁⲧⲏⲥ ⲛⲁϥ ⲟⲩ ϫⲉ ⲡⲉ ⲫⲁⲓ ⲉ̀ⲧⲉ

ⲛ̀ ⲧⲟⲧⲕ Ⲡⲉϫⲉ ⲇⲱⲣⲟⲑⲉⲟⲥ ⲛⲁϥ ⲉϥϣⲓⲡⲓ ϫⲉ ⲡϩⲱⲥ
ⲛⲁ ⲧⲁ ⲥϩⲓⲙⲓ ⲡⲉϫⲉ ⲡⲓⲁⲣⲭⲱⲛ ⲇⲉ ⲛⲁϥ ϫⲉ ⲕⲛⲁ
ⲉⲣ ⲟⲩ ⲛⲁⲥ Ⲡⲉϫⲉ ⲇⲱⲣⲟⲑⲉⲟⲥ ⲛⲁϥ ϫⲉ ⲟⲩⲛⲓϣϯ
ⲛ̀ ⲣⲱⲙⲓ ⲁϥⲓ ϣⲁ ⲣⲟⲓ ⲙ̀ ⲫⲟⲟⲩ ⲙ̀ⲡⲓ ϩⲓⲙⲓ ⲛⲁϥ ⲙ̀

ⲡ̄ⲗ̄. ⲁ. ⲫⲏ ⲉⲧ ⲧⲟⲓ | ⲙ̀ ⲉ̀ ⲡⲉϥⲥⲙⲟⲧ ⲟⲩⲇⲉ ⲙ̀ⲙⲟⲛ ⲛⲟⲩⲃ 5
ⲧⲟⲓ ⲉ̀ ⲛⲉⲛϫⲓϫ ⲉⲑⲃⲉ ⲡⲁⲓ ⲥⲛⲟⲩ ⲉ̀ⲧⲁⲛϥⲟϩ ⲉ̀ⲣⲟϥ
Ⲁⲓϭⲓⲧⲥ ⲉⲑⲣⲓⲧⲏⲓⲥ ϧⲁ ⲟⲩⲉ̀ⲥⲱⲟⲩ ⲙ̀ⲡⲉ ϥϭⲓⲧⲥ ⲛ̀ϫⲉ
ⲡⲓⲙⲁ ⲛ̀ ⲉ̀ⲥⲱⲟⲩ ⲟⲩⲟϩ ϯⲉ̀ⲙⲓ ⲁⲛ ϫⲉ ⲟⲩ ⲡⲉ ⲉ̀
ϯⲛⲁⲁⲓϥ ⲓⲉ ⲟⲩ ⲡⲉ ⲉ̀ ϯⲛⲁⲭⲁϥ ϧⲁ ⲧⲟⲧϥ ⲙ̀ ⲡⲓⲁⲣ-
ⲭⲱⲛ Ⲡⲉϫⲉ ⲡⲓⲁⲣⲭⲱⲛ ⲛⲁϥ ⲉⲧⲉ ⲛ̀ⲑⲟϥ ⲡⲉ ⲙⲏⲭⲁⲏⲗ 10
ϫⲉ ⲉ̀ϣⲱⲡ ⲁ̀ⲛⲟⲕ ⲁⲓϣⲁⲛϣⲑⲟⲣⲓ ⲙ̀ⲙⲟⲕ ⲛ̀ⲧⲁϭⲓ ⲛⲁⲕ
ⲙ̀ ⲡⲓⲉ̀ⲥⲱⲟⲩ ⲭⲛⲁϣⲟⲡⲧ ⲉ̀ⲣⲟⲕ ⲙ̀ ⲫⲟⲟⲩ ⲛⲉⲙ ⲛⲏ
ⲉⲑ ⲛⲉⲙⲏⲓ Ⲁϥ ⲉⲣ ⲟⲩⲱ̀ ⲛ̀ϫⲉ ⲇⲱⲣⲟⲑⲉⲟⲥ ⲡⲉϫⲁϥ
ϫⲉ ⲁ̀ϩⲁ ⲱ̀ ⲡⲁ ⳪ ⲁⲣⲓⲧ ⲙ̀ⲡⲉⲙ̀ⲡϣⲁ ⲉⲑⲣⲉⲕϣⲱⲡⲓ
ϧⲁ ⲧⲥⲕⲉⲕⲉⲡⲏ(sic) ⲛ̀ⲧⲉ ⲡⲏⲓ ⲙ̀ ⲡⲉⲧⲉⲛⲃⲱⲕ Ⲡⲉϫⲉ 15
ⲡⲓⲁⲣⲭⲱⲛ ⲫⲏ ⲛ̀ⲑⲟϥ ⲡⲉ ⲙⲓⲭⲁⲏⲗ ⲛ̀ ⲟⲩⲁⲓ ⲛ̀ ⲛⲓⲁⲅ-
ⲅⲉⲗⲟⲥ ⲉ̀ⲧⲟⲩϩ ⲛⲉⲙⲁϥ ϧⲉⲛ ⲡⲥⲙⲟⲧ ⲛ̀ ⲟⲩⲙⲁⲧⲟⲓ
ϫⲉ ⲙⲟϣⲓ ⲛⲉⲙ ⲡⲁⲇⲱⲣⲟⲑⲉⲟⲥ ϣⲁ ⲡⲓⲙⲁ ⲛ̀ ⲉ̀ⲥⲱⲟⲩ
ⲁ̀ϫⲟⲥ ⲛⲁϥ ϫⲉ ⲡⲉϫⲉ ⲡⲓⲁⲣⲭⲱⲛ ⲛⲁϥ ⲫⲏ ⲉ̀ⲧⲁϥⲥⲓⲛⲓ
ϩⲓϫⲱⲕ ϯⲛⲟⲩ ⲟⲩⲱⲣⲡ ⲛⲏⲓ ⲛ̀ ⲟⲩⲉ̀ⲥⲱⲟⲩ ⲉ̀ⲣⲉ ⲧⲉϥ- 20
ϯⲙⲏ ⲟⲓ ⲛ̀ ⲟⲩⲧⲉⲣⲙⲏⲥ ⲟⲩⲟϩ ⲁ̀ⲛⲟⲕ ⲉⲑⲛⲁϣⲑⲟⲣⲓ
ⲛ̀ⲧⲉϥϯⲙⲏ ϣⲁ ⲧⲫⲁϣⲓ ⲙ̀ⲡⲓⲉ̀ϩⲟⲟⲩ ⲙ̀ ⲫⲟⲟⲩ ⲛ̀ⲧⲁ-
ⲟⲩⲟⲣⲡϥ ⲛⲁⲕ Ⲁϥϣⲉ ⲇⲉ ⲛⲁϥ ⲛ̀ϫⲉ ⲇⲱⲣⲟⲑⲉⲟⲥ ⲛⲉⲙ

ⲡ̄ⲃ̄. ⲁ. ⲡⲓⲁⲅⲅⲉⲗⲟⲥ ⲉ̀ⲧ ⲟⲓ ⲙ̀ ⲡⲥⲙⲟⲧ ⲙ̀ ⲡⲓⲙⲁⲧⲟⲓ | ϣⲁ
ⲡⲓⲙⲁ ⲛ̀ ⲉ̀ⲥⲱⲟⲩ ⲉ̀ϫⲉⲛ ⲫⲣⲁⲛ ⲙ̀ ⲡⲓⲁⲣⲭⲏⲁⲅⲅⲉⲗⲟⲥ 25
ⲟⲩⲟϩ ⲁⲩϭⲓ ⲙ̀ ⲡⲓⲉ̀ⲥⲱⲟⲩ Ⲡⲓⲁⲣⲭⲱⲛ ⲇⲉ ⲫⲏ ⲛ̀ⲑⲟϥ
ⲡⲉ ⲙⲓⲭⲁⲏⲗ ⲁϥⲥⲟⲙⲥ ⲉ̀ⲇⲱⲣⲟⲑⲉⲟⲥ ⲡⲉϫⲁϥ ⲛⲁϥ
ϩⲏⲡⲡⲉ ⲓⲥ ⲡⲓⲉ̀ⲥⲱⲟⲩ ⲁϥⲥⲟⲃϯ ⲉⲑⲃⲉ ⲡϩⲱⲃ ⲙ̀ ⲡⲓ-

ⲛⲓϣϯ ⲛ̅ ⲣⲱⲙⲓ ⲉ̀ⲧⲁⲕϣⲟⲡϥ ⲉ̀ⲣⲟⲕ ϧⲉⲛ ⲡⲉⲕϫⲓⲛⲑⲁϩ-
ⲙⲉϥ ⲙ̅ ⲫⲟⲟⲩ ⲀⲚⲀⲨ ⲘⲎ ⲬⲚⲀϪⲒⲘⲒ Ⲛ̅ ⲞⲨⲦⲈⲂⲦ ⲚⲎⲒ
ⲈⲦⲀ ⲬⲢⲒⲀ ⲀⲚⲞⲔ ϨⲰ ϪⲈ ⲞⲨⲈⲒ ϮⲞⲨⲈⲘ Ⲉ̀ⲤⲰⲞⲨ
ⲀⲚ ⲠⲈϪⲈ ⲆⲰⲢⲞⲐⲈⲞⲤ Ⲙ̅ ⲠⲒⲀⲢⲬⲰⲚ ϦⲈⲚ ⲞⲨⲢⲀϢⲒ

ⲚⲂ. ⲃ. ϪⲈ ⲈⲢⲈ Ⲫϯ ⲤⲈⲂⲦⲰⲦⲤ Ⲛ̅ⲦⲀϢⲞⲠⲤ ⲠⲈϪⲈ ⲠⲒⲀⲢ- 5
ⲬⲰⲚ ϪⲈ ⲬⲚⲀϢⲞⲠⲤ ϦⲈⲚ ⲞⲨ ⲠⲈϪⲀϤ ⲚⲀϤ ϪⲈ ϮⲚⲀⲬⲰ
Ⲛ̅ ⲦⲀⲒ ϨⲂⲰⲤ ⲈϪⲰⲤ ϢⲀⲦ ⲀⲞⲨⲰⲢⲠ ⲚⲀϤ Ⲛ̅ Ϯ ⲦⲒⲘⲎ
ⲠⲈϪⲈ ⲠⲒⲀⲢⲬⲰⲚ ϪⲈ ⲒⲤϪⲈ Ⲙ̅ ⲠⲀⲒⲢⲎϮ ⲠⲈ ⲬⲰ Ⲙ̅
ⲠⲒϨⲂⲰⲤ ⲚⲀⲔ ⲞⲨⲞϨ ϮⲚⲀⲞⲨⲰⲢⲠ ϦⲈⲚ ⲠⲀⲢⲀⲚ Ⲛ̅ⲦⲀϬⲒ
Ⲙ̅ ⲠⲒⲦⲈⲂⲦ ϢⲀⲦⲈⲚⲞⲨⲰⲢⲠ ⲚⲀϤ Ⲛ̅ ϮⲦⲒⲘⲎ ⲀϤⲘⲞⲨϮ 10
Ⲛ̅ϪⲈ ⲠⲒⲀⲢⲬⲰⲚ Ⲉ̀ ⲞⲨⲀⲒ Ⲛ̅ ⲚⲒⲘⲀⲦⲞⲒ Ⲉ̀Ⲑ ⲚⲈⲘⲀϤ
ⲞⲨⲞϨ ⲠⲈϪⲀϤ ϪⲈ ⲘⲀϢⲈ ⲚⲀⲔ Ⲉ̀ ⲠⲀ ϨⲀⲒⲞⲢ ⲞⲨⲞϨ
ⲀϪⲞⲤ Ⲛ̅ ⲚⲒⲢⲈϤⲦⲀϨⲈ ⲦⲈⲂⲦ ϪⲈ ⲠⲈϪⲈ ⲠⲒⲀⲢⲬⲰⲚ

ⲚⲄ. ⲁ. ⲚⲰⲦⲈⲚ ⲪⲎ ⲈⲦⲀϤⲤⲒⲚⲒ ϨⲒϪⲰⲦⲈⲚ | ϪⲈ ⲞⲨⲰⲢⲠ ⲚⲎⲒ
Ⲛ̅ ⲞⲨⲦⲈⲂⲦ ⲈϤⲦⲈⲚⲚⲎⲞⲨⲦ ⲈⲢⲈ ⲦⲈϤ ⲦⲒⲘⲎ Ⲓ̀ⲢⲒ Ⲛ̅ 15
ⲞⲨⲦⲈⲢⲘⲎⲤ ⲞⲨⲞϨ ⲀⲚⲞⲔ ⲈⲐ ⲚⲀⲞⲨⲰⲢⲠ ϢⲀⲢⲰⲦⲈⲚ
Ⲛ̅ⲦⲈϤⲦⲒⲘⲎ ⲚⲈⲘ ⲆⲰⲢⲞⲐⲈⲞⲤ ϦⲈⲚ ⲦⲪⲀϢⲒ Ⲙ̅ ⲠⲒⲈ̀-
ϨⲞⲞⲨ Ⲙ̅ ⲪⲞⲞⲨ. ⲀϤϢⲈ ⲆⲈ Ⲛ̅ϪⲈ ⲠⲒⲀⲄⲄⲈⲖⲞⲤ ⲈⲦ
ⲞⲒ Ⲙ̅ ⲠⲤⲘⲞⲦ Ⲙ̅ ⲠⲒⲘⲀⲦⲞⲒ ϦⲈⲚ ⲪⲢⲀⲚ Ⲙ̅ ⲠⲒⲀⲢⲬⲰⲚ
ϢⲀ ⲚⲒⲢⲈϤⲦⲀϨⲈ ⲦⲈⲂⲦ ⲀϤϬⲒ Ⲛ̅ ⲦⲞⲦⲞⲨ Ⲙ̅ ⲠⲒⲦⲈⲂⲦ 20
ⲀϤⲈⲚϤ ϨⲀ ⲠⲒⲀⲢⲬⲰⲚ. ⲠⲈϪⲈ ⲠⲒⲀⲢⲬⲰⲚ ⲆⲈ Ⲛ̅ ⲆⲰ-
ⲢⲞⲐⲈⲞⲤ ϪⲈ ⲞⲨ ⲠⲈ ⲈⲦ ⲈⲔⲚⲀⲀⲒϤ Ⲁ̀ ⲠⲈⲔϨⲰⲂ
ⲔⲎⲚ Ⲛ̅ ϪⲰⲔ ⲠⲈϪⲈ ⲆⲰⲢⲞⲐⲈⲞⲤ ⲚⲀϤ ϪⲈ ⲀϨⲀ Ⲱ ⲠⲀ

ⲚⲄ. ⲃ. ϬⲤ | Ⲁ̀ ϨⲰⲂ ⲚⲒⲂⲈⲚ ⲔⲎⲚ Ⲛ̅ ϪⲰⲔ ⲈⲂⲞⲖ ⲠⲈϪⲈ ⲠⲒⲀⲢ-
ⲬⲰⲚ ⲚⲀϤ ϪⲈ ⲬⲀⲚ ⲈⲂⲞⲖ ⲀⲨϬⲀⲒ Ⲛ̅ ϨⲰⲂ ⲚⲒⲂⲈⲚ 25
ⲈⲦⲈ ⲠⲒⲈ̀ϨⲞⲞⲨ ⲠⲈ ⲚⲈⲘ ⲠⲒⲦⲈⲂⲦ ⲞⲨⲞϨ ⲀⲨϢⲈ ⲚⲰⲞⲨ
ⲚⲀⲢⲈ ⲆⲰⲢⲞⲐⲈⲞⲤ ⲆⲈ ⲘⲞϢⲒ ⲈϤⲘⲈⲨⲒ̀ ϦⲈⲚ ⲠⲈϤϨⲎⲦ
ϪⲈ ⲀⲒⲚⲀϪⲈⲘ ϮⲦⲒⲘⲎ Ⲙ̅ ⲠⲀⲒ Ⲉ̀ⲤⲰⲞⲨ ⲐⲰⲚ ⲚⲈⲘ

ⲡⲁⲓ ⲧⲉⲃⲧ ⲛⲉⲙ ⲫⲏ ⲉ̀ⲧ ⲉϥ ⲉⲣ ⲭⲣⲓⲁ ⲙ̀ⲙⲟϥ ⲛ̀ϫⲉ
ⲡⲁⲓ ⲁⲣⲭⲱⲛ ⲛ̀ ⲱⲓⲕ ϩ ⲏⲣⲡ ϩⲓ ⲫⲱⲣϣ ⲕⲁⲧⲁ ϩⲱⲃ
ⲛⲓⲃⲉⲛ ⲛⲁⲣⲉ ⲟⲩⲙⲏϣ ⲙ̀ ⲙⲉⲩⲓ̀ ⲭⲏ ϩⲓϫⲉⲛ ⲡⲉϥϩⲏⲧ
ϫⲉ ⲟⲩ ⲡⲉ ⲉⲧ ⲉϥⲛⲁⲁⲓϥ Ⲟⲩⲟϩ ⲛⲁϥⲙⲏⲛ ⲉϥϣⲗⲏⲗ

ⲛ̄ⲇ̄. ⲁ. ϣⲁ ⲫϯ ⲛⲉⲙ | ⲡⲓⲁⲣⲭⲏⲁⲅⲅⲉⲗⲟⲥ ⲉ̅ⲑ ⲟⲩⲁⲃ ⲙⲏⲭⲁⲏⲗ 5
Ⲉϥϫⲱ ⲙ̀ⲙⲟⲥ ϫⲉ ⲱ̀ ⲡⲓⲁⲣⲭⲏⲁⲅⲅⲉⲗⲟⲥ ⲉ̅ⲑ ⲟⲩⲁⲃ
ⲡⲉⲛⲡⲣⲟⲥⲧⲁⲧⲏⲥ ⲙ̀ ⲡⲓⲥⲧⲟⲥ ⲟ̀ϩⲓ ⲉ̀ⲣⲁⲧⲕ ⲛⲉⲙⲏⲓ ⲙ̀
ⲫⲟⲟⲩ ⲁ̀ⲛⲟⲕ ϧⲁ ⲡⲉⲕⲃⲱⲕ Ⲧⲉⲕⲥⲱⲟⲩⲛ ϫⲉ ⲉ̀ⲧ ⲁⲓ̀ⲣⲓ
ⲛ̀ ⲛⲁⲓ ⲧⲏⲣⲟⲩ ⲛⲉⲙ ϩⲓϫⲉⲛ ⲫⲣⲁⲛ ⲙ̀ ⲡⲉⲛϭ̅ⲥ̅ ⲓ̅ⲏ̅ⲥ̅ ⲡ̅ⲭ̅ⲥ̅
ⲁ̀ ⲇⲱⲣⲟⲑⲉⲟⲥ ⲇⲉ ⲙⲉⲩⲓ̀ ⲉ̀ ⲛⲁⲓ ⲉϥⲙⲟϣⲓ ⲛⲁⲣⲉ 10
ⲡⲓⲁⲣⲭⲏⲁⲅⲅⲉⲗⲟⲥ ⲇⲉ ⲉ̀ⲙⲓ ⲉ̀ ⲛⲉⲛⲙⲟⲕⲙⲉⲕ ⲙ̀ ⲡⲉϥ-
ϩⲏⲧ ⲉϥϣⲟⲩ ⲛ̀ ϩⲏⲧ ⲉ̀ ⲭⲱϥ ϣⲁⲧ ⲉϥⲛⲁⲩ ⲉ̀ ⲧⲉϥ-
ⲡⲣⲟϩⲉⲣⲉⲥⲓⲥ ⲉⲑ ⲛⲁⲛⲉⲥ Ⲉ̀ⲧⲁⲩϥⲟϩ ⲇⲉ ⲉ̀ ⲡⲏⲓ ⲛ̀

ⲛ̄ⲇ̄. ⲃ. ⲇⲱⲣⲟⲑⲉⲟⲥ ⲁϥⲕⲱⲗϩ ⲛ̀ϫⲉ | ⲙⲓⲭⲁⲏⲗ ⲛ̀ ϣⲟⲣⲡ ⲉ̀
ⲡⲣⲟ ⲙ̀ ⲡⲓⲙⲁ ⲛ̀ ϣⲱⲡⲓ. Ⲁⲥⲓ̀ ⲉ̀ⲃⲟⲗ ⲛ̀ϫⲉ ⲑⲉⲟⲡⲓⲥⲑⲉ 15
ϯⲥϩⲓⲙⲓ ⲛ̀ ⲉⲗⲉⲩⲑⲉⲣⲟⲥ ⲡⲉϫⲉ ⲙⲓⲭⲁⲏⲗ ϫⲉ ⲧϩⲓⲣⲏⲛⲏ
ⲱ̀ ⲑⲉⲟ̀ⲡⲓⲥⲑⲉ ϯⲁ̀ⲅⲁⲡⲏⲧⲟⲥ ⲙ̀ ⲙⲁⲓⲛⲟⲩϯ ⲛ̀ ⲥϩⲓⲙⲓ
ⲟⲩ ⲡⲉ ⲡⲉϩⲱⲃ ϧⲉⲛ ⲛⲁⲓ ⲉ̀ϩⲟⲟⲩ ⲛⲁⲓ Ⲁⲥ ⲉⲣ ⲟⲩⲱ̀
ⲛ̀ϫⲉ ⲑⲉⲟ̀ⲡⲓⲥⲑⲉ ϫⲉ ⲧϩⲓⲣⲏⲛⲏ ⲉ̀ ϫⲱⲕ ϩⲱⲕ ⲱ̀ ⲕⲩⲣⲓ
ⲡⲁ ϭ̅ⲥ̅ ⲛ̀ ⲁⲣⲭⲱⲛ ⲕⲁⲗⲱⲥ ⲁ̀ ⲫϯ ⲉⲛⲕ ϣⲁⲣⲟⲛ ⲙ̀ 20
ⲫⲟⲟⲩ ⲛⲉⲙ ⲡⲓⲁⲣⲭⲏⲁⲅⲅⲉⲗⲟⲥ ⲉ̅ⲑ ⲟⲩⲁⲃ ⲙⲓⲭⲁⲏⲗ
Ⲁⲙⲱⲓⲛⲓ ⲉ̀ ϧⲟⲩⲛ ⲱ̀ ⲡⲁ ϭ̅ⲥ̅ ⲟⲩⲟϩ ⲙ̀ⲡ ⲉⲣ ⲟ̀ϩⲓ ⲥⲁ
ⲃⲟⲗ ⲟⲩⲟϩ ϧⲉⲛ ⲡϫⲓⲛϯ ⲑⲉⲟ̀ⲡⲓⲥⲑⲉ ⲛ̀ ⲥϩⲓⲙⲓ ϫⲱ ⲛ̀

ⲛ̄ⲉ̄. ⲁ. ⲛⲁⲓ ⲓⲥ ⲡⲉⲥϫⲁⲓ ⲇⲱⲣⲟⲑⲉⲟⲥ | ⲁϥⲓ̀ ⲉ̀ⲣⲉ ⲡⲓⲉ̀ⲥⲱⲟⲩ ⲛ̀
ⲧⲟⲧϥ ⲛⲉⲙ ⲡⲓⲧⲉⲃⲧ ⲛⲉⲙ ⲡⲓϩⲃⲱⲥ ⲁϥⲭⲁⲩ ⲉ̀ⲡⲉⲥⲏⲧ 25
ⲙ̀ ⲡⲉⲥⲙ̀ⲑⲟ Ⲡⲉϫⲁⲥ ⲛⲁϥ ϫⲉ ⲱ̀ ⲡⲁ ϭ̅ⲥ̅ ⲡⲁ ⲥⲟⲛ
ⲉ̀ⲧⲁⲕϫⲓⲙⲓ ⲛ̀ ⲛⲁⲓ ⲑⲱⲛ ⲁⲕⲉⲛⲟⲩ ⲛⲉⲙⲁⲕ ⲉ̀ⲙⲛⲁⲓ
ⲙⲁⲗⲓⲥⲧⲁ ϯⲛⲁⲩ ⲉ̀ ⲡⲓ ⲕⲉ ϩⲃⲱⲥ ⲛ̀ ⲧⲟⲧⲕ Ⲡⲉϫⲉ

ⲇⲱⲣⲟⲑⲉⲟⲥ ⲛⲁⲥ ϫⲉ ⲡⲓⲁⲣⲭⲱⲛ ⲁϥϣⲧⲱⲣⲓ ⲙ̀ⲙⲟⲓ
ⲟⲩⲟϩ ⲁⲩⲧⲏⲓⲧⲟⲩ ⲛⲏⲓ ⲡⲉϫⲉ ⲑⲉⲟ̀ⲡⲓⲥⲑⲉ ⲛⲁϥ ϫⲉ
ⲕⲁⲗⲱⲥ ⲁ̀ ⲫϯ ⲓ̀ⲛⲓ ⲙ̀ ⲡⲓⲁⲣⲭⲱⲛ ⲛⲁⲛ ⲙ̀ ⲫⲟⲟⲩ
ⲛⲉⲙ ⲡⲓⲁⲣⲭⲏⲁⲅⲅⲉⲗⲟⲥ ⲉⲑ ⲟⲩⲁⲃ ⲙⲏⲭⲁⲏⲗ ⲛⲉⲙ ⲛⲏ

ⲡ̅ⲉ̅. ⲃ. ⲉⲑ ⲛⲉⲙⲁϥ ϧⲉⲛ ⲟⲩⲙⲉⲑⲙⲏⲓ ⲧⲉⲛⲛⲁⲧⲱⲡ | ⲛ̀ ⲛⲏ 5
ⲉ̀ⲧⲁϥϣⲧⲱⲣⲓ ⲙ̀ⲙⲟⲛ ⲉ̀ⲣⲱⲟⲩ ⲉⲥϫⲱ ⲛ̀ ⲛⲁⲓ ⲥⲁϫⲓ ϧⲉⲛ
ⲟⲩⲣⲁϣⲓ ⲡⲓⲁⲣⲭⲱⲛ ⲇⲉ ⲉ̀ⲧⲉ ⲛ̀ⲑⲟϥ ⲡⲉ ⲙⲓⲭⲁⲏⲗ
ⲛⲉⲭⲁϥ ϫⲉ ϯⲛⲁϭⲱⲗ ⲁ̀ⲛⲟⲕ ⲉ̀ ϯⲡⲣⲟⲥⲫⲟⲣⲁ ϫⲉ ⲙ̀
ⲫⲟⲟⲩ ⲡⲉ ⲡϣⲁⲓ ⲙ̀ ⲡⲓⲁⲣⲭⲏⲁⲅⲅⲉⲗⲟⲥ ⲉⲑ ⲟⲩⲁⲃ
ⲙⲏⲭⲁⲏⲗ ⲟⲩⲟϩ ⲁ̀ ⲡⲓⲛⲁⲩ ϣⲱⲡⲓ ϩⲉⲙⲥⲓ ⲛⲱⲧⲉⲛ 10
ϭⲓ ⲙ̀ ⲫⲣⲱⲟⲩϣ ⲙ̀ ⲡⲓ ⲙⲁ ⲛ̀ ⲕⲁⲗⲱⲥ ϣⲱⲧ ⲙ̀
ⲡⲓⲉ̀ϣⲟⲩ ⲟⲩⲟϩ ⲡⲁⲓ ⲧⲉⲃⲧ ⲇⲉ ⲁ̀ⲛⲁⲩ ⲙ̀ⲡ ⲉⲣ ⲫⲟϩ
ⲉ̀ⲣⲟϥ ϣⲁⲧ ⲁⲓ ⲛ̀ⲧⲁⲓ̀ⲣⲓ ⲛ̀ ϧⲏⲧϥ ⲕⲁⲧⲁ ⲡⲉⲧⲉϩ ⲛⲏⲓ.
ⲡⲉϫⲱⲟⲩ ⲇⲉ ϫⲉ ⲉ̀ⲥⲉϣⲱⲡⲓ ⲕⲁⲧⲁ ⲫⲟⲩⲁϩⲥⲁϩⲛⲓ

ⲡ̅ⲋ̅. ⲁ. ⲙ̀ ⲡⲉⲛ ⲟ̅ⲥ̅ ⲁϥϩⲱⲗ ⲇⲉ ⲉ̀ⲃⲟⲗ ϩⲁ ⲣⲱⲟⲩ ⲛ̀ ⲑⲱⲟⲩ | 15
ⲇⲉ ⲛⲁⲩⲉ̀ⲙⲓ ⲁⲛ ⲡⲉϫⲉ ⲛⲓⲙ ⲡⲉ ⲁⲗⲗⲁ ⲁⲩϫⲉⲙⲟⲩ
ⲉⲩⲙⲉⲩⲓ̀ ϫⲉ ⲟⲩⲁⲣⲭⲱⲛ ⲉ̀ⲃⲟⲗϧⲉⲛ ⲡⲓⲕⲁϩⲓ ⲡⲉ ⲡⲉϫⲉ
ⲇⲱⲣⲟⲑⲉⲟⲥ ⲇⲉ ⲛ̀ ⲑⲉ[ⲟ̀]ⲡⲓⲥⲑⲉ ⲧⲉϥⲥϩⲓⲙⲓ ϫⲉ ⲟⲩ ⲡⲉ
ⲉⲧ ⲉⲛⲛⲁⲗⲁⲓϥ ⲓⲉ ⲟⲩ ⲡⲉ ⲉⲧ ⲉⲛⲛⲁⲫⲱⲣϣϥ ⲥⲁ ϧⲣⲏⲓ
ⲙ̀ ⲡⲓⲁⲣⲭⲱⲛ ⲛ̀ⲛⲁϫⲉⲙ ⲱ̀ⲓⲕ ⲛ̀ⲑⲱⲛ ⲉϥⲉⲙⲡϣⲁ ⲙ̀ 20
ⲡⲉϥⲧⲁⲓⲟ ⲭⲁ ϣⲉⲛ ⲙ̀ ⲫⲟⲟⲩ ϫⲉ ⲁⲛⲓ̀ⲣⲓ ⲙ̀ ⲫⲏ ⲉⲧ
ⲁⲛϫⲉⲙϫⲟⲙ ⲉ̀ⲣⲟϥ ⲡⲉϫⲉ ⲧⲉϥⲥϩⲓⲙⲓ ⲛⲁϥ ϫⲉ ⲱ̀
ⲡⲁ ⲥⲟⲛ ⲫϯ ⲭⲱ ⲙ̀ⲙⲟⲛ ⲛ̀ⲥⲱϥ ⲁⲛ ⲧⲱⲛⲕ ϩⲓⲛⲁ
ⲛ̀ⲧⲉⲕϫⲉⲙ ⲟⲩⲣⲱⲙⲓ ⲛ̀ⲧⲉϥϣⲱⲧ ⲙ̀ ⲡⲓⲉ̀ϣⲟⲩ ⲟⲩⲟϩ

ⲡ̅ⲋ̅. ⲃ. ⲛ̀ⲧⲉⲛⲥⲉⲃⲧ ⲉ̀ ⲛⲉⲛⲥⲕⲉⲩⲟⲥ | ⲙ̀ ⲡⲏⲓ ⲟⲩⲟϩ ⲁϥⲓ̀ⲣⲓ 25
ⲙ̀ ⲡⲁⲓ ⲣⲏϯ ⲡⲉϫⲁⲥ ⲇⲉ ⲛⲁϥ ⲟⲩⲛ ϫⲉ ⲁⲛⲓⲟⲩⲓ̀ ⲉ̀ⲃⲟⲗ
ⲙ̀ ⲡⲓⲕⲟⲩϫⲓ ⲛ̀ ⲏⲣⲡ ϩⲓⲛⲁ ⲛ̀ⲧⲉⲛⲉ̀ⲙⲓ ϫⲉ ϥ ⲉⲣ ⲡⲣⲉ-
ⲡⲓ ⲙ̀ ⲡⲓⲁⲣⲭⲱⲛ ϣⲁⲛ ⲙ̀ⲙⲟⲛ ⲉ̀ⲧⲁϥϣⲉ ⲛⲁϥ ⲇⲉ

ⲁϥⲟⲩⲱⲙ ⲙ̄ ⲡⲣⲟ ⲙ̄ ⲡⲓⲁϩⲟ ⲉ̀ ⲁϥⲭⲉⲙϥ ⲉϥⲙⲉϩ ⲛ̀
ⲏⲣⲡ ϣⲁ ⲡⲓⲣⲟ ⲁϥⲉⲣ ϩⲟⲧ ⲇⲉ ⲛ̀ϫⲉ ⲇⲱⲣⲟⲑⲉⲟ ⲥⲁϥ-
ⲕⲟⲧϥ ⲉ̀ ⲧⲉϥⲥϩⲓⲙⲓ ⲁϥϣⲉⲛϥ ⲁ̀ ⲟⲩⲁⲓ ⲓ̀ⲛⲓ ⲛ̀ ⲟⲩⲏⲣⲡ
ⲙ̄ ⲡⲁⲓ ⲙⲁ ⲓ̀ⲥϫⲉⲛ ⲉ̀ⲧⲁⲓϩⲱⲗ ⲉ̀ⲃⲟⲗ Ⲡⲉϫⲁⲥ ⲛⲁϥ
ϫⲉ ϥⲱⲛϩ ⲛ̀ϫⲉ ⲡ̅ⲥ̅ ϫⲉ ⲓ̀ⲥϫⲉⲛ ⲡⲓⲛⲁⲩ ⲉ̀ⲧⲁⲓ̀ⲓ̀ⲛⲓ ⲙ̄ 5
ⲡⲓⲕⲟⲩϫⲓ ⲛ̀ ⲏⲣⲡ ⲉ̀ⲃⲟⲗ ⲛ̀ ϯⲡⲣⲟⲥⲫⲟⲣⲁ ⲙ̄ ⲫⲟⲟⲩ ⲙ̄ⲡⲉ

ⲛ̅ⲍ̅. ⲁ. ϩⲗⲓ ⲥⲱⲧⲡ ⲃⲉⲛ ⲡⲓ | ⲁϩⲟ ⲉ̀ⲃⲏⲗ ⲉⲩⲕⲉⲗⲗⲁ ⲛ̀ ⲟⲩⲱⲧ ⲥⲁ
ⲃⲟⲩⲛ ⲙ̀ⲙⲟϥ. Ⲡⲉϫⲁϥ ⲛⲁⲥ ⲟⲩⲛ ⲛ̀ϫⲉ ⲱⲟⲩ ⲛ̀
ϩⲏⲧ ϣⲁ ⲧⲉⲛⲛⲁⲩ ⲉ̀ ⲡϫⲱⲕ ⲙ̄ ⲡϩⲱⲃ ⲁⲩϩⲓ ⲧⲟⲧⲟⲩ
ⲇⲉ ⲉ ⲡϫⲓⲛ ⲓ̀ⲛⲓ ⲉ̀ⲃⲟⲗ ⲙ̄ ⲡⲓⲕⲟⲩϫⲓ ⲛ̀ ⲛⲉϩ ⲉ̀ⲑⲃⲉ 10
ⲡⲓⲧⲁⲡⲁⲛⲏ ⲛⲉⲙ ⲧⲁⲡⲟⲕⲣⲓⲥⲓⲥ ⲛ̀ ⲛⲓⲥⲛⲏⲟⲩ Ⲉⲧⲁⲩϣⲉ
ⲇⲉ ⲉ̀ ⲃⲟⲩⲛ ⲉ̀ ⲫⲙⲁ ⲙ̄ ⲡⲓⲛⲉϩ ⲁⲩϫⲓⲙⲓ ⲛ̀ ⲍ̅ ⲙ̄
ⲃⲓⲑⲏⲥ ⲉⲩⲙⲉϩ ⲛ̀ ⲛⲉϩ ⲙ̄ ⲙⲏⲓ ϣⲁ ⲥⲁ ⲡϣⲱⲓ ⲙ̀ⲙⲱⲟⲩ
ⲛⲉⲙ ϩⲁⲛⲙⲉⲇⲣⲓⲧⲏⲥ ⲉⲩⲙⲉϩ ⲉ̀ⲃⲟⲗⲃⲉⲛ ϩⲱⲃ ⲛⲓⲃⲉⲛ
ⲉ̀ ⲛⲁⲣⲉ ⲡⲓⲏⲓ ϣⲁⲧ ⲙ̀ⲙⲱⲟⲩ ⲧⲏⲣⲟⲩ ϩⲁⲛⲁⲧⲁⲣⲓⲕⲓ 15

ⲛ̅ⲍ̅. ⲃ. ⲛⲉⲙ ⲁ̀ⲗⲱⲙ | ⲛⲉⲙ ⲉ̀ⲃⲓⲱ̀ ⲛⲉⲙ ϩⲉⲙϫ ⲛⲉⲙ ⲡⲥⲱⲧⲡ
ⲛ̀ ⲛⲉⲛϩⲱⲃ ⲛⲓⲃⲉⲛ ⲙ̄ ⲡⲓⲏⲓ Ⲛ̀ⲑⲱⲟⲩ ⲇⲉ ⲁⲩϩⲟⲧ ⲓ̀
ⲉ̀ϩⲣⲏⲓ ⲉ̀ ϫⲱⲟⲩ ⲙⲉⲛⲉⲛⲥⲁ ⲫⲁⲓ ⲇⲉ ⲁⲩϩⲱⲗ ⲉ̀ ⲃⲟⲩⲛ
ⲉ̀ ⲡⲟⲩⲕⲟⲓⲧⲱⲛ ⲁⲩϫⲓⲙⲓ ⲛ̀ ⲛⲟⲩⲕⲁⲡⲥⲓ ⲉⲩⲙⲉϩ ⲉ̀ⲃⲟⲗ
ⲃⲉⲛ ⲥⲙⲟⲧ ⲛⲓⲃⲉⲛ ⲛ̀ⲧⲉ ⲛⲓϩⲉⲃⲥⲱ ⲉⲧ ⲧⲁⲓⲏⲟⲩⲧ 20
ⲉⲩϭⲟⲥⲓ ⲇⲉ ⲉ̀ϩⲟⲧⲉ ⲡⲥⲛⲟⲩ ⲛ̀ⲧⲉ ⲧⲟⲩⲙⲉⲧⲡⲁⲧϣⲉⲗⲉⲧ
ⲛⲉⲙ ⲛ̀ ⲟⲩⲁⲣⲭⲉⲟⲥ ⲛ̀ ⲉϩⲟⲟⲩ Ⲙⲉⲛⲉⲛⲥⲁ ⲛⲁⲓ ⲇⲉ
ⲁⲩϩⲱⲗ ⲉ̀ ⲫⲙⲁ ⲛ̀ ⲥⲟⲃϯ ⲙ̄ ⲡⲓⲱ̀ⲓⲕ ⲁⲩⲭⲉⲙϥ ⲛ̀ⲛⲱⲓⲕ
ⲉⲧ ⲥⲱⲧϥ ⲉϥⲥⲱⲧⲡ ⲃⲉⲛ ϯⲟⲩⲛⲟⲩ ⲇⲉ ⲁⲩⲉ̀ⲙⲓ ⲉ̀

ⲛ̅ⲏ̅. ⲁ. ⲡⲓϩⲙⲟⲧ ⲉ̀ⲧⲁϥⲓ̀ ⲛⲱⲟⲩ ⲁⲩϯ ⲱ̀ⲟⲩ ⲇⲉ ⲙ̄ ⲫϯ | ⲙ̄ 25
ⲡⲓⲁⲣⲭⲏⲁⲅⲅⲉⲗⲟⲥ ⲙⲏⲭⲁⲏⲗ. Ⲟⲩⲟϩ ⲡⲉϫⲉ ⲇⲱⲣⲟⲑⲉⲟⲥ
ⲛ̀ ⲑⲉⲟ̀ⲡⲓⲥⲑⲉ ⲧⲉϥⲥϩⲓⲙⲓ ϫⲉ ⲁ̀ ⲫϯ ⲕⲏⲛ ⲛ̀ ⲥⲟⲃϯ ⲛ̀
ϩⲱⲃ ⲛⲓⲃⲉⲛ ⲁⲙⲱⲓⲛⲓ ⲛ̀ⲧⲉⲛⲫⲱⲣϣ ⲙ̄ ⲡⲓⲁⲣⲭⲱⲛ ϫⲉ

ⲟⲩⲉⲓ ⲁ̀ ⲡⲓⲛⲁⲩ ϣⲱⲡⲓ ⲉⲑⲣⲉⲛⲣⲁⲃⲁϣ ⲉ̀ ϯⲁ̀ⲛⲁⲫⲟⲣⲁ
ⲉ̀ⲑ ⲟⲩⲁⲃ Ⲉ ⲁⲩⲥⲉⲃⲧⲉ ϩⲱⲃ ⲛⲓⲃⲉⲛ ⲟⲩⲟϩ ⲁⲩⲫⲱⲣϣ
ⲛ̀ ⲟⲩⲛⲟⳓ ⲙ̀ ⲫⲣⲏϣ ⲉϥⲟⲓ ⲛ̀ ⲛⲓϥϯ ⲕⲁⲧⲁ ⲡⲧⲁⲓⲟ̀
ⲙ̀ ⲡⲓⲁⲣⲭⲱⲛ ⲟⲩⲟϩ ⲁⲩⲥⲉⲙⲛⲉ ϩⲁⲛⲧⲣⲁⲡⲉⲍⲁ ⲛ̀
ⲛⲓⲥⲛⲟⲩ ⲕⲁⲧⲁ ⲧⲟⲩⲥⲩⲛⲏⲑⲓⲁ̀ ⲟⲩⲟϩ ⲁⲩϯ ϩⲓⲱⲧⲟⲩ 5
ⲛ̀ ϩⲁⲛⲥⲧⲟⲗⲏ ⲉⲩⲥⲱⲧⲡ ⲉ̀ ⲁⲩϩⲱⲗ ⲉ̀ ⲡⲓϣⲉⲙϣⲓ ⲉ̀ⲑ

ⲡⲏ. ⲃ. ⲟⲩⲁⲃ | ϧⲉⲛ ⲧⲉⲕⲕⲗⲏⲥⲓⲁ̀ ⲙ̀ ⲡⲓⲁⲣⲭⲏⲁⲅⲅⲉⲗⲟⲥ ⲉ̀ⲑ
ⲟⲩⲁⲃ ⲙⲏⲭⲁⲏⲗ ⲉⲩⲭⲏ ϧⲉⲛ ⲟⲩⲛⲓϣϯ ⲛ̀ ⲣⲁϣⲓ ⲉ̀ⲙⲁ-
ϣⲱ ⲉ̀ⲧⲁⲩⲓ̀ ⲇⲉ ⲉ̀ϧⲟⲩⲛ ⲉ̀ ϯⲉⲕⲕⲗⲏⲥⲓⲁ̀ ⲁⲩⲟⲩⲱϣⲧ
ⲙ̀ ⲡⲃ̄ ⲙ̀ⲡⲉⲙⲑⲟ ⲙ̀ ⲡⲓⲉⲣⲁⲇⲣⲓⲟⲛ ⲟⲩⲟϩ ⲁⲩⲧⲱⲃϩ ⲙ̀ 10
ⲫϯ ϧⲉⲛ ⲟⲩⲛⲓϣϯ ⲛ̀ ϣⲉⲡϩⲙⲟⲧ ⲉⲩⲥⲙⲟⲩ ⲙ̀ⲡⲉⲙⲑⲟ
ⲛ̀ ⲧϩⲓⲕⲱⲛ ⲙ̀ ⲡⲓⲁⲣⲭⲏⲁⲅⲅⲉⲗⲟⲥ ⲉ̀ⲑ ⲟⲩⲁⲃ ⲙⲏⲭⲁⲏⲗ
ⲉⲩⲭⲱ ⲙ̀ⲙⲟⲥ ϫⲉ ⲧⲉⲛϣⲉⲡϩⲙⲟⲧ ⲛ̀ ⲧⲟⲧⲕ ⲡⲉⲛ ⲟ̄ⲥ̄
ⲓⲏ̄ⲥ̄ ⲡⲭ̄ⲥ̄ ⲛⲉⲙ ⲡⲉⲕⲓⲱⲧ ⲛ̀ ⲁ̀ⲅⲁⲑⲟⲥ ⲛⲉⲙ ⲡⲓⲡ̄ⲛ̄ⲁ̄
ⲉ̀ⲑ ⲟⲩⲁⲃ ϣⲁ ⲉ̀ⲛⲉϩ ⲁ̀ⲙⲏⲛ Ⲟⲩⲟϩ ⲧⲉⲛⲥⲙⲟⲩ ⲉ̀ 15
ⲡⲉⲕ ⲁⲣⲭⲏⲁⲅⲅⲉⲗⲟⲥ ⲉ̀ⲑ ⲟⲩⲁⲃ ⲙⲏⲭⲁⲏⲗ ϫⲉ ⲙ̀ⲡⲉ

ⲡⲑ̄. ⲁ. ⲕϩⲱⲡ | ⲙ̀ ⲡⲉⲕⲛⲁⲓ ⲉ̀ⲃⲟⲗϩⲁⲣⲟⲛ ⲟⲩⲇⲉ ⲙ̀ⲡⲉⲕ ⲉⲣ
ⲡⲱⲃϣ ⲙ̀ ⲡⲉⲛⲇⲱⲣⲟⲛ ⲁⲗⲗⲁ ⲁⲕⲟⲩⲱⲣⲡⲥ ϣⲁⲣⲟⲛ
ⲛ̀ⲛⲉⲕⲙⲉⲧϣⲁⲛⲁϩⲑⲏϥ ⲛ̀ ⲭⲱⲗⲉⲙ Ⲙⲉⲛⲉⲛⲥⲁ ⲛⲁⲓ
ⲁⲩϭⲓ ⲉ̀ⲃⲟⲗϧⲉⲛ ⲛⲓⲙⲩⲥⲧⲏⲣⲓⲟⲛ ⲟⲩⲟϩ ⲁⲩϭⲓ ⲛ̀ⲱⲟⲩ 20
ⲛ̀ ϯⲉⲓⲣⲏⲛⲏ ⲉ̀ ⲁⲩⲭⲱⲗⲉⲙ ⲁⲩⲓ̀ ⲉ̀ⲃⲟⲗ ⲙ̀ⲡⲉⲙⲑⲟ ⲛ̀
ⲛⲓⲥⲛⲏⲟⲩ ⲟⲩⲟϩ ⲛⲁⲩϩⲉⲙⲥⲓ ⲉⲩⲥⲟⲙⲥ ⲉ̀ⲃⲟⲗ ϧⲁⲭⲱϥ
ⲙ̀ ⲡⲓⲁⲣⲭⲱⲛ ϧⲉⲛ ⲟⲩⲛⲓϣϯ ⲛ̀ ⲥⲡⲟⲩⲇⲁⲏ Ⲟⲩⲟϩ ⲁⲩ-
ⲑⲱⲟⲩϯ ⲛ̀ ⲛⲓϩⲱⲟⲩⲧ ⲛⲉⲙ ⲛⲓϩⲓⲟⲙⲓ ϣⲁⲧⲉ ⲡⲓⲙⲁ ⲙⲟϩ
ⲛ̀ϩⲱⲟⲩⲧ ⲛⲉⲙ ϩⲓⲟ̀ⲙⲓ ⲟⲩⲟϩ ⲛ̀ ⲇⲱⲣⲟⲑⲉⲟⲥ ⲛⲉⲙ ⲑⲉⲟ̀- 25

ⲡⲑ̄. ⲃ. ⲡⲓⲥⲑⲉ ⲛⲁⲩⲃⲏⲕ ⲡⲉ | ⲉⲩⲟ̀ϩⲓ ⲉ̀ⲣⲁⲧⲟⲩ ⲉⲩϣⲉⲙϣⲓ
ⲙ̀ⲙⲱⲟⲩ ϧⲉⲛ ϩⲱⲃ ⲛⲓⲃⲉⲛ ⲉ̀ⲧⲟⲩϣⲁⲧ ⲙ̀ⲙⲟϥ ⲉⲩ ⲉⲣ
ⲇⲓⲁⲕⲱⲛⲓⲛ ⲙ̀ⲙⲱⲟⲩ ϧⲉⲛ ⲡⲓⲏⲣⲡ ⲛ̀ ⲥⲁⲓⲉ ⲛⲉⲙ ϩⲁⲛ

ⲧⲁⲡⲁⲛⲏ ⲉⲩⲥⲱⲧⲡ ⲉⲧⲓ ⲇⲉ ⲉⲩⲟⲓ ⲙ̇ ⲡⲁⲓ ⲣⲏϯ ⲓⲥ
ⲡⲓⲁⲣⲭⲱⲛ ⲫⲏ ⲛ̇ⲑⲟϥ ⲡⲉ ⲙⲓⲭⲁⲏⲗ ⲁϥⲓ̀ ⲛⲉⲙ ⲛⲉϥ
ⲙⲁⲧⲟⲓ ⲁⲩⲕⲱⲗϩ ⲙ̇ ⲡⲓⲣⲟ ⲉ̀ⲧⲁⲩⲭⲱⲗⲉⲙ ⲇⲉ ⲛ̀ϫⲉ
ⲇⲱⲣⲟⲑⲉⲟⲥ ⲛⲉⲙ ⲑⲉⲟⲡⲓⲥⲑⲉ ⲁⲩⲓ̀ ⲉ̀ⲃⲟⲗ ϧⲉⲛ ⲟⲩⲣⲁϣⲓ
ⲁⲩⲁⲟⲩⲱⲛ ⲙ̇ ⲡⲓⲣⲟ ⲁⲩϣⲟⲡⲟⲩ ⲉⲩϫⲱ ⲙ̇ⲙⲟⲥ ϫⲉ 5
ⲕⲁⲗⲱⲥ ⲁⲛ ⲉⲣ ⲡⲉⲙⲡϣⲁ ⲙ̇ ⲡⲉⲕϫⲓⲛⲓ ϣⲁⲣⲟⲛ ⲙ̇
ⲫⲟⲟⲩ ⲱ̀ ⲕⲩⲣⲓ ⲁⲣⲭⲱⲛ ⲛⲉⲙ ⲛⲉⲕⲙⲁⲧⲟⲓ ⲧⲁⲫⲙⲏⲓ

ⲝ̄. ⲁ. ⲧⲉⲛⲣⲁϣⲓ ⲙ̇ ⲫⲟⲟⲩ | ϫⲉ ⲟⲩⲛⲓϣϯ ⲡⲉ ⲡⲁⲓⲉ̀ϩⲟⲟⲩ
ϫⲉ ⲡϣⲁⲓ ⲙ̇ ⲡⲉⲛ ⲟ̄ⲥ̄ ⲡⲓⲁⲣⲭⲏⲁⲅⲅⲉⲗⲟⲥ ⲉⲑ ⲟⲩⲁⲃ
ⲙⲏⲭⲁⲏⲗ ⲁⲙⲱⲓⲛⲓ ⲉ̀ ϧⲟⲩⲛ ⲱ̀ ⲡⲓⲣⲱⲙⲓ ⲉ̀ⲧ ⲥⲙⲁ- 10
ⲣⲱⲟⲩⲧ ⲉⲣⲉ ⲫ̄ϯ ⲣⲁϣⲓ ⲛⲉⲙⲁⲕ ⲉ̀ⲧⲁϥⲓ̀ ⲇⲉ ⲉ̀ ϧⲟⲩⲛ
ⲛ̀ϫⲉ ⲡⲓⲁⲣⲭⲱⲛ ⲉ̀ ⲁϥϫⲓⲙⲓ ⲙ̇ ⲡⲓⲙⲁ ⲧⲏⲣϥ ⲉϥⲙⲉϩ
ⲛ̀ ϩⲱⲟⲩⲧ ⲛⲉⲙ ⲥϩⲓⲙⲓ ϩⲁⲛⲕⲟⲩϫⲓ ⲛⲉⲙ ϩⲁⲛⲛⲓϣϯ
ⲁϥ ⲉⲣ ⲙ̇ ⲫⲣⲏϯ ⲙ̇ ⲫⲏ ⲉⲧⲉ ϧⲟⲓ ⲛ̀ ϣⲫⲏⲣⲓ ⲟⲩⲟϩ
ⲡⲉϫⲁϥ ⲛ̀ ⲇⲱⲣⲟⲑⲉⲟⲥ ⲛⲉⲙ ⲑⲉⲟ̀ⲡⲓⲥⲑⲉ ϫⲉ ⲱ̀ ⲛⲓⲥⲛ- 15
ⲏⲟⲩ ⲟⲩ ⲧⲉⲧⲉⲛ ⲭⲣⲓⲁ̀ ⲉ̀ ⲛⲁⲓ ⲙⲏϣ ⲛ̀ ⲣⲱⲙⲓ ⲛⲉⲙ
ⲛⲁⲓ ⲙⲏϣ ⲛ̀ ϩⲓⲟ̀ⲙⲓ ⲉ̀ ϯⲛⲁⲩ ⲉ̀ⲣⲱⲟⲩ ⲙ̇ ⲡⲁⲓ ⲣⲏϯ

ⲝ̄. ⲃ. ⲙⲏ ⲁ̀ ⲧⲉⲧⲉⲛ ⲧⲁⲗⲉ ϩⲣⲉϣⲓ ⲉ̀ ϫⲱⲧⲉⲛ | ⲙ̇ ⲫⲟⲟⲩ
ⲉⲑⲃⲉ ⲡⲉⲛϫⲓⲛⲓ̀ ϣⲁ ⲣⲱⲧⲉⲛ ⲙⲏ ⲧⲉⲧⲉⲛⲛⲁⲩ ⲛ̀ⲑⲱⲧⲉⲛ
ⲁⲛ ⲉ̀ ⲡⲓϩⲟϫϩⲉϫ ⲉ̀ⲧ ⲭⲏ ϯⲛⲟⲩ ⲙⲁⲣⲉ ⲫⲁⲓ ⲛⲁ ⲓ̀ⲣⲓ 20
ϧⲉⲛ ⲡⲥⲛⲟⲩ ⲙ̇ ⲡⲓϩⲉⲛⲟⲩϥⲓ ⲡⲉⲭⲱⲟⲩ ⲇⲉ ⲱ̀ ⲡⲉⲛ
ⲟ̄ⲥ̄ ⲡⲓⲁⲣⲭⲱⲛ ⲭⲱ ⲛⲁⲛ ⲉ̀ⲃⲟⲗ ϫⲉ ⲟⲩⲉⲓ ⲙ̇ⲡ ⲉⲛⲧⲁⲗⲉ
ϩⲣⲉϣⲓ ⲉ̀ϫⲉⲛ ⲛⲉⲛⲯⲩⲭⲏ ⲉⲑⲃⲏⲧⲕ ⲁⲗⲗⲁ ⲧⲉⲛϣⲉⲡ
ϩⲙⲟⲧ ⲛ̀ⲧⲉⲛϥ̄ϯ ⲛⲉⲙ ⲡⲉϥⲁⲣⲭⲏⲁⲅⲅⲉⲗⲟⲥ ⲙⲓⲭⲁⲏⲗ
ϫⲉ ⲟⲩⲉⲓ ⲙ̇ⲙⲟⲛ ϩⲗⲓ ϧⲉⲛ ⲛⲏ ⲉ̀ⲧⲉⲕⲛⲁⲩ ⲉ̀ⲣⲱⲟⲩ 25
ⲟⲓ ⲛ̀ ϣⲉⲙⲙⲟ ⲙ̇ⲙⲟⲛ ⲁⲗⲗⲁ ⲧⲏⲣⲟⲩ ϩⲁⲛⲥⲩⲅⲅⲉⲛⲏⲥ
ⲛ̀ⲧⲁⲛ ⲡⲉ ⲥⲉⲏⲡ ⲉ̀ⲣⲟⲛ ⲧⲏⲣⲟⲩ ⲡⲉ ϧⲉⲛ ⲫ̄ϯ ⲡⲉ

ⲝ̄ⲁ̄. ⲁ. ⲁⲩϫⲉⲙⲟⲩ ⲛ̀ϫⲉ ⲛⲁⲓ ⲉⲑ ⲟⲩⲁⲃ ⲉⲩϫⲱ | ⲛⲁⲓ ⲉⲣⲉ

ⲡⲓⲁⲣⲭⲏⲁⲅⲅⲉⲗⲟⲥ ⲙⲏⲭⲁⲏⲗ ⲣⲁϣⲓ ⲛⲉⲙⲱⲟⲩ ⲡⲉ ⲉⲑⲃⲉ
ⲡⲭⲱⲕ ⲉⲃⲟⲗ ⲛ̀ⲧⲟⲩⲡⲣⲟⲍⲉⲣⲉⲥⲓⲥ ⲘⲈⲚⲈⲚⲤⲀ ⲚⲀⲒ ⲆⲈ
ⲁϥϣⲱⲗ ⲉ̀ ⲃ̀ⲟⲩⲛ ⲛⲉⲙ ⲛⲏ ⲉ̀ⲑ ⲛⲉⲙⲁϥ ⲉ̀ ⲡⲓⲙⲁ
ⲉ̀ⲧⲁⲩⲥⲉⲃⲧⲱⲧϥ ⲛⲁϥ ⲉ̀ⲧⲁⲩⲍⲱⲗ ⲉ̀ ⲃ̀ⲟⲩⲛ ⲁⲩⲑⲣⲉ
ⲡⲓⲁⲣⲭⲏⲁⲅⲅⲉⲗⲟⲥ ⲍⲉⲙⲥⲓ ⲍⲓⲭⲉⲛ ⲟⲩⲑⲣⲟⲛⲟⲥ ⲟⲩⲟⲍ 5
ⲡⲉⲭⲁϥ ⲛ̀ ⲇⲱⲣⲟⲑⲉⲟⲥ ⲭⲉ ⲁ̀ⲛⲓⲟⲩⲓ ⲙ̀ ⲡⲓⲧⲉⲃⲧ ⲙ̀ⲡⲁ-
ⲧⲉⲧⲉⲛ ⲉⲣ ⲍⲱⲃ ⲉ̀ⲣⲟϥ. ⲈⲦⲀⲨⲈⲚϤ ⲆⲈ ⲡⲉⲭⲁϥ ⲛ̀
ⲇⲱⲣⲟⲑⲉⲟⲥ ⲭⲉ ⲍⲉⲙⲥⲓ ⲗⲟⲅⲱⲙ ⲛ̀ⲧⲉϥⲛⲉⲭⲓ ⲁϥⲓⲣⲓ
ⲙ̀ ⲡⲁⲓⲣⲏϯ ⲛⲉⲭⲉ ⲡⲓⲁⲣⲭⲱⲛ ⲛⲁϥ ⲭⲉ ⲁ̀ⲛⲓⲟⲩⲓ̀ ⲛ̀ⲧⲉϥ-
ⲍ̅Ⲁ̅. ⲃ. ⲕⲁⲣⲓ ⲉ̀ⲃⲟⲗ ⲁϥⲓⲛⲓ ⲁϥⲭⲉⲙϥ ⲉϥⲟⲓ ⲛ̀ ⲛⲓϣϯ | ⲉ̀ⲙⲁϣⲱ 10
ⲡⲉⲭⲁϥ ⲆⲈ ⲚⲀϤ ⲭⲉ ⲟⲩ ⲡⲉ ⲫⲁⲓ ⲱ̀ ⲡⲁ ⲟ̅ⲥ̅ ⲡⲉⲭⲁϥ
ⲚⲀϤ ⲭⲉ ⲗⲟⲅⲱⲛ ⲙ̀ⲙⲟϥ ⲈⲦⲀϤⲖⲞⲨⲰⲘ ⲆⲈ ⲘⲘⲞϤ ⲚⲬⲈ
ⲇⲱⲣⲟⲑⲉⲟⲥ ⲁϥⲭⲓⲙⲓ ⲛ̀ ⲟⲩⲙⲟⲣⲥ ⲥⲁ ⲃ̀ⲟⲩⲛ ⲙ̀ⲙⲟϥ
ⲉⲥⲧⲉⲃ ⲃⲉⲛ ⲃⲁⲛⲧⲏⲃⲥ ⲁϥ ⲉⲣ ϣⲫⲏⲣⲓ ⲆⲈ ⲛ̀ⲭⲉ
ⲇⲱⲣⲟⲑⲉⲟⲥ ⲉⲑⲃⲉ ⲡⲓⲍⲱⲃ ⲞⲨⲞⲌ ⲡⲉⲭⲁϥⲭⲉ ⲟⲩ ⲡⲉ 15
ⲫⲁⲓ ⲡⲁ ⲟ̅ⲥ̅ ⲡⲓⲁⲣⲭⲱⲛ ⲡⲉⲭⲉ ⲡⲓⲁⲣⲭⲱⲛ ⲛⲁϥ
ⲫⲏ ⲛ̀ⲑⲟϥ ⲡⲉ ⲙⲓⲭⲁⲏⲗ ⲭⲉ ⲛⲓⲛⲓϣϯ ⲛ̀ ⲧⲉⲃⲧ ⲥⲉⲟⲓ
ⲙ̀ ⲡⲁⲓ ⲣⲏϯ ⲉⲩⲱⲙⲕ ⲛ̀ ⲍⲱⲃ ⲛⲓⲃⲉⲛ ⲉ̀ⲧⲟⲩⲛⲁⲭⲉⲙⲟⲩ
ⲃⲉⲛ ⲛⲓⲙⲱⲟⲩ ⲀⲖⲖⲀ ⲗⲟⲅⲱⲛ ⲆⲈ ⲛ̀ϯⲙⲟⲣⲥ ⲍⲓⲛⲁ
ⲍ̅Ⲃ̅. ⲁ. ⲛ̀ⲧⲉⲕⲛⲁⲩ ⲭⲉ ⲟⲩ ⲡⲉ ⲉ̀ⲧ ⲥⲁ ⲃ̀ⲟⲩⲛ ⲙ̀ⲙⲟⲥ | ⲡⲉⲭⲉ 20
ⲇⲱⲣⲟⲑⲉⲟⲥ ⲛⲁϥ ⲭⲉ ⲡⲁ ⲟ̅ⲥ̅ ⲛ̀ ⲁϣ ⲛ̀ ⲣⲏϯ ϯⲛⲁⲩⲱⲙ
ⲙ̀ⲙⲟⲥ ⲥ ⲧⲏⲃ ⲁ̀ ⲡⲓⲁⲣⲭⲏⲁⲅⲅⲉⲗⲟⲥ ⲙⲓⲭⲁⲏⲗ ⲥⲟⲩ-
ⲧⲱⲛ ⲧⲉϥⲭⲓⲭ ⲉ̀ⲃⲟⲗ ⲁϥⲁ̀ⲙⲟⲛⲓ ⲛ̀ ϯⲙⲟⲣⲥ ⲁϥⲭⲉⲙⲥ
ⲉⲥⲙⲉⲍ ⲛ̀ ⲛⲟⲩⲃ ⲉϥⲥⲱⲧⲡ Ⲉ̀ⲦⲀϤϢⲰⲠ ⲆⲈ ⲘⲘⲰⲞⲨ
ⲁϥⲭⲉⲙ ⲧⲟⲩⲏ̀ⲡⲓ ⲉⲩⲓ̀ⲣⲓ ⲛ̀ ⲯ̅ ⲛ̀ ⲗⲟⲅⲕⲟⲭⲓ ⲥⲁ ⲃ̀ⲣⲏⲓ 25
ⲆⲈ ⲙ̀ⲙⲱⲟⲩ Ⲅ̅ ⲛ̀ ⲑⲣⲓⲧⲟⲛ ⲉⲧⲁϥϭⲓⲧⲟⲩ ⲆⲈ ⲉϥϥⲁⲓ
ⲛ̀ ⲛⲉϥⲃⲁⲗ ⲉ̀ ⲡ̀ϣⲱⲓ ⲉ̀ ⲧ̀ⲫⲉ ⲡⲉⲭⲁϥ ⲭⲉ ⲛ̀ⲑⲟⲕ ⲟⲩ-
ⲇⲓⲕⲉⲟⲥ ⲱ̀ ⲡ̅ⲟ̅ⲥ̅ ⲛⲉⲕ ⲍⲁⲛⲥⲉⲥⲟⲩⲧⲱⲛ ⲞⲨⲞⲌ ⲙ̀ⲙⲟⲛ

ϣⲓⲡⲓ ϣⲟⲡ ⲛ̀ ⲛⲏ ⲉ̀ⲧⲉⲥ̄ⲑⲛⲟⲩ ⲭⲏ ⲉ̀ⲣⲟⲕ Ⲡⲉϫⲉ ⲡⲓ-
ⲁⲣⲭⲱⲛ ⲛ̀ ⲇⲱⲣⲟⲑⲉⲟⲥ ⲛⲉⲙ ⲑⲉⲟ̀ⲡⲓⲥⲑⲉ ⲧⲉϥⲥϩⲓⲙⲓ |
ⲁ̀ⲙⲱⲓⲛⲓ ⲉⲧ ϧⲏ ϩⲁⲣⲟⲓ ⲱ̀ ⲛⲁⲙⲉⲛⲣⲁϯ ⲛ̀ ⲥⲛⲏⲟⲩ
ϩⲓⲛⲁ ⲛ̀ⲧⲁⲥⲁϫⲓ ⲛⲉⲙⲱⲧⲉⲛ ϫⲉ ⲟⲩⲉⲓ ⲛ̀ⲑⲱⲧⲉⲛ ϩⲁⲛ-
ⲣⲉⲙⲣⲁⲩϣ ⲛ̀ ⲣⲱⲙⲓ Ⲟⲩⲟϩ ⲉⲑⲃⲉ ⲟⲩϣⲉⲡϩⲙⲟⲧ ⲃⲉⲛ 5
ⲟⲩⲙⲉⲧϩⲟⲩⲟ̀ ⲉⲑⲃⲏⲧ ⲙ̀ ⲫⲟⲟⲩ ⲃⲉⲛ ⲡⲁⲭⲓⲛⲓ̀ ϣⲁ-
ⲣⲱⲧⲉⲛ ϩⲏⲡⲡⲉ ⲓⲥ ⲫϯ ⲁϥϯ ⲛⲱⲧⲉⲛ ⲙ̀ ⲡⲁⲓ ⲛⲟⲩⲃ
ⲫⲁⲓ ⲃⲉⲛ ⲧⲁⲓ ⲥⲫⲣⲁⲅⲓⲥ ⲑⲁⲓ ϫⲉ ⲟⲩⲉⲓ ⲑⲁⲓ ⲧⲉ
ⲑⲏⲃⲥ ⲙ̀ ⲡⲁⲃ̄ⲥ̄ ⲡⲟⲩⲣⲟ ⲛⲉⲙ ⲡⲉⲧⲉⲛⲧⲁϥ ϯⲛⲟⲩ ⲇⲉ
ⲛ̀ ⲧϣⲉⲃⲓⲱ̀ ⲛ̀ ⲧⲉⲧⲉⲛⲁ̀ⲅⲁⲡⲏ ⲛⲉⲙ ⲡⲉⲧⲉⲛϩⲓⲥⲓ ⲛⲉⲙ 10
ⲡⲅⲉⲛⲟⲥ ⲛ̀ ⲛⲓⲣⲱⲙⲓ ⲉ̀ⲧ ⲁⲣⲉⲧⲉⲛⲁⲓⲧⲟⲩ ⲛⲉⲙⲏⲓ ⲛⲉⲙ
ⲛⲁⲓ ⲣⲱⲙⲓ ⲙ̀ ⲫⲟⲟⲩ | ⲁ̀ ⲫϯ ⲉⲣ ϩⲙⲟⲧ ⲛⲱⲧⲉⲛ ⲙ̀
ⲫⲟⲟⲩ ⲙ̀ ⲡⲁⲓ ⲍ̄ ⲛ̀ ⲗⲟⲅⲕⲟⲭⲓ ⲛⲉⲙ ⲡⲁⲓ Ⲅ̄ ⲛ̀ ⲑⲣⲓⲧⲟⲛ
ϭⲓⲧⲟⲩ ⲙⲱⲓ ⲛ̀ ⲟⲩⲁⲓ ⲙ̀ ⲡⲓⲙⲁ ⲛ̀ ⲉ̀ⲥⲱⲟⲩ ⲕⲉ ⲟⲩⲁⲓ
ⲇⲉ ⲙ̀ ⲡⲓⲥⲁ ⲛ̀ ⲧⲉⲃⲧ ⲛ̀ ⲧϣⲉⲃⲓⲱ̀ ⲙ̀ ⲡⲓⲧⲉⲃⲧ ⲟⲩⲟϩ 15
ϭⲓ ⲙ̀ ⲡⲁⲓ ⲕⲉⲧ ⲧⲏⲓϥ ⲛ̀ ⲧϣⲉⲃⲓⲱ̀ ⲙ̀ ⲡⲓⲥⲟⲩⲟ ⲫⲏ
ⲉ̀ⲧ ⲁⲣⲉⲧⲉⲛⲧⲏⲓϥ ⲙ̀ ⲡⲓϩⲃⲱⲥ ⲛⲁⲃⲱ ⲉ̀ⲭⲱϥ ⲛ̀ ⲥⲁϥ
ⲟⲩⲟϩ ⲁ̀ⲣⲉⲧⲉⲛ ⲧⲏⲓϥ ⲙ̀ ⲡⲓⲇⲱⲣⲟⲛ Ⲁⲩϩⲓⲧⲟⲩ ⲇⲉ
ⲉ̀ⲡⲉⲥⲏⲧ ⲁⲩⲭⲱⲃⲥⲟⲩ ⲙ̀ ⲡⲉⲙⲑⲟ ⲙ̀ ⲡⲓⲁⲣⲭⲱⲛ ⲉⲓⲭⲱ
ⲉ̀ ⲇⲱⲣⲟⲑⲉⲟⲥ ⲛⲉⲙ ⲑⲉⲟ̀ⲡⲓⲥⲑⲉ ⲟⲩⲟϩ ⲡⲉϫⲱⲟⲩ ϫⲉ 20
ⲟⲩ ⲡⲉ ⲫⲁⲓ ⲉⲧ ⲉⲕⲭⲱ ⲙ̀ⲙⲟϥ ⲛⲁⲛ ⲱ̀ ⲡⲉⲛ ⲟ̄ⲥ̄ ⲕⲩⲣⲓ
ⲡⲓⲁⲣⲭⲱⲛ ⲙⲏ | ⲁⲕⲓ̀ ϣⲁⲣⲟⲛ ⲁ̀ⲛⲟⲛ ϧⲁ ⲛⲉⲕⲉ̀ⲃⲓⲁⲓ̀ⲕ
ϩⲓⲛⲁ ⲛ̀ⲧⲉⲛϭⲓ ϩⲗⲓ ⲛ̀ ⲧⲟⲧⲕ ⲙⲏ ⲥⲧⲟⲙⲓ ⲁⲛ ⲉ̀ ⲣⲱⲙⲓ
ⲛⲓⲃⲉⲛ ⲉⲑⲣⲟⲩ ⲉⲣ ⲇⲓⲁ̀ⲕⲱⲛⲓⲛ ⲛ̀ ⲛⲉⲛⲙⲁⲧⲟⲓ ⲙ̀ ⲡⲟⲩⲣⲟ
Ⲙⲏ ⲛ̀ⲑⲟⲕ ⲁⲛ ⲉ̀ⲧⲉⲛϣ ⲉ̀ϫⲉⲛ ⲛⲉⲛⲥⲱⲙⲁ ϩⲓⲛⲁ ⲉⲑⲣⲉⲕ- 25
ⲓ̀ⲣⲓ ⲛ̀ ϧⲏⲧⲉⲛ ⲙ̀ ⲫⲏ ⲉⲧⲉϩ ⲛⲁⲕ ⲟⲩⲟϩ ⲉ̀ⲃⲏⲗ ⲉ̀ ⲫⲁⲓ
ⲙⲏ ⲕϭⲓ ϩⲗⲓ ⲁⲛ ⲉ̀ⲃⲟⲗ ⲃⲉⲛ ⲡϩⲙⲟⲧ ⲙ̀ ⲫϯ ⲛⲉⲙ
ⲧⲉϥⲇⲱⲣⲉⲁ̀ ⲕⲥⲱⲟⲩⲛ ⲱ̀ ⲡⲉⲛ ⲟ̄ⲥ̄ ⲛ̀ ⲁⲣⲭⲱⲛ ϫⲉ ⲁϣ

ⲛ̀ ⲉ̀ϩⲟⲟⲩ ⲡⲉ ⲫⲟⲟⲩ ⲟⲩⲟϩ ⲡⲁⲓ ⲕⲟⲩϫⲓ ⲛ̀ ⲱⲓⲕ ⲉ̀ⲧ
ⲛⲉⲕⲁⲟⲩⲟⲙϥ ⲛⲉⲙ ⲛⲉⲛ ⲥⲩⲅⲅⲉⲛⲏⲥ ⲙ̀ ⲫⲱⲛ ⲁⲛ ⲡⲉ
ⲁⲗⲗⲁ ⲫⲁ ⲫϯ ⲡⲉ ⲛⲉⲙ ⲡⲉϥⲁⲣⲭⲁⲅⲅⲉⲗⲟⲥ ⲉ̀ⲑ

ⲍ̅ⲇ̅. ⲁ. ⲟⲩⲁⲃ | ⲙⲏⲭⲁⲏⲗ ⲫⲁⲓ ⲉ̀ⲧ ⲉⲛ ⲉⲣ ϣⲁⲓ ⲛⲁϥ ⲙ̀ ⲫⲟⲟⲩ
ⲁⲗⲗⲁ ⲓ̀ⲥϫⲉ ⲛ̀ⲑⲟⲕ ⲫⲁⲓ ⲡⲉ ⲡⲉⲕⲟⲩⲱϣ ⲡⲉⲛ ⲟ̅ⲥ̅ 5
ⲡⲓⲁⲣⲭⲱⲛ ⲁ̀ⲛⲟⲛ ⲇⲉ ⲧⲉⲛⲛⲁϭⲓ ⲛ̀ ⲛⲓⲧⲉⲣⲙⲏⲥ ϩⲟⲗⲱⲥ
ⲛ̀ ⲧϣⲉⲃⲓⲱ̀ ⲙ̀ ⲡⲓⲉ̀ϣⲟⲩ ⲛⲉⲙ ⲡⲓⲧⲉⲃⲧ ⲟⲩⲟϩ ⲛ̀ⲧⲉⲛϭⲓ
ⲙ̀ ⲡⲓ ⲕⲉ ⲟⲩⲁⲓ ⲛ̀ⲧⲉⲛⲃⲱⲗ ⲙ̀ ⲡⲓϩⲃⲱⲥ ⲉ̀ⲃⲟⲗ ⲕⲁⲧⲁ
ⲡⲉⲕⲟⲩⲁϩⲥⲁϩⲛⲓ ⲡⲉϫⲉ ⲡⲓⲁⲣⲭⲱⲛ ϥⲏ ⲛ̀ⲑⲟϥ ⲡⲉ
ⲙⲓⲭⲁⲏⲗ ⲛⲱⲟⲩ ϫⲉ ⲧⲁ ⲫⲙⲏⲓ ϣⲉ ⲡⲱ̀ⲛϧ ⲙ̀ ⲡⲁⲟ̅ⲥ̅ 10
ⲡⲟⲩⲣⲟ ⲁ̀ⲛⲁⲅⲕⲏ ⲛ̀ⲧⲉⲧⲉⲛϭⲓⲧⲟⲩ ⲧⲏⲣⲟⲩ ⲟⲩⲟϩ ⲛ̀
ⲧⲉⲧⲉⲛⲥⲉϫⲡ ϩⲗⲓ ⲛ̀ ϧⲏⲧⲟⲩ ⲓⲥϫⲉ ⲧⲉⲧⲉⲛ ⲉⲣ ϩⲟⲧ

ⲍ̅ⲇ̅. ⲃ. ϧⲁ ⲧϩⲏ ⲙ̀ ⲡⲁ ⲟ̅ⲥ̅ ⲡⲟⲩⲣⲟ ϫⲉ | ⲙⲏⲡⲟⲧⲉ ⲛ̀ⲧⲉϥ
ⲥⲱⲧⲉⲙ ⲛ̀ⲧⲉϥⲭⲱⲛⲧ ⲁ̀ⲛⲟⲕ ϯⲛⲁϫⲉⲙ ⲗⲱⲓϫⲓ ⲉ̀ ϫⲱ
ⲧⲉⲛ ϧⲁ ⲧⲟⲧϥ ⲙ̀ ⲡⲁ ⲟ̅ⲥ̅ ⲡⲟⲩⲣⲟ ⲟⲩⲟϩ ϯⲛⲁⲑⲉⲧ 15
ⲡⲉϥϩⲏⲧ ⲉⲑⲣⲉϥϩⲙⲟⲧ ⲛⲱⲧⲉⲛ ⲛ̀ ϩⲁⲛ ⲧ ⲕⲉ ⲧⲁⲓⲟ
ⲉⲩⲟⲓ ⲛ̀ ⲛⲓϣϯ ⲉ̀ ⲛⲁⲓ. ⲓⲥϫⲉ ⲧⲉⲧⲉⲛ ⲟⲩⲱϣ ⲉ̀ ⲉ̀ⲙⲓ
ⲉ̀ ϯⲙⲉⲑⲙⲏⲓ ϫⲉ ⲙ̀ⲙⲟⲛ ⲛⲁⲓ ⲙ̀ⲙⲁⲩⲁⲧⲟⲩ ⲛ̀ⲑⲟⲟⲩ
ⲡⲉ ⲉ̀ⲧⲉⲛⲧⲱⲧⲉⲛ ϩⲓϫⲱⲓ ⲉⲑⲣⲉϥϯⲓϥ ⲛⲱⲧⲉⲛ ⲟⲩⲟϩ
ⲁ̀ⲛⲟⲕ ⲁⲓϣⲁⲛⲧⲁⲥⲑⲟⲓ ⲉ̀ ⲧⲁⲃⲁⲕⲓ ϯⲛⲁϯ ⲛⲱⲧⲉⲛ ⲛ̀ 20
ⲧⲁⲫⲉ ⲙ̀ ⲡⲉⲧⲉⲛ ⲭⲣⲏⲙⲁ ⲛⲉⲙ ϩⲁⲛ ⲕⲉ ⲙⲏϣ ⲛ̀
ⲧⲁⲓⲟ̀ ⲉⲩⲟⲓ ⲛ̀ ⲛⲓϣϯ ⲉ̀ⲙⲁϣⲱ ⲁⲗⲗⲁ ϭⲓ ⲛ̀ ⲛⲁⲓ

ⲍ̅ⲉ̅. ⲁ. ⲛⲱⲧⲉⲛ ϫⲉ ⲛ̀ⲑⲟⲟⲩ ⲡⲉ ⲡⲓⲭⲫⲟ | ⲁϥ ⲉⲣ ϣⲫⲏⲣⲓ ⲇⲉ
ⲛ̀ϫⲉ ⲇⲱⲣⲟⲑⲉⲟⲥ ⲛⲉⲙ ⲑⲉⲟⲡⲓⲥⲑⲉ ⲧⲉϥⲥϩⲓⲙⲓ ϧⲉⲛ
ⲡⲭⲓⲛⲑⲣⲟⲩⲥⲱⲧⲉⲛ ⲉ̀ ⲛⲁⲓ ⲟⲩⲟϩ ⲡⲉϫⲱⲟⲩ ⲛⲁϥ ϫⲉ 25
ⲧⲉⲛϯ ϩⲟ̀ ⲉ̀ⲣⲟⲕ ⲱ̀ ⲡⲉⲛ ⲟ̅ⲥ̅ ⲙ̀ⲡ ⲉⲣ ⲥⲱⲃⲓ ⲙ̀ⲙⲟⲛ
ⲁ̀ⲛⲟⲛ ϧⲁ ⲛⲉⲕⲉ̀ⲃⲓⲁⲓⲕ ⲟⲩⲇⲉ ⲙ̀ⲡ ⲉⲣ ϫⲱ ⲛ̀ ϩⲁⲛ-
ⲥⲁϫⲓ ⲛⲁⲛ ⲉⲩⲥⲁ ⲡϣⲱⲓ ⲛ̀ⲧⲉⲛ ⲯⲩⲥⲓⲥ ⲛ̀ ⲑⲛⲁⲩ ⲁϥⲓ̀

ϣⲁⲣⲟⲛ ⲛ̀ϫⲉ ⲡⲉⲛ ⲟ̅ⲥ̅ ⲟⲩⲟϩ ⲁⲛϯ ⲛ̀ ⲟⲩⲛⲟⲩⲃ ϣⲁⲧ
ⲉⲛϭⲓ ⲙ̀ ⲡⲓⲭⲫⲟ ⲛ̀ ⲧⲟⲧϥ Ⲧⲁⲫⲙⲏⲓ ⲇⲉ ϫⲉ ⲙ̀ⲡ ⲉⲛⲛⲁⲩ
ⲉⲣⲟⲕ ⲉ̀ⲛⲉϩ ⲱ̀ ⲡⲉⲛ ⲟ̅ⲥ̅ ⲟⲩⲟϩ ⲁⲕⲓ̀ ⲉ̀ ϧⲟⲩⲛ ⲉ̀
ⲡⲉⲛⲏⲓ ⲓⲉ ⲉ̀ⲧⲁⲛⲛⲁⲩ ⲉ̀ ⲡⲉⲕϩⲟ ⲛ̀ ⲑⲛⲁⲩ ⲉ̀ⲃⲏⲗ ⲉ̀
ⲫⲟⲟⲩ ⲡⲱⲥ ⲕ̀ϫⲱ ⲙ̀ⲙⲟⲥ ϫⲉ ⲁⲕϭⲓ ϩⲗⲓ ⲛ̀ ⲧⲱⲧⲉⲛ 5

ⲝ̅ⲉ̅. ⲃ. | Ⲁϥ ⲉⲣ ⲟⲩⲱ̀ ⲛ̀ϫⲉ ⲡⲓⲁⲣⲭⲱⲛ ⲡⲉϫⲁϥ ⲥⲱⲧⲉⲙ ⲉ̀ⲣⲟⲓ
ⲧⲁⲧⲁⲙⲱⲧⲉⲛ ϫⲉ ⲑⲛⲁⲩ ⲡⲉ ⲉ̀ⲧ ⲁⲓⲓ̀ ⲉ̀ ϧⲟⲩⲛ ⲉ̀
ⲡⲉⲧⲉⲛⲏⲓ ⲙ̀ ⲫⲛⲁⲩ ⲉ̀ⲧⲁⲩⲙⲟⲩ ⲛ̀ϫⲉ ⲛⲉⲧⲉⲛ ⲓⲟϯ
ⲟⲩⲟϩ ⲁⲧⲉⲧⲉⲛⲉⲣ ⲕⲗⲏⲣⲟⲛⲟⲙⲓⲛ ⲛ̀ ⲛⲟⲩⲭⲣⲏⲙⲁ ⲛⲉⲙ
ⲛ̀ⲟⲩϩⲟⲙⲧ Ⲓⲥϫⲉⲛ ϯⲟⲩⲛⲟⲩ ⲉ̀ⲧⲉⲙⲙⲁⲩ ϣⲁ ⲉ̀ϧⲟⲩⲛ 10
ⲉ̀ ⲫⲟⲟⲩ ϯⲛⲏⲟⲩ ⲉ̀ ϧⲟⲩⲛ ⲉ̀ ⲡⲉⲧⲉⲛⲏⲓ ⲛ̀ ⲟⲩⲥⲟⲡ
ⲕⲁⲧⲁ ⲁ̀ⲃⲟⲧ ⲟⲩⲟϩ ⲙⲉⲛⲉⲛⲥⲁ ⲑⲣⲓ ϣⲉ ⲛⲏⲓ ⲧⲉⲧⲉⲛ-
ⲟⲩⲱⲣⲡ ⲛⲏⲓ ⲛ̀ ϩⲁⲛ ⲕⲉ ⲧⲁⲓⲟ̀ ⲉ̀ ⲧⲁ ⲃⲁⲕⲓ ⲉⲩⲟⲓ ⲛ̀
ⲛⲓϣϯ ϣⲁ ⲡⲁ ⲟ̅ⲥ̅ ⲡⲟⲩⲣⲟ Ⲟⲩⲟϩ ⲁⲩⲕⲏⲛ ⲛ̀ ⲥϩⲉ
ⲡⲉⲧⲉⲛⲣⲁⲛ ϩⲓϫⲱⲟⲩ ⲧⲏⲣⲟⲩ ϣⲁ ⲧⲉⲧⲉⲛⲣⲁⲃⲱ 15

ⲝ̅ⲋ̅. ⲁ. ϧⲁⲧⲉⲛ | ⲡⲁ ⲟ̅ⲥ̅ ⲡⲟⲩⲣⲟ ϩⲓⲛⲁ ⲛ̀ⲧⲉϥⲑⲛⲓⲧⲟⲩ ⲛⲱⲧⲉⲛ
ⲉⲩⲕⲏⲃ. Ⲁϥ ⲉⲣ ⲟⲩⲱ̀ ⲛ̀ϫⲉ ⲇⲱⲣⲟⲑⲉⲟⲥ ⲛⲉⲙ ⲑⲉⲟ̀-
ⲡⲓⲥⲑⲉ ϫⲉ ⲧⲉⲛϯϩⲟ ⲉ̀ⲣⲟⲕ ⲱ̀ ⲡⲉⲛⲟ̅ⲥ̅ ⲛ̀ ⲁⲣⲭⲱⲛ
Ⲁⲣⲓⲟⲩⲓ ⲙ̀ ⲡⲁⲓ ⲁ̀ⲅⲁⲑⲟⲛ ⲛⲉⲙⲁⲛ ⲉⲑⲣⲉ ⲕ̀ⲧⲁⲙⲟⲛ
ⲉ̀ ⲡⲉⲕⲣⲁⲛ ϩⲟⲗⲱⲥ ϫⲉ ⲁⲛⲕⲏⲛ ⲛ̀ ⲭⲁ ⲧⲟⲧⲉⲛ ⲉ̀ⲃⲟⲗ 20
ⲉⲑⲃⲉ ⲛⲁⲓ ⲥⲁϫⲓ ⲉ̀ⲧⲉⲕϫⲱ ⲙ̀ⲙⲱⲟⲩ ⲛⲁⲛ ⲁϥ ⲉⲣ ⲟⲩⲱ̀
ⲛ̀ϫⲉ ⲡⲓⲁⲣⲭⲱⲛ ⲫⲏ ⲛ̀ⲑⲟϥ ⲡⲉ ⲙⲓⲭⲁⲏⲗ ⲟⲩⲟϩ ⲡⲉ-
ϫⲁϥ ⲛⲱⲟⲩ ϫⲉ ⲁ̀ⲛⲟⲕ ϯⲛⲁⲧⲁⲙⲱⲧⲉⲛ ⲉ̀ ⲡⲁⲣⲁⲛ
ⲛⲉⲙ ⲫⲣⲁⲛ ⲛ̀ ⲧⲁ ⲃⲁⲕⲓ ⲓⲥϫⲉ ⲧⲉⲧⲉⲛⲟⲩⲱϣ ⲉ̀ ⲥⲱ-

ⲝ̅ⲋ̅. ⲃ. ⲧⲉⲙ Ⲁ̀ⲛⲟⲕ ⲡⲉ ⲙⲓⲭⲁⲏⲗ ⲡⲁⲣⲭⲱⲛ | ⲛ̀ ⲛⲁ ⲛⲓⲫⲏⲟⲩⲓ̀ 25
ⲛⲉⲙ ⲛⲁ ⲡⲕⲁϩⲓ ⲁ̀ⲛⲟⲕ ⲡⲉ ⲙⲓⲭⲁⲏⲗ ⲡⲁⲣⲭⲏⲥⲧⲣⲁ-
ϯⲅⲟⲩⲥ ⲛ̀ ⲧⲭⲟⲙ ⲛ̀ ⲛⲓⲫⲏⲟⲩⲓ̀ ⲁ̀ⲛⲟⲕ ⲡⲉ ⲙⲓⲭⲁⲏⲗ
ⲡⲁⲣⲭⲱⲛ ⲛ̀ ⲛⲓⲉ̀ⲱⲛ ⲛ̀ ⲟⲩⲱⲓⲛⲓ ⲁ̀ⲛⲟⲕ ⲡⲉ ⲙⲓⲭⲁⲏⲗ

πιχωρι ειφωρχ ν̀ νιπολεμος τηρου μ̀πεμθο
μ̀ πουρο ἀνοκ πε μιχαηλ πϣουϣου ν̀ να-
νιφηουὶ νεμ να πκαϩι ἀνοκ πε μιχαηλ πι-
νιϣϯ ϕη ἐτε θ μετϣαναϩθηϥ τηρϲ μ̀ ϕϯ
ϣοπ ν̀ ϩητϥ ἀνοκ πε μιχαηλ πεπιθροπος 5
ν̀ θμετουρο ν̀ νιφηουὶ ἀνοκ πε μιχαηλ πι-

ϚϚ̄. Δ. αρχηαγγελοϲ | ϕη ετ οϩι ὲ ρατ ϥ μ̀ πεμθο ν̀
νενχιχ μ̀ ϕϯ Ἀνοκ πε μιχαηλ ϕη ἐτ ινι ν̀
νενδωρον ν̀ νιρωμι νεμ ν̀ ουταιὸ ὲ ϧουν
ϣα ϕϯ πα ουρο Ἀνοκ πε μιχαηλ ϕη ἐτ μοϣι 10
νεμ νιρωμι νη ἐτε τουϩελπιϲ ϧεν π̄ϭ̄ϲ̄ Ἀνοκ
πε μιχαηλ πιαρχηαγγελοϲ ϕη ἐτ ερ διακονιν
ν̀ ϯμετρωμι τηρϲ ϧεν ουϲωουτεν ουοϩ ν̀-
θωτεν ϩωτεν αιϣεμϣε θηνου ἰϲχεν τεν-
μετκουχι ϣα ϯνου Ουοϩ ϯχω ν̀ τοτ ὲβολ 15

ϚϚ̄. Β. αν ει ερ διακονιν | μ̀μωτεν ϣα ταϕεϩ θηνου
ὲ πχ̄ϲ̄ πα ουρο ϕη ἐτοι ν̀ ατ κην μ̀ ϕρηϯ
ὲτ αρετενϣεμϣιτ ἀνοκ ϩω νεμ πα ϭ̄ϲ̄ ϧεν
ουμεθνιϣϯ ν̀ χομ μη ϯνα ερ πωβϣ ν̀ νετεν-
δωρον ουοϩ ϯναχω ν̀ϲωι ν̀ νετεν ταιο αν 20
νεμ νετεν μετναητ νη ἐν αρετενθιτου μ̀
ϕϯ ὲχεν πα ραν Μη ναιὸϩι ὲ ρατ ν̀ϲαϥ αν
ϧεν τετενμηϯ ειϲωτεμ ὲ ϕη ὲ τετενχω
μ̀μοϲ ν̀ νετεν ὲρηου εθβε τετεν ϲυνηθὶα

Ζ̄Η̄. Δ. ϧεν πιδωρον νεμ πιϣαι μη ναι ουηου | μ̀μω- 25
τεν ϧεν πινου ἐτ αρετενριμι ἐρετεν ϯϩο
ἐροι ἐρετεν χω μ̀μοϲ χε τωβϩ μ̀ ϕϯ εθρε
ϥουοθβεν ὲβολϧεν παι κοϲμοϲ μ̀πατε τϩελ-

πιc ⲛ̀ⲧⲉ ⲧⲉⲕⲙⲉⲧⲛⲁⲏⲧ ⲭⲱⲭⲓ ⲉ̀ⲃⲟⲗϩⲁⲣⲟⲛ ⲙⲏ ⲙ̀
ⲡⲓⲛⲁⲩ ⲉ̀ⲣⲱⲧⲉⲛ ϧⲉⲛ ⲡⲓⲛⲁⲩ ⲉ̀ⲧ ⲁⲣⲉⲧⲉⲛⲓ̀ⲛⲓ ⲛ̀
ⲛⲉⲧⲉⲛϩⲃⲱⲥ ⲉ̀ⲃⲟⲗ ⲉ̀ⲣⲉⲧⲉⲛ ϭⲓ ⲥⲙⲟⲩ ⲛ̀ ϧⲏⲧⲟⲩ
ⲁ̀ ⲧⲉⲧⲉⲛⲑⲓⲧⲟⲩ ⲉ̀ⲃⲟⲗ ⲉ̀ⲭⲉⲛ ⲧⲁⲑⲩⲥⲓⲁ̀ ϯⲭⲱⲙ̀ⲙⲟⲥ
ⲛⲱⲧⲉⲛ ⲭⲉ ⲁⲓⲭⲉⲙⲧ ϧⲉⲛ ⲛⲁⲓ ⲧⲏⲣⲟⲩ ϯⲭⲏ ⲛⲉⲙⲱⲧⲉⲛ 5
ⲛ̀ ϯⲓ̀ⲣⲓ ⲙ̀ ⲡⲱⲃϣ ⲁⲛ ⲛ̀ ϩⲗⲓ ϧⲉⲛ ⲛⲏ ⲉ̀ⲛⲁⲣⲉⲧⲉⲛ
ⲧⲏⲓⲧⲟⲩ ⲓ̀ⲥⲭⲉⲛ ⲧⲉⲧⲉⲛ ⲙⲉⲧⲕⲟⲩⲭⲓ ϣⲁ ϯⲛⲟⲩ

ⲝⲏ. ⲃ. | Ⲁⲗⲗⲁ ϯⲟⲩⲱⲛϩ ⲙ̀ⲙⲱⲟⲩ ⲧⲏⲣⲟⲩ ⲉ̀ ⲭⲱⲧⲉⲛ ϧⲁⲧⲉⲛ
ⲫϯ ⲫⲏ ⲛ̀ⲑⲟϥ ⲡⲉ ⲡⲁ ⲟⲩⲣⲟ ⲧⲁ ⲫⲙⲏⲓ ⲁⲩⲕⲏⲛ ⲉ̀
ϭⲓ ⲛ̀ ⲛⲉⲧⲉⲛ ⲧⲁⲓⲟ̀ ⲙ̀ ⲫⲣⲏϯ ⲛ̀ ⲁⲃⲉⲗ ⲛⲉⲙ ⲛⲱⲉ̀ 10
ⲛⲉⲙ ⲁⲃⲣⲁⲁⲙ ⲭⲉ ⲁ̀ ⲧⲉⲧⲉⲛ ⲧⲏⲓⲧⲟⲩ ϧⲉⲛ ⲟⲩⲥⲱⲟⲩ-
ⲧⲉⲛ Ⲱⲟⲩⲛⲓⲁ̀ⲧⲉⲛⲑⲏⲛⲟⲩ ⲟⲩⲟϩ ⲡⲓⲁ̀ⲅⲁⲑⲟⲛ ⲛⲁϣⲱ-
ⲡⲓ ⲛⲱⲧⲉⲛ ⲙ̀ ⲫⲣⲏϯ ⲙ̀ ⲡⲉⲧⲉⲛ ⲣⲁⲛ ⲡⲁⲓ ⲣⲏϯ ⲟⲛ
ⲡⲉ ⲡⲉⲧⲉⲛ ⲕⲉ ⲥⲙⲟⲩ Ⲭⲉ ⲧⲉⲣⲙⲉⲛⲓⲁ̀ ⲛ̀ ⲇⲱⲣⲟⲑⲉⲟⲥ
ⲡⲉ ϯⲩⲥⲓⲁ̀ ⲙ̀ ⲫϯ ⲟⲩⲟϩ ⲧⲉⲣⲙⲉⲛⲓⲁ̀ ⲛ̀ ⲑⲉⲟ̀ⲡⲓⲥⲑⲉ ⲭⲉ 15
ⲑⲙⲉⲧⲛⲁϩϯ ⲉ̀ ⲫϯ Ⲁ̀ ⲛⲟⲕ ⲡⲉ ⲡⲓⲁⲣⲭⲏⲁⲅⲅⲉⲗⲟⲥ ⲙⲏ-

ⲝⲑ. ⲁ. ⲭⲁⲏⲗ ⲫⲏ ⲉ̀ⲧ ⲭⲏ | ϧⲁⲧⲉⲛ ⲛⲉⲛⲭⲓⲭ ⲙ̀ ⲫϯ ⲁ̀ ⲧⲉⲧⲉⲛ
ⲭⲁⲧ ⲛⲱⲧⲉⲛ ⲛ̀ ⲣⲉϥ ⲧⲱⲃϩ ϧⲁⲧⲉⲛ ⲫϯ ⲉ̀ ⲭⲱⲧⲉⲛ
Ⲁ̀ⲛⲟⲕ ⲡⲉ ⲙⲓⲭⲁⲏⲗ ⲫⲏ ⲉ̀ⲧ ϭⲓ ⲛ̀ ⲛⲉⲧⲉⲛ ϯϩⲟ ⲛⲉⲙ
ⲛⲉⲧⲉⲛ ⲡⲣⲟⲥⲉⲩⲭⲏ ⲛⲉⲙ ⲛⲉⲧⲉⲛ ⲑⲩⲥⲓⲁ̀ ⲛⲉⲙ ⲛⲉⲧⲉⲛ 20
ⲙⲉⲧⲛⲁⲏⲧ ⲉⲓⲱ̀ⲗⲓ ⲙ̀ⲙⲱⲟⲩ ⲉ̀ ⲡϣⲱⲓ ⲙ̀ ⲫϯ Ⲡⲁⲓ
ⲣⲏϯ ϩⲱϥ ⲕⲟⲣⲛⲏⲗⲓⲟⲥ ⲁ̀ⲛⲟⲕ ⲡⲉ ⲉ̀ⲧ ⲁⲓϩⲱⲗ ϣⲁ
ⲣⲟϥ ⲁⲓⲧⲁⲙⲟϥ ⲉ̀ ⲫⲙⲱⲓⲧ ⲛ̀ⲧⲉ ⲡⲱⲛϧ ϩⲓⲧⲉⲛ ⲡⲓⲱⲙⲥ
ⲉ̀ⲧⲁϥϭⲓⲧϥ ⲛ̀ⲧⲟⲧϥ ⲙ̀ ⲡⲉⲧⲣⲟⲥ ⲡⲓⲛⲓϣϯ ⲛ̀ ⲁ̀ⲡⲟⲥⲧⲟⲗⲟⲥ
Ⲙ̀ⲡ ⲉⲣ ⲉⲣϩⲟⲧ ⲭⲉ ϯⲟⲩⲏⲟⲩ ⲥⲁⲃⲟⲗ ⲙ̀ⲙⲱⲧⲉⲛ ⲁⲛ 25

ⲝⲑ. ⲃ. ⲁⲓⲕⲏⲛ ⲛ̀ ϧⲱⲛⲧ ⲙ̀ⲙⲱⲧⲉⲛ | ⲉ̀ ⲡⲁ ⲟ̅ⲥ̅ ϧⲉⲛ ⲡⲁⲭⲓⲛ-
ϧⲱⲛⲧ ⲉ̀ⲣⲱⲧⲉⲛ ⲉⲑⲃⲉ ⲧⲉⲧⲉⲛ ⲁ̀ⲅⲁⲡⲏ ⲉ̀ⲧ ⲟⲓ ⲛ̀
ⲛⲓϣϯ ⲉ̀ ϧⲟⲩⲛ ⲉ̀ⲣⲟⲓ ⲭⲉ ⲟⲩⲉⲓ ⲥⲥ̀ϧⲛⲟⲩⲧ ⲭⲉ ϧⲱⲛⲧ

ⲉ ⲫϯ ⲟⲩⲟϩ ⲉϥⲉⲃⲱⲛⲧ ⲉⲣⲱⲧⲉⲛ ϯⲛⲟⲩ ⲇⲉ ⲱ̀ ⲇⲱ-
ⲣⲟⲑⲉⲟⲥ ⲛⲉⲙ ⲑⲉⲟ̀ⲡⲓⲥⲑⲉ ϭⲓ ⲛⲱⲧⲉⲛ ⲛ̀ ⲟⲩⲭⲟⲙ ⲟⲩⲟϩ
ϭⲓ ⲛⲁⲓ ⲛⲱⲧⲉⲛ ⲉ̀ⲃⲟⲗϧⲉⲛ ⲛⲁ ϫⲓϫ ϫⲉ ⲇⲓⲕⲏⲛ ⲛ̀
ϫⲟⲥ ⲛⲱⲧⲉⲛ ϫⲉ ⲫⲁⲓ ⲡⲉ ⲡⲓⲭⲫⲟ ⲟⲩⲟϩ ⲡⲓⲁⲗⲗⲟⲑ-
ⲣⲓⲱⲅⲛ̄' ϧⲉⲛ ⲓ̅ⲗ̅ⲏ̅ⲙ̅ ⲛ̀ⲧⲉ ⲧⲫⲉ ⲧⲃⲁⲕⲓ ⲙ̀ ⲡⲟⲩⲣⲟ 5
ⲛ̀ ⲛⲁ ⲛⲓⲫⲏⲟⲩⲓ̀ ⲛⲉⲙ ⲛⲁ ⲡⲕⲁϩⲓ ⲇⲓⲕⲏⲛ ⲛ̀ ϣⲉⲡ

ⲩ̄. ⲁ. ϩⲏⲛⲟⲩ ⲛ̀ ϣⲁ ⲡϩⲙⲟⲧ ⲛ̀ ⲧⲟⲧϥ ⲙ̀ ⲫϯ ⲛ̀ ⲧϣⲉⲃⲓⲱ̀ |
ⲛ̀ ⲛⲉⲧⲉⲛ ⲇⲱⲣⲟⲛ ⲛⲉⲙ ⲛⲉⲧⲉⲛ ⲙⲉⲧⲛⲁⲏⲧ ⲛⲁⲓ ⲇⲉ
ⲉ̀ⲧⲁϥⲭⲟⲧⲟⲩ ⲛⲱⲟⲩ ⲁϥϯ ⲛⲱⲟⲩ ⲙ̀ ⲡⲓⲛⲟⲩⲃ ⲛⲉⲙ
ϯϩⲓⲣⲏⲛⲏ ⲁϥϩⲱⲗ ⲉ̀ ⲡϣⲱⲓ ⲉ̀ ⲧⲫⲉ ⲛⲉⲙ ⲛⲓⲁⲅⲅⲉⲗⲟⲥ 10
ⲉ̀ⲣⲉ ⲇⲱⲣⲟⲑⲉⲟⲥ ⲛⲉⲙ ⲑⲉⲟ̀ⲡⲓⲥⲑⲉ ϫⲟⲩϣⲧ ⲉ̀ⲣⲟϥ ϧⲉⲛ
ⲟⲩϩⲟϯ ϣⲁⲧ ⲉϥϩⲱⲗ ⲉ̀ ⲡϣⲱⲓ ⲉ̀ ⲧⲫⲉ ϧⲉⲛ ⲟⲩϩⲓ-
ⲣⲏⲛⲏ ⲛ̀ⲧⲉ ⲫϯ ⲁ̀ⲙⲏⲛ. Ⲇⲱⲣⲟⲑⲉⲟⲥ ⲇⲉ ⲛⲉⲙ ⲑⲉⲟ̀-
ⲡⲓⲥⲑⲉ ⲧⲉϥⲥϩⲓⲙⲓ ⲁⲩⲓ̀ⲣⲓ ⲙ̀ ⲫⲣⲏϯ ⲉ̀ⲧⲁϥϩⲟⲛϩⲉⲛ
ⲛⲱⲟⲩ ⲛ̀ϫⲉ ⲡⲓⲁⲣⲭⲏⲁⲅⲅⲉⲗⲟⲥ ⲉ̀ⲑ ⲟⲩⲁⲃ ⲙⲏⲭⲁⲏⲗ 15
ⲟⲩⲟϩ ⲁⲩϫⲱⲕ ⲙ̀ ⲡⲓϣⲁⲓ ⲉ̀ⲃⲟⲗϧⲉⲛ ⲟⲩⲣⲁϣⲓ ⲉⲩ-

ⲩ̄. ⲃ. ⲟⲩⲱⲙ ⲟⲩⲟϩ ⲉⲩϯ ⲱ̀ⲟⲩ ⲙ̀ ⲫϯ | ⲟⲩⲟϩ ⲙ̀ⲡ ⲟⲩϣ-
ⲛⲁⲩ ϧⲉⲛ ⲡⲟⲩϩⲱⲃ ⲛⲉⲙ ⲛⲟⲩⲙⲉⲧⲛⲁⲏⲧ ⲉ̀ⲧⲟⲩⲓ̀ⲣⲓ
ⲙ̀ⲙⲱⲟⲩ ϧⲉⲛ ⲫⲣⲁⲛ ⲙ̀ ⲫϯ ⲙ̀ ⲙⲏⲭⲁⲏⲗ ϣⲁⲧ
ⲟⲩϫⲱⲕ ⲙ̀ ⲡⲟⲩⲃⲓⲟⲥ ⲧⲏⲣϥ ⲉ̀ⲃⲟⲗ Ⲙⲏ ⲱ̀ ⲛⲁⲙⲉⲛⲣⲁϯ 20
ⲁ̀ ⲧⲉⲧⲉⲛ ϫⲉⲙϩⲛⲟⲩ ⲛ̀ ⲟⲩⲕⲟⲩϫⲓ ϧⲉⲛ ⲛⲏ ⲉ̀ⲧ ⲁⲣⲉⲧⲉⲛ-
ⲥⲱⲧⲉⲙ ⲉ̀ⲣⲱⲟⲩ ϯⲛⲟⲩ ⲙⲏ ⲁϥⲣⲁϣⲧⲉⲛ ⲛ̀ϫⲉ ⲡⲁⲓ
ϣⲓⲛⲓ ⲫⲁⲓ ϣⲁⲧ ⲉϥϣⲱⲧ ⲛ̀ϫⲉ ⲡⲉⲧⲉⲛ ϩⲏⲧ ϯⲛⲟⲩ
ⲇⲉ ⲙ̀ⲡ ⲉⲣ ⲟⲛⲁⲩϩ ⲙ̀ⲙⲱⲧⲉⲛ ⲁⲛ ⲡⲉ ϧⲉⲛ ⲡⲓⲭⲓⲛⲓ̀ⲛⲓ
ⲉ̀ ϧⲟⲩⲛ ⲙ̀ ⲫϯ ⲉ̀ϫⲉⲛ ⲫⲣⲁⲛ ⲙ̀ ⲙⲓⲭⲁⲏⲗ ⲙⲏ ⲙ̀ 25
ⲡⲉⲧⲉⲛ ⲧⲁϫⲣⲟⲥ ϫⲉ ⲛⲏ ⲉ̀ ⲧⲉⲧⲉⲛ ϯ ⲙ̀ⲙⲱⲟⲩ ⲙ̀

---

[1] On the margin the variants ⲟⲩⲟϩ ⲡⲓⲁⲗⲗⲟⲑⲣⲓⲧⲟⲛ
are written. ⲟⲩⲟϩ ⲡⲓⲁⲗⲗⲟⲑⲣⲓⲧⲉⲛ

ō‍ᴧ̄ ⲁ. ⲫϯ | ⲙ̇ ⲡⲓⲁⲣⲭⲏⲁⲅⲅⲉⲗⲟⲥ ⲙⲏⲭⲁⲏⲗ ⲛ̇ⲑⲟϥ ⲉⲑ
ⲟⲩⲱⲛϩ ⲙ̇ⲙⲱⲟⲩ ⲉ̀ⲃⲟⲗ ⲙ̇ ⲫϯ ⲡⲟⲩⲣⲟ ⲉ̀ϫⲱⲧⲉⲛ
ⲟⲩⲟϩ ⲛ̇ⲑⲱⲧⲉⲛ ϩⲱⲧⲉⲛ ⲛⲏ ⲉ̀ ⲧⲉⲧⲉⲛ ϯⲙ̇ⲙⲱⲟⲩ ⲙ̇
ⲫⲣⲁⲛ ⲙ̇ ⲫϯ ⲙ̇ ⲙⲏⲭⲁⲏⲗ ⲛ̇ⲑⲟϥ ⲉⲑ ⲛⲁϯ ⲙ̇ ⲡⲉϥ-
ϫⲫⲟ ⲛⲱⲧⲉⲛ ⲛⲉⲙⲁϥ ⲉϥⲕⲏⲃ ⲙ̇ ⲫⲣⲏϯ ⲛ̇ ⲛⲁⲓ ⲣⲱⲙⲓ 5
ⲉⲑ ⲟⲩⲁⲃ ⲱ̅ ⲛⲁ ⲙⲉⲛⲣⲁϯ ⲗ̄ ⲧⲉⲧⲉⲛ ⲥⲱⲧⲉⲙ ⲉ̀
ϯⲙⲉⲑⲛⲓϣϯ ⲛ̇ ⲇⲱⲣⲉⲁ ⲛ̇ⲧⲉ ⲫϯ ⲉ̀ⲧⲁⲥⲧⲁϩⲥ ⲛⲗⲓ
ⲣⲱⲙⲓ ⲉ̇ⲑ ⲟⲩⲁⲃ ⲇⲱ̀ⲣⲟⲑⲉⲟⲥ ⲛⲉⲙ ⲑⲉⲟ̀ⲡⲓⲥⲑⲉ ⲧⲉϥ-
ⲥϩⲓⲙⲓ ϫⲉ ⲉ̀ⲧⲁⲩⲥⲟⲩⲧⲱⲛ ⲡⲟⲩⲱϣ ⲛⲉⲙ ⲫϯ ⲁ̀ ⲫϯ
ⲥⲟⲩⲧⲱⲛ ⲧⲉϥⲁ̀ⲅⲁⲡⲏ ⲉ̀ ϧⲟⲩⲛ ⲉ̀ⲣⲱⲟⲩ Ⲟⲩⲟϩ ⲁϥ- 10
ō‍ᴧ̄ ⲃ. ⲟⲩⲱⲣⲡ ⲛⲱⲟⲩ | ⲙ̇ ⲡⲓⲁⲣⲭⲏⲁⲅⲅⲉⲗⲟⲥ ⲙⲏⲭⲁⲏⲗ
ⲁϥⲑⲁⲙⲓⲟ̀ ⲛⲱⲟⲩ ⲛ̇ ⲟⲩⲛⲓϣϯ ⲙ̇ ⲙⲉⲧⲣⲁⲙⲁⲟ̀ ⲙ̇ⲙⲟⲛⲧ-
ⲉⲥ ⲁ̀ⲩⲣⲏⲭⲥ ⲛⲉⲙ ⲡⲧⲱⲧⲉⲣ ⲛ̇ ⲑⲙⲉⲧⲟⲩⲣⲟ ⲛ̇ ⲛⲓⲫⲏⲟⲩⲓ̀
Ⲁⲛⲟⲛ ⲇⲉ ϩⲱⲛ ⲱ̇ ⲛⲉⲛⲙⲉⲛⲣⲁϯ ⲛ̇ ⲥⲛⲏⲟⲩ ϩⲏⲡⲡⲉ
ⲁⲛⲕⲏⲛ ⲛ̇ ⲉ̀ⲙⲓ ⲧⲁⲫⲙⲏⲓ ϫⲉ ϩⲱⲃ ⲛⲓⲃⲉⲛ ⲉ̀ ⲧⲉⲧⲉⲛ- 15
ⲛⲁⲑⲓⲧⲟⲩ ϧⲉⲛ ⲫⲣⲁⲛ ⲙ̇ ⲡⲓⲁⲣⲭⲏⲁⲅⲅⲉⲗⲟⲥ ⲙⲏ-
ⲭⲁⲏⲗ ⲧⲉⲧⲉⲛ ⲛⲁϭ́ⲓⲧϥ ⲉϥⲕⲏⲃ ϧⲉⲛ ⲡⲓⲕⲟⲥⲙⲟⲥ
ⲙ̇ⲡⲁⲛ ⲧⲉⲧⲉⲛ ⲫⲟϩ ⲉ̀ ⲛⲓⲫⲏⲟⲩⲓ̀ ϯⲛⲟⲩ ⲇⲉ ⲱ̇ ⲛⲏ ⲉⲑ
ⲙⲉϩ ⲛ̇ ⲁⲣⲉⲧⲏ ⲙ̇ⲡ ⲉⲣ ϭ́ⲛⲁⲩϩ ⲙ̇ⲙⲱⲧⲉⲛ ⲉ̀ⲣⲉⲧⲉⲛ
ϯ ⲙ̇ ⲡϣⲓ ⲛ̇ ⲧⲉⲧⲉⲛ ϫⲟⲙ ⲉ̀ⲣⲉⲧⲉⲛⲥⲱⲟⲩⲛ ϫⲉ ⲙⲏ 20
ō‍ᴮ̄ ⲁ. ⲉ̀ ⲧⲉⲧⲉⲛ ϯⲙ̇ⲙⲱⲟⲩ | ⲉ̀ⲣⲉⲧⲉⲛ ϯ ⲙ̇ ⲡⲓⲁⲣⲭⲏⲁⲅⲅⲉ-
ⲗⲟⲥ ⲙⲏⲭⲁⲏⲗ ⲛ̇ⲑⲟϥ ⲉϥⲉ̀ϣⲉⲙϣⲉ ⲑⲏⲛⲟⲩ ⲛ̇ ϧⲏⲧⲟⲩ
ϧⲉⲛ ⲟⲩⲣⲁϣⲓ ⲓ̀ⲧⲉ ⲕⲟⲩϫⲓ ⲓ̀ⲧⲉ ⲟⲩⲙⲏϣ ⲛ̇ⲑⲟϥ ⲉϥⲉ-
ϣⲱⲡ ⲉ̀ⲣⲟϥ ⲛ̇ⲧⲱⲧⲉⲛ ⲛ̇ⲧⲉⲧⲉⲛⲡⲣⲟϩⲉⲣⲉⲥⲓⲥ ⲭⲉ
ⲟⲩⲉⲓ ⲫϯ ⲕⲱϯ ⲛ̇ ⲧⲟⲧⲉⲛ ⲁⲛ ⲛ̇ ⲥⲁ ⲡϣⲱⲓ ⲛ̇ ⲧⲉⲛ- 25
ϫⲟⲙ ⲡⲗⲏⲛ ⲟⲩⲡⲣⲟϩⲉⲣⲉⲥⲓⲥ ⲉ̀ ⲛⲁⲛⲉ ⲥ ⲉⲧ ⲉϥⲛⲁⲕⲱϯ
ⲛ̇ⲥⲱⲥ ⲛ̇ ⲧⲟⲧⲉⲛ ⲓⲉ ⲥⲱⲧⲉⲙ ⲁ̀ⲛⲟⲕ ϯⲛⲁⲧⲁⲙⲟⲕ
ϧⲉⲛ ⲡⲓⲥⲏⲟⲩ ⲉ̀ ⲛⲁⲣⲉ ⲡⲥⲱⲧⲏⲣ ⲛⲉⲙⲁⲛ ϩⲓϫⲉⲛ

ⲡⲕⲁϩⲓ ⲁ ⲛⲓⲣⲱⲙⲓ ϫⲉⲙⲟⲩ ϫⲉ ⲉⲩⲓⲛⲓ ⲛ̀ ⲛⲟⲩⲭⲣⲏⲙⲁ

ⲟ̅ⲃ̅. ⲃ. ⲉⲩϩⲓⲟⲩⲓ̀ ⲙ̀ⲙⲱⲟⲩ ⲉ̀ ⲡⲓⲕⲁⲍⲱⲫⲩⲗⲁⲅⲓⲱⲛ | ⲟⲩⲟϩ
ⲙ̀ⲡⲉ ⲫϯ ⲑⲙⲁⲓⲱⲟⲩ ⲉ̀ⲙⲁϣⲱ Ⲟⲩⲟϩ ⲉ̀ⲧⲁⲥⲕⲱϯ
ⲛ̀ϫⲉ ϯⲭⲏⲣⲁ ⲛ̀ ⲥϩⲓⲙⲓ ϧⲉⲛ ⲡⲉⲥⲏⲓ ⲁⲥϫⲓⲙⲓ ⲛ̀
ⲗⲉⲡⲧⲟⲛ Ⲃ̅ ϩⲱⲗⲱⲥ ⲁⲥⲓ̀ⲛⲓ ⲙ̀ⲙⲱⲟⲩ ϧⲉⲛ ⲟⲩⲥⲱⲟⲩ- 5
ⲧⲉⲛ ⲁⲥϩⲓⲧⲟⲩ ⲉ̀ ϧⲟⲩⲛ ⲉ̀ ⲡⲓⲕⲁⲍⲟⲫⲩⲗⲁⲅⲓⲱⲛ
ⲁϥϯ ⲛⲁⲥ ⲛ̀ϫⲉ ⲫϯ ⲙ̀ ⲡⲓⲙⲁⲕⲁⲣⲓⲥⲙⲟⲥ ⲟⲩⲟϩ ⲁϥ-
ⲧⲁⲓⲟⲥ ⲉϥϫⲱ ⲙ̀ⲙⲟⲥ ϫⲉ ϩⲱⲃ ⲛⲓⲃⲉⲛ ⲉⲧ ⲉⲛⲧⲁⲥ
ⲁⲥⲧⲏⲓϥ ⲡⲉⲥ ⲱⲛϧ ⲧⲏⲣϥ Ⲛ̀ⲑⲟⲕ ϩⲱⲕ ⲱ̀ ⲡⲓⲙⲉⲛⲣⲓⲧ
ⲁⲣⲓ ⲥⲡⲟⲧⲁⲍⲓⲛ ϩⲓⲛⲁ ⲉ̀ⲑⲣⲉⲕϯ ⲫϯ ϧⲉⲛ ⲫⲣⲁⲛ 10
ⲙ̀ ⲡⲓⲁⲣⲭⲏⲁⲅⲅⲉⲗⲟⲥ ⲙⲏⲭⲁⲏⲗ ⲟⲩⲟϩ ⲛ̀ⲑⲟϥ ϩⲱϥ

ⲟ̅ⲅ̅. ⲁ. ϥⲛⲁϯ ⲛⲁⲕ ⲛ̀ ϩⲁⲛⲙⲏϣ ⲛ̀ ⲁⲅⲁⲑⲟⲛ ⲟⲩⲟϩ | ϥⲛⲁ
ⲉⲣ ⲇⲓⲁⲕⲱⲛⲓⲛ ⲙ̀ⲙⲟⲕ ⲛ̀ ϧⲏⲧⲟⲩ ⲟⲩⲟϩ ⲉ̀ϣⲱⲡ
ⲁⲕϣⲁⲛϯ ⲛ̀ ⲟⲩⲇⲱⲣⲟⲛ ⲛ̀ⲑⲟⲕ ⲉ̀ϫⲉⲛ ⲫⲣⲁⲛ ⲙ̀ ⲡⲓⲁⲣ-
ⲭⲏⲁⲅⲅⲉⲗⲟⲥ ⲙⲓⲭⲁⲏⲗ ⲫϯ ⲇⲉ ⲉϥⲉϯ ⲛⲁⲕ ⲉ̀ⲃⲟⲗϧⲉⲛ 15
ⲡⲓⲇⲱⲣⲟⲛ Ⲙⲓⲭⲁⲏⲗ ⲇⲉ ⲉϥⲉϯ ⲧⲁⲓⲟ ⲛⲁⲕ ⲁⲕϣⲁⲛϯ
ⲛ̀ ⲟⲩⲙⲉⲧⲛⲁⲏⲧ ⲉ̀ϫⲉⲛ ⲫⲣⲁⲛ ⲙ̀ ⲫϯ ⲙ̀ ⲙⲓⲭⲁⲏⲗ
ⲫϯ ⲇⲉ ⲉϥⲉ ⲉⲣ ⲃⲟⲏⲑⲓⲛ ⲉ̀ⲣⲟⲕ ϧⲉⲛ ⲧⲉϥⲙⲉⲧϣⲁⲛ-
ϩⲑⲏϥ ϧⲉⲛ ⲧⲉϥⲙⲉⲧⲟⲩⲣⲟ ⲛ̀ ⲁⲧ ⲕⲏⲛ ϧⲉⲛ ⲧⲫⲉ
ⲉ̀ϣⲱⲡ ⲛ̀ⲑⲟⲕ ⲁⲕϣⲁⲛϣⲱⲡ ⲛ̀ ⲟⲩϣⲉⲙⲙⲟ ⲉ̀ⲣⲟⲕ 20
ⲉ̀ϫⲉⲛ ⲫⲣⲁⲛ ⲙ̀ ⲫϯ ⲙ̀ ⲙⲓⲭⲁⲏⲗ ⲫϯ ⲛⲁϣⲟⲡⲕ

ⲟ̅ⲅ̅. ⲃ. ⲉ̀ϧⲟⲩⲛ ⲉ̀ ⲛⲉⲛⲁⲩⲗⲏⲟⲩ ⲛ̀ ϯϩⲓⲣⲏⲛⲏ | Ⲁⲕϣⲁⲛⲧⲥⲟ
ⲛ̀ ⲟⲩⲁⲓ ⲉϥϩⲟⲕⲉⲣ ⲉ̀ϫⲉⲛ ⲫⲣⲁⲛ ⲙ̀ ⲫϯ ⲙ̀ ⲙⲓⲭⲁⲏⲗ
ⲫϯ ⲛⲁⲧⲥⲟⲕ ⲉ̀ⲃⲟⲗϧⲉⲛ ⲛⲉⲛⲁⲅⲁⲑⲟⲛ ⲛ̀ ⲧⲉϥⲙⲉⲧⲟⲩ-
ⲣⲟ Ⲉ̀ϣⲱⲡ ⲛ̀ⲑⲟⲕ ⲁⲕϣⲁⲛϩⲃⲱⲥ ⲛ̀ ⲟⲩⲁⲓ ⲉϥⲃⲏϣ 25
ⲉ̀ϫⲉⲛ ⲫⲣⲁⲛ ⲙ̀ ⲫϯ ⲙ̀ ⲙⲓⲭⲁⲏⲗ ⲫϯ ⲛⲁϯ ϩⲓⲱⲧⲕ
ⲛ̀ ⲟⲩⲥⲧⲟⲗⲏ ⲛ̀ ⲟⲩⲱ̀ⲟⲩ ϧⲉⲛ ⲛⲓⲫⲏⲟⲩⲓ̀ Ⲟⲩⲟϩ ⲁⲕ-
ϣⲁⲛϯ ⲛ̀ ⲟⲩⲁⲫⲟⲧ ⲛ̀ ⲏⲣⲡ ⲛ̀ ⲟⲩⲁⲓ ⲉ̀ϫⲉⲛ ⲫⲣⲁⲛ

ⲙ̅ ⲫϯ ⲙ̅ ⲙⲓⲭⲁⲏⲗ ⲫϯ ⲛⲁϯ ⲛⲁⲕ ⲉⲃⲟⲗϧⲉⲛ ⲡⲏⲣⲡ
ⲛ̅ ϯⲃⲱ ⲛ̅ ⲁⲗⲟⲗⲓ ⲙ̅ ⲙⲏⲓ ⲉⲧ ⲕⲉⲛⲓⲏⲟⲩⲧ ⲉ̀ϣⲱⲡ
ⲙ̅ⲙⲟⲛⲧⲉⲕ ⲏⲣⲡ ϯ ⲙ̅ ⲟⲩⲁ̀ⲫⲟⲧ ⲙ̅ ⲙⲱⲟⲩ ⲥⲱⲭ
ⲥⲟⲗⲱⲥ ⲙ̅ ⲫⲣⲏϯ ⲙ̅ ⲡⲥⲁϫⲓ ⲙ̅ ⲡⲟ̅ⲥ̅ ϧⲉⲛ ⲡⲓⲉⲩⲁⲅ-

ⲟ̅ⲇ̅. ⲁ. ⲅⲉⲗⲓⲟⲛ | ϥϫⲱ ⲙ̅ⲙⲟⲥ ϫⲉ ⲫⲏ ⲉⲑ ⲛⲁⲧⲥⲉ ⲑⲏⲛⲟⲩ 5
ⲛ̅ ⲟⲩⲁ̀ⲫⲟⲧ ⲙ̅ ⲙⲱⲟⲩ ⲥⲱⲭ ϧⲉⲛ ⲡⲁ ⲣⲁⲛ ϫⲉ ⲛ̀ⲑⲱⲧⲉⲛ
ⲛⲁ ⲡⲭ̅ⲥ̅ ⲛ̀ⲛⲉ ϥⲧⲁⲕⲟ̀ ⲛ̀ϫⲉ ⲡⲉϥⲃⲉⲭⲉ ⲫϯ ⲉϥⲉⲧⲥⲟⲕ
ⲉ̀ⲃⲟⲗϧⲉⲛ ϯⲙⲟⲩⲙⲓ ⲙ̅ ⲙⲱⲟⲩ ⲛ̀ⲧⲉ ⲡⲱⲛϧ ⲫⲏ ⲉⲑ
ⲛⲏⲟⲩ ⲉ̀ⲃⲟⲗϧⲉⲛ ⲡⲓⲑⲣⲟⲛⲟⲥ ⲉⲑ ⲟⲩⲁⲃ Ⲁⲕϣⲁⲛⲭⲉⲙ-
ⲡϣⲓⲛⲓ ⲛ̀ ⲟⲩⲁⲓ ϥⲭⲏ ϧⲉⲛ ⲟⲩϣⲱⲛⲓ ⲉ̀ϫⲉⲛ ⲫⲣⲁⲛ 10
ⲙ̅ ⲫϯ ⲙ̅ ⲙⲓⲭⲁⲏⲗ ⲫϯ ⲛⲁⲟⲩⲱⲣⲡ ⲛⲁⲕ ⲙ̅
ⲡⲉϥⲁⲅⲅⲉⲗⲟⲥ ⲉⲑⲣⲉϥϫⲉⲙ ⲡⲉⲕϣⲓⲛⲓ ⲥⲱⲕ ϧⲉⲛ
ⲡⲉⲕⲛⲓϣϯ ⲛ̀ ϣⲱⲛⲓ ⲉ̀ⲧⲉ ⲡⲉ̀ⲥⲟⲟⲩ ⲙ̅ ⲡⲉⲕⲙⲟⲩ ⲡⲉ

ⲟ̅ⲇ̅. ⲃ. Ⲁⲕϣⲁⲛⲥⲱⲗ ϣⲁ ⲛⲏ ⲉⲧ ⲭⲏ ϧⲉⲛ ⲡⲓϣⲧⲉⲕⲟ |
ⲛ̀ⲧⲉⲕϯ ⲛⲟⲙϯ ⲛⲱⲟⲩ ϧⲉⲛ ⲡϣⲁⲓ ⲙ̅ ⲡⲓⲁⲣⲭⲏⲁⲅⲅⲉ- 15
ⲗⲟⲥ ⲙⲓⲭⲁⲏⲗ ⲫϯ ⲛⲁⲟⲩⲱⲣⲡ ⲛⲁⲕ ⲙ̅ ⲙⲓⲭⲁⲏⲗ
ⲉⲑⲣⲉϥⲛⲁⲥⲙⲉⲕ ⲉⲃⲟⲗϧⲉⲛ ⲡϣⲧⲉⲕⲟ ⲙ̅ ⲁⲙⲉⲛϯ
ⲟⲩⲟϩ ⲉⲣⲉ ⲫϯ ⲛⲁϫⲟⲥ ⲛⲁⲕ ϫⲉ ⲁⲛⲟⲕ ⲁⲓϫⲉⲙⲧ
ϧⲉⲛ ⲡⲓϣⲧⲉⲕⲟ ⲟⲩⲟϩ ⲁⲕⲓ̀ ϣⲁⲣⲟⲓ Ⲁⲕϣⲁⲛⲕⲱⲧ ⲛ̀
ⲟⲩⲉⲕⲕⲗⲏⲥⲓⲁ̀ ⲉ̀ϫⲉⲛ ⲫⲣⲁⲛ ⲙ̅ ⲫϯ ⲙ̅ ⲙⲓⲭⲁⲏⲗ ⲫϯ 20
ⲛⲁ ⲉⲣ ⲥⲙⲟⲧ ⲛⲁⲕ ⲛ̀ ⲟⲩⲏⲓ ⲛ̀ ⲁⲧ ⲙⲟⲩⲛⲕ ⲛ̀ ϫⲓϫ
ϧⲉⲛ ⲧⲫⲉ Ⲟⲩⲟϩ ⲁⲕϣⲁⲛⲛⲁⲩ ⲉ̀ ⲟⲩⲁⲓ ⲉϥⲟⲓ ⲛ̀ ⲁⲧ
ϫⲟⲙ ⲉⲑⲃⲉ ⲟⲩⲙ̅ⲕⲁϩ ⲛ̀ ⲥⲱⲙⲁ ⲟⲩⲟϩ ⲛ̀ⲧⲉⲕϯⲙⲁⲧ

ⲟ̅ⲉ̅. ⲁ. ϧⲉⲛ ⲡⲉϥⲫⲁϧⲣⲓ ⲫϯ ⲙ̅ ⲙⲓⲭⲁⲏⲗ | ⲛⲁ ⲉⲣ ⲫⲁϧⲣⲓ
ⲉ̀ⲣⲟⲕ ⲉ̀ⲃⲟⲗϧⲉⲛ ⲡϣⲱⲛⲓ ⲛ̀ ⲁⲙⲉⲛϯ Ϫⲉ ⲟⲩⲉⲓ 25
ⲥ̅ⲉ̅ϩⲟⲩⲧ ⲛⲁⲓ ϩⲓⲛⲁ ⲛ̀ⲧⲟⲩⲛⲁⲓ ⲛⲱⲧⲉⲛ ⲡⲗⲏⲛ
ⲱ̀ⲟⲩⲛⲓⲁ̀ⲧⲟⲩ ⲛ̀ ⲛⲓⲛⲁⲏⲧ ϫⲉ ⲛ̀ⲑⲱⲟⲩ ⲡⲉ ⲉ̀ⲧⲟⲩ-
ⲛⲁⲛⲁⲓ ⲛⲱⲟⲩ Ⲡⲁⲗⲓⲛ ϫⲉ ⲡⲓⲛⲁⲓ ϣⲟⲩϣⲟⲩ ⲙ̅ⲙⲟϥ

ⲉϫⲉⲛ ⲡⲓϩⲁⲡ ⲟⲩⲟϩ ϯⲁⲅⲁⲡⲏ ϩⲱⲡⲥ ⲉⲃⲟⲗ ⲉϫⲉⲛ
ⲟⲩⲙⲏϣ ⲛ̀ ⲛⲟⲃⲓ ⲱ̅ ⲛⲁⲙⲉⲛⲣⲁϯ ⲛ̀ ⲥⲛⲏⲟⲩ ⲥⲉⲙⲡϣⲁ
ⲛ̀ⲧⲉⲛ ⲉⲣ ⲁⲅⲱⲛⲓⲍⲉⲥⲑⲉ ⲉⲑⲣⲉⲛ ⲓ̀ⲣⲓ ⲛ̀ ⲟⲩⲛⲁⲓ ϧⲉⲛ
ⲡⲁϣⲣⲟⲛ ⲙ̀ ⲫϯ ⲛⲉⲙ ⲟⲩⲁ̀ⲅⲁⲡⲏ ϧⲉⲛ ⲫⲣⲁⲛ ⲙ̀
ⲫϯ ⲙ̀ ⲙⲏⲭⲁⲏⲗ ϫⲉ ⲟⲩⲉⲓ ⲧⲉⲛⲉ̀ⲙⲓ ϫⲉ ⲥⲉⲙⲡϣⲁ 5

ⲟ̅ⲉ̅. ⲃ. ⲟⲩⲟϩ ⲟⲩⲇⲓⲕⲉⲟⲛ ⲡⲉ ⲟⲩⲟϩ ϥ̀ϧⲉⲛⲧ ⲉ̀ ⲱϯ | ⲛ̀ ⲥⲛⲟⲩ
ⲛⲓⲃⲉⲛ ⲟⲩⲟϩ ϥ̀ϯ ⲙ̀ ⲫⲟⲩⲁⲓ ⲫⲟⲩⲁⲓ ⲕⲁⲧⲁ ⲛⲉϥϩ̄-
ⲃⲏⲟⲩⲓ̀ ⲟⲩⲟϩ ⲛ̀ⲧⲉⲛϭⲓⲧⲟⲧⲉⲛ ϧⲉⲛ ϯⲁ̀ⲅⲁⲡⲏ ⲛ̀ ⲥⲛⲟⲩ
ⲛⲓⲃⲉⲛ ⲱ̀ ⲛⲁⲙⲉⲛⲣⲁϯ ϫⲉ ϯⲛⲟⲩ ϯⲁ̀ⲅⲁⲡⲏ ⲟⲩ
ⲉ̀ⲃⲟⲗϧⲉⲛ ⲫϯ ⲡⲉ ϫⲉ ϯⲁ̀ⲅⲁⲡⲏ ϯⲛⲟⲩⲟⲩⲛⲁⲓ ⲧⲉ 10
ϫⲉ ⲟⲩⲛⲁⲓ ⲁϥⲁ̀ⲓϥ ⲛⲉⲙ ⲡⲉⲛ ⲓⲱⲧ ⲁ̀ⲇⲁⲙ ⲛⲉⲙ
ⲧⲉⲛⲙⲁⲩ ⲉⲩⲁ̀ ⲁϥϣⲟⲡϥ ⲉⲣⲟϥ ⲛ̀ⲧⲟⲩⲙⲉⲧⲁⲛⲟⲓⲁ̀
ⲟⲩⲟϩ ⲁϥⲭⲱ ⲉ̀ⲃⲟⲗ ⲛ̀ⲧⲟⲩⲡⲁⲣⲁⲃⲁⲥⲓⲥ ϧⲉⲛ ⲛⲉⲛⲧⲱⲃϩ
ⲙ̀ ⲙⲏⲭⲁⲏⲗ ⲛⲉⲙ ⲟⲩⲁ̀ⲅⲁⲡⲏ ⲟⲩⲛ ⲁϥⲁⲓⲥ ⲛⲉⲙ
ⲡⲓⲑⲙⲏⲓ ⲁ̀ⲃⲉⲗ ⲁϥϣⲱⲡ ⲉ̀ⲣⲟϥ ⲛ̀ⲧⲉϥⲑⲩⲥⲓⲁ̀ ϩⲓⲧⲉⲛ 15

ⲟ̅ⲋ̅. ⲁ. ⲛⲉⲛⲧⲱⲃϩ ⲙ̀ ⲙⲏⲭⲁⲏⲗ | ⲟⲩⲛⲁⲓ ⲟⲩⲛ ⲁϥⲁⲓϥ ⲛⲉⲙ
ⲉ̀ⲛⲱⲭ ⲁϥⲟⲩⲟⲑⲃⲉϥ ⲉ̀ϣⲧⲉⲙⲑⲣⲉϥⲛⲁⲩ ⲉ̀ ⲫⲙⲟⲩ ϧⲉⲛ
ⲛⲉⲛⲧⲱⲃϩ ⲙ̀ ⲙⲏⲭⲁⲏⲗ ⲟⲩⲛⲁⲓ ⲟⲩⲛ ⲁϥⲁⲓϥ ⲛⲉⲙ
ⲛⲱⲉ̀ ⲁϥⲑⲁⲙⲓⲟ̀ ⲛⲁϥ ⲛ̀ ⲟⲩⲕⲩⲃⲱⲧⲟⲥ ⲟⲩⲟϩ ⲁϥⲛⲁϩ-
ⲙⲉϥ ⲛⲉⲙ ⲡⲉϥⲏⲓ ⲧⲏⲣϥ ϧⲉⲛ ⲛⲉⲛⲧⲱⲃϩ ⲙ̀ ⲙⲏⲭⲁⲏⲗ 20
ⲟⲩⲛⲁⲓ ⲟⲩⲛ ⲁϥⲁⲓϥ ⲛⲉⲙⲁⲃⲣⲁⲁⲙ ⲡⲉⲛⲓⲱⲧ ⲙ̀ ⲫⲣⲏϯ
ⲛ̀ⲧⲉϥⲇⲓⲁⲑⲏⲕⲏ ⲛⲉⲙⲁϥ ⲟⲩⲟϩ ⲁϥϯ ⲛ̀ ⲓ̀ⲥⲁⲁⲕ ⲛⲁϥ
ϩⲓⲧⲉⲛ ⲛⲉⲛⲧⲱⲃϩ ⲙ̀ ⲙⲏⲭⲁⲏⲗ ⲟⲩⲛⲁⲓ ⲟⲩⲛ ⲁϥⲁⲓϥ
ⲛⲉⲙ ⲓ̀ⲥⲁⲁⲕ ⲛ̀ ϣⲟⲣⲡ ⲙ̀ ⲡⲉϥϣⲱⲧ ⲟⲩⲟϩ ⲁϥϯ ⲛ̀

ⲟ̅ⲋ̅. ⲃ. ⲟⲩⲉ̀ⲥⲱⲟⲩ ⲛ̀ ⲧⲉϥϣⲉⲃⲓⲱ̀ | ⲟⲩⲛⲁⲓ ⲟⲩⲛ ⲁϥⲁⲓϥ ⲛⲉⲙ 25
ⲓ̀ⲁⲕⲱⲃ ⲁϥϯ ⲛⲁϥ ⲙ̀ ⲟⲩⲭⲁⲣⲓⲥ ⲙ̀ⲡⲉⲙⲑⲟ ⲛ̀ ⲏⲥⲁⲩ
ⲡⲉϥⲥⲟⲛ ϩⲓⲧⲉⲛ ⲛⲉⲛⲧⲱⲃϩ ⲙ̀ ⲙⲏⲭⲁⲏⲗ ⲟⲩⲛⲁⲓ
ⲟⲩⲛ ⲁϥⲁⲓϥ ⲛ̀ϫⲉ ⲫϯ ⲛⲉⲙ ⲓⲱⲥⲏⲫ ⲁϥⲛⲁϩⲙⲉϥ

ⲛ̀ ⲧⲟⲧⲟⲩ ⲛ̀ ⲛⲉϥⲥⲛⲏⲟⲩ ⲛⲉⲙ ϯⲣⲉⲙⲛ̀ⲭⲏⲙⲓ ϩⲓⲧⲉⲛ
ⲛⲉⲛⲧⲱⲃϩ ⲙ̀ ⲙⲏⲭⲁⲏⲗ Ⲟⲩⲛⲁⲓ ⲟⲩⲛ ⲁϥⲁⲓϥ ⲛ̀ⲭⲉ
ⲫϯ ⲛⲉⲙ ⲙⲱⲩⲥⲏⲥ ⲡⲁⲣⲭⲏⲡⲣⲟⲫⲏⲧⲏⲥ ⲁϥⲙⲁϩϥ ⲛ̀
ⲥ̀ⲙⲟⲧ ⲉ̀ϩⲟⲧⲉ ⲣⲱⲙⲓ ⲛⲓⲃⲉⲛ ϩⲓⲧⲉⲛ ⲛⲉⲛⲧⲱⲃϩ ⲙ̀
ⲙⲏⲭⲁⲏⲗ Ⲟⲩⲛⲁⲓ ⲟⲩⲛ ⲁϥⲁⲓϥ ⲛ̀ⲭⲉ ⲫϯ ⲛⲉⲙ ⲛ̀ⲥⲟⲩ 5
[ⲡϣⲏⲣⲓ] ⲛ̀ⲧⲉ ⲛⲁⲩⲏ̀ ⲁϥⲑⲣⲉ ⲫⲣⲏ ⲟ̀ϩⲓ ⲉ̀ⲣⲁⲧϥ

ⲟ︦ⲍ︦ .ⲁ. ⲛ̀ ϩⲟⲩⲟ ⲉ̀ ⲟⲩⲉ̀ϩⲟⲟⲩ | ϣⲁⲧ ⲉϥⲃⲟⲗⲃⲉⲗ ⲛ̀ ⲛⲉϥϫⲁϫⲓ
ⲧⲏⲣⲟⲩ ϩⲓⲧⲉⲛ ⲛⲉⲛⲧⲱⲃϩ ⲙ̀ ⲙⲏⲭⲁⲏⲗ Ⲟⲩⲛⲁⲓ
ⲟⲩⲛ ⲁϥⲁⲓϥ ⲛ̀ⲭⲉ ⲫϯ ⲛⲉⲙ ⲇⲁⲩⲓⲇ ⲡⲟⲩⲣⲟ ⲉ̀
ⲁϥⲥⲱⲧⲡϥ ⲉⲃⲟⲗϧⲉⲛ ⲛⲉϥⲥⲛⲏⲟⲩ ⲟⲩⲟϩ ⲁϥϩⲁϩⲥϥ 10
ⲛ̀ ⲟⲩⲣⲟ ⲉ̀ϫⲉⲛ ⲡⲉϥⲗⲁⲟⲥ ϩⲓⲧⲉⲛ ⲛⲉⲛⲧⲱⲃϩ ⲙ̀
ⲙⲏⲭⲁⲏⲗ Ⲟⲩⲛⲁⲓ ⲟⲩⲛ ⲁϥⲁⲓϥ ⲛ̀ⲭⲉ ⲫϯ ⲛⲉⲙ ⲥⲟⲗⲟ-
ⲙⲱⲛ ⲁϥϩⲟⲛϩⲉⲛ ⲛⲁϥ ⲉⲑⲣⲉϥⲕⲱⲧ ⲛ̀ ⲟⲩⲏⲓ ⲙ̀
ⲡ︦ⲟ︦ⲥ︦ ϩⲓⲧⲉⲛ ⲛⲉⲛⲧⲱⲃϩ ⲙ̀ ⲙⲏⲭⲁⲏⲗ Ⲟⲩⲛⲁⲓ ⲟⲩⲛ
ⲁϥⲁⲓϥ ⲛ̀ⲭⲉ ⲫϯ ⲛⲉⲙ ⲓ̀ⲉⲍⲉⲕⲓⲁⲥ ⲡⲟⲩⲣⲟ ⲛ̀ ⲑⲙⲏⲓ 15
ⲟⲩⲟϩ ⲁϥ ϯ ⲛⲁϥ ⲛ̀ ⲕⲉ ⲓ︦ⲉ︦ ⲛ̀ⲣⲟⲙⲡⲓ ⲛ̀ ϩ̀ⲙⲟⲧ ⲉ̀ϫⲉⲛ
ⲛⲉϥⲉ̀ϩⲟⲟⲩ | ϩⲓⲧⲉⲛ ⲛⲉⲛⲧⲱⲃϩ ⲙ̀ ⲙⲏⲭⲁⲏⲗ Ⲟⲩⲛⲁⲓ

ⲟ︦ⲍ︦. ⲃ. ⲟⲩⲛ ⲁϥⲁⲓⲡ ⲛ̀ⲭⲉ ⲫϯ ⲛⲉⲙ ⲡⲅⲉⲛⲟⲥ ⲧⲏⲣϥ ⲛ̀ ⲁⲇⲁⲙ
ⲁϥ ⲉⲣ ϩⲟⲩⲟ ⲥ̀ⲙⲟⲧ ⲉ̀ϫⲱⲟⲩ ⲛ̀ⲭⲉ ⲡⲉⲛⲛⲟⲩϯ ⲁϥⲣⲉⲕ
ⲧⲫⲉ ⲁϥⲓ̀ ⲉ̀ ⲡⲉⲥⲏⲧ ϩⲓϫⲉⲛ ⲡⲕⲁϩⲓ ⲉ̀ ⲁϥϭⲓ ⲥⲁⲣⲝ 20
ϧⲉⲛ ϯⲡⲁⲣⲑⲉⲛⲟⲥ ⲉⲑ ⲟⲩⲁⲃ ⲟⲩⲟϩ ⲁϥ ⲛ̀ⲧⲉϥⲯⲩⲭⲏ
ⲙ̀ⲙⲓⲛ ⲙ̀ⲙⲟϥ ⲛ̀ ⲥⲱϯ ⲉ̀ϩⲣⲏⲓ ⲉ̀ϫⲱⲛ ϣⲁⲧ ⲉϥⲧⲟⲩϫⲟⲛ
ⲉ̀ⲃⲟⲗϧⲉⲛ ⲁ̀ⲙⲉⲛϯ ϩⲓⲧⲉⲛ ⲛⲉⲛⲧⲱⲃϩ ⲙ̀ ⲙⲏⲭⲁⲏⲗ
ⲉ̀ ⲁϥⲭⲁ ⲛⲉⲛⲛⲟⲃⲓ ⲛⲁⲛ ⲉ̀ⲃⲟⲗ Ⲟⲩⲛⲁⲓ ⲟⲩⲛ ⲁϥⲁⲓϥ
ⲛ̀ⲭⲉ ⲫϯ ⲛⲉⲙ ⲛⲉⲛⲓⲟϯ ⲛ̀ ⲁⲡⲟⲥⲧⲟⲗⲟⲥ ⲁϥⲥⲟⲧⲡⲟⲩ 25

ⲟ︦ⲏ︦. ⲁ. ⲉ̀ⲃⲟⲗϧⲉⲛ ⲛⲓⲕⲟⲥⲙⲟⲥ | ⲧⲏⲣϥ ⲁϥϯ ϫⲟⲙ ⲛⲱⲟⲩ
ϩⲓⲛⲁ ⲉⲑⲣⲟⲩⲧⲁⲥⲑⲟ ⲛ̀ ⲛⲁⲓ ⲧⲏⲣⲟⲩ ⲉ̀ ⲡⲥⲟⲩⲉⲛ
ϯⲙⲉⲑⲙⲏⲓ ϩⲓⲧⲉⲛ ⲛⲉⲛⲧⲱⲃϩ ⲙ̀ ⲙⲏⲭⲁⲏⲗ ϯⲛⲟⲩ

ⲇⲉ ⲱ̄ ⲛⲁ ⲙⲉⲛⲣⲁϯ ⲥⲏⲡⲡⲉ ⲁ̀ⲛⲉ̀ⲙⲓ ϫⲉ ⲫⲟⲩⲱϣ
ⲧⲏⲣϥ ⲙ̀ ⲫϯ ϥϣⲟⲡ ϧⲉⲛ ⲡⲓⲛⲁⲓ ⲛⲉⲙ ϯⲁⲅⲁⲡⲏ
ⲟⲩⲟϩ ⲡⲓⲁⲣⲭⲏⲁⲅⲅⲉⲗⲟⲥ ⲉ̀ⲑ ⲟⲩⲁⲃ ⲙⲓⲭⲁⲏⲗ ϧⲟⲓ
ⲛⲁⲛ ⲛ̀ ⲣⲉϥϯⲛⲟⲙϯ ⲛⲉⲙ ⲣⲉϥⲉⲣ ⲡⲣⲉⲥⲃⲉⲩⲓ̀ⲛ ϧⲁⲧⲉⲛ
ⲫϯ Ⲙⲁⲣⲉⲛϭⲟϫⲓ ϩⲱⲛ ⲟⲩⲛ ϧⲉⲛ ⲡⲓⲭⲓⲛⲕⲱϯ ⲛ̀ⲥⲁ 5
ⲡⲓⲛⲁⲓ ⲛⲉⲙ ϯⲁⲅⲁⲡⲏ ϫⲉ ⲟⲩⲉⲓ ⲥⲥ̀ⲃⲏⲟⲩⲧ ϫⲉ ⲡⲓⲛⲁⲓ
ϭⲓⲥⲓ ⲟⲩⲟϩ ϯⲁⲅⲁⲡⲏ ⲥⲥⲟⲧⲩⲱⲛ Ⲡⲉⲛ ⲟ̅ⲥ̅ ⲇⲉ ⲟⲩⲟϩ

ⲛ̄ⲏ. ⲃ. ⲡⲉⲛⲛⲟⲩϯ | ⲟⲩⲟϩ ⲡⲉⲛⲥⲱⲧⲏⲣ ⲓ̅ⲏ̅ⲥ̅ ⲡ̅ⲭ̅ⲥ̅ ⲡⲓⲛⲁⲏⲧ
ⲱϣ ⲉ̀ⲃⲟⲗ ⲉϥϫⲱ ⲙ̀ⲙⲟⲥ ϫⲉ ⲛⲁⲓ ⲛ̀ⲧⲟⲩⲛⲁⲓ ⲛⲱⲧⲉⲛ
ⲙⲟⲓ ⲇⲉ ⲙ̀ ⲫϯ ϩⲓⲛⲁ ⲛ̀ⲧⲟⲩϯ ⲛⲱⲧⲉⲛ ⲟⲩⲟϩ ϧⲉⲛ 10
ⲡⲓϣⲓ ⲉ̀ⲧ ⲧⲉⲧⲉⲛϣⲓ ⲙ̀ⲙⲟϥ ⲉⲩⲛⲁϣⲓ ⲛⲱⲧⲉⲛ ⲛ̀
ϧⲏⲧϥ Ⲙⲁⲣⲉⲛϣⲓ ϯⲛⲟⲩ ϧⲉⲛ ⲟⲩϣⲓ ⲉ̀ ⲛⲁⲛⲉ ϥ ⲙ̀
ⲫⲟⲟⲩ ϧⲉⲛ ⲡϣⲁⲓ ⲙ̀ ⲡⲓⲁⲣⲭⲏⲁⲅⲅⲉⲗⲟⲥ ⲉ̀ⲑ ⲟⲩⲁⲃ
ⲙⲓⲭⲁⲏⲗ ϩⲓⲛⲁ ⲛ̀ⲑⲟϥ ϩⲱϥ ⲛ̀ⲧⲉϥϣⲓ ⲛⲁⲛ ⲛ̀ ⲟⲩϣⲓ
ⲛ̀ ⲁⲅⲁⲑⲟⲥ ϧⲉⲛ ⲑⲙⲉⲧⲟⲩⲣⲟ ⲛ̀ ⲛⲓⲫⲏⲟⲩⲓ̀ Ⲟⲩⲟϩ 15
ⲙⲁⲣⲉⲛ ⲉⲣ ϣⲁⲓ ϧⲉⲛ ⲟⲩϣⲁⲓ ⲙ̀ ⲡⲛ̅ⲁ̅ⲧⲓⲕⲟⲛ ϧⲉⲛ

ⲛ̄ⲑ. ⲁ. ⲫⲣⲁⲛ ⲙ̀ ⲡⲓⲁⲣⲭⲏⲁⲅⲅⲉⲗⲟⲥ ⲙⲓⲭⲁⲏⲗ | ϩⲓⲛⲁ ⲛ̀ⲧⲉⲛ
ⲉⲣ ϣⲁⲓ ⲛⲉⲙⲁϥ ⲛⲉⲙ ⲡⲟ̅ⲥ̅ ⲟⲩⲛ ϧⲉⲛ ⲡⲓϣⲁⲓ ⲉ̀ⲑ
ⲙⲏⲛ ⲉ̀ⲃⲟⲗ ϣⲁ ⲉ̀ⲛⲉϩ ϧⲉⲛ ⲛⲓⲫⲏⲟⲩⲓ̀ ⲟⲩⲟϩ ⲛ̀ⲧⲉⲛⲭⲱ
ⲛ̀ⲥⲱⲛ ⲛ̀ ϩⲱⲃ ⲛⲓⲃⲉⲛ ⲛ̀ⲧⲉϯ ⲇⲓⲁ̀ⲇⲓⲕⲓⲁ̀ ϧⲉⲛ ⲡϣⲁⲓ 20
ⲙ̀ ⲡⲓⲁⲣⲭⲏⲁⲅⲅⲉⲗⲟⲥ ⲉ̀ⲑ ⲟⲩⲁⲃ ⲙⲓⲭⲁⲏⲗ ϩⲓⲛⲁ
ⲛ̀ⲧⲉϥϯ ϩⲓⲱⲧⲉⲛ ⲛ̀ ⲛⲉⲛⲥⲕⲉⲩⲟⲥ ⲙ̀ ⲫⲟⲩⲱⲓⲛⲓ ⲟⲩⲟϩ
ⲙⲁⲣⲉⲛ ϯ ⲱ̀ⲟⲩ ⲙ̀ ⲫϯ ⲙ̀ ⲫⲟⲟⲩ ⲛⲉⲙ ⲡⲓⲛⲓϣϯ ⲛ̀
ⲁⲣⲭⲏⲁⲅⲅⲉⲗⲟⲥ ⲉ̀ⲑ ⲟⲩⲁⲃ ⲙⲓⲭⲁⲏⲗ ϧⲉⲛ ⲡⲉϥϣⲁⲓ
ⲉ̀ⲑ ⲟⲩⲁⲃ ϩⲓⲛⲁ ⲛ̀ⲧⲉϥ ϯ ⲱ̀ⲟⲩ ⲛⲁⲛ ϩⲱϥ ϧⲉⲛ 25

ⲛ̄ⲑ. ⲃ. ⲡⲓⲛⲓϣϯ ⲛ̀ ϣⲁⲓⲉ ⲉ̀ⲧ ϫⲏⲕ ⲉ̀ⲃⲟⲗ | Ⲟⲩⲟϩ ⲙⲁⲣⲉⲛⲫⲟϩ
ⲙ̀ⲙⲟⲛ ⲉ̀ ⲡⲓⲁⲣⲭⲏⲁⲅⲅⲉⲗⲟⲥ ⲙⲓⲭⲁⲏⲗ ϧⲉⲛ ⲡⲉϥϣⲁⲓ
ⲉ̀ⲑ ⲟⲩⲁⲃ ⲉⲣⲉ ⲛⲉⲛⲥⲁⲣⲝ ⲧⲟⲩⲃⲛⲟⲩⲧ ϧⲉⲛ ⲟⲩⲙⲱⲟⲩ

ⲉϥ ⲟⲩⲁⲃ ⲟⲩⲟϩ ⲧⲉⲛⲥⲉⲗⲥⲱⲗ ⳉⲉⲛ ⳉⲁⲛⲥⲉⲃⲥⲱ
ⲉⲩⲥⲁⲓⲱⲟⲩ ⲉⲣⲉ ⲛⲉⲛⲭⲓⳉ ⲙⲉϩ ⲛ̀ ⲭⲁⲗ ⲛ̀ ⲥⲑⲟⲓ ⲛ̀
ⲟⲩϥⲓ ⲉⲛϫⲱ ⲙ̀ⲙⲟⲥ ϫⲉ ⲱ̀ ⲡⲁⲣⲭⲱⲛ ⲛ̀ ⲛⲓⲫⲏⲟⲩⲓ̀
ⲡⲓⲁⲣⲭⲏⲁⲅⲅⲉⲗⲟⲥ ⲧⲱⲃϩ ⲙ̀ ⲫϯ ⲉⲑⲣⲉϥ ⲉⲣ ϩⲙⲟⲧ
ⲛⲁⲛ ⲛ̀ ⲟⲩⳃⲣⲉ ⲉ̀ ⲡⲣⲱϣⲓ ⲛⲉⲙ ⲟⲩϩⲉⲃⲥⲱ. ⲟⲩⲟϩ 5
ϯϩⲟ̀ ⲉ̀ ⲫϯ ⲉⲭⲱⲛ ⲉⲑⲣⲉϥ ⲭⲱ ⲛⲁⲛ ⲉ̀ⲃⲟⲗ ⲱ̀
ⲡⲓⲁⲣⲭⲏⲁⲅⲅⲉⲗⲟⲥ ⲉⲑ ⲟⲩⲁⲃ ⲙⲓⲭⲁⲏⲗ ϣⲗⲏⲗ ⲉ̀ ⲫϯ
Π. ⲁ. ⲉⲭⲱⲛ ⲱ̀ | ⲡⲓⲁⲣⲭⲏⲁⲅⲅⲉⲗⲟⲥ ⲉⲑ ⲟⲩⲁⲃ ϩⲓⲛⲁ ⲛ̀
ⲧⲉϥ ⲉⲣ ϩⲙⲟⲧ ⲛⲁⲛ ⲛ̀ ⲟⲩϩⲓⲣⲏⲛⲏ ⲉ̀ ⳉⲟⲩⲛ ⲉ̀
ⲛⲉⲛⲉⲣⲏⲟⲩ ϫⲉ ⲛ̀ⲑⲟⲕ ⲡⲉ ⲧⲉⲛϩⲓⲣⲏⲛⲏ ϫⲉ ⲕⲥⲱⲟⲩⲛ 10
ⲱ̀ ⲡⲉⲛⲡⲣⲟⲥⲧⲁⲧⲏⲥ ϫⲉ ⲁⲛⲟⲛ ⲟⲩⲕⲁϩⲓ ⲛⲉⲙ ⲟⲩⲱ̀ⲙⲓ
ⲛⲉⲙ ⲟⲩⲕⲉⲣⲙⲓ ⲡⲗⲏⲛ ⲫϯ ⲟⲩⲛⲁⲏⲧ. ⲛ̀ ⲣⲉϥⲭⲱ
ⲛⲁⲛ ⲉ̀ⲃⲟⲗ ϫⲉ ⲟⲩⲉⲓ ⲁⲛ ⲉⲣ ⲛⲟⲃⲓ ϧⲧⲟⲙⲓ ⲛ̀ⲑⲟⲕ
ⲉⲑⲣⲉⲕⲧⲱⲃϩ ⲉⲭⲱⲛ ⲙ̀ ⲫϯ ϩⲓⲛⲁ ⲛ̀ⲧⲉϥⲭⲱ ⲛⲁⲛ
ⲉ̀ⲃⲟⲗ ⳉⲉⲛ ⲡⲭⲓⲛ ⲧⲉⲛⲱϣ ⲟⲩⲃⲏⲕ ⲫⲱⲕ ⲛ̀ⲑⲟⲕ ⲉⲑⲣⲉⲕ 15
ϯϩⲟ̀ ⲉ̀ ⲫϯ ⲉⲭⲱⲛ ⲉⲑⲣⲉ ϥⲭⲱ ⲛⲁⲛ ⲉ̀ⲃⲟⲗ ⲱ̀
Π. ⲃ. ⲙⲓⲭⲁⲏⲗ ⲡⲓⲁⲣⲭⲏⲁⲅⲅⲉⲗⲟⲥ ⲉⲑ ⲟⲩⲁⲃ | ⲁⲛⲟⲛ
ⲧⲉⲛϣⲟⲩϣⲧ ⲟⲩⲟϩ ⲛ̀ⲑⲟⲕ ⲕ̀ϯϩⲟ̀ ⲙ̀ ⲫϯ ⲡⲉⲛⲟⲩⲣⲟ
ⲉⲭⲱⲛ ⲁⲛⲟⲛ ⲧⲉⲛⲥⲱⲟⲩⲛ ⲙ̀ ⲫⲁⲓ ⲧⲁ ⲫⲙⲏⲓ ⲱ̀
ⲡⲓⲁⲣⲭⲏⲁⲅⲅⲉⲗⲟⲥ ⲙⲓⲭⲁⲏⲗ ⲛ̀ⲑⲟⲕ ⲡⲉ ⲡⲁϩⲱⲣ ⲛ̀ 20
ⲑⲙⲉⲧⲛⲁⲏⲧ ⲙ̀ ⲫϯ ⲡⲓⲛⲁⲏⲧ ⲧⲉⲕ ⲉⲣ ⲉⲣ ⲡⲣⲉⲥⲃⲉⲩⲓ̀ⲛ
ⲉⲭⲱⲛ ⲧⲏⲣⲉⲛ ⲙ̀ ⲡⲉⲙⲑⲟ ⲙ̀ ⲫϯ ⲫⲓⲱⲧ ⲛ̀ ⲛⲓⲙⲉⲧ-
ϣⲉⲛϩⲏⲧ ⲉⲧ ⲥⲙⲁⲣⲟⲩⲧ ⳉⲉⲛ ϩⲱⲃ ⲛⲓⲃⲉⲛ ϣⲁ ⲉⲛⲉϩ
ϩⲓⲛⲁ ⲛ̀ⲧⲉϥⲭⲁ ⲛⲉⲛ ⲛⲟⲃⲓ ⲧⲏⲣⲟⲩ ⲛⲁⲛ ⲉ̀ⲃⲟⲗ ⲛⲏ
ⲉⲧ ⲁⲛⲁⲓⲧⲟⲩ ⳉⲉⲛ ⲟⲩⲉ̀ⲙⲓ ⲛⲉⲙ ⳉⲉⲛ ⲙⲉⲧ ⲁⲧ ⲉ̀ⲙⲓ 25
ⲓⲉ ⳉⲉⲛ ⲡⲉⲛⲟⲩⲱϣ ⲓⲧⲉ ⳉⲉⲛ ⲡⲉⲛⲟⲩⲱϣ ⲁⲛ. ⲟⲩⲟϩ
Π̄ⲁ̄. ⲁ. ⲛ̀ⲧⲉϥ ⲛⲁⲛ ⲙ̀ ⲡⲓⲙⲱⲓⲧ ϩⲓⲛⲁ ⲛ̀ⲧⲉⲛⲭⲱ | ⲛ̀ⲥⲱⲛ
ⲛ̀ ⲛⲁⲫⲁϩⲟⲩ ⲟⲩⲟϩ ⲛ̀ⲧⲉⲛϭⲟϫⲓ ⲉ̀ ⲛⲁⲧϩⲏ ⲟⲩⲟϩ

8

ⲛ̀ⲧⲉϥⲧⲁϩⲟⲛ ⲛⲁϥ ⲉ̀ⲛⲟⲓ ⲛ̀ ⲁⲧ ⲑⲱⲗⲉⲃ ⲙ̀ ⲡⲉⲙⲑⲟ
ⲛ̀ ⲛⲉϥⲭⲓϫ ϫⲉ ⲛ̀ⲑⲟⲕ ⲡⲉ ⲉⲧ ϥⲓⲣⲱⲟⲩϣ ϩⲁⲣⲟⲛ ⲱ̀
ⲡⲓⲛⲓϣϯ ⲛ̀ ⲁⲣⲭⲏⲁⲅⲅⲉⲗⲟⲥ ⲉ̀ⲑ ⲟⲩⲁⲃ ⲙⲏⲭⲁⲏⲗ
ⲡⲓⲁⲣⲭⲏⲥⲧⲣⲁⲧⲩⲅⲟⲥ ⲛ̀ⲧⲉ ⲧϫⲟⲙ ⲛ̀ ⲛⲓⲫⲏⲟⲩⲓ̀ ⲫⲏ
ⲉ̀ⲧ ϯ ⲱ̀ⲟⲩ ⲛ̀ ⲟⲩⲟⲛ ⲛⲓⲃⲉⲛ ⲉ̀ⲧ ⲉⲣ ϣⲁⲓ ⲙ̀ ⲡⲉϥⲣⲁⲛ 5
ⲉ̀ⲑ ⲟⲩⲁⲃ ϧⲉⲛ ⲙⲁⲓ ⲛⲓⲃⲉⲛ Ⲧⲁⲫⲙⲏⲓ ⲱ̀ ⲛⲁⲙⲉⲛ-
ⲣⲁϯ ⲁⲓϩⲓ ⲧⲟⲧ ⲉ̀ ⲟⲩⲛⲓϣϯ ⲛ̀ ⲁⲣⲭⲏ ⲥⲁ ⲡϣⲱⲓ
ⲛ̀ⲧⲁϫⲟⲙ ⲟⲩⲟϩ ⲁⲓⲕⲱϯ ⲛ̀ⲥⲁ ⲟⲩⲛⲓϣϯ ⲙ̀ ⲡⲉⲗⲁⲅⲟⲥ

ⲡⲗ̄. ⲃ. ⲉϥⲟⲩⲏⲟⲩ ⲉⲙⲁϣⲱ ⲛ̀ ϯϫⲉⲙϫⲟⲙ ⲁⲛ | ⲉ̀ ⲉⲣ ϫⲓⲛⲓⲟⲣ
ⲙ̀ⲙⲟⲥ ϫⲉ ⲟⲩⲉⲓ ⲁⲓϫⲟⲥ ϧⲉⲛ ϯⲁⲣⲭⲏ ⲙ̀ ⲡⲓⲉⲅⲕⲱ- 10
ⲙⲓⲟⲛ ϫⲉ ⲧⲁ ⲕⲩⲃⲱⲧⲟⲥ ⲟⲩⲕⲟⲩϫⲓ ⲟⲩⲟϩ ⲧⲁ
ⲓ̀ⲉⲃϣⲱⲧ ⲥⲑⲉⲃⲓⲏⲟⲩⲧ ⲛ̀ ϯⲉ̀ⲙⲓ ⲛ̀ ⲛⲏⲃⲓ ⲁⲛ ⲟⲩⲟϩ
ⲡⲓⲛⲟⲩⲛ ϩⲟⲥⲓ ⲉⲙⲁϣⲱ ⲉ̀ⲧⲉ ⲫⲟⲩⲱⲥⲑⲉⲛ ⲙ̀ ⲡⲁⲓ
ⲉⲅⲕⲱⲙⲓⲟⲛ ⲡⲉ ⲫⲏ ⲉ̀ ϯⲧⲁⲓⲟ̀ ⲛ̀ ϧⲏⲧϥ ⲙ ⲡⲓⲛⲓϣϯ
ⲛ̀ ⲁⲣⲭⲏⲁⲅⲅⲉⲗⲟⲥ ⲉ̀ⲑ ⲟⲩⲁⲃ ⲙⲏⲭⲁⲏⲗ Ⲁⲛⲟⲕ ⲇⲉ 15
ϯϯϩⲟ ⲉ̀ⲣⲱⲧⲉⲛ ⲱ̀ ⲛⲁⲥⲛⲏⲟⲩ ϩⲓⲛⲁ ⲛ̀ⲧⲉⲧⲉⲛϯ-
ⲧⲟⲧⲉⲛ ⲛⲉⲙⲏⲓ ϩⲓⲛⲁ ⲛ̀ⲧⲁⲛⲟϩⲉⲙ ⲉ̀ⲃⲟⲗϧⲉⲛ ⲑⲙⲏϯ
ⲙ̀ ⲡⲁⲓ ⲛⲓϣϯ ⲛ̀ ⲛⲟⲩⲛ ⲉ̀ⲧⲉ ⲙ̀ⲙⲟⲛ ⲁⲩⲣⲏϫϥ ⲛ̀ⲧⲁϥ

ⲡⲏ̄. ⲁ. ⲟⲩⲟϩ ⲛ̀ⲧⲉⲛⲓ̀ ⲉ̀ ⲡⲓⲭⲣⲟ ϧⲉⲛ | ⲟⲩϩⲓⲣⲏⲛⲏ ϫⲉ ⲁⲓϩⲓⲧⲟⲧ
ⲉ̀ ⲥⲁϫⲓ ⲛⲉⲙⲱⲧⲉⲛ ⲛ̀ ⲛⲉⲛϣⲟⲩ ⲛⲉⲙ ⲛⲉⲛⲧⲁⲓⲟ̀ 20
ⲉⲩⲧⲟⲙⲓ ⲟⲩⲟϩ ⲉⲩⲉⲣ ϣⲁⲩ ⲉ̀ ⲫⲏ ⲉ̀ⲧ ⲉⲛ ⲉⲣ ϣⲁⲓ
ⲛⲁϥ ⲙ̀ ⲫⲟⲟⲩ ⲡⲓⲁⲣⲭⲏⲁⲅⲅⲉⲗⲟⲥ ⲙⲏⲭⲁⲏⲗ Ⲡⲗⲏⲛ
ⲟⲩⲗⲁⲥ ⲛ̀ ⲥⲁⲣⲝ ⲡⲉ ⲡⲁ ⲗⲁⲥ ⲟⲩⲟϩ ⲟⲩⲥⲁⲣⲝ ⲛ̀
ⲱϥⲓ ⲡⲉ ⲧⲁ ⲥⲁⲣⲝ ⲟⲩⲟϩ ⲛ̀ ϯϫⲉⲙϫⲟⲙ ⲁⲛ ⲉ̀ ϫⲱ
ⲙ̀ ⲙ̀ϣⲓ ⲙ̀ ⲡⲉϥⲱ̀ⲟⲩ ⲉ̀ ⲡⲭⲱⲕ ⲛ̀ ⲑⲙⲉⲧⲛⲓϣϯ ⲛ̀ 25
ⲧⲉϥⲇⲁⲝⲓⲥ Ⲛ̀ⲑⲟⲕ ⲡⲉⲧⲉ ⲫⲱⲓ ⲛⲉⲙ ⲫϯ ⲱ̀ ⲙⲏⲭⲁⲏⲗ
ⲫⲣⲁϣⲓ ⲙ̀ ⲡⲁ ϩⲏⲧ ⲱ̀ ⲡⲓⲁⲣⲭⲏⲁⲅⲅⲉⲗⲟⲥ ⲉ̀ⲑ ⲟⲩⲁⲃ
ⲡⲥⲟⲗⲥⲉⲗ ⲙ̀ ⲡⲁ ⲗⲁⲥ ⲙⲏⲭⲁⲏⲗ ⲡⲥⲁϫⲓ ⲛ̀ ⲣⲱⲓ

ⲡⲃ̄. ⲃ. ⲡⲥⲱⲟⲩⲧⲉⲛ ⲙ̇ ⲡⲁ ϩⲏⲧ | ϣⲁ ⲫϯ ⲁϣ ⲛ̀ ⲧⲁⲡⲣⲟ
ⲓⲉ ⲁϣ ⲛ̀ ⲗⲁⲥ ⲓⲉ ⲁϣ ⲛ̀ ϩⲏⲧ ⲉϥⲙⲉϩ ⲛ̀ ⲁⲣⲉⲧⲏ
ⲉ̀ ⲟⲩⲟⲛϣϫⲟⲙ ⲙ̇ⲙⲟϥ ⲉ̀ ϫⲱ ⲙ̇ ⲡϣⲓ ⲙ̇ ⲡⲉⲕⲁ̀ⲍⲓⲱ̀ⲙⲁ
ⲓⲉ ϥⲛⲁⲫⲟϩ ⲉ̀ ⲡϣⲓ ⲛ̀ ⲧⲉⲕⲙⲉⲧⲛⲓϣϯ ⲛⲉⲙ ⲡⲓⲱ̀ⲟⲩ
ⲉⲧ ⲁ̀ ⲫϯ ⲥⲉⲗⲥⲱⲗⲕ ⲛ̀ ϧⲏⲧⲕ ⲛⲁⲓ ⲧⲏⲣⲟⲩ ⲉ̀ⲧⲁⲓ- 5
ϫⲟⲧⲟⲩ ⲱ̀ ⲡⲁⲣⲭⲱⲛ ⲛ̀ ⲑⲙⲉⲧⲟⲩⲣⲟ ⲛ̀ ⲛⲓⲫⲏⲟⲩⲓ̀
ⲉⲩⲉⲣϣⲁⲩ ⲙ̇ ⲡϣⲟⲩ ⲛ̀ ⲧⲉⲕⲙⲉⲧⲛⲓϣϯ ⲁⲗⲗⲁ ⲭⲱ
ⲛⲏⲓ ⲉ̀ⲃⲟⲗ ⲱ̀ ⲡⲁ ϭⲥ̄ ⲙⲓⲭⲁⲏⲗ ϫⲉ ⲁ̀ⲛⲟⲕ ⲟⲩⲣⲉϥⲉⲣ-
ⲛⲟⲃⲓ ⲟⲩⲟϩ ϯϫⲱϫⲉⲃ ⲉ̀ⲙⲁϣⲱ ϧⲉⲛ ⲛⲁϩⲃⲏⲟⲩⲓ ⲁ̀ⲛⲟⲕ
ϯϩⲟ̀ ⲉ̀ⲣⲟⲕ ⲱ̀ ⲙⲓⲭⲁⲏⲗ ⲡⲓⲣⲉϥϯⲧⲟⲧϥ ϣⲱⲡ ⲉ̀ⲣⲟⲕ 10

ⲡⲅ̄. ⲁ. ⲛ̀ ⲧⲁⲑⲩⲥⲓⲁ̀ | ⲉ̀ⲧⲟⲓ ⲛ̀ ⲕⲟⲩϫⲓ ⲑⲁⲓ ⲉⲧ ⲁⲥⲣⲁⲃⲱ ϩⲓⲛⲁ
ⲛ̀ⲧⲁⲧⲏⲓⲥ ⲛⲁⲕ ϧⲉⲛ ⲡⲉⲕϣⲁⲓ ⲉⲑ ⲟⲩⲁⲃ ⲙ̇ⲡ ⲉⲣ
ⲥⲛⲁⲩϩ ⲙ̇ⲙⲟⲕ ⲁⲛ ⲉ̀ ⲥⲱⲧⲉⲙ ⲉ̀ ⲡⲉⲕⲃⲱⲕ ⲉⲑⲃⲉ ϫⲉ
ϥϫⲱϫⲉⲃ ⲛ̀ϫⲉ ⲡⲁⲇⲱⲣⲟⲛ ⲁⲗⲗⲁ ϣⲱⲡ ⲉ̀ⲣⲟⲕ ⲛ̀ ⲧⲁ
ⲥⲡⲟⲩⲇⲏ ⲙ̇ ⲫⲣⲏϯ ⲛ̀ⲑⲁ ϯⲧⲉⲃⲓ ⲥⲛⲟⲩϯ ϫⲉ ⲟⲩⲉⲓ 15
ϯⲉ̀ⲙⲓ ϫⲉ ⲛ̀ⲑⲟⲕ ⲟⲩⲛⲁϩⲧ ⲛ̀ ⲣⲉϥϣⲉⲛϩⲏⲧ ⲉⲑⲃⲉ ⲫⲁⲓ
ⲁⲓⲕⲱϯ ⲛ̀ ⲥⲱⲕ ⲉⲑⲃⲉ ϫⲉ ⲙ̇ⲙⲟⲛ ⲧⲏⲓ ⲛ̀ ⲕⲉ ⲣⲉϥⲉⲣ-
ⲡⲣⲉⲥⲃⲉⲩⲓ̀ⲛ ϧⲁⲧⲉⲛ ⲫϯ ⲉ̀ⲃⲏⲗ ⲉ̀ⲣⲟⲕ ⲱ̀ ⲡⲓⲁⲣⲭⲏ-
ⲁⲅⲅⲉⲗⲟⲥ ⲙⲓⲭⲁⲏⲗ ⲁⲕϣⲁⲛⲉⲣ ⲡⲉ̀ⲑ ⲛⲁⲛⲉ ϥ ⲛⲉⲙⲏⲓ

ⲡⲅ̄. ⲃ. ⲛ̀ⲧⲉⲕ ϣⲱⲡ ⲉ̀ⲣⲟⲕ ⲙ̇ ⲡⲁ ⲕⲟⲩϫⲓ ⲛ̀ ⲧⲁⲓⲟ̀ | ⲕⲁⲛ 20
ⲓⲥϫⲉ ϥϫⲱϫⲉⲃ ⲁ̀ⲛⲟⲕ ⲇⲉ ϯⲛⲁ ⲉⲣ ⲛⲩⲙⲫⲓⲛ ⲙⲉⲛⲉⲛ-
ⲥⲁ ⲛⲁⲓ ⲉⲑⲣⲓⲓ̀ⲛⲓ ⲛⲁⲕ ⲛ̀ ⲟⲩⲧⲁⲓⲟ̀ ⲉ̀ⲃⲟⲗϧⲉⲛ ⲣⲱⲓ
ⲛ̀ ⲣⲉϥⲉⲣⲛⲟⲃⲓ ⲛⲉⲙ ⲡⲁ ⲗⲁⲥ ⲉⲧ ϫⲱϫⲉⲃ ⲛⲉⲙ ⲡⲁ
ϩⲏⲧ ⲛ̀ ⲥⲏⲟⲩ ⲛⲓⲃⲉⲛ ⲛ̀ ⲛⲓⲉ̀ϩⲟⲟⲩ ⲧⲏⲣⲟⲩ ⲛ̀ⲧⲉ ⲡⲁ
ⲱⲛϧ ⲛ̀ⲧⲁ ⲡⲓⲥⲧⲉⲩⲓ̀ⲛ ϧⲉⲛ ⲫⲁⲓ ⲧⲁⲫⲙⲏⲓ ϫⲉ ⲁⲓϣⲁⲛ- 25
ⲉⲣ ⲡⲱⲃϣ ⲙ̇ ⲡⲉⲕⲣⲁⲛ ⲛ̀ⲧⲁϣⲧⲉⲙ ⲉⲣ ⲡⲉϥⲙⲉⲩⲓ̀ ⲛ̀
ⲥⲏⲟⲩ ⲛⲓⲃⲉⲛ ϧⲉⲛ ⲡⲁ ϩⲏⲧ ⲱ̀ ⲡⲓⲁⲣⲭⲏⲁⲅⲅⲉⲗⲟⲥ ⲛ̀
ⲛⲓⲉ̀ϩⲟⲟⲩ ⲧⲏⲣⲟⲩ ⲛ̀ⲧⲉ ⲡⲁ ⲱⲛϧ ⲉⲓⲉ̀ϣⲱⲡⲓ ⲛ̀ ⲁⲧ

ⲟⲩⲧⲁⲍ ⲟⲩⲟⲥ ⲛ̀ ⲁⲧ ⲃⲉⲭⲏ ⲙ̀ ⲡⲉⲙⲑⲟ ⲙ̀ ⲫϯ ϫⲉ

ⲡⲇ. ⲁ. ⲡⲉⲣⲫⲙⲉⲩⲓ | ⲙ̀ ⲡⲉⲕⲣⲁⲛ ⲉ̀ⲑ ⲟⲩⲁⲃ ⲱ̀ ⲡⲓⲁⲣⲭⲏ-
ⲁⲅⲅⲉⲗⲟⲥ ⲉ̀ⲑ ⲟⲩⲁⲃ ⲙⲏⲭⲁⲏⲗ ⲡⲓⲛⲓϣϯ ⲛ̀ ⲁⲣⲭⲏⲁⲅⲅⲉ-
ⲗⲟⲥ ⲉ̀ⲑ ⲟⲩⲁⲃ ⲫⲏ ⲉ̀ⲧ ⲟⲓ ⲛ̀ ⲥⲱϯ ⲛⲏⲓ ϧⲉⲛ ⲡⲁ
ϫⲓⲛⲍⲉⲓ ⲛⲉⲙ ⲡⲁ ϫⲓⲛⲧⲱⲛⲧ ⲱ̀ ⲡⲓⲁⲣⲭⲁⲅⲅⲉⲗⲟⲥ ⲉ̀ⲑ 5
ⲟⲩⲁⲃ· ⲫⲏ ⲉ̀ⲧⲉ ⲡⲅⲉⲛⲟⲥ ⲧⲏⲣϥ ⲛ̀ ⲁⲇⲁⲙ ⲁⲩϫⲓⲙⲓ
ⲛ̀ ⲟⲩⲡⲁⲣⲣⲏⲥⲓⲁ̀ ϧⲁⲧⲉⲛ ⲫϯ ⲉ̀ⲑⲃⲏⲧⲕ ⲱ̀ ⲡⲓⲁⲣⲭⲏ-
ⲁⲅⲅⲉⲗⲟⲥ ⲙⲏⲭⲁⲏⲗ Ⲛⲑⲟⲕ ⲡ ⲉ̀ⲑ ⲛⲏⲟⲩ ⲉ̀ ϧⲟⲩⲛ ⲉⲕⲓ̀ⲣⲓ
ⲙ̀ ⲡⲉⲛⲙⲉⲩⲓ̀ ⲙ̀ⲡⲉⲙⲑⲟ ⲙ̀ ⲫϯ ϩⲓⲛⲁ ⲛ̀ⲧⲉϥϣⲉⲛϩⲏⲧ
ϧⲁⲣⲟⲛ ⲉϥⲉϣⲱⲡⲓ ⲛⲁⲛ ⲟⲩⲛ ⲙ̀ ⲫⲟⲟⲩ ϧⲉⲛ ⲡⲉⲕ- 10

ⲡⲇ. ⲃ. ⲛⲓϣϯ ⲛ̀ ϣⲁⲓ ⲉ̀ⲑⲣⲉⲕ ⲉⲣ ⲡⲣⲉⲥⲃⲉⲩⲓⲛ | ϧⲁⲣⲟⲛ ϧⲁⲧⲉⲛ
ⲡⲟ̅ⲥ̅ ϯⲛⲟⲩ ϩⲓⲛⲁ ⲛ̀ⲧⲉⲛϣⲱⲡ ⲉⲣⲟϥ ⲛ̀ⲧⲉⲛⲥⲡⲟⲩⲇⲏ
ⲉ̀ⲧⲉⲛⲓ̀ⲣⲓ ⲙ̀ⲙⲟⲥ ⲛⲁⲕ ϧⲉⲛ ⲡⲉⲕ ⲉⲣ ⲫⲙⲉⲩⲓ̀ ⲉ̀ⲑ ⲟⲩⲁⲃ
ⲱ̀ ⲡⲓⲛⲓϣϯ ⲛ̀ ϭⲁⲓⲣⲱⲟⲩϣ ϧⲁⲣⲟⲛ ⲙⲏⲭⲁⲏⲗ ⲉⲑⲣⲉⲛϭⲓ
ⲙ̀ ⲡⲓⲙⲱⲓⲧ ⲧⲏⲣⲉⲛ ⲉ̀ ⲡϫⲓⲛⲧⲉⲛⲙⲟϣⲓ ϧⲉⲛ ⲡⲉⲧⲉϩⲛⲉ 15
ⲫϯ ⲛ̀ ⲥⲏⲟⲩ ⲛⲓⲃⲉⲛ ⲙ̀ ⲡⲉⲙⲑⲟ ⲛ̀ ⲛⲉϥϫⲓϫ ⲟⲩⲟϩ
ⲛ̀ⲧⲉϥⲛⲁϩⲙⲉⲛ ⲉ̀ⲃⲟⲗϧⲉⲛ ⲛⲓ ⲫⲁϣ ⲧⲏⲣⲟⲩ ⲛ̀ⲧⲉ ⲫⲏ
ⲉ̀ⲧ ϯ ⲟⲩⲃⲏⲛ ⲡⲓϫⲁϫⲓ ⲛ̀ⲧⲉ ⲙⲉⲑⲙⲏⲓ ⲛⲓⲃⲉⲛ ⲡⲓⲥⲁ-
ⲙⲉⲑⲛⲟⲩϫ ⲛ̀ⲥⲁ ⲙ̀ ⲡ ⲉⲧ ϩⲱⲟⲩ Ⲟⲩⲟϩ ⲛ̀ⲧⲉ ⲫϯ
ⲧⲁϩⲟⲛ ⲉ̀ⲣⲁⲧⲉⲛ ⲛⲁϥ ⲛ̀ ⲟⲩⲙⲉⲧⲟⲩⲣⲟ ⲛⲉⲙ ⲟⲩⲙⲉ- 20

ⲡⲉ. ⲁ. ⲧⲟⲩⲏⲃ | ⲛⲉⲙ ⲟⲩⲅⲉⲛⲟⲥ ⲉϥ ⲟⲩⲁⲃ ⲛⲉⲙ ⲟⲩⲗⲁⲟⲥ
ⲉϥⲱⲛϧ ϩⲓⲧⲉⲛ ⲛⲓⲧⲱⲃϩ ⲉⲧ ⲉⲥⲓ̀ⲣⲓ ⲙ̀ⲙⲱⲟⲩ ϧⲁⲣⲟⲛ
ⲛ̀ϫⲉ ⲧⲉⲛ ⲟ̅ⲥ̅ ⲧⲏⲣⲉⲛ ϯⲣⲉϥϫⲫⲉ ⲫϯ ⲡⲓⲗⲟⲅⲟⲥ
Ⲁⲗⲏⲑⲱⲥ ϯⲁ̀ⲅⲓⲁ̀ ⲙⲁⲣⲓⲁⲙ ⲑⲏ ⲉ̀ⲧ ⲟⲓ ⲙ̀ ⲡⲁⲣⲑⲉⲛⲟⲥ
ⲛ̀ ⲥⲏⲟⲩ ⲛⲓⲃⲉⲛ ⲛⲉⲙ ⲛⲉⲛⲡⲣⲉⲥⲃⲓⲁ̀ ⲙ̀ ⲫⲏ ⲉ̀ ⲧⲉⲛ 25
ⲉⲣ ϣⲁⲓ ⲛⲁϥ ⲙ̀ ⲫⲟⲟⲩ ⲡⲓⲛⲓϣϯ ⲛ̀ ⲁⲣⲭⲏⲁⲅⲅⲉⲗⲟⲥ
ⲉ̀ⲑ ⲟⲩⲁⲃ ⲙⲏⲭⲁⲏⲗ ⲫⲏ ⲉⲧ ⲧⲱⲃϩ ⲙ̀ ⲡⲟ̅ⲥ̅ ⲉ̀ϫⲱⲛ ⲛ̀
ⲥⲏⲟⲩ ⲛⲓⲃⲉⲛ Ⲛⲉⲙ ⲛⲉⲛⲧⲱⲃϩ ⲙ̀ ⲡⲭⲱⲣⲟⲥ ⲧⲏⲣϥ

ⲛ̀ⲧⲉⲛ ⲉⲣ ϣⲫⲏⲣ ⲛ̀ ⲁ̀ⲧ ⲥⲱⲙⲁⲧⲟⲥ ⲛⲉⲙ ⲛⲉⲛⲧⲱⲃϩ
ⲙ̀ ⲫⲏ ⲉ̀ⲧⲉ ⲙ̀ⲙⲟⲛ ⲟⲩⲁⲓ ⲧⲱⲛϥ ϧⲉⲛ ⲛⲓⲙⲓⲥⲓ ⲛ̀ⲧⲉ

ⲡⲉ̅. ⲃ. ⲛⲓϩⲓⲟ̀ⲙⲓ | ⲉ̀ⲛⲁⲁϥ ⲉ̀ϩⲟⲧ ⲉ̀ⲣⲟϥ ⲡⲓⲁ̀ⲅⲓⲟⲥ ⲓ̀ⲱⲁⲛⲛⲏⲥ
ⲡⲓⲡⲣⲟⲇⲣⲟⲙⲟⲥ ⲙ̀ ⲃⲁⲡⲧⲓⲥⲧⲏⲥ ⲟⲩⲟϩ ⲙ̀ ⲙⲁⲣⲧⲩⲣⲟⲥ
ⲉⲑ ⲟⲩⲁⲃ ⲛⲉⲙ ⲛⲉⲛⲧⲱⲃϩ ⲛ̀ ⲛⲓⲡⲁⲧⲣⲓⲁⲣⲭⲏⲥ ⲛⲉⲙ 5
ⲛⲓ ⲡⲣⲟⲫⲏⲧⲏⲥ ⲛⲉⲙ ⲛⲓ ⲕⲟⲣⲩⲙⲫⲉⲟⲥ ⲛ̀ ⲁ̀ⲡⲟⲥⲧⲟⲗⲟⲥ
ⲛⲏ ⲉ̀ⲧ ⲁⲩⲟ̀ⲩⲁϩⲟⲩ ⲛ̀ⲥⲁ ⲡⲓⲡⲁⲧϣⲉⲗⲉⲧ ⲙ̀ ⲙⲏⲓ
ⲡⲉⲛⲟ̅ⲥ̅ ⲓ̅ⲏ̅ⲥ̅ ⲡ̅ⲭ̅ⲥ̅ ⲡⲉⲛ ⲱ̀ⲛϧ ⲛⲉⲙ ⲡⲓⲅ̅ ⲛ̀ ⲁ̀ⲗⲟⲩ ⲛ̀
ⲁ̀ⲅⲓⲟⲥ ⲥⲉⲇⲣⲁⲕ ⲙⲓⲥⲁⲕ ⲁⲃⲇⲉⲛⲁⲅⲱ ⲛⲉⲙ ⲡⲓⲁ̀ⲅⲓⲟⲥ
ⲥⲧⲉⲫⲁⲛⲟⲥ ⲛⲉⲙ ⲡⲭⲱⲣⲟⲥ ⲧⲏⲣϥ ⲛ̀ⲧⲉ ⲛⲓⲁ̀ⲅⲓⲟⲥ ⲙ̀ 10
ⲙⲁⲣⲧⲩⲣⲟⲥ ⲛⲉⲙ ⲛⲓⲥⲧⲁⲩⲣⲟⲫⲱⲣⲟⲥ ⲉ̀ⲑ ⲟⲩⲁⲃ ⲛⲁⲓ

ⲡⲋ̅. ⲁ. ⲉ̀ⲧ ⲟϩⲓ ⲉ̀ⲣⲁⲧⲟⲩ ⲧⲏⲣⲟⲩ | ⲙ̀ ⲡⲉⲙⲑⲟ ⲙ̀ ⲡⲓⲑⲣⲟ-
ⲛⲟⲥ ⲙ̀ ⲃⲁⲥⲓⲗⲓⲕⲟⲛ ⲛ̀ⲧⲉ ⲫ̅ϯ̅ ⲡⲓⲗⲟⲅⲟⲥ ⲉⲩϯϩⲟ
ⲉⲣⲟϥ ⲙ̀ ⲡⲓⲉ̀ϩⲟⲟⲩ ⲛⲉⲙ ⲡⲓⲉ̀ϫⲱⲣϩ ⲉⲑⲣⲉϥ ⲉⲣ ⲟⲩⲛⲁⲓ
ϧⲁ ⲡⲉϥⲗⲁⲟⲥ ⲛ̀ⲑⲟϥ ⲡⲉⲛ ⲟ̅ⲥ̅ ⲟⲩⲟϩ ⲡⲉⲛⲛⲟⲩϯ ⲓ̅ⲏ̅ⲥ̅ 15
ⲡ̅ⲭ̅ⲥ̅ ⲫⲁⲓ ⲉ̀ⲧⲉ ⲉ̀ⲃⲟⲗϩⲓ ⲧⲟⲧϥ ⲉ̀ⲣⲉ ⲱ̀ⲟⲩ ⲛⲓⲃⲉⲛ ⲛⲉⲙ
ⲧⲁⲓⲟ̀ ⲛⲓⲃⲉⲛ ⲛⲉⲙ ⲡⲣⲟⲥⲕⲩⲛⲏⲥⲓⲥ ⲛⲓⲃⲉⲛ ⲛⲉⲙ ϫⲓⲛⲟⲩ-
ⲱϣⲧ ⲛⲓⲃⲉⲛ ⲉⲣ ⲡⲣⲉⲡⲓ ⲙ̀ ⲫⲓⲱⲧ ⲛⲉⲙⲁϥ ⲛⲉⲙ
ⲡⲓⲡ̅ⲛ̅ⲁ̅ ⲉⲑ ⲟⲩⲁⲃ ⲛ̀ ⲣⲉϥⲧⲁⲛϧⲟ ⲟⲩⲟϩ ⲛ̀ ⲟ̀ⲙⲟⲟⲩⲥⲓⲟⲥ
ⲛⲉⲙⲁϥ ϯⲛⲟⲩ ⲛⲉⲙ ⲛ̀ ⲥⲏⲟⲩ ⲛⲓⲃⲉⲛ ⲛⲉⲙ ϣⲁ ⲉ̀ⲛⲉϩ 20
ⲛ̀ⲧⲉ ⲛⲓⲉ̀ⲛⲉϩ ⲧⲏⲣⲟⲩ ⲁⲙⲏⲛ.

πζ. в. Ο λογος ⲛ̄ⲧⲉ ⲡⲓⲡⲁⲧⲣⲓⲁⲣⲭⲏⲥ ⲉ̇ⲑ ⲟⲩⲁⲃ ⲟⲩⲟϩ
ⲡⲓⲁⲣⲭⲏⲉ̇ⲡⲓⲥⲕⲟⲡⲟⲥ ⲛ̄ⲧⲉ ⲁⲛⲧⲓⲟⲭⲓⲁ ⲁⲃⲃⲁ ⲥⲉⲩⲏⲣⲟⲥ
ⲉ̇ ⲁϥⲧⲁⲟⲩⲟϥ ⲇⲉ ⲉϥⲟⲩⲱⲛϩ ⲉ̇ⲃⲟⲗ ⲛ̄ ⲛⲓⲙⲉⲧϣⲁⲛ-
ⲑⲏϥ ⲛ̄ⲧⲉ ⲫϯ ⲁϥⲥⲁϫⲓ ⲇⲉ ⲟⲛ ⲉⲑⲃⲉ ⲧⲡⲁⲣⲟⲩⲥⲓⲁ
ⲡⲏ. ⲁ. ⲙ̄ ⲡⲓⲁⲣⲭⲁⲅⲅⲉⲗⲟⲥ ⲉ̇ⲑ ⲟⲩⲁⲃ ⲙⲓⲭⲁⲏⲗ | ⲛⲉⲙ ⲧⲉϥ- 5
ⲙⲉⲧⲙⲁⲓ ⲣⲱⲙⲓ ⲙ̄ ⲫⲣⲏϯ ⲉⲧⲁϥϫⲟⲧⲟⲩ ⲙ̄ⲙⲱⲟⲩ ⲉ̇
ⲛⲓⲭⲟⲣϫⲥ ⲛ̄ⲧⲉ ⲡⲓⲇⲓⲁ̇ⲃⲟⲗⲟⲥ Ⲉ ⲁϥⲧⲁⲟⲩ ⲉ̇ ϩⲁⲛⲕⲟⲩϫⲓ
ⲇⲉ ⲟⲛ ⲉⲑⲃⲉ ϯⲁⲅⲓⲁ ⲛ̄ ⲕⲩⲣⲓⲁⲕⲏ ⲉ̇ⲑ ⲟⲩⲁⲃ ⲉ̇ⲑⲃⲉ ϫⲉ
ⲁ ⲡϣⲁⲓ ⲙ̄ ⲡⲓⲁⲣⲭⲁⲅⲅⲉⲗⲟⲥ ⲉ̇ⲑ ⲟⲩⲁⲃ ⲙⲓⲭⲁⲏⲗ ⲉⲣ
ⲁⲡⲁⲛⲧⲁⲛ ϧⲉⲛ ϯⲣⲟⲙⲡⲓ ⲉ̇ⲧⲉⲙⲙⲁⲩ ⲉ̇ ϯⲁⲅⲓⲁ ⲛ̄ 10
ⲕⲩⲣⲓⲁ̇ⲕⲏ Ⲁϥⲥⲁϫⲓ ⲇⲉ ⲟⲛ ⲉⲑⲃⲉ ⲙⲁⲧⲑⲉⲟⲥ ⲡⲓⲡⲣⲁ-
ⲅⲙⲁⲧⲉⲩⲧⲏⲥ ⲛⲉⲙ ⲧⲉϥⲥϩⲓⲙⲓ ⲛⲉⲙ ⲛⲉϥϣⲏⲣⲓ ⲙ̄
ⲡⲓⲣⲏϯ ⲉ̇ⲧⲁⲩⲛⲁϩϯ ⲉ̇ ⲫϯ ϩⲓⲧⲉⲛ ⲛⲓϯϩⲟ ⲛ̄ⲧⲉ
ⲡⲓⲁⲣⲭⲁⲅⲅⲉⲗⲟⲥ ⲉ̇ⲑ ⲟⲩⲁⲃ ⲙⲓⲭⲁⲏⲗ ⲉ̇ⲧⲁϥⲧⲁⲟⲩⲟ̀
ⲡⲏ. в. ⲇⲉ ⲙ̄ ⲡⲁⲓ ⲇⲓⲁ̇ⲗⲟⲅⲟⲥ ⲇⲉ ⲛ̄ ⲥⲟⲩ ιβ | ⲙ̄ ⲡⲓⲁⲃⲟⲧ 15
ⲁⲑⲱⲣ ⲉⲣⲉ ⲡⲓⲙⲏϣ ⲧⲏⲣϥ ⲑⲟⲩⲏⲧ ⲉ̇
ⲡⲧⲟⲡⲟⲥ ⲙ̄ ⲡⲓⲁⲣⲭⲁⲅⲅⲉⲗⲟⲥ ⲉ̇ⲑ
ⲟⲩⲁⲃ ⲙⲓⲭⲁⲏⲗ ⲉⲩⲉⲣ ϣⲁⲓ
ⲛⲁϥ ⲛ̄ ϧⲏⲧϥ ϧⲉⲛ ⲟⲩϩⲓ-
ⲣⲏⲛⲏ ⲛ̄ⲧⲉ ⲫϯ 20
ⲁⲙⲏⲛ.

ϯⲥⲱⲧⲉⲙ ⲉ̇ ⲡⲓ ⲯⲁⲗⲙⲱⲇⲟⲥ ⲉ̇ⲑ ⲟⲩⲁⲃ ⲇⲁⲩⲓⲇ ⲉϥ
ⲉⲣ ⲥⲩⲙⲙⲉⲛⲓⲛ ⲛⲁⲛ ⲙ̄ ⲛⲉⲑⲟⲩϯ ⲉ̇ϧⲟⲩⲛ ⲙ̄ ⲡⲁⲓ ϣⲁⲓ
ⲙ̄ ⲫⲟⲟⲩ ⲉϥⲱϣ ⲉ̇ⲃⲟⲗ ⲉϥⲭⲱ ⲙ̄ⲙⲟⲥ ϫⲉ ⲡⲁⲅⲅⲉⲗⲟⲥ

ⲙ̅ ⲡ̅ⲟ̅ⲥ̅ ⲥⲓⲕⲱⲧ ⲙ̅ ⲡⲓⲕⲱⲧ ⲛ̅ ⲟⲩⲟⲛ ⲛⲓⲃⲉⲛ ⲉ̀ⲧ ⲉⲣ
ⲡ̅ⲑ̅. ⲁ. ϩⲟϯ ϧⲁ ⲧⲉϥϫⲏ | ⲟⲩⲟϩ ϥⲛⲁⲛⲁϩⲙⲟⲩ ⲡⲁⲓ ϣⲁⲓ
ⲟⲩⲛ ⲙ̅ ⲫⲟⲟⲩ ⲱ̀ ⲛⲁ ⲙⲉⲛⲣⲁϯ ⲟⲓ ⲛ̀ ⲃ̅ ⲙ̅ ⲡϣⲁⲓ
ⲙ̅ ⲡⲓⲁⲣⲭⲏⲁⲅⲅⲉⲗⲟⲥ ⲉ̀ⲑ ⲟⲩⲁⲃ ⲙⲓⲭⲁⲏⲗ ⲛⲉⲙ ⲡϣⲁⲓ
ⲛ̀ ϯⲕⲩⲣⲓⲁⲕⲏ ⲉ̀ⲑ ⲟⲩⲁⲃ ⲧⲁⲛⲁⲥⲧⲁⲥⲓⲥ ⲙ̀ ⲡⲉⲛⲥⲱⲧⲏⲣ 5
Ⲓⲥ ϩⲏⲡⲡⲉ ϯⲛⲁⲩ ⲉ̀ ⲟⲩⲛⲓϣϯ ⲛ̀ ϫⲁⲙⲏ ⲉⲥϣⲱⲡ
ⲙ̀ⲙⲟⲛ ϩⲗⲓ ⲛ̀ ⲑⲛⲟⲩ ϣⲱϣⲧ ⲙ̀ⲙⲟⲛ ⲉ̀ ⲡⲧⲏⲣϥ ⲁⲗⲗⲁ
ⲧⲉⲧⲉⲛⲥⲉⲃⲧⲱⲧ ⲧⲏⲣⲟⲩ ⲉ̀ϣⲱⲡ ⲉ̀ⲣⲱⲧⲉⲛ ⲙ̀ ⲡⲥⲁϫⲓ
ⲛ̀ⲧⲉ ϯⲥⲃⲱ ⲓ̀ⲧⲉ ⲁⲛⲟⲛ ⲛ̀ ⲉ̀ⲧ ⲥⲁϫⲓ ⲓ̀ⲧⲉ ⲛ̀ⲑⲱⲧⲉⲛ ⲛⲏ
ⲉ̀ⲧ ⲥⲱⲧⲉⲙ Ⲟⲩⲟϩ ⲡⲁⲛⲧⲱⲥ ⲛ̀ⲧⲉ ⲡⲓⲥⲁϫⲓ ⲉ̀ⲧⲉⲙⲙⲁⲩ 10
ϫⲱⲕ ⲉ̀ⲃⲟⲗ ⲉ̀ϫⲱⲛ ϫⲉ ⲟⲩⲁⲓ ⲙⲉⲛ ⲁϥⲉⲣ ⲣ̅ ⲕⲉ ⲟⲩⲁⲓ
ⲡ̅ⲑ̅. ⲃ. ⲇⲉ | ⲁϥⲉⲣ ⲝ̅ ⲕⲉ ⲟⲩⲁⲓ ⲇⲉ ⲁϥⲉⲣ ⲗ̅ Ⲧⲉⲧⲉⲛⲥⲱⲟⲩⲛ
ⲅⲁⲣ ϫⲉ ϥⲟⲩⲛⲟⲩ ⲙ̀ⲙⲟⲛ ⲁⲛ ⲛ̀ϫⲉ ⲡⲓⲣⲉϥϯ ⲃⲉⲭⲉ
ⲙ̀ ⲙⲏⲓ ⲡⲉⲛ ⲟ̅ⲥ̅ ⲓⲏ̅ⲥ̅ ⲡⲭ̅ⲥ̅ ⲡϣⲏⲣⲓ ⲙ̀ ⲫϯ ⲉ̀ⲧ ⲟⲛϧ
ϥⲭⲱ ⲙ̀ⲙⲟⲥ ⲅⲁⲣ ϧⲉⲛ ⲡⲉϥⲣⲱϥ ⲉ̀ⲑ ⲙⲉϩ ⲛ̀ ⲱ̀ⲛϧ 15
ⲛⲉⲙ ⲙⲉⲑⲙⲏⲓ ⲛⲓⲃⲉⲛ ϫⲉ ⲡⲓⲙⲁ ⲉ̀ⲧⲉ ⲟⲩⲟⲛ ⲃ̅ ⲓⲉ ⲅ̅
ⲉⲣ ⲥⲩⲛⲁⲅⲉⲥⲑⲉ ⲙ̀ⲙⲁⲩ ϧⲉⲛ ⲡⲁⲣⲁⲛ ϯⲭⲏ ⲙ̀ⲙⲁⲩ
ϧⲉⲛ ⲧⲟⲩⲙⲏϯ Ϩⲟⲥⲟⲛ ⲉϥϣⲟⲡ ⲛⲉⲙⲁⲛ ⲛ̀ϫⲉ ⲡⲉⲛ-
ⲛⲟⲩϯ ⲙⲁⲣⲉⲛϣⲱⲡ ⲉ̀ⲣⲟⲛ ⲙ̀ ⲡⲥⲁϫⲓ ⲙ̀ ⲡⲓⲡⲣⲟⲫⲏ-
ⲧⲏⲥ ⲟⲩⲟϩ ⲡⲓⲣⲉϥⲉⲣ ⲯⲁⲗⲓⲛ ⲇⲁⲩⲓⲇ ⲉϥϫⲱ ⲙ̀ⲙⲟⲥ 20
ϫⲉ ⲥⲣⲱϥⲧ ⲟⲩⲟϩ ⲁ̀ⲣⲓ ⲉ̀ⲙⲓ ϫⲉ ⲁ̀ⲛⲟⲕ ⲡⲉ ⲫϯ ⲉ̀ⲓⲉ-
ϥ̅. ⲁ. ϭⲓⲥⲓ ⲉ̀ϫⲉⲛ ⲛⲓⲉⲑⲛⲟⲥ ⲉ̀ⲓⲉϭⲓⲥⲓ | ⲉ̀ϫⲉⲛ ⲡⲕⲁϩⲓ ⲧⲏⲣϥ
Ⲧⲉⲧⲉⲛⲥⲱⲟⲩⲛ ⲛⲁ ⲙⲉⲛⲣⲁϯ ϫⲉ ⲡϣⲁⲓ ⲙ̀ ⲡⲉⲛ
ⲟⲩϫⲁⲓ ⲡⲉ ⲫⲟⲟⲩ ⲉ̀ⲧⲉ ⲑⲁⲓ ⲧⲉ ϯⲁ̀ⲅⲓⲁ ⲛ̀ ⲕⲩⲣⲓⲁⲕⲏ
ⲉ̀ⲑ ⲟⲩⲁⲃ ⲉ̀ⲧ ⲥϣⲉ ⲡⲉ ⲛ̀ⲧⲉⲛϩⲱⲥ ⲟⲩⲟϩ ⲛ̀ⲧⲉⲛ- 25
ⲥⲙⲟⲩ ⲟⲩⲟϩ ⲛ̀ⲧⲉⲛϯ ⲱ̀ⲟⲩ ⲙ̀ ⲡ̅ⲟ̅ⲥ̅ ⲛ̀ ϣⲟⲣⲡ ϫⲉ
ⲉ̀ⲣⲉ ⲱ̀ⲟⲩ ⲛⲓⲃⲉⲛ ⲉⲣ ⲡⲣⲉⲡⲓ ⲛⲁϥ ⲛ̀ ⲥⲏⲟⲩ ⲛⲓⲃⲉⲛ
ϣⲁ ⲉ̀ⲛⲉϩ ⲛ̀ⲧⲉ ⲛⲓⲉ̀ⲛⲉϩ ⲧⲏⲣⲟⲩ ⲁ̀ⲙⲏⲛ Ⲙⲉⲛⲉⲛⲥⲱⲥ

ⲙⲁⲣⲉⲛⲧⲁⲥⲑⲟⲛ ⲛ̄ⲧⲉⲛⲥⲁϫⲓ ⲉ̀ ⲡⲧⲁⲓⲟ̀ ⲙ̄ ⲙⲓⲭⲁⲏⲗ
ⲡⲓⲛⲓϣϯ ⲛ̀ ⲁⲣⲭⲏⲁⲅⲅⲉⲗⲟⲥ ⲉⲑ ⲟⲩⲁⲃ ⲥⲱⲧⲉⲙ ⲅⲁⲣ
ⲉ̀ⲣⲟϥ ϧⲉⲛ ⲡⲓⲉⲩⲁⲅⲅⲉⲗⲓⲟⲛ ⲉⲑ ⲟⲩⲁⲃ ⲕⲁⲧⲁ ⲙⲁⲧⲑⲉⲟⲛ

ϥ. ⲃ.   ϫⲉ ⲡⲓⲁⲣⲭⲏⲁⲅⲅⲉⲗⲟⲥ ⲛ̄ⲧⲉ ⲡ̄ⲥ̄ ⲡⲉϫⲁϥ ⲛ̀ ⲛⲓⲍⲓⲟ̀ⲙⲓ |
ϫⲉ ⲙ̄ⲡ ⲉⲣ ⲉⲣ ϩⲟϯ ⲛ̀ⲑⲱⲧⲉⲛ ϯⲉ̀ⲙⲓ ⲅⲁⲣ ⲁ̀ⲛⲟⲕ ϫⲉ 5
ⲁⲣⲉⲧⲉⲛⲕⲱϯ ⲛ̀ⲥⲁ ⲛⲓⲙ ⲓ̄ⲏ̄ⲥ̄ ⲫⲏ ⲉ̀ⲧⲁⲩ ⲉⲣ ⲥⲧⲁⲩⲣⲱ-
ⲛⲓⲛ ⲙ̀ⲙⲟϥ ϥⲭⲏ ⲙ̀ ⲡⲁⲓ ⲙⲁ ⲁⲛ ⲁⲗⲗⲁ ⲁϥⲧⲱⲛϥ
ⲕⲁⲧⲁ ⲫⲣⲏϯ ⲉ̀ⲧⲁϥϫⲟⲥ ⲛ̀ ⲛⲉϥⲙⲁⲑⲏⲧⲏⲥ Ⲡⲉϭⲓⲛⲓ
ⲡⲉϫⲁϥ ⲉϥⲟ̀ⲛⲓ ⲛ̀ ⲟⲩⲥⲉⲧⲉⲃⲣⲏⲝ ⲟⲩⲟϩ ⲧⲉϥϩⲉⲃⲥⲱ
ⲉⲥⲟⲩⲟⲃϣ ⲙ̀ ⲫⲣⲏϯ ⲛ̀ ⲟⲩⲭⲓⲱⲛ ⲉ̀ⲧⲉ ⲫⲁⲓ ⲡⲉ ⲡⲓⲁⲣ- 10
ⲭⲏⲁⲅⲅⲉⲗⲟⲥ ⲉⲑ ⲟⲩⲁⲃ ⲙⲓⲭⲁⲏⲗ ⲡⲓⲁⲣⲭⲏⲥⲧⲣⲁⲧⲏⲅⲟⲥ
ⲛ̀ⲧⲉ ⲧϫⲟⲙ ⲛ̀ ⲛⲓⲫⲏⲟⲩⲓ̀ Ⲧⲉⲛ ⲉⲣ ϣⲁⲓ ⲟⲩⲛ ⲙ̀ ⲫⲟⲟⲩ
ⲱ̀ ⲛⲁ ⲙⲉⲛⲣⲁϯ ϫⲉ ϧⲉⲛ ⲧⲉⲛⲙⲏϯ ϯⲛⲟⲩ ⲛ̀ϫⲉ

ϥⲍ̄. ⲁ.   ⲡ̄ⲥ̄ ⲛⲉⲙ ⲡⲭⲱⲣⲟⲥ ⲧⲏⲣϥ ⲛ̀ⲧⲉ ⲛⲓⲁⲅⲅⲉⲗⲟⲥ | ⲉϥ ⲉⲣ
ϣⲁⲓ ⲛⲉⲙⲁⲛ ϧⲉⲛ ⲡϣⲁⲓ ⲙ̀ ⲡⲓⲁⲣⲭⲏⲁⲅⲅⲉⲗⲟⲥ ⲉⲑ 15
ⲟⲩⲁⲃ ⲙⲓⲭⲁⲏⲗ Ⲙⲓⲭⲁⲏⲗ ⲅⲁⲣ ⲡ ⲉⲧ ϯϩⲟ ⲉ̀ ⲡ̄ⲥ̄
ϧⲁ ⲡⲅⲉⲛⲟⲥ ⲛ̀ ⲛⲓⲣⲱⲙⲓ ⲛ̀ ⲛⲁⲩ ⲛⲓⲃⲉⲛ ⲡ̄ⲥ̄ ϩⲱϥ
ⲡ ⲉⲧ ⲭⲱ ⲛ̀ⲱⲟⲩ ⲉ̀ⲃⲟⲗ ⲛ̀ ⲛⲟⲩⲛⲟⲃⲓ Ⲛⲓⲙ ⲅⲁⲣ ϧⲉⲛ
ⲛⲏ ⲉⲑ ⲟⲩⲁⲃ ⲧⲏⲣⲟⲩ ⲉ̀ⲧⲉ ⲙ̀ⲡⲉ ⲡⲓⲁⲣⲭⲏⲁⲅⲅⲉⲗⲟⲥ
ϣⲱⲡⲓ ⲛⲉⲙⲁϥ ⲛ̀ⲧⲉϥⲛⲁϩⲙⲟⲩ ⲉ̀ⲃⲟⲗϧⲉⲛ ⲛ̀ⲟⲩⲑ- 20
ⲗⲩⲯⲓⲥ ⲧⲏⲣⲟⲩ Ⲛⲓⲙ ⲟⲛ ϧⲉⲛ ⲛⲓⲙⲁⲣⲧⲩⲣⲟⲥ ⲧⲏⲣⲟⲩ
ⲉ̀ⲧⲉ ⲙ̀ⲡⲉ ⲡⲓⲁⲣⲭⲏⲁⲅⲅⲉⲗⲟⲥ ⲙⲓⲭⲁⲏⲗ ϯϫⲟⲙ ⲛⲁϥ
ϩⲓⲧⲉⲛ ⲡⲓⲟⲩⲁϩⲥⲁϩⲛⲓ ⲛ̀ⲧⲉ ⲡ̄ⲥ̄ ϣⲁⲛ ⲧⲉϥϭⲓ ⲙ̀

ϥⲍ̄. ⲃ.   ⲡⲓⲭⲗⲟⲙ Ⲓⲥϫⲉ ⲧⲉⲧⲉⲛ ⲟⲩⲱϣ ⲉ̀ⲙⲓ | ⲱ̀ ⲛⲁⲙⲉⲛⲣⲁϯ
ϫⲉ ⲡⲓⲁⲣⲭⲏⲁⲅⲅⲉⲗⲟⲥ ⲙⲓⲭⲁⲏⲗ ϣⲟⲡ ⲛⲉⲙ ⲣⲱⲙⲓ 25
ⲛⲓⲃⲉⲛ ⲉⲑⲛⲁϯ ⲙ̀ ⲡⲟⲩⲟ̀ⲓ ⲉ̀ ⲫϯ ϧⲉⲛ ⲡⲟⲩϩⲏⲧ ⲧⲏⲣϥ
ⲟⲩⲟϩ ϥⲧⲱⲃϩ ⲙ̀ ⲡ̄ⲥ̄ ϩⲁⲣⲱⲟⲩ ⲉⲑⲣⲉϥϣⲱⲡⲓ ⲛⲱⲟⲩ
ⲙ̀ ⲃⲟⲏⲑⲟⲥ Ⲥⲱⲧⲉⲙ ⲛ̀ⲧⲁⲙⲱⲧⲉⲛ ⲉ̀ ⲧⲁⲓ ⲛⲓϣϯ ⲛ̀

9

ϣⲫⲏⲣⲓ ⲉⲧⲁⲥϣⲱⲡⲓ ϩⲓⲧⲉⲛ ⲧϫⲟⲙ ⲙ̀ ⲫϯ ⲛⲉⲙ ⲡⲓ-
ⲁⲣⲭⲏⲁⲅⲅⲉⲗⲟⲥ ⲉ̀ⲑ ⲟⲩⲁⲃ ⲙⲓⲭⲁⲏⲗ ⲉ̀ⲃⲟⲗϩⲓⲧⲉⲛ ⲛⲉϥ-
ϯϩⲟ ⲛⲁⲓ ⲉ̀ⲧⲁⲩⲧⲁⲙⲟⲛ ⲉ̀ⲣⲱⲟⲩ ϩⲓⲧⲉⲛ ϩⲁⲛⲣⲱⲙⲓ
ⲛ̀ ϣⲟⲩⲛⲁϩϯ ⲉ̀ⲣⲱⲟⲩ Ⲛⲉ ⲟⲩⲟⲛ ⲟⲩⲣⲱⲙⲓ ⲇⲉ ⲙ̀
ⲡⲣⲁⲅⲙⲁⲧⲉⲩⲧⲏⲥ ⲉ̀ ⲡⲉϥⲣⲁⲛ ⲛ̀ ϣⲟⲣⲡ ⲕⲉⲧⲥⲱⲛ 5
ϙⲃ. ⲁ. ⲉ̀ ⲟⲩⲣⲉⲙ̀ⲧϧⲱⲣⲁ ⲡⲉ ⲛ̀ⲧⲉ | ϯⲉⲛⲧⲓⲕⲏ ⲟⲩⲟϩ ⲛⲉ
ⲟⲩⲣⲁⲙⲁⲟ̀ ⲉ̀ⲙⲁϣⲱ ⲡⲉ ⲉ̀ ⲟⲩⲟⲛ ⲛ̀ⲧⲁϥ ⲙ̀ⲙⲁⲩ ⲛ̀
ⲟⲩⲛⲓϣϯ ⲙ̀ ⲡⲣⲁⲅⲙⲁⲧⲓⲁ̀ ⲟⲩⲟϩ ⲛⲁϥⲥⲱⲟⲩⲛ ⲙ̀ ⲫϯ
ⲁⲛ ⲡⲉ Ⲁⲗⲗⲁ ⲛⲉ ⲟⲩϩⲉⲗⲗⲏⲛⲟⲥ ⲡⲉ ⲉϥϣⲉⲙϣⲓ ⲙ̀
ⲡⲓⲣⲏ ⲫⲁⲓ ⲇⲉ ⲟⲩⲛ ⲉϥϣⲟⲡ ϧⲉⲛ ⲧⲉϥⲙⲉⲧⲉⲑⲛⲟⲥ 10
ⲟⲩⲟϩ ⲛⲁⲣⲉ ⲫϯ ⲟⲩⲱϣ ⲉ̀ ⲧⲟⲩϫⲟϥ ⲡⲉ Ⲁⲥϣⲱⲡⲓ
ⲇⲉ ⲛ̀ ⲟⲩⲥⲟⲡ ⲁϥⲧⲁⲗⲟ ⲛ̀ⲧⲉϥⲡⲣⲁⲅⲙⲁⲧⲓⲁ̀ ⲉ̀ ⲟⲩϫⲟⲓ
ⲁϥϣⲱⲗ ⲉ̀ ⲟⲩⲡⲟⲗⲓⲥ ϧⲉⲛ ⲧⲭⲱⲣⲁ ⲛ̀ ⲫⲓⲗⲓⲡⲡⲟⲓⲥ
ⲉ̀ ⲡⲉⲥⲣⲁⲛ ⲡⲉ ⲕⲁⲗⲱⲛⲓⲁ̀ ⲑⲁⲓ ⲧⲉ ⲛⲁⲩϣⲉⲙϣⲓ ⲙ̀
ⲫϯ ⲛ̀ ϧⲏⲧⲥ ⲧⲟⲛⲱ̀ ⲡⲉ Ⲉⲧⲁϥϣⲱⲗ ⲇⲉ ⲉ̀ⲃⲟⲩⲛ 15
ϙⲃ. ⲃ. ⲉ̀ⲣⲟⲥ | ⲛ̀ ⲥⲟⲩ ⲓ̅ⲁ̅ (sic) ⲙ̀ ⲡⲓⲁ̀ⲃⲟⲧ ⲁ̀ⲑⲱⲣ ⲉϥϣⲟⲡ
ⲇⲉ ϧⲉⲛ ϯⲡⲟⲗⲓⲥ ⲉϥϯ ⲛ̀ⲧⲉϥⲡⲣⲁⲅⲙⲁⲧⲓⲁ̀ ⲁϥϥⲟϩ
ⲛ̀ ⲥⲟⲩ ⲓ̅ⲃ̅ ⲙ̀ ⲡⲁⲓ ⲁ̀ⲃⲟⲧ ⲛ̀ ⲟⲩⲱⲧ ⲁ̀ⲑⲱⲣ Ⲙ̀ ⲫⲛⲁⲩ
ⲇⲉ ⲙ̀ ⲙⲉⲣⲓ ⲙ̀ ⲡⲓⲉ̀ϩⲟⲟⲩ ⲉⲧⲉⲙⲙⲁⲩ ⲁϥϭⲓⲛⲓ ⲙ̀ ⲡⲓ-
ⲧⲟⲡⲟⲥ ⲛ̀ⲧⲉ ⲡⲓⲁⲣⲭⲏⲁⲅⲅⲉⲗⲟⲥ ⲙⲓⲭⲁⲏⲗ ⲁϥⲛⲁⲩ 20
ⲉ̀ⲣⲟϥ ⲉⲩⲥⲧⲉⲫⲁⲛⲟⲩ ⲙ̀ⲙⲟϥ ϧⲉⲛ ϩⲁⲛⲫⲁⲛⲟⲥ ⲛⲉⲙ
ϩⲁⲛⲃⲏⲗⲗⲟⲛ ⲁϥ ⲉⲣ ϣⲫⲏⲣⲓ ⲉ̀ⲙⲁϣⲱ ⲟⲩⲟϩ ⲁϥϩⲉⲙⲥⲓ
ϧⲉⲛ ⲡⲓⲙⲁ ⲉ̀ⲧⲉⲙⲙⲁⲩ ⲕⲁⲧⲁ ⲟⲩⲟⲓⲕⲟⲛⲟⲙⲓⲁ̀ ⲛ̀ⲧⲉ
ⲫϯ ⲉ̀ ⲛⲁⲩ ⲉ̀ ⲡⲭⲱⲕ ⲙ̀ ⲡⲓϩⲱⲃ ⲉ̀ⲧⲁ ⲣⲟⲩϩⲓ ⲇⲉ
ϣⲱⲡⲓ ⲁϥⲛⲁⲩ ⲉ̀ ⲡⲓⲙⲏϣ ⲧⲏⲣϥ ⲉ̀ⲧⲁⲩⲑⲱⲟⲩⲧ ⲉ̀ 25
ϙⲅ. ⲁ. ⲡⲓⲙⲁ ⲉ̀ⲧⲉⲙⲙⲁⲩ ⲁⲩⲓ̀ⲣⲓ ⲙ̀ ⲡⲓⲗⲩⲭⲛⲓⲕⲟⲛ | ⲉⲩⲭⲱ
ⲛ̀ ϩⲁⲛϩⲩⲙⲛⲟⲥ ⲉⲩⲥⲟⲗⲥ Ⲡⲓⲣⲱⲙⲓ ⲇⲉ ⲁϥ ⲉⲣ ϣⲫⲏⲣⲓ
ⲟⲩⲟϩ ϩⲓⲧⲉⲛ ⲡⲓϩⲟⲩⲟ ⲛ̀ⲧⲉ ϯϣⲫⲏⲣⲓ ⲁϥⲉⲛⲕⲟⲧ ϩⲓⲣⲉⲛ

ϥⲣⲟ ⲙ̀ ⲡⲓⲧⲟⲡⲟⲥ ϧⲉⲛ ⲡⲓⲉ̀ⲭⲱⲣⲅⲟⲛ ⲁ̀ ⲛⲓⲕⲗⲏⲣⲓⲕⲟⲥ
ⲛⲉⲙ ⲛⲓϥⲓⲗⲟⲛⲟⲙⲟⲥ ⲑⲱⲟⲩϯ ⲉⲩⲓ̀ⲣⲓ ⲙ̀ ⲡⲓⲟⲣⲑⲓⲛⲟⲛ
Ⲡⲓⲣⲱⲙⲓ ⲇⲉ ⲁϥ ⲉⲣ ϣ̀ⲫⲏⲣⲓ ⲉ̀ⲙⲁϣⲱ ⲉ̀ϫⲉⲛ ⲛⲏ ⲉ̀ⲧ
ⲉϥⲥⲱⲧⲉⲙ ⲉ̀ⲣⲱⲟⲩ ⲉ̀ⲧ ⲁ̀ ⲧⲟⲟⲩⲓ̀ ⲇⲉ ϣⲱⲡⲓ ⲁ̀ ⲡⲓ-
ⲣⲱⲙⲓ ⲉ̀ⲧⲉⲙⲙⲁⲩ † ⲙ̀ ⲡⲉϥⲟⲩⲟⲓ ⲉ̀ ⲣⲱⲙⲓ ⲃ ⲛ̀ 5
ⲭⲣⲏⲥⲧⲓⲁ̀ⲛⲟⲥ ⲉⲩϣⲟⲡ ϧⲉⲛ ϯⲡⲟⲗⲓⲥ ⲉ̀ⲧⲉⲙⲙⲁⲩ ⲁϥ-
ϯϩⲟ ⲉ̀ⲣⲱⲟⲩ ⲉϥϫⲱ ⲙ̀ⲙⲟⲥ ϫⲉ ⲛⲁ ⲥⲛⲏⲟⲩ ⲟⲩ ⲡⲉ

ϥⲅ. ⲃ. ⲧ ϣⲟⲡ | ⲓⲉ̀ ⲟⲩ ⲡⲉ ⲡⲓⲑⲱϣ ⲉ̀ⲧ ϣⲟⲡ ϧⲉⲛ ⲧⲁⲓ
ⲡⲟⲗⲓⲥ ⲙ̀ ⲫⲟⲟⲩ Ⲡⲉϫⲉ ⲡⲓⲣⲱⲙⲓ ⲛⲁϥ ϫⲉ ⲙ̀ ⲫⲟⲟⲩ
ⲥⲟⲩ ⲓⲃ ⲛ̀ ⲁ̀ⲑⲱⲣ ⲡⲉ ⲛ̀ ⲉⲣ ϣⲁⲓ ⲙ̀ ⲡⲓⲁⲣⲭⲏⲁⲅⲅⲉⲗⲟⲥ 10
ⲉ̀ⲑ ⲟⲩⲁⲃ ⲙⲓⲭⲁⲏⲗ ϫⲉ ⲛ̀ⲑⲟϥ ⲉ̀ⲧ ϯϩⲟ ⲙ̀ ⲡⲟ̅ⲥ̅ ⲉ̀ϩ-
ⲣⲏⲓ ⲉ̀ϫⲱⲛ ⲉⲑⲣⲉ ϥⲭⲱ ⲛⲁⲛ ⲉ̀ⲃⲟⲗ ⲛ̀ ⲛⲉⲛ ⲛⲟⲃⲓ ⲟⲩⲟϩ
ⲛ̀ⲧⲉϥⲧⲟⲩϫⲟⲛ ⲉ̀ⲃⲟⲗϩⲁ ⲡ ⲉ̀ⲧ ϩⲱⲟⲩ ⲛⲓⲃⲉⲛ Ⲡⲓ-
ⲡⲣⲁⲅⲙⲁⲧⲉⲩⲧⲏⲥ ⲡⲉϫⲁϥ ⲛⲱⲟⲩ ϫⲉ ⲁϥⲑⲱⲛ ⲫⲏ
ⲉ̀ⲧⲉⲙⲙⲁⲩ ⲛ̀ⲧⲁⲥⲁϫⲓ ⲛⲉⲙⲁϥ ϩⲱ ⲟⲩⲟϩ ⲛ̀ⲧⲁϯϩⲟ 15
ⲉ̀ⲣⲟϥ ⲛ̀ⲧⲉϥⲧⲟⲩϫⲟⲓ ⲉ̀ⲃⲟⲗ ϩⲁ ⲡ ⲉⲧ ϩⲱⲟⲩ ⲛⲓⲃⲉⲛ
Ⲁⲩ ⲉⲣ ⲟⲩⲱ̀ ⲡⲉϫⲱⲟⲩ ⲛⲁϥ ϫⲉ ⲙ̀ⲙⲟⲛ ϣ̀ϫⲟⲙ

ϥⲇ. ⲁ. ⲙ̀ⲙⲟⲕ ⲉ̀ ⲛⲁⲩ ⲉ̀ⲣⲟϥ ϯⲛⲟⲩ ϣⲁ ⲧⲉⲕϣⲱⲡⲓ | ⲛ̀
ⲧⲉⲗⲓⲟⲥ ⲁⲗⲗⲁ ⲉ̀ϣⲱⲡ ⲛ̀ⲧⲉⲕϣⲱⲡⲓ ⲛ̀ ⲭⲣⲏⲥⲧⲓⲁ̀ⲛⲟⲥ
ⲛ̀ⲧⲉⲕϯϩⲟ ⲉ̀ⲣⲟϥ ⲟⲩ ⲙⲟⲛⲟⲛ ⲡⲓⲃⲱⲕ ⲙ̀ⲙⲁⲩⲁⲧϥ 20
ⲁⲗⲗⲁ ⲭⲛⲁⲛⲁⲩ ⲟⲛ ⲉ̀ ⲡⲉϥ ⲟ̅ⲥ̅ ⲛ̀ⲧⲉⲕ ⲉⲣ ϣ̀ⲫⲏⲣⲓ
ⲉ̀ ⲡⲉϥϣⲟⲩ ⲟⲩⲟϩ ϥⲛⲁⲁϩⲙⲉⲕ ⲉ̀ⲃⲟⲗ ϩⲁ ⲡ ⲉⲧ
ϩⲱⲟⲩ ⲛⲓⲃⲉⲛ Ⲡⲓⲡⲣⲁⲅⲙⲁⲧⲉⲩⲏⲥ ⲇⲉ ⲡⲉϫⲁϥ ⲛⲱⲟⲩ
ϫⲉ ⲛⲁⲥⲛⲏⲟⲩ ϯϯϩⲟ ⲉ̀ⲣⲱⲧⲉⲛ ⲁ̀ⲛⲓⲧ ⲛⲉⲙⲱⲧⲉⲛ
ⲛ̀ⲧⲟⲟⲩⲓ̀ ⲛ̀ⲧⲁϣⲱⲡⲓ ⲛ̀ ⲭⲣⲏⲥⲧⲓⲁ̀ⲛⲟⲥ ⲟⲩⲟϩ ϯⲛⲁϯ 25
ⲛⲱⲧⲉⲛ ⲕⲟⲧ ⲛⲟⲙⲓⲥⲙⲁ ⲉ̀ ⲫⲟⲩⲁⲓ Ⲉⲡⲓ ⲇⲏ ⲁ̀ ⲡⲁ
ϩⲏⲧ ⲣⲓⲕⲓ ⲛ̀ⲥⲁ ⲡⲉⲧⲉⲛϣⲉⲙϣⲓ ⲧⲟⲛⲁ Ⲛⲓⲣⲱⲙⲓ ⲇⲉ

ϥⲇ. ⲃ. ⲡⲉϫⲱⲟⲩ ⲛⲁϥ | ϫⲉ ⲭⲛⲁϣϣⲱⲡⲓ ⲁⲛ ⲙ̀ ⲡⲉⲛⲣⲏϯ

9*

ϣⲁ ⲛ̀ⲧⲉ ⲡⲉⲛⲓⲱⲧ ⲛ̀ ⲉⲡⲓⲥⲕⲟⲡⲟⲥ ϣⲗⲏⲗ ⲉ̀ϫⲱⲕ
ⲛ̀ⲧⲉϥ ⲉⲣ ⲁ̀ⲅⲓⲁⲍⲓⲛ ⲙ̀ⲙⲟⲕ ⲛ̀ⲧⲉϥϯ ⲱⲙⲥ ⲛⲁⲕ ϧⲉⲛ
ⲫⲣⲁⲛ ⲙ̀ ⲫⲓⲱⲧ ⲛⲉⲙ ⲡϣⲏⲣⲓ ⲛⲉⲙ ⲡⲓⲡⲛⲁ̅ ⲉ̅ⲑ̅ ⲟⲩⲁⲃ
ⲟⲩⲟϩ ⲛ̀ⲧⲉⲕϣⲱⲡⲓ ⲛ̀ ⲭⲣⲏⲥⲧⲓⲁ̀ⲛⲟⲥ Ⲡⲗⲏⲛ ⲱ̀ⲟⲩ ⲛ̀
ϩⲏⲧ ϣⲁⲧⲉ ⲡⲉⲛⲓⲱⲧ ⲛ̀ ⲉⲡⲓⲥⲕⲟⲡⲟⲥ ⲥⲣⲱϥⲧ ⲧⲉⲛ- 5
ⲛⲁⲟⲗⲕ ϣⲁⲣⲟϥ ⲛ̀ⲧⲉϥⲁⲓⲕ ⲙ̀ ⲡⲉⲛⲣⲏϯ ⲛ̀ⲑⲟϥ ⲇⲉ
ⲁϥⲓ̀ⲣⲓ ⲕⲁⲧⲁ ⲫⲣⲏϯ ⲉ̀ⲧⲁⲩϫⲟⲥ ⲛⲁϥ ⲁϥⲱ̀ⲟⲩ ⲛ̀ ϧⲏⲧ
ⲙ̀ ⲡⲓⲉ̀ϩⲟⲟⲩ ⲉ̀ⲧⲉⲙⲙⲁⲩ Ⲡⲉϥⲣⲁⲥϯ ⲇⲉ ⲁϥⲓ̀ ϣⲁ
ⲣⲱⲟⲩ ⲡⲉϫⲁϥ ⲛⲱⲟⲩ ϫⲉ ⲛⲁ ⲥⲛⲏⲟⲩ ⲉ̅ⲑ̅ ⲛⲁⲛⲉⲩ
ϥ̅ⲉ̅. ⲁ. ϣⲟⲡⲧ ⲉ̀ⲣⲱⲧⲉⲛ ϩⲓⲛⲁ ⲛ̀ⲧⲉ ⲫϯ | ⲉ̀ⲧ ⲁⲣⲉⲧⲉⲛ ϫⲟⲥ 10
ⲛⲱⲧⲉⲛ ⲉⲑⲃⲏⲧϥ ϯ ⲛⲱⲧⲉⲛ ⲙ̀ ⲡⲉⲧⲉⲛ ⲃⲉⲭⲉ Ⲡⲓ-
ⲣⲱⲙⲓ ⲃ̅ ⲙ̀ ⲡⲓⲥⲧⲟⲥ ⲉ̀ⲧⲉⲙⲙⲁⲩ ⲁⲩⲉⲛϥ ϣⲁ ⲡⲓⲉ̀ⲡⲓⲥ-
ⲕⲟⲡⲟⲥ ⲁⲩⲧⲁⲙⲟϥ ⲉ̀ ϩⲱⲃ ⲛⲓⲃⲉⲛ ⲉ̀ⲧⲁⲩϣⲱⲡⲓ Ⲡⲓⲉ̀-
ⲡⲓⲥⲕⲟⲡⲟⲥ ⲇⲉ ⲡⲉϫⲁϥ ⲙ̀ ⲡⲣⲱⲙⲓ ⲙ̀ ⲡⲣⲁⲅⲙⲁⲧⲉⲩⲧⲏⲥ
ϫⲉ ⲛ̀ⲑⲟⲕ ⲟⲩ ⲉ̀ⲃⲟⲗϧⲉⲛ ⲁϣ ⲛ̀ ⲭⲱⲣⲁ Ⲡⲉϫⲁϥ ⲛⲁϥ 15
ϫⲉ ⲁ̀ⲛⲟⲕ ⲟⲩ ⲉ̀ⲃⲟⲗϧⲉⲛ ϯⲭⲱⲣⲁ ⲛ̀ⲧⲉ ϯⲉⲛⲧⲓⲕⲏ
Ⲡⲓⲉ̀ⲡⲓⲥⲕⲟⲡⲟⲥ ⲇⲉ ⲡⲉϫⲁϥ ⲛⲁϥ ϫⲉ ⲁ̀ ⲡⲉⲕϩⲏⲧ ⲑⲏⲧ
ⲉ̀ ⲉⲣ ⲭⲣⲓⲥⲧⲓⲁ̀ⲛⲟⲥ Ⲡⲉϫⲉ ⲡⲓⲡⲣⲁⲅⲙⲁⲧⲉⲩⲧⲏⲥ ϫⲉ
ⲥⲉ ⲡⲁ ⲓⲱⲧ ⲕⲉ ⲅⲁⲣ ⲛⲏ ⲉ̀ⲧ ⲁⲓⲛⲁⲩ ⲉ̀ⲣⲱⲟⲩ ⲛⲉⲙ
ϥ̅ⲉ̅. ⲃ. ⲛⲏ ⲉ̀ⲧ ⲁⲓⲥⲟⲑⲙⲟⲩ ϧⲉⲛ | ⲧⲁⲓ ⲡⲟⲗⲓⲥ ⲁⲥⲣⲁⲛⲏⲓ 20
ϩⲱ ⲉⲑⲣⲓϣⲱⲡⲓ ⲛ̀ ⲭⲣⲏⲥⲧⲓⲁ̀ⲛⲟⲥ Ⲡⲉϫⲉ ⲡⲓⲉ̀ⲡⲓⲥⲕⲟⲡⲟⲥ
ⲛⲁϥ ⲕϣⲉⲙϣⲓ ⲛ̀ ⲁϣ ⲛ̀ ⲛⲟⲩϯ ⲁϥ ⲉⲣ ⲟⲩⲱ̀ ϫⲉ
ⲉⲓϣⲉⲙϣⲓ ⲙ̀ ⲡⲓⲣⲏ Ⲡⲉϫⲉ ⲡⲓⲉ̀ⲡⲓⲥⲕⲟⲡⲟⲥ ⲛⲁϥ ϫⲉ
ⲁⲣⲉϣⲁⲛ ⲡⲓⲣⲏ ϩⲱⲧⲡ ⲛ̀ⲧⲉϥϩⲱⲗ ϧⲉⲛ ⲡⲓⲕⲁϩⲓ ⲛ̀ⲧⲉ
ⲟⲩⲁ̀ⲛⲁⲅⲕⲏ ⲧⲁϩⲟⲕ ⲉⲕⲛⲁϫⲉⲙϥ ⲛ̀ⲑⲱⲛ ⲛ̀ⲧⲉϥ ⲉⲣ 25
ⲃⲟⲏⲑⲓⲛ ⲉ̀ⲣⲟⲕ Ⲡⲓⲡⲣⲁⲅⲙⲁⲧⲉⲩⲧⲏⲥ ⲇⲉ ⲡⲉϫⲁϥ ⲛⲁϥ
ϫⲉ ⲡⲁ ⲓⲱⲧ ⲙⲁⲣⲉ ⲡⲉⲕⲛⲁⲓ ⲧⲁϩⲟⲓ ⲛ̀ⲧⲉⲕϯ ⲱⲙⲥ
ⲛⲏⲓ ϯϯϩⲟ ⲉ̀ⲣⲟⲕ ⲁ̀ⲣⲓⲧ ⲛ̀ ⲭⲣⲏⲥⲧⲓⲁ̀ⲛⲟⲥ ⲙ̀ ⲫⲣⲏϯ

ⲛ̀ ⲛⲓⲣⲱⲙⲓ ⲧⲏⲣⲟⲩ ⲛ̀ⲧⲉ ⲧⲁⲓ ⲃⲁⲕⲓ Ⲡⲓⲉ̀ⲡⲓⲥⲕⲟⲡⲟⲥ
ϥⲉ̄. ⲁ. ⲇⲉ ⲡⲉϫⲁϥ ⲛⲁϥ ϫⲉ ⲟⲩⲟⲛ ⲟⲩⲥϩⲓⲙⲓ | ⲛ̀ⲧⲁⲕ ⲓⲉ
ϣⲏⲣⲓ ⲛ̀ⲑⲟϥ ⲇⲉ ⲡⲉϫⲁϥ ⲛⲁϥ ϫⲉ ⲟⲩⲟⲛ ⲛ̀ⲧⲏⲓ ⲙ̀ⲙⲁⲩ
ⲛ̀ ⲧⲁ ⲥϩⲓⲙⲓ ⲛⲉⲙ ⲛⲁϣⲏⲣⲓ ϧⲉⲛ ⲧⲁ ⲡⲟⲗⲓⲥ Ⲡⲉϫⲉ
ⲡⲓⲉ̀ⲡⲓⲥⲕⲟⲡⲟⲥ ⲛⲁϥ ϫⲉ ⲓ̀ⲥϫⲉ ⲥⲉ ⲓⲉ ⲧⲉⲛⲛⲁϯ ⲱ̀ⲟⲩ 5
ⲛⲁⲕ ⲁⲛ ϯⲛⲟⲩ ⲙⲏⲡⲱⲥ ⲛ̀ⲧⲉϣⲧⲉⲙ ⲡⲟⲩϩⲏⲧ ⲑⲱⲧ
ⲛⲉⲙⲁⲕ ⲛ̀ϫⲉ ⲧⲉⲕⲥϩⲓⲙⲓ ⲛⲉⲙ ⲛⲉⲕϣⲏⲣⲓ ⲛ̀ⲧⲉ ⲟⲩ-
ⲥⲕⲁⲛⲇⲁⲗⲟⲛ ϣⲱⲡⲓ ϧⲉⲛ ⲧⲉⲧⲉⲛⲙⲏϯ ⲛⲉⲙ ⲛⲉⲧⲉⲛ
ⲉ̀ⲣⲏⲟⲩ ⲛ̀ⲧⲉⲥⲫⲱⲣϫ ⲉ̀ⲣⲟⲕ ⲓⲉ ⲛ̀ⲧⲉⲥ ⲑⲣⲉⲕ ⲉⲣ ⲁ̀ⲡⲟ-
ⲧⲁⲍⲉⲥⲑⲉ ⲙ̀ ⲡⲓϣⲉⲙϣⲓ ⲛⲉⲙ ⲡⲓⲱⲙⲥ ⲉ̀ⲧⲁⲕϭⲓⲧϥ 10
Ⲉⲑⲃⲉ ϫⲉ ϯϣⲟⲣⲡⲓ ⲙ̀ ⲡⲁⲣⲁⲃⲁⲥⲓⲥ ⲉ̀ⲧⲁⲥϣⲱⲡⲓ ⲉ̀ⲃⲟⲗ-
ϥⲉ̄. ⲃ. ϩⲓⲧⲉⲛ ϯⲥϩⲓⲙⲓ ⲁⲗⲗⲁ | ⲉ̀ϣⲱⲡⲓ ⲛ̀ⲧⲉⲥⲑⲱⲧ ⲛ̀ ϩⲏⲧ
ⲛⲉⲙⲁⲕ ⲓⲉ ⲁ̀ⲙⲱⲓⲛⲓ ⲛ̀ⲧⲁ ⲉⲣ ⲑⲏⲛⲟⲩ ⲛ̀ ⲭⲣⲏⲥⲧⲓⲁ-
ⲛⲟⲥ Ⲡⲓⲡⲣⲁⲅⲙⲁⲧⲉⲩⲧⲏⲥ ⲇⲉ ⲉ̀ⲧⲁϥⲥⲱⲧⲉⲙ ⲉ̀ ⲛⲁⲓ
ⲁϥⲣⲁϣⲓ ⲉ̀ⲙⲁϣⲱ ⲧⲟⲧⲉ ⲁϥϭⲓⲥⲙⲟⲩ ⲛ̀ ⲧⲟⲧϥ ⲙ̀ ⲡⲓⲉ̀- 15
ⲡⲓⲥⲕⲟⲡⲟⲥ ⲉ̀ ⲁϥⲓ̀ ⲉ̀ⲃⲟⲗ ⲁϥⲓ̀ⲣⲓ ⲙ̀ ⲡⲉϥⲥⲟⲃϯ ⲉⲑⲣⲉϥ
ϣⲉ ⲛⲁϥ ⲉ̀ ⲧⲉϥⲡⲟⲗⲓⲥ Ⲡⲓⲇⲓⲁ̀ⲃⲟⲗⲟⲥ ⲇⲉ ⲡⲓⲙⲁⲥⲧⲉ
ⲡ ⲉⲑ ⲛⲁⲛⲉ ϥ ⲛⲓⲃⲉⲛ ⲉ̀ⲧⲁϥⲉ̀ⲙⲓ ϫⲉ ⲁ̀ ⲡⲓⲣⲱⲙⲓ ϯ
ⲙ̀ ⲡⲉϥϩⲏⲧ ⲉ̀ ⲫϯ ⲁϥⲭⲟϥ ⲉ̀ⲣⲟϥ Ⲁⲥϣⲱⲡⲓ ⲇⲉ
ⲉ̀ⲧⲁϥϩⲟϣ ⲉ̀ ⲑⲙⲏϯ ⲙ̀ ⲫⲓⲟⲙ ⲁϥⲧⲟⲩⲛⲟⲥ ⲟⲩⲭⲓⲙⲱⲛ 20
ⲉϥⲛⲁϣⲧ ⲟⲩⲟϩ ⲁϥⲉ̀ⲣⲉ ⲛⲓϩⲱⲓⲙⲓ ϭⲓⲥⲓ ⲉ̀ϫⲉⲛ ⲡⲓϫⲟⲓ
ϥⲍ̄. ⲁ. ϩⲱⲥ ⲇⲉ ⲡⲁⲣⲁ ⲕⲉ ⲕⲟⲩϫⲓ ⲛ̀ⲥⲉⲱⲙⲥ | ⲛ̀ⲥⲉⲙⲟⲩ
ⲛ̀ϫⲉ ⲟⲩⲟⲛ ⲛⲓⲃⲉⲛ ⲉⲧ ϧⲉⲛ ⲡⲓϫⲟⲓ ⲡⲓⲣⲱⲙⲓ ⲇⲉ ⲙ̀
ⲡⲣⲁⲅⲙⲁⲧⲉⲩⲧⲏⲥ ⲁϥⲱϣ ⲉ̀ⲃⲟⲗ ⲉϥϫⲱ ⲙ̀ⲙⲟⲥ ϫⲉ
ⲡⲁⲟ̅ⲥ̅ ⲓⲏ̅ⲥ̅ ⲡⲭ̅ⲥ̅ ⲁ̀ⲣⲓ ⲃⲟⲏⲑⲓⲛ ⲉ̀ⲣⲟⲓ ϧⲉⲛ ⲧⲁⲓ ⲛⲓϣϯ 25
ⲛ̀ ⲁⲛⲁⲅⲕⲏ Ⲟⲩⲟϩ ϯⲛⲁϩϯ ϩⲓⲧⲉⲛ ⲡⲓⲛⲓϣϯ ⲛ̀ ⲱ̀ⲟⲩ
ⲉⲧ ⲁⲓⲛⲁⲩ ⲉ̀ⲣⲟϥ ϧⲉⲛ ⲡⲧⲟⲡⲟⲥ ⲙ̀ ⲡⲓⲁⲣⲭⲏⲁⲅⲅⲉⲗⲟⲥ
ⲉ̀ⲑ ⲟⲩⲁⲃ ⲙⲓⲭⲁⲏⲗ ϫⲉ ϯⲛⲟⲩ ⲛⲉⲙ ⲛⲁ ⲡⲁⲏⲓ ⲧⲏⲣϥ

ⲛ̀ⲧⲉⲛϣⲱⲡⲓ ⲛ̀ ⲭⲣⲏⲥⲧⲓⲁⲛⲟⲥ ϣⲁ ⲡⲉϩⲟⲟⲩ ⲙ̀ ⲡⲉⲛ-
ⲙⲟⲩ Ⲟⲩⲟϩ ϧⲉⲛ ϯⲟⲩⲛⲟⲩ ⲉ̀ⲧⲉⲙⲙⲁⲩ ⲁ̀ ⲟⲩⲥⲙⲏ
ϣⲱⲡⲓ ϩⲁⲣⲟϥ ⲉⲥϫⲱ ⲙ̀ⲙⲟⲥ ϫⲉ ⲙ̀ⲡ ⲉⲣ ⲉⲣ ϩⲟⲧ
ϥⲍ̄. ⲃ. ⲘⲘⲞⲚ ϩⲗⲓ ⲙ̀ ⲡ ⲉⲧ ϩⲱⲟⲩ ⲛⲁϣⲱⲡⲓ | ⲙ̀ⲙⲟⲕ ⲁⲛ
ϧⲉⲛ ϯⲟⲩⲛⲟⲩ ⲁ ⲛⲓϩⲱⲓⲙⲓ ⲭⲁ ⲭⲱⲟⲩ ⲉ̀ϧⲣⲏⲓ ⲁⲩϭ- 5
ⲛⲟⲛ ⲁ̀ ⲡⲓⲭⲟⲓ ⲟ̀ϩⲓ ⲉ̀ⲣⲁⲧϥ ⲟⲩⲟϩ ⲁϥⲙⲟϣⲓ ϧⲉⲛ
ⲟⲩⲥⲱⲟⲩⲧⲉⲛ ϧⲉⲛ ⲡⲓⲟⲩⲁϩⲥⲁϩⲛⲓ ⲇⲉ ⲛ̀ⲧⲉ ⲫϯ
ⲁϥⲙⲟⲛⲓ ⲉ̀ ⲧⲉϥⲡⲟⲗⲓⲥ ⲙ̀ⲡⲉ ϩⲗⲓ ⲙ̀ ⲡ ⲉⲧ ϩⲱⲟⲩ
ϣⲱⲡⲓ ⲙ̀ⲙⲟⲣⲁ ⲈⲦⲀϤϨⲰⲖ ⲇⲉ ⲉ̀ ⲡⲉϥⲏⲓ ⲁϥⲣⲁϣⲓ
ϧⲉⲛ ⲟⲩⲛⲓϣϯ ⲛ̀ ⲣⲁϣⲓ ⲟⲩⲟϩ ⲁϥⲭⲱ ⲛ̀ ⲛⲉϥⲣⲱⲙⲓ 10
ⲛ̀ ϯϣⲫⲏⲣⲓ ⲉ̀ⲧⲁⲥϣⲱⲡⲓ ⲙ̀ⲙⲟϥ ϧⲉⲛ ⲡⲓⲭⲟⲓ ⲛⲉⲙ
ⲛⲏ ⲉⲧⲁⲩϣⲱⲡⲓ ⲙ̀ⲙⲟϥ ⲧⲏⲣⲟⲩ ϧⲉⲛ ϯⲡⲟⲗⲓⲥ ⲕⲁⲗⲱ-
ⲛⲓⲁ̀ Ⲟⲩⲟϩ ⲛⲁϥ ϫⲱ ⲙ̀ⲙⲟⲥ ⲛⲱⲟⲩ ⲡⲉ ϫⲉ ⲁⲗⲏⲑⲱⲥ
ⲟⲩⲛⲟⲩϯ ⲁⲛ ⲡⲉ ⲡⲓⲣⲏ ⲫⲁⲓ ⲉ̀ⲧⲉⲛϣⲉⲙϣⲓ ⲙ̀ⲙⲟϥ
ϥⲏ̄. ⲁ. ⲀⲖⲖⲀ | ⲟⲩⲃⲱⲕ ⲡⲉ ⲛ̀ⲧⲉ ⲡⲓⲛⲓϣϯ ⲛ̀ ⲛⲟⲩϯ ⲛ̀ⲧⲉ 15
ⲧⲫⲉ ⲒⲎ̄Ⲥ ⲠⲬ̄Ⲥ ⲡϣⲏⲣⲓ ⲙ̀ ⲫϯ ⲉⲧ ⲟⲛϧ ⲫⲏ ⲉ̀ⲧⲉⲙ-
ⲙⲁⲩ ⲡⲉ ⲛ̀ⲑⲟϥ ⲡⲉ ⲫϯ ⲙ̀ ⲡⲓ ⲉⲡⲧⲏⲣϥ ⲫⲏ ⲉⲧ ⲁ̀
ϩⲱⲃ ⲛⲓⲃⲉⲛ ϣⲱⲡⲓ ⲉ̀ⲃⲟⲗϩⲓ ⲧⲟⲧϥ Ⲟⲩⲟϩ ⲁϥⲭⲱ
ⲉ̀ⲣⲱⲟⲩ ⲙ̀ ⲡⲧⲁⲓⲟ̀ ⲙ̀ ⲡⲓⲁⲣⲭⲏⲁⲅⲅⲉⲗⲟⲥ ⲉⲑ ⲟⲩⲁⲃ
ⲘⲒⲬⲀⲎⲖ ⲡⲉϥⲛⲓϣϯ ⲛ̀ ϣⲏⲣⲓ ⲁϥ ⲉⲣ ϣⲫⲏⲣⲓ ⲉ̀ⲙⲁ- 20
ϣⲱ Ⲡⲓⲣⲱⲙⲓ ⲇⲉ ⲁϥⲕⲟⲧϥ ⲉ̀ ⲧⲉϥⲥϩⲓⲙⲓ ⲡⲉϫⲁϥ ⲛⲁⲥ
ϫⲉ ⲉ̀ϣⲱⲡ ⲧⲉⲣⲁⲥⲱⲧⲉⲙ ⲛ̀ ⲥⲱⲓ ⲓⲉ ⲧⲱⲟⲩⲛⲓ ⲁⲙⲏ
ⲛⲉⲙⲏⲓ ⲛ̀ⲧⲉⲛϣⲱⲡⲓ ⲛ̀ ⲭⲣⲏⲥⲧⲓⲁⲛⲟⲥ ⲛ̀ⲧⲉⲛ ⲉⲣ ⲃⲱⲕ
ϥⲏ̄. ⲃ. ⲙ̀ ⲠⲬ̄Ⲥ ⲟⲩⲟϩ ⲛ̀ⲧⲉⲛϣⲧⲉⲙ ⲉⲣ ϩⲏⲧ ⲃ̄ | ⲉ̀ ⲡⲧⲏⲣϥ
Ⲉ̀ϣⲱⲡ ⲇⲉ ⲡⲉ ϩⲏⲧ ⲑⲏⲧ ⲁⲛ ϯ ⲉⲣ ⲀⲚⲀⲄⲔⲀⲌⲒⲚ 25
ⲙ̀ⲙⲟ ⲁⲛ ⲓⲥ ⲏ̄ ⲛ̀ ϣⲟ ⲛ̀ ⲗⲟⲩⲕⲟⲭⲓ ⲥⲟⲭⲡ ⲛⲏⲓ ϯⲛⲁϯ
ⲛⲉ ⲟⲩϣⲟ ⲛ̀ ⲗⲟⲩⲕⲟⲭⲓ ⲛ̀ⲧⲉϩⲉⲙⲥⲓ ϧⲉⲛ ⲡⲉ ϣⲉⲙϣⲓ
ⲙ̀ⲙⲟⲛ ⲀⲚⲞⲔ ⲉⲓⲛⲁϩⲱⲗ ⲛ̀ⲧⲁϭⲓ ⲙ̀ ⲡⲭⲱ ⲉ̀ⲃⲟⲗ ⲛ̀ⲧⲉ

ⲛⲁ ⲛⲟⲃⲓ Ⲡⲉϫⲉ ⲧⲉϥⲥϩⲓⲙⲓ ⲛⲁϥ ϫⲉ ⲕⲁⲗⲱⲥ ⲡⲁ ⲟ̅ⲥ̅
ⲛ̀ ⲥⲟⲛ ⲁ̀ⲗⲏⲑⲱⲥ ⲙⲱⲓⲧ ⲛⲓⲃⲉⲛ ⲉ̀ⲧⲉⲕⲛⲁϩⲱⲗ ⲉ̀ⲣⲟϥ
ϯⲛⲏⲟⲩ ϩⲱ ⲛⲉⲙⲁⲕ ⲟⲩⲟϩ ⲡⲓⲙⲟⲩ ⲉ̀ⲧⲉⲕⲛⲁⲙⲟⲩ
ⲛ̀ ⲃⲏⲧϥ ϯⲛⲁⲙⲟⲩ ⲛ̀ ⲃⲏⲧϥ ϩⲱ Ⲟⲩⲟϩ ⲡⲁⲓ ⲣⲏϯ
ⲁⲩ ⲉⲣ ⲡⲟⲩⲥⲟⲃϯ ⲧⲏⲣϥ ⲁⲩⲧⲁⲗⲱⲟⲩ ⲁⲩⲓ̀ ⲉ̀ ϯⲃⲁⲕⲓ 5

ϥⲑ̅. ⲁ. ⲕⲁⲗⲱⲛⲓⲁ̀ | ⲉϥ ⲉⲣ ϣⲫⲏⲣ ⲛ̀ ϯ ⲧⲟⲧⲟⲩ ⲛ̀ϫⲉ Ⲫϯ
Ⲟⲩⲟϩ ⲁⲩϩⲱⲗ ϣⲁ ⲡⲓⲣⲱⲙⲓ ⲃ̅ ⲛ̀ⲧⲉ ϣⲟⲣⲡ ⲁⲩ ⲉⲣ
ⲁⲥⲡⲁⲍⲉⲥⲑⲉ ⲙ̀ⲙⲱⲟⲩ ⲁⲩⲧⲁⲙⲱⲟⲩ ϫⲉ ⲉ̀ⲧⲁϫⲓ̀ ⲉ̀ ⲉⲣ
ⲭⲣⲏⲥⲧⲓⲁ̀ⲛⲟⲥ Ⲛⲏ ⲉ̀ⲧⲉⲙⲙⲁⲩ ⲇⲉ ⲁⲩϭⲓⲧⲟⲩ ϣⲁ
ⲡⲓⲉ̀ⲡⲓⲥⲕⲟⲡⲟⲥ ⲁⲩⲧⲁⲙⲟϥ ϫⲉ ⲫⲁⲓ ⲡⲉ ⲡⲓⲣⲱⲙⲓ 10
ⲉ̀ⲧⲁϥⲓ̀ ⲙ̀ ⲡⲓⲥⲛⲟⲩ ⲉ̀ ⲉⲣ ⲭⲣⲏⲥⲧⲓⲁ̀ⲛⲟⲥ ϩⲏⲡⲡⲉ ⲓⲥ
ⲫⲁⲓ ⲁϥⲓ̀ ⲛⲉⲙ ⲧⲉϥⲥϩⲓⲙⲓ ⲛⲉⲙ ⲛⲉϥϣⲏⲣⲓ ⲉⲑⲣⲟⲩ-
ϣⲱⲡⲓ ⲛ̀ ⲭⲣⲏⲥⲧⲓⲁ̀ⲛⲟⲥ Ⲡⲓⲉ̀ⲡⲓⲥⲕⲟⲡⲟⲥ ⲇⲉ ⲁϥⲣⲁϣⲓ
ϧⲉⲛ ⲟⲩⲛⲓϣϯ ⲛ̀ ⲣⲁϣⲓ ⲉ̀ⲙⲁϣⲱ ⲉⲑⲃⲉ[1] ⲡⲓϫⲓⲛⲧⲁⲥⲑⲟ

ϥⲑ̅. ⲃ. ⲛ̀ ⲟⲩⲯⲩⲭⲏ Ⲉ̀ⲧⲁⲩⲉ̀ⲛⲟⲩ ⲇⲉ ϣⲁⲣⲟϥ | ⲡⲉϫⲁϥ ⲛⲱⲟⲩ 15
ϫⲉ ⲁⲛ ϧⲉⲛ ⲟⲩⲙⲉⲑⲙⲏⲓ ⲧⲉⲧⲉⲛⲟⲩⲱϣ ⲉ̀ϣⲱⲡⲓ ⲛ̀
ⲭⲣⲏⲥⲧⲓⲁ̀ⲛⲟⲥ Ⲁϥ ⲉⲣ ⲟⲩⲱ̀ ⲇⲉ ϧⲉⲛ ⲟⲩⲑⲉⲃⲓⲟ ϫⲉ
ϧⲉⲛ ⲫⲟⲩⲱϣ ⲙ̀ Ⲫϯ ⲡⲉⲛⲓⲱⲧ ⲛⲉⲙ ⲡⲉⲕϣⲗⲏⲗ ⲉⲑ
ⲟⲩⲁⲃ ⲧⲟⲧⲉ ⲡⲓⲉ̀ⲡⲓⲥⲕⲟⲡⲟⲥ ⲁϥⲉⲣⲟⲩ ⲉⲣ ⲡⲥⲟⲃϯ ⲙ̀
ⲡⲓⲓⲟⲣⲇⲁⲛⲏⲥ ϧⲉⲛ ⲡⲧⲟⲡⲟⲥ ⲙ̀ ⲡⲓⲁⲣⲭⲁⲅⲅⲉⲗⲟⲥ ⲉⲑ 20
ⲟⲩⲁⲃ ⲙⲓⲭⲁⲏⲗ Ⲟⲩⲟϩ ⲁϥ ⲉⲣ ⲕⲁⲑⲏⲕⲓⲛ ⲙ̀ ⲡⲓⲣⲱⲙⲓ
ⲛⲉⲙ ⲧⲉϥⲥϩⲓⲙⲓ ⲛⲉⲙ ⲡⲉϥ ⲍ̅ ⲛ̀ ϣⲏⲣⲓ ⲛⲉⲙ ⲛ̀ⲟⲩ-
ⲁ̀ⲗⲱⲟⲩⲓ̀ ⲁϥϯ ⲱⲙⲥ ⲛⲱⲟⲩ ⲉ̀ ⲫⲣⲁⲛ ⲙ̀ ⲫⲓⲱⲧ ⲛⲉⲙ
ⲡϣⲏⲣⲓ ⲛⲉⲙ ⲡⲓⲡ̅ⲛ̅ⲁ̅ ⲉⲑ ⲟⲩⲁⲃ ⲫⲣⲁⲛ ⲙ̀ ⲡⲓⲡⲣⲁⲅ-

ⲣ̅. ⲁ. ⲙⲁⲧⲉⲩⲧⲏⲥ | ⲛ̀ ϣⲟⲣⲡ ⲡⲉ ⲕⲉⲧⲥⲱⲛ ⲁϥⲫⲟⲛϩϥ ⲇⲉ 25
ⲁϥⲙⲟⲩϯ ⲉ̀ ⲡⲉϥⲣⲁⲛ ϫⲉ ⲙⲁⲧⲑⲉⲟⲥ ⲟⲩⲟϩ ⲧⲉϥⲥ-

---

[1] The Ms. has ⲉⲡⲃⲉ.

ϩⲓⲙⲓ ⲁϥⲙⲟⲩϯ ⲉⲣⲟⲥ ϩⲓⲣⲏⲛⲏ Ⲟⲩⲟϩ ⲡⲟⲩ. ⲇ̅ ⲛ̀
ϣⲏⲣⲓ ⲁϥⲙⲟⲩϯ ⲉ̀ ⲡⲓϩⲟⲩⲓⲧ ϫⲉ ⲓⲱⲁⲛⲛⲏⲥ ⲡⲓⲙⲁϩ
ⲃ̅ ϫⲉ ⲥⲧⲉⲫⲁⲛⲟⲥ ⲟⲩⲟϩ ⲡⲓⲙⲁϩ ⲅ̅ ϫⲉ ⲓⲱⲥⲏⲫ ⲟⲩⲟϩ
ⲡⲓⲙⲁϩ ⲇ̅ ⲇⲉ ⲇⲁⲛⲓⲏⲗ ⲟⲩⲟϩ ⲁϥ̀ⲓⲣⲓ ⲛ̀ ϯⲥⲩⲛⲁⲝⲓⲥ
ⲁϥϯ ⲛⲱⲟⲩ ⲉ̀ⲃⲟⲗϧⲉⲛ ⲛⲓⲙⲩⲥⲧⲏⲣⲓⲟⲛ ⲉⲑ ⲟⲩⲁⲃ 5
ⲡⲥⲱⲙⲁ ⲛⲉⲙ ⲡⲥⲛⲟϥ ⲙ̀ ⲡⲉⲛⲟ̅ⲥ̅ ⲓⲏ̅ⲥ̅ ⲡⲭ̅ⲥ̅ Ⲟⲩⲟϩ
ⲙⲉⲛⲉⲛⲥⲁ ⲡⲓⲱⲙⲥ ⲁⲩⲉⲣ ⲟⲩⲁ̀ⲃⲟⲧ ⲛ̀ ⲉ̀ϩⲟⲩ ϧⲁ

ⲣ̅. ⲃ. ⲧⲟⲧϥ ⲙ̀ ⲡⲓⲉ̀ⲡⲓⲥⲕⲟⲡⲟⲥ | ⲉϥ ⲉⲣ ⲕⲁⲑⲏⲕⲓⲛ ⲙ̀ⲙⲱⲟⲩ
ϧⲉⲛ ⲡⲥⲁϫⲓ ⲙ̀ ⲡⲓⲛⲁϩϯ ⲉⲧ ⲥⲟⲩⲧⲱⲛ Ⲙⲁⲑⲉⲟⲥ
ⲇⲉ ⲡⲓⲡⲣⲁⲅⲙⲁⲧⲉⲩⲧⲏⲥ ϩⲓⲧⲉⲛ ⲡⲓϩⲟⲩⲟ ⲙ̀ ⲡⲓⲣⲁϣⲓ 10
ⲉ̀ⲧⲁϥⲧⲁϩⲟϥ ⲁϥϯ ⲛ̀ ⲝ̅ ⲛ̀ ⲗⲟⲅⲕⲟϫⲓ ⲉ̀ ⲡⲧⲟⲡⲟⲥ
ⲙ̀ ⲡⲓⲁⲣⲭⲏⲁⲅⲅⲉⲗⲟⲥ ϧⲁ ⲡⲉϥⲟⲩϫⲁⲓ ⲙⲉⲛⲉⲛⲥⲱⲥ
ⲁⲩϭⲓⲥⲙⲟⲩ ⲛ̀ ⲧⲟⲧϥ ⲙ̀ ⲡⲓⲉ̀ⲡⲓⲥⲕⲟⲡⲟⲥ ⲉⲑⲣⲟⲩϣⲉ
ⲛⲟⲩ ⲉ̀ ⲧⲟⲩⲃⲁⲕⲓ Ⲟⲩⲟϩ ⲛⲁⲩⲧⲫⲟ ⲙ̀ⲙⲱⲟⲩ ⲡⲉ
ⲉ̀ⲃⲟⲗ ϩⲓⲧⲉⲛ ⲛⲓⲁⲣⲭⲱⲛ ⲛ̀ⲧⲉ ϯⲡⲟⲗⲓⲥ ⲛⲉⲙ ⲛⲓⲫⲓ- 15
ⲗⲟⲡⲟⲛⲟⲥ ϧⲉⲛ ⲟⲩⲛⲓϣϯ ⲛ̀ ⲣⲁϣⲓ ⲟⲩⲟϩ ϧⲉⲛ
ⲫⲟⲩⲱϣ ⲙ̀ ⲫϯ ⲁⲩⲕⲟⲧⲟⲩ ⲉ̀ ⲧⲟⲩⲭⲱⲣⲁ ⲉϥϭⲓ ⲙⲱⲓⲧ

ⲣ̅ⲁ̅. ⲁ. ϧⲁ ϫⲱⲟⲩ ⲛ̀ϫⲉ | ⲡⲓⲁⲣⲭⲏⲁⲅⲅⲉⲗⲟⲥ ⲉⲑ ⲟⲩⲁⲃ ⲙⲓ-
ⲭⲁⲏⲗ Ⲉ̀ⲧⲁⲩϩⲱⲗ ⲇⲉ ⲉ̀ϧⲟⲩⲛ ⲉ̀ ⲡⲟⲩⲏⲓ ⲁⲩⲓ̀ⲣⲓ ⲛ̀
ⲟⲩⲛⲓϣϯ ⲛ̀ ϣⲁⲓ ⲉ̀ ⲛⲟⲩⲣⲱⲙⲓ ⲟⲩⲟϩ ⲁⲩⲥⲱⲣ ⲛ̀ 20
ϩⲁⲛⲛⲓϣϯ ⲛ̀ ⲁ̀ⲅⲁⲡⲏ ⲛ̀ ⲛⲏ ⲉⲧ ϣⲁⲧ ⲛⲉⲙ ⲛⲓⲭⲏⲣⲁ
ⲛⲉⲙ ⲛⲓⲟⲣⲫⲁⲛⲟⲥ ⲟⲩⲟϩ ⲛⲁⲣⲉ ⲡⲟⲩⲧⲙⲉ ⲉⲣ ϣⲫⲏⲣⲓ
ⲙ̀ⲙⲱⲟⲩ ⲡⲉ ⲉⲣⲉ ⲡⲟⲩⲣⲁⲛ ϧⲉⲛ ⲣⲱϥ ⲛ̀ ⲟⲩⲟⲛ
ⲛⲓⲃⲉⲛ Ⲟⲩⲟϩ ⲛⲁⲩ ⲉⲣ ⲟⲩⲱⲓⲛⲓ ϧⲉⲛ ⲧⲟⲩⲭⲱⲣⲁ
ⲧⲏⲣⲥ ϩⲓⲧⲉⲛ ⲛ̀ ⲟⲩⲡⲣⲁⲝⲓⲥ ⲉⲑ ⲛⲁⲛⲉⲩ Ⲙⲉⲛⲉⲛⲥⲁ 25
ⲛⲁⲓ ⲉⲧ ⲁ̀ ⲁ̀ⲃⲟⲧ ⲃ̅ ⲛ̀ ⲉ̀ϩⲟⲟⲩ ⲥⲓⲛⲓ ⲁϥⲙ̀ⲧⲟⲛ ⲙ̀ⲙⲟϥ
ⲛ̀ϫⲉ ⲡⲓⲣⲱⲙⲓ ⲛ̀ ⲥⲱⲧⲡ ⲙⲁⲑⲉⲟⲥ ⲉ̀ ⲁϥⲓ̀ ⲉ̀ ϯⲁϫⲡ

ⲣ̅ⲁ̅. ⲃ. ⲓ̅ⲑ̅ ⲁϥϭⲓ | ⲙ̀ ⲫⲃⲉⲭⲉ ⲙ̀ ⲡⲓⲉ̀ϩⲟⲟⲩ ⲧⲏⲣϥ ϩⲓⲧⲉⲛ

ⲛⲉⲛⲧⲱⲃϩ ⲙ̀ ⲡⲓⲁⲣⲭⲏⲁⲅⲅⲉⲗⲟⲥ ⲉⲑ ⲟⲩⲁⲃ ⲙⲓⲭⲁⲏⲗ
ⲛⲉϥ ⲕⲟⲩϫⲓ ⲛ̀ ϣⲏⲣⲓ ⲛⲉⲙ ⲧⲟⲩⲙⲁⲩ ⲙ̀ⲡ ⲟⲩⲭⲁ
ⲧⲟⲧⲟⲩ ⲉ̀ⲃⲟⲗ ϧⲉⲛ ⲛⲓ ⲡⲉⲑⲛⲁⲛⲉⲩ ⲉ̀ⲧⲟⲩⲓ̀ⲣⲓ ⲙ̀ⲙⲱⲟⲩ
ⲛ̀ ϩⲟⲩⲟ̀ ⲉ̀ ⲡⲓⲥⲛⲟⲩ ⲉ̀ϥⲟⲛϧ ⲛ̀ϫⲉ ⲡⲟⲩⲓⲱⲧ Ⲡⲓⲇⲓⲁ-
ⲃⲟⲗⲟⲥ ⲇⲉ ⲛⲉⲙ ⲛⲉϥⲇⲉⲙⲱⲛ ⲙ̀ⲡ ⲉϥϣⲁⲓ ⲉ̀ⲣⲟϥ 5
ⲉϥⲛⲁⲩ ⲉ̀ ⲛⲓⲡⲉⲑⲛⲁⲛⲉⲩ ⲉ̀ⲧⲟⲩⲓ̀ⲣⲓ ⲙ̀ⲙⲱⲟⲩ ⲛ̀ϫⲉ
ⲛⲁⲓ ⲁ̀ⲅⲓⲟⲥ ⲁⲗⲗⲁ ⲁϥⲧⲟⲩⲛⲟⲥ [ⲛⲓⲗⲁⲟⲥ] ⲛ̀ⲧⲉ ⲧⲟⲩ-
ⲡⲟⲗⲓⲥ ⲉ̀ⲭⲱⲟⲩ ⲁϥⲑⲣⲟⲩⲙⲉⲥⲧⲱⲟⲩ ϧⲉⲛ ⲟⲩⲛⲓϣϯ ⲙ̀
ⲙⲟⲥϯ ⲗⲟⲓⲡⲟⲛ ⲁⲩⲧⲱⲟⲩⲛⲟⲩ ⲉ̀ ⲭⲱⲟⲩ ⲁⲩⲱ̀ⲗⲓ ⲛ̀

ⲣⲃ. ⲁ. ⲛ̀ⲟⲩϩⲩⲡⲁⲣⲭⲟⲛⲧⲁ | ϧⲉⲛ ⲟⲩϭⲓ ⲛ̀ϫⲟⲛⲥ ⲛⲉⲙ ⲛⲏ 10
ⲉⲧ ϣⲟⲡ ϧⲉⲛ ⲟⲩⲁ̀ⲡⲟⲑⲏⲕⲏ Ⲓⲱⲁⲛⲛⲏⲥ ⲇⲉ ⲡⲉϫⲁϥ
ⲛ̀ ⲧⲉϥⲙⲁⲩ ⲛⲉⲙ ⲛⲉϥⲥⲛⲏⲟⲩ ϫⲉ ϩⲏⲡⲡⲉ ⲧⲉⲛⲛⲁⲩ
ϫⲉ ⲁⲩϩⲉⲙⲕⲟⲛ ⲉ̀ⲙⲁϣⲱ ⲓ̀ⲥϫⲉⲛ ⲉ̀ⲧ ⲁ̀ ⲡⲉⲛⲓⲱⲧ
ⲙⲟⲩ ⲗⲟⲓⲡⲟⲛ ⲧⲱⲟⲩⲛ ⲛ̀ⲧⲉⲛⲭⲱ ⲛ̀ ⲥⲱⲛ ⲛ̀ ⲧⲁⲓ ⲃⲁⲕⲓ
ⲛ̀ⲧⲉⲛϣⲉ ⲛⲁⲛ ⲉ̀ ⲑⲃⲁⲕⲓ ⲛ̀ ϯⲙⲉⲧⲟⲩⲣⲟ ⲛ̀ⲧⲉⲛϣⲱⲡⲓ 15
ⲙ̀ⲙⲁⲩ ⲥ ⲥ̀ⲥϧⲏⲟⲩⲧ ⲅⲁⲣ ϧⲉⲛ ⲛⲓⲉ̀ⲩⲁⲅⲅⲉⲗⲓⲟⲛ ⲉⲑ
ⲟⲩⲁⲃ ϫⲉ ⲉ̀ϣⲱⲡ ⲁⲩϣⲁⲛϭⲟϫⲓ ⲛ̀ⲥⲱⲧⲉⲛ ϧⲉⲛ ⲧⲁⲓ
ⲃⲁⲕⲓ ⲫⲱⲧ ⲉ̀ ⲕⲉ ⲟⲩⲁⲓ ⲡⲗⲏⲛ ⲓ̀ⲥ ϩⲏⲡⲡⲉ ⲁⲩϭⲟϫⲓ

ⲣⲃ. ⲃ. ⲛ̀ⲥⲱⲛ ⲁⲩϯ ⲙ̀ⲕⲁϩ ⲛⲁⲛ ⲁⲗⲗⲁ ⲙⲁⲣⲉ | ⲫⲟⲩⲱϣ
ⲙ̀ ⲡⲟ̅ⲥ̅ ϣⲱⲡⲓ ⲉ̀ ϩ̀ⲣⲏⲓ ⲉ̀ ϫⲱⲛ Ⲡⲁⲓ ⲣⲏϯ ⲁⲩⲧⲱⲟⲩ- 20
ⲛⲟⲩ ϧⲉⲛ ⲟⲩⲭⲱⲡ ⲁⲩⲱ̀ⲗⲓ ⲙ̀ ⲡⲥⲉⲡⲓ ⲙ̀ ⲫⲏ ⲉⲧ
ⲥⲱϫⲡ ⲛ̀ⲱⲟⲩ ⲁⲩϣⲉ ⲛⲱⲟⲩ ⲉ̀ ⲑⲃⲁⲕⲓ ⲛ̀ ϯⲙⲉⲧⲟⲩⲣⲟ
ⲁⲩϣⲱⲡⲓ ⲙ̀ⲙⲁⲩ ⲛⲁⲩⲭⲱ ⲙ̀ⲙⲟⲥ ⲡⲉ ϫⲉ ⲫϯ ⲙ̀ ⲡⲓ-
ⲁⲣⲭⲏⲁⲅⲅⲉⲗⲟⲥ ⲙⲓⲭⲁⲏⲗ ϣⲱⲡⲓ ⲛⲁⲛ ⲙ̀ ⲃⲟⲏⲑⲟⲥ
ⲟⲩⲟϩ ⲛⲁⲩⲧⲟⲩϩⲟ ⲟⲛ ⲡⲉ ⲉ̀ϫⲉⲛ ⲛⲓⲙⲉⲧⲛⲁⲏⲧ ⲉ̀ⲧⲟⲩ- 25
ⲓ̀ⲣⲓ ⲙ̀ⲙⲱⲟⲩ ⲛ̀ ϣⲟⲣⲡ Ⲡⲓⲇⲓⲁⲃⲟⲗⲟⲥ ⲇⲉ ⲙ̀ⲡ ⲉϥϣⲁⲓ
ⲉ̀ⲣⲟϥ ⲁⲗⲗⲁ ⲁϥϣⲑⲟⲣⲧⲉⲣ ⲉϥⲛⲁⲩ ⲉ̀ ⲛⲏ ⲉⲑ ⲟⲩⲁⲃ
ⲉⲩϯ ⲉ̀ ⲡⲁⲛⲁⲓ ϧⲉⲛ ⲡⲓⲛⲁϩϯ ⲙ̀ⲡ ⲉϥⲉ̀ⲙⲓ ϫⲉ ⲡⲓ-

ⲣⲅ̄. ⲁ. ⲁⲣⲭⲁⲅⲅⲉⲗⲟⲥ | ⲉⲑ ⲟⲩⲁⲃ ⲙⲓⲭⲁⲏⲗ ⲛⲁϥϯ ϣⲓⲡⲓ
ⲛⲁϥ ⲗⲟⲓⲡⲟⲛ ⲛⲁϥ ϩⲉⲙϩⲉⲙ ⲙ̄ ⲫⲣⲏϯ ⲛ̄ ⲟⲩⲙⲟⲩⲓ̀
ⲉ̀ⲧ ⲁ ϩⲁⲛⲕⲟⲩϫⲓ ⲛ̄ ⲉ̀ϩⲟⲟⲩ ϣⲱⲡⲓ ⲁ̀ ⲛⲓⲣⲉϥⲣⲱⲓⲥ
ⲛ̀ⲧⲉ ϯⲃⲁⲕⲓ ϩⲱⲗ ⲁⲩϣⲉⲗ ⲡⲏⲓ ⲛ̄ ⲟⲩⲛⲓϣϯ ⲛ̄ ⲁⲣ-
ⲭⲱⲛ ⲛ̀ⲧⲉ ϯⲡⲟⲗⲓⲥ ⲟⲩⲟϩ ⲁⲩⲱ̀ⲗⲓ ⲛ̀ ⲟⲩⲛⲓϣϯ ⲙ̄ 5
ⲡⲣⲉⲧⲁ ⲛⲁϥ Ⲡⲓⲁⲣⲭⲱⲛ ⲇⲉ ⲁϥⲧⲁⲙⲉ ⲡⲓϩⲏⲅⲉⲙⲱⲛ
ⲉ̀ⲧ ⲑⲏϣ ⲉ̀ ϯⲃⲁⲕⲓ ⲡⲓϩⲏⲅⲉⲙⲟⲛ ⲇⲉ ⲁϥϣⲓⲛⲓ ⲛ̀ⲥⲁ
ⲡⲓϩⲱⲃ ⲛ̀ ⲧⲟⲧϥ ⲙ̄ ⲫⲏ ⲉ̀ⲧ ⲟⲓ ⲛ̀ ⲇⲓⲟⲓⲕⲓⲧⲏⲥ ⲉ̀ ϯ-
ⲃⲁⲕⲓ Ⲡⲓ ⲇⲓⲟⲓⲕⲓⲧⲏⲥ ⲁϥⲁ̀ⲙⲟⲛⲓ ⲛ̀ ⲛⲓⲣⲉϥⲣⲱⲓⲥ ⲁϥ
ⲉⲣ ⲁⲛⲁⲅⲕⲁⲍⲓⲛ ⲙ̄ⲙⲱⲟⲩ ⲉⲑⲣⲟⲩⲭⲓⲙⲓ ⲛⲁϥ ⲛ̀ ⲛⲓⲥ- 10
ⲣⲅ̄. ⲃ. ⲕⲉⲩⲟⲥ | ⲛ̀ⲧⲉ ⲡⲓⲁⲣⲭⲱⲛ ⲉ̀ⲧⲓ ⲉⲩϣⲑⲉⲣⲑⲱⲣ ⲉⲑⲃⲉ
ⲡⲁⲓ ϩⲱⲃ ⲓⲥ ⲡⲓⲇⲓⲁⲃⲟⲗⲟⲥ ⲁϥ ⲉⲣ ⲡⲥⲙⲟⲧ ⲛ̀ ⲟⲩ-
ⲣⲱⲙⲓ ⲉϥⲙⲟϣⲓ ⲉ̀ⲃⲟⲗϧⲉⲛ ϯⲡⲟⲗⲓⲥ ⲧⲏⲣⲥ ⲉϥϣ̀
ⲉ̀ⲃⲟⲗ ⲉϥϫⲱ ⲙ̄ⲙⲟⲥ ϫⲉ ⲁ̀ⲛⲟⲕ ϯⲥⲱⲟⲩⲛ ϫⲉ ⲛⲓⲙ
ⲡⲉ ⲉ̀ⲧⲁϥⲕⲱⲗⲡ ⲛ̀ ⲛⲓⲥⲕⲉⲩⲟⲥ ⲛ̀ⲧⲉ ⲥⲩⲗⲱⲛ ⲡⲓⲁⲣⲭⲱⲛ 15
Ⲁ̀ⲛⲟⲕ ⲅⲁⲣ ⲁⲓⲛⲁⲩ ⲉ̀ ⲡⲁⲓ ⲇ̄ ⲛ̀ ⲁ̀ⲗⲟⲩ ⲛ̀ ϣⲉⲙⲙⲟ
ⲉ̀ⲧⲁⲩⲓ̀ ⲙ̀ⲛⲁⲩ ⲛ̀ ⲛⲁⲓ ⲉ̀ϩⲟⲟⲩ ⲁⲩϩⲱⲗ ⲉ̀ ϧⲟⲩⲛ ⲉ̀
ⲡⲓⲏⲓ ⲁⲩⲕⲟⲗⲡϥ ⲟⲩⲟϩ ⲛ̀ ⲉ̀ⲙⲓ ϧⲉⲛ ⲟⲩⲙⲉⲑⲙⲏⲓ ϫⲉ
ⲡⲟⲩϩⲱⲃ ⲣⲱ ⲡⲉ ⲫⲁⲓ ⲓ̀ⲥϫⲉⲛ ⲉⲩϣⲟⲡ ϧⲉⲛ ⲧⲟⲩⲭⲱ-
ⲣⲁ Ⲡⲓⲣⲱⲙⲓ ⲇⲉ ⲛ̀ⲧⲉ ϯⲃⲁⲕⲓ ⲉ̀ⲧⲁⲩⲥⲱⲧⲉⲙ ⲉ̀ ⲛⲁⲓ 20
ⲣⲇ̄. ⲁ. ⲁⲩⲧⲁⲙⲉ | ⲡⲓϩⲏⲅⲉⲙⲱⲛ ⲟⲩⲟϩ ϧⲉⲛ ϯⲟⲩⲛⲟⲩ ⲁⲩ-
ⲥⲱⲕ ⲙ̄ⲙⲱⲟⲩ ⲛ̀ⲥⲁ ⲡⲓϣⲟⲓ ⲛ̀ⲧⲉ ⲧⲟⲩⲁ̀ⲫⲉ ⲕⲁⲧⲁ
ⲫⲟⲩⲁϩⲥⲁϩⲛⲓ ⲙ̀ ⲡⲓϩⲏⲅⲉⲙⲱⲛ ⲁⲩⲉ̀ⲛⲟⲩ ⲙ̄ⲡⲉϥⲙ̀ⲑⲟ
Ⲁⲩⲥⲱⲕ ⲙ̄ⲙⲱⲟⲩ ϧⲉⲛ ⲟⲩⲙⲉⲧⲁⲑⲛⲁⲓ ⲛⲁⲣⲉ ⲧⲟⲩ-
ⲙⲁⲩ ⲇⲉ ⲙⲟϣⲓ ⲛ̀ⲥⲱⲟⲩ ⲡⲉ ⲉⲥⲣⲓⲙⲓ ⲉⲥϯ ⲛⲟⲙϯ 25
ⲛ̀ⲱⲟⲩ ⲉⲥϫⲱ ⲙ̄ⲙⲟⲥ ϫⲉ ⲙ̀ⲡ ⲉⲣ ⲉⲣ ϩⲟⲧ ⲛⲁ ϣⲏⲣⲓ
ⲟⲩⲟⲛ ϣϫⲟⲙ ⲙ̀ ⲫϯ ⲉ̀ⲧ ⲁⲛⲛⲁϩϯ ⲉ̀ⲣⲟϥ ⲛⲉⲙ ⲛⲉϥ-
ⲛⲓϣϯ ⲛ̀ ⲁⲣⲭⲁⲅⲅⲉⲗⲟⲥ ⲉⲑ ⲟⲩⲁⲃ ⲙⲓⲭⲁⲏⲗ ⲉ̀ ⲛⲟ-

ϩⲉⲙ ⲛ̀ ⲙⲱⲧⲉⲛ ⲉ̀ⲃⲟⲗ ϩⲁ ⲡ ⲉⲧ ϩⲱⲟⲩ ⲛⲓⲃⲉⲛ ⲛⲉⲙ

ρ̄δ̄. β. ⲉ̀ⲃⲟⲗ ϩⲁ ⲫⲏ ⲉ̀ⲧⲟⲩϫⲉ ⲙⲉⲑⲛⲟⲩϫ ⲉ̀ⲣⲱⲧⲉⲛ ⲉ̀ⲑⲃⲏⲧϥ |
ⲉ̀ⲧⲓ ⲇⲉ ⲉⲥϫⲱ ⲛ̀ ⲛⲁⲓ ⲁ̀ ⲟⲩⲥⲙⲏ ϣⲱⲡⲓ ϩⲁ ⲣⲱⲟⲩ
ⲉⲥϫⲱ ⲙ̀ⲙⲟⲥ ⲉ̀ⲃⲟⲗϧⲉⲛ ⲧⲫⲉ ϫⲉ ⲙ̀ⲡ ⲉⲣ ⲉⲣ ϩⲟϯ
ϯⲛⲁⲭⲁ ϩⲗⲓ ⲙ̀ ⲡ ⲉⲧ ϩⲱⲟⲩ ⲉ̀ ⲧⲁϩⲉ ⲑⲏⲛⲟⲩ ⲁⲛ 5
ⲁ̀ⲛⲟⲕ ⲡⲉ ⲙⲓⲭⲁⲏⲗ ϯⲛⲁⲣⲱⲓⲥ ⲉ̀ⲣⲱⲧⲉⲛ ⲉ̀ⲃⲟⲗϩⲁ ⲡ
ⲉⲧ ϩⲱⲟⲩ ⲛⲓⲃⲉⲛ ⲉ̀ⲧⲓ ⲇⲉ ⲉⲩⲟ̀ϩⲓ ⲉ̀ⲣⲁⲧⲟⲩ ⲙ̀ ⲡⲉⲙⲑⲟ
ⲙ̀ ⲡⲓϩⲏⲅⲉⲙⲱⲛ ⲉϥⲟ̀ⲛⲟⲩ ⲙ̀ⲙⲱⲟⲩ ⲁ̀ ⲡⲓⲁⲣⲭⲏⲁⲅ-
ⲅⲉⲗⲟⲥ ⲉⲣ ⲡⲥⲙⲟⲧ ⲛ̀ ⲟⲩⲡⲁⲧⲣⲓⲕⲓⲟⲥ ⲛ̀ⲧⲉ ⲡⲟⲩⲣⲟ
ⲁϥⲓ̀ ϩⲓ ⲫⲟⲩⲉⲓ ⲉ̀ⲧ ⲁ̀ ⲡⲓϩⲏⲅⲉⲙⲱⲛ ⲛⲁⲩ ⲉ̀ⲣⲟϥ ⲁϥ- 10
ⲧⲱⲛϥ ⲁϥⲟ̀ϩⲓ ⲉ̀ ⲣⲁⲧϥ ⲟⲩⲟϩ ⲁϥϩⲟ̀ ⲉ̀ⲣⲟϥ ϫⲉ
ⲁ̀ⲙⲟⲩ ⲛ̀ⲧⲉⲕϩⲉⲙⲥⲓ ⲛ̀ⲧⲉⲕⲥⲱⲧⲉⲙ ϩⲱⲕ ⲉ̀ ⲛⲁⲓ ⲁⲛⲧⲓ-

ρ̄ε̄. α. ⲗⲟⲅⲓⲁ ⲛ̀ⲑⲟϥ ⲇⲉ | ⲁϥϩⲉⲙⲥⲓ ⲡⲓϩⲏⲅⲉⲙⲱⲛ ⲇⲉ ⲁϥ-
ⲑⲣⲟⲩⲓ̀ⲛⲓ ⲛ̀ ⲛⲓⲁ̀ⲗⲱⲟⲩⲓ̀ ϩⲓⲧϩⲏ ⲙ̀ⲙⲟϥ ⲡⲉϫⲁϥ ⲛⲱⲟⲩ.
ϫⲉ ⲧⲁⲭⲏ ⲙ̀ⲙⲱⲧⲉⲛ ϯ ⲛ̀ ⲡⲣⲉⲧⲁ ⲙ̀ ⲡⲓⲁⲣⲭⲱⲛ 15
ⲛⲁϥ ⲙ̀ⲡⲁ ϯ ⲉⲣ ⲃⲁⲥⲁⲛⲓⲍⲓⲛ ⲙ̀ⲙⲱⲧⲉⲛ ⲛ̀ⲑⲱⲟⲩ
ⲇⲉ ⲁⲩ ⲉⲣ ⲟⲩⲱ̀ ⲡⲉϫⲱⲟⲩ ϫⲉ ϥⲟⲛϧ ⲛ̀ϫⲉ ⲡ̄ⲟ̄ⲥ̄ ⲫϯ
ⲛ̀ ⲛⲓⲭⲣⲏⲥⲧⲓⲁⲛⲟⲥ ⲛⲉⲙ ⲡⲱⲟⲩ ⲙ̀ ⲡⲉϥⲛⲓϣϯ ⲛ̀ ⲁⲣ-
ⲭⲏⲁⲅⲅⲉⲗⲟⲥ ⲉⲑ ⲟⲩⲁⲃ ⲙⲓⲭⲁⲏⲗ ϫⲉ ⲙ̀ⲡ ⲉⲛ ⲉⲣ
ⲕⲟⲓⲛⲱⲛⲓ ⲛ̀ ϩⲱⲃ ⲙ̀ ⲡⲁⲓ ⲣⲏϯ ⲉ̀ⲛⲉϩ ⲡⲉϫⲉ ⲡⲓⲁⲣ- 20
ⲭⲏⲁⲅⲅⲉⲗⲟⲥ ⲙⲓⲭⲁⲏⲗ ⲙ̀ ⲡⲓϩⲏⲅⲉⲙⲱⲛ ϫⲉ ⲁ̀ⲛⲟⲕ

ρ̄ε̄. β. ϯⲥⲱⲟⲩⲛ ⲙ̀ ⲡⲓⲣⲏϯ ⲉⲑⲃⲉ ϯⲙⲉⲑⲙⲏⲓ | ⲟⲩⲱⲛϩ ⲉ̀ⲃⲟⲗ
ⲙⲁⲣⲟⲩ ⲁ̀ⲙⲟⲛⲓ ⲙ̀ ⲡⲓⲕⲟⲩϫⲓ ⲛ̀ ⲥⲟⲛ ⲛ̀ⲧⲉ ⲛⲁⲓ ⲣⲱⲙⲓ
ⲛ̀ ⲥⲉⲟⲗϥ ⲉ̀ ϧⲟⲩⲛ ⲉ̀ ⲡⲏⲓ ⲙ̀ ⲡⲓⲁⲣⲭⲏⲣⲉϥⲣⲱⲓⲥ
ⲫⲁⲓ ⲉ̀ⲧ ⲉⲣⲉ ⲡⲉϥϩⲏⲧ ⲃⲟⲥⲓ ⲉ̀ ϧⲟⲩⲛ ⲉ̀ ⲛⲁⲓ ⲣⲱⲙⲓ 25
ⲛ̀ⲧⲉϥ ⲱϣ ⲉ̀ⲃⲟⲗ ⲉϥϫⲱ ⲙ̀ⲙⲟⲥ ϫⲉ ϧⲉⲛ ⲫⲣⲁⲛ ⲙ̀
ⲡⲁⲟ̄ⲥ̄ ⲓⲏ̄ⲥ̄ ⲡ̄ⲭ̄ⲥ̄ ⲉ̀ⲥⲃⲟⲩⲱⲛϩ ⲉ̀ⲃⲟⲗ ⲛ̀ϫⲉ ϯⲡⲣⲉⲧⲁ
ⲛ̀ⲧⲉ ⲥⲩⲗⲱⲙ ⲡⲓⲁⲣⲭⲱⲛ ⲑⲁⲓ ⲉ̀ⲧ ⲟⲩϫⲉⲙ ⲗⲱⲓϫⲓ

10*

ἐρον εθβητс ϧεν ϯογνογ ⲁ̀ ϯⲙⲉⲑⲙⲏⲓ ⲛⲁⲟⲩ-
ⲱⲛϩ ⲉ̀ⲃⲟⲗ Ⲟⲩⲟϩ ϧⲉⲛ ϯⲟⲩⲛⲟⲩ ⲁ̀ ⲡⲓϩⲏⲅⲉⲙⲱⲛ
ⲉⲣ ⲕⲉⲗⲉⲩⲓ̀ⲛ ⲉⲑⲣⲟⲩϭⲓ ⲛ̀ ⲡⲓⲕⲟⲩϫⲓ ⲛ̀ ϣⲏⲣⲓ ⲉ̀
ϧⲟⲩⲛ ⲉ̀ ⲡⲏⲓ ⲛ̀ ⲡⲓⲁⲣⲭⲏ ⲣⲉϥⲣⲱⲓⲥ ⲕⲁⲧⲁ ⲫⲣⲏϯ
ⲣ̅ⲋ̅. ⲁ. ⲉ̀ⲧⲁϥϫⲟⲥ ⲛ̀ϫⲉ | ⲡⲓⲁⲣⲭⲏⲁⲅⲅⲉⲗⲟⲥ ⲙⲓⲭⲁⲏⲗ ⲟⲩⲟϩ 5
ⲁϥⲱϣ ⲉ̀ⲃⲟⲗ ⲉϥϫⲱ ⲙ̀ⲙⲟⲥ ϫⲉ ϧⲉⲛ ⲫⲣⲁⲛ ⲙ̀ ⲡⲁ
ⲟ̅ⲥ̅ ⲓⲏ̅ⲥ̅ ⲡⲭ̅ⲥ̅ ⲛⲉⲙ ⲡⲓⲁⲣⲭⲏⲁⲅⲅⲉⲗⲟⲥ ⲉ̀ⲑ ⲟⲩⲁⲃ ⲙⲓ-
ⲭⲁⲏⲗ ⲉⲥⲉⲟⲩⲱⲛϩ ⲉ̀ⲃⲟⲗ ⲛ̀ϫⲉ ϯⲡⲣⲉⲧⲁ̀ ⲛ̀ⲧⲉ ⲥⲩⲗⲱⲙ
ⲡⲓⲁⲣⲭⲱⲛ Ⲟⲩⲟϩ ϧⲉⲛ ϯⲟⲩⲛⲟⲩ ⲁ̀ ⲟⲩⲥⲙⲏ ϣⲱⲡⲓ
ⲉⲣⲉ ⲟⲩⲟⲛ ⲛⲓⲃⲉⲛ ⲥⲱⲧⲉⲙ ⲉ̀ⲣⲟⲥ ϫⲉ ϩⲱⲗ ⲉ̀ ⲡⲉⲥⲏⲧ 10
ⲉ̀ ⲡⲓⲕⲁⲧⲁⲕⲓⲟⲛ ⲧⲉⲧⲉⲛⲛⲁϫⲓⲙⲓ ⲛ̀ ϩⲱⲃ ⲛⲓⲃⲉⲛ ⲛⲁⲓ
ⲕⲟⲩϫⲓ ⲛ̀ ϣⲏⲣⲓ ⲥⲉⲟⲩⲁⲃ ⲉ̀ ⲛⲟⲃⲓ Ⲟⲩⲟϩ ϧⲉⲛ ϯⲟⲩ-
ⲛⲟⲩ ⲁⲩϩⲱⲗ ⲉ̀ ⲡⲉⲥⲏⲧ ⲉ̀ ⲡⲓⲕⲁⲧⲁⲕⲓⲟⲛ ⲁⲩϫⲓⲙⲓ ⲛ̀
ⲣ̅ⲋ̅. ⲃ. ϯⲡⲣⲉⲧⲁ̀ ⲧⲏⲣⲥ ⲟⲩⲟϩ ⲁⲩⲧⲁⲙⲉ | ⲡⲓϩⲏⲅⲉⲙⲱⲛ ⲉ̀
ⲫⲏ ⲉ̀ⲧⲁϥϣⲱⲡⲓ ⲁϥ ⲉⲣ ϣⲫⲏⲣⲓ ⲉ̀ⲙⲁϣⲱ ⲉ̀ⲧⲁϥⲕⲱⲧ 15
ⲉ̀ ⲡⲉϥϩⲟ ϩⲱⲥ ϫⲉ ⲉϥⲛⲁϫⲱ ⲙ̀ ⲫⲏ ⲉ̀ⲧⲁϥϣⲱⲡⲓ ⲙ̀
ⲡⲓⲡⲁⲧⲣⲓⲕⲓⲟⲥ ⲉ̀ⲧⲉ ⲙⲓⲭⲁⲏⲗ ⲡⲉ ⲙ̀ⲡ ⲉϥⲉ̀ⲙⲓ ϫⲉ ⲁϥ-
ϩⲱⲗ ⲉ̀ ⲑⲱⲛ Ⲧⲟⲧⲉ ⲁϥ ⲉⲣ ϣⲫⲏⲣⲓ ⲉ̀ⲙⲁϣⲱ ⲟⲩⲟϩ
ⲁϥⲭⲁ ⲡⲓ Ⲇ̅ ⲛ̀ ⲁ̀ⲗⲟⲩ ⲉ̀ⲃⲟⲗ ⲉⲩⲟⲓ ⲛ̀ ⲣⲉⲙϩⲉ ⲟⲩⲟϩ
ⲁⲩϩⲱⲗ ⲉ̀ ⲡⲟⲩⲏⲓ ⲉⲩϯ ⲱ̀ⲟⲩ ⲙ̀ ⲫϯ ⲛⲉⲙ ⲡⲓⲁⲣ- 20
ⲭⲏⲁⲅⲅⲉⲗⲟⲥ ⲉ̀ⲑ ⲟⲩⲁⲃ ⲙⲓⲭⲁⲏⲗ ⲫⲏ ⲉ̀ⲑ ⲟⲩⲁⲃ ⲇⲉ
ⲙ̀ⲡ ⲟⲩⲭⲁ ⲧⲟⲧⲟⲩ ϧⲉⲛ ⲛⲓ ⲡ ⲉ̀ⲑ ⲛⲁⲛⲉⲩ ⲉⲧ ⲟⲩⲓ̀ⲣⲓ
ⲙ̀ⲙⲱⲟⲩ ⲛ̀ ⲟⲩⲟⲛ ⲛⲓⲃⲉⲛ ϩⲱⲥ ⲇⲉ ⲛ̀ⲧⲉ ⲟⲩⲟⲛ ⲛⲓⲃⲉⲛ
ⲣ̅ⲍ̅. ⲁ. ⲉⲣ ϣⲫⲏⲣⲓ ⲙ̀ ⲡⲟⲩⲃⲓⲟⲥ ⲉ̀ⲑ ⲛⲁⲛⲉϥ | Ⲁⲥϣⲱⲡⲓ ⲇⲉ
ⲟⲛ ⲙⲉⲛⲉⲛⲥⲁ ⲟⲩⲥⲛⲟⲩ ⲓ̀ⲥϫⲉⲛ ⲉⲧ ⲁ̀ ⲛⲁⲓ ϣⲱⲡⲓ ⲁ̀ 25
ⲟⲩⲣⲱⲙⲓ ϯⲱϑⲟⲩⲓⲧ ϧⲁ ⲣⲱⲙⲓ Ⲃ̅ ϧⲁⲧⲉⲛ ⲡⲟⲩⲣⲟ
ϩⲱⲥ ⲇⲉ ⲉ̀ⲣⲉ ⲟⲩⲟⲛ ϩⲁⲛⲇⲏⲙⲟⲥⲓⲟⲛ ⲛ̀ ⲁⲡⲁⲥ ⲉ̀ⲣⲱⲟⲩ
Ⲡⲟⲩⲣⲟ ⲇⲉ ⲁϥϯ ⲙ̀ ⲡⲓⲣⲱⲙⲓ Ⲃ̅ ⲉ̀ ⲧⲟⲧⲟⲩ ⲛ̀ ϩⲁⲛ-

ⲙⲁⲧⲟⲓ ⲉⲑⲣⲟⲩϣⲁⲧⲟⲩ ⲛ̀ ⲣ̅ ⲛ̀ ⲗⲟⲅⲕⲟⲭⲓ ⲉ̀ ⲫⲟⲩⲁⲓ
ⲙ̀ⲙⲟⲛ ⲛ̀ⲧⲱⲟⲩ ⲇⲉ ⲉ̀ ϯ ⲫⲏ ⲉⲑ ⲟⲩⲁⲃ ⲇⲉ ⲓⲱⲁⲛⲛⲏⲥ
ⲕⲁⲧⲁ ⲟⲩⲉⲩⲕⲉⲣⲓⲁ ⲁϥ ⲉⲣ ⲁⲡⲁⲛⲧⲁⲛ ⲉ̀ⲣⲱⲟⲩ ⲉ̀ⲧⲁϥ-
ⲛⲁⲩ ⲉ̀ ⲛⲓⲙⲁⲧⲟⲓ ⲉⲩⲥⲓⲟⲩⲓ̀ ⲉ̀ ⲛⲓⲣⲱⲙⲓ ϧⲉⲛ ⲟⲩ-
ⲙⲉⲧⲁⲑⲛⲁⲓ Ⲡⲉϫⲁϥ ⲛ̀ ⲛⲓⲙⲁⲧⲟⲓ ϫⲉ ⲟⲩ ⲧⲉ ϯⲗⲱⲓϫⲓ 5

ⲣ̅ⲍ̅. ⲃ. ⲉ̀ⲣⲉⲧⲉⲛ ⲥⲓⲟⲩⲓ̀ ⲉ̀ ⲛⲁⲓ ⲣⲱⲙⲓ ⲉⲑⲃⲏⲧⲥ | Ⲡⲉϫⲱⲟⲩ
ⲛⲁϥ ⲛ̀ϫⲉ ⲛⲓⲙⲁⲧⲟⲓ ϫⲉ ⲁ̀ⲛⲁⲙⲟⲛⲓ ⲙ̀ⲙⲱⲟⲩ ⲉ̀ ⲣ̅ ⲛ̀
ⲗⲟⲅⲕⲟⲭⲓ ⲉ̀ ⲫⲟⲩⲁⲓ Ⲡⲉϫⲁϥ ⲛⲱⲟⲩ ϫⲉ ⲙⲉⲛⲉⲛⲥⲁ
ⲑⲣⲟⲩ ϯ ⲛ̀ ⲱ̅ ⲛ̀ ⲗⲟⲅⲕⲟⲭⲓ ⲥⲉⲛⲁⲭⲁⲩ ⲉ̀ⲃⲟⲗ ⲡⲉϫⲉ
ⲛⲓⲙⲁⲧⲟⲓ ⲛⲁϥ ϫⲉ ⲥⲉ ⲁⲗⲗⲁ ⲁⲩϣⲧⲉⲙⲑⲓⲧⲟⲩ ⲥⲉⲛⲁ- 10
ⲃⲟⲉⲑⲟⲩ ⲓⲱⲁⲛⲛⲏⲥ ⲇⲉ ⲁϥϯϩⲟ ⲉ̀ ⲛⲓⲙⲁⲧⲟⲓ ϫⲉ ⲱ̀ⲟⲩ
ⲛ̀ ϩⲏⲧ ⲛ̀ ⲟⲩⲕⲟⲩϫⲓ ϣⲁ ϯⲁⲥⲉⲑⲟⲓ ϣⲁ ⲣⲱⲧⲉⲛ
Ⲛ̀ⲑⲟϥ ⲇⲉ ⲁϥϩⲱⲗ ⲁϥⲉⲛ ⲡⲓ ⲱ̅ ⲛ̀ ⲗⲟⲅⲕⲟⲭⲓ ⲁϥⲧⲏⲓ-
ⲧⲟⲩ ⲁϥ ⲉⲣ ⲡⲓⲣⲱⲙⲓ ⲃ̅ ⲛ̀ ⲣⲉⲙϩⲉ ⲟⲩⲟϩ ⲡⲓ ⲕⲉ ⲇ̅
ⲙ̀ ⲙⲁⲧⲟⲓ ⲉⲧ ⲑⲏϣ ⲉ̀ⲣⲱⲟⲩ ⲁϥϯ ⲛⲱⲟⲩ ⲛ̀ ⲟⲩⲓ 15

ⲣ̅ⲏ̅. ⲁ. ⲗⲟⲅⲕⲟⲭⲓ ⲉ̀ ⲫⲟⲩⲁⲓ | ⲡⲓⲇⲓⲁ̀ⲃⲟⲗⲟⲥ ⲟⲛ ⲡⲓϫⲁϫⲓ ⲛ̀ⲧⲉ
ⲙⲉⲑⲙⲏⲓ ⲛⲓⲃⲉⲛ ⲙ̀ⲡ ⲉϥ ϣϥⲁⲓ ⲉ̀ⲣⲟϥ ⲁⲗⲗⲁ ⲁϥⲙⲟϩ
ⲛ̀ ⲭⲟϩ ⲉ̀ ϧⲟⲩⲛ ⲉ̀ ⲛⲏ ⲉⲑ ⲟⲩⲁⲃ ⲉⲑⲃⲉ ⲛ̀ⲟⲩⲥⲃⲛⲟⲩⲓ̀
ⲉ̀ ⲛⲁⲛⲉⲩ Ⲁϥⲧⲟⲩⲛⲟⲥ ⲟⲩⲛⲓϣϯ ⲙ̀ ⲡⲓⲣⲁⲥⲙⲟⲥ ⲉ̀
ϧⲣⲏⲓ ⲉ̀ ϫⲱⲟⲩ ⲉϥⲛⲁϣⲧ ⲉ̀ⲙⲁϣⲱ ⲛ̀ ϩⲟⲩⲟ̀ ⲉ̀ⲧⲉ 20
ⲫⲁⲓ ⲡⲉ Ⲁⲥϣⲱⲡⲓ ⲇⲉ ⲙⲉⲛⲉⲛⲥⲁ ⲛⲁⲓ ⲁ̀ ⲟⲩⲣⲱⲙⲓ
ⲛ̀ⲧⲉ ϯⲃⲁⲕⲓ ⲉ̀ⲣ ⲕⲁⲗⲓⲛ ⲛ̀ ϩⲁⲛⲣⲱⲙⲓ ⲛⲉⲙ ⲕⲉ ⲣⲱⲙⲓ
ⲛ̀ ϣⲫⲏⲣ ⲛ̀ⲧⲁϥ ⲛⲉ ⲣⲟⲩϩⲓ ⲅⲁⲣ ⲡⲉ ⲡⲓⲣⲱⲙⲓ ⲇⲉ
ⲛⲁϥϣⲟⲡ ⲡⲉ ϧⲁⲧⲉⲛ ⲡⲏⲓ ⲛ̀ ⲛⲏ ⲉⲑ ⲟⲩⲁⲃ Ⲉⲧⲁⲩ-
ⲟⲩⲱⲙ ⲇⲉ ⲟⲩⲟϩ ⲁⲩⲥⲱ ⲁ̀ ⲡⲓⲣⲱⲙⲓ ⲧⲱⲛϥ ⲉⲑⲣⲉϥ- 25

ⲣ̅ⲏ̅. ⲃ. ϩⲱⲗ ⲉ̀ ⲡⲉϥⲏⲓ | ⲉϥⲙⲟϣⲓ ⲇⲉ ϧⲉⲛ ⲛⲓⲡⲗⲁⲧⲓⲁ̀ ⲛ̀ⲧⲉ
ϯⲃⲁⲕⲓ ⲁ̀ ⲟⲩϭⲗⲏ ⲙⲁϩⲣⲱⲥ ⲉ̀ⲣⲟϥ ⲁϥⲥⲉⲓ ⲁϥⲙⲟⲩ
ϧⲉⲛ ⲧⲟⲩⲛⲟⲩ ⲟⲩⲟϩ ⲙ̀ⲡⲉ ϩⲗⲓ ⲛ̀ ⲣⲱⲙⲓ ⲉ̀ⲙⲓ ⲉ̀ ⲫⲏ

ⲉⲧⲁϥϣⲱⲡⲓ ⲙ̅ⲙⲟϥ ⲉⲧ ⲁ ⲡⲓⲣⲉϥⲣⲱⲓⲥ ⲇⲉ ⲛ̀ⲧⲉ
ϯⲡⲟⲗⲓⲥ ⲓ̀ ⲉϥⲕⲱϯ ⲛⲉⲙ ⲛⲉϥⲉ̀ⲣⲏⲟⲩ ⲁⲩϫⲓⲙⲓ ⲙ̀ ⲡⲓ-
ⲣⲱⲙⲓ ⲉϥⲙⲱⲟⲩⲧ ⲁⲩⲉⲛϥ ⲉ̀ ⲡⲓⲥⲟⲗ ⲁⲩⲙⲟⲩϣⲧ ⲙ̀
ⲡⲓⲥⲱⲙⲁ ⲟⲩⲟϩ¹ ⲙ̀ⲡ ⲟⲩⲉ̀ⲙⲓ ⲉ̀ ⲫⲏ ⲉⲧⲁϥϣⲱⲡⲓ ⲙ̀ⲙⲟϥ
ⲁⲩⲕⲟⲥϥ ⲉⲧ ⲁ ⲧⲟⲟⲩⲓ ⲇⲉ ϣⲱⲡⲓ ϫⲉ ⲉⲩⲛⲁⲟⲗϥ ⲉ̀ 5
ⲡⲓⲙϩⲁⲩ ⲁ̀ ⲡⲓⲇⲓⲁ̀ⲃⲟⲗⲟⲥ ⲉⲣ ⲡⲥⲙⲟⲧ ⲛ̀ ⲟⲩⲣⲱⲙⲓ·
ⲉϥϣ ⲉ̀ⲃⲟⲗ ϧⲉⲛ ϯⲡⲟⲗⲓⲥ ⲧⲏⲣⲥ ⲉϥϫⲱ ⲙ̀ⲙⲟⲥ ϫⲉ

ⲣ̅ⲑ̅. ⲁ.   ⲡⲁⲓ ⲣⲱⲙⲓ ⲉⲧⲁϥⲙⲟⲩ | ⲉ̀ⲧⲉ ⲙ̀ⲡⲉ ϩⲗⲓ ⲛ̀ ⲣⲱⲙⲓ
ⲉ̀ⲙⲓ ⲉ̀ ⲡⲉϥⲙⲟⲩ ϫⲉ ⲛⲓⲙ ⲡⲉ ⲉⲧⲁϥϧⲟⲑⲃⲉϥ ⲙ̀ⲡⲉ
ⲧⲁⲓ ⲡⲟⲛⲏⲣⲓⲁ ϣⲱⲡⲓ ⲛ̀ⲧⲉ ϩⲗⲓ ⲛ̀ ⲣⲱⲙⲓ ⲉ̀ⲃⲏⲗ ⲉ̀ 10
ⲡⲁⲓ ⲇ̅ ⲛ̀ ⲁ̀ⲗⲟⲩ ⲛ̀ ϣⲉⲙⲙⲟ ⲁ̀ⲛⲟⲕ ϯ ⲉⲣ ⲙⲉⲑⲣⲉ
ⲙ̀ ⲡⲁⲓ ϩⲱⲃ ⲟⲩⲟϩ ⲁ̀ ⲡⲁⲓ ⲥⲁϫⲓ ⲥⲱⲣ ⲉ̀ⲃⲟⲗ ϧⲉⲛ
ϯⲃⲁⲕⲓ ⲧⲏⲣⲥ ⲁ̀ ⲡⲓϩⲏⲅⲉⲙⲱⲛ ϣⲉ ⲛⲁϥ ⲁϥⲧⲁⲙⲉ
ⲡⲟⲩⲣⲟ ⲕⲉⲥⲁⲛⲑⲟⲥ ⲟⲩⲟϩ ϧⲉⲛ ϯⲟⲩⲛⲟⲩ ⲁ̀ ⲡⲟⲩⲣⲟ
ⲟⲩⲁϩⲥⲁϩⲛⲓ ⲁⲩⲓ̀ⲛⲓ ⲙ̀ ⲡⲓ ⲇ̅ ⲛ̀ ⲁ̀ⲗⲟⲩ ⲉⲩⲥⲟⲛϩ ⲛ̀ 15
ⲛⲟⲩϫⲓϫ ϩⲓ ⲫⲁϩⲟⲩ ⲙ̀ⲙⲱⲟⲩ ⲉ̀ⲣⲉ ⲟⲩⲟⲛ ϩⲁⲛⲕⲟⲗⲗⲁ-
ⲣⲓⲟⲛ ⲧⲟⲓ ⲉ̀ ⲛⲟⲩⲙⲟϯ ⲁⲩⲱⲗⲓ ⲇⲉ ⲙ̀ⲙⲱⲟⲩ ⲉ̀ⲣⲁⲧϥ

ⲣ̅ⲑ̅. ⲃ.   ⲙ̀ ⲡⲟⲩⲣⲟ ⲁⲩⲥⲙⲏ ϣⲱⲡⲓ ϩⲁⲣⲱⲟⲩ ⲉⲥϫⲱ ⲙ̀ⲙⲟⲥ |
ϫⲉ ⲙ̀ⲡ ⲉⲣ ⲉⲣ ϩⲟϯ ⲓⲥ ⲡⲥⲛⲟⲩ ⲙ̀ ⲡⲓⲃⲓⲥⲓ ⲁϥⲥⲓⲛⲓ
ⲁ̀ ⲡⲓⲙ̀ⲧⲟⲛ ⲫⲟϩ ⲉ̀ⲣⲱⲧⲉⲛ ⲉ̀ⲃⲟⲗϩⲓⲧⲉⲛ ⲡϬ̅ⲥ̅ Ⲧⲟⲧⲉ 20
ⲁⲩⲧⲁϩⲱⲟⲩ ⲉ̀ⲣⲁⲧⲟⲩ ⲙ̀ ⲡⲉⲙⲑⲟ ⲙ̀ ⲡⲟⲩⲣⲟ ⲙ̀ ⲡⲥⲙⲟⲧ
ⲛ̀ ϩⲁⲛⲕⲁⲧⲁⲇⲓⲕⲟⲥ Ⲟⲩⲟϩ ϧⲉⲛ ϯⲟⲩⲛⲟⲩ ⲓⲥ ⲡⲓⲁⲣ-
ⲭⲏⲁⲅⲅⲉⲗⲟⲥ ⲉ̀ⲑ ⲟⲩⲁⲃ ⲙⲓⲭⲁⲏⲗ ⲁϥϭⲓ ⲙ̀ ⲡⲥⲙⲟⲧ
ⲛ̀ ⲟⲩⲛⲓϣϯ ⲛ̀ ⲥⲧⲣⲁⲧⲩⲗⲁⲧⲏⲥ ⲛ̀ⲧⲉ ⲡⲟⲩⲣⲟ ⲛ̀ ⲛⲓⲣⲱ-
ⲙⲉⲟⲥ ⲁϥⲓ̀ Ⲡⲟⲩⲣⲟ ⲇⲉ ⲕⲉⲥⲁⲛⲑⲟⲥ ⲉⲧⲁϥⲛⲁⲩ ⲉ̀ⲣⲟϥ 25
ⲁϥⲧⲱⲛϥ ⲁϥⲟ̀ϩⲓ ⲉ̀ ⲣⲁⲧϥ ϩⲓ ⲧϩⲏ ⲙ̀ⲙⲟϥ ⲉⲧⲁϥⲫⲟϩ

---

¹ The Ms. writes ⲟⲩⲟϩ twice.

ⲇⲉ ⲉ̀ⲣⲟϥ ⲁⲩⲥⲉⲙⲥⲓ ⲉⲩⲥⲟⲡ ⲛⲉⲙ ⲛⲟⲩⲉ̀ⲣⲏⲟⲩ Ⲡⲓⲁⲣ-
ⲭⲏⲁⲅⲅⲉⲗⲟⲥ ⲇⲉ ⲙⲓⲭⲁⲏⲗ ⲉ̀ⲧⲁϥⲛⲁⲩ ⲉ̀ ⲛⲓⲁ̀ⲗⲱⲟⲩⲓ̀ |
ⲉⲩⲟ̀ϩⲓ ⲉ̀ⲣⲁⲧⲟⲩ ⲡⲉⲭⲁϥ ⲙ̀ ⲡⲟⲩⲣⲟ ⲕⲉⲥⲁⲛⲑⲟⲥ ϫⲉ
ⲟⲩ ⲡⲉ ⲡϩⲱⲃ ⲛ̀ ⲛⲁⲓ ⲁ̀ⲗⲱⲟⲩⲓ̀ ⲡⲟⲩⲣⲟ ⲇⲉ ⲁϥⲧⲁⲙⲟϥ
ⲉⲑⲃⲉ ⲡⲓϩⲱⲃ ⲉ̀ⲧⲁϥϣⲱⲡⲓ Ⲡⲉϫⲉ ⲙⲓⲭⲁⲏⲗ ⲛⲁϥ ϫⲉ
ⲟⲩⲕ ⲟⲩⲛ ⲙ̀ⲡ ⲟⲩⲉ̀ⲙⲓ ⲉ̀ ⲫⲏ ⲉ̀ⲧⲁϥϧⲱⲧⲉⲃ ⲙ̀ ⲡⲓⲣⲱⲙⲓ
ⲡⲉϫⲉ ⲡⲟⲩⲣⲟ ⲛⲁϥ ϫⲉ ⲁⲩϯ ⲛ̀ ⲛⲁⲓ ⲛⲏⲓ ⲉ̀ⲃⲟⲩⲛ
ϫⲉ ⲛ̀ⲑⲱⲟⲩ ⲡⲉ ⲉ̀ⲧⲁⲩϧⲱⲧⲉⲃ ⲙ̀ⲙⲟϥ Ⲡⲉϫⲉ ⲙⲓⲭⲁⲏⲗ
ⲛⲁϥ ϫⲉ ϩⲁⲧⲟⲧⲉⲛ ⲁⲣⲉ ϣⲁⲛ ⲟⲩϩⲱⲃ ⲙ̀ ⲡⲁⲓ ⲣⲏϯ
ϣⲱⲡⲓ ⲛ̀ⲧⲉ ⲟⲩⲁⲓ ⲙⲟⲩ ⲛ̀ⲧⲉⲛϣⲧⲉⲙⲉ̀ⲙⲓ ⲉ̀ ⲫⲏ ⲉ̀ⲧ-
ⲁϥϣⲱⲡⲓ ⲙ̀ⲙⲟϥ ϣⲁⲛⲑⲣⲟⲩⲓ̀ⲛⲓ ⲙ̀ ⲡⲓⲣⲱⲙⲓ ⲉ̀ⲧⲁϥⲙⲟⲩ
ⲉ̀ ⲑⲙⲏϯ ⲛ̀ⲧⲉⲛⲟ̀ⲛⲟⲩϥ ϣⲁϥⲥⲁϫⲓ ⲛⲉⲙⲁⲛ | ⲛ̀ⲧⲉϥ-
ⲧⲁⲙⲟⲛ ⲉ̀ ⲫⲏ ⲉ̀ⲧⲁϥϧⲟⲑⲃⲉϥ ϯⲛⲟⲩ ⲇⲉ ⲓⲥϫⲉ ⲭⲟⲩⲱϣ
ⲉ̀ ⲉ̀ⲙⲓ ϩⲱⲕ ⲉ̀ ϯⲙⲉⲑⲙⲏⲓ ⲓⲉ ⲙⲁⲣⲟⲩⲓ̀ⲛⲓ ϩⲱϥ ⲙ̀
ⲫⲏ ⲉ̀ⲧⲁϥⲙⲟⲩ ⲉ̀ ⲡⲁⲓ ⲙⲁ ⲛ̀ⲧⲉⲛⲟ̀ⲛⲟⲩ ⲟⲩⲟϩ ϣⲁϥ-
ⲥⲁϫⲓ ⲛⲉⲙⲁϥ ⲛ̀ⲧⲉϥⲧⲁⲙⲟⲛ ⲉ̀ ⲫⲏ ⲉ̀ⲧⲁϥϧⲟⲑⲃⲉϥ
Ⲟⲩⲟϩ ϧⲉⲛ ϯⲟⲩⲛⲟⲩ ⲁ̀ ⲡⲟⲩⲣⲟ ⲉⲣ ⲕⲉⲗⲉⲩⲓ̀ⲛ ⲁⲩⲓ̀ⲛⲓ
ⲙ̀ ⲫⲏ ⲉⲑ ⲙⲱⲟⲩⲧ ⲉ̀ ⲑⲙⲏϯ Ⲡⲉϫⲉ ⲡⲓⲁⲣⲭⲏⲁⲅⲅⲉⲗⲟⲥ
ⲙⲓⲭⲁⲏⲗ ⲛ̀ ⲇⲁⲛⲓⲏⲗ ⲡⲓⲕⲟⲩϫⲓ ⲛ̀ ⲥⲟⲛ ⲛ̀ⲧⲉ ⲛⲏ ⲉⲑ
ⲟⲩⲁⲃ ϫⲉ ϩⲱⲗ ⲁ̀ϫⲟⲥ ⲙ̀ ⲡⲁⲓ ⲣⲉϥⲙⲱⲟⲩⲧ ϫⲉ ϧⲉⲛ
ⲫⲣⲁⲛ ⲙ̀ ⲡⲁ ⲟ̄ⲥ̄ ⲓⲏ̄ⲥ̄ ⲡⲭ̄ⲥ̄ ⲫϯ ⲛ̀ⲧⲉ ⲧⲫⲉ ⲛⲉⲙ ⲡⲓⲕⲁϩⲓ
ⲙⲁⲧⲁⲙⲟⲛ | ⲉ̀ ⲫⲏ ⲉ̀ⲧⲁϥϣⲱⲡⲓ ⲙ̀ⲙⲟⲕ ⲡⲓⲕⲟⲩϫⲓ ⲇⲉ
ⲛ̀ ⲁ̀ⲗⲟⲩ ⲁϥⲓ̀ⲣⲓ ⲙ̀ ⲡⲁⲓ ⲣⲏϯ ⲫϯ ⲇⲉ ⲡⲓⲙⲁⲓⲣⲱⲙⲓ
ⲉϥⲟⲩⲱϣ ⲉⲑⲣⲉ ⲡⲉϥⲣⲁⲛ ⲉⲑ ⲟⲩⲁⲃ ϭⲓ ⲱ̀ⲟⲩ ϧⲉⲛ
ⲙⲁⲓ ⲛⲓⲃⲉⲛ ⲛ̀ⲥⲉⲛⲁϩϯ ⲉ̀ⲣⲟϥ ⲁϥⲧⲁⲥⲑⲟ ⲛ̀ ϯⲯⲩⲭⲏ
ⲛ̀ⲧⲉ ⲡⲓⲣⲱⲙⲓ ⲉ̀ⲣⲟϥ ⲛ̀ ⲕⲉ ⲥⲟⲡ ⲁϥⲱⲛϧ ⲉⲑⲃⲉ ⲡⲟⲩ-
ϫⲁⲓ ⲙ̀ ⲡⲟⲩⲣⲟ ⲛⲉⲙ ⲡⲓⲙⲏϣ ⲧⲏⲣϥ ⲛ̀ⲧⲉ ϯⲭⲱⲣⲁ
ⲧⲏⲣⲥ ⲉ̀ⲧⲉⲙⲙⲁⲩ ⲟⲩⲟϩ ⲁ̀ ⲡⲓⲣⲱⲙⲓ ⲱϣ ⲉ̀ⲃⲟⲗ ⲉϥϫⲱ

ⲙ̇ⲙⲟⲥ ϫⲉ ⲟⲩⲟⲓ ⲛⲁⲕ ⲡⲟⲩⲣⲟ ⲕⲉⲥⲁⲛⲑⲟⲥ ϫⲉ ⲁⲕ
ⲉⲣ ⲧⲟⲗⲙⲁⲛ ⲁⲕϩⲉⲙⲥⲓ ⲛⲉⲙ ⲡⲓⲁⲣⲭⲁⲅⲅⲉⲗⲟⲥ ⲉⲑ
ⲟⲩⲁⲃ ⲙⲓⲭⲁⲏⲗ ⲡⲓⲁⲣⲭⲏⲥⲧⲣⲁⲧⲓⲕⲟⲩⲥ ⲛ̇ⲧⲉ ⲧϫⲟⲙ

ⲣⲓⲁ. ⲃ. ⲛ̇ ⲛⲓⲫⲏⲟⲩⲓ̀ | ⲕⲉ ⲅⲁⲣ ⲛⲁⲓ ⲣⲱⲙⲓ ⲉⲧⲟⲩϫⲉⲙ ⲗⲱⲓϫⲓ
ⲉⲣⲱⲟⲩ ϩⲁⲛⲇⲓⲕⲉⲟⲥ ⲛⲉ ⲟⲩⲟϩ ⲥⲉⲟⲩⲁⲃ ⲉ̀ ⲛⲟⲃⲓ ⲕⲉ 5
ⲅⲁⲣ ⲛ̇ⲑⲱⲟⲩ ⲁⲛ ⲡⲉ ⲉ̀ⲧⲁⲩϧⲱⲧⲉⲃ ⲙ̇ⲙⲟⲓ ⲁⲗⲗⲁ
ⲟⲩϭⲗⲏ ⲡⲉ ⲉ̀ⲧⲁⲥⲙⲁϩⲣⲱⲥ ⲉ̀ⲣⲟⲓ ⲁⲓⲙⲟⲩ ⲟⲩⲟϩ ⲉ̀ⲑⲃⲉ
ⲙⲉⲧⲥⲱⲧⲡ ⲛ̇ ⲛⲁⲓ ⲣⲱⲙⲓ ⲁ̀ ⲡⲁⲓ ⲛⲓϣϯ ⲙ̇ ⲡ ⲉ̀ⲑ
ⲛⲁⲛⲉ ϥ ⲧⲁϩⲟⲕ ⲁⲕ ⲉⲣ ⲡⲉⲙⲡϣⲁ ⲛ̇ ⲛⲁⲩ ⲉ̀ ⲡⲓ-
ⲁⲣⲭⲁⲅⲅⲉⲗⲟⲥ ⲉ̀ⲑ ⲟⲩⲁⲃ ⲙⲓⲭⲁⲏⲗ ⲗⲟⲓⲡⲟⲛ ⲓⲥ ⲛⲓ- 10
ϣⲫⲏⲣⲓ ⲛ̇ⲧⲉ ⲫϯ ⲁ̀ ⲧⲉⲧⲉⲛⲛⲁⲩ ⲉ̀ⲣⲱⲟⲩ ⲙⲁⲧⲁⲥⲑⲉ
ⲑⲏⲛⲟⲩ ⲉ̀ⲣⲱⲟⲩ ϧⲉⲛ ⲡⲉⲧⲉⲛϩⲏⲧ ⲧⲏⲣϥ ⲛ̇ⲧⲉⲧⲉⲛⲭⲱ
ⲛ̇ⲥⲱⲧⲉⲛ ⲛ̇ ⲛⲁⲓ ϩⲩⲇⲟⲛⲏ ⲛⲉⲙ ⲛⲁⲓ ⲓ̀ⲇⲱⲗⲟⲛ ⲉⲧ

ⲣⲓⲃ. ⲁ. ⲙⲱⲟⲩⲧ ⲉ̀ⲧⲉ ⲙ̇ⲙⲟⲛ ϩⲛⲟⲩ | ⲛ̇ ϧⲏⲧⲟⲩ ϩⲓⲛⲁ ⲛ̇ⲧⲉ
ⲫϯ ⲭⲱ ⲛⲱⲧⲉⲛ ⲉ̀ⲃⲟⲗ ⲛ̇ ⲛⲉⲧⲉⲛ ϣⲟⲣⲡ ⲛ̇ ⲛⲟⲃⲓ ⲕⲉ 15
ⲅⲁⲣ ⲁ̀ⲛⲟⲕ ϩⲱ ⲉ̀ ⲟⲩⲛⲓϣϯ ⲛ̇ ϩⲙⲟⲧ ⲧⲁϩⲟⲓ ϫⲉ
ⲁⲓⲛⲁⲩ ⲉ̀ ⲡⲓⲁⲣⲭⲁⲅⲅⲉⲗⲟⲥ ⲙⲓⲭⲁⲏⲗ ⲉ̀ⲑⲃⲉ ⲛⲁⲓ
ⲣⲱⲙⲓ ⲛ̇ ⲇⲓⲕⲉⲟⲥ ⲟⲩⲟϩ ϧⲉⲛ ϯⲟⲩⲛⲟⲩ ⲁ̀ ⲡⲓⲁⲣⲭⲁⲅ-
ⲅⲉⲗⲟⲥ̀ ⲙⲓⲭⲁⲏⲗ ϩⲱⲗ ⲉ̀ ⲡϭⲓⲥⲓ ϧⲉⲛ ⲟⲩⲛⲓϣϯ ⲛ̇
ⲱ̀ⲟⲩ ⲉ̀ⲣⲉ ⲡⲟⲩⲣⲟ ⲛⲁⲩ ⲉ̀ⲣⲟϥ ⲛⲉⲙ ⲡⲓⲙⲏϣ ⲧⲏⲣϥ 20
ⲉϥϩⲏⲗ ⲉ̀ ⲡϣⲱⲓ ⲉ̀ ⲧⲫⲉ ⲉ̀ ⲁϥϭⲓ ⲛⲉⲙⲁϥ ⲛ̇ ⲧⲯⲩⲭⲏ
ⲙ̇ ⲫⲏ ⲉ̀ⲧⲁϥⲙⲟⲩ ⲉ̀ ⲡϣⲱⲓ ⲉ̀ ⲛⲓⲫⲏⲟⲩⲓ ⲡⲟⲩⲣⲟ ⲇⲉ
ⲛⲉⲙ ⲟⲩⲟⲛ ⲛⲓⲃⲉⲛ ⲁⲩϣⲱⲡⲓ ϧⲉⲛ ⲟⲩⲛⲓϣϯ ⲛ̇ ϩⲟⲧ

ⲣⲓⲃ. ⲃ. ⲉ̀ⲙⲁϣⲱ ⲙⲉⲛⲉⲛⲥⲁ ⲟⲩⲛⲓϣϯ ⲛ̇ ⲛⲁⲩ | ⲁ̀ ⲡϩⲏⲧ ⲙ̇
ⲡⲟⲩⲣⲟ ⲥⲉⲙⲛⲓ ⲉ̀ⲣⲟϥ ⲉ̀ⲃⲟⲗϧⲉⲛ ϯϩⲟϯ ⲛⲉⲙ ⲡⲓⲛⲓϣϯ 25
ⲛ̇ ϩⲱⲃ ⲛ̇ ϣⲫⲏⲣⲓ ⲉ̀ⲧⲁϥⲛⲁⲩ ⲉ̀ⲣⲟϥ ⲁϥⲧⲱⲛϥ ⲁϥϯⲫⲓ
ⲉ̀ⲣⲱϥ ⲛ̇ ⲓⲱⲁⲛⲛⲏⲥ ⲉϥϫⲱ ⲙ̇ⲙⲟⲥ ϫⲉ ⲥⲥⲙⲁⲣⲱⲟⲩⲧ
ⲛ̇ϫⲉ ϯⲟⲩⲛⲟⲩ ⲉ̀ⲧ ⲁⲣⲉⲧⲉⲛ ⲓ̀ ⲉ̀ ϧⲟⲩⲛ ⲉ̀ ⲧⲁⲓ ⲡⲟⲗⲓⲥ

ⲛ̀ ⲃⲏⲧⲥ Ⲧⲉⲛϯⲅⲟ ⲉ̀ⲣⲱⲧⲉⲛ ⲙⲁⲧⲁⲙⲟⲓ ⲉ̀ ⲡⲉⲧⲉⲛ
ⲛⲟⲩϯ ⲉ̀ⲧ ⲁⲣⲉⲧⲉⲛ ⲛⲁⲅϯ ⲉ̀ⲣⲟϥ ⲟⲩⲟⲅ ⲛ̀ⲧⲉⲛⲛⲁⲅϯ
ⲉ̀ⲣⲟϥ ⲅⲱⲛ ⲛ̀ⲧⲉⲛⲟⲩⲭⲁⲓ Ⲓⲱⲁⲛⲛⲏⲥ ⲇⲉ ⲡⲉⲭⲁϥ ⲛⲱⲟⲩ
ⲭⲉ· ⲉⲛⲛⲁⲅϯ ⲉ̀ ⲡⲟ̅ⲥ̅ ⲓⲏⲥ ⲡⲭ̅ⲥ̅ ⲡⲱⲏⲣⲓ ⲙ̀ ⲫϯ ⲉ̀ⲧ
ⲟⲛϧ Ⲡⲟⲩⲣⲟ ⲇⲉ ⲁϥⲱⲱ ⲉ̀ⲃⲟⲗ ⲉϥϫⲱ ⲙ̀ⲙⲟⲥ ⲛⲉⲙ 5

ⲣ̅ⲓ̅ⲅ̅. ⲁ. ⲡⲓⲙⲏⲱ ⲧⲏⲣϥ ϫⲉ ⲁ̀ⲗⲏⲑⲱⲥ ⲟⲩⲛⲟⲩϯ | ⲉϥⲟⲛϧ ⲡⲉ
ⲓⲏⲥ ⲡⲭ̅ⲥ̅ ⲟⲩⲟⲅ ⲙ̀ⲙⲟⲛ ⲕⲉ ⲛⲟⲩϯ ⲉ̀ⲃⲏⲗ ⲉ̀ⲣⲟϥ
Ⲓⲱⲁⲛⲛⲏⲥ ⲇⲉ ⲡⲉⲭⲁϥ ⲙ̀ ⲡⲟⲩⲣⲟ ⲭⲉ ⲧⲱⲛⲕ ⲛ̀ⲧⲉⲕ-
ⲥϧⲁⲓ ⲛ̀ ⲕⲱⲥⲧⲁⲛⲧⲓⲛⲟⲥ ⲡⲟⲩⲣⲟ ⲛ̀ ⲛⲓⲣⲱⲙⲉⲟⲥ ⲛ̀ⲧⲉⲕ-
ⲧⲁⲙⲟϥ ⲉ̀ ⲅⲱⲃ ⲛⲓⲃⲉⲛ ⲛ̀ⲧⲉⲕϯⲅⲟ ⲉ̀ⲣⲟϥ ⲅⲓⲛⲁ 10
ⲛ̀ⲧⲉϥⲟⲩⲱⲣⲡ ⲛⲁⲛ ⲛ̀ ⲟⲩⲁⲓ ⲛ̀ ⲛⲓⲉ̀ⲡⲓⲥⲕⲟⲡⲟⲥ ⲛ̀ ⲧⲉ-
ⲧⲉⲛⲭⲱⲣⲁ ⲛ̀ⲧⲉϥ ⲉⲣ ⲕⲁⲑⲏⲅⲓⲛ ⲙ̀ⲙⲱⲧⲉⲛ ⲉ̀ ⲫⲣⲁⲛ
ⲙ̀ ⲫⲓⲱⲧ ⲛⲉⲙ ⲡⲱⲏⲣⲓ ⲛⲉⲙ ⲡⲓⲡ̅ⲛ̅ⲁ̅ ⲉ̀ⲑ ⲟⲩⲁⲃ Ⲡⲟⲩⲣⲟ
ⲇⲉ ⲕⲉⲥⲁⲛⲑⲟⲥ ⲁϥⲥϧⲁⲓ ⲉ̀ⲣⲁⲧϥ ⲙ̀ ⲡⲟⲩⲣⲟ ⲕⲱⲥ-
ⲧⲁⲛⲧⲓⲛⲟⲥ ⲉϥϫⲱ ⲙ̀ⲙⲟⲥ ⲛⲁϥ ⲙ̀ ⲡⲁⲓ ⲣⲏϯ Ⲕⲉⲥⲁ- 15

ⲣ̅ⲓ̅ⲅ̅. ⲃ. ⲛⲑⲟⲥ ⲫⲏ ⲉ̀ⲧ ⲟⲩⲭⲱ ⲙ̀ⲙⲟⲥ ⲉ̀ⲣⲟϥ ⲭⲉ ⲟⲩⲟⲩⲣⲟ |
ⲡⲉ ⲉϥ ⲉⲣⲧⲟⲗⲙⲁⲛ ⲉϥⲥϧⲁⲓ ⲉ̀ ⲣⲁⲧϥ ⲙ̀ ⲡⲓⲛⲓⲱϯ ⲛ̀
ⲟⲩⲣⲟ ⲛ̀ ⲁⲩⲧⲟⲕⲣⲁⲧⲱⲣ ⲕⲱⲥⲧⲁⲛⲧⲓⲛⲟⲥ ⲫⲃⲱⲕ ⲛ̀
ⲓⲏⲥ ⲡⲭ̅ⲥ̅ ⲭⲉⲣⲉⲧⲉ Ⲟⲩⲛⲓⲱϯ ⲅⲁⲣ ⲛ̀ ⲅⲙⲟⲧ ⲁϥⲧⲁ-
ⲅⲟⲛ ⲅⲓⲧⲉⲛ ⲫϯ ⲡⲓⲁ̀ⲅⲁⲑⲟⲥ ⲁϥ ⲉⲣ ⲡⲉⲛⲙⲉⲩⲓ ⲁϥ- 20
ⲉⲛⲧⲉⲛ ⲉ̀ⲃⲟⲗϧⲉⲛ ϯⲙⲉⲧⲱⲁⲙⲱⲉ ⲓ̀ⲇⲱⲗⲟⲛ ⲉ̀ⲧ ϭⲁϧⲉⲙ
ⲁϥⲧⲁⲥⲑⲟⲛ ⲉ̀ⲣⲟϥ ⲅⲓⲧⲉⲛ ⲧⲉϥⲛⲓⲱϯ ⲙ̀ ⲙⲉⲧⲁ̀ⲅⲁⲑⲟⲥ ⲉ̀
ⲛⲁⲱⲱⲥ ⲛⲉⲙ ⲛⲉⲛϯⲅⲟ ⲙ̀ ⲡⲓⲛⲓⲱϯ ⲛ̀ ⲁⲣⲭⲏⲁⲅⲅⲉⲗⲟⲥ
ⲉ̀ⲑ ⲟⲩⲁⲃ ⲙⲓⲭⲁⲏⲗ ⲫⲁⲓ ⲉ̀ⲧⲁϥⲁⲓⲧ ⲛ̀ ⲉⲙⲡⲱⲁ ⲉ̀ⲑⲣⲓ-
ⲛⲁⲩ ⲉ̀ⲣⲟϥ ⲛ̀ ⲛⲁⲃⲁⲗ ⲟⲩⲟⲅ ⲁϥⲑⲣⲉ ⲡⲓⲣⲉϥⲙⲱⲟⲩⲧ ⲥⲁ- 25

ⲣ̅ⲓ̅ⲇ̅. ⲁ. ϫⲓ ⲛⲉⲙⲁⲛ ⲛ̀ ⲣⲱϥ ⲛⲉⲙ ⲣⲱϥ ⲙⲉⲛⲉⲛⲥⲁ ⲑⲣⲉϥⲙⲟⲩ |
ⲙⲉⲛⲉⲛⲥⲱⲥ ⲁϥⲥⲱⲗ ⲉ̀ ⲡϭⲓⲥⲓ ϧⲉⲛ ⲟⲩⲛⲓⲱϯ ⲛ̀ ⲱⲟⲩ
ⲉⲛⲛⲁⲩ ⲉ̀ⲣⲟϥ ⲧⲏⲣⲟⲩ ⲗⲟⲓⲡⲟⲛ ⲧⲉⲛϯⲅⲟ ⲉ̀ ⲧⲉⲕⲙⲉⲧⲟ̅ⲥ̅

11

ⲉⲑⲣⲉⲕⲟⲩⲱⲣⲡ ⲛⲁⲛ ⲛ̀ ⲟⲩⲁⲓ ⲛ̀ ⲛⲓⲉ̀ⲡⲓⲕⲟⲡⲟⲥ ⲉⲧ
ϧⲁ ⲧⲟⲧⲕ ⲉⲑⲣⲉϥ ⲉⲣ ⲟⲩⲱⲓⲛⲓ ⲉ̀ⲣⲟⲛ ⲙ̀ ⲡⲓⲛⲁϩϯ ⲉⲧ
ⲥⲟⲩⲧⲱⲛ ⲟⲩⲟϩ ⲛ̀ⲧⲉϥⲧⲁⲙⲟⲛ ϩⲱⲛ ⲉ̀ ⲡⲓⲙⲱⲓⲧ ⲛ̀
ϩⲱⲗ ϣⲁ ⲫϯ ⲟⲩⲟϩ ⲛ̀ⲧⲉϥϯ ⲛⲁⲛ ⲛ̀ ϯⲥⲫⲣⲁⲅⲓⲥ ⲉⲑ
ⲟⲩⲁⲃ Κⲉ ⲅⲁⲣ ⲁⲕϣⲁⲛ ⲉⲣ ⲫⲁⲓ ⲛⲁⲛ ⲭⲛⲁϭⲓ ⲛ̀ ⲕⲉ 5
ⲛⲓϣϯ ⲛ̀ ⲭⲗⲟⲙ ϧⲁⲧⲉⲛ ⲡⲭ̄ⲥ̄ ϧⲁ ⲡⲁⲓ ϩⲱⲃ ⲟⲩⲭⲁⲓ
ⲡⲓⲟⲩⲣⲟ ⲙ̀ ⲙⲁⲓⲛⲟⲩϯ ϩⲓⲧⲉⲛ ⲧϫⲟⲙ ⲙ̀ ⲡⲭ̄ⲥ̄ ⲡⲟⲩⲣⲟ

ρ̄ῙΔ̄. β. ⲙ̀ ⲡⲧⲏⲣϥ Ⲟⲩⲟϩ ϧⲉⲛ ⲟⲩⲛⲓϣϯ ⲛ̀ ⲥⲡⲟⲩⲇⲏ | ⲁϥϭⲓ
ⲛ̀ ⲛⲓⲥϧⲁⲓ ⲛ̀ϫⲉ ⲡⲟⲩⲣⲟ ⲕⲱⲥⲧⲁⲛⲧⲓⲛⲟⲥ ⲁϥⲟϣⲟⲩ
ⲁϥ ⲉⲣ ϣⲫⲏⲣⲓ ⲉ̀ⲙⲁϣⲱ ⲉ̀ϫⲉⲛ ⲫⲏ ⲉ̀ⲧⲁϥϣⲱⲡⲓ ⲁϥϯ 10
ⲱ̀ⲟⲩ ⲙ̀ ⲫϯ Ⲟⲩⲟϩ ϧⲉⲛ ⲟⲩⲛⲓϣϯ ⲙ̀ ⲙⲉⲧϥⲁⲓⲣⲱⲟⲩϣ
ⲁϥⲥϧⲁⲓ ϣⲁ ⲡⲓⲁ̀ⲅⲓⲟⲥ ⲓⲱⲁⲛⲛⲏⲥ ⲡⲓⲁⲣⲭⲏⲉ̀ⲡⲓⲥⲕⲟⲡⲟⲥ
ⲛ̀ⲧⲉ ⲉ̀ⲫⲉⲥⲟⲥ ⲙ̀ ⲡⲁⲓ ⲣⲏϯ ϧⲁ ⲧϩⲏ ⲇⲉ ⲛ̀ ϩⲱⲃ
ⲛⲓⲃⲉⲛ ϯ ⲉⲣ ⲁⲥⲡⲁⲍⲉⲥⲑⲉ ⲛ̀ ⲛⲉⲕϫⲓϫ ⲉⲑ ⲟⲩⲁⲃ ⲛⲁⲓ
ⲉⲧ ⲁ̀ⲙⲟⲛⲓ ⲛ̀ ⲧⲥⲁⲣⲝ ⲙ̀ ⲡϣⲏⲣⲓ ⲙ̀ ⲫϯ ϧⲉⲛ ⲟⲩ- 15
ⲙⲉⲑⲙⲏⲓ ⲟⲩⲛⲓϣϯ ⲛ̀ ⲣⲁϣⲓ ⲁϥϣⲱⲡⲓ ϩⲁⲣⲟⲛ ⲉ̀ⲃⲟⲗ
ϩⲓⲧⲉⲛ ⲫϯ ⲓ̀ⲥ ⲥⲏⲡⲡⲉ ⲁⲛⲟⲩⲟⲣⲡϥ ⲛⲁⲕ ϩⲱⲕ ⲉⲛ-

ρ̄ῙΕ̄. α. ⲥⲱⲟⲩⲛ ϫⲉ ⲭⲛⲁⲣⲁϣⲓ ⲛ̀ ϩⲟⲩⲟ̀ | ϯⲟⲩⲱϣ ⲟⲩⲛ
ⲉⲑⲣⲉⲕϭⲁⲓ ϧⲁ ⲟⲩⲕⲟⲩϫⲓ ⲛ̀ ϧⲓⲥⲓ ⲉⲕⲣⲱⲟⲩⲧ ϧⲉⲛ
ⲡⲉⲕϩⲏⲧ ⲧⲏⲣϥ ϩⲱⲥ ⲉⲕⲉ̀ⲙⲓ ϫⲉ ⲡⲉⲕϧⲓⲥⲓ ⲛⲁϣⲉⲓ 20
ⲉ̀ⲃⲟⲗ ⲁⲛ ⲁ̀ⲣⲓⲧⲥ ⲉⲑⲃⲉ ⲡⲭ̄ⲥ̄ ⲫⲁⲓ ⲉ̀ⲧⲁϥϣⲉⲡϧⲓⲥⲓ
ⲉⲑⲃⲉ ⲡⲅⲉⲛⲟⲥ ⲛ̀ ⲛⲓⲣⲱⲙⲓ ⲛ̀ⲧⲉⲕⲥⲕⲓⲗⲓ ⲙ̀ⲙⲟⲕ ⲛ̀ⲧⲉⲕ-
ϩⲱⲗ ϣⲁ ϯⲃⲁⲕⲓ ϯⲉⲛⲧⲓⲁⲥ Ⲛⲧⲉⲕ ⲉⲣ ⲫⲁϧⲣⲓ ⲛ̀
ⲛⲏ ⲉⲧ ϣⲱⲡⲓ ⲛ̀ ϧⲏⲧⲥ ϧⲉⲛ ⲫⲣⲁⲛ ⲙ̀ ⲡⲭ̄ⲥ̄ ⲛ̀ⲧⲉⲕ-
ⲟⲗⲟⲩ ⲉ̀ⲃⲟⲗϧⲉⲛ ⲡϣⲉⲙϣⲓ ⲛ̀ ϯⲙⲉⲧϣⲁⲙϣⲉ ⲓ̀ⲇⲱⲗⲟⲛ 25
ⲉⲧ ⲥⲱϥ ⲛ̀ⲧⲉⲕϯ ⲱⲙⲥ ⲛⲱⲟⲩ ⲉ̀ ⲫⲣⲁⲛ ⲙ̀ ⲫⲓⲱⲧ
ⲛⲉⲙ ⲡϣⲏⲣⲓ ⲛⲉⲙ ⲡⲓⲡ̄ⲛ̄ⲁ̄ ⲉⲑ ⲟⲩⲁⲃ ⲫⲁⲓ ⲛⲁϣⲱⲡⲓ

ρ̄ῙΕ̄. β. ⲛⲁⲕ ⲉⲩϣⲟⲩϣⲟⲩ ϧⲁⲧⲉⲛ ⲡϭ̄ⲥ̄ ⲛⲉⲙ | ⲛⲉϥⲁⲅⲅⲉⲗⲟⲥ

ⲉⲑ ⲟⲩⲁⲃ ϩⲓⲛⲁ ⲛ̀ⲧⲉⲛⲟⲩϫⲁⲓ ⲉⲩⲥⲟⲡ ϩⲓⲧⲉⲛ ⲧϫⲟⲙ
ⲛ̀ⲧⲉ ⲡⲭ̅ⲥ̅ ⲡⲉⲛⲛⲟⲩϯ Ⲛⲁⲓ ⲥϧⲁⲓ ⲇⲉ ⲁ̀ ⲡⲟⲩⲣⲟ ⲕⲱⲥ-
ⲧⲁⲛⲧⲓⲛⲟⲥ ⲟⲩⲟⲣⲡⲟⲩ ⲛ̀ ⲁ̀ⲃⲃⲁ ⲓⲱⲁⲛⲛⲏⲥ ⲡⲓⲁⲣⲭⲏⲉ̀ⲡⲓ
ⲥⲕⲟⲡⲟⲥ ⲛ̀ⲧⲉ ⲉ̀ⲫⲉⲥⲟⲥ ⲛⲉⲙ ϯ ⲕⲉ ⲉ̀ⲡⲓⲥⲧⲟⲗⲏ ⲛ̀ⲧⲉ
ⲕⲉⲥⲁⲛⲑⲟⲥ ⲡⲟⲩⲣⲟ Ⲡⲓⲁⲣⲭⲏⲉ̀ⲡⲓⲥⲕⲟⲡⲟⲥ ⲇⲉ ⲉ̀ⲧⲁϥⲱϣ 5
ⲛ̀ ⲛⲓⲥϧⲁⲓ ⲁϥⲣⲁϣⲓ ⲉ̀ⲙⲁϣⲱ ⲉ̀ϩⲣⲏⲓ ⲉ̀ϫⲉⲛ ⲡϫⲓⲛⲧⲁⲥ-
ⲑⲟ ⲛ̀ ϯⲭⲱⲣⲁ ⲧⲏⲣⲥ Ⲧⲟⲧⲉ ⲁϥϭⲓ ⲛⲉⲙⲁϥ ⲛ̀ ⲇⲓⲁ̀ⲕⲟ-
ⲛⲟⲛ ⲋ̅ ⲛⲉⲙ ⲟⲩⲡⲣⲉⲥⲃⲩⲧⲉⲣⲟⲥ ⲛⲉⲙ ⲟⲩⲁ̀ⲛⲁⲅⲛⲱⲥⲧⲏⲥ

ⲣ̅ⲓ̅ⲋ̅. ⲁ. ⲛⲉⲙ ⲅ̅ ⲙ̀ ⲯⲁⲗⲙⲱⲇⲟⲥ ⲛⲉⲙ ⲓ̅ⲃ̅ ⲛ̀ ⲫⲓⲗⲟⲡⲟⲛⲟⲥ |
ⲟⲩⲟϩ ⲁϥⲱ̀ⲗⲓ ⲛⲉⲙⲁⲛ ⲙ̀ ⲡⲥⲟⲃϯ ⲙ̀ ⲡⲓⲑⲩⲥⲓⲁⲥⲧⲏⲣⲓⲟⲛ 10
Ⲟⲩⲧⲣⲁⲡⲏⲍⲁ ⲛ̀ ⲛⲟⲩⲃ ⲛⲉⲙ ⲇ̅ ⲙ̀ ⲡⲟⲧⲏⲣⲓⲟⲛ ⲛ̀ ϩⲁⲧ
ⲛⲉⲙ ⲅ̅ ⲙ̀ ⲡⲟⲧⲏⲣⲓⲟⲛ ⲛ̀ ⲛⲟⲩⲃ ⲛⲉⲙ ⲟⲩⲙⲁⲡⲡⲁ ⲛ̀
ϣⲉⲛⲥ ⲉ̀ⲧ ⲥⲟⲧⲡ ⲛⲉⲙ ⲟⲩⲥⲕⲉⲡⲁⲥⲙⲁ ⲛ̀ ⲟⲗⲟⲥⲓⲣⲓⲕⲟⲛ
ⲛⲉⲙ ⲡⲓ ⲇ̅ ⲛ̀ ⲉⲩⲁⲅⲅⲉⲗⲓⲟⲛ ⲛⲉⲙ ⲡⲓ ⲯⲁⲗⲧⲏⲣⲓⲟⲛ
ⲛⲉⲙ ⲡⲓⲁⲡⲟⲥⲧⲟⲗⲟⲥ ⲛⲉⲙ ⲡⲓⲡⲣⲁⲝⲓⲥ ⲛⲉⲙ ⲛⲓⲉ̀ⲡⲓ- 15
ⲥⲧⲟⲗⲏ ⲛ̀ ⲕⲁⲑⲟⲗⲓⲕⲟⲛ Ⲁⲡⲗⲱⲥ ⲡⲥⲟⲃϯ ⲧⲏⲣϥ ⲛ̀
ϯⲉⲕⲕⲗⲏⲥⲓⲁ ⲁⲩϣⲗⲏⲗ ⲁⲩⲙⲟϣⲓ ϩⲓ ⲡⲙⲱⲓⲧ ⲉⲩⲣⲁϣⲓ
Ⲉⲧⲁⲩϧⲱⲛⲧ ⲇⲉ ⲉ̀ ϯⲃⲁⲕⲓ ⲁⲩⲉⲣⲥⲩⲙⲙⲉⲛⲓⲛ ⲙ̀ ⲡⲟⲩ-

ⲣ̅ⲓ̅ⲋ̅. ⲃ. ⲣⲟ | ⲛ̀ ⲧⲡⲁⲣⲟⲩⲥⲓⲁ̀ ⲙ̀ ⲡⲓⲁⲣⲭⲏⲉ̀ⲡⲓⲥⲕⲟⲡⲟⲥ ⲛⲉⲙ
ⲛⲏ ⲉ̀ⲑ ⲛⲉⲙⲁϥ Ⲡⲟⲩⲣⲟ ⲇⲉ ⲁϥⲓ̀ ⲉ̀ⲃⲟⲗ ⲛⲉⲙ ⲓⲱⲁⲛ- 20
ⲛⲏⲥ ⲛⲉⲙ ⲡⲓⲙⲏϣ ⲧⲏⲣϥ ⲛ̀ⲧⲉ ϯⲡⲟⲗⲓⲥ ⲉ̀ⲣ ⲁ̀ⲡⲁⲛⲧⲁⲛ
ⲉ̀ ⲡⲓⲁⲣⲭⲏⲉ̀ⲡⲓⲥⲕⲟⲡⲟⲥ Ⲉⲧⲁⲩϥⲟϩ ⲇⲉ ⲉ̀ ⲡⲓⲁⲣⲭⲏ-
ⲉ̀ⲡⲓⲥⲕⲟⲡⲟⲥ ⲁ̀ ⲡⲟⲩⲣⲟ ⲛⲉⲙ ⲡⲓⲙⲏϣ ⲧⲏⲣϥ ⲟⲩⲱϣⲧ
ⲛⲁϥ ⲟⲩⲟϩ ⲁⲩϭⲓ ⲥⲙⲟⲩ ⲉ̀ⲃⲟⲗϩⲓ ⲧⲟⲧϥ Ⲡⲟⲩⲣⲟ ⲇⲉ
ⲁϥⲭⲱ ⲉ̀ ⲡⲓⲁⲣⲭⲏⲉ̀ⲡⲓⲥⲕⲟⲡⲟⲥ ⲛ̀ ϩⲱⲃ ⲛⲓⲃⲉⲛ ⲉ̀ⲧⲁⲩ- 25
ϣⲱⲡⲓ ⲙ̀ⲙⲟϥ ⲟⲩⲟϩ ⲁϥⲧⲁⲙⲟϥ ⲉ̀ ⲓⲱⲁⲛⲛⲏⲥ ⲉϥⲭⲱ
ⲙ̀ⲙⲟⲥ ϫⲉ ⲉ̀ⲃⲟⲗϩⲓⲧⲉⲛ ⲫⲁⲓ ⲛⲉⲙ ⲛⲉϥⲥⲛⲏⲟⲩ ⲁ̀ ⲫ̅ϯ̅

ⲣ̅ⲓ̅ⲍ̅. ⲁ. ⲛⲁⲓ ⲛⲁⲛ ⲟⲩⲟϩ ⲡⲁⲓ ⲣⲏϯ ⲁⲩϣⲉ ⲛⲱⲟⲩ | ⲉ̀ ϯⲃⲁⲕⲓ

11*

ϧⲉⲛ ⲟⲩⲛⲓϣϯ ⲛ̀ ⲭⲁⲙⲏ Ⲡⲟⲩⲣⲟ ⲇⲉ ⲁϥϯϩⲟ ⲉ̀ ⲡⲓ-
ⲁⲣⲭⲏⲉ̀ⲡⲓⲥⲕⲟⲡⲟⲥ ⲁϥⲟⲗϥ ⲉ̀ϧⲟⲩⲛ ⲉ̀ ⲡⲓⲡⲁⲗⲗⲁⲧⲓⲟⲛ
ⲛⲉ ⲙ̀ⲡⲁⲧⲟⲩ ⲕⲉⲧ ⲉⲕⲕⲗⲏⲥⲓⲁ ⲡⲉ ϧⲉⲛ ϯⲡⲟⲗⲓⲥ ⲙ̀
ⲡⲉϥⲣⲁⲥϯ ⲇⲉ ⲡⲉϫⲉ ⲡⲓⲁⲣⲭⲏⲉ̀ⲡⲓⲥⲕⲟⲡⲟⲥ ⲙ̀ ⲡⲟⲩⲣⲟ
ϫⲉ ⲙⲁⲣⲉⲛϯ ⲙ̀ ⲡⲉⲛϣ ⲛ̀ ⲟⲩⲉ̀ⲕⲕⲗⲏⲥⲓⲁ Ⲡⲟⲩⲣⲟ ⲇⲉ 5
ⲡⲉϫⲁϥ ϫⲉ ⲡⲁ ⲓⲱⲧ ⲟⲩⲟⲛ ⲛ̀ⲧⲏⲓ ⲙ̀ⲙⲁⲩ ⲛ̀ ⲟⲩⲙⲱⲓⲧ
ⲙ̀ ⲃⲉⲣⲓ ⲉⲩⲕⲱⲧ ⲉ̀ⲣⲟϥ ⲙⲁⲣⲟⲛ ⲛ̀ⲧⲉⲕⲛⲁⲩ ⲉ̀ⲣⲟϥ
ⲉ̀ϣⲱⲡ ϥⲛⲁ ⲉⲣ ϣⲁⲩ ⲧⲉⲛⲛⲁⲓϥ ⲛ̀ ⲉ̀ⲕⲕⲗⲏⲥⲓⲁ Ⲡⲓ-
ⲁⲣⲭⲏⲉ̀ⲡⲓⲥⲕⲟⲡⲟⲥ ⲇⲉ ⲛⲉⲙ ⲡⲟⲩⲣⲟ ⲁⲩϭⲱⲗ ⲉⲩⲥⲟⲡ

ⲣⲓϛ. ⲃ. ⲁⲩⲛⲁⲩ ⲉ̀ ⲡⲓⲙⲱⲓⲧ | ⲉ̀ⲧⲟⲩⲕⲱⲧ ⲉ̀ⲣⲟϥ ⲟⲩⲟϩ ⲁϥ- 10
ⲣⲁⲛⲁ ⲙ̀ ⲡⲓⲁⲣⲭⲏⲉ̀ⲡⲓⲥⲕⲟⲡⲟⲥ Ⲡⲟⲩⲣⲟ ⲇⲉ ⲁϥⲑⲣⲉ
ⲡⲓⲕⲏⲣⲓⲅ ⲱϣ ⲉ̀ⲃⲟⲗ ϧⲉⲛ ϯⲡⲟⲗⲓⲥ ⲧⲏⲣⲥ ϫⲉ ⲙⲁⲣⲉ
ⲣⲱⲙⲓ ⲛⲓⲃⲉⲛ ⲓ̀ ⲛ̀ⲥⲉ ⲉⲣ ϩⲱⲃ ⲉ̀ ϯⲉⲕⲕⲗⲏⲥⲓⲁ Ⲟⲩⲟϩ
ⲡⲁⲓ ⲣⲏϯ ⲁ̀ ϯ ⲡⲟⲗⲓⲥ ⲧⲏⲣⲥ ⲑⲱⲟⲩϯ ⲁⲩⲉⲣϩⲱⲃ
ⲉ̀ ϯⲉⲕⲕⲗⲏⲥⲓⲁ ⲓⲧⲉ ⲁⲣⲭⲱⲛ ⲓⲧⲉ ϩⲏⲕⲓ ϣⲁ ⲉ̀ϧⲟⲩⲛ 15
ⲉ̀ ⲡⲟⲩⲣⲟ ⲛⲁϥ ⲉⲣ ϩⲱⲃ ϩⲱϥ ⲡⲉ ϧⲉⲛ ⲛⲉϥϫⲓϫ
ⲙ̀ⲙⲓⲛ ⲙ̀ⲙⲟϥ ⲙ̀ ⲫⲣⲏϯ ⲛ̀ ⲟⲩⲟⲛ ⲛⲓⲃⲉⲛ ⲉϥⲛⲁϩϯ
ϫⲉ ϥⲛⲁϭⲓ ⲛ̀ ⲟⲩⲥⲙⲟⲩ ⲉ̀ⲃⲟⲗ ϩⲓⲧⲉⲛ ⲡⲭ̅ⲥ̅ ⲟⲩⲟϩ
ϧⲉⲛ ⲫ ⲟⲩⲱϣ ⲙ̀ ⲫϯ ⲁⲩϫⲱⲕ ⲙ̀ ⲡⲓⲕⲱⲧ ⲉ̀ⲃⲟⲗ ⲙ̀

ⲣⲓⲏ. ⲁ. ⲅ̅ ⲛ̀ ⲉ̀ϩⲟⲟⲩ | Ⲡⲓⲁⲣⲭⲏⲉ̀ⲡⲓⲥⲕⲟⲡⲟⲥ ⲇⲉ ⲁϥ ⲉⲣ 20
ⲁ̀ⲅⲓⲁⲍⲓⲛ ⲛ̀ ϯⲉⲕⲕⲗⲏⲥⲓⲁ ⲉ̀ ⲫⲣⲁⲛ ⲛ̀ ϯⲡⲁⲣⲑⲉⲛⲟⲥ
ⲉⲑ ⲟⲩⲁⲃ ϯⲑⲉⲟⲇⲟⲕⲟⲥ ⲙⲁⲣⲓⲁ Ⲟⲩⲟϩ ⲉ̀ⲧⲁϥⲛⲁⲩ
ⲉ̀ ⲡⲓⲛⲓϣϯ ⲙ̀ ⲙⲏϣ ⲉⲑ ⲛⲁϭⲓ ⲱⲙⲥ ⲡⲉϫⲁϥ ⲙ̀ ⲡⲟⲩⲣⲟ
ϫⲉ ⲁⲛⲛⲁ ϯ ⲱⲙⲥ ⲙ̀ ⲡⲁⲓ ⲙⲏϣ ⲛ̀ⲑⲱⲛ ϫⲉ ⲙ̀ⲡⲁ-
ⲧⲟⲩ ⲕⲉⲧ ⲉ̀ⲕⲕⲗⲏⲥⲓⲁ ϧⲉⲛ ⲧⲁⲓ ⲃⲁⲕⲓ ⲉ̀ⲣⲉ ⲟⲩⲟⲛ 25
ⲕⲟⲗⲩⲙⲃⲏⲑⲣⲁ ⲛ̀ ϧⲏⲧⲟⲩ Ⲁϥ ⲉⲣ ⲟⲩⲱ̀ ⲛ̀ϫⲉ ⲡⲓⲥⲟ-
ⲫⲟⲥ ⲓⲱⲁⲛⲛⲏⲥ ⲡⲉϫⲁϥ ⲙ̀ ⲡⲟⲩⲣⲟ ⲛⲉⲙ ⲡⲓⲁⲣⲭⲏ-
ⲉ̀ⲡⲓⲥⲕⲟⲡⲟⲥ ϫⲉ ⲧⲁⲓ ⲗⲩⲙⲛⲏ ⲙ̀ⲙⲱⲟⲩ ⲉ̀ⲧ ⲥⲁ ⲡⲉⲓⲉⲃⲧ

ⲛ̀ ϯⲡⲟⲗⲓⲥ ϯϫⲱ ⲙ̀ⲙⲟⲥ ϫⲉ ⲛ̀ⲑⲟⲥ ⲉⲧ ⲙ̀ⲡϣⲁ ⲛ̀
ⲣⲓⲏ. ⲃ. ⲡⲁⲓ ⲛⲓϣϯ ⲛ̀ ⲧⲁⲓⲟ̀ | ⲟⲩⲟϩ ϧⲉⲛ ϯⲟⲩⲛⲟⲩ ⲁ̀ ⲟⲩⲥⲙⲏ
ϣⲱⲡⲓ ⲉ̀ⲃⲟⲗϧⲉⲛ ⲧⲫⲉ ⲉⲣⲉ ⲟⲩⲟⲛ ⲛⲓⲃⲉⲛ ⲥⲱⲧⲉⲙ
ϫⲉ ⲫⲁⲓ ⲡⲉ ⲫⲏ ⲉ̀ⲧⲁⲩⲑⲁϣϥ ϩⲓⲧⲉⲛ ⲫϯ ⲱ̀ ⲓⲱⲁⲛⲛⲏⲥ
ⲡϣⲏⲣⲓ ⲛ̀ ⲁ̀ⲡⲟⲥⲧⲟⲗⲟⲥ Ⲡⲓⲁⲣⲭⲏⲉ̀ⲡⲓⲥⲕⲟⲡⲟⲥ ⲇⲉ ⲛⲉⲙ 5
ⲡⲟⲩⲣⲟ ⲛⲉⲙ ⲡⲓⲙⲏϣ ⲧⲏⲣϥ ⲉ̀ⲧⲁⲩⲥⲱⲧⲉⲛ ⲁⲩ ⲉⲣ
ϣⲫⲏⲣⲓ Ⲟⲩⲟϩ ⲡⲓⲁⲣⲭⲏⲉ̀ⲡⲓⲥⲕⲟⲡⲟⲥ ⲛⲉⲙ ⲡⲟⲩⲣⲟ
ⲁⲩϫⲟⲥ ⲉⲑⲣⲉ ⲡⲓⲙⲏϣ ⲑⲱⲟⲩϯ ⲉ̀ ⲫⲙⲁ ⲛ̀ ϯⲗⲩⲙⲛⲏ
Ⲡⲓⲁⲣⲭⲏⲉ̀ⲡⲓⲥⲕⲟⲡⲟⲥ ⲇⲉ ⲁϥϣⲗⲏⲗ ⲉ̀ϫⲉⲛ ⲛⲓⲙⲱⲟⲩ
ⲕⲁⲧⲁ ⲡⲓϣⲱϣ ⲧⲏⲣϥ ⲛ̀ⲧⲉ ϯⲕⲟⲗⲩⲙⲃⲏⲧⲣⲁ Ⲟⲩⲟϩ 10
ⲣⲓⲑ. ⲁ. ⲟⲩⲛⲓϣϯ ⲛ̀ ϣⲫⲏⲣⲓ ⲁⲥϣⲱⲡⲓ ⲙ̀ ⲡⲓⲛⲁⲩ | ⲉ̀ⲧⲉⲙⲙⲁⲩ
ⲉ̀ⲧⲁϥⲫⲟϩ ⲇⲉ ⲉ̀ ⲡⲓⲁ̀ⲅⲓⲁⲥⲙⲟⲥ ⲁ̀ ⲡⲓⲙⲏϣ ⲧⲏⲣϥ ⲥⲱ-
ⲧⲉⲙ ⲉ̀ ϩⲁⲛⲥⲙⲏ ϧⲉⲛ ⲛⲓⲙⲱⲟⲩ ⲉⲩⲧⲁⲟⲩⲟ̀ ⲙ̀ ⲡⲓ-
ⲁ̀ⲅⲓⲁⲥⲙⲟⲥ ⲛⲉⲙ ⲡⲓⲁⲣⲭⲏⲉ̀ⲡⲓⲥⲕⲟⲡⲟⲥ Ⲉⲧ ⲁ̀ ⲡⲓⲁⲣⲭⲏ-
ⲉ̀ⲡⲓⲥⲕⲟⲡⲟⲥ ϫⲱⲕ ⲉ̀ⲃⲟⲗ ⲛ̀ ⲛⲓⲉⲩⲭⲏ ⲁϥⲟⲩⲁϩⲥⲁϩⲛⲓ 15
ⲉⲑⲣⲉ ⲡⲓⲙⲏϣ ⲧⲏⲣϥ ϩⲱⲗ ⲉ̀ϧⲣⲏⲓ ⲉ̀ ⲡⲓⲙⲱⲟⲩ ⲟⲩⲟϩ
ⲁⲩϧⲟⲭⲟⲩ ⲉ̀ϧⲣⲏⲓ ⲉ̀ ⲡⲓⲙⲱⲟⲩ ⲧⲏⲣⲟⲩ ⲉⲩⲱϣ ⲉ̀ⲃⲟⲗ
ⲉⲩϫⲱ ⲙ̀ⲙⲟⲥ ϫⲉ ⲛ̀ϭⲓ ⲱⲙⲥ ⲉ̀ ⲫⲣⲁⲛ ⲙ̀ ⲫⲓⲱⲧ ⲛⲉⲙ
ⲡϣⲏⲣⲓ ⲛⲉⲙ ⲡⲓⲡⲛ̅ⲁ̅ ⲉⲑ ⲟⲩⲁⲃ Ⲟⲩⲟϩ ⲉⲧ ⲁ̀ ⲡⲟⲩⲣⲟ
ϭⲓ ⲱⲙⲥ ⲛⲉⲙ ⲡⲓⲙⲏϣ ⲧⲏⲣϥ ⲁ̀ ⲡⲓⲁⲣⲭⲏⲉ̀ⲡⲓⲥⲕⲟⲡⲟⲥ 20
ⲣⲓⲑ. ⲃ. ⲉⲛⲟⲩ ⲉ̀ ϯⲉⲕⲕⲗⲏⲥⲓⲁ̀ ⲁϥ ⲉⲣ ⲭⲩⲣⲟⲇⲟⲛⲓⲛ | ⲛ̀
ⲓⲱⲁⲛⲛⲏⲥ ⲛ̀ ⲉ̀ⲡⲓⲥⲕⲟⲡⲟⲥ Ⲟⲩⲟϩ ⲡⲉϥ ⲕⲉ ⲅ̅ ⲛ̀ ⲥⲟⲛ
ⲟⲩⲁⲓ ⲙⲉⲛ ⲁϥ ⲉⲣ ⲭⲩⲣⲟⲇⲟⲛⲓⲛ ⲙ̀ⲙⲟϥ ⲙ̀ ⲡⲣⲉⲥⲃⲩ-
ⲧⲉⲣⲟⲥ ⲟⲩⲟϩ ⲡⲓ ⲕⲉ ⲃ̅ ⲁϥⲁⲓⲧⲟⲩ ⲛ̀ ⲇⲓⲁⲕⲱⲛ Ⲟⲩⲟϩ
ⲛⲉ ⲟⲩⲟⲛ ⲛ̀ⲧⲉ ⲡⲟⲩⲣⲟ ⲛ̀ ⲟⲩϣⲏⲣⲓ ⲙ̀ⲙⲁⲩ ⲉ̀ ⲡⲉϥ- 25
ⲣⲁⲛ ⲡⲉ ⲉ̀ⲭⲓⲗⲗⲁⲥ ⲁϥⲁⲓϥ ⲛ̀ ⲇⲓⲁⲕⲱⲛⲟⲥ ⲛⲁⲣⲉ
ⲡⲓⲙⲏϣ ⲧⲏⲣϥ ⲑⲉⲗⲏⲗ ϧⲉⲛ ⲡⲟ̅ⲥ̅ Ⲧⲟⲧⲉ ⲡⲓⲁⲣⲭⲏ-
ⲉ̀ⲡⲓⲥⲕⲟⲡⲟⲥ ⲁϥϭⲓ ⲫⲣⲱⲟⲩϣ ⲛ̀ ϯⲡⲣⲟⲥⲫⲟⲣⲁ ⲁϥ-

ⲧⲁⲗⲟⲥ ⲉ̀ ϩⲣⲏⲓ ⲉ̀ϫⲉⲛ ⲡⲓⲙⲁ ⲛ̀ ⲉⲣ ϣⲱⲟⲩϣⲓ ⲁϥ
ⲉⲣ ⲡⲣⲟⲥⲫⲉⲣⲓⲛ ⲉ̀ϫⲱⲥ Ⲡⲟⲩⲣⲟ ⲇⲉ ⲛⲉⲙ ⲡⲓⲙⲏϣ

ⲣ̅ⲕ̅. ⲁ. ⲧⲏⲣϥ ⲁϥ ⲉⲣ ϣⲫⲏⲣⲓ | ⲉ̀ϫⲉⲛ ⲛⲏ ⲉ̀ⲧⲟⲩⲛⲁⲩ ⲉ̀ⲣⲱⲟⲩ
ⲛⲉⲙ ⲛⲏ ⲉ̀ⲧⲟⲩⲥⲱⲧⲉⲙ ⲉ̀ⲣⲱⲟⲩ ⲉ̀ⲡⲓ ⲇⲏ ⲙ̀ⲡ ⲟⲩ-
ⲥⲱⲧⲉⲙ ⲉ̀ ⲥⲁϫⲓ ⲙ̀ ⲡⲁⲓ ⲣⲏϯ ⲉ̀ⲛⲉϩ ⲟⲩⲇⲉ ⲙ̀ⲡ ⲟⲩ- 5
ⲛⲁⲩ ⲉ̀ ⲡⲁⲓ ⲧⲩⲡⲟⲥ ⲉ̀ ⲡⲧⲏⲣϥ ⲛⲉ ⲫⲁⲓ ⲅⲁⲣ ⲡⲉ
ⲡⲓϣⲟⲣⲡ ⲛ̀ ⲥⲟⲡ ⲉ̀ⲧⲁⲩⲧⲁⲗⲉ ⲡⲣⲟⲥⲫⲟⲣⲁ ⲉ̀ ⲡϣⲱⲓ
ϧⲉⲛ ϯⲭⲱⲣⲁ ⲉ̀ⲧⲉⲙⲙⲁⲩ ⲉ̀ⲧⲁⲩϭⲓ ⲧⲏⲣⲟⲩ ⲉ̀ⲃⲟⲗϧⲉⲛ
ⲛⲓⲙⲩⲥⲧⲏⲣⲓⲟⲛ ⲉⲑ ⲟⲩⲁⲃ ⲁ̀ ⲡⲓⲁⲣⲭⲏⲉ̀ⲡⲓⲥⲕⲟⲡⲟⲥ ϯ
ⲛ̀ⲱⲟⲩ ⲛ̀ ϯⲅⲓⲣⲏⲛⲏ ⲟⲩⲟϩ ⲁ̀ ⲡⲓⲟⲩⲁⲓ ⲡⲓⲟⲩⲁⲓ ⲉⲣ 10
ⲁⲛⲁⲭⲱⲣⲓⲛ ⲉ̀ ⲡⲉϥⲙⲁⲛϣⲱⲡⲓ Ⲡⲓⲁⲣⲭⲏⲉ̀ⲡⲓⲥⲕⲟⲡⲟⲥ
ⲇⲉ ⲁϥ ⲉⲣ ⲟⲩⲁ̀ⲃⲟⲧ ⲛ̀ ⲉ̀ϩⲟⲟⲩ ϧⲁ ⲧⲟⲧⲟⲩ ⲉϥ ⲉⲣ

ⲣ̅ⲕ̅. ⲃ. ⲕⲁⲑⲏⲕⲓⲛ ⲙ̀ⲙⲱⲟⲩ ⲟⲩⲟϩ | ⲉϥⲧⲥⲁⲃⲟ ⲙ̀ⲙⲱⲟⲩ ⲉ̀
ⲡⲓⲑⲱϣ ⲛ̀ ϯⲉⲕⲕⲗⲏⲥⲓⲁ ⲙⲉⲛⲉⲛⲥⲱⲥ ⲁϥϭⲱⲗ ⲉ̀ ⲧⲉϥ-
ⲃⲁⲕⲓ ϧⲉⲛ ⲟⲩⲛⲓϣϯ ⲛ̀ ⲣⲁϣⲓ Ⲡⲟⲩⲣⲟ ⲇⲉ ⲕⲉⲥⲁⲛ- 15
ⲑⲟⲥ ⲛⲉⲙ ⲡⲓⲙⲏϣ ⲧⲏⲣϥ ⲛ̀ⲧⲉ ϯⲃⲁⲕⲓ ⲛⲁⲩϯ ⲱⲟⲩ
ⲙ̀ ⲫϯ ⲟⲩⲟϩ ⲛⲁⲩ ⲉⲣ ⲉ̀ ⲧⲓⲙⲁⲛ ⲙ̀ ⲡⲓⲁ̀ⲅⲓⲟⲥ Ⲓⲱⲁⲛⲛⲏⲥ
ⲡⲓⲉ̀ⲡⲓⲥⲕⲟⲡⲟⲥ ⲛⲉⲙ ⲡⲉϥⲥⲛⲏⲟⲩ ϫⲉ ⲟⲩⲏⲓ ⲛⲁⲩ ⲉⲣ
ⲡⲣⲟⲕⲟⲡⲧⲓⲛ ⲡⲉ ϧⲉⲛ ϯⲥⲃⲱ ⲛ̀ⲧⲉ ⲡ̅ⲟ̅ⲥ̅ Ⲙⲉⲛⲉⲛⲥⲁ
ϩⲁⲛⲕⲟⲩϫⲓ ⲛ̀ ⲉ̀ϩⲟⲟⲩ ⲡⲉϫⲉ ⲡⲓⲉ̀ⲡⲓⲥⲕⲟⲡⲟⲥ ⲉⲑ ⲟⲩⲁⲃ 20
ⲙ̀ Ⲡⲟⲩⲣⲟ ϫⲉ ⲙⲁⲣⲉⲛ ⲕⲱⲧ ⲛ̀ ⲟⲩⲉⲕⲕⲗⲏⲥⲓⲁ ⲉ̀ ⲫⲣⲁⲛ

ⲣ̅ⲕ̅ⲁ̅. ⲁ. ⲙ̀ ⲡⲓⲁⲣⲭⲁⲅⲅⲉⲗⲟⲥ ⲉⲑ ⲟⲩⲁⲃ | ⲙⲓⲭⲁⲏⲗ Ⲡⲟⲩⲣⲟ
ⲇⲉ ⲡⲉϫⲁϥ ⲛⲁϥ ϫⲉ ⲁⲣⲓ ⲫⲟⲩⲱϣ ⲧⲏⲣϥ ⲛ̀ⲧⲉⲕⲯⲩⲭⲏ
ⲱ̀ ⲡⲉⲛⲓⲱⲧ ⲧⲉⲛⲥⲉⲃⲧⲱⲧ ⲉ̀ ⲥⲱⲧⲉⲙ ⲛ̀ ⲥⲱⲕ Ⲡⲓⲉ̀-
ⲡⲓⲥⲕⲟⲡⲟⲥ ⲇⲉ ⲉⲑ ⲟⲩⲁⲃ Ⲓⲱⲁⲛⲛⲏⲥ ⲁϥϩⲓ ⲥⲉⲛϯ ⲉⲛ 25
ϯⲉⲕⲕⲗⲏⲥⲓⲁ ⲟⲩⲟϩ ⲛⲁⲣⲉ ⲛⲁ ϯⲃⲁⲕⲓ ⲧⲏⲣⲥ ϯ ⲛ̀
ⲧⲟⲧⲟⲩ ⲛⲉⲙⲁϥ ⲡⲉ ⲟⲩⲟϩ ϧⲉⲛ ⲟⲩⲛⲓϣϯ ⲛ̀ ⲥⲡⲟⲩⲇⲁⲛ
ⲁϥⲭⲟⲕⲥ ⲉ̀ⲃⲟⲗ ⲟⲩⲟϩ ⲁϥϯ ⲙ̀ ⲡⲉⲥⲗⲱⲃϣ ⲛ̀ ⲡ ⲛ̀

ⲁⲃⲟⲧ Ⲡⲓⲉⲡⲓⲥⲕⲟⲡⲟⲥ ⲇⲉ ⲉⲑ ⲟⲩⲁⲃ ⲓⲱⲁⲛⲛⲏⲥ ⲁϥ
ⲉⲣ ⲁⲅⲓⲁⲍⲓⲛ ⲙ̀ ⲡⲓⲧⲟⲡⲟⲥ ⲛ̀ ⲥⲟⲩ ⲓⲃ ⲙ̀ ⲡⲓⲁⲃⲟⲧ

ⲣ̅ⲕ̅ⲁ̅. ⲃ. ⲁⲑⲱⲣ ⲙ̀ ⲫⲣⲁⲛ ⲙ̀ ⲡⲓⲁⲣⲭⲏⲁⲅⲅⲉⲗⲟⲥ | ⲙⲓⲭⲁⲏⲗ
Ⲟⲩⲟϩ ⲁ ⲡϣⲁⲓ ⲙ̀ ⲡⲓⲁⲣⲭⲏⲁⲅⲅⲉⲗⲟⲥ ⲙⲓⲭⲁⲏⲗ ϣⲱⲡⲓ
ⲉϧⲟⲓ ⲛ̀ ⲇⲓⲡⲗⲟⲩⲛ ⲉ̀ ⲡϣⲁⲓ ⲙ̀ ⲡⲓⲁⲣⲭⲏⲁⲅⲅⲉⲗⲟⲥ 5
ⲛⲉⲙ ⲡϣⲁⲓ ⲙ̀ ⲡⲓⲁⲅⲓⲁⲥⲙⲟⲥ ⲛ̀ⲧⲉ ϯⲉⲕⲕⲗⲏⲥⲓⲁ Ⲙⲉ-
ⲛⲉⲛⲥⲁ ϯⲥⲩⲛⲁⲝⲓⲥ ⲇⲉ ⲁ̀ ⲡⲓⲉⲡⲓⲥⲕⲟⲡⲟⲥ ϩⲱⲗ ⲛⲉⲙ
ⲡⲟⲩⲣⲟ ⲛⲉⲙ ⲡⲓⲙⲏϣ ⲧⲏⲣϥ ⲉⲩⲥⲟⲡ ⲛ̀ⲧⲉ ϯⲡⲟⲗⲓⲥ ⲉ̀
ⲡⲓⲉⲣⲫⲉⲓ ⲛ̀ⲧⲉ ⲡⲓⲍⲉⲩⲥ ⲁⲅⲣⲟⲕϩϥ Ⲟⲩⲟϩ ⲡⲓⲇⲉⲙⲱⲛ
ⲉⲧ ϭⲁⲗⲏⲟⲩⲧ ⲉ̀ ⲡⲓⲓ̀ⲇⲱⲗⲟⲛ ⲁϥⲱϣ ⲉ̀ⲃⲟⲗ ⲉϥϫⲱ 10
ⲙ̀ⲙⲟⲥ ϫⲉ ⲁⲕϯ ϩⲓⲥⲓ ⲛⲏⲓ ⲉ̀ⲙⲁϣⲱ ⲱ̀ ⲓⲱⲁⲛⲛⲏⲥ
ⲁⲕϩⲓⲧⲧ ⲉ̀ⲃⲟⲗϧⲉⲛ ⲡⲁ ⲙⲁⲛϣⲱⲡⲓ Ⲡⲟⲩⲣⲟ ⲇⲉ ⲁϥ

ⲣ̅ⲕ̅ⲃ̅. ⲁ. ⲑⲣⲟⲩ ⲕⲱⲧ ⲛ̀ ⲟⲩⲛⲓϣϯ ⲛ̀ ⲉⲕⲕⲗⲏⲥⲓⲁ | ϧⲉⲛ ⲫⲙⲱⲓⲧ
ⲙ̀ ⲡⲓⲉⲣⲫⲉⲓ ⲁϥϯ ⲫⲣⲁⲛ ⲙ̀ ⲛⲓⲁⲡⲟⲥⲧⲟⲗⲟⲥ ⲉ̀ⲣⲟⲥ
Ⲡⲓⲁ̀ⲅⲓⲟⲥ ⲇⲉ ⲓⲱⲁⲛⲛⲏⲥ ⲁϥⲧⲁϫⲣⲟ ⲛ̀ ⲟⲩⲟⲛ ⲛⲓⲃⲉⲛ 15
ϧⲉⲛ ⲡⲓⲛⲁϩϯ ⲟⲩⲟϩ ⲛⲁⲩϯ ⲱ̀ⲟⲩ ⲛⲁϥ ϩⲓⲧⲉⲛ ⲟⲩⲟⲛ
ⲛⲓⲃⲉⲛ Ⲕⲱⲥⲧⲁⲛⲧⲓⲛⲟⲥ ⲇⲉ ⲡⲟⲩⲣⲟ ⲉ̀ⲧⲁϥⲥⲱⲧⲉⲙ
ⲉⲑⲃⲉ ϩⲱⲃ ⲛⲓⲃⲉⲛ ⲉⲑ ⲛⲁⲛⲉⲩ ⲉ̀ ⲛⲁⲣⲉ ⲓⲱⲁⲛⲛⲏⲥ
ⲓ̀ⲣⲓ ⲙ̀ⲙⲱⲟⲩ ⲁϥϯ ⲱ̀ⲟⲩ ⲙ̀ ⲫϯ ⲁϥⲥϧⲁⲓ ⲛⲁϥ ⲛ̀
ⲟⲩⲉⲡⲓⲥⲧⲟⲗⲏ ⲁϥϯϩⲟ ⲉ̀ⲣⲟϥ ⲉⲑⲣⲉϥⲥⲙⲟⲩ ⲉ̀ⲣⲟϥ ⲛⲉⲙ 20
ⲧⲉϥⲙⲉⲧⲟⲩⲣⲟ ⲉϥⲙⲟⲩϯ ⲉ̀ⲣⲟϥ ⲛ̀ ϧⲏⲧⲥ ϫⲉ ⲇⲁⲛⲓⲏⲗ
ⲙ̀ ⲃⲉⲣⲓ ⲡⲓⲣⲉϥⲧⲁⲕⲟ ⲛ̀ ⲛⲓⲓ̀ⲇⲱⲗⲟⲛ ϯⲭⲱⲣⲁ ⲇⲉ ⲛ̀ⲧⲉ

ⲣ̅ⲕ̅ⲃ̅. ⲃ. ϯⲉⲛⲧⲓⲁⲥ | ⲛⲁⲥϯ ⲉ̀ⲡⲁⲛⲁⲓ ⲙ̀ⲙⲏⲛⲓ ⲛ̀ ⲛⲓⲉ̀ϩⲟⲟⲩ
ⲧⲏⲣⲟⲩ ⲛ̀ⲧⲉ ⲡⲓⲁ̀ⲅⲓⲟⲥ ⲓⲱⲁⲛⲛⲏⲥ ϩⲓⲧⲉⲛ ⲡⲁϣⲁⲓ ⲙ̀
ⲛⲓϣⲫⲏⲣⲓ ⲉⲧ ⲁ̀ ⲫϯ ⲉⲣⲉ ⲉⲛⲉⲣⲅⲓⲛ ⲙ̀ⲙⲱⲟⲩ ⲉ̀ⲃⲟⲗϩⲓ 25
ⲧⲟⲧϥ Ⲁ ⲧⲉⲧⲉⲛⲛⲁⲩ ⲱ̀ ⲛⲁⲙⲉⲛⲣⲁϯ ⲉ̀ ϯϫⲟⲙ ⲛ̀ⲧⲉ
ⲫϯ ⲛⲉⲙ ⲛⲓⲙⲉⲧϣⲁⲛⲑⲏϥ ⲛ̀ⲧⲉ ⲡⲓⲁⲣⲭⲏⲁⲅⲅⲉⲗⲟⲥ
ⲉⲑ ⲟⲩⲁⲃ ⲙⲓⲭⲁⲏⲗ Ⲧⲉⲛⲭⲓⲙⲓ ⲙ̀ ⲡⲧϩⲟ ⲙ̀ ⲙⲓⲭⲁⲏⲗ

ϧⲉⲛ ⲡⲣⲱⲧ ⲛ̀ ⲛⲓⲭⲣⲱⲝ ⲧⲏⲣⲟⲩ ⲛ̀ⲧⲉ ⲧⲕⲟⲓ ϩⲓⲧⲉⲛ
ⲛⲉⲛⲧⲱⲃϩ ⲙ̀ ⲙⲓⲭⲁⲏⲗ ⲉⲣⲉ ⲛⲓϣϣⲏⲛ ϯ ⲙ̀ ⲡⲟⲩⲕⲁⲣ-
ⲡⲟⲥ Ⲧⲉⲛϫⲓⲙⲓ ⲙ̀ ⲡ̀ϩⲟ ⲙ̀ ⲙⲓⲭⲁⲏⲗ ϧⲉⲛ ⲛⲓⲉ̀ϫⲛⲟⲩ

ⲣ̅ⲕ̅ⲅ̅. ⲁ. ⲓ̀ⲧⲉ ⲉⲩϣⲃⲏⲣ ⲓ̀ⲧⲉ ⲉⲩⲙⲟⲛⲓ | ⲧⲉⲛϫⲓⲙⲓ ⲙ̀ ⲡ̀ϩⲟ ⲙ̀
ⲙⲓⲭⲁⲏⲗ ϧⲉⲛ ⲛⲓⲁⲥⲕⲓⲧⲏⲥ ⲉ̀ⲧ ϧⲉⲛ ⲛⲓⲧⲱⲟⲩ ⲉϥϯ 5
ϫⲟⲙ ⲛⲱⲟⲩ ϧⲉⲛ ⲛ̀ⲟⲩⲁⲥⲕⲩⲥⲓⲥ Ⲧⲉⲛϫⲓⲙⲓ ⲙ̀ ⲡ̀ϩⲟ ⲙ̀
ⲙⲓⲭⲁⲏⲗ ϧⲉⲛ ⲡ̀ⲑⲱⲟⲩϯ ⲉ̀ ϧⲟⲩⲛ ⲛ̀ ⲛⲓⲙⲟⲩⲛⲁⲭⲟⲥ ⲉϥⲟⲓ
ⲛ̀ ϩⲓⲣⲏⲛⲓⲕⲟⲛ ϧⲉⲛ ⲧⲟⲩⲙⲏϯ Ⲧⲉⲛϫⲓⲙⲓ ⲙ̀ ⲡ̀ϩⲟ ⲙ̀
ⲙⲓⲭⲁⲏⲗ ϧⲉⲛ ⲛⲉⲛϣⲗⲏⲗ ⲛ̀ ⲛⲓⲉ̀ⲡⲓⲥⲕⲟⲡⲟⲥ ⲛⲉⲙ ⲛⲓ-
ⲡⲣⲉⲥⲃⲩⲧⲉⲣⲟⲥ ⲛⲉⲙ ⲛⲓⲇⲓⲁⲕⲱⲛ ϩⲓϫⲉⲛ ϯⲧⲣⲁⲡⲏⲍⲁ 10
Ⲧⲉⲛϫⲓⲙⲓ ⲙ̀ ⲡ̀ϩⲟ ⲙ̀ ⲙⲓⲭⲁⲏⲗ ϧⲉⲛ ⲛⲏ ⲉ̀ⲧ ϣⲱⲛⲓ

ⲣ̅ⲕ̅ⲅ̅. ⲃ. ⲉϥϯ ϫⲟⲙ ⲛⲱⲟⲩ ⲟⲩⲟϩ ⲉϥⲧⲁⲗϭⲟ ⲙ̀ⲙⲱⲟⲩ | Ⲧⲉⲛ-
ϫⲓⲙⲓ ⲙ̀ ⲡ̀ϩⲟ ⲙ̀ ⲙⲓⲭⲁⲏⲗ ⲉϥϣⲟⲡ ⲙ̀ ⲃⲟⲏⲑⲟⲥ ⲛ̀
ⲛⲏ ⲉ̀ⲧⲟⲩϩⲟϫϩⲉϫ ⲙ̀ⲙⲱⲟⲩ ϧⲉⲛ ⲛⲓⲇⲓⲕⲁⲥⲧⲏⲣⲓⲟⲛ
Ⲧⲉⲛϫⲓⲙⲓ ⲙ̀ ⲡ̀ϩⲟ ⲙ̀ ⲙⲓⲭⲁⲏⲗ ⲡⲓⲁⲣⲭⲏⲁⲅⲅⲉⲗⲟⲥ 15
ⲉϥ ⲉⲣ ⲃⲟⲏⲑⲓⲛ ⲉ̀ ⲛⲏ ⲉ̀ⲧ ϧⲉⲛ ⲛⲓⲕⲟⲗⲁⲥⲓⲥ Ⲁⲡⲗⲱⲥ
ⲛⲏ ⲉ̀ⲧ ⲟⲛϧ ϥϯ ϫⲟⲙ ⲛⲱⲟⲩ ϧⲉⲛ ⲛⲟⲩⲁ̀ⲛⲁⲅⲕⲏ
ⲟⲩⲟϩ ⲛⲏ ⲉ̀ⲑ ⲙⲱⲟⲩⲧ ϥ̀ϯϩⲟ ⲉ̀ Ⲫϯ ⲉ̀ϩⲣⲏⲓ ⲉϫⲱⲟⲩ
ⲉⲑⲣⲉϥⲛⲁⲓ ⲛⲱⲟⲩ Ⲛⲓⲙ ⲅⲁⲣ ϧⲉⲛ ⲛⲓⲇⲓⲕⲉⲟⲥ ⲧⲏⲣⲟⲩ
ⲉ̀ⲧⲉ ⲙ̀ⲡⲉ ⲡⲓⲁⲣⲭⲏⲁⲅⲅⲉⲗⲟⲥ ⲙⲓⲭⲁⲏⲗ ϩⲱⲗ ϣⲁⲣⲟϥ 20

ⲣ̅ⲕ̅ⲇ̅. ⲁ. ⲛ̀ⲧⲉϥ ϯ ϫⲟⲙ ⲛⲁϥ ϧⲉⲛ ⲛⲉϥⲁ̀ⲛⲁⲅⲕⲏ ⲧⲏⲣⲟⲩ | ⲛⲓⲙ
ϧⲉⲛ ⲛⲓⲙⲁⲣⲧⲩⲣⲟⲥ ⲉ̀ⲧⲉ ⲙ̀ⲡⲉ ⲡⲓⲁⲣⲭⲏⲁⲅⲅⲉⲗⲟⲥ ⲙⲓ-
ⲭⲁⲏⲗ ⲓ̀ ϣⲁⲣⲟϥ ⲛ̀ⲧⲉϥⲛⲁϩⲙⲟⲩ ⲉ̀ⲃⲟⲗϧⲉⲛ ⲛ̀ⲟⲩ-
ⲑⲗⲩⲯⲓⲥ ⲧⲏⲣⲟⲩ ⲛⲉⲙ ⲛⲟⲩⲃⲁⲥⲁⲛⲟⲥ ⲟⲩⲟϩ ⲛ̀ⲧⲉϥϯ
ϫⲟⲙ ⲛⲱⲟⲩ Ⲓⲥ ϩⲏⲡⲡⲉ ⲱ̀ ⲛⲁ ⲙⲉⲛⲣⲁϯ ⲁⲛⲉ̀ⲙⲓ ⲉ̀ 25
ⲑⲙⲉⲧⲙⲁⲓⲣⲱⲙⲓ ⲙ̀ Ⲫϯ ⲛⲉⲙ ⲛⲓϩ̀ϩⲟ ⲛ̀ⲧⲉ ⲡⲓⲁⲣ-
ⲭⲏⲁⲅⲅⲉⲗⲟⲥ ⲙⲓⲭⲁⲏⲗ ϫⲉ ϥϣⲟⲡ ⲙ̀ ⲡⲣⲉⲥⲃⲉⲩⲧⲏⲥ ⲛ̀
ϯⲙⲉⲧⲣⲱⲙⲓ ⲧⲏⲣⲥ ⲉϥϯϩⲟ ⲉ̀ϩⲣⲏⲓ ⲉ̀ϫⲱⲟⲩ ⲛⲁϩⲣⲉⲛ

ⲫϯ ⲫⲓⲱⲧ ⲉⲑⲣⲉϥ ⲛⲁⲓ ⲛⲱⲟⲩ ⲧⲏⲣⲟⲩ ⲟⲩⲟϩ ⲛ̀ⲧⲉϥ-
ⲣ̅ⲕ̅ⲇ̅. ⲃ. ⲥⲟⲩⲧⲱⲛ ⲡⲟⲩⲙⲱⲓⲧ Ⲁⲛⲟⲛ ϩⲱⲛ ⲙⲁⲣⲉⲛϯ ⲛⲁϧ | ⲛ̀
ⲛⲏ ⲉ̀ⲧ ⲉϥⲟⲩⲁϣⲟⲩ ⲟⲩⲟϩ ⲛ̀ⲧⲉϥϧⲱⲛϫ ⲉ̀ⲣⲟⲛ ⲉ̀ⲑⲃⲏ-
ⲧⲟⲩ ϩⲓⲛⲁ ⲛ̀ⲧⲉϥⲙⲉⲛⲣⲓⲧⲧⲉⲛ ⲛ̀ ϩⲟⲩⲟ̀ ⲟⲩⲟϩ ⲛ̀ⲧⲉϥ-
ϩⲟ ⲉ̀ϫⲱⲛ ⲛⲁϩⲣⲉⲛ ⲫϯ Ⲙⲁⲣⲉⲛ ⲙⲉⲛⲣⲉ ⲛⲉⲛⲉ̀ⲣⲏⲟⲩ 5
ϧⲉⲛ ⲟⲩⲙⲉⲓ ⲛ̀ⲧⲉ ⲫϯ ⲟⲩⲟϩ ⲛ̀ⲧⲉⲛϣⲱⲡⲓ ϧⲉⲛ ⲟⲩ-
ⲙⲉⲧⲙⲁⲓⲥⲟⲛ ⲛ̀ⲟⲩⲱⲧ ⲡⲉⲛⲣⲑⲣⲉ ⲕⲁⲧⲁⲗⲁⲗⲓⲁ̀ ϣⲱⲡⲓ
ϧⲉⲛ ⲛⲉⲛⲥⲫⲟⲧⲟⲩ ϫⲉ ⲟⲩⲗⲟⲅⲭⲏ ⲉⲥϩⲱⲟⲩ ⲡⲉ ϯⲕⲁ-
ⲧⲁⲗⲁⲗⲓⲁ̀ Ⲟⲩⲛⲟⲃⲓ ⲉϥϩⲟⲛⲥ ⲡⲉ ϯⲡⲟⲣⲛⲓⲁ̀ ⲟⲩϣⲟⲩ-
ⲙⲟⲥϯ ⲧⲉ ⲛⲁϩⲣⲉⲛ ⲫϯ ⲛⲉⲙ ⲛⲉϥⲁⲅⲅⲉⲗⲟⲥ ⲟⲩⲙⲟⲩ 10
ⲣ̅ⲕ̅ⲉ̅. ⲁ. ⲛⲉⲙ ⲟⲩⲙⲉⲧϩⲏⲕⲓ ⲧⲉ ⲛ̀ ϯⲯⲩⲭⲏ ⲛⲉⲙ ⲡⲓⲥⲱⲙⲁ |
Ⲟⲩϣⲫⲏⲣ ⲛ̀ⲧⲉ ⲡⲓⲇⲓⲁ̀ⲃⲟⲗⲟⲥ ⲡⲉ ϯⲡⲟⲣⲛⲓⲁ̀ ⲟⲩϫⲁϫⲓ
ⲧⲉ ⲛ̀ⲧⲉ ⲫϯ ⲛⲉⲙ ⲛⲉϥⲁⲅⲅⲉⲗⲟⲥ ⲟⲩϣⲟⲩⲙⲟⲥϯ ⲧⲉ
ⲛ̀ ⲛⲓⲭⲣⲏⲥⲧⲓⲁ̀ⲛⲟⲥ ⲟⲩϣⲫⲏⲣ ⲧⲉ ⲛ̀ⲧⲉ ⲡⲧⲁⲓⲱ ϯⲛⲟⲩ
ϫⲉ ⲛⲁϣⲏⲣⲓ ⲙⲁⲣⲉⲛϩⲓⲟⲩⲓ̀ ⲥⲁⲃⲟⲗ ⲙ̀ⲙⲟⲛ ⲛ̀ ⲛⲓⲙⲱⲓⲧ 15
ⲉ̀ⲧ ϭⲁϧⲉⲙ ⲛ̀ⲧⲉⲛⲙⲟϣⲓ ϧⲉⲛ ⲛⲓⲙⲱⲓⲧ ⲉⲑ ⲛⲁⲛⲉⲩ
ⲛⲉⲙ ⲛⲓⲙⲱⲓⲧ ⲉ̀ⲧ ⲥⲟⲩⲧⲱⲛ Ⲙⲁⲣⲉⲛⲙⲟϣⲓ ϧⲉⲛ ⲟⲩ-
ⲙⲉⲧⲁⲑⲛⲟⲃⲓ ⲛⲉⲙ ⲟⲩⲙⲉⲧⲁⲧⲁ̀ϭⲛⲓ ⲙ̀ⲡⲉ ⲅⲁⲙⲟⲥ ⲅⲁⲣ
ⲉϥⲧⲟⲩⲃⲏⲟⲩⲧ ϭⲁϧⲉⲙ ⲣⲱⲙⲓ ⲉ̀ⲛⲉϩ Ⲁⲛⲁⲩ ⲉ̀ ⲙⲱⲩ-
ⲣ̅ⲕ̅ⲉ̅. ⲃ. ⲥⲏⲥ ⲉ̀ⲧⲁϥⲥⲁϫⲓ ⲛⲉⲙ ⲫϯ ⲛ̀ ⲫ̅ⲩ̅ ⲛ̀ ⲥⲟⲡ ⲉ̀ ⲟⲩⲟⲛ | 20
ⲛ̀ⲧⲁϥ ⲙ̀ⲙⲁⲩ ⲛ̀ⲧⲉϥⲥϩⲓⲙⲓ ⲛⲉⲙ ⲛⲉϥϣⲏⲣⲓ ⲙ̀ⲡⲉⲛⲁⲓⲱ̀ϯ
ϭⲣⲟⲡ ⲛⲁϥ ⲉ̀ϧⲟⲩⲛ ⲉ̀ ⲡⲓⲭⲟⲥⲉⲙ Ⲁⲗⲗⲁ ⲙ̀ⲡ ⲉⲛ-
ⲑⲣⲉⲛⲧⲁϣⲉ ⲡⲓⲥⲁϫⲓ ⲛ̀ϩⲟⲩⲟ̀ ⲉⲑⲃⲉ ⲛⲁⲓ ⲥⲉⲣϣⲓϣⲓ
ⲅⲁⲣ ⲉ̀ⲣⲟⲛ ⲛ̀ϫⲉ ⲛⲉⲛⲙⲉⲑⲣⲉⲩ ⲛ̀ ϯⲡⲁⲗⲉⲁ̀ ⲛⲉⲙ
ϯⲅⲉⲛⲛⲏ ⲗⲟⲓⲡⲟⲛ ⲙⲁⲣⲉⲛⲭⲉⲕ ⲡⲓⲥⲁϫⲓ ⲉ̀ⲃⲟⲗ ⲛ̀ⲧⲉⲛⲓ̀ 25
ⲉ̀ϫⲉⲛ ⲫⲏ ⲉ̀ⲧ ⲉⲛⲉⲣ ϣⲁⲓ ⲛⲁϥ ⲙ̀ ⲫⲟⲟⲩ ⲡⲓⲁⲣⲭⲏⲁⲅ-
ⲅⲉⲗⲟⲥ ⲉⲑ ⲟⲩⲁⲃ ⲙⲓⲭⲁⲏⲗ Ⲉⲣⲉ ⲡⲁⲓ ϣⲁⲓ ⲅⲁⲣ ⲙ̀
ⲫⲟⲟⲩ ⲉⲣ ⲭⲣⲓⲁ ⲁⲛ ⲙ̀ ⲙⲉⲧⲣⲁⲙⲁⲟ̀ ⲉϥⲟⲩⲱⲙ ⲉϥⲥⲱ

ⲙ̄ⲙⲁⲩⲁⲧϥ ⲉϥⲟⲩⲛⲟϥ ⲉϥⲭⲱ ⲛ̀ ⲛⲓ ⲍⲏⲕⲓ ⲍⲱϥ ⲛⲉⲙ
ⲣ̄ⲕ̄ⲉ̄. ⲁ. ⲡⲓⲟⲣⲫⲁ̀ⲛⲟⲥ ⲛⲉⲙ ϯⲭⲏⲣⲁ ⲉⲩⲥⲟⲕⲉⲣ ⲉⲩⲟ̀ⲃⲓ | ⲉⲣⲉ
ⲡⲁⲓ ϣⲁⲓ ⲅⲁⲣ ⲁⲛ ⲉⲣⲭⲣⲓⲁ̀ ⲙ̄ ⲙⲉⲧⲣⲁⲙⲁⲟ̀ ⲉⲕ ⲉⲣ-
ⲫⲟⲣⲓⲛ ⲛ̀ ⲍⲁⲛⲍⲃⲱⲥ ⲉ̀ⲛⲁϣⲉ ⲉ̀ⲥⲟⲩⲉⲛⲟⲩ ⲉⲣⲉ ⲡⲓ-
ⲍⲏⲕⲓ ⲍⲱϥ ⲃⲏϣ ⲉϥⲟ̀ⲭⲉⲃ ⲃ̇ⲉⲛ ϯⲫⲣⲱ Ⲉⲣⲉ ⲡⲁⲓ ϣⲁⲓ 5
ⲅⲁⲣ ⲁⲛ ⲉⲣ ⲭⲣⲓⲁ̀ ⲛ̀ ⲑⲙⲉⲧⲣⲁⲙⲁⲟ̀ ⲛ̀ ⲍⲁⲛⲣⲱⲙⲓ
ⲉⲩⲙⲟⲧⲉⲛ ⲙ̇ⲙⲱⲟⲩ ⲃ̇ⲉⲛ ⲍⲁⲛⲏⲓ ⲉⲩⲥⲟⲗⲥⲉⲗ ⲉⲣⲉ
ⲡⲓⲍⲏⲕⲓ ⲍⲱϥ ⲱ̀ⲥⲉⲃ ⲉϥⲉⲛⲕⲟⲧ ⲃ̇ⲉⲛ ⲡⲓⲃ̇ⲓⲣ Ⲉⲣⲉ ⲡⲁⲓ
ϣⲁⲓ ⲅⲁⲣ ⲁⲛ ⲉⲣ ⲭⲣⲓⲁ̀ ⲛ̀ ⲟⲩⲁⲓ ⲉϥⲟⲩⲱⲙ ⲉϥⲟⲩ-
ⲛⲟϥ ⲉⲣⲉ ⲡⲓⲍⲏⲕⲓ ⲍⲱϥ ⲍⲉⲭⲍⲱⲭ ⲃ̇ⲉⲛ ⲡⲓϣⲧⲉⲕⲟ 10
Ⲉⲣⲉ ⲡⲁⲓ ϣⲁⲓ ⲅⲁⲣ ⲉⲣ ⲭⲣⲓⲁ̀ ⲁⲛ ⲙ̇ ⲫϯ ⲉ̀ⲧ ⲣⲱⲟⲩⲧϥ
ⲣ̄ⲕ̄ⲉ̄. ⲃ. ⲙ̇ⲙⲁⲩⲁⲧϥ ⲉⲣⲉ ⲡⲓⲍⲏⲕⲓ | ⲍⲱϥ ϣⲱⲛⲓ ⲛ̀ ⲁⲧ ⲭⲉⲙ
ⲡⲉϥϣⲓⲛⲓ Ⲛ̄ⲁⲣⲱⲙⲓ ⲁⲛ ⲛⲉ ⲛⲓⲉⲛⲧⲟⲗⲏ ⲁⲗⲗⲁ ⲛⲁ
ⲫϯ ⲛⲉ ⲫϯ ⲅⲁⲣ ϥⲛⲁϯ ⲥⲁ ⲡⲉⲛⲅⲉⲛⲟⲥ ⲛ̀ ⲛⲓⲣⲱⲙⲓ
ⲍⲓⲧⲉⲛ ⲛⲓⲉⲛⲧⲟⲗⲏ ⲉ̀ⲧ ⲥⲃ̇ⲏⲟⲩⲧ ⲃ̇ⲉⲛ ⲛⲓⲉⲩⲁⲅⲅⲉⲗⲓⲟⲛ 15
ⲗⲟⲓⲡⲟⲛ ⲛⲁⲙⲉⲛⲣⲁϯ ⲙⲁⲣⲉⲛϯⲍⲟ ⲉ̀ ⲡⲓⲁⲣⲭⲏⲁⲅⲅⲉⲗⲟⲥ
ⲙⲓⲭⲁⲏⲗ ⲃ̇ⲉⲛ ⲟⲩⲍⲏⲧ ⲉϥⲥⲟⲩⲧⲱⲛ ⲍⲓⲛⲁ ⲛ̀ⲧⲉϥϭⲓ
ⲍⲙⲟⲧ ⲉ̀ⲍⲣⲏⲓ ⲉ̀ⲭⲱⲛ ⲛⲁⲍⲣⲉⲛ ⲫϯ ϯⲭⲱ ⲙ̇ⲙⲟⲥ ⲛⲱ-
ⲧⲉⲛ ϫⲉ ⲉⲣⲉ ⲡⲓⲕⲟⲥⲙⲟⲥ ⲧⲏⲣϥ ⲧⲁⲍⲛⲟⲩ ⲉ̀ⲣⲁⲧϥ
ⲍⲓⲧⲉⲛ ⲛⲉⲛϯⲍⲟ ⲙ̇ ⲙⲓⲭⲁⲏⲗ ⲛⲉⲙ ⲛⲁ ϯⲡⲁⲣⲑⲉⲛⲟⲥ 20
ⲉ̀ⲑ ⲟⲩⲁⲃ ϯⲑⲉⲟⲇⲟⲕⲟⲥ ⲙⲁⲣⲓⲁ̀ ϯⲛⲟⲩ ϫⲉ ⲙⲁⲣⲉⲛϯ
ⲣ̄ⲕ̄ⲋ̄. ⲁ. ⲱⲟⲩ ⲛ̀ⲱⲟⲩ | ⲃ̇ⲉⲛ ⲡⲓⲱ̀ⲟⲩ ⲉ̀ⲧ ⲉⲣ ⲡⲣⲉⲡⲓ ⲙ̀ ⲡⲁⲓ
ϣⲁⲓ ϯⲛⲁⲩ ⲅⲁⲣ ϫⲉ ⲁ̀ ⲡⲓⲛⲁⲩ ϣⲱⲡⲓ ⲉⲑⲣⲉⲛϯ ⲙ̇
ⲡⲉⲛ ⲟⲩⲟⲓ ⲛ̀ⲧⲉⲛⲭⲱⲕ ⲉ̀ⲃⲟⲗ ⲛ̀ ⲛⲓⲙⲩⲥⲧⲏⲣⲓⲟⲛ ⲉ̀ⲑ
ⲟⲩⲁⲃ ⲛ̀ⲧⲉⲛϯ ⲱ̀ⲟⲩ ⲙ̀ ⲫⲏ ⲉ̀ⲧ ⲉⲣⲉ ⱳⲟⲩ ⲛⲓⲃⲉⲛ 25
ⲉⲣ ⲡⲣⲉⲡⲓ ⲛⲁϥ ⲡⲉⲛ ⲟ̄ⲥ̄ ⲟⲩⲟⲍ ⲡⲉⲛⲛⲟⲩϯ ⲟⲩⲟⲍ
ⲡⲉⲛ ⲥⲱⲧⲏⲣ ⲓ̄ⲏ̄ⲥ̄ ⲡ̄ⲭ̄ⲥ̄ ⲫⲁⲓ ⲉ̀ⲧⲉ ⲉ̀ⲃⲟⲗⲍⲓ ⲧⲟⲧϥ
ⲉⲣⲉ ⱳⲟⲩ ⲛⲓⲃⲉⲛ ⲛⲉⲙ ⲧⲁⲓⲟ̀ ⲛⲓⲃⲉⲛ ⲛⲉⲙ ⲡⲣⲟⲥ-

ⲕⲩⲛⲏⲥⲓⲥ ⲛⲓⲃⲉⲛ ⲉⲣ ⲡⲣⲉⲡⲓ ⲙ̀ ⲫⲓⲱⲧ ⲛⲉⲙⲁϥ ⲛⲉⲙ
ⲡⲓⲡⲛ̅ⲁ̅ ⲉⲑ ⲟⲩⲁⲃ ⲛ̀ ⲣⲉϥⲧⲁⲛϧⲟ ⲟⲩⲟϩ ⲛ̀ ⲟⲙⲟ-
ⲟⲩⲥⲓⲟⲥ ⲛⲉⲙⲁϥ ϯⲛⲟⲩ ⲛⲉⲙ ⲛ̀ ⲥⲏⲟⲩ ⲛⲓⲃⲉⲛ
ⲛⲉⲙ ϣⲁ ⲉ̀ⲛⲉϩ ⲛ̀ⲧⲉ ⲛⲓⲉ̀ⲛⲉϩ ⲧⲏⲣⲟⲩ

Ⲁⲙⲏⲛ. 5

ρ̅κ̅η̅. β. ⲟⲩⲉⲛⲕⲱⲙⲓⲟⲛ ⲉ̀ ⲁϥⲧⲁⲟⲩⲟϥ ⲛ̀ϫⲉ ⲡ̅ ⲉ̀ⲡⲁ ⲉⲩⲥⲧⲁ-
ⲑⲓⲟⲥ ⲡⲓⲉ̀ⲡⲓⲥⲕⲟⲡⲟⲥ ⲛ̀ⲧⲉ ϯⲑⲣⲁⲕⲏ ϯⲛⲏⲥⲟⲥ ⲡⲓⲙⲁ
ⲉ̀ⲧ ⲁ ϯⲟⲩⲣⲱ ⲉ̀ⲣ ⲉⲝⲱⲣⲓⲍⲓⲛ ⲙ̀ ⲡⲓⲁ̀ⲅⲓⲟⲥ ⲓⲱⲁⲛⲛⲏⲥ
ⲡⲓⲭⲣⲏⲥⲟⲥⲧⲟⲙⲟⲥ ⲉ̀ⲣⲟϥ ⲡⲓⲙⲁ ⲉ̀ⲧⲁϥϫⲱⲕ ⲉ̀ⲃⲟⲗ ⲛ̀
ϧⲏⲧϥ. ⲉ̀ⲧⲁϥⲧⲁⲟⲩⲟ̀ ⲇⲉ ⲙ̀ ⲡⲁⲓ ⲉⲅⲕⲱⲙⲓⲟⲛ ⲛ̀ 5
ρ̅λ̅. α. ϧⲏⲧϥ ⲟⲛ ⲉ̀ ⲡϣⲁⲓ ⲙ̀ ⲡⲓⲁⲣⲭⲏⲁ̀ⲅⲅⲉⲗⲟⲥ | ⲉⲑ ⲟⲩⲁⲃ
ⲙⲏⲭⲁⲏⲗ ϧⲉⲛ ⲥⲟⲩ ι̅β̅ ⲙ̀ ⲡⲓⲁ̀ⲃⲟⲧ ⲡⲁⲱ̀ⲛⲓ ⲫⲁⲓ ⲉ̀ⲧ
ⲁ ⲡⲓⲙⲁⲕⲁⲣⲓⲟⲥ ⲉ̀ⲓⲥⲉⲛϯ ⲙ̀ⲙⲟϥ ϧⲉⲛ ⲡⲥⲁϧⲓ ϧⲁⲧϩⲏ
ⲙ̀ⲡⲁⲧⲉ ϥⲭⲁ ⲥⲱⲙⲁ ⲉ̀ϧⲣⲏⲓ ⲁϥⲥⲁϫⲓ ⲟⲛ ⲛ̀ ϧⲏⲧϥ
ⲉⲑⲃⲉ ⲟⲩⲣⲱⲙⲓ ⲛ̀ ⲑⲙⲏⲓ ⲉ̀ ⲡⲉϥⲣⲁⲛ ⲡⲉ ⲁ̀ⲣⲓⲥⲧⲁⲣⲭⲟⲥ 10
ⲛⲉⲙ ⲧⲉϥⲥ̀ϩⲓⲙⲓ ⲙ̀ ⲙⲁⲓⲛⲟⲩϯ ⲉⲩϥⲩⲙⲛⲁ̀ ϯⲥⲩⲛⲕⲗⲏ-
ⲧⲓⲕⲏ ⲁϥϫⲉ ϩⲁⲛⲕⲟⲩϫⲓ ⲇⲉ ⲟⲛ ϧⲉⲛ ⲧϧⲁⲏ
ⲙ̀ ⲡⲁⲓ ⲉⲅⲕⲱⲙⲓⲟⲛ ⲛ̀ ⲟⲩⲱⲧ ⲉ̀ ⲫⲏ
ⲉ̀ⲑ ⲟⲩⲁⲃ ⲓⲱⲁⲛⲛⲏⲥ ⲡⲓⲭⲣⲏⲥⲟⲥ-
ⲧⲟⲙⲟⲥ ⲉⲩⲱ̀ⲟⲩ ⲛ̀ ϯⲧⲣⲓⲁⲥ 15
ⲉ̀ⲑ ⲟⲩⲁⲃ ϧⲉⲛ ⲟⲩϩⲓ-
ⲣⲏⲛⲏ ⲛ̀ⲧⲉ ⲫϯ.
ⲁ̀ⲙⲏⲛ.

ρ̅λ̅. β ϯⲛⲁⲟⲩⲱⲛ | ⲛ̀ ⲣⲱⲓ ϧⲉⲛ ϩⲁⲛⲡⲁⲣⲁⲃⲟⲗⲏ ⲟⲩⲟϩ
ⲛ̀ⲧⲁⲥⲁϫⲓ ⲛ̀ ⲛⲏ ⲉ̀ⲧ ϩⲏⲡ ϧⲉⲛ ⲡⲁⲗⲁⲥ ⲕⲁⲧⲁ ⲡⲥⲁϫⲓ 20
ⲙ̀ ⲡⲓⲉ̀ⲣⲟⲯⲁⲗⲧⲏⲥ ⲇⲁⲩⲓⲇ ⲫⲓⲱⲧ ⲙ̀ ⲡⲭ̅ⲥ̅ ⲕⲁⲧⲁ
ⲥⲁⲣⲝ. ⲛ̀ⲧⲁϣⲱ ⲉ̀ⲃⲟⲗ ⲉ̀ϩⲟⲧⲉ ⲥⲛⲃⲓ ⲛⲓⲃⲉⲛ ⲛ̀ϫⲱ

ⲛⲉⲙ ⲙⲟⲩⲥⲓⲕⲟⲛ ⲛⲉⲙ ⲥⲩⲙⲃⲁⲗⲟⲛ ⲛⲉⲙ ⲕⲩⲑⲁⲣⲁ
ⲟⲩⲟϩ ⲛ̀ⲧⲁⲭⲟⲥ ϩⲱ ⲛⲉⲙ ⲡⲓⲑⲙⲏⲓ ϫⲉ ϣⲁⲣⲉ ⲡⲁⲅ-
ⲅⲉⲗⲟⲥ ⲙ̀ ⲡⲟ̅ⲥ̅ ϭⲓⲕⲟⲧ ⲙ̀ ⲡⲕⲱϯ ⲛ̀ ⲛⲏ ⲉ̀ⲧ ⲉⲣ ϩⲟϯ
ϧⲁⲧⲉϥ ϩⲓ ⲟⲩⲟϩ ⲛ̀ⲧⲉϥⲛⲁϩⲙⲟⲩ. Ⲙⲁⲣⲉⲛⲟⲩⲟϩ
ⲟⲛ ⲉ̀ⲭⲉⲛ ⲡⲥⲁϫⲓ ⲙ̀ ⲡⲓⲡⲣⲟⲫⲏⲧⲏⲥ ⲛ̀ⲧⲉⲛϫⲟⲥ ϫⲉ 5

ρ̅ⲗ̅ⲁ̅. ⲁ. ⲫⲁⲓ ⲡⲉ ⲡⲓⲉ̀ϩⲟⲟⲩ | ⲉ̀ⲧ ⲁ ⲡⲟ̅ⲥ̅ ⲑⲁⲙⲓⲟϥ ⲙⲁⲣⲉⲛ-
ⲑⲱⲟⲩϯ ⲛ̀ⲧⲉⲛⲑⲉⲗⲏⲗ ⲟⲩⲟϩ ⲛ̀ⲧⲉⲛⲟⲩⲛⲟϥ ⲙ̀ⲙⲟⲛ
ⲛ̀ ϧⲏⲧϥ ϧⲉⲛ ⲟⲩϩⲣⲱⲟⲩ ⲙ̀ⲙⲁⲩⲁⲧϥ ⲁⲛ ⲁⲗⲗⲁ ϧⲉⲛ
ⲟⲩⲟⲩⲛⲟϥ ⲛ̀ ⲣⲁϣⲓ ⲉϥⲥⲁⲡϣⲱⲓ ⲛ̀ ⲣⲁϣⲓ ⲛⲓⲃⲉⲛ.
Ⲧⲉⲛⲛⲁⲩ ⲅⲁⲣ ⲉ̀ ⲡⲓⲣⲉϥⲑⲁⲙⲓⲟ̀ ⲛ̀ⲧⲉ ⲡⲓⲉⲡⲧⲏⲣϥ 10
ⲉϥⲑⲟⲩⲏⲧ ⲛⲉⲙⲁⲛ ⲙ̀ⲫⲟⲟⲩ ϧⲉⲛ ⲡⲁⲣⲓⲥⲧⲟⲛ ⲙ̀ ⲡⲉϥ-
ⲛⲓϣϯ ⲛ̀ ⲁⲣⲭⲏⲁⲅⲅⲉⲗⲟⲥ ⲉ̀ⲑ ⲟⲩⲁⲃ ⲙⲏⲭⲁⲏⲗ ⲡⲓ-
ⲁⲣⲭⲏⲥⲧⲣⲁⲧⲓⲕⲟⲥ ⲛ̀ⲧⲉ ⲧϫⲟⲙ ⲛ̀ ⲛⲓⲫⲏⲟⲩⲓ̀. Ⲛⲓⲙ
ⲡⲉ ⲉ̀ⲧⲉⲛ ϥⲛⲁ ⲉⲣ ϣⲁⲓ ⲁⲛ ⲉϥⲛⲁⲩ ⲉ̀ ⲡⲟⲩⲣⲟ ⲛ̀ⲧⲉ
ⲛⲓⲟⲩⲣⲱⲟⲩ ⲟⲩⲟϩ ⲡⲟ̅ⲥ̅ ⲛ̀ⲧⲉ ⲥⲁⲣⲝ̅ ⲛⲓⲃⲉⲛ ⲉϥⲑⲟⲩⲏⲧ 15

ρ̅ⲗ̅ⲁ̅. ⲃ. ⲉ̀ | ϧⲟⲩⲛ ⲉ̀ ⲡⲁⲓ ϩⲓ ⲉ̀ⲑ ⲟⲩⲁⲃ ⲙ̀ ⲫⲟⲟⲩ ⲉϥϯ ⲧⲁⲓⲟ̀
ⲙ̀ ⲡⲉϥⲛⲓϣϯ ⲛ̀ ⲁⲣⲭⲏⲥⲧⲣⲁⲧⲩⲗⲁⲧⲏⲥ ⲉ̀ⲑ ⲙⲉϩ ⲛ̀ ⲱⲟⲩ
ⲙⲏⲭⲁⲏⲗ ⲡⲓⲁⲣⲭⲱⲛ ⲛ̀ⲧⲉ ⲫⲟⲩⲱⲓⲛⲓ. Ⲛⲓⲙ ⲡⲉ ⲉ̀ⲧⲉⲛ
ϥⲛⲁ ⲉⲣ ⲫⲟⲣⲓⲛ ⲁⲛ ⲛ̀ ⲟⲩϩⲉⲃⲥⲱ ⲛ̀ ⲱ̀ⲟⲩ ⲉϥⲑⲟⲩⲏⲧ
ⲉ̀ ⲡⲁⲓ ϩⲓ ⲉ̀ⲑ ⲟⲩⲁⲃ ⲙ̀ ⲫⲟⲟⲩ ⲉϥⲟⲩⲱⲙ ⲉ̀ⲃⲟⲗϧⲉⲛ 20
ⲡⲓⲁ̀ⲅⲁⲑⲟⲛ ⲉ̀ⲧ ⲁ ⲡⲓⲟⲩⲣⲟ ⲟⲩⲟϩ ⲡϣⲏⲣⲓ ⲙ̀ ⲡⲓⲟⲩⲣⲟ
ⲥⲉⲃⲧⲱⲧⲟⲩ ⲛⲁⲛ ϧⲉⲛ ⲛⲉϥⲇⲓⲡⲛⲟⲛ ϧⲉⲛ ⲡⲁⲣⲁⲥⲧⲟⲛ
ⲙ̀ ⲡⲓⲁⲣⲭⲏⲁⲅⲅⲉⲗⲟⲥ ⲉ̀ⲑ ⲟⲩⲁⲃ ⲙⲏⲭⲁⲏⲗ. Ⲛⲓⲭⲓ-
ⲛⲟⲩⲱⲙ ⲉ̀ⲧⲁⲩⲭⲁⲩ ϧⲁⲣⲱⲛ ⲙ̀ ⲫⲟⲟⲩ ϩⲁⲛⲥⲁⲣⲕⲓⲕⲟⲛ
ⲁⲛ ⲛⲁⲓ ⲉ̀ϣⲁⲕ ⲉⲣ ⲡⲱⲃϣ ⲙ̀ⲡⲟⲩⲛⲟϥ ⲙⲉⲛⲉⲛⲥⲁ 25
ⲑⲣⲉⲕⲟⲩⲱⲙ ⲉ̀ⲃⲟⲗ ⲛ̀ ϧⲏⲧⲟⲩ. Ⲁⲗⲗⲁ ⲛⲓⲭⲓⲛⲟⲩⲱⲙ

ρ̅ⲗ̅ⲃ̅. ⲁ. ⲉ̀ⲧⲁⲩⲥⲉⲃⲧⲱⲧ | ⲟⲩ ⲛⲁⲛ ⲙ̀ ⲫⲟⲟⲩ ⲡⲥⲱⲙⲁ ⲙ̀ ⲫϯ
ⲡⲉ ⲫⲁⲓ ⲉ̀ⲧⲁϥ ⲉⲣ ⲫⲟⲣⲓⲛ ⲙ̀ⲙⲟϥ ϧⲉⲛ ⲑⲛⲉϫⲓ ⲛ̀

ϯπαρθενος ⲉⲑ ⲟⲩⲁⲃ ⲙⲁⲣⲓⲁ ϯϭⲓⲉⲃⲓ ⲛ̀ ⲁⲧ ⲑⲱ-
ⲗⲉⲃ ⲫⲁⲓ ⲉⲧⲁϥⲧⲏⲓϥ ϧⲁⲣⲟⲛ ϣⲁⲧⲉϥⲧⲟⲩϫⲟⲛ ⲉⲃⲟⲗϩⲓ
ⲧⲟⲧϥ ⲙ̀ ⲡⲓⲭⲁⲕⲓ. Πⲓⲏⲣⲡ ⲉⲧⲁⲩⲭⲁϥ ϧⲁⲣⲱⲛ ⲙ̀
ⲫⲟⲟⲩ ⲟⲩⲏⲣⲡ ⲛ̀ ⲅⲩⲗⲓⲕⲉⲛ ⲁⲛ ⲡⲉ ⲫⲁⲓ ⲉϣⲁⲛⲥⲱ
ⲛ̀ ϧⲏⲧϥ ⲛ̀ⲧⲉⲛⲑⲓⲃⲓ ⲟⲩⲟϩ ⲛ̀ⲧⲉ ⲟⲩⲙⲉⲧⲁⲧϣⲁⲩ ϣⲱⲡⲓ 5
ⲛ̀ ϧⲏⲧⲉⲛ. Αⲗⲗⲁ ⲡⲓⲥⲛⲟϥ ⲡⲉ ⲉⲧ ⲁ ⲡⲓⲙⲁⲧⲟⲓ
ϫⲟⲧϥ ⲡⲥⲫⲓⲣ ⲙ̀ ⲫϯ ⲡⲓⲗⲟⲅⲟⲥ ϩⲓ ⲡⲓⲥⲧⲁⲩⲣⲟⲥ
ⲁϥⲫⲟⲛϥ ⲉⲃⲟⲗ ϧⲁⲣⲟⲛ ϣⲁⲧⲉ ϥ ⲧⲟⲩϫⲟⲛ ⲉⲃⲟⲗϧⲉⲛ

ρ̅ⲗ̅ⲃ̅. ⲃ. ⲛⲉⲛⲛⲟⲃⲓ | ϩⲁⲛⲁϥ ⲁⲛ ⲉⲧⲁⲩⲭⲁϥ ϧⲁⲣⲟⲛ ⲙ̀ ⲫⲟⲟⲩ
ⲛⲁⲓ ⲉϣⲁⲩⲥⲱϯⲡ ⲛ̀ ⲟⲩⲉϩⲟⲟⲩ ⲓⲉ ⲃ̅ ⲛ̀ⲥⲉⲧⲁⲕⲟ ⲟⲩⲟϩ 10
ⲛ̀ⲥⲉⲭⲱⲛⲥ. Αⲗⲗⲁ ϩⲁⲛⲛⲟⲏⲙⲁ ⲛⲉ ⲛ̀ⲧⲉ ϯⲅⲣⲁⲫⲏ
ⲉⲑ ⲟⲩⲁⲃ ⲛⲁⲓ ⲉϣⲁⲩϣⲱⲡⲓ ⲉⲩⲙⲏⲛ ⲉⲃⲟⲗ ϣⲁ ⲉⲛⲉϩ
ⲉⲩϯ ⲙ̀ ⲡⲥⲁⲓ. Ⲱ ⲛⲓⲙ ⲉⲑ ⲛⲁϣⲟⲣⲡ ⲉϥⲛⲟⲩⲥ ⲛ̀
ⲣⲉⲙ ⲙ̀ⲫⲉ ⲙ̀ ⲫⲟⲟⲩ ⲉϥⲛⲁⲩ ⲉ̀ ⲡⲁⲓ ⲛⲓϣϯ ⲛ̀ ⲣⲁϣⲓ
ⲉϥⲫⲱⲣϣ ⲉⲃⲟⲗ ϧⲉⲛ ⲧⲫⲉ ⲛⲉⲙ ϩⲓϫⲉⲛ ⲡⲕⲁϩⲓ ⲉⲑⲃⲉ 15
ⲡ ⲉⲣ ⲫⲙⲉⲩⲓ ⲙ̀ ⲡⲓⲁⲣⲭⲁⲅⲅⲉⲗⲟⲥ ⲉⲑ ⲟⲩⲁⲃ ⲙⲓⲭⲁⲏⲗ.
Ⲙⲁⲣⲉⲛ ⲧⲁⲥⲑⲟⲛ ϯⲛⲟⲩ ϩⲓϫⲉⲛ ⲛⲓⲭⲟⲙ ⲛⲉⲙ ⲛⲓϣⲫ-
ⲏⲣⲓ ⲉⲧⲁⲩϣⲱⲡⲓ ⲉⲃⲟⲗϩⲓⲧⲉⲛ ⲡⲓⲁⲣⲭⲁⲅⲅⲉⲗⲟⲥ ⲙⲓ-
ⲭⲁⲏⲗ ⲫⲁⲓ ⲉⲧⲉⲛⲑⲟⲩⲏⲧ ⲉ̀ ϧⲟⲩⲛ ⲉ̀ ⲡⲉϥⲧⲟⲡⲟⲥ ⲙ̀

ρ̅ⲗ̅ⲅ̅. ⲁ. ⲫⲟⲟⲩ | ⲉⲛϫⲱⲕ ⲉⲃⲟⲗ ⲛ̀ ϧⲏⲧϥ ⲙ̀ ⲡ ⲉⲣ ⲫⲙⲉⲩⲓ 20
ⲙ̀ ⲡⲉϥⲧⲁⲓⲟ ⲛⲉⲙ ⲡⲉϥⲧⲟⲡⲟⲥ ⲉⲧⲁⲛⲕⲟⲧϥ ϧⲉⲛ
ⲡⲉϥⲣⲁⲛ ⲉⲑ ⲟⲩⲁⲃ. ϩⲁⲣⲁ ⲧⲉⲧⲉⲛⲓⲣⲓ ⲙ̀ ⲫⲙⲉⲩⲓ
ⲛ̀ ⲑⲱⲧⲉⲛ ⲁⲛ ⲛ̀ ⲉⲩⲫⲏⲙⲓⲁ ϯⲥⲩⲅⲕⲗⲏⲧⲓⲕⲏ ⲧⲥϩⲓⲙⲓ
ⲛ̀ ⲁⲣⲓⲥⲧⲁⲣⲭⲟⲥ ⲡⲉⲥⲧⲣⲁⲧⲩⲗⲁⲧⲏⲥ ⲫⲁⲓ ⲉⲧ ⲁ ⲡⲟⲩⲣⲟ
ⲛ̀ ⲉⲩⲥⲉⲃⲏⲥ ⲟⲛⲛⲟⲩⲣⲓⲟⲥ ⲑⲁϣϥ ϩⲓϫⲉⲛ ϯⲛⲏⲥⲟⲥ ⲛ̀ⲧⲉ 25
ϯⲣⲁⲕⲏ. Ⲧⲉⲧⲉⲛⲥⲱⲟⲩⲛ ⲅⲁⲣ ⲧⲏⲣⲟⲩ ⲱ̀ ⲡⲓⲗⲁⲟⲥ
ⲙ̀ ⲙⲁⲓⲭ̅ⲣ̅ⲥ̅ ϫⲉ ⲟⲩⲉⲩⲥⲉⲃⲏⲥ ⲡⲉ ⲉⲙⲁϣⲱ ⲡⲉ ⲡⲓⲥⲧ-
ⲣⲁⲧⲩⲗⲁⲧⲏⲥ ⲉⲧⲉⲙⲙⲁⲩ ⲉⲧ ⲉⲣ ⲙⲉⲑⲣⲉ ϣⲁⲣⲟϥ

ϩⲓⲧⲉⲛ ⲟⲩⲟⲛ ⲛⲓⲃⲉⲛ ϫⲉ ⲛⲉϥϣⲗⲏⲗ ⲛⲉⲙ ⲛⲉϥⲙⲉⲑ-
ⲣ̅ⲗ̅ⲅ̅. ⲃ ⲛⲁⲏⲧ ⲁⲩⲓ ⲉϩⲣⲏⲓ ⲙ̀ ⲡⲉⲙⲑⲟ ⲙ̀ ⲫϯ ⲙ̀ ⲫⲣⲏϯ
ⲛ̀ ⲕⲟⲣⲛⲏⲗⲓⲟⲥ ⲙ̀ ⲡⲓⲥⲛⲟⲩ. Ⲡⲁⲓ ⲣⲱⲙⲓ ⲉⲧ ⲧⲁⲓⲏⲟⲩⲧ
ⲉ̀ⲧⲉⲙⲙⲁⲩ ⲁⲣⲓⲥⲧⲁⲣⲭⲟⲥ ⲡⲓⲥⲧⲣⲁⲧⲩⲗⲁⲧⲏⲥ ⲓⲥϫⲉⲛ
ⲉⲧⲁϥϭⲓ ⲙ̀ ⲡⲓⲱⲙⲥ ⲉⲑ ⲟⲩⲁⲃ ⲉⲃⲟⲗϩⲓⲧⲟⲧϥ ⲙ̀ ⲡⲉⲛⲓⲱⲧ 5
ⲉⲧ ⲧⲁⲓⲏⲟⲩⲧ ⲟⲩⲟϩ ⲙ̀ⲡⲁⲣⲉϥⲧⲥⲃⲱ ⲡⲓⲛⲓϣϯ ⲓⲱ-
ⲁⲛⲛⲏⲥ ⲙ̀ⲡⲉ ϥ ⲭⲁ ⲧⲟⲧϥ ⲉⲃⲟⲗ ⲉϥϯ ⲁ̀ⲅⲁⲡⲏ ⲛⲉⲙ
ϩⲁⲛⲡⲣⲟⲥⲫⲟⲣⲁ ⲛ̀ ⲥⲟⲩ ⲓ̅ⲃ̅ ⲕⲁⲧⲁ ⲁ̀ⲃⲟⲧ ϧⲉⲛ ⲫⲣⲁⲛ
ⲙ̀ ⲡⲓⲁⲣⲭⲏⲁⲅⲅⲉⲗⲟⲥ ⲉⲑ ⲟⲩⲁⲃ ⲙⲓⲭⲁⲏⲗ. Ⲛⲉⲙ ⲥⲟⲩ
ⲕ̅ⲁ̅ ⲟⲛ ⲕⲁⲧⲁ ⲁ̀ⲃⲟⲧ ϧⲉⲛ ⲫⲣⲁⲛ ⲛ̀ ϯⲡⲁⲣⲑⲉⲛⲟⲥ 10
ⲉⲑ ⲟⲩⲁⲃ ⲙⲁⲣⲓⲁ̀ ⲛⲉⲙ ⲥⲟⲩ ⲕ̅ⲑ̅ ⲟⲛ ⲕⲁⲧⲁ ⲁ̀ⲃⲟⲧ
ⲉⲧⲉ ⲡⲉϩⲟⲟⲩ ⲙ̀ ⲙⲓⲥⲓ ⲡⲉ ⲙ̀ ⲡⲉⲛϭ̅ⲥ̅ ⲓ̅ⲏ̅ⲥ̅ ⲡ̅ⲭ̅ⲥ̅ ⲉϥϯ
ⲣ̅ⲗ̅ⲇ̅. ⲁ. ⲛ̀ ϩⲁⲛⲡⲣⲟⲥⲫⲟⲣⲁ ⲛⲉⲙ ϩⲁⲛⲙⲉⲧⲛⲁⲏⲧ | ⲛ̀ ⲁⲧ ϭⲓ
ⲏⲡⲓ ⲙ̀ⲙⲱⲟⲩ ⲉ̀ ⲡ ⲉⲣ ⲫⲙⲉⲩⲓ ⲙ̀ ⲫϯ ⲡⲓⲗⲟⲅⲟⲥ.
Ⲛ̀ⲑⲟϥ ⲟⲛ ⲡⲣⲱⲙⲓ ⲛ̀ ⲑⲙⲏⲓ ⲁϥϣⲱⲡⲓ ⲉϥⲓⲣⲓ ⲙ̀ 15
ⲡⲁⲓ ⲣⲏϯ ⲛ̀ ⲟⲩ ⲛⲓϣϯ ⲛ̀ ⲥⲛⲟⲩ. Ⲙⲉⲛⲉⲛⲥⲁ ⲛⲁⲓ
ⲇⲉ ⲁ̀ ⲡⲉϥⲥⲛⲟⲩ ϫⲱⲕ ⲉ̀ⲃⲟⲗ ⲉⲑⲣⲉϥϣⲉ ⲛⲁϥ ϩⲁ ⲡ̅ⲭ̅ⲥ̅
ⲙ̀ ⲫⲣⲏϯ ⲛ̀ ⲣⲱⲙⲓ ⲛⲓⲃⲉⲛ ⲟⲩⲟϩ ⲁϥⲙⲟⲩϯ ⲉ̀ ⲉⲩⲫⲏ-
ⲙⲓⲁ̀ ϯⲥⲩⲛⲕⲗⲏⲧⲓⲕⲏ ⲧⲉϥⲥϩⲓⲙⲓ ⲡⲉϫⲁϥ ⲛⲁⲥ. Ϫⲉ
ⲧⲁⲥⲱⲛⲓ ⲓⲥ ϩⲏⲡⲡⲉ ⲧⲉⲛⲁⲩ ⲉ̀ⲣⲟⲓ ϫⲉ ⲁ̀ ⲡⲁ ⲥⲛⲟⲩ 20
ϫⲱⲕ ⲉ̀ⲃⲟⲗ ⲉⲑⲣⲓϩⲱⲗ ⲉ̀ⲣⲁⲧϥ ⲙ̀ ⲡϭ̅ⲥ̅ ⲙ̀ ⲫⲣⲏϯ ⲛ̀
ⲛⲁⲓⲟϯ ⲧⲏⲣⲟⲩ. Ⲁⲣⲉⲥⲱⲧⲉⲙ ϩⲱⲓ ⲉ̀ ⲛⲓⲥⲃⲱⲟⲩⲓ ⲛ̀
ⲣ̅ⲗ̅ⲇ̅. ⲃ. ⲱⲛϧ ⲉⲧⲁϥϩⲟⲛϩⲉⲛ ⲙ̀ⲙⲱⲟⲩ ⲉ̀ ⲧⲟⲧⲉⲛ | ⲛ̀ϫⲉ ⲡⲓ-
ⲧⲣⲓⲥⲙⲁⲕⲁⲣⲓⲟⲥ ⲛ̀ ⲓⲱⲧ ⲓⲱⲁⲛⲛⲏⲥ ⲫⲁⲓ ⲉⲧ ⲁ ⲧⲁⲓ
ⲛⲏⲥⲟⲥ ⲧⲏⲣⲥ ϭⲓ ⲟⲩⲱⲓⲛⲓ ⲉ̀ⲃⲟⲗϩⲓ ⲧⲟⲧϥ ⲟⲩⲟϩ 25
ⲁⲩⲥⲟⲩⲉⲛ ⲫϯ. Ⲉⲩⲙⲏϣ ⲅⲁⲣ ⲛ̀ ⲥⲟⲡ ⲁⲣⲉⲥⲱⲧⲉⲙ
ⲉ̀ⲃⲟⲗϩⲓ ⲧⲟⲧϥ ϧⲉⲛ ⲛⲉⲙⲁϣϫ ⲙ̀ ⲡⲏⲓ ⲙ̀ⲙⲟ ϫⲉ ⲙ̀ⲙⲟⲛ
ⲡ ⲉⲧ ⲟⲓ ⲛ̀ ⲛⲓϣϯ ⲉ̀ ϯⲁ̀ⲅⲁⲡⲏ. Ⲟⲩⲟϩ ⲟⲛ ϫⲉ

ϣⲁⲣⲉ ⲡⲓⲛⲁⲓ ϣⲟⲩϣⲟⲩ ⲙ̅ⲙⲟϥ ⲉⲭⲉⲛ ϯⲕⲣⲓⲥⲓⲥ ⲁⲡⲗⲱⲥ
ⲙ̅ ⲡ ⲕⲉ ⲥⲉⲡⲓ ⲛ̅ ⲛⲓⲥⲁⲭⲓ ⲛ̅ ⲥⲟⲗⲥⲉⲗ ⲉⲧⲁϥⲭⲟⲧⲟⲩ
ⲛⲁⲛ ⲉⲑⲃⲉ ⲡⲟⲩⲭⲁⲓ ⲛ̅ ⲛⲉⲛⲯⲩⲭⲏ ⲛ̅ⲧⲉ ⲡⲓⲛⲓϣϯ
ⲉⲧⲉⲙⲙⲁⲩ ⲓ̈ⲱⲁⲛⲛⲏⲥ ⲗⲟⲓⲡⲟⲛ ϩⲏⲡⲡⲉ ϯϩⲟⲛϩⲉⲛ

ρⲗⲉ. ⲁ. ⲉⲧⲟⲧ ⲙ̅ ⲫⲟⲟⲩ ⲉⲓⲭⲱ ⲙ̅ ⲫϯ ⲃⲉⲛ ⲧⲁⲙⲏϯ ⲛⲉⲙ | 5
ⲉ̀ ⲃⲁⲧⲁϩⲏ ⲙ̅ⲡⲁⲧ ⲁⲓ̀ ⲉ̀ⲃⲟⲗⲃⲉⲛ ⲡⲁⲓ ⲕⲟⲥⲙⲟⲥ
ⲭⲉ ⲭⲁⲥ ⲛ̅ⲛⲏ ⲭⲁ ⲧⲟⲧ ⲉ̀ⲃⲟⲗⲃⲉⲛ ⲛⲏ ⲉ̀ⲧⲉⲛⲓ̀ⲣⲓ
ⲙ̅ⲙⲱⲟⲩ ϯⲛⲟⲩ ⲃⲉⲛ ⲥⲟⲩ ⲓⲏ̅ ⲛ̅ ⲉ̀ϩⲟⲩ ⲙ̅ ⲡⲓⲁ̀ⲃⲟⲧ
ⲡⲉ̀ϩⲟⲟⲩ ⲙ̅ ⲡⲓⲁⲣⲭⲏⲁ̀ⲅⲅⲉⲗⲟⲥ ⲉ̀ⲑ ⲟⲩⲁⲃ ⲙⲓⲭⲁⲏⲗ
ⲛⲉⲙ ⲃⲉⲛ ⲥⲟⲩ ⲕⲁ̅ ⲟⲛ ⲛ̅ ⲉ̀ϩⲟⲟⲩ ⲛ̅ ϯⲟⲩⲣⲱ ⲑⲙⲁⲩ 10
ⲙ̅ ⲡⲟⲩⲣⲟ ⲛ̅ⲧⲉ ⲛⲓⲟⲩⲣⲱⲟⲩ ⲃⲉⲛ ⲥⲟⲩ ⲕⲑ̅ ⲇⲉ ⲟⲛ
ⲛ̅ ⲉ̀ϩⲟⲟⲩ ⲙ̅ ⲙⲓⲥⲓ ⲙ̅ ⲫϯ ⲡⲓⲗⲟⲅⲟⲥ. ⲁⲛⲁⲩ ⲭⲉ ⲟⲩⲛ
ⲙ̅ⲡⲉⲣ ⲉⲣ ⲕⲁⲧⲁⲫⲣⲟⲛⲓⲛ ⲛ̅ ϯⲡⲣⲟⲥⲫⲟⲣⲁ ⲛ̅ⲧⲉ ⲡⲓ-
ⲁⲣⲭⲏⲁ̀ⲅⲅⲉⲗⲟⲥ ⲉ̀ⲑ ⲟⲩⲁⲃ ⲙⲓⲭⲁⲏⲗ ⲭⲉ ⲟⲩⲏⲓ ⲛ̅ⲑⲟϥ
ⲉⲧ ⲧⲱⲃϩ ⲉⲭⲉⲛ ⲟⲩⲟⲛ ⲛⲓⲃⲉⲛ ⲭⲉ ⲭⲁⲥ ⲛ̅ⲧⲉϥⲧⲱⲃϩ 15

ρⲗⲉ. ⲃ. ⲉ̀ϩⲣⲏⲓ | ⲉ̀ⲭⲱⲛ ⲙ̅ ⲡⲉⲙⲑⲟ ⲙ̅ ⲫϯ ⲛ̅ⲧⲉϥ ⲉⲣ ⲟⲩⲛⲁⲓ
ⲛ̅ ⲁ̀ⲅⲁⲡⲏ ⲛⲉⲙⲁⲛ ⲛ̅ⲧⲉϥϣⲱⲡ ⲉ̀ⲣⲟϥ ⲛ̅ ⲧⲁⲯⲩⲭⲏ
ⲛ̅ ⲧⲁⲗⲉⲡⲱⲣⲟⲥ. ⲛ̅ⲑⲟⲥ ⲇⲉ ϯⲥϩⲓⲙⲓ ⲛ̅ ⲥⲁⲃⲏ ⲉ̀ⲧⲉⲙ-
ⲙⲁⲩ ⲡⲉⲭⲁⲥ ⲙ̅ ⲡⲉⲥϣⲁⲓ ⲭⲉ ⲡⲁⲟ̅ⲥ̅ ⲟⲩⲟϩ ⲡⲁⲥⲟⲛ
ϥⲟⲛⲃ ⲛ̅ⲭⲉ ⲡⲟ̅ⲥ̅ ⲫⲁⲓ ⲉ̀ⲧⲁⲛⲛⲁϩϯ ⲉ̀ⲣⲟϥ ⲭⲉ ϯⲛⲁⲭⲱ 20
ⲉ̀ⲫⲁϩⲟⲩ ⲁⲛ ⲃⲉⲛ ⲛⲏ ⲉⲧ ⲁⲕⲟⲩⲁϩⲥⲁϩⲛⲓ ⲙ̅ⲙⲱⲟⲩ
ⲛⲏⲓ ⲁⲗⲗⲁ ϯⲛⲁⲧⲟⲩϩⲟ ⲉ̀ϩⲣⲏⲓ ⲉ̀ⲭⲱⲟⲩ ⲛ̅ϩⲟⲩⲟ̀.
ⲡⲗⲏⲛ ⲟⲩⲟⲛ ⲟⲩⲥⲁⲭⲓ ⲃⲉⲛ ⲡⲁϩⲏⲧ ϯⲟⲩⲱϣ ⲉⲑⲣⲉⲕ
ⲉⲣ ⲡⲗⲏⲣⲟⲫⲟⲣⲓⲛ ⲙ̅ⲙⲟⲓ ⲛ̅ ⲃⲏⲧϥ ⲟⲩⲟϩ ⲛ̅ⲧⲉϥⲭⲟⲕϥ
ⲛⲏⲓ ⲉ̀ⲃⲟⲗ ⲃⲁ ⲧϩⲏ ⲙ̅ⲡⲁⲧⲉ ⲕⲭⲁ ⲥⲱⲙⲁ ⲉ̀ⲃⲣⲏⲓ. 25

ρⲗⲋ. ⲁ. ⲛ̅ⲑⲟϥ ⲇⲉ ⲡⲉⲭⲁϥ | ⲛⲁⲥ ⲭⲉ ϩⲱⲃ ⲛⲓⲃⲉⲛ ⲁ̀ⲣⲉ-
ⲟⲩⲁϣⲟⲩ ⲁ̀ⲭⲟⲧⲟⲩ ⲛⲏⲓ ϯⲛⲁⲭⲟⲕⲟⲩ ⲛⲉ ⲉ̀ⲃⲟⲗⲃⲉⲛ
ⲫⲟⲩⲱϣ ⲙ̅ ⲫϯ. ⲛ̅ⲑⲟⲥ ⲇⲉ ⲡⲉⲭⲁⲥ ⲛⲁϥ ⲭⲉ ⲉⲓⲟⲩⲱϣ

13

ⲉⲑⲣⲉⲕⲟⲩⲁϩⲥⲁϩⲛⲓ ⲛ̀ ⲟⲩⲍⲱⲕⲣⲁⲫⲟⲥ ⲉⲑⲣⲉϥⲫⲱⲧϩ
ⲛⲏⲓ ⲉ̀ⲃⲟⲗ ⲙ̀ ⲫⲗⲩⲙⲏⲛ ⲙ̀ ⲡⲓⲁⲣⲭⲁ̀ⲅⲅⲉⲗⲟⲥ ⲉ̀ⲑ
ⲟⲩⲁⲃ ⲙⲓⲭⲁⲏⲗ ⲉ̀ ⲟⲩⲫⲱⲭⲓ ⲛ̀ ϣⲉ ⲛ̀ⲧⲉⲕⲧⲏⲥ ⲛⲏⲓ
ⲛ̀ⲧⲁⲭⲁⲥ ⲉ̀ ϧⲟⲩⲛ ⲉ̀ ⲡⲓⲕⲟⲓⲧⲱⲛ ⲉ̀ ϯⲛ̀ⲕⲟⲧ ⲛ̀ ϧⲏⲧϥ.
Ⲟⲩⲟϩ ⲛ̀ⲧⲉⲕⲧⲏⲓ̀ⲧ ⲉ̀ ⲧⲟⲧϥ ϩⲱⲥ ⲡⲁⲣⲁⲑⲏⲕⲏ ϫⲉ ⲭⲁⲥ 5
ⲁⲕϣⲁⲛⲓ̀ ⲉ̀ⲃⲟⲗϧⲉⲛ ⲥⲱⲙⲁ ⲛ̀ⲧⲉϥϣⲱⲡⲓ ⲉϥⲣⲱⲓⲥ
ⲉ̀ⲣⲟⲓ ⲟⲩⲟϩ ⲉϥⲛⲟϩⲉⲙ ⲙ̀ⲙⲟⲓ ⲉ̀ⲃⲟⲗϩⲁ ⲙⲉⲩⲓ̀ ⲛⲓⲃⲉⲛ
ⲣ̅ⲗ̅ϛ̅. ⲃ. ⲉ̀ⲧ ϩⲱⲟⲩ ⲛ̀ⲧⲉ ⲡⲥⲁⲧⲁⲛⲁⲥ. | Ⲉⲡⲓ ⲇⲏ ⲁⲕϣⲁⲛⲓ̀
ⲉ̀ⲃⲟⲗϧⲉⲛ ⲥⲱⲙⲁ ϯⲛⲁⲟⲩⲱⲙ ⲙ̀ ⲡⲁ ⲱ̀ⲓⲕ ϧⲉⲛ ⲟⲩ-
ⲣⲓⲙⲓ ⲛⲉⲙ ⲟⲩⲙ̀ⲕⲁϩ ⲛ̀ ϩⲏⲧ ϫⲉ ⲟⲩⲏⲓ ⲓ̀ⲥϫⲉⲛ ⲡⲓⲛⲁⲩ 10
ⲉ̀ⲣⲟ ⲡϩⲁⲓ ⲛ̀ ⲟⲩⲥϩⲓⲙⲓ ⲛⲁϣⲱⲗ ⲉ̀ⲃⲟⲗϩⲓ ⲧⲟⲧϥ
ⲙ̀ⲙⲟⲛⲧⲉϥ ϩⲗⲓ ⲛ̀ ϩⲉⲗⲡⲓⲥ ⲛ̀ ⲱ̀ⲛϧ ⲙ̀ⲙⲁⲩ ⲛ̀ ⲕⲉ
ⲥⲟⲡ ⲉⲥⲧⲉⲛⲑⲱⲛ ⲅⲁⲣ ⲉ̀ ⲟⲩⲥⲱⲙⲁ ⲙ̀ⲙⲟⲛ ⲁⲫⲉ ⲙ̀ⲙⲟϥ
ⲡⲓⲥⲱⲙⲁ ⲅⲁⲣ ⲛ̀ ⲁⲧ ⲁⲫⲉ ⲟⲩ ⲁⲧ ⲯⲩⲭⲏ ⲧⲉ ⲟⲩⲟϩ
ϥⲙⲱⲟⲩⲧ ϧⲁⲣⲓ ϧⲁⲣⲟϥ. Ⲕⲉ ⲅⲁⲣ ⲡⲓⲥⲟⲫⲟⲥ ⲡⲁⲩⲗⲟⲥ 15
ⲕⲏⲛ ⲉ̀ⲣⲟϥ ⲉϥϫⲱ ⲙ̀ⲙⲟⲥ ϫⲉ ⲧⲁⲫⲉ ⲛ̀ ϯⲥϩⲓⲙⲓ ⲡⲉ
ⲡⲉⲥϩⲁⲓ ⲟⲩⲟϩ ϯⲥϩⲓⲙⲓ ⲉⲧⲉ ⲙ̀ⲙⲟⲛⲧⲉⲥ ϩⲁⲓ ⲙ̀ⲙⲁⲩ
ⲉⲥⲧⲉⲛⲑⲱⲛⲧ ⲉ̀ ⲟⲩⲭⲟⲓ ⲛ̀ ⲁⲧ ϩⲓⲉ̀ ⲉϥⲥⲉⲃⲧⲱⲧ ⲉ̀
ⲣ̅ⲗ̅ⲍ̅. ⲁ. ⲱⲙⲥ | ⲛⲉⲙ ⲡⲓⲁⲟⲩⲓ̀ⲛ ⲉⲧ ⲧⲁⲗⲏⲟⲩⲧ ⲉ̀ⲣⲟϥ. Ϯⲛⲟⲩ
ϫⲉ ⲡⲁ ⲟ̅ⲥ̅ ⲟⲩⲟϩ ⲡⲁ ⲥⲟⲛ ⲙ̀ ⲫⲣⲏϯ ⲉ̀ⲧⲉ ⲙ̀ⲡⲉ 20
ⲕⲧ ⲙ̀ⲕⲁϩ ⲛ̀ ϩⲏⲧ ⲛⲏⲓ ϧⲉⲛ ϩⲗⲓ ⲉ̀ⲛⲉϩ ⲛ̀ ⲥⲁϫⲓ
ⲁⲓϣⲁⲛⲉⲣⲉ̀ⲧⲓⲛ ⲙ̀ⲙⲟⲕ ⲛ̀ ϧⲏⲧⲟⲩ ⲙ̀ⲡⲉ ⲣ ϯ ⲙ̀ⲕⲁϩ
ⲛ̀ ϩⲏⲧ ⲛⲏⲓ ⲁⲛ ⲟⲛ ϧⲉⲛ ⲡⲁⲓ ⲕⲉ ⲟⲩⲁⲓ ϫⲉ ⲭⲁⲥ
ⲉ̀ⲣⲉ ⲡⲓⲁⲣⲭⲁ̀ⲅⲅⲉⲗⲟⲥ ⲉ̀ⲑ ⲟⲩⲁⲃ ⲙⲓⲭⲁⲏⲗ ⲛⲁ-
ϣⲱⲡⲓ ⲉϥⲣⲱⲓⲥ ⲉ̀ⲣⲟⲓ. Ⲉⲑⲃⲉ ϫⲉ ⲙ̀ⲙⲟⲛ ϩⲗⲓ ⲛ̀ 25
ϩⲉⲗⲡⲓⲥ ⲛ̀ⲧⲏⲓ ⲙ̀ⲙⲁⲩ ⲁⲗⲗⲁ ⲉⲓⲭⲟⲩϣⲧ ⲉ̀ⲃⲟⲗ ϧⲁ
ϫⲱϥ ⲙ̀ ⲡⲓⲛⲁⲓ ⲛ̀ⲧⲉ ⲫϯ ⲛⲉⲙ ⲡⲉϥⲛⲓϣϯ ⲛ̀ ⲁⲣⲭⲏ-
ⲁⲅⲅⲉⲗⲟⲥ ⲉ̀ⲑ ⲟⲩⲁⲃ ⲙⲓⲭⲁⲏⲗ. Ⲛ̀ⲑⲟϥ ⲇⲉ ⲡⲉⲥⲧⲣⲁ-

ⲧⲩⲗⲁⲧⲏⲥ ⲉ̀ⲧⲁϥⲥⲱⲧⲉⲙ ⲉ̀ ⲛⲁⲓ ⲥⲁϫⲓ ⲁϥⲭⲱⲗⲉⲙ

ⲣ̅ⲗ̅ⲍ̅. ⲃ. ⲉⲑⲣⲉϥϫⲱⲕ | ⲉ̀ⲃⲟⲗ ⲙ̀ ⲫⲏ ⲉ̀ⲧⲁⲥⲉⲣⲉ̀ⲧⲓⲛ ⲙ̀ⲙⲟϥ. Ⲟⲩⲟϩ ⲥⲁ ⲧⲟⲧϥ ⲁϥⲟⲩⲁϩⲥⲁϩⲛⲓ ⲛ̀ ϯⲟⲩⲛⲟⲩ ⲉⲑⲣⲟⲩⲓⲛⲓ ⲛ̀ ⲟⲩⲥⲟⲫⲟⲥ ⲛ̀ ⲍⲱⲅⲣⲁⲫⲟⲥ ⲁϥⲟⲩⲁϩ- ⲥⲁϩⲛⲓ ⲛⲁϥ ⲉⲑⲣⲉϥϣⲱⲧⲉ ⲙ̀ ⲡⲓⲭⲁⲣⲁⲕⲧⲏⲣ ⲙ̀ ⲡⲓ- 5 ⲁⲣⲭⲏⲁⲅⲅⲉⲗⲟⲥ ⲉⲑ ⲟⲩⲁⲃ ⲙⲓⲭⲁⲏⲗ ⲉ̀ ⲟⲩⲫⲟϫⲓ ⲛ̀ ϣⲉ ⲛ̀ⲧⲉϥϯ ⲉ̀ⲣⲟϥ ⲛ̀ ⲟⲩⲡⲉⲇⲁⲗⲟⲛ ⲛ̀ ⲛⲟⲩⲃ ⲉϥⲥⲱⲧⲡ ⲛⲉⲙ ϩⲁⲛⲱⲛⲓ ⲙ̀ⲙⲏⲓ. Ⲟⲩⲟϩ ⲉ̀ⲧⲁϥϫⲟⲕϥ ⲉ̀ⲃⲟⲗ ⲁϥⲧⲏⲓϥ ⲛⲁϥⲥ ⲁⲥⲣⲁϣⲓ ⲉ̀ϩⲣⲏⲓ ⲉ̀ ϫⲱϥ ⲙ̀ ⲫⲣⲏϯ ⲙ̀ ⲫⲏ ⲉ̀ⲧⲁϥϫⲓⲙⲓ ⲛ̀ ⲟⲩⲙⲏϣ ⲛ̀ ϣⲱⲗ ⲕⲁⲧⲁ ⲫⲣⲏϯ 10 ⲉ̀ⲧ ⲥϩⲛⲟⲩⲧ. Ⲛ̀ⲑⲟⲥ ⲇⲉ ⲡⲉϫⲁⲥ ⲛⲁϥ ϫⲉ ⲡⲁ ⲟ̅ⲥ̅

ⲣ̅ⲗ̅ⲏ̅. ⲁ. ⲛ̀ ⲥⲟⲛ ⲙⲁⲣⲉ ⲡⲉⲕⲛⲁⲓ | ⲧⲁϩⲟⲓ ⲛ̀ⲧⲉⲕⲑⲱⲧ ⲙ̀ ⲡⲁ ϩⲏⲧ ϧⲉⲛ ⲡⲁⲓ ⲕⲉ ⲥⲁϫⲓ ϩⲓⲛⲁ ϫⲉ ⲉ̀ⲣⲉ ⲡⲁ ϩⲏⲧ ⲛⲁⲭⲱ ⲉ̀ⲃⲟⲗ ⲟⲩⲟϩ ⲛ̀ⲧⲁ ⲉⲣ ⲑⲁⲣⲡⲓ ϫⲉ ⲙ̀ⲙⲟⲛ ϩⲗⲓ ⲛⲉ ⲡⲓⲃⲟⲩⲗⲏ ⲛⲁⲧⲱⲟⲩⲛⲟⲩ ⲉ̀ϫⲱⲓ ⲁⲕϣⲁⲛⲭⲁ ⲥⲱⲙⲁ 15 ⲉ̀ϧⲣⲏⲓ. Ⲛ̀ⲑⲟϥ ⲇⲉ ⲡⲉϫⲁϥ ⲛⲁⲥ ϫⲉ ϩⲱⲃ ⲛⲓⲃⲉⲛ ⲉ̀ⲧⲉ ⲉ̀ⲣⲉⲧⲓⲛ ⲙ̀ⲙⲱⲟⲩ ϯⲥⲉⲃⲧⲱⲧ ⲉ̀ϫⲟⲕ ⲟⲩⲛ ⲉ̀ⲃⲟⲗ ϩⲱⲥ ⲉ̀ⲣⲉ ⲥⲱⲟⲩⲛ ϫⲉ ⲙ̀ⲡⲓ ϯ ⲙ̀ⲕⲁϩ ⲛ̀ ϩⲏⲧ ⲡⲉ ϧⲉⲛ ϩⲗⲓ ⲛ̀ ϩⲱⲃ ⲉ̀ⲛⲉϩ. Ⲛ̀ⲑⲟⲥ ⲇⲉ ⲡⲉϫⲁⲥ ⲛⲁϥ ϫⲉ ϯⲟⲩⲱϣ ⲉⲑⲣⲉⲕⲧⲏⲓⲧ ⲉ̀ ⲧⲟⲧϥ ⲙ̀ ⲡⲓⲁⲣⲭⲏⲁⲅⲅⲉⲗⲟⲥ 20 ⲉⲑ ⲟⲩⲁⲃ ⲙⲓⲭⲁⲏⲗ ⲫⲁⲓ ⲉ̀ⲧⲁⲕ ⲉⲣ ⲍⲱⲅⲣⲁⲫⲓⲛ ⲙ̀ⲙⲟϥ ⲉ̀ ⲧⲁⲓ ⲫⲱϫⲓ ⲛ̀ ϣⲉ ⲟⲩⲟϩ ⲛ̀ⲧⲉⲕϯϩⲟ ⲉ̀ⲣⲟϥ ⲉ̀ϩⲣⲏⲓ

ⲣ̅ⲗ̅ⲏ̅. ⲃ. ⲉ̀ϫⲱⲓ ϫⲉ ⲭⲁⲥ | ⲉϥϣⲱⲡⲓ ⲛ̀ ⲛⲁϣϯ ⲛⲏⲓ ϣⲁ ⲡⲓⲉ̀- ϩⲟⲟⲩ ⲙ̀ ⲡⲁ ⲙⲟⲩ. ϫⲉ ⲁⲕϣⲁⲛⲓ̀ ⲉ̀ⲃⲟⲗϧⲉⲛ ⲥⲱⲙⲁ ⲙ̀ⲙⲟⲛ ϩⲗⲓ ⲛ̀ ϩⲉⲗⲡⲓⲥ ⲛ̀ ⲱⲛϧ ⲛ̀ⲧⲏⲓ ⲙ̀ⲙⲁⲩ ⲉ̀ⲃⲏⲗ 25 ⲉ̀ ⲫϯ ⲛⲉⲙ ⲡⲓⲁⲣⲭⲏⲁⲅⲅⲉⲗⲟⲥ ⲙⲓⲭⲁⲏⲗ. Ⲕⲉ ⲅⲁⲣ ⲕⲥⲱⲟⲩⲛ ϫⲉ ϣⲁⲣⲉ ϯⲥϩⲓⲙⲓ ⲛ̀ ⲭⲏⲣⲁ ⲟⲩⲱⲙ ⲙ̀ ⲡⲉⲥⲱ̀ⲓⲕ ϧⲉⲛ ⲟⲩⲣⲓⲙⲓ ⲛⲉⲙ ⲟⲩϥⲓⲁ̀ϩⲟⲙ. Ⲛ̀ⲑⲟϥ

ⲇⲉ ⲡⲉⲥⲧⲣⲁⲧⲩⲗⲁⲧⲏⲥ ⲉⲧⲁϥⲥⲱⲧⲉⲙ ⲉ̀ ⲛⲁⲓ ⲁϥ ⲉⲣ
ⲙ̀ⲕⲁϩ ⲛ̀ ϩⲏⲧ ⲉ̀ϫⲉⲛ ⲛⲁⲓ ⲥⲁϫⲓ ⲛ̀ ⲭⲟⲗⲏ ⲉⲥⲭⲱ
ⲙ̀ⲙⲱⲟⲩ ⲛⲁϥ ⲡⲗⲏⲛ ⲛⲁϥ ⲉⲣ ϣ̀ⲫⲏⲣⲓ ⲙ̀ ⲡⲉⲥⲛⲓϣϯ
ⲛ̀ ⲛⲁϩϯ ⲉ̀ϧⲟⲩⲛ ⲉ̀ ⲡⲓⲁⲣⲭⲏⲁ̀ⲅⲅⲉⲗⲟⲥ ⲉ̀ⲑ ⲟⲩⲁⲃ
ⲣ̅ⲗ̅ⲑ̅. ⲁ. ⲙⲓⲭⲁⲏⲗ. ⲗⲟⲓⲡⲟⲛ ⲛⲁϥⲁ̀ⲙⲟⲛⲓ ⲛ̀ | ⲧⲉⲥϫⲓϫ ⲁϥⲧⲏⲓⲥ 5
ⲉ̀ ⲧⲟⲧϥ ⲙ̀ ⲡⲓⲁⲣⲭⲏⲁ̀ⲅⲅⲉⲗⲟⲥ ⲉ̀ⲑ ⲟⲩⲁⲃ ⲙⲓⲭⲁⲏⲗ
ⲉ̀ⲧⲁϥϥⲱⲧⲥ ⲙ̀ ⲡⲉϥⲭⲁⲣⲁⲕⲧⲏⲣ ⲉ̀ ϯⲫⲟϫⲓ ⲛ̀ ϣⲉ ⲉϥ-
ⲱϣ ⲉ̀ⲃⲟⲗ ⲉϥⲭⲱ ⲙ̀ⲙⲟⲥ ϫⲉ ⲡⲓⲁⲣⲭⲏⲁⲅⲅⲉⲗⲟⲥ ⲉ̀ⲑ
ⲟⲩⲁⲃ ⲙⲓⲭⲁⲏⲗ ⲫⲏ ⲉ̀ⲧⲁϥϧⲱⲧⲉⲃ ⲙ̀ ⲡⲓϩⲟϥ ⲛ̀ ⲁⲣ-
ⲭⲉⲟⲥ ⲫⲏ ⲉ̀ⲧⲁϥⲥⲓϯ ⲉ̀ⲃⲟⲗ ⲙ̀ ⲡⲓⲃⲁⲥⲓϩⲏⲧ ⲉϥϯⲟⲩⲃⲉ 10
ⲡⲉϥ ⲟ̅ⲥ̅ ⲟⲩⲟϩ ⲁϥⲭⲁϥ ⲉϥⲥⲟⲛϩ ϧⲉⲛ ⲟⲩⲗⲩⲙⲛⲏ
ⲛ̀ ⲭⲣⲱⲙ ⲉ̀ⲑ ⲙⲟϩ ϧⲉⲛ ⲟⲩⲭⲣⲱⲙ ⲛⲉⲙ ⲟⲩⲑⲏⲛ ⲫⲏ
ⲉ̀ⲧ ⲫⲁϧⲧ ⲛ̀ ⲥⲏⲟⲩ ⲛⲓⲃⲉⲛ ⲙ̀ ⲡⲉⲙⲑⲟ ⲙ̀ ⲫⲓⲱⲧ ⲛ̀
ⲁⲅⲁⲑⲟⲥ ⲉⲑⲃⲉ ⲡⲓⲅⲉⲛⲟⲥ ⲛ̀ ⲛⲓⲣⲱⲙⲓ ⲡⲓⲛⲓ ⲟⲩⲟϩ
ⲣ̅ⲗ̅ⲑ̅. ⲃ. ⲧϩⲓⲕⲱⲛ ⲙ̀ ⲫϯ | ⲡⲓⲡⲁⲛⲧⲟⲕⲣⲁⲧⲱⲣ ϩⲏⲡⲡⲉ ϯϯ 15
ⲉ̀ ⲧⲟⲧⲕ ⲙ̀ ⲫⲟⲟⲩ ⲛ̀ ⲉⲩⲫⲏⲙⲓⲁ ⲧⲁ ⲥϩⲓⲙⲓ ⲙ̀ ⲫⲣⲏϯ
ⲛ̀ ⲟⲩⲡⲁⲣⲁⲑⲏⲕⲏ ϫⲉ ⲭⲁⲥ ⲉ̀ⲕⲉⲣⲱ̀ⲓⲥ ⲉ̀ⲣⲟⲥ ⲟⲩⲟϩ
ⲛ̀ⲧⲉⲕⲛⲁϩⲙⲉⲥ ⲉ̀ⲃⲟⲗϩⲁ ⲡⲓⲃⲟⲩⲗⲏ ⲛⲓⲃⲉⲛ ⲛ̀ⲧⲉ ⲡⲓⲇⲓⲁ-
ⲃⲟⲗⲟⲥ ⲉ̀ⲑ ⲛⲁϯ ⲱⲛϥ ⲉ̀ϫⲱⲥ ⲁⲥϣⲁⲛⲧⲱⲃϩ ⲙ̀ⲙⲟⲕ
ⲉⲩⲃⲟⲏ̀ⲑⲓⲁ ⲛⲁⲥ ⲉ̀ⲕⲉⲥⲱⲧⲉⲙ ⲉ̀ⲣⲟⲥ ⲟⲩⲟϩ ⲛ̀ⲧⲉⲕⲛⲁϩ- 20
ⲙⲉⲥ ϫⲉ ⲙ̀ⲙⲟⲛ ϩⲗⲓ ⲛ̀ ϩⲉⲗⲡⲓⲥ ⲛ̀ⲧⲁⲛ ⲉ̀ⲃⲏⲗ ⲉ̀ ⲫϯ
ⲛⲉⲙⲁⲕ. ⲛⲁⲓ ⲇⲉ ⲉ̀ⲧⲁⲥⲥⲱⲧⲉⲙ ⲉ̀ⲣⲱⲟⲩ ⲛ̀ϫⲉ
ⲉⲩⲫⲏⲙⲓⲁ ⲁⲥⲣⲁϣⲓ ⲉ̀ⲙⲁϣⲱ ⲟⲩⲟϩ ⲁⲥ ⲉⲣ ⲑⲁⲣⲓⲛ
ϧⲉⲛ ⲟⲩⲛⲓϣϯ ⲛ̀ ⲛⲁϩϯ ϫⲉ ⲙ̀ⲙⲟⲛ ϩⲗⲓ ⲛ̀ ⲕⲟⲧⲥ
ⲛ̀ⲧⲉ ⲡⲓⲥⲁϫⲓ ⲛⲁϣ̀ϫⲉⲙϫⲟⲙ ⲉ̀ⲣⲟⲥ ⲁⲛ ⲓⲥϫⲉⲛ ⲡⲁⲓ 25
ⲛⲁⲩ ϫⲉ ⲟⲩⲟⲛ ⲛ̀ⲧⲁⲥ ⲙ̀ⲙⲁⲩ ⲙ̀ ⲡⲓⲁⲣⲭⲏⲁ̀ⲅⲅⲉⲗⲟⲥ
ⲣ̅ⲙ̅. ⲁ. ⲙⲓⲭⲁⲏⲗ ⲉϥⲣⲱⲓⲥ ⲉ̀ⲣⲟⲥ. ⲙⲉⲛⲉⲛⲥⲁ ⲛⲁⲓ ⲇⲉ ⲁⲥ-
ⲱ̀ⲗⲓ ⲙ̀ ⲡⲓⲭⲁⲣⲁⲕⲧⲏⲣ ⲛ̀ⲧⲉ ⲧϩⲓⲕⲱⲛ ⲙ̀ ⲡⲓⲁⲣⲭⲏⲁⲅ-

ⲅⲉⲗⲟⲥ ⲫⲱⲧⲥ ⲉⲣⲟⲥ ⲁⲥⲧⲁⲅⲟⲥ ⲉ ⲣⲁⲧⲥ ϧⲉⲛ ⲡⲓ-
ⲕⲱⲓⲧⲱⲛ ⲉⲧ ⲉⲥⲛ̇ⲕⲟⲧ ⲛ̇ ϧⲏⲧϥ. ⲁⲥϣⲱⲡⲓ ⲇⲉ ⲉⲥϯ
ⲉ ⲡϣⲱⲓ ϧⲁ ϯⲥⲓⲕⲱⲛ ⲛ̇ ⲥⲁⲛⲑⲟⲓ ⲛ̇ ⲥⲟⲩⲓ ⲛⲁϣⲉⲛ-
ⲥⲟⲩⲉⲛⲟⲩ ⲟⲩⲟϩ ⲛⲁⲣⲉ ⲟⲩⲫⲁⲛⲟⲥ ⲙⲟϩ ⲉⲣⲟⲥ ⲡⲉ
ⲙ̇ ⲡⲓⲉϩⲟⲟⲩ ⲛⲉⲙ ⲡⲓⲉϫⲱⲣϩ ϧⲉⲛ ⲟⲩⲙⲉⲧⲁⲑⲙⲟⲩⲛⲕ 5
ⲟⲩⲟϩ ⲛⲁⲥⲟⲩⲱϣⲧ ⲙ̇ⲙⲟϥ ⲡⲉ ⲛ̇ ⲅ̅ ⲛ̇ ⲥⲟⲡ ⲙ̇ ⲙⲏⲛⲓ
ⲉⲥⲉⲣⲉⲧⲓⲛ ⲙ̇ⲙⲟϥ ⲉⲟⲩⲃⲟⲏⲑⲓⲁ ⲛⲁⲥ. ⲁⲥϣⲱⲡⲓ ⲇⲉ
ⲣ̅ⲁ̅. ⲃ̅ ⲙⲉⲛⲉⲛⲥⲁ ⲛⲁⲓ | ⲁ ⲫϯ ϣⲓⲛⲓ ⲛ̇ⲥⲁ ⲡⲓⲉⲩⲥⲉⲃⲏⲥ
ⲁⲣⲓⲥⲧⲁⲣⲭⲟⲥ ⲡⲓⲥⲧⲣⲁⲧⲩⲗⲁⲧⲏⲥ ⲫⲁⲓ ⲉⲧⲁⲛ ⲉⲣ ϣⲟⲣⲡ
ⲛ̇ⲧⲁⲟⲩ ⲉ ⲡⲉϥⲣⲁⲛ ϧⲁⲭⲉⲛ ⲟⲩⲕⲟⲩϫⲓ ⲁϥϣⲉ ⲛⲁϥ 10
ⲉ ⲫⲙⲱⲓⲧ ⲛ̇ ⲣⲱⲙⲓ ⲛⲓⲃⲉⲛ. ϯⲥϩⲓⲙⲓ ⲇⲉ ⲛ̇ⲥⲁⲃⲉ
ⲉⲩⲫⲏⲙⲓⲁ ϯⲥⲩⲛⲕⲗⲏⲧⲓⲕⲏ ϯⲥϩⲓⲙⲓ ⲛ̇ ⲁⲣⲓⲥⲧⲁⲣⲭⲟⲥ
ⲡⲓⲥⲧⲣⲁⲧⲉⲗⲁⲧⲏⲥ ⲙ̇ⲡⲉ ⲥⲭⲁ ⲧⲟⲧⲥ ⲉⲃⲟⲗϧⲉⲛ ⲛⲉⲥ-
ⲁⲅⲁⲡⲏ ⲉⲧ ⲉⲥⲓⲣⲓ ⲙ̇ⲙⲱⲟⲩ ⲛⲉⲙ ⲛⲉⲥⲡⲣⲟⲥⲫⲟⲣⲁ
ⲛⲁⲓ ⲉ ⲛⲁⲣⲉ ⲡⲓⲥⲧⲣⲁⲧⲩⲗⲁⲧⲏⲥ ⲓⲣⲓ ⲙ̇ⲙⲱⲟⲩ ⲉⲧⲓ 15
ⲉϥⲟⲛϧ ⲙ̇ⲡⲁⲧⲉ ϥⲙⲟⲩ ϧⲉⲛ ⲫⲣⲁⲛ ⲙ̇ ⲡⲓⲁⲣⲭⲏⲁⲅⲅ-
ⲅⲉⲗⲟⲥ ⲉⲑ ⲟⲩⲁⲃ ⲙⲓⲭⲁⲏⲗ. ⲟⲩⲟϩ ⲛⲁⲥⲓⲛⲥ ⲙ̇ⲙⲟⲥ
ⲡⲉ ⲉ ⲧⲟⲩϩⲟ ⲉ ⲭⲱⲟⲩ ⲉⲙⲁϣⲱ ⲡⲁⲣⲁ ⲡⲓⲥⲛⲟⲩ ⲉ
ⲣ̅ⲁ̅. ⲇ̅ ⲛⲁⲣⲉ ⲡⲉⲥⲥⲁⲓ | ⲱⲛϧ. ⲡⲓⲇⲓⲁⲃⲟⲗⲟⲥ ⲇⲉ ⲙ̇ ⲡⲓ-
ⲙⲟⲥⲧⲉ ⲡ ⲉⲑ ⲛⲁⲛⲉ ϥ ⲛⲓⲃⲉⲛ ⲛ̇ⲧⲉ ⲡⲉⲛⲅⲉⲛⲟⲥ 20
ⲓⲥϫⲉⲛ ϣⲟⲣⲡ ⲙ̇ⲡⲉ ϥϣϣⲁⲓ ⲉⲣⲟϥ ⲉϥⲛⲁⲩ ⲉ ⲛⲓ ⲡ
ⲉⲑ ⲛⲁⲛⲉⲩ ⲉⲣⲉ ⲧⲁⲓ ⲥϩⲓⲙⲓ ⲓⲣⲓ ⲙ̇ⲙⲱⲟⲩ ϧⲉⲛ ⲫⲣⲁⲛ
ⲙ̇ ⲡⲓⲁⲣⲭⲏⲁⲅⲅⲉⲗⲟⲥ ⲉⲑ ⲟⲩⲁⲃ ⲙⲓⲭⲁⲏⲗ ⲁϥⲭⲟϩ
ⲉⲣⲟⲥ ⲁϥⲟⲩⲱϣ ⲉ ⲧⲁⲕⲟ ⲙ̇ ⲡⲉⲥⲃⲉⲭⲉ ⲫⲁⲓ ⲉⲧ ⲉⲥ
ϫⲟⲩϣⲧ ⲉⲃⲟⲗ ϧⲁ ⲭⲱϥ ⲉⲃⲟⲗϩⲓⲧⲉⲛ ⲫϯ. ⲁⲥϣⲱⲡⲓ 25
ⲇⲉ ⲛ̇ ⲟⲩⲉϩⲟⲟⲩ ⲁϥϭⲓ ⲛⲁϥ ⲛ̇ ⲟⲩⲥⲭⲏⲙⲁ ⲙ̇ ⲙⲟⲩ-
ⲛⲁⲭⲏ ⲉⲣⲉ ϩⲁⲛ ⲕⲉ ⲇⲉⲙⲱⲛ ⲙⲟϣⲓ ⲛⲉⲙⲁⲥ ⲙ̇
ⲡⲥⲙⲟⲧ ⲛ̇ ϩⲁⲛⲡⲁⲣⲑⲉⲛⲟⲥ ⲟⲩⲟϩ ⲛⲁϥϭⲟⲗϩ ⲛ̇ ⲟⲩⲥⲭⲏ-

ⲣ̅ⲙ̅ⲁ̅. ⲃ. ⲙⲁ ⲛ̀ ⲛⲟⲩⲃ ⲁϥⲓ ⲁϥⲟϩⲓ ⲉ̀ ⲣⲁⲧϥ ϩⲁⲧⲉⲛ ϥⲣⲟ
ⲙ̀ ⲡⲉⲥⲛⲓ ⲁⲥⲟⲩⲱⲣⲡ ⲛ̀ⲧⲉⲥⲃⲱⲕⲓ ⲛⲁⲥ ⲉ̀ ϧⲟⲩⲛ ⲉⲥϫⲱ
ⲙ̀ⲙⲟⲥ ϫⲉ ⲙⲁϣⲉ ⲛⲉ ⲁ̀ⲭⲟⲥ ⲛ̀ ⲉⲩⲫⲏⲙⲓⲁ̀ ϯⲥⲩⲛ-
ⲕⲗⲏⲧⲓⲕⲏ ⲧⲥϩⲓⲙⲓ ⲛ̀ ⲁⲣⲓⲥⲧⲁⲣⲭⲟⲥ ⲡⲓⲥⲧⲣⲁⲧⲩⲗⲁⲧⲏⲥ
ϫⲉ ⲓⲥ ⲟⲩⲡⲁⲣⲑⲉⲛⲟⲥ ⲙ̀ⲙⲟⲛⲁⲭⲏ ⲟ̀ϩⲓ ⲉ̀ ⲣⲁⲧⲥ ϩⲓⲣⲉⲛ 5
ⲡⲓⲣⲟ ⲉⲥⲟⲩⲱϣ ⲉ̀ ⲉⲣ ⲡⲣⲟⲥⲕⲩⲛⲓⲛ ⲙ̀ⲙⲟ ⲛⲉⲙ ⲛⲉⲥ
ⲕⲉ ϣⲉⲣⲓ ⲉ̀ⲑ ⲛⲁⲛⲉⲥ. Ϯⲥϩⲓⲙⲓ ⲇⲉ ⲛ̀ ⲥⲁⲃⲉ ⲉ̀ⲧⲉⲙ-
ⲙⲁⲩ ⲉ̀ⲧⲁⲥⲥⲱⲧⲉⲙ ⲉ̀ ⲛⲁⲓ ⲥⲁϫⲓ ⲁⲥⲓ̀ ⲉ̀ⲃⲟⲗϩⲁ ⲡⲓ-
ⲙⲁϩ ⲋ ⲛ̀ ⲣⲟ ⲛ̀ⲧⲉ ⲡⲉⲥⲛⲓ ⲟⲩⲟϩ ⲁⲥⲟⲩⲁϩⲥⲁϩⲛⲓ
ⲉⲑⲣⲟⲩⲉⲛⲥ ⲉ̀ ϧⲟⲩⲛ ϣⲁⲣⲟⲥ ⲉⲥⲙⲉⲩⲓ̀ ϫⲉ ⲟⲩⲙⲟⲩ- 10
ⲛⲁⲭⲏ ⲛ̀ ⲧⲁϥⲙⲏⲓ ⲧⲉ. Ⲟⲩⲟϩ ⲉ̀ⲧ ⲁ ⲛⲓ ⲕⲉ
ⲣ̅ⲙ̅ⲃ̅. ⲁ. ⲉ̀ⲃⲓⲁ̀ⲓⲕ ⲓ̀ ⲉ̀ⲃⲟⲗ ⲁⲩⲛⲁⲩ ⲉ̀ⲣⲟϥ ⲛ̀ⲑⲟϥ ⲡⲓⲇⲓⲁⲃⲟⲗⲟⲥ
ⲉϥⲟ̀ϩⲓ ⲉ̀ ⲣⲁⲧϥ ⲉϥ ⲉⲣ ⲫⲟⲣⲓⲛ ⲛ̀ ⲟⲩⲥⲭⲏⲙⲁ ⲛ̀
ⲛⲟⲩϫ ⲁⲩⲟⲩⲱϣⲧ ⲙ̀ⲙⲟϥ ⲟⲩⲟϩ ⲁⲩⲟⲩⲁϩⲥⲁϩⲛⲓ
ⲛⲁϥ ⲛⲉⲙ ⲛⲏ ⲉ̀ⲑ ⲛⲉⲙⲁϥ ⲉ̀ ⲓ̀ ⲉ̀ϧⲟⲩⲛ. Ⲡⲓⲇⲓⲁ̀- 15
ⲃⲟⲗⲟⲥ ⲇⲉ ⲁϥⲓ̀ ⲉ̀ϧⲟⲩⲛ ⲉⲣⲉ ⲡⲉϥϩⲟ ⲫⲁϩⲧ ⲉ̀ⲡⲉⲥⲏⲧ
ϩⲱⲥ ⲙⲟⲩⲛⲁⲭⲏ ⲛ̀ ⲧⲁϥⲙⲏⲓ ⲟⲩⲟϩ ⲛⲏ ⲉ̀ⲑ ⲙⲟϣⲓ
ⲛⲉⲙⲁϥ ⲛⲁⲩ̀ⲓⲣⲓ ⲙ̀ ⲡⲁⲓ ⲣⲏϯ ⲟⲛ ⲡⲉ. Ⲉⲩⲫⲏⲙⲓⲁ̀
ⲇⲉ ϯⲥⲩⲛⲕⲗⲏⲧⲓⲕⲏ ⲉ̀ⲧⲁⲥⲛⲁⲩ ⲉ̀ⲣⲟⲥ ϧⲉⲛ ⲡⲁⲓ
ⲥⲭⲏⲙⲁ ⲙ̀ ⲡⲁⲓ ⲣⲏϯ ⲁⲥ ⲉⲣ ϣⲫⲏⲣⲓ ⲉ̀ⲙⲁϣⲱ ⲙ̀ 20
ⲡⲉϥⲛⲓϣϯ ⲛ̀ ⲑⲉⲃⲓⲟ̀ ⲁⲥⲧⲱⲛⲥ ⲁⲥⲁ̀ⲙⲟⲛⲓ ⲙ̀ⲙⲟϥ ⲛ̀
ⲣ̅ⲙ̅ⲃ̅. ⲃ. ⲭⲱⲗⲉⲙ ⲉ̀ⲡⲓ ⲇⲏ ⲁϥ ⲉⲣ ⲫⲟⲣⲓⲛ ⲛ̀ ⲟⲩⲥⲭⲏⲙⲁ ⲛ̀
ⲥϩⲓⲙⲓ ⲡⲉ ⲁⲥⲟⲗϥ ⲉ̀ ϧⲟⲩⲛ ⲉ̀ ⲡⲉⲥⲛⲓ. Ⲉ̀ⲧⲁϥϥⲟϩ
ⲇⲉ ⲉ̀ ⲡⲓⲕⲟⲓⲧⲱⲛ ⲡⲓⲙⲁ ⲉ̀ⲣⲉ ⲧϩⲓⲕⲱⲛ ⲙ̀ ⲡⲓⲁⲣⲭⲏⲁⲅ-
ⲅⲉⲗⲟⲥ ⲙⲓⲭⲁⲏⲗ ⲛ̀ ϧⲏⲧϥ ⲁϥ ⲉⲣ ϩⲟϯ ⲛ̀ϫⲉ ⲡⲓ- 25
ⲇⲓⲁⲃⲟⲗⲟⲥ ⲉ̀ ϩⲱⲗ ⲉ̀ ϧⲟⲩⲛ ⲛ̀ⲑⲟϥ ⲛⲉⲙ ⲛⲏ ⲉ̀ⲑ
ⲛⲉⲙⲁϥ. Ϯⲥϩⲓⲙⲓ ⲇⲉ ⲛ̀ ⲥⲁⲃⲏ ⲉ̀ⲧⲉⲙⲙⲁⲩ ⲛⲁⲥϯ
ⲧⲁⲓⲟ̀ ⲛⲁⲥ ⲡⲉ ⲉⲥϫⲱ ⲙ̀ⲙⲟⲥ ϫⲉ ⲁ̀ⲣⲓ ϯⲁ̀ⲅⲁⲡⲏ

ⲧⲁⲙⲉⲛⲣⲓⲧ ⲛ̀ ⲥⲱⲛⲓ ⲛ̀ⲧⲉ ⲓ̀ ⲉ̀ ⲃ̀ⲟⲩⲛ ⲉ̀ ⲡⲁⲓ ⲕⲟⲓⲧⲱⲛ
ⲛ̀ⲧⲉⲛⲉ ϣⲗⲏⲗ ⲉ̀ⲑ ⲟⲩⲁⲃ ϣⲱⲡⲓ ⲛ̀ ⲃ̀ⲏⲧ ϥ. ⲉⲡⲓ
ⲇⲏ ϯⲉⲣⲙⲉⲑⲣⲉ ⲛⲉ ⲙ̀ ⲡⲉⲙⲑⲟ ⲙ̀ ⲫ̀ϯ ⲛⲉⲙ ⲡⲉϥ-
ⲁⲣⲭⲏⲁ̀ⲅⲅⲉⲗⲟⲥ ⲉ̀ⲑ ⲟⲩⲁⲃ ⲙⲓⲭⲁⲏⲗ ϫⲉ ⲓ̀ⲥϫⲉⲛ ⲡⲓⲉ̀-
ϩⲟⲟⲩ ⲉ̀ⲧ ⲁ ⲡⲁ ⲡⲁⲕⲁⲣⲓⲟⲥ ⲛ̀ ϩⲁⲓ ⲁⲣⲓⲥⲧⲁⲣⲭⲟⲥ 5
ⲣ̅ⲛ̅ⲅ̅. ⲁ. ⲙ̀ⲧⲟⲛ ⲙ̀ⲙⲟϥ | ϣⲁ ϯⲛⲟⲩ ⲙ̀ⲡⲉ ⲟⲩⲣⲱⲙⲓ ⲛ̀ ⲟⲩⲱⲧ
ⲉⲣ ⲥⲁ ⲃ̀ⲟⲩⲛ ⲙ̀ ⲫ̀ⲣⲟ ⲙ̀ ⲡⲁⲓ ⲕⲟⲓⲧⲱⲛ ⲉ̀ⲃⲏⲗ ⲉ̀
ⲛⲁ ⲉⲃⲓⲁ̀ⲓⲕ ⲛ̀ ⲥϩⲓⲙⲓ ⲙ̀ⲙⲁⲩⲁⲧⲟⲩ. ⲛⲁⲓ ⲉ̀ⲧ ϣⲉⲙ-
ϣⲓ ⲛⲏⲓ ⲛ̀ ⲛⲓⲭⲣⲓⲁ̀ ⲛ̀ⲧⲉ ⲡⲓⲥⲱⲙⲁ ⲛⲉⲙ ⲛⲓϩⲓⲟ̀ⲙⲓ
ⲛ̀ ⲉⲩⲅⲉⲛⲏⲥ ⲛ̀ ⲥⲩⲛⲕⲗⲏⲧⲓⲕⲏ ⲉ̀ⲑ ⲛⲏⲟⲩ ϣⲁ ⲣⲟⲓ 10
ⲁⲩϭⲓ ⲙ̀ ⲡⲁ ϣⲓⲛⲓ ⲕⲁⲧⲁ ⲟⲩⲁ̀ⲅⲁⲡⲏ ⲛ̀ⲧⲉ ⲫ̀ϯ. ⲁϥ
ⲉⲣ ⲟⲩⲱ̀ ⲛ̀ϫⲉ ⲡⲓⲇⲓⲁ̀ⲃⲟⲗⲟⲥ ⲉϥⲟⲓ ⲙ̀ ⲡ̀ⲥⲙⲟⲧ ⲛ̀ ϯ-
ⲙⲟⲩⲛⲁⲭⲏ ⲉϥϫⲱ ⲙ̀ⲙⲟⲥ ϫⲉ ⲉⲑⲃⲉ ⲟⲩ ⲣⲱ ⲙ̀ⲡⲉ
ⲣⲱⲙⲓ ⲓ̀ ⲉ̀ ⲃ̀ⲟⲩⲛ ⲃⲉⲛ ⲫ̀ⲣⲟ ⲙ̀ ⲡⲉⲕⲟⲓⲧⲱⲛ ϩⲟⲗⲱⲥ
ⲣⲱ ⲙⲁⲓ ⲛⲓⲃⲉⲛ ⲉ̀ⲧⲉ ⲙ̀ⲙⲟⲛ ϩⲱⲟⲩⲧ ⲛ̀ ⲃ̀ⲏⲧϥ ⲙ̀ⲙⲟⲛ 15
ⲣ̅ⲛ̅ⲅ̅. ⲃ. ϩ̀ⲗⲓ ⲙ̀ ⲃⲟⲏⲑⲓⲁ̀ | ⲛ̀ⲧⲉ ⲫ̀ϯ ⲛ̀ ⲃ̀ⲏⲧϥ ⲁⲛ. ⲛⲓϩⲓⲟ̀ⲙⲓ
ⲧⲏⲣⲟⲩ ⲉⲧ ϩⲓϫⲉⲛ ⲡ̀ⲕⲁϩⲓ ⲥⲉϩⲉⲙⲥⲓ ⲛⲉⲙ ⲡⲟⲩϩⲁⲓ
ⲉ̀ⲃⲏⲗ ⲉ̀ ⲧⲁⲓ ⲥϩⲓⲙⲓ ⲛ̀ ⲟⲩⲱⲧ ϫⲉ ⲙⲁⲣⲓⲁ̀ ⲑⲙⲁⲩ ⲙ̀
ⲡ̅ⲭ̅ⲥ̅. ⲗⲟⲓⲡⲟⲛ ⲉ̀ϣⲱⲡ ⲧⲉⲟⲩⲱϣ ⲉ̀ ⲣⲁⲛⲁϥ ⲙ̀ ⲫ̀ϯ
ⲃⲉⲛ ⲡⲉϩⲏⲧ ⲧⲏⲣϥ ϯⲛⲁϯ ⲥⲟⲃⲛⲓ ⲛⲉ ⲉ̀ ⲡⲓϩⲱⲃ ⲉ̀ⲑ 20
ⲛⲁⲛⲉϥ ⲙ̀ ⲡⲉⲙⲑⲟ ⲙ̀ ⲡ̅ⲟ̅ⲥ̅. ⲛ̀ⲑⲟⲥ ⲇⲉ ⲡⲉϫⲁⲥ ϫⲉ
ⲁϣ ⲛⲉ. ⲡⲉϫⲉ ⲡⲓⲇⲓⲁ̀ⲃⲟⲗⲟⲥ ⲛⲁⲥ ϫⲉ ⲉⲡⲓ ⲇⲏ ⲧⲉ-
ⲥⲱⲟⲩⲛ ϫⲉ ⲕⲩⲣⲓ ⲏ̀ⲗⲁⲣⲓⲭⲟⲥ ⲡⲓⲛⲓϣϯ ⲛ̀ ⲗⲁⲡⲣⲭⲟⲥ
ⲫⲁⲓ ⲉ̀ⲧ ⲟⲓ ⲛ̀ ⲛⲓϣϯ ⲃⲉⲛ ⲡⲓⲁⲥⲡⲁⲥⲙⲟⲥ ⲛ̀ⲧⲉ ⲡⲟⲩⲣⲟ
ⲟⲛⲛⲟⲩⲣⲓⲟⲥ ⲡⲁⲥⲩⲅⲅⲉⲛⲏⲥ ⲡⲉ ⲟⲩⲟϩ ϧ̀ⲃⲉⲛⲧ ⲉ̀ 25
ⲣ̅ⲛ̅ⲇ̅. ⲁ. ⲃ̀ⲟⲩⲛ ⲉ̀ ⲡⲟⲩⲣⲟ ⲃⲉⲛ ⲡⲉϥⲅⲉⲛⲟⲥ ⲟⲩⲟϩ | ⲁ ⲧⲉϥⲥ-
ϩⲓⲙⲓ ⲙⲟⲩ ϩⲁⲧⲉⲛ ⲛ̀ ⲛⲁⲓ ⲉ̀ϩⲟⲟⲩ. ⲗⲟⲓⲡⲟⲛ ⲉⲧⲁϥ-
ⲥⲱⲧⲉⲙ ϫⲉ ⲁϥⲙ̀ⲧⲟⲛ ⲙ̀ⲙⲟϥ ⲛ̀ϫⲉ ⲡⲉϩⲁⲓ ⲁⲣⲓⲥⲧⲁⲣⲭⲟⲥ

πιϲτρατυλατηϲ ⲉⲧ ⲧⲁⲓⲏⲟⲩⲧ ⲁϥϫⲟⲥ ϫⲉ ⲟⲩ-
ⲇⲓⲕⲉⲟⲛ ⲁⲛ ⲡⲉ ⲉⲑⲣⲓ ϭⲓ ⲥϩⲓⲙⲓ ⲉϥϣⲏϣ ⲡⲁⲣⲁ ⲣⲟⲓ
ϧⲉⲛ ⲡⲁ ⲧⲁⲓⲟ. ⲁⲗⲗⲁ ϯⲛⲁⲧⲱⲛⲧ ⲛ̀ⲧⲁϭⲓ ⲛⲏⲓ ⲛ̀
ⲉⲩⲫⲏⲙⲓⲁ ϯⲥⲩⲛⲕⲗⲏⲧⲓⲕⲏ ⲉⲧ ⲉⲛⲑⲟ ⲡⲉ ⲟⲩⲟϩ
ϯⲛⲁⲧⲁⲛϣⲟ ⲛ̀ ⲧⲉⲥϭⲏϫⲓ ⲡⲁⲣⲁ ⲡⲓϣⲟⲣⲡ ⲛ̀ ⲥⲟⲡ ⲓ̇ⲥ 5
ⲛⲁⲓ ⲧⲁⲓⲟ ⲁϥⲧⲏⲓⲧⲟⲩ ⲛⲏⲓ ϫⲉ ⲙⲏⲓⲧⲟⲩ ⲛⲉ ϫⲉ
ⲛ̀ⲧⲁⲑⲉⲧ ⲡⲉϩⲧ ⲉ̀ ϩⲉⲙⲥⲓ ⲛⲉⲙⲁϥ ⲟⲩⲛⲓϣϯ ⲅⲁⲣ
ⲣ̅ⲙ̅ⲇ̅. ⲃ. ϧⲉⲛ ⲡⲓⲡⲁⲗⲗⲁⲧⲓⲱⲛ ⲟⲩⲟϩ ⲡⲟⲩⲣⲟ | ⲙⲉⲓ ⲙ̀ⲙⲟϥ.

Ⲟⲩⲟϩ ϧⲉⲛ ϯⲟⲩⲛⲟⲩ ⲁϥⲧⲁⲙⲟⲥ ⲉ̀ ⲟⲩⲙⲏϣ ⲛ̀ ⲛⲟⲩⲃ
ⲛⲉⲙ ⲟⲩⲙⲏϣ ⲛ̀ ϩⲁⲧ ⲛⲉⲙ ϩⲁⲛⲕⲟⲥⲙⲉⲥⲓⲥ ⲛ̀ ⲛⲟⲩⲃ 10
ⲉϥⲟⲩⲱϣ ⲉ̀ ⲉⲣ ϩⲁⲗ ⲙ̀ⲙⲟⲥ ϧⲉⲛ ⲛⲉϥⲕⲟⲧⲥ ⲉⲧ
ϩⲱⲟⲩ. ⲛ̀ⲑⲟⲥ ⲇⲉ ϯⲥⲩⲙⲛⲏⲓ ⲉ̀ⲙⲁϣⲱ ⲁⲥ ⲉⲣ ⲟⲩⲱ̀
ϧⲉⲛ ⲟⲩⲛⲓϣϯ ⲙ̀ ⲙⲉⲧⲣⲉⲙⲣⲁⲩϣ ϫⲉ ⲛ̀ ⲁϣ ⲛ̀
ⲣⲏϯ ⲟⲩⲟⲛϣϫⲟⲙ ⲙ̀ⲙⲟⲓ ⲉ̀ ⲉⲣ ⲟⲩϩⲱⲃ ⲙ̀ ⲡⲁⲓ ⲣⲏϯ
ϧⲉⲛ ⲡⲁ ⲟⲩⲱϣ ⲙ̀ⲙⲁⲩⲁⲧ. Ⲭⲁⲧ ⲗⲟⲓⲡⲟⲛ ⲛ̀ⲧⲁϣⲉ 15
ⲛⲏⲓ ⲛ̀ⲧⲁ ⲥⲟϭⲛⲓ ⲉ̀ ⲡⲁ ⲕⲟⲩⲗⲁⲧⲱⲣ ⲉⲧ ⲁ ⲡⲁ ⲙⲁ-
ⲕⲁⲣⲓⲟⲥ ⲛ̀ ϩⲁⲓ ⲑⲏⲓⲧ ⲉ̀ ⲧⲟⲧϥ ϧⲁⲧϩⲏ ⲙ̀ ⲡⲁⲧⲉ ϥⲓ̀
ⲉ̀ⲃⲟⲗϧⲉⲛ ⲥⲱⲙⲁ ⲟⲩⲟϩ ⲁϥϣⲁⲛⲟⲩⲁϩⲥⲁϩⲛⲓ ⲛⲏⲓ
ⲣ̅ⲙ̅ⲉ̅. ⲁ. ϫⲉ ϩⲉⲙⲥⲓ ⲛⲉⲙ ϩⲁⲓ | ϯⲛⲁϩⲉⲙⲥⲓ ⲁⲧϭⲛⲉ ϩⲏⲧ ⲃ̀
ⲁϥϣⲧⲉⲙⲟⲩⲁϩⲥⲁϩⲛⲓ ⲛⲏⲓ ϯⲛⲁϣ ⲉⲣ ⲟⲩϩⲱⲃ ⲁⲛ 20
ϧⲉⲛ ⲡⲁⲟⲩⲱϣ ⲙ̀ⲙⲓⲛ ⲙ̀ⲙⲟⲓ. Ⲁϥ ⲉⲣ ⲟⲩⲱ̀ ⲛ̀ϫⲉ
ⲡⲓⲇⲓⲁ̀ⲃⲟⲗⲟⲥ ϫⲉ ⲟⲩⲟϩ ⲛⲓⲙ ⲡⲉ ⲡⲓⲕⲟⲩⲗⲁⲧⲱⲣ
ⲉ̀ⲧⲉⲙⲙⲁⲩ. Ⲁⲥⲉⲣ ⲟⲩⲱ̀ ⲛ̀ϫⲉ ⲉⲩⲫⲏⲙⲓⲁ ϫⲉ ϩⲏⲡⲡⲉ
ϥϧⲉⲛ ⲡⲁ ⲕⲟⲓⲧⲱⲛ ⲛⲉⲙⲏⲓ ⲙ̀ ⲡⲓ ⲉϩⲟⲟⲩ ⲛⲉⲙ ⲛⲓⲉ̀-
ϫⲱⲣϩ ⲓ̇ⲥϫⲉⲛ ⲡⲓⲉ̀ϩⲟⲟⲩ ⲉⲧ ⲁ ⲡⲁ ⲙⲁⲕⲁⲣⲓⲟⲥ ⲛ̀ 25
ϩⲁⲓ ⲑⲏⲓⲧ ⲉ̀ ⲧⲟⲧϥ ϣⲁ ⲉ̀ ϧⲟⲩⲛ ⲉ̀ ϯⲛⲟⲩ ϥ̀ⲣⲱⲓⲥ
ⲉ̀ⲣⲟⲓ. Ⲁϥ ⲉⲣ ⲟⲩⲱ̀ ⲛ̀ϫⲉ ⲡⲓⲇⲓⲁ̀ⲃⲟⲗⲟⲥ ⲡⲉϫⲁϥ ⲛⲁⲥ
ϫⲉ ϩⲓⲛⲁ ⲛ̀ⲧⲉⲉ̀ⲙⲓ ϫⲉ ⲁ̀ⲣⲉ ⲭⲁⲥ ϧⲉⲛ ⲡⲉϩⲏⲧ

ⲣⲏⲉ. ⲃ. ⲉⲑⲣⲉ̀ⲭⲱⲕ ⲉ̀ⲃⲟⲗ ⲛ̀ ⲛⲓⲉⲛⲧⲟⲗⲏ ⲛ̀ⲧⲉ | ⲡ̅ⲥ̅ ⲟⲩⲟϩ
ϩⲏⲡⲡⲉ ⲁⲣⲉ ϣⲱⲡⲓ ⲁⲣⲉ ϭⲓⲱⲟⲩⲧ ⲛ̀ ϧⲏⲧⲟⲩ ⲧⲏⲣⲟⲩ.
ⲕⲉ ⲅⲁⲣ ⲁϥϫⲟⲥ ⲛ̀ϫⲉ ⲡ̅ⲥ̅ ϫⲉ ⲫⲏ ⲉⲑ ⲛⲁϩⲉⲓ̀ ϧⲉⲛ
ⲟⲩⲉⲛⲧⲟⲗⲏ ⲛ̀ ⲟⲩⲱⲧ ⲁϥϣⲱⲡⲓ ⲉϥϭⲓⲱⲟⲩⲧ ⲛ̀ ϧⲏⲧⲟⲩ
ⲧⲏⲣⲟⲩ ⲟⲩⲟϩ ⲧⲉⲥⲱⲟⲩⲛ ϫⲉ ⲫ̀ϯ ⲙⲟⲥϯ ⲛ̀ ϯⲙⲉⲑ- 5
ⲛⲟⲩϫ ⲉ̀ⲙⲁϣⲱ. ⲟⲩⲟϩ ⲟⲛ ⲇⲁⲩⲓⲇ ϫⲱ ⲙ̀ⲙⲟⲥ ϧⲉⲛ
ⲡⲓⲙⲁϩ ⲉ̅ ⲙ̀ ⲯⲁⲗⲙⲟⲥ ϫⲉ ⲡ̅ⲥ̅ ⲛⲁⲧⲁⲕⲉ ⲟⲩⲟⲛ
ⲛⲓⲃⲉⲛ ⲉⲧ ⲥⲁϫⲓ ⲛ̀ ϯⲙⲉⲑⲛⲟⲩϫ ⲟⲩⲟϩ ⲁⲣⲉ ϣⲱⲡⲓ
ⲁⲣⲉ ϫⲉ ⲙⲉⲑⲛⲟⲩϫ ⲫ̀ϯ ⲛⲁⲧⲁⲕⲟ ⲛ̀ ⲭⲱⲗⲉⲙ ⲙⲏ
ⲙ̀ⲡⲉ ϫⲟⲥ ⲛⲏⲓ ϧⲁ ⲧϩⲏ ⲛ̀ ⲟⲩⲕⲟⲩϫⲓ ϫⲉ ⲓⲥϫⲉⲛ 10
ⲣⲏϛ. ⲁ. ⲡⲓⲉ̀ϩⲟⲟⲩ ⲉⲧ ⲁ ⲡⲁ ϩⲁⲓ ⲓ̀ ⲉ̀ⲃⲟⲗϧⲉⲛ ⲥⲱⲙⲁ ϣⲁ |
ⲉ̀ ϧⲟⲩⲛ ⲉ̀ ϯⲛⲟⲩ ⲙ̀ⲡⲉ ⲟⲩⲣⲱⲙⲓ ⲛ̀ ⲟⲩⲱⲧ ⲉⲣ ⲥⲁ-
ϧⲟⲩⲛ ⲉ̀ ⲫⲣⲟ ⲙ̀ ⲡⲁ ⲕⲟⲓⲧⲱⲛ ϣⲁ ⲉ̀ϩⲣⲏⲓ ⲉ̀ ⲛⲁ
ⲕⲉ ⲉ̀ⲃⲓⲗⲓⲕ. ⲁⲥ ⲉⲣ ⲟⲩⲱ̀ ⲛ̀ϫⲉ ⲉⲩⲫⲏⲙⲓⲁ ϫⲉ ⲑⲙⲏⲓ̀
ⲡⲉ ϯϫⲱ ⲙ̀ⲙⲟⲥ ⲛⲉ ⲟⲩⲟϩ ⲟⲩⲙⲉⲑⲛⲟⲩϫ ⲁⲛ ⲡⲉ 15
ϯϫⲱ ⲙ̀ⲙⲟⲥ ⲱ̀ ⲧⲁ ⲥⲱⲛⲓ ⲉⲧ ⲧⲁⲓⲏⲟⲩⲧ. ϯⲱⲣⲕ
ⲛⲉ ⲙ̀ ⲫ̀ϯ ⲡⲓⲡⲁⲛⲧⲱⲕⲣⲁⲧⲱⲣ ⲛⲉⲙ ⲡⲉϥⲛⲓϣϯ ⲛ̀
ⲁⲣⲭⲏⲁⲅⲅⲉⲗⲟⲥ ⲉⲑ ⲟⲩⲁⲃ ⲙⲓⲭⲁⲏⲗ ⲫⲁⲓ ⲉ̀ⲧⲁϥ-
ϩⲱⲧⲉⲃ ⲙ̀ ⲡⲓϩⲟϥ ⲛ̀ ⲁⲣⲭⲉⲟⲥ ϫⲉ ⲓⲥϫⲉⲛ ⲡⲓⲉ̀ϩⲟⲟⲩ
ⲉⲧ ⲁ ⲡⲁ ⲙⲁⲕⲁⲣⲓⲟⲥ ⲛ̀ ϩⲁⲓ ⲓ̀ ⲉ̀ⲃⲟⲗϧⲉⲛ ⲥⲱⲙⲁ 20
ϣⲁ ⲉ̀ϧⲟⲩⲛ ⲉ̀ ⲫⲟⲟⲩ ⲛ̀ ⲉ̀ϩⲟⲟⲩ ⲙ̀ⲡⲉ ⲟⲩⲣⲱⲙⲓ ⲛ̀
ⲣⲏϛ. ⲃ. ⲟⲩⲱⲧ ⲉⲣ ⲥⲁϧⲟⲩⲛ ⲉ̀ ⲫⲣⲟ ⲙ̀ ⲡⲁ ⲕⲟⲓⲧⲱⲛ | ⲟⲩⲇⲉ
ⲙ̀ ⲡⲓ ⲉⲣ ⲁⲛⲉⲭⲉⲥⲑⲉ ⲉⲑⲣⲟⲩ ϧⲱⲛⲧ ⲉ̀ ϧⲟⲩⲛ ⲉ̀ⲣⲟⲓ
ϫⲉ ⲭⲗⲁⲥ ⲛ̀ ⲧⲟⲩⲛⲁⲩ ⲉ̀ ⲡⲁ ϩⲟ ⲉ̀ ⲡⲧⲏⲣϥ. ⲁϥ ⲉⲣ
ⲟⲩⲱ̀ ⲛ̀ϫⲉ ⲡⲓⲇⲓⲁⲃⲟⲗⲟⲥ ⲉϥⲟⲓ ⲙ̀ ⲡⲥⲙⲟⲧ ⲛ̀ ϯⲙⲟⲩ- 25
ⲛⲁⲭⲏ ⲡⲉϫⲁϥ ⲛ̀ ⲉⲩⲫⲏⲙⲓⲁ ϯⲥⲩⲛⲕⲗⲏⲧⲓⲕⲏ ϫⲉ ⲛ̀
ϣⲟⲣⲡ ⲙⲉⲛ ⲁⲣⲉ ϫⲟⲥ ⲙ̀ⲡⲉ ⲟⲩⲣⲱⲙⲓ ⲛ̀ ⲟⲩⲱⲧ ⲓ̀
ⲉ̀ϧⲟⲩⲛ ϣⲁ ⲣⲟⲓ ⲓⲥϫⲉⲛ ⲉⲧ ⲁ ⲡⲁ ϩⲁⲓ ⲙ̀ⲧⲟⲛ ⲙ̀ⲙⲟϥ.

14

ϯⲛⲟⲩ ϫⲉ ϩⲏⲡⲡⲉ ⲁⲣⲉ ⲉⲣ ⲛⲟⲃⲓ ⲟⲩⲟϩ ϯⲕⲉ ⲁⲛⲟⲙⲓⲁ
ⲁⲣⲉ ϫⲟⲕⲥ ⲉⲃⲟⲗ ϩⲏⲡⲡⲉ ⲁⲣⲉ ϫⲉ ⲙⲉⲑⲛⲟⲩϫ ⲁⲣⲉ
ⲱⲣⲕ ⲛ̀ ⲛⲟⲩϫ. ⲙⲏ ⲙ̀ⲡⲉ ϫⲟⲥ ⲛⲏⲓ ϧⲁ ⲧϩⲏ ⲛ̀

ⲣ̅ϙ̅ⲍ̅. ⲁ. ⲟⲩⲕⲟⲩϫⲓ ϫⲉ ⲭⲁⲥ ⲛ̀ ϣⲟⲣⲡ ⲛ̀ⲧⲁ ϣⲉ ⲛⲏⲓ | ⲉ̀ ϧⲟⲩⲛ
ⲉ̀ ⲡⲁ ⲕⲟⲓⲧⲱⲛ ⲛ̀ⲧⲁⲥⲟϭⲛⲓ ⲉ̀ ⲡⲁ ⲕⲟⲩⲗⲁⲧⲱⲣ ⲉ̀ⲧ 5
ⲁ ⲡⲁ ϩⲁⲓ ⲧⲏⲓⲧ ⲉ̀ ⲧⲟⲧϥ ⲙ̀ⲡⲁⲧ ⲉϥⲓ̀ ⲉ̀ⲃⲟⲗϧⲉⲛ
ⲥⲱⲙⲁ ⲙⲏ ⲡⲓⲕⲟⲩⲗⲁⲧⲏⲣ ⲟⲩⲣⲱⲙⲓ ⲁⲛ ⲡⲉ ⲙⲏ
ϣⲁⲩⲕⲧⲉ ⲛ̀ ϩⲟⲩⲧ ⲕⲟⲩⲗⲁⲧⲱⲣ ⲉ̀ ⲥϩⲓⲙⲓ ⲉ̀ⲛⲉϩ ⲟⲩⲕ
ⲟⲩⲛ ⲟⲩⲟⲛ ⲟⲩⲣⲱⲙⲓ ⲉ̀ ϧⲟⲩⲛ ϧⲉⲛ ⲡⲉⲕⲟⲓⲧⲱⲛ
ϯⲛⲟⲩ ⲟⲩⲟϩ ⲡⲁⲓ ⲕⲉ ⲟⲩⲁⲓ ⲟⲛ ⲉ̀ϥ ⲟⲥⲟⲛ ⲁⲓϫⲉⲙ 10
ⲡⲁⲓ ⲣⲱⲙⲓ ⲉⲛ ϧⲟⲩⲛ ϧⲉⲛ ⲡⲉⲕⲟⲓⲧⲱⲛ ⲉ̀ ⲁⲣⲉ ϫⲉ
ⲙⲉⲑⲛⲟⲩϫ ⲉ̀ ⲭⲱϥ ⲟⲩⲟϩ ⲁⲣⲉ ⲱⲣⲕ ⲛ̀ ⲛⲟⲩϫ ⲛ̀
ϯⲛⲁϣⲉⲡⲧⲟⲧ ⲁⲛ ⲉ̀ ⲡⲧⲏⲣϥ ⲙ̀ ⲡⲁ ⲥⲩⲅⲅⲉⲛⲏⲥ
ⲁⲣⲉ ϣⲁⲛϯ ⲛⲏⲓ ⲛ̀ⲧⲉ ⲙⲉⲧⲣⲁⲙⲁⲟ̀ ⲧⲏⲣⲥ. ϯⲥϩⲓⲙⲓ

ⲣ̅ϙ̅ⲍ̅. ⲃ. ⲇⲉ ⲛ̀ ⲥⲁⲃⲏ ⲉⲩⲫⲏⲙⲓⲁ̀ | ⲁⲥⲛⲉⲧϥ ⲣⲱⲥ ⲛ̀ ⲥⲱⲃⲓ 15
ϧⲉⲛ ⲟⲩⲥⲱⲃⲓ ⲙ̀ ⲡⲛ̅ⲁ̅ⲧⲓⲕⲟⲛ ⲟⲩⲟϩ ⲡⲉϫⲁⲥ ⲙ̀ ⲡⲓ-
ⲇⲓⲁ̀ⲃⲟⲗⲟⲥ ⲉϥⲟⲓ ⲙ̀ ⲡⲥⲙⲟⲧ ⲛ̀ ϯⲙⲟⲩⲛⲁⲭⲏ ϫⲉ ⲱ̀
ⲧⲁⲥⲟⲛⲓ ⲡⲁⲓ ϩⲱⲃ ⲣⲱ ϫⲉ ϩⲉⲙⲥⲓ ⲛⲉⲙ ϩⲁⲓ ⲟⲩ-
ⲙⲉⲧⲁⲧϫⲟⲙ ⲛⲏⲓ ⲡⲉ ⲫⲁⲓ ⲟⲩⲟϩ ϯϫⲱ ⲙ̀ⲙⲟⲥ ⲛⲉ
ϫⲉ ⲟⲩ ⲙⲟⲛⲟⲛ ⲛⲓⲭⲣⲏⲙⲁ ⲉ̀ⲧ ⲁⲣⲉ ⲉ̀ⲛⲟⲩ ⲛⲉⲙ 20
ⲛⲓⲕⲟⲥⲙⲏⲥⲓⲥ ⲉⲑⲃⲉ ⲡⲁⲓ ϩⲱⲃ ϧⲉⲛ ⲟⲩⲙⲉⲑⲙⲏⲓ ϣⲁⲩϯ
ⲛⲏⲓ ⲛ̀ ⲛⲓⲭⲣⲏⲙⲁ ⲉ̀ⲧ ϧⲉⲛ ⲡⲓⲡⲁⲗⲗⲁⲧⲓⲟⲛ ⲛ̀ⲧⲉ
ⲟⲛⲛⲟⲩⲣⲓⲟⲥ ⲡⲓⲟⲩⲣⲟ ⲛ̀ ⲉⲩⲥⲉⲃⲏⲥ ⲛⲉⲙ ⲛⲓⲕⲟⲥⲙⲏⲥⲓⲥ
ⲉ̀ⲧ ϣⲟⲡ ⲛⲁϥ ⲧⲏⲣⲟⲩ ⲛⲉⲙ ⲛⲓⲭⲣⲏⲙⲁ ⲛ̀ⲧⲉ ⲡⲁⲓ
ⲕⲟⲥⲙⲟⲥ ⲧⲏⲣϥ ⲛ̀ⲛⲉ ⲥⲱⲡⲓ ⲙ̀ⲙⲟⲓ ⲉⲑⲣⲓ ⲉⲣ ⲡⲁⲣⲁ- 25

ⲣ̅ϙ̅ⲏ̅. ⲁ. ⲃⲉⲛⲓⲛ | ⲛ̀ ⲛⲓⲥⲩⲛⲑⲏⲕⲏ ⲉ̀ⲧ ⲁⲓⲥⲉⲙⲛⲏⲧⲟⲩ ⲛⲉⲙ ⲡⲁ
ⲙⲁⲕⲁⲣⲓⲟⲥ ⲛ̀ ϩⲁⲓ ⲁ̀ⲣⲓⲥⲧⲁⲣⲭⲟⲥ ⲡⲓⲥⲧⲣⲁⲧⲩⲗⲁⲧⲏⲥ
ⲉⲩⲧⲁⲓⲏⲟⲩⲧ ⲛ̀ⲧⲁ ⲉⲣ ⲕⲱⲓⲛⲱⲛⲓⲛ ⲛⲉⲙ ⲕⲉ ⲣⲱⲙⲓ

ⲛ̀ ϣⲉⲙⲙⲟ ϣⲁ ϯϣⲉ ⲛⲏⲓ ⲉ̀ ⲣⲁⲧϥ ⲉⲓⲧⲟⲩⲃⲏⲟⲩⲧ
ⲉ̀ⲃⲟⲗ ϩⲁ ϭⲱϫⲉⲙ ⲛⲓⲃⲉⲛ ⲟⲩⲟϩ ⲇⲓⲭⲟⲥ ϫⲉ ⲡⲁ-
ⲕⲟⲩⲗⲁⲧⲱⲣ ⲉⲛ ϩⲟⲩⲛ ⲃⲉⲛ ⲡⲁ ⲕⲟⲓⲧⲱⲛ ⲟⲩⲟϩ ⲛ̀ ϯⲭⲉ
ⲙⲉⲑⲛⲟⲩϫ ⲁⲛ ⲡⲓⲕⲟⲩⲗⲁⲧⲱⲣ ⲉ̀ⲧ ⲁ ⲡⲁ ⲟ̅ⲥ̅ ⲛ̀ ϩⲁⲓ
ⲧⲏⲓⲧ ⲉ̀ ⲧⲟⲧϥ ϥϫⲟⲣ ⲉ̀ϩⲟⲧⲉ ⲕⲟⲩⲗⲁ̅ⲧⲱⲣ ⲛⲓⲃⲉⲛ 5
ⲛⲉⲙ ⲛⲓⲟⲩⲣⲱⲟⲩ ⲧⲏⲣⲟⲩ ⲛ̀ⲧⲉ ⲡⲓⲕⲟⲥⲙⲟⲥ. ⲫⲁⲓ
ϥ ⲉⲣ ⲭⲣⲓⲁ ⲁⲛ ⲉⲑⲣⲉⲕⲉ ⲟⲩⲁⲓ ⲧⲁⲙⲟϥ ⲉⲑⲃⲉ

ⲣ̅ⲙ̅ⲏ̅. ⲃ. ⲟⲩⲛⲟⲃⲓ | ⲓⲉ ⲉⲑⲃⲉ ⲟⲩⲁ̀ⲅⲁⲑⲟⲛ ⲓⲉ ⲫⲏ ⲉ̀ⲑ ⲛⲁⲑⲱϣ
ⲉ̀ ϫⲱϥ ⲁⲗⲗⲁ ⲫⲏ ⲉ̀ⲧⲉⲛⲛⲁⲙⲉⲩⲓ̀ ⲉ̀ⲣⲟϥ ⲓⲉ ⲫⲏ ⲉ̀ⲧⲉⲛ-
ⲛⲁⲙⲟⲕⲙⲉⲕ ⲉ̀ⲣⲟϥ ⲃⲉⲛ ⲡⲉⲛϩⲏⲧ ⲛⲉⲙ ⲛⲉⲛⲗⲟⲅⲓⲥ- 10
ⲙⲟⲥ ϣⲁϥⲉ̀ⲙⲓ ⲉ̀ⲣⲱⲟⲩ ⲛ̀ ϯⲟⲩⲛⲟⲩ. Ⲕⲁⲛ ⲟⲩⲕⲟⲩϫⲓ
ⲙ̀ ⲙⲉⲩⲓ̀ ⲛ̀ⲧⲉ ⲡⲓⲇⲓⲁ̀ⲃⲟⲗⲟⲥ ⲡⲉ ⲁϥϣⲁⲛϩⲱⲗ ⲉ̀ ⲡϩⲏⲧ
ⲛ̀ ⲟⲩⲁⲓ ⲛ̀ⲧⲉϥϣⲱⲡⲓ ⲉⲣⲉ ϩⲑⲏϥ ⲭⲏ ⲉ̀ ⲡⲓⲕⲟⲩⲗⲁ-
ⲧⲱⲣ ⲉ̀ⲧⲉⲙⲙⲁⲩ ⲓⲥϫⲉⲛ ⲡⲓⲛⲁⲩ ϥⲛⲁⲧⲱⲃϩ ⲉ̀ ⲡⲉϥ-
ⲣⲁⲛ ⲙ̀ⲙⲁⲩⲁⲧϥ. Ⲕⲁⲛ ⲉ̀ⲣⲉ ⲟⲩⲛⲓϣϯ ⲛ̀ ⲥⲧⲣⲁⲧⲉⲩⲙⲁ 15
ⲛ̀ⲧⲉ ⲡⲓⲇⲓⲁ̀ⲃⲟⲗⲟⲥ ⲕⲱϯ ⲉ̀ⲣⲟϥ ⲓⲉ ⲛ̀ⲥⲉⲓ̀ ⲉ̀ ⲡⲉϥⲕⲱϯ
ϣⲁϥⲓ̀ ⲛ̀ ϯⲟⲩⲛⲟⲩ ⲛ̀ⲧⲉϥⲑⲣⲟⲩϫⲱⲣ ⲉ̀ⲃⲟⲗ ⲙ̀ ⲫⲣⲏϯ

ⲣ̅ⲙ̅ⲑ̅. ⲁ. ⲛ̀ ⲟⲩⲕⲁⲡⲛⲟⲥ | ⲟⲩⲟϩ ⲉϣⲱⲡ ⲛ̀ⲧⲉⲟⲩⲱϣ ⲱ̀ ⲧⲁ
ⲥⲱⲛⲓ ϯⲛⲁⲧⲏⲓⲧ ⲉ̀ ⲧⲟⲧϥ ⲙ̀ ⲡⲓⲕⲟⲩⲗⲁⲧⲱⲣ ⲉ̀ⲧⲉⲙ-
ⲙⲁⲩ ⲛ̀ⲧⲉϥϣⲱⲡⲓ ϩⲱⲓ ⲙ̀ ⲃⲟⲏⲑⲟⲥ ϣⲁ ⲡⲓⲉ̀ϩⲟⲟⲩ 20
ⲉⲧ ⲉⲣ ⲁⲓ ⲉ̀ⲃⲟⲗⲃⲉⲛ ⲥⲱⲙⲁ. Ⲟⲩⲟϩ ⲃⲉⲛ ⲡⲉⲕⲉⲙⲟⲩ
ⲟⲛ ϥⲛⲁⲧⲏⲓⲧ ⲉ̀ ⲧⲟⲧϥ ⲙ̀ ⲫϯ ⲡⲓⲁ̀ⲅⲁⲑⲟⲥ ⲙ̀ ⲫⲣⲏϯ
ⲛ̀ ⲟⲩⲇⲱⲣⲟⲛ ⲉ̀ ⲛⲁⲛⲉϥ ⲛ̀ⲧⲉ ⲉⲣ ⲕⲗⲏⲣⲟⲛⲟⲙⲓⲛ ⲙ̀
ⲡⲓⲱⲛϧ ⲛ̀ ⲉ̀ⲛⲉϩ. Ⲁϥ ⲉⲣ ⲟⲩⲱ̀ ⲛ̀ϫⲉ ⲡⲓⲇⲓⲁ̀ⲃⲟⲗⲟⲥ
ⲉϥⲟⲓ ⲙ̀ ⲡⲥⲙⲟⲧ ⲛ̀ ϯⲙⲟⲩⲛⲁⲭⲏ ⲟⲩⲟϩ ⲡⲉϫⲁϥ ⲛⲁⲥ 25
ϫⲉ ⲙⲁⲧⲁⲙⲟⲓ ϩⲱ ⲉ̀ ⲡⲁⲓⲣⲱⲙⲓ ⲙ̀ ⲡⲁⲓ ⲣⲏϯ ⲉ̀ⲡⲓ
ⲇⲉ ⲅⲁⲣ ⲕⲁⲧⲁ ⲫⲣⲏϯ ⲉ̀ⲣⲉ ϫⲱ ⲙ̀ⲙⲟⲥ ⲟⲩⲛⲓϣϯ

ⲣ̅ⲙ̅ⲑ̅. ⲃ. ⲛ̀ ⲣⲁⲙⲁⲟ̀ ⲡⲉ ⲡⲁⲓ ⲣⲱⲙⲓ | ⲁⲥ ⲉⲣ ⲟⲩⲱ̀ ⲛ̀ϫⲉ

ⲉⲩⲫⲏⲙⲓⲁ ⲡⲉϫⲁⲥ ⲛⲁⲥ ϫⲉ ⲧⲱⲛⲓ ⲛ̀ ϣⲟⲣⲡ ⲛ̀ⲧⲉⲛ-
ⲕⲱϯ ⲙ̀ ⲡⲉⲛϩⲟ ⲉ̀ ⲡⲥⲁ ⲛ̀ ϯⲁ̀ⲛⲁⲧⲟⲗⲏ ⲛ̀ⲧⲉⲛϣⲗⲏⲗ
ⲛ̀ⲧⲉⲛϯ ⲛ̀ ⲟⲩⲡⲣⲟⲥⲉⲩⲭⲏ ⲙ̀ ⲡⲉⲙⲑⲟ ⲙ̀ ⲡ̅ⲟ̅ⲥ̅ ⲉⲣⲉ
ⲉⲣ ⲟⲙⲟⲗⲟⲅⲓⲛ ⲙ̀ ⲫⲏ ⲉⲧ ⲁ̀ⲣⲉ ⲙⲉⲩⲓ̀ ⲉ̀ⲣⲟϥ ϧⲉⲛ
ⲡⲉϩⲏⲧ ⲉ̀ ϧⲟⲩⲛ ⲉ̀ ⲡⲓⲕⲟⲩⲗⲁⲧⲱⲣ ⲉ̀ⲧⲉⲙⲙⲁⲩ ⲉ̀ⲣⲉ 5
ϫⲱ ⲙ̀ⲙⲟⲥ ⲙ̀ ⲡⲁⲓ ⲣⲏϯ. ϫⲉ ⲫϯ ϫⲱ ⲛⲏⲓ ⲉ̀ⲃⲟⲗ
ⲙ̀ ⲫⲏ ⲉ̀ⲧⲁⲓⲙⲉⲩⲓ̀ ⲉ̀ⲣⲟϥ ⲉ̀ ϧⲟⲩⲛ ⲉ̀ ⲡⲓⲕⲟⲩⲗⲁⲧⲱⲣ
ⲛⲉⲙ ϯⲥϩⲓⲙⲓ ⲉ̀ⲧ ⲁ ⲡⲉⲥϩⲁⲓ ⲧⲏⲓⲥ ⲉ̀ ⲧⲟⲧϥ ⲟⲩⲟϩ
ϯⲛⲁⲧⲁⲥⲑⲟⲓ ⲁⲛ ϫⲉ ⲉ̀ⲑⲣⲉ ⲙⲉⲩⲓ̀ ⲙ̀ ⲡⲁⲓ ⲣⲏϯ ⲁ̀ⲗⲏⲓ
ⲉ̀ϫⲉⲛ ⲡⲁ ϩⲏⲧ ⲉ̀ ϧⲟⲩⲛ ⲉ̀ ⲫⲏ ⲉ̀ⲑ ⲟⲩⲁⲃ ⲛ̀ⲧⲉ ⲡ̅ⲟ̅ⲥ̅. 10
Ⲟⲩⲟϩ ⲁ̀ⲣⲉ ϣⲁⲛ ⲉⲣ ⲟⲙⲟⲗⲟⲅⲓⲛ ⲙ̀ ⲡⲁⲓ ⲣⲏϯ ⲁ̀ⲛⲟⲕ

ⲣ̅ⲛ̅. ⲁ. ⲉ̀ⲑ ⲛⲁⲧⲁⲙⲟ | ⲉ̀ⲡⲓⲕⲟⲩⲗⲁⲧⲱⲣ ⲛ̀ ϩⲟⲩⲟⲃⲉϩⲟ ⲙⲉⲛⲉⲛ-
ⲥⲱⲥ ⲛ̀ⲧⲉ ⲉⲣⲉⲧⲓⲛ ⲙ̀ⲙⲟϥ ⲉ̀ ⲟⲩⲃⲟⲏⲑⲓⲁ̀ ⲛⲉ ⲟⲩⲟϩ
ⲛ̀ ⲛⲁϣϯ ⲛ̀ ⲥⲁ ⲧϩⲏ. Ⲡⲉϫⲉ ⲡⲓⲇⲓⲁⲃⲟⲗⲟⲥ ⲛⲁⲥ
ϫⲉ ⲁⲩϯ ⲛ̀ⲧⲟⲗⲏ ⲛⲏⲓ ϧⲁ ⲧϩⲏ ⲙ̀ⲡⲁⲧⲟⲩ ⲙⲟⲣⲧ ⲙ̀ 15
ⲡⲁⲓ ⲥⲭⲏⲙⲁ ⲉ̀ⲑ ⲟⲩⲁⲃ ϫⲉ ⲭⲁⲥ ⲛ̀ ⲛⲁⲫⲱⲣϣ ⲛ̀
ⲛⲁϫⲓϫ ⲉ̀ⲃⲟⲗ ⲉ̀ ϣⲗⲏⲗ ϣⲁ ϯⲧⲁⲥⲑⲟⲓ ⲉ̀ ⲧⲁⲙⲟⲛⲏ
ⲟⲩⲇⲉ ⲉϣⲧⲉⲙⲟⲩⲱⲙ ⲛⲉⲙ ϩⲗⲓ ⲛ̀ ⲕⲟⲥⲙⲓⲕⲟⲛ ⲉ̀ϣⲱⲡ
ϥ ⲉⲣ ⲫⲟⲣⲓⲛ ⲁⲛ ⲙ̀ ⲡⲉⲛⲥⲭⲏⲙⲁ. Ⲁⲉ ⲉⲣ ⲟⲩⲱ̀
ⲛ̀ϫⲉ ⲉⲩⲫⲏⲙⲓⲁ̀ ⲡⲉϫⲁⲥ ⲙ̀ ⲡⲓⲇⲓⲁⲃⲟⲗⲟⲥ ϫⲉ ⲉ̀ⲡⲓ ⲇⲏ 20
ⲁ̀ⲣⲉ ϫⲟⲥ ⲛⲏⲓ ϫⲉ ⲫⲏ ⲉ̀ⲑ ⲛⲁ ⲁ̀ⲣⲉϩ ⲉ̀ ⲡⲓⲛⲟⲙⲟⲥ

ⲣ̅ⲛ̅. ⲃ. ⲧⲏⲣϥ ⲛ̀ⲧⲉϥϩⲉⲓ | ϧⲉⲛ ⲟⲩϩⲱⲃ ⲛ̀ ⲟⲩⲱⲧ ⲁϥϣⲱⲡⲓ
ⲛ̀ ⲉⲛⲟⲭⲟⲥ ⲙ̀ⲙⲱⲟⲩ ⲧⲏⲣⲟⲩ. Ⲛ̀ⲑⲟ ϩⲱⲓ ⲇⲓⲧⲁϩⲟ
ϧⲉⲛ ⲣⲱ ⲙ̀ⲙⲓⲛ ⲙ̀ⲙⲟ ⲁ̀ⲣⲉ ⲉⲣ ⲡⲁⲣⲁⲃⲉⲛⲓⲛ ⲛ̀ ϯⲉⲛ-
ⲧⲟⲗⲏ ⲛ̀ⲧⲉ ⲡ̅ⲟ̅ⲥ̅ ⲉ̀ⲧⲉ ⲛⲁⲓ ⲛⲉ ⲛⲏ ⲉ̀ⲧⲁϥϩⲟⲛϩⲉⲛ 25
ⲙ̀ⲙⲱⲟⲩ ⲉ̀ ⲧⲟⲧⲟⲩ ⲛ̀ ⲛⲉϥⲁ̀ⲡⲟⲥⲧⲟⲗⲟⲥ ⲉ̀ⲑ ⲟⲩⲁⲃ
ⲓⲥϫⲉⲛ ⲡⲉⲛⲉϩ. Ⲡⲓⲇⲓⲁⲃⲟⲗⲟⲥ ⲇⲉ ⲡⲉϫⲁϥ ⲛⲁⲥ ϫⲉ
ⲁϣ ⲛⲉ ⲛⲓⲉⲛⲧⲟⲗⲏ ⲉ̀ⲧ ⲁⲓ ⲉⲣ ⲡⲁⲣⲁⲃⲉⲛⲓⲛ ⲙ̀ⲙⲱⲟⲩ

ⲙⲁⲧⲁⲙⲟⲓ ⲙ̅ⲙⲟⲛ ϯⲛⲁⲧⲟⲩⲛⲟⲥ ⲟⲩⲛⲓϣϯ ⲛ̅ ϫⲱⲛⲧ
ⲛ̅ⲧⲉ ⲫⲙⲟⲩ ⲉϩⲣⲏⲓ ⲉϫⲱ ⲁⲣⲉ ϣⲧⲉⲙ ⲟⲩⲟⲛϩⲟⲩ
ⲉⲣⲟⲓ ϯⲛⲟⲩ. Ⲁⲥ ⲉⲣ ⲟⲩⲱ ⲛ̅ϫⲉ ⲉⲩⲫⲏⲙⲓⲁ ϯⲥⲩⲛ-
ⲣⲛ̅ⲁ̅. ⲁ̅. ⲕⲗⲏⲧⲓⲕⲏ ⲡⲉϫⲁⲥ ⲙ̅ ⲡⲓⲇⲓⲁⲃⲟⲗⲟⲥ | ϫⲉ ⲛ̅ ϣⲟⲣⲡ
ⲙⲉⲛ ⲁ̀ ⲡⲉⲛⲥⲱⲧⲏⲣ ⲛ̅ ⲁ̀ⲅⲁⲑⲟⲥ ϩⲟⲛϩⲉⲛ ⲉ̀ ⲧⲟⲧⲟⲩ 5
ⲛ̅ ⲛⲉϥⲙⲁⲑⲏⲧⲏⲥ ⲉϥⲟⲩⲱⲣⲡ ⲙ̅ⲙⲱⲟⲩ ⲉ̀ⲃⲟⲗ ⲉ̀ ϩⲓϣⲓ̀ϣ
ϫⲉ ⲡⲓⲏⲓ ⲉ̀ ⲧⲉⲧⲉⲛⲛⲁϣⲉ ⲛⲱⲧⲉⲛ ⲉ̀ϧⲟⲩⲛ ⲉⲣⲟϥ ⲁⲣⲓ
ⲁⲥⲡⲁⲍⲉⲥⲑⲉ ⲙ̅ⲙⲟϥ ⲟⲩⲟϩ ⲁ̀ⲭⲟⲥ ϫⲉ ⲧϩⲓⲣⲏⲛⲏ ⲙ̅
ⲡⲁⲓ ⲏⲓ ⲙⲁⲣⲉ ⲧⲉⲧⲉⲛ ϩⲓⲣⲏⲛⲏ ϣⲱⲡⲓ ⲛ̅ ⲃⲏⲧϥ ⲟⲩⲟϩ
ⲉ̀ϣⲱⲡⲓ ⲙ̅ⲙⲟⲛ ⲙⲁⲣⲉ ⲧⲉⲧⲉⲛ ϩⲓⲣⲏⲛⲏ ⲕⲟⲧⲥ ⲉ̀ⲣⲱⲧⲉⲛ. 10
Ⲟⲩⲕ ⲟⲩⲛ ⲁϥϩⲟⲛϩⲉⲛ ⲉ̀ ⲧⲟⲧⲟⲩ ⲟⲛ ⲉⲑⲣⲟⲩ ϣⲗⲏⲗ
ϧⲉⲛ ⲡⲓⲙⲁ ⲉ̀ⲧⲟⲩ ⲛⲁϩⲱⲗ ⲉⲣⲟϥ ⲟⲩⲟϩ ⲟⲛ ⲉⲑ-
ⲣⲟⲩⲟⲩⲱⲙ ⲛⲉⲙ ⲟⲩⲟⲛ ⲛⲓⲃⲉⲛ ⲉ̀ⲃⲏⲗ ⲉ̀ ⲛⲏ ⲉⲧ
ⲣⲛ̅ⲁ̅. ⲃ̅. ⲁⲩϫⲉ ⲁ̀ ⲡⲭ̅ⲥ̅ ⲉ̀ⲃⲟⲗ ϫⲉ ⲙ̅ⲡⲉ ϧⲓ ϧⲉⲛ | ⲧⲥⲁⲣⲝ
ⲉϥϫⲱ ⲙ̅ⲙⲟⲥ ϫⲉ ϩⲱⲃ ⲛⲓⲃⲉⲛ ⲉ̀ⲧⲟⲩⲛⲁⲭⲁⲩ ϧⲁ 15
ⲣⲱⲧⲉⲛ ⲟⲩⲟⲙⲟⲩ ⲁⲧϭⲛⲉ ϩⲟⲧϩⲉⲧ ⲟⲩⲱⲙ ϧⲉⲛ ⲟⲩ-
ϣⲉⲡ ϩⲙⲟⲧ. Ⲟⲩⲟϩ ⲟⲛ ⲁ̀ ⲡⲓⲁ̀ⲡⲟⲥⲧⲟⲗⲟⲥ ϩⲟⲛϩⲉⲛ
ⲉ̀ ⲧⲟⲧⲉⲛ ϧⲉⲛ ⲛⲉϥⲉ̀ⲡⲓⲥⲧⲟⲗⲏ ⲉϥϫⲱ ⲙ̅ⲙⲟⲥ ϫⲉ
ϣⲗⲏⲗ ϧⲉⲛ ⲟⲩⲙⲉⲧⲁⲑⲙⲟⲩⲛⲕ ⲟⲩⲟϩ ϣⲉⲡ ϩⲙⲟⲧ
ϧⲉⲛ ϩⲱⲃ ⲛⲓⲃⲉⲛ ⲕⲉ ⲅⲁⲣ ⲣⲱⲙⲓ ⲛⲓⲃⲉⲛ ⲛ̅ⲧⲉ ⲫ̅ϯ 20
ⲙ̅ⲙⲁⲩ ⲭⲁ ⲧⲟⲧⲟⲩ ⲉ̀ⲃⲟⲗ ⲉⲩϣⲗⲏⲗ ⲙ̅ ⲡⲓⲉ̀ϩⲟⲟⲩ
ⲛⲉⲙ ⲡⲓⲉ̀ϫⲱⲣϩ. Ⲉϣⲱⲡ ⲇⲉ ϩⲱⲓ ⲛ̅ⲑⲟ ⲟⲩⲥϩⲓⲙⲓ
ⲟⲩⲟϩ ⲙ̅ⲙⲟⲛ ⲛⲟⲩⲛⲓ ⲛ̅ ⲭⲣⲟϥ ϩⲏⲡ ⲛ̅ ⲃⲏⲧ ⲧⲱⲛⲓ
ⲣⲛ̅ⲃ̅. ⲁ̅. ⲛ̅ⲧⲉⲛϣⲗⲏⲗ ⲉⲩⲥⲟⲡ ⲟⲩⲟϩ ⲙⲉⲛⲉⲛⲥⲁ ⲡⲓϣⲗⲏⲗ |
ϯⲛⲁⲓⲛⲓ ⲙ̅ ⲡⲓⲕⲟⲩⲗⲁⲧⲱⲣ ⲉ̀ⲧⲉⲙⲙⲁⲩ ⲛ̅ⲧⲉⲛⲁⲩ ⲉⲣⲟϥ 25
ⲟⲩⲟϩ ⲛ̅ⲧⲉⲛ ⲉⲣ ⲁⲥⲡⲁⲍⲉⲥⲑⲉ ⲙ̅ⲙⲟϥ ⲛ̅ ⲣⲱϥ ⲛⲉⲙ
ⲣⲱϥ ⲉ̀ϣⲱⲡ ϩⲟⲗⲱⲥ ⲧⲉ ⲙ̅ⲡϣⲁ ⲛ̅ϫⲟⲩϣⲧ ⲉ̀ϧⲟⲩⲛ
ϧⲉⲛ ⲡⲉϥϩⲟ. Ⲡⲓⲇⲓⲁⲃⲟⲗⲟⲥ ⲇⲉ ⲉ̀ⲧⲁϥⲉ̀ⲙⲓ ϫⲉ ⲁ̀

ⲉⲩⲫⲏⲙⲓⲁ ⲧⲥⲩⲛⲕⲗⲏⲧⲓⲕⲏ ⲟⲣⲃⲉϥ ⲉⲃⲟⲩⲛ ⲥⲁⲥⲁ
ⲛⲓⲃⲉⲛ ⲁϥⲕⲱⲧ ⲛ̀ⲥⲁ ⲡⲓⲣⲏϯ ⲙ̀ ⲫⲱⲧ ⲟⲩⲟϩ ⲁϥ ⲉⲣ
ϩⲏⲧⲥ ⲛ̀ ϣⲓⲃⲧ ⲙ̀ ⲡⲉϥⲓⲛⲓ ⲁϥ ⲉⲣ ⲫⲟⲣⲓⲛ ⲛ̀ ⲟⲩⲙⲟⲣ-
ⲫⲏ ⲉⲥϣⲉⲃⲓⲏⲟⲩⲧ ⲉ̀ⲙⲁϣⲱ. Ⲧⲥϩⲓⲙⲓ ⲇⲉ ⲉⲧ ⲧⲁⲓ-
ⲏⲟⲩⲧ ⲉⲩⲫⲏⲙⲓⲁ ⲧⲥⲩⲛⲕⲗⲏⲧⲓⲕⲏ ⲉ̀ⲧⲁⲥⲛⲁⲩ ⲉ̀ⲣⲟϥ ⲝⲉ 5

ⲣ̅ⲛ̅ⲃ. ⲃ. ⲁϥϣⲓⲃϯ ⲃⲉⲛ ⲡⲉϥⲓⲛⲓ ⲁⲥ ⲉⲣ ϩⲟϯ ⲉ̀ⲙⲁϣⲱ | ⲁⲥⲱϣ
ⲉ̀ⲃⲟⲗ ⲉⲥⲭⲱ ⲙ̀ⲙⲟⲥ ⲝⲉ ⲡⲓⲁⲣⲭⲏⲁⲅⲅⲉⲗⲟⲥ ⲙⲓⲭⲁⲏⲗ
ⲁ̀ⲣⲓ ⲃⲟⲏⲑⲓⲛ ⲉ̀ⲣⲟⲓ ⲃⲉⲛ ⲧⲁⲓ ⲟⲩⲛⲟⲩ ⲛ̀ ⲁⲛⲁⲅⲕⲏ ⲫⲏ
ⲉ̀ⲧⲁϥⲃⲟⲛⲃⲉⲛ ⲛ̀ ϯⲭⲟⲙ ⲧⲏⲣⲥ ⲛ̀ⲧⲉ ⲡⲓⲭⲁⲕⲓ ⲁ̀ⲣⲓ
ⲃⲟⲏⲑⲓⲛ ⲉ̀ⲣⲟⲓ ⲝⲉ ⲕⲥⲱⲟⲩⲛ ⲱ̀ ⲡ̅ⲟ̅ⲥ̅ ⲝⲉ ⲛ̀ⲑⲟⲕ ⲡⲉ 10
ⲉⲧ ⲁ ⲡⲁⲙⲁⲕⲁⲣⲓⲟⲥ ⲛ̀ ⲉⲓⲁⲓ ⲧⲏⲓⲧ ⲉ̀ ⲧⲟⲧ ⲕ ϩⲁ
ⲧϩⲏ ⲙ̀ⲡⲁⲧ ⲉ̀ϧⲓ ⲉ̀ⲃⲟⲗⲃⲉⲛ ⲥⲱⲙⲁ ⲝⲉ ⲭⲁⲥ ⲉ̀ⲕϣⲱⲡⲓ
ⲉⲕⲣⲱⲓⲥ ⲉ̀ⲣⲟⲓ ⲟⲩⲟϩ ⲉⲕⲟⲓ ⲛ̀ ⲥⲟⲃⲧ ⲉⲧ ⲧⲁⲭⲣⲏⲟⲩⲧ
ⲉ̀ⲃⲟⲗϩⲁ ⲉ̀ⲡⲓⲃⲟⲩⲗⲏ ⲛⲓⲃⲉⲛ ⲛ̀ⲧⲉ ⲡⲓⲭⲁⲕⲓ. ⲫⲁⲓ ⲇⲉ
ⲉ̀ⲧⲁⲥⲭⲟϥ ⲁⲥ ⲉⲣ ⲥⲫⲣⲁⲅⲓⲍⲓⲛ ⲙ̀ⲙⲟⲥ ⲃⲉⲛ ⲫⲣⲁⲛ 15

ⲣ̅ⲛ̅ⲅ. ⲁ. ⲙ̀ ⲫⲓⲱⲧ ⲛⲉⲙ ⲡϣⲏⲣⲓ ⲛⲉⲙ ⲡⲓⲡ̅ⲛ̅ⲁ̅ ⲉⲑ ⲟⲩⲁⲃ |
ⲟⲩⲟϩ ⲃⲉⲛ ϯⲟⲩⲛⲟⲩ ⲁ̀ ⲡⲓⲇⲓⲁ̀ⲃⲟⲗⲟⲥ ⲃⲱⲗ ⲉ̀ⲃⲟⲗ
ⲛⲉⲙ ⲛⲉϥⲉ̀ⲛⲉⲣⲅⲓⲁ ⲧⲏⲣⲟⲩ ⲙ̀ⲡⲉⲥⲙⲑⲟ ⲉ̀ⲃⲟⲗ ⲙ̀ ⲫⲣⲏϯ
ⲛ̀ ⲟⲩⲥⲧⲁⲭⲟⲩⲗ. Ⲙⲉⲛⲉⲛⲥⲁ ⲛⲁⲓ ⲇⲉ ⲁ̀ ⲡⲓⲇⲓⲁ̀ⲃⲟⲗⲟⲥ
ⲟⲩⲟⲛϩϥ ⲉ̀ⲣⲟⲥ ⲙⲉⲛⲉⲛⲥⲁ ⲟⲩⲥⲛⲟⲩ ⲉϥⲟⲓ ⲙ̀ ⲡⲥⲙⲟⲧ 20
ⲛ̀ ⲟⲩⲣⲱⲙⲓ ⲛ̀ ⲉⲑⲱϣ ⲉϥϣⲟⲩⲟ ⲉ̀ⲙⲁϣⲱ ⲉ̀ⲣⲉ ⲟⲩ-
ⲙⲟⲣⲫⲏ ⲙ̀ⲙⲟϥ ⲙ̀ ⲫⲣⲏϯ ⲛ̀ ⲟⲩϭⲓⲓⲉ ⲙ̀ ⲃⲁⲉⲙⲡⲓ ⲉⲣⲉ
ⲛⲉϥⲃⲁⲗ ⲙⲉϩ ⲛ̀ ⲥⲛⲟϥ ⲉ̀ⲙⲁϣⲱ ⲉⲣⲉ ⲡⲓϧⲱⲓ ⲛ̀ⲧⲉ
ⲧⲉϥ ⲁⲫⲉ ⲧⲉⲥ ⲉ̀ ⲡϣⲱⲓ ⲙ̀ ⲫⲣⲏϯ ⲛ̀ ⲟⲩⲣⲓⲣ ⲛ̀ⲧⲱⲟⲩ
ⲉ̀ⲣⲉ ⲟⲩⲥϩϥⲓ ⲛ̀ ⲣⲟ ⲃ ⲑⲟⲕⲉⲙ ⲃⲉⲛ ⲧⲉϥⲭⲓⲭ ⲉϥⲟⲓ 25

ⲣ̅ⲛ̅ⲅ. ⲃ. ⲛ̀ ⲭⲁⲓⲉ ⲉ̀ⲙⲁϣⲱ. Ⲟⲩⲟϩ ⲉ̀ⲧⲁϥⲟ̀ϩⲓ ⲉ̀ⲣⲁⲧϥ | ⲙ̀
ⲡⲉⲥⲙⲑⲟ ⲉ̀ⲃⲟⲗ ⲁ̀ ⲡⲉϥⲥⲑⲟⲓⲃⲱⲛ ϣⲱϣ ⲉ̀ⲃⲟⲗ ⲛⲁϩ-
ⲣⲁⲥ ⲉ̀ⲙⲁϣⲱ. Ⲉⲩⲫⲏⲙⲓⲁ ⲇⲉ ⲧⲥⲩⲛⲕⲗⲏⲧⲓⲕⲏ

ⲉ̀ⲧⲁⲥⲛⲁⲩ ⲉ̀ⲣⲟϥ ⲉ̀ⲧⲁϥϣⲓⲃϯ ϧⲉⲛ ⲡⲉϥⲓⲛⲓ ϧⲉⲛ ϯⲟⲩ-
ⲛⲟⲩ ⲁⲥϩⲱⲗ ⲉ̀ϧⲟⲩⲛ ⲉ̀ ⲡⲉⲥⲕⲟⲓⲧⲱⲛ ⲁⲥⲁ̀ⲙⲟⲛⲓ ⲛ̀
ϯⲥⲓⲕⲱⲛ ⲉ̀ⲣⲉ ⲡⲓⲗⲩⲙⲛⲏ ⲛ̀ⲧⲉ ⲡⲓⲁⲣⲭⲏⲁⲅⲅⲉⲗⲟⲥ ⲉ̀ⲑ
ⲟⲩⲁⲃ ⲙⲓⲭⲁⲏⲗ ⲉⲣ ⲍⲱⲅⲣⲁⲫⲓⲛ ⲉ̀ⲣⲟⲥ ⲁⲥϣⲱⲡⲓ ⲁⲥ
ⲉⲣ ⲁⲙⲁⲗⲏⲭ ⲉ̀ϧⲟⲩⲛ ⲉ̀ⲣⲟⲥ ⲁⲥϣⲱ ⲉ̀ⲃⲟⲗ ⲉⲥϫⲱ 5
ⲙ̀ⲙⲟⲥ ϫⲉ ⲡⲓⲁⲣⲭⲏⲁⲅⲅⲉⲗⲟⲥ ⲉ̀ⲑ ⲟⲩⲁⲃ ⲙⲓⲭⲁⲏⲗ
ⲁ̀ⲣⲓ ⲃⲟⲏⲑⲓⲛ ⲉ̀ⲣⲟⲓ ⲛ̀ⲧⲉⲕⲛⲁϩⲙⲉⲧ ⲛ̀ ⲧⲟⲧϥ ⲙ̀ ⲡⲓⲥⲁ-
ⲛ̀ⲭⲣⲟϥ. Ⲡⲓⲇⲓⲁⲃⲟⲗⲟⲥ ⲇⲉ ⲁϥϣⲱⲡⲓ ⲉϥⲟ̀ϩⲓ ⲉ̀ⲣⲁⲧϥ

ⲣ̄ⲛ̄ⲇ̄. ⲁ. ⲥⲁⲃⲟⲗ | ⲙ̀ ⲫⲣⲟ ⲙ̀ ⲡⲓⲕⲟⲓⲧⲱⲛ ⲉ̀ⲡⲓ ⲇⲏ ⲙ̀ⲡⲉ ϥϫⲉⲙ-
ϫⲟⲙ ⲛ̀ ϩⲱⲗ ⲉ̀ϧⲟⲩⲛ ⲉⲑⲃⲉ ⲡⲱⲟⲩ ⲙ̀ ⲡⲓⲁⲣⲭⲏⲁ̀ⲅ- 10
ⲅⲉⲗⲟⲥ ⲉ̀ⲑ ⲟⲩⲁⲃ ⲙⲏⲭⲁⲏⲗ ⲉ̀ⲧⲁϥⲙⲁϩ ⲡⲓⲕⲟⲓⲧⲱⲛ
ⲁϥⲧⲁⲗⲉ ⲡⲉϥⲧⲏⲃ ϩⲓϫⲉⲛ ⲡⲉϥϣⲁⲓ ⲁϥⲥⲉⲕⲃ̀ⲣⲱⲟⲩ
ⲉ̀ⲃⲟⲗϧⲉⲛ ⲡⲉϥⲭⲉⲃϣⲁⲓ ⲉϥϣ ⲉ̀ⲃⲟⲗ ⲉϥϫⲱ ⲙ̀ⲙⲟⲥ
ϫⲉ ⲱ̀ ⲃⲓⲁ ⲟⲩ ⲡⲉ ϯⲛⲁⲁ̀ⲓϥ ⲛⲉ ⲉⲩⲫⲏⲙⲓⲁ̀ ⲁ̀ⲗⲓ ⲉ̀-
ϧⲟⲩⲛ ϣⲁ ⲣⲟ ⲉⲓⲟⲩⲱϣ ⲉ̀ ⲉⲣ ϩⲁⲗ ⲙ̀ⲙⲟ ⲟⲩⲟϩ 15
ⲛ̀ⲧⲁⲥⲟⲕⲓ ⲉ̀ ⲡⲧⲁⲕⲟ ⲛⲉⲙⲏⲓ ⲁⲓϫⲉⲙϯ ⲉ̀ⲣⲉ ϭⲣⲏⲟⲩⲧ
ⲉ̀ⲣⲟⲓ ⲉⲑⲃⲉ ⲧⲁⲓ ⲫⲟϫⲓ ⲛ̀ ϣⲉ ⲁⲣⲉ ⲁ̀ⲙⲟⲛⲓ ⲙ̀ⲙⲟⲥ ⲛ̀
ϣⲟⲣⲡ ⲙⲉⲛ ⲇⲓⲧⲟⲩⲛⲟⲥ ⲡⲓⲗⲁⲟⲥ ⲛ̀ⲧⲉ ⲛⲓⲓⲟⲩⲇⲁⲓ

ⲣ̄ⲛ̄ⲇ̄. ⲃ. ⲉ̀ϫⲉⲛ ⲙⲉⲥⲓⲁⲥ ⲫⲏ ⲉⲧ ⲟⲩⲙⲟⲩϯ | ⲉ̀ⲣⲟϥ ϫⲉ ⲡⲭ̄ⲥ̄
ⲉⲓⲙⲉⲩⲓ̀ ⲛⲏⲓ ⲡⲉ ϫⲉ ϯⲛⲁϣⲕⲱⲣϥ ⲛ̀ⲧⲉϥϫⲟⲙ ⲁϥⲑⲉ- 20
ⲃⲓⲟⲓ ⲛⲉⲙ ⲧⲁ ϫⲟⲙ ⲧⲏⲣⲥ ϧⲁⲧⲉⲛ ⲡⲓϣⲉ ⲛ̀ⲧⲉ ⲡⲓⲥ-
ⲧⲁⲩⲣⲟⲥ Ⲟⲩⲟϩ ⲓⲥϫⲉⲛ ϣⲟⲣⲡ ⲁ̀ⲛⲟⲕ ⲡⲉ ⲉⲧ ⲇⲓ ⲉⲣ
ϩⲁⲗ ⲛ̀ ⲁⲇⲁⲙ ⲛⲉⲙ ⲉⲩⲁ̀ ⲇⲓⲑⲣⲟⲩ ⲉⲣ ⲡⲁⲣⲁⲃⲁⲛⲓⲛ
ⲛ̀ ϯⲉⲛⲧⲟⲗⲏ ⲛ̀ⲧⲉ ⲫϯ ⲇⲓⲁⲓⲧⲟⲩ ⲛ̀ ϣⲉⲙⲙⲟ ⲉ̀ ⲡⲓ-
ⲡⲁⲣⲁⲇⲓⲥⲟⲥ ⲛⲉⲙ ⲛⲓⲙⲁ ⲛ̀ ϣⲱⲡⲓ ⲛ̀ ⲟⲩⲱⲓⲛⲓ. Ⲁ̀ⲛⲟⲕ 25
ⲟⲛ ⲡⲉ ⲉ̀ⲧⲁⲓ ⲉⲣ ϩⲁⲗ ⲛ̀ ⲛⲁ ⲁⲅⲅⲉⲗⲟⲥ ϣⲁⲧ ⲟⲩ-
ϩⲓⲧⲟⲩ ⲉ̀ⲃⲟⲗϧⲉⲛ ⲡⲟⲩⲱⲟⲩ ⲁ̀ⲛⲟⲕ ⲡⲉ ⲉ̀ⲧⲁⲓ ⲣⲉ
ⲛⲓⲁ̀ⲫⲱϥ ⲉⲣⲛⲟⲃⲓ ϣⲁⲛⲧⲉ ⲫϯ ϥⲟⲧⲟⲩ ⲉ̀ⲃⲟⲗϧⲉⲛ

ⲡⲓⲙⲱⲟⲩ ⲛ̀ ⲕⲁⲧⲁⲕⲗⲩⲥⲙⲟⲥ. ⲁ̀ⲛⲟⲕ ⲡⲉ ⲉ̀ⲧⲁⲓⲧⲁⲙⲉ
ⲣ̅ⲛ̅ⲋ̅. ⲁ. ⲛⲓⲣⲉⲙⲥⲟⲇⲟⲙⲁ ⲛⲉⲙ ⲅⲟⲙⲟⲣⲣⲁ | ⲛⲉⲙ ⲑⲉⲇⲱⲓⲙ
ⲛⲉⲙ ⲍⲱⲃⲟⲓⲛ ⲉⲑⲣⲟⲩ ⲓ̀ⲣⲓ ⲛ̀ ⲛⲁⲓ ⲛⲓϣϯ ⲙ̀ ⲡⲁⲣⲁ-
ⲛⲟⲙⲓⲁ ϣⲁⲛⲧⲉ ⲫϯ ⲥⲱⲟⲩ ⲉ̀ⲭⲱⲟⲩ ⲛ̀ ⲟⲩⲭⲣⱷⲙ
ⲛⲉⲙ ⲟⲩⲑⲏⲛ ⲛ̀ⲧⲉϥϥⲟⲧⲟⲩ ⲉ̀ⲃⲟⲗ. ⲁ̀ⲛⲟⲕ ⲡⲉ ⲉ̀ⲧⲁⲓ- 5
ⲧⲁⲙⲉ ⲓⲉⲍⲁⲃⲉⲗ ⲉ̀ ⲫⲛⲟⲃⲓ ⲁⲓⲃ̀ⲱⲧⲉⲃ ⲙ̀ ⲡⲓ ⲕⲉ ⲁⲭⲁⲃ
ⲛⲉⲙⲁⲥ ϧⲉⲛ ⲧⲉⲥ ⲡⲁⲣⲁⲛⲟⲙⲓⲁ. ⲁ̀ⲛⲟⲕ ⲡⲉ ⲉ̀ⲧⲁⲓ-
ⲧⲟⲩⲛⲟⲥ ⲛⲉⲛϣⲏⲣⲓ ⲙ̀ ⲡⲓⲥ̅ⲗ̅ ⲉ̀ⲭⲉⲛ ⲁⲁⲣⲱⲛ ⲁⲩϣⲱⲡⲓ
ⲉⲩϯ ⲙ̀ⲕⲁϩ ⲛⲁϥ ϣⲁⲧⲉ ϥⲑⲁⲙⲓⲟ̀ ⲛⲱⲟⲩ ⲛ̀ ⲟⲩⲙⲁⲥⲓ
ⲛ̀ⲧⲟⲩϣⲉⲙϣⲓ ⲙ̀ⲙⲟϥ ⲉ̀ ⲁ̀ ⲫϯ ⲭⲱⲛⲧ̀ ⲉ̀ⲣⲱⲟⲩ ⲟⲩⲟϩ 10
ⲁϥϥⲟⲧⲟⲩ ⲉ̀ⲃⲟⲗ. ⲁⲡⲗⲱⲥ ⲛⲟⲃⲓ ⲛⲓⲃⲉⲛ ⲁ̀ⲛⲟⲕ ⲡⲉ
ⲣ̅ⲛ̅ⲋ̅. ⲃ. ⲉ̀ⲧⲁⲓⲉ̀ⲣⲟⲩϣⲱⲡⲓ. ⲱ̀ ⲙⲓⲭⲁⲏⲗ ⲙⲏ ⲛ̀ⲑⲟⲕ ⲁⲛ ⲡⲉ |
ⲉ̀ⲧⲁⲕⲥⲁⲧ ⲉ̀ⲃⲟⲗϧⲉⲛ ⲧⲫⲉ ⲛⲉⲙ ⲛⲁ ⲁⲅⲅⲉⲗⲟⲥ ⲁⲩϩⲓⲧ
ⲉ̀ϧⲣⲏⲓ ⲉ̀ ϯⲗⲩⲙⲛⲏ ⲛ̀ ⲭⲣⱷⲙ ⲉⲑ ⲙⲟϩ. ⲱ̀ ⲙⲓⲭⲁⲏⲗ
ⲓⲥ ⲧⲫⲉ ⲛⲉⲙ ⲡⲓⲕⲁϩⲓ ⲁⲓⲭⲁⲩ ⲛⲁⲕ ⲁⲛϣⱷⲡⲓ ⲛ̀ϩⲏⲗ 15
ⲉⲙⲛⲏ ⲛⲉⲙ ⲛⲁⲓ ϧⲉⲛ ⲡⲓⲁ̀ⲏⲣ ⲙ̀ⲙⲁⲩⲁ̀ⲧⲉⲛ ⲉ̀ⲛⲭⲟⲣ
ⲉ ⲛⲏ ⲉ̀ⲧⲉⲛⲛⲁϣⲉⲙϣⲟⲙ ⲛ̀ⲧⲁϩⲱⲟⲩ. ⲟⲩⲁⲓ ϧⲉⲛ
ⲟⲩⲡⲟⲣⲛⲓⲁ ⲕⲉ ⲟⲩⲁⲓ ϧⲉⲛ ⲟⲩⲙⲉⲧⲛⲱⲓⲕ ⲟⲩⲁⲓ ϧⲉⲛ
ⲟⲩⲁ̀ⲛⲁϣ ⲛ̀ ⲛⲟⲩϫ ⲕⲉ ⲟⲩⲁⲓ ϧⲉⲛ ⲟⲩⲕⲁⲧⲁⲗⲁⲗⲓⲁ
ⲟⲩⲁⲓ ϧⲉⲛ ⲟⲩⲭⲣⲟϥ ⲕⲉ ⲟⲩⲁⲓ ϧⲉⲛ ⲟⲩⲙⲉⲧⲥⲁⲛⲕⲟⲧⲥ 20
ⲟⲩⲁⲓ ϧⲉⲛ ⲟⲩⲭⲟϩ ⲕⲉ ⲟⲩⲁⲓ ϧⲉⲛ ⲟⲩⲉⲗⲕϣⲁⲓ ⲟⲩⲁⲓ
ϧⲉⲛ ⲟⲩⲃ̀ⲓⲟ̀ⲅⲓ̀. ⲉϣⲱⲡ ⲁⲛϣⲁⲛⲉ̀ⲙⲓ ϫⲉ ⲙ̀ⲡⲉ ⲛ̀ϣ-
ⲣ̅ⲛ̅ⲍ̅. ⲁ. ϫⲉⲙϫⲟⲙ ⲉ̀ⲣⲟϥ | ϧⲉⲛ ⲟⲩⲭⲟⲣϫⲥ ⲙ̀ ⲡⲁⲓ ⲣⲏϯ ϣⲁⲛ-
ⲓ̀ⲛⲓ ⲉ̀ϧⲣⲏⲓ ⲉ̀ⲭⲱϥ ⲛ̀ ⲟⲩϩⲓⲛⲓⲙ ⲉϥⲟϣ ϫⲉ ⲭⲁⲥ ⲛ̀ⲛⲉϥ-
ⲣⲱⲓⲥ ⲛ̀ⲧⲉϥ ⲉⲣ ⲟⲩⲥⲟⲡ ⲛ̀ ϣⲗⲏⲗ ϧⲁ ⲛⲉϥⲛⲟⲃⲓ. 25
ϩⲏⲡⲡⲉ ⲗⲟⲓⲡⲟⲛ ⲁⲛⲭⲱ ⲛ̀ⲧⲫⲉ ⲛⲉⲙ ⲡⲓⲕⲁϩⲓ ⲛⲁⲕ
ⲉϣⲧⲉⲙⲟ̀ⲣⲉⲛⲛⲁⲩ ⲉ̀ ⲡⲉⲕϫⲟϫ ⲉ ⲧⲉⲕⲙⲟⲣⲫⲏ ϯ ϩⲟϯ
ⲛⲁⲛ ⲉ̀ⲙⲁϣⲱ ⲟⲩⲟϩ ⲧⲉⲕⲥⲧⲟⲗⲏ ⲉⲧ ϧⲉⲛ ⲧⲁⲓ ⲍⲱⲅ-

ⲣⲁⲫⲓⲁ ⲉⲧ ϧⲉⲛ ⲧⲁⲓ ⲫⲟⲭⲓ ⲛ̀ ϣⲉ ⲉⲥⲫⲱⲧⲋ ϧⲉⲛ
ϩⲁⲛⲫⲁϩⲣⲓ ⲛ̀ ⲁⲟⲅⲓⲁⲃⲁⲛ ⲁⲥϭⲣⲟ ⲉ̀ ⲧⲁⲓ ⲛⲓϣϯ ⲛ̀
ⲭⲟⲙ ⲙ̀ ⲫⲟⲟⲩ. ⲟⲩⲟϩ ⲫⲏ ⲉ̀ⲧⲁⲅⲁⲓϥ ⲛ̀ ⲥⲧⲁⲩⲣⲟⲥ
ϣⲁⲧⲉ ϥ̀ⲫⲱⲣⲕ ⲛ̀ ⲧⲁ ⲛⲟⲩⲛⲓ ϩⲁ ⲧⲍⲏ ⲙ̀ ⲫⲟⲟⲩ

ⲣ̅ⲛ̅ⲋ̅. ⲃ. ⲟⲩⲟϩ ⲟⲛ ϯⲛⲟⲩ ⲡⲉ ⲉⲣⲉ | ⲧⲉⲕⲋⲓⲕⲱⲛ ⲫⲟⲧⲋ ⲉ̀ⲣⲟϥ 5
ⲱ̀ ⲙⲓⲭⲁⲏⲗ ⲡⲉ ⲉ̀ⲧⲁⲥ ⲉⲣ ⲕⲱⲗⲓⲛ ⲙ̀ⲙⲟⲓ ⲟⲩⲟϩ ⲁⲥϭⲣⲟ
ⲉ̀ⲣⲟⲓ ⲛⲉⲙ ⲧⲁ ⲭⲟⲙ ⲧⲏⲣⲥ ⲙ̀ ⲫⲟⲟⲩ ⲙ̀ⲡ ⲁⲥⲭⲁⲧ
ⲛ̀ⲧⲁⲭⲱⲕ ⲙ̀ ⲡⲁ ⲟⲩⲱϣ ⲉ̀ⲃⲟⲗ ⲛⲉⲙ ⲉⲩⲫⲏⲙⲓⲁ̀
ϯⲥⲩⲛⲕⲗⲏⲧⲓⲕⲏ. ⲱ̀ ⲃⲓⲁ ⲙ̀ ⲫⲟⲟⲩ ⲉ̀ⲣⲉ ⲙⲓⲭⲁⲏⲗ ϯ
ϩⲓⲥⲓ ⲛⲏⲓ ⲥⲁ ⲥⲁ ⲛⲓⲃⲉⲛ ⲁⲓⲋⲱϣ ⲟⲩⲡⲉ ϯⲛⲁⲁⲓϥ ⲛⲉ 10
ⲱ̀ ⲉⲩⲫⲏⲙⲓⲁ̀ ϯⲥⲩⲛⲕⲗⲏⲧⲓⲕⲏ ⲁ̀ⲣⲉ ⲭⲱ ⲙ̀ⲙⲟⲥ ϯⲛⲟⲩ
ⲭⲉ ϯⲛⲁϣⲭⲉⲙⲭⲟⲙ ⲉ̀ⲣⲟ ⲁⲛ ⲉ̀ⲣⲉ ⲉⲣ ⲑⲁⲣⲓⲛ ⲉ̀ ⲧⲁⲓ
ⲕⲟⲩⲭⲓ ⲙ̀ ⲫⲟⲭⲓ ⲛ̀ ϣⲉ ⲉ̀ⲧ ϧⲉⲛ ⲛⲉⲭⲓⲭ. ⲓⲥⲭⲉ ⲁ̀ϩⲁ
ⲓⲉ ⲁ̀ⲣⲓ ⲉ̀ⲙⲓ ⲛⲉ ⲭⲉ ϯⲛⲏⲟⲩ ϣⲁ ⲣⲟ ⲟⲛ ϧⲉⲛ ⲟⲩⲉ̀-
ϩⲟⲟⲩ ⲉ̀ⲣⲉ ⲥⲱⲟⲩⲛ ⲙ̀ⲙⲟϥ ⲁⲛ ⲉ̀ⲧⲉ ⲥⲟⲩ ⲓ̅ⲏ̅ ⲙ̀ 15

ⲣ̅ⲛ̅ⲍ̅. ⲁ. ⲡⲁⲱ̀ⲛⲓ | ⲡⲓϩⲟⲟⲩ ⲉ̀ⲧⲉⲙⲙⲁⲩ ϣⲁⲩⲭⲉⲙ ⲙⲓⲭⲁⲏⲗ
ⲉϥⲑⲟⲩⲏⲧ ⲛⲉⲙ ⲛⲓⲁⲅⲅⲉⲗⲟⲥ ⲉϥϥⲁϩⲧ ⲛⲉⲙ ϯⲁⲅ-
ⲅⲉⲗⲓⲕⲏ ⲧⲏⲣⲥ ⲥⲁⲃⲟⲗ ⲙ̀ ⲡⲓⲕⲁⲧⲁⲡⲉⲧⲁⲥⲙⲁ ⲛ̀ⲧⲉ
ⲫⲓⲱⲧ ⲉⲑⲃⲉ ⲛⲓⲙⲱⲟⲩ ⲛ̀ⲧⲉ ⲫⲓⲁ̀ⲣⲟ ⲛ̀ ⲭⲏⲙⲓ ⲟⲩⲟϩ
ⲉⲑⲃⲉ ⲛⲓⲓ̀ⲱϯ ⲛⲉⲙ ⲛⲓⲙⲱⲟⲩ ⲛ̀ ϩⲱⲟⲩ. ⲟⲩⲟϩ 20
ϯⲥⲱⲟⲩⲛ ⲁ̀ⲛⲟⲕ ⲙ̀ ⲫⲁⲓ ⲭⲉ ϣⲁⲥϣⲱⲡⲓ ⲛ̀ⲧⲉϥ ⲉⲣ
ⲅ̅ ⲛ̀ ⲉ̀ϩⲟⲟⲩ ⲛⲉⲙ [ⲅ̅] ⲛ̀ ⲉ̀ⲭⲱⲣϩ ⲙ̀ⲡ ⲁϥⲕⲏⲛ ⲉϥⲧⲱⲃϩ
ⲟⲩⲟϩ ⲉϥϥⲁϩⲧ ⲁⲧϭⲛⲉ ⲧⲱⲟⲩⲛⲟⲩ ⲉ̀ ⲡϣⲱⲓ ϣⲁⲛⲧⲉ
ⲫϯ ⲥⲱⲧⲉⲙ ⲉ̀ⲣⲟϥ ⲛ̀ⲧⲉϥ ⲉⲣ ⲭⲁⲣⲓⲍⲉⲥⲑⲉ ⲛⲁϥ ⲙ̀
ⲡⲉϥ ⲉ̀ⲧⲏⲙⲁ. ⲗⲟⲓⲡⲟⲛ ⲁⲓϣⲁⲛⲓ ⲉ̀ ⲡⲓⲉ̀ϩⲟⲟⲩ ⲉ̀ⲧⲉⲙ- 25

ⲣ̅ⲛ̅ⲍ̅. ⲃ. ⲙⲁⲩ | ϯⲛⲁⲓ ⲛⲉ ⲉⲓⲥⲉⲃⲧⲱⲧ ϧⲉⲛ ⲧⲁⲓ ⲛⲓϣϯ ⲛ̀ⲭⲟⲙ
ⲛ̀ⲧⲁⲁ̀ⲙⲟⲛⲓ ⲛ̀ ⲧⲁⲓ ⲫⲟⲭⲓ ⲛ̀ ϣⲉ ⲉ̀ⲧ ϧⲉⲛ ⲛⲉⲭⲓⲭ ⲛ̀ⲧⲁⲗⲓ
ⲙ̀ ⲙⲉⲣⲟⲥ ⲙⲉⲣⲟⲥ ⲉ̀ϩⲣⲏⲓ ⲉ̀ⲭⲉⲛ ⲧⲉ ⲁ̀ⲫⲉ ⲛ̀ⲧⲉⲛⲁⲩ ⲭⲉ

ⲧⲉⲣⲁⲭⲉ ⲙ̅ ⲡⲓⲁⲣⲭⲏⲁⲅⲅⲉⲗⲟⲥ ⲙⲓⲭⲁⲏⲗ ⲙ̅ⲛⲁⲓ ⲛ̅ⲧⲉϥ
ⲉⲣ ⲃⲟⲏⲑⲓⲛ ⲉ̀ ⲣⲟⲙⲡⲓ ⲉ̀ϩⲟⲟⲩ ⲉ̀ⲧⲉⲙⲙⲁⲩ. Ⲛⲁⲓ ⲇⲉ
ⲉⲥⲥⲱⲧⲉⲙ ⲉ̀ⲣⲱⲟⲩ ⲛ̀ϫⲉ ϯⲥϩⲓⲙⲓ ⲛ̀ ⲥⲁⲃⲏ ⲉ̀ⲧⲉⲙⲙⲁⲩ
ⲁⲥϭⲓ ⲛⲁⲥ ⲛ̀ ϯϩⲓⲕⲱⲛ ⲛ̀ⲧⲉ ⲡⲓⲁⲣⲭⲏⲁⲅⲅⲉⲗⲟⲥ ⲙⲓ-
ⲭⲁⲏⲗ ⲁⲥϭⲟϫⲓ ⲛ̀ⲥⲱϥ ⲥⲁⲃⲟⲗ ⲙ̀ ⲫⲣⲟ ⲙ̀ ⲡⲉⲥⲕⲟⲓⲧⲱⲛ 5
ⲟⲩⲟϩ ϧⲉⲛ ϯⲟⲩⲛⲟⲩ ⲁϥ ⲉⲣ ⲁⲑⲟⲩⲱⲛϩ ⲉ̀ⲃⲟⲗ ⲙ̀

ⲣⲏⲏ. ⲁ. ⲡⲉⲥⲙ̅ⲑⲟ ϯⲥϩⲓⲙⲓ ⲇⲉ ⲉ̀ⲧ | ⲧⲁⲓⲏⲟⲩⲧ ⲉ̀ⲧⲉⲙⲙⲁⲩ
ⲉⲩⲫⲏⲙⲓⲁ ϯⲥⲩⲛⲕⲗⲏⲧⲓⲕⲏ ⲁⲥϣⲱⲡⲓ ⲉⲥⲓⲣⲓ ⲛ̀ ϩⲁⲛϯϩⲟ
ⲛⲉⲙ ϩⲁⲛϣⲗⲏⲗ ⲉⲩⲟϣ ⲙ̀ ⲡⲓⲉ̀ϩⲟⲟⲩ ⲛⲉⲙ ⲡⲓⲉ̀-
ϫⲱⲣϩ ⲓⲥϫⲉⲛ ⲡⲓⲉ̀ϩⲟⲟⲩ ⲉ̀ⲧ ⲁ ⲡⲓⲇⲓⲁⲃⲟⲗⲟⲥ ϣⲉ ⲛⲁϥ 10
ⲉ̀ⲃⲟⲗ ϩⲁⲣⲟⲥ ϣⲁ ⲡⲓⲉ̀ϩⲟⲟⲩ ⲉ̀ⲧⲁϥϫⲟⲥ ϫⲉ ϯⲛⲏⲟⲩ
ⲛ̀ⲧⲁϯ ⲛⲉⲙⲉ ⲉ̀ⲧⲉ ⲥⲟⲩ ⲓ̅ⲃ̅ ⲙ̀ ⲡⲁⲱ̀ⲛⲓ ⲡⲉ. Ⲟⲩⲟϩ
ⲛⲁⲥϯϩⲟ ⲙ̀ ⲫϯ ⲡⲉ ⲛⲉⲙ ⲡⲓⲁⲣⲭⲏⲁⲅⲅⲉⲗⲟⲥ ⲉⲑ
ⲟⲩⲁⲃ ⲙⲓⲭⲁⲏⲗ ⲉⲑⲣⲉϥϣⲱⲡⲓ ⲛⲁⲥ ⲙ̀ ⲃⲟⲏⲑⲟⲥ ⲛⲉⲙ
ⲛⲁϣϯ. Ⲁⲥϣⲱⲡⲓ ⲇⲉ ϧⲉⲛ ⲥⲟⲩ ⲓ̅ⲃ̅ ⲙ̀ ⲡⲁⲱ̀ⲛⲓ 15
ⲡⲉϩⲟⲟⲩ ⲙ̀ ⲡⲓⲁⲣⲭⲏⲁⲅⲅⲉⲗⲟⲥ ⲙⲓⲭⲁⲏⲗ ⲁ̀ ⲉⲩⲫⲏⲙⲓⲁ

ⲣⲏⲏ. ⲃ. ⲥⲟⲃϯ ⲛ̀ ⲛⲏⲉ̀ⲧⲟⲩ ⲛⲁ ⲉⲣ ⲭⲣⲓⲁ | ⲙ̀ⲙⲟϥ ⲉ̀ ⲡϣⲁⲓ
ⲙ̀ ⲙⲓⲭⲁⲏⲗ ⲓ̀ⲧⲉ ϯⲡⲣⲟⲥⲫⲟⲣⲁ ⲛⲉⲙ ϯⲁⲡⲁⲣⲭⲏ ⲛ̀ⲧⲉ
ⲡⲓⲗⲁⲟⲥ ϧⲉⲛ ⲡⲓⲧⲟⲡⲟⲥ ⲓ̀ⲧⲉ ⲡⲥⲟⲃϯ ⲛ̀ ⲛⲓⲥⲛⲏⲟⲩ
ϧⲉⲛ ⲡⲓⲙⲁ ⲛ̀ ϣⲱⲡⲓ ⲙⲉⲛⲉⲛⲥⲁ ϯϩⲓⲣⲏⲛⲏ ⲁⲡⲗⲱⲥ 20
ⲁⲥϭⲓ ⲫⲣⲱⲟⲩϣ ⲙ̀ ⲡⲓϣⲁⲓ ⲛ̀ ⲕⲁⲗⲱⲥ ⲕⲁⲧⲁ ⲡⲉⲧⲥϣⲉ
ⲉ̀ⲡⲓ ⲇⲏ ⲛⲉ ⲟⲩⲣⲁⲙⲁⲟ̀ ⲧⲉ ⲉ̀ⲙⲁϣⲱ. Ⲡⲓⲇⲓⲁⲃⲟⲗⲟⲥ
ⲇⲉ ⲡⲓⲙⲁⲥⲧⲉ ⲡⲉⲑⲛⲁⲛⲉϥ ⲛ̀ ⲥⲏⲟⲩ ⲛⲓⲃⲉⲛ ⲙ̀ⲡⲉ
ϥϣϥⲁⲓ ⲉ̀ⲣⲟϥ ⲉϥⲛⲁⲩ ⲉ̀ ⲡⲓⲁ̀ⲅⲁⲑⲟⲥ ⲉ̀ⲣⲉ ⲧⲁⲓ ⲥϩⲓⲙⲓ
ⲓ̀ⲣⲓ ⲙ̀ⲙⲱⲟⲩ ⲉⲥⲥⲟⲃϯ ⲙ̀ⲙⲱⲟⲩ ⲉⲑⲣⲉⲥⲧⲏⲓⲧⲟⲩ ϧⲉⲛ 25
ⲡϣⲁⲓ ⲙ̀ ⲡⲓⲁⲣⲭⲏⲁⲅⲅⲉⲗⲟⲥ ⲉⲑ ⲟⲩⲁⲃ ⲙⲓⲭⲁⲏⲗ

ⲣⲏⲑ. ⲁ. ⲉ̀ⲧ ⲁ ⲡⲓⲟⲩⲱⲓⲛⲓ ⲓ̀ ⲉ̀ⲃⲟⲗ ⲛ̀ | ϩⲁⲛⲁⲧⲟⲟⲩⲓ̀ ⲛ̀ ⲥⲟⲩ
ⲓ̅ⲃ̅ ⲙ̀ ⲡⲁⲱ̀ⲛⲓ ⲉ̀ⲧⲓ ⲉⲥⲟϩⲓ ⲉ̀ ⲣⲁⲧⲥ ⲉⲥϣⲗⲏⲗ ⲙ̀

ⲫⲛⲁⲩ ⲛ̀ ϣⲱⲣⲡ ⲉⲥⲉⲣⲉ̀ⲧⲓⲛ ⲙ̀ ⲫϯ ϧⲉⲛ ⲫⲣⲁⲛ ⲙ̀
ⲡⲓⲁⲣⲭⲏⲁⲅⲅⲉⲗⲟⲥ ⲙⲓⲭⲁⲏⲗ ⲉⲑⲣⲉϥⲟ̀ϩⲓ ⲉ̀ ⲣⲁⲧϥ
ⲛⲉⲙⲁⲥ ϣⲁⲧ ⲉⲥⲭⲱⲕ ⲉ̀ⲃⲟⲗ ⲙ̀ ⲡⲓϣⲉⲙϣⲓ ⲉ̀ⲧⲁⲥ-
ϭⲓⲧⲟⲧⲥ ⲉ̀ⲣⲟϥ ⲟⲩⲟϩ ⲛ̀ⲧⲉϥⲛⲁϩⲙⲉⲥ ⲉ̀ ⲡⲓⲕⲟⲧⲥ
ⲧⲏⲣⲟⲩ ⲛ̀ⲧⲉ ⲡⲓⲇⲓⲁ̀ⲃⲟⲗⲟⲥ. ϩⲏⲡⲡⲉ ⲓⲥ ⲡⲓⲇⲓⲁ̀ⲃⲟⲗⲟⲥ 5
ⲁϥⲓ̀ ⲁϥⲟ̀ϩⲓ ⲉ̀ ⲣⲁⲧ ϥ ⲙ̀ⲡⲉⲥⲙ̀ⲑⲟ ⲉ̀ⲃⲟⲗ ⲉϥⲟⲓ ⲙ̀
ⲡⲥⲙⲟⲧ ⲛ̀ ⲟⲩⲁⲣⲭⲏⲁⲅⲅⲉⲗⲟⲥ ⲉ̀ⲣⲉ ϩⲁⲛⲛⲓϣϯ ⲛ̀
ⲧⲉⲛϩ ⲙ̀ⲙⲟϥ ⲉϥⲙⲏⲣ ⲛ̀ ⲟⲩⲙⲟϫϧ ⲛ̀ ⲛⲟⲩⲃ ϩⲓϫⲉⲛ
ⲣⲛ̅ⲇ̅. ⲃ. ⲧⲉϥϯⲡⲓ ⲉϥⲧⲟⲧⲥ ⲛ̀ ⲱ̀ⲛⲓ ⲙ̀ⲙⲏⲓ | ⲉⲣⲉ ⲟⲩⲭⲗⲟⲙ
ϩⲓϫⲉⲛ ⲧⲉϥⲁ̀ⲫⲉ ⲁϥⲑⲁⲙⲓⲟⲩⲧⲉ ⲉ̀ⲃⲟⲗϧⲉⲛ ϩⲁⲛⲱ̀ⲛⲓ 10
ⲙ̀ ⲙⲁⲣⲅⲁⲣⲓⲧⲏⲥ ⲉ̀ⲛⲁϣⲉ ⲛ̀ ⲥⲟⲩⲉⲛⲟⲩ ⲉ̀ⲣⲉ ⲟⲩϣ̀-
ⲃⲱⲧ ⲛ̀ ⲛⲟⲩⲃ ϧⲉⲛ ⲧⲉϥϫⲓϫ ⲛ̀ ⲟⲩⲓ̀ⲛⲁⲙ ⲁⲗⲗⲁ ⲡⲓ-
ⲙⲏⲓⲛⲓ ⲛ̀ⲧⲉ ⲡⲓⲥⲧⲁⲩⲣⲟⲥ ⲉⲑ ⲟⲩⲁⲃ ⲭⲏ ϩⲓϫⲱϥ ⲁⲛ.
ⲉ̀ⲧⲁϥⲓ̀ ⲁϥⲟϩⲓ ⲉ̀ⲣⲁⲧϥ ⲙ̀ⲡⲉⲥⲙ̀ⲑⲟ ⲉ̀ⲃⲟⲗ ⲉϥϧⲉⲛ
ⲡⲁⲓ ⲛⲓϣϯ ⲛ̀ ⲱⲟⲩ ⲛ̀ ⲧⲁⲓ ⲙⲁⲓⲏ. ⲉ̀ⲧⲁⲥⲛⲁⲩ ⲉ̀ⲣⲟϥ 15
ⲁⲥ ⲉⲣ ϩⲟϯ ⲉ̀ⲙⲁϣⲱ ⲁⲥϭⲓ ϩⲓϫⲉⲛ ⲡⲓⲕⲁϩⲓ. ⲛ̀ⲑⲟϥ
ⲇⲉ ⲁϥϯⲧⲟⲧⲥ ⲁϥⲧⲟⲩⲛⲟⲥⲥ ⲡⲉϫⲁϥ ⲛⲁⲥ ϫⲉ ⲙ̀ⲡ ⲉⲣ
ⲉⲣϩⲟϯ ⲱ̀ ϯⲥϩⲓⲙⲓ ⲉⲧ ⲧⲁⲓⲏⲟⲩⲧ ⲙ̀ⲡⲉⲙ̀ⲑⲟ ⲙ̀ ⲫϯ
ⲣⲛ̅ⲉ̅. ⲁ. ⲛⲉⲙ ⲛⲉϥⲁⲅⲅⲉⲗⲟⲥ ⲉⲑ ⲟⲩⲁⲃ | ⲭⲉⲣⲉ ϯⲥϩⲓⲙⲓ ⲉⲧ
ⲁ ⲡⲉⲥⲙⲁⲕⲁⲣⲓⲟⲥ ⲛ̀ ϩⲁⲓ ϫⲉⲙ ϩⲙⲟⲧ ⲙ̀ⲡⲉⲙ̀ⲑⲟ ⲙ̀ 20
ⲫϯ. ⲛ̀ⲑⲟ ⲇⲉ ϩⲱⲓ ⲁ ⲡⲉⲙⲁⲕⲁⲣⲓⲥⲙⲟⲥ ϣⲱⲡⲓ ⲙ̀
ⲫⲣⲏϯ ⲛ̀ ⲟⲩⲗⲁⲙⲡⲁⲥ ⲉϥ ⲉⲣ ⲟⲩⲱⲓⲛⲓ ⲙ̀ ⲡⲉⲙⲑⲟ ⲙ̀ ⲫϯ
ⲭⲉⲣⲉ ⲑⲏ ⲉⲧ ⲁ ⲛⲉⲥ ⲑⲩⲥⲓⲁ ⲛⲉⲙ ⲛⲉⲥ ⲁ̀ⲅⲁⲡⲏ ϣⲱⲡⲓ ⲙ̀
ⲫⲣⲏϯ ⲛ̀ ⲟⲩⲥⲟⲃⲧ ⲛ̀ ⲁⲇⲁⲙⲁⲛⲧⲓⲛⲟⲛ ⲉ̀ ϯⲟⲓⲕⲟⲩⲙⲉⲛⲏ
ⲧⲏⲣⲥ ϫⲉ ⲛ̀ⲛⲉ ⲡⲓⲇⲓⲁ̀ⲃⲟⲗⲟⲥ ⲉⲧ ϩⲱⲟⲩϣ ⲉⲣ ϩⲁⲗ 25
ⲙ̀ⲙⲟⲥ. ⲁⲣⲓ ⲡⲓⲥⲧⲉⲩⲓⲛ ⲛⲏⲓ ⲱ̀ ϯⲥϩⲓⲙⲓ ⲉⲧ ⲥⲙⲁ-
ⲣⲱⲟⲩⲧ ϫⲉ ⲉⲓⲛⲏⲟⲩ ⲉ̀ⲃⲟⲗϩⲓⲧⲉⲛ ⲫϯ ⲡⲓⲡⲁⲛⲧⲟ-
ⲕⲣⲁⲧⲱⲣ ⲁⲓⲛⲁⲩ ⲉ̀ ⲛⲉ ϣⲗⲏⲗ ⲉⲧ ⲁⲣⲉⲁⲓⲧⲟⲩ ⲙ̀

15*

ρ̄ζ̄. B. ϥⲟⲟⲩ ⲁⲅⲓ̀ ⲉ̀ ⲡϣⲱⲓ ⲙ̀ ⲡⲉⲙⲑⲟ ⲙ̀ ⲫϯ | ⲉⲩ ⲉⲣ
ⲟⲩⲱⲓⲛⲓ ⲉ̀ϩⲟⲧⲉ ⲫⲣⲏ ⲛ̀ ⲟⲩⲉⲃⲁ ⲛ̀ ⲕⲱⲃ ⲛ̀ ⲥⲟⲡ
ⲁⲩϣⲱⲡⲓ ⲉⲩϩⲓ ⲁⲕⲧⲓⲛ ⲉ̀ⲃⲟⲗ ⲉ̀ⲙⲁϣⲱ ⲁⲩϣⲑⲟⲣⲧⲉⲣ
ⲛ̀ ϯⲁⲅⲅⲉⲗⲓ ⲧⲏⲣⲥ. Ⲟⲩⲟϩ ⲁϥⲟⲩⲟⲣⲡⲧ ϣⲁⲣⲟ ⲛ̀ϫⲉ
ⲫϯ ⲟⲩⲟϩ ⲁϥⲭⲱ ⲛ̀ ϩⲁⲛⲥⲁϫⲓ ⲛⲏⲓ ϫⲉ ⲛ̀ⲧⲁϫⲟⲧⲟⲩ 5
ⲛⲉ ϫⲉ ⲭⲁⲥ ⲛ̀ⲧⲉⲥⲱⲧⲉⲙ ⲛ̀ⲛⲏ ⲉ̀ⲑ ⲛⲁⲓ̀ ⲉ̀ⲃⲟⲗϧⲉⲛ ⲣⲱⲓ
ϩⲓⲛⲁ ⲛ̀ⲧⲉϫⲓⲙⲓ ⲛ̀ ⲟⲩⲛⲓϣϯ ⲛ̀ ⲧⲁⲓⲟ̀ ⲙ̀ ⲡⲉⲙⲑⲟ ⲙ̀
ⲫϯ. Ⲧⲉ ⲥⲱⲟⲩⲛ ϫⲉ ⲁϥⲕⲏⲛ ⲉ̀ϫⲟⲥ ⲛ̀ϫⲉ ⲫϯ ϫⲉ
ϥⲥⲱⲧⲡ ⲛ̀ϫⲉ ⲡⲓⲥⲱⲧⲉⲙ ⲉ̀ϩⲟⲧⲉ ⲡⲓϣⲟⲩϣⲟⲩϣⲓ ⲟⲩⲟϩ
ⲉ̀ ⲁⲣⲉ ϣⲁⲛ ⲉⲣ ⲁⲧ ⲥⲱⲧⲉⲙ ⲛ̀ⲥⲁ ⲛⲏ ⲉ̀ ϯⲛⲁϫⲟⲧⲟⲩ 10
ρ̄ῑⲁ̄. A. ⲛⲉ ⲁ̀ⲛⲟⲕ ⲁⲛ ⲡⲉ | ⲉ̀ⲧ ⲁⲣⲉ ⲉⲣ ⲁⲧ ⲥⲱⲧⲉⲙ ⲛ̀ⲥⲱϥ
ⲁⲗⲗⲁ ⲫϯ ⲡⲉ ⲥⲥϧⲏⲟⲩⲧ ⲅⲁⲣ ϫⲉ ⲁⲧ ⲥⲱⲧⲉⲙ ⲛⲓⲃⲉⲛ
ⲁϥϣⲱⲡ ϧⲉⲛ ⲡⲧⲁⲕⲟ. Ⲁⲥ ⲉⲣ ⲟⲩⲱ̀ ⲛ̀ϫⲉ ϯⲥϩⲓⲙⲓ
ⲛ̀ ⲥⲁⲃⲏ ⲉⲥϫⲱ ⲙ̀ⲙⲟⲥ ϫⲉ ⲙⲁⲧⲁⲙⲟⲓ ϫⲉ ⲁϣ ⲛⲉ
ⲛⲓⲥⲁϫⲓ ⲉ̀ⲧⲁϥϩⲉⲛϩⲱⲛⲕ ⲉ̀ⲣⲱⲟⲩ ⲛ̀ϫⲉ ⲫϯ ⲉⲑⲣⲉⲕ- 15
ϫⲟⲧⲟⲩ ⲛⲏⲓ ⲁ̀ⲛⲟⲕ ϯⲛⲁⲁⲓⲧⲟⲩ ⲟⲩⲟϩ ⲛ̀ⲧⲁⲁⲣⲉϩ
ⲉ̀ⲣⲱⲟⲩ. Ⲁϥⲉⲣ ⲟⲩⲱ̀ ⲛ̀ϫⲉ ⲡⲓⲇⲓⲁ̀ⲃⲟⲗⲟⲥ ⲉϥϫⲱ
ⲙ̀ⲙⲟⲥ ϫⲉ ⲁ̀ ⲫϯ ϩⲟⲛϩⲉⲛ ⲉ̀ ⲧⲟⲧ ⲉⲓⲛⲏⲟⲩ ⲉ̀ⲃⲟⲗ-
ϩⲓ ⲧⲟⲧϥ ⲉⲓⲛⲏⲟⲩ ϩⲁⲣⲟ ϫⲉ ϩⲱ ⲉ̀ⲣⲟ ⲉ̀ⲣⲉⲧⲁⲕⲟ ⲙ̀
ⲡⲉⲧⲉⲛⲧⲉ ⲡⲉⲙⲁⲕⲁⲣⲓⲟⲥ ⲛ̀ ϩⲁⲓ ⲁⲣⲉ ϫⲱ ⲙ̀ⲙⲟⲥ ϫⲉ 20
ρ̄ῑⲁ̄. B. ⲉⲓϯ ⲁ̀ⲅⲁⲡⲏ ϧⲁ ⲡⲟⲩϫⲁⲓ ! ⲛ̀ ⲧⲉϥⲯⲩⲭⲏ. Ⲓⲥ ⲡⲉϫⲁⲓ
ⲁϥ ⲉⲣ ⲕⲗⲏⲣⲟⲛⲟⲙⲓⲛ ⲛ̀ ⲛⲓⲁ̀ⲅⲁⲑⲟⲛ ⲛ̀ⲧⲉ ⲑⲙⲉⲧⲟⲩⲣⲟ
ⲛ̀ ⲛⲓⲫⲏⲟⲩⲓ̀. Ⲟⲩ ⲅⲁⲣ ⲉ̀ⲣⲟ ⲡⲉ ⲉ̀ ⲡⲁϣⲁⲓ ⲛ̀ ⲛⲁⲓ
ⲡⲣⲟⲥⲫⲟⲣⲁ̀ ⲛⲉⲙ ⲛⲁⲓ ⲁ̀ⲅⲁⲡⲏ ⲧⲏⲣⲟⲩ ⲉ̀ⲣⲉϯ ⲙ̀ⲙⲱⲟⲩ
ⲛⲉⲙ ⲛⲁⲓ ϣⲗⲏⲗ ⲉ̀ⲧ ⲟϣ ⲉⲣⲉ ⲓ̀ⲣⲓ ⲙ̀ⲙⲱⲟⲩ. ϯ ⲟⲩ- 25
ⲕⲟⲩϫⲓ ⲟⲩⲟϩ ⲭⲁ ⲟⲩⲕⲟⲩϫⲓ ϧⲉⲛ ⲡⲉⲏⲓ ⲙⲏⲡⲱⲥ
ⲛ̀ⲧⲉ ⲉⲣ ϧⲁⲓⲉ̀ ⲙⲉⲛⲉⲛⲥⲁ ⲟⲩⲥⲏⲟⲩ. Ⲟⲩⲟϩ ⲙⲉⲛⲉⲛⲥⲁ
ⲛⲁⲓ ⲉ̀ϣⲱⲡ ⲛ̀ⲧⲉ ⲡⲓⲇⲓⲁ̀ⲃⲟⲗⲟⲥ ⲛⲁⲩ ⲉ̀ⲣⲟ ⲙ̀ ⲡⲁⲓ

ρηϯ ἐρε ϯⲁⲅⲁⲡⲏ ϭⲛⲁⲭⲟϩ ἐⲣⲟ ⲛ̀ⲧⲉϥⲭⲱⲣ ⲉ̀ⲃⲟⲗ
ⲙ̀ ⲡⲉⲧⲉⲛⲧⲉ ⲕⲁⲧⲁ ⲫⲣⲏϯ ⲉ̀ⲧⲁϥⲭⲱⲣ ⲉ̀ⲃⲟⲗ ⲛ̀

ρ̄ῑⲃ. ⲁ. ⲛⲓϩⲩⲡⲁⲣⲭⲟⲛⲧⲁ ⲛ̀ⲧⲉ ⲓⲱⲃ | Ⲉⲡⲓ ⲇⲏ ⲓⲱⲃ ϩⲱϥ
ⲛⲁϭⲓⲣⲓ ⲙ̀ ⲡⲁⲓ ⲣⲏϯ ⲛ̀ ⲛⲓϩⲏⲕⲓ ⲉⲑⲃⲉ ⲫⲁⲓ ⲁϥⲧⲁⲕⲟ
ⲙ̀ ⲡⲉⲛⲧⲁϥ ⲧⲏⲣϥ ⲟⲩⲟϩ ⲁϥⲃⲱⲗ ⲙ̀ⲡⲉϥ ⲕⲉ ⲥⲱⲙⲁ 5
ϧⲉⲛ ϩⲁⲛϧⲉⲛⲧ ⲉⲩϩⲱⲟⲩ ⲛⲉⲙ ⲛⲓⲙ̀ⲕⲁϩ ⲛ̀ϩⲏⲧ
ⲛ̀ⲧⲉ ⲛⲉϥϣⲏⲣⲓ ⲛⲉⲙ ⲛⲉϥϣⲏⲣⲓ (sic) ⲁϥϩⲣⲉ ⲡⲓⲏⲓ
ϩⲏⲓ ⲉ̀ⲃⲣⲏⲓ ⲉ̀ϫⲱⲟⲩ ⲟⲩⲟϩ ⲁⲩⲙⲟⲩ ⲛ̀ ⲟⲩⲥⲟⲡ ⲛ̀
ⲟⲩⲱⲧ. Ⲓⲥ ⲫⲏ ⲉ̀ⲑ ⲟⲩⲁⲃ ⲟⲛ ⲇⲁⲟⲩⲃⲓⲇ ⲁϥⲭⲟϩ ⲉ̀ⲣⲟϥ
ⲉⲑⲃⲉ ⲛⲓⲙⲉⲧⲛⲁϩⲧ ⲉ̀ ⲛⲁϭⲓⲣⲓ ⲙ̀ⲙⲱⲟⲩ ⲉϥⲕⲱⲥ ⲛ̀ 10
ⲛⲓⲥⲱⲙⲁ ⲛ̀ⲧⲉ ⲛⲏ ⲉ̀ⲧ ⲉϥⲛⲁϫⲉⲙⲟⲩ ⲉⲩⲙⲱⲟⲩⲧ
ⲉϥⲑⲱⲙⲥ ⲙ̀ⲙⲱⲟⲩ ⲁ̀ ⲡⲓⲇⲓⲁⲃⲟⲗⲟⲥ ⲭⲟϩ ⲉ̀ⲣⲟϥ

ρ̄ῑⲃ. ⲃ. ⲁϥⲓⲛⲓ ⲉ̀ϩⲣⲏⲓ ⲉ̀ϫⲱϥ ⲛ̀ ⲟⲩⲙⲉⲧϩⲏⲕⲓ ⲕⲉ ⲡⲉⲣ |
ⲟⲩⲣⲁⲙⲁⲟ ⲉ̀ⲙⲁϣⲱ ⲡⲉ. Ⲉ ⲡϧⲁⲉ ⲁϥϩⲣⲉ ⲛⲓϭ-
ⲁⲭⲉⲣⲙⲏ ⲉ̀ϫⲉⲛ ⲛⲉϥⲃⲁⲗ ⲁⲩⲁⲓϥ ⲙ̀ ⲃⲉⲗⲗⲉ ⲙⲁⲗⲗⲟⲛ 15
ϩⲁⲛϩⲁⲗⲁϯ ⲁⲛ ⲛⲉ ⲙ̀ ⲡⲁⲓ ⲣⲏϯ ⲁⲗⲗⲁ ⲛ̀ⲑⲟϥ
ⲡⲓⲇⲓⲁⲃⲟⲗⲟⲥ ⲡⲉ ⲛⲉⲙ ϩⲁⲛ ⲕⲉ ⲇⲉⲙⲱⲛ ⲁⲩ ⲉⲣ
ⲡⲓⲥⲙⲟⲧ ⲛ̀ ⲛⲓϩⲁⲗⲁϯ ⲁⲩⲁⲓϥ ⲙ̀ ⲃⲉⲗⲗⲉ ⲉⲑⲃⲉ
ⲡⲟⲩⲭⲟϩ ⲉ̀ϧⲟⲩⲛ ⲉ̀ⲣⲟϥ. ⲗⲟⲓⲡⲟⲛ ⲧⲁϣⲉⲣⲓ ⲉ̀ϣⲱⲡ
ⲧⲉⲣⲁⲥⲱⲧⲉⲙ ⲛ̀ⲥⲱⲓ ⲕⲁⲧⲁ ⲡⲓⲟⲩⲁϩⲥⲁϩⲛⲓ ⲛ̀ⲧⲉ ⲡ̄ⲟ̄ⲥ 20
ϩⲱ ⲉ̀ⲣⲟ ϧⲉⲛ ⲛⲁⲓ ⲉⲃⲛⲟⲩⲓ̀ ⲙ̀ ⲡⲁⲓ ⲣⲏϯ. Ⲁϥⲭⲟⲥ
ⲛⲏⲓ ⲟⲛ ⲛ̀ϫⲉ ⲫϯ ⲭⲉ ⲁ̀ⲭⲟⲥ ⲛⲉ ϫⲉ ϩⲏⲡⲡⲉ ⲙ̀ⲙⲟⲛ
ϣⲏⲣⲓ ϣⲟⲡ ⲛⲉ ⲛⲉⲙ ⲡⲉⲙⲁⲕⲁⲣⲓⲟⲥ ⲛ̀ ϩⲁⲓ ⲁ̀ⲣⲓⲥ-

ρ̄ῑⲅ. ⲁ. ⲧⲁⲣⲭⲟⲥ ⲡⲥⲧⲣⲁⲧⲩⲗⲁⲧⲏⲥ ⲗⲟⲓⲡⲟⲛ | ⲧⲱⲛⲓ ⲛ̀ⲧⲉ
ϩⲉⲙⲥⲓ ⲛⲉⲙ ⲟⲩⲣⲱⲙⲓ ⲉϥⲧⲁⲓⲏⲟⲩⲧ ϫⲉ ⲉⲣⲉ ⲭⲫⲟ 25
ⲛ̀ ⲟⲩϣⲏⲣⲓ ⲛⲉⲙⲁϥ ⲭⲉ ⲭⲁⲥ ⲁⲣⲉϣⲁⲛⲓ ⲉ̀ⲃⲟⲗϧⲉⲛ
ⲥⲱⲙⲁ ⲛ̀ⲧⲉϥ ⲉⲣ ⲕⲗⲏⲣⲟⲛⲟⲙⲓⲛ ⲙ̀ ⲫⲏ ⲧ ⲉⲛⲧⲉ ⲟⲩⲟϩ
ⲛ̀ⲧⲉϥϣⲱⲡⲓ ⲉϥⲓⲣⲓ ⲙ̀ ⲡⲉⲙⲉⲩⲓ̀ ⲁⲣⲉϣⲁⲛⲓ ⲉ̀ⲃⲟⲗϧⲉⲛ

ⲥⲱⲙⲁ ⲉⲣⲉ ⲉⲣ ⲟⲩ ⲉⲣⲉ ⲟⲓ ⲛ̀ ⲁⲧ ϣⲏⲣⲓ ⲙ̀ⲙⲟⲛ
ϩⲗⲓ ⲛ̀ ϩⲉⲗⲡⲓⲥ ⲛⲁϣⲱⲡⲓ ⲛⲉ ϣⲁ ⲉ̀ⲛⲉϩ. Ⲟⲩⲟϩ
ⲁϥⲟⲩⲁϩⲥⲁϩⲛⲓ ⲛⲏⲓ ⲟⲛ ⲛ̀ϫⲉ ⲡ̅ⲟ̅ⲥ̅ ϫⲉ ⲁⲭⲟⲥ ⲛⲉ
ⲉ̀ϣⲱⲡ ⲧⲉⲣⲁⲥⲱⲧⲉⲙ ⲛ̀ⲥⲱⲓ ⲛ̀ⲧⲉ ϩⲉⲙⲥⲓ ⲛⲉⲙ ϩⲁⲓ
ⲓⲉ ϩⲉⲙⲥⲓ ⲛⲉⲙ ⲏⲗⲗⲁⲣⲓⲭⲟⲥ ⲫⲏ ⲉⲧ ϯⲧⲱⲛ ⲛⲉⲙ 5
ⲣ̅ⲕ̅ⲅ̅. ⲃ. ⲟⲛⲛⲟⲩⲣⲓⲟⲥ ⲡⲟⲩⲣⲟ | Ϩⲏⲡⲡⲉ ⲅⲁⲣ ⲁϥⲟⲩⲱϣ ⲉ̀
ⲥⲟⲃϯ ⲙ̀ ⲡⲉϥⲥⲧⲣⲁⲧⲉⲩⲙⲁ ⲉϥⲟⲩⲱϣ ⲉ̀ ⲱ̀ⲗⲓ ⲛ̀ⲧⲉϥ
ⲙⲉⲧⲟⲩⲣⲟ ⲛ̀ ⲧⲟⲧϥ ⲟⲩⲟϩ ⲛ̀ⲧⲉϥ ⲉⲣ ⲟ̅ⲥ̅ ⲉ̀ ⲛⲓⲭⲣⲏⲙⲁ
ⲧⲏⲣⲟⲩ ⲛ̀ⲧⲉ ⲛⲓⲣⲱⲙⲉⲟⲥ ϯⲥϩⲓⲙⲓ ⲇⲉ ⲉ̀ⲧⲉⲙⲙⲁⲩ ⲛ̀
ⲥⲁⲃⲉ ⲉⲩⲫⲏⲙⲓⲁ ⲁⲥⲉⲣ ⲑⲁⲛⲉⲥⲑⲉ ⲉ̀ ⲛⲓⲙⲉⲧⲥⲁⲛⲕⲟⲧⲥ 10
ⲛ̀ⲧⲉ ⲡⲓⲇⲓⲁ̀ⲃⲟⲗⲟⲥ ⲟⲩⲟϩ ⲁⲥⲉ̀ⲙⲓ ϫⲉ ⲛ̀ⲑⲟϥ ⲡⲉ ⲉⲧ
ⲥⲁϫⲓ ⲛⲉⲙⲁⲥ ϩⲓⲧⲉⲛ ⲛⲉϥⲥⲁϫⲓ ⲉ̀ⲑ ⲙⲉϩ ⲙ̀ ⲡⲁⲑⲟⲥ
ⲛ̀ⲑⲟⲥ ⲇⲉ ⲡⲉϫⲁⲥ ⲛⲁϥ ϫⲉ ⲙⲁⲧⲁⲙⲟⲓ ϫⲉ ⲁⲥⲥⲫⲏⲟⲩⲧ
ⲛ̀ⲑⲱⲛ ϧⲉⲛ ⲛⲓⲅⲣⲁⲫⲏ ϫⲉ ⲙ̀ⲡ ⲉⲣ ϯ ⲁ̀ⲅⲁⲡⲏ ⲟⲩⲇⲉ
ⲡⲣⲟⲥⲫⲟⲣⲁ̀ ⲓⲉ ϫⲉ ⲙ̀ⲡ ⲉⲣ ϣⲗⲏⲗ ⲓⲉ ϫⲉ ϩⲉⲙⲥⲓ 15
ⲣ̅ⲕ̅ⲇ̅. ⲁ. ⲛⲉⲙ ϩⲁⲓ ⲃ̅ Ⲕⲉ ⲅⲁⲣ ⲧⲉⲛⲭⲓⲙⲓ ⲙ̀ ⲫ̅ϯ̅ ⲉϥϩⲟⲛϩⲉⲛ
ⲛⲁⲛ ϧⲉⲛ ⲟⲩⲙⲏϣ ⲙ̀ ⲙⲁ ϫⲉ ϣⲁⲣⲉ ϯⲁ̀ⲅⲁⲡⲏ ϩⲱⲃⲥ
ⲉ̀ⲃⲟⲗϩⲓ ϫⲉ ⲛ̀ ⲟⲩⲙⲏϣ ⲛ̀ ⲛⲟⲃⲓ ⲟⲩⲟϩ ⲟⲛ ϫⲉ ⲡⲓⲛⲁⲓ
ϣⲁϥϣⲟⲩϣⲟⲩ ⲙ̀ⲙⲟϥ ϩⲓϫⲉⲛ ϯⲕⲣⲓⲥⲓⲥ Ⲟⲩⲟϩ ⲟⲛ
ⲧⲉⲛⲥⲱⲧⲉⲙ ⲉ̀ ⲡⲓⲡⲣⲟⲫⲏⲧⲏⲥ ⲉϥⲱϣ ⲉ̀ⲃⲟⲗ ⲉϥϫⲱ 20
ⲙ̀ⲙⲟⲥ ϫⲉ ϭⲁⲓ ⲛ̀ ⲛⲉⲧⲉⲛⲑⲩⲥⲓⲁ̀ ⲙⲁϣⲉ ⲛⲱⲧⲉⲛ
ⲉ̀ϧⲟⲩⲛ ⲉ̀ ⲛⲉϥⲁⲩⲗⲏⲟⲩ ⲟⲩⲟϩ ⲟⲛ ⲕⲉ ⲙⲁ ϫⲉ ⲟⲩⲑⲩ-
ⲥⲓⲁ̀ ⲛⲉⲙ ⲥⲙⲟⲩ ⲉ̀ⲑ ⲛⲁϯ ⲱ̀ⲟⲩ ⲛⲏⲓ ⲟⲩⲟϩ ⲟⲛ ϫⲉ
ϯⲑⲩⲥⲓⲁ̀ ⲛ̀ⲧⲉ ⲡ̅ⲟ̅ⲥ̅ ⲟⲩϩⲏⲧ ⲉϥ ⲟⲩⲁⲃ ⲡⲉ Ⲟⲩⲟϩ ⲟⲛ
ⲧⲉⲛⲥⲱⲧⲉⲙ ⲉ̀ ⲡⲁⲩⲗⲟⲥ ⲡⲓⲣⲉϥϯⲥⲃⲱ ⲉϥϩⲓⲱⲓϣ 25
ⲣ̅ⲕ̅ⲇ̅. ⲃ. ⲛⲁⲛ | ϧⲉⲛ ⲛⲉϥⲥⲁϫⲓ ⲉⲧ ϩⲟⲗϫ ϫⲉ ϣⲗⲏⲗ ϧⲉⲛ
ⲟⲩⲙⲉⲧⲁⲑⲙⲟⲩⲛⲕ ⲟⲩⲟϩ ϣⲉⲡ ϩⲙⲟⲧ ϧⲉⲛ ϩⲱⲃ
ⲛⲓⲃⲉⲛ Ⲟⲩⲟϩ ⲟⲛ ⲁⲕϫⲟⲥ ⲛⲏⲓ ϫⲉ ϩⲉⲙⲥⲓ ⲛⲉⲙ ϩⲁⲓ

ⲥⲛⲁⲩ ⲛ̀ ϣⲟⲣⲡ ⲙⲉⲛ ⲕⲉ ⲟⲩⲁⲓ ⲉ̀ⲧⲁⲕⲧⲁⲟ́ⲩ ⲉ̀
ⲡⲉϥⲣⲁⲛ ϫⲉ ϩⲉⲙⲥⲓ ⲛⲉⲙⲁϥ ⲟⲩϩⲉⲣⲉⲧⲓⲕⲟⲥ ⲡⲉ ⲛ̀
ⲁⲑⲛⲟⲩϯ ⲫⲁⲓ ⲉⲣⲉ ⲫϯ ⲛⲁⲧⲁⲕⲟϥ ⲁⲧϭⲛⲉ ⲱⲥⲕ
ⲛ̀ⲧⲉϥϯ ⲛ̀ ⲟⲩⲭⲁⲗⲓⲛⲟⲩⲥ ⲉ̀ ⲣⲱϥ ⲛ̀ⲧⲉϥⲥⲟⲛϩϥ ϧⲉⲛ
ⲡⲓⲡⲉⲗⲁⲅⲟⲥ ⲛ̀ⲧⲉ ⲫⲓⲟⲙ ⲟⲩⲟϩ ⲛ̀ⲧⲉϥⲑⲉⲃⲓⲟϥ ⲛⲉⲙ 5
ⲧⲉϥϫⲟⲙ ⲧⲏⲣⲥ ϧⲁ ⲣⲁⲧϥ ⲙ̀ ⲡⲓⲉⲩⲥⲉⲃⲏⲥ ⲟⲛⲛⲟⲩ-
ⲣⲓⲟⲥ Ⲡⲁⲗⲓⲛ ⲇⲉ ⲟⲛ ⲉⲑⲃⲉ ⲡⲓⲙⲁϩ ⲃ̄ ⲛ̀ ϩⲁⲓ ⲥⲟⲗⲟ-

ⲣ̄ⲕ̄ⲉ. ⲁ. ⲙⲱⲛ ⲧⲁⲙⲟ ⲙ̀ⲙⲟⲛ ⲉ̀ ⲫⲁⲓ ϧⲉⲛ | ⲡⲓⲫⲩⲥⲓⲁ̀ⲗⲟⲅⲟⲥ
ϫⲉ ⲁⲣⲉ ⲡⲓϣⲟⲣⲡ ⲛ̀ ϩⲁⲓ ⲛ̀ⲧⲉ ϯϭⲣⲟⲙⲡϣⲁⲗ ⲙⲟⲩ ⲙ̀ⲡ
ⲁⲥϩⲉⲙⲥⲓ ⲛⲉⲙ ϩⲁⲓ ⲛ̀ ⲕⲉ ⲥⲟⲡ ⲁⲗⲗⲁ ϣⲁⲥϣⲉ ⲛⲁⲥ 10
ⲉ̀ ⲡϣⲁϥⲉ ⲛ̀ⲧⲉⲥ ⲉⲣ ϩⲏⲃⲓ ϣⲁ ⲡⲉϩⲟⲟⲩ ⲙ̀ ⲡⲉⲥⲙⲟⲩ
Ⲉϥⲧⲁⲙⲟ ⲙ̀ⲙⲟⲛ ϫⲉ ⲙ̀ⲡ ⲁⲣⲉ ⲡⲅⲉⲛⲟⲥ ⲛ̀ ⲛⲓⲁ̀ⲃⲟⲕⲓ
ϩⲉⲙⲥⲓ ⲛⲉⲙ ϩⲱⲟⲩⲧ ⲛ̀ ϣⲉⲙⲙⲟ ⲉ̀ⲃⲏⲗ ⲉ̀ ⲟⲩϩⲱⲟⲩⲧ
ⲛ̀ ⲟⲩⲱⲧ ⲟⲩⲟϩ ⲙ̀ ⲫⲣⲏϯ ⲉ̀ ϣⲁⲛⲁⲓⲥ ⲙ̀ ⲫⲱⲃ ⲛ̀
ⲛⲉⲛϩⲃⲱⲥ ϩⲓϫⲉⲛ ⲟⲩⲥⲟⲛ ⲛ̀ⲧⲁⲛ ϩⲟⲧⲁⲛ ⲁϥϣⲁⲛⲙⲟⲩ 15
ⲫⲁⲓ ⲡⲉ ⲙ̀ ⲫⲣⲏϯ ⲁ̀ⲣⲉϣⲁⲛ ⲡϩⲁⲓ ⲛ̀ ⲟⲩⲁ̀ⲃⲟⲕⲓ ⲙⲟⲩ
ϣⲁⲥⲓⲛⲓ ⲙ̀ ⲡⲉⲥⲗⲁⲥ ⲉ̀ⲃⲟⲗ ⲙ̀ⲙⲓⲛ ⲙ̀ⲙⲟⲥ ⲛ̀ ⲧⲉⲥⲫⲁϩϥ

ⲣ̄ⲕ̄ⲉ. ⲃ. ϧⲉⲛ ⲡⲉⲥⲓⲃ ⲙ̀ ⲫⲁⲧ | ϫⲉ ⲭⲁⲥ ⲁⲥϣⲁⲛϣϣ ⲉ̀ⲃⲟⲗ
ϧⲉⲛ ⲧⲉⲥⲁⲥⲡⲓ ⲛ̀ⲧⲉ ⲟⲩⲟⲛ ⲛⲓⲃⲉⲛ ⲉ̀ⲙⲓ ϫⲉ ⲙ̀ⲙⲟⲛ
ⲧⲉⲥϩⲁⲓ ⲙ̀ⲙⲁⲩ Ⲉⲑⲃⲉ ⲫⲁⲓ ⲁ̀ⲣⲉϣⲁⲛ ⲟⲩⲁ̀ⲃⲱⲕ 20
ⲟⲩⲱϣ ⲉ̀ ϭⲓⲧⲥ ⲛ̀ ϫⲟⲛⲥ ϣⲁⲥϣϣ ⲉ̀ⲃⲟⲗ ⲛ̀ ϯⲟⲩⲛⲟⲩ
ⲟⲩⲟϩ ϣⲁⲩⲥⲱⲧⲉⲙ ⲉ̀ ⲧⲉⲥⲥⲙⲏ ⲟⲩⲟϩ ϣⲁⲩⲉ̀ⲙⲓ ϫⲉ
ⲟⲩⲁⲓ ⲟⲩⲱϣ ⲉ̀ ϭⲓⲧⲥ ⲛ̀ ϫⲟⲛⲥ ϩⲓⲧⲉⲛ ⲛⲉⲥⲗⲁⲥ ⲉ̀ⲧ
ⲫⲟⲣϫ ⲡⲁⲓ ⲣⲏϯ ϣⲁⲩⲑⲱⲟⲩϯ ⲉ̀ ⲣⲟⲥ ⲛ̀ϫⲉ ⲡⲓⲁ̀ⲃⲱⲕ
ⲧⲏⲣⲟⲩ ⲛ̀ⲧⲟⲩϣⲱⲡⲓ ⲛⲁⲥ ⲙ̀ ⲃⲟⲏⲑⲟⲥ ⲟⲩⲟϩ ⲛ̀ⲥⲉ 25
ⲉⲣ ⲉⲡⲓⲧⲓⲙⲁⲛ ⲙ̀ ⲫⲏ ⲉ̀ⲑ ⲟⲩⲱϣ ⲉ̀ ϭⲓⲧⲥ ⲛ̀ ϫⲟⲛⲥ
Ⲉⲑⲃⲉ ⲫⲁⲓ ⲁ̀ⲣⲉϣⲁⲛ ⲛⲓⲁ̀ⲗⲱⲟⲩⲓ̀ ⲛⲁⲩ ⲉ̀ ⲛⲓⲁ̀ⲃⲱⲕ

ⲣ̄ⲕ̄ⲋ. ⲁ. ⲉⲩⲑⲟⲩⲏⲧ ⲙ̀ ⲡⲁⲓ ⲣⲏϯ | ⲉⲩϣϣ ⲉ̀ⲃⲟⲗ ⲉⲩⲟⲩⲱϣ

ⲉ̀ ⲉⲣ ⲉⲡⲓⲧⲓⲙⲁⲛ ⲙ̀ ⲫⲏ ⲉⲑ ⲟⲩⲱϣ ⲉ̀ ϭⲓⲧⲥ ⲛ̀
ϫⲟⲛⲥ ϫⲉ ⲉϥⲟⲩⲱϣ ⲉ̀ ⲉⲣ ϩⲁⲗ ⲙ̀ ⲫⲏ ⲉⲧ ⲁ̀ ⲫϯ
ϩⲟⲛϩⲉⲛ ⲙ̀ⲙⲟϥ ⲉ̀ ⲧⲟⲧⲟⲩ ϣⲁⲩϫⲟⲥ ⲛ̀ϫⲉ ⲛⲓⲁ̀ⲗⲱⲟⲅⲓ̀
ⲛ̀ ⲁⲧ ϩⲏⲧ ⲉⲧⲉⲙⲙⲁⲩ ϫⲉ ⲉⲣⲉ ⲛⲓⲁ̀ⲃⲱⲕ ⲓ̀ⲣⲓ ⲛ̀
ⲟⲩϩⲟⲡ ⲙ̀ ⲫⲟⲟⲩ ⲛ̀ⲥⲉⲥⲱⲟⲩⲛ ⲁⲛ ⲉ̀ⲣⲉ ⲛⲓⲁ̀ⲃⲱⲕ 5
ⲟⲩⲱϣ ⲉ̀ ⲉⲣ ⲉⲡⲓⲧⲓⲙⲓⲁⲛ ⲙ̀ ⲫⲏ ⲉⲧⲁϥⲟⲩⲱϣ ⲉ̀ ⲉⲣ
ⲛⲟⲃⲓ ⲛ̀ ⲑⲏ ⲉⲧ ⲁ̀ ⲡⲉⲥϩⲁⲓ ⲙⲟⲩ ⲗⲟⲓⲡⲟⲛ ⲛ̀ⲛⲉ
ϣⲱⲡⲓ ⲙ̀ⲙⲟⲓ ⲉⲛⲉϩ ⲉ̀ ⲑⲱⲃ ⲛⲉⲙ ⲟⲩⲅⲁⲙⲟⲥ ⲛ̀ⲧⲉ
ⲡⲁ ⲟ̅ⲥ̅ ⲛ̀ ϩⲁⲓ ⲁⲣⲓⲥⲧⲁⲣⲭⲟⲥ Ⲟⲩⲇⲉ ⲛ̀ ϯⲛⲁϫⲁ ⲧⲟⲧ

ⲣ̅ⲝ̅ϛ̅. ⲃ.   ⲉ̀ⲃⲟⲗ ⲁⲛ ϧⲉⲛ ⲛⲁⲡⲣⲟⲥⲫⲟⲣⲁ ⲛⲉⲙ ⲛⲁⲁ̀ⲅⲁⲡⲏ ⲛⲁⲓ 10
ⲉⲧ ⲉϥⲓ̀ⲣⲓ ⲙ̀ⲙⲱⲟⲩ ϧⲁ ⲧⲃⲏ ⲙ̀ⲡⲁⲧ ⲉϥⲙⲟⲩ ⲛ̀ϫⲉ
ⲡⲁ ⲙⲁⲕⲁⲣⲓⲟⲥ ⲛ̀ ϩⲁⲓ ϧⲉⲛ ⲫⲣⲁⲛ ⲙ̀ ⲡⲓⲁⲣⲭⲏ-
ⲁⲅⲅⲉⲗⲟⲥ ⲉⲑ ⲟⲩⲁⲃ ⲙⲓⲭⲁⲏⲗ Ⲡⲗⲏⲛ ⲙⲁⲧⲁⲙⲟⲓ ϫⲉ
ⲛ̀ⲑⲟⲕ ⲛⲓⲙ ⲙ̀ ⲡⲁⲓ ⲣⲏϯ ⲁⲕ ⲉⲕ ⲉⲣ ⲫⲟⲣⲓⲛ ⲙ̀ ⲡⲁⲓ
ⲛⲓϣϯ ⲛ̀ⲱⲟⲩ ⲛ̀ ⲧⲁⲓ ⲙⲁⲓⲏ̀ ⲓⲉ ⲉ̀ⲧⲉⲕⲓ̀ ⲉ̀ⲃⲟⲗ ⲑⲱⲛ 15
ⲓⲉ ⲛⲓⲙ ⲡⲉ ⲡⲉⲕⲣⲁⲛ ⲉ̀ⲡⲓ ⲇⲏ ⲁ̀ ⲡⲉⲕϫⲓⲛⲓ̀ ϣⲁⲣⲟⲓ
ⲁϥϣⲑⲟⲣⲧⲉⲣ ⲉ̀ⲙⲁϣⲱ Ⲁϥ ⲉⲣ ⲟⲩⲱ̀ ⲛ̀ϫⲉ ⲡⲓⲇⲓⲁ̀-
ⲃⲟⲗⲟⲥ ⲉϥϫⲱ ⲙ̀ⲙⲟⲥ ϫⲉ ⲙⲏ ⲛ̀ⲑⲟ ⲟⲛ ⲡⲉ ⲉⲧ ⲁⲣⲉⲧⲓⲛ

ⲣ̅ⲝ̅ⲍ̅. ⲁ.   ⲛ̀ⲧⲉⲛ ⲫϯ ⲓⲥϫⲉⲛ ⲡⲓⲉ̀ϩⲟⲟⲩ ⲉⲧ ⲁ ⲡⲓⲇⲓⲁ̀ⲃⲟⲗⲟⲥ | ⲓ̀
ϣⲁⲣⲟ ⲉϥⲟⲓ ⲙ̀ ⲡⲥⲙⲟⲧ ⲛ̀ ϯⲙⲟⲛⲁⲭⲏ ⲉϥⲟⲩⲱϣ 20
ⲉ̀ ⲉⲣ ϩⲁⲗ ⲙ̀ⲙⲟ Ⲙⲏ ⲙ̀ⲡ ⲉϥϫⲟⲥ ⲛⲉ ϫⲉ ϯⲛⲏⲟⲩ
ϣⲁⲣⲟ ⲛ̀ ⲥⲟⲩ ⲓ̅ⲃ̅ ⲙ̀ ⲡⲁⲱ̀ⲛⲓ ⲉ̀ⲧⲉ ⲫⲁⲓ ⲡⲉ ⲡⲉϩⲟⲟⲩ
ⲙ̀ ⲡⲓⲁⲣⲭⲏⲁⲅⲅⲉⲗⲟⲥ ⲉ̀ ⲁϥϫⲟⲥ ⲛⲉ ϫⲉ ⲡⲓⲁⲣⲭⲏ-
ⲁⲅⲅⲉⲗⲟⲥ ⲙⲓⲭⲁⲏⲗ ⲥⲣⲱⲧϥ ⲁⲛ ⲙ̀ ⲡⲓⲉ̀ϩⲟⲟⲩ ⲉⲧⲉⲙ-
ⲙⲁⲩ ⲉϥⲫⲁϩⲧ ⲙ̀ ⲡⲉⲙⲑⲟ ⲙ̀ ⲫϯ ⲉⲑⲃⲉ ⲛⲓⲙⲱⲟⲩ 25
ⲛ̀ⲧⲉ ⲫⲓⲁⲣⲟ ⲛⲉⲙ ⲛⲓⲙⲟⲩ ⲛ̀ ϩⲱⲟⲩ ⲛⲉⲙ ⲛⲓⲓ̀ⲱϯ
ϯⲛⲟⲩ ϫⲉ ⲁ̀ⲛⲟⲕ ⲡⲉ ⲙⲓⲭⲁⲏⲗ ⲡⲓⲁⲣⲭⲏⲁⲅⲅⲉⲗⲟⲥ ⲉ̀ⲧ
ⲁ̀ ⲡⲟ̅ⲥ̅ ⲟⲩⲟⲣⲡ ϣⲁⲣⲟ ⲉ̀ⲑⲣⲓϣⲱⲡⲓ ⲉⲓ̀ ⲉⲣ ⲃⲟⲏⲑⲓⲛ

ⲉⲣⲟ ϣⲁⲧⲉ ⲫⲣⲏ ϩⲱⲧⲡ ⲙ̀ ⲫⲟⲟⲩ ϫⲉ ⲭⲁⲥ ⲛ̀ⲛⲉ
ⲣ̅ⲕ̅ⲍ̅. B. ϧⲓ ⲛ̀ϫⲉ ⲡⲓϫⲉⲣⲏϫ ⲉⲧ ϩⲱⲟⲩ | ⲛ̀ⲧⲉϥ ⲉⲣ ⲡ ⲉⲧ ϩⲱⲟⲩ
ⲛⲉ ⲉⲑⲃⲉ ⲫⲁⲓ ⲡ ⲉⲧ ϣⲉⲛⲉ ⲡⲉ ⲛ̀ⲧⲉⲓ ⲛ̀ⲧⲉ ⲟⲩⲱϣⲧ
ⲙ̀ⲙⲟⲓ ϫⲉ ⲁⲓϫⲱ ⲛ̀ⲥⲱⲓ ⲛ̀ ⲧⲁ ⲁⲅⲅⲉⲗⲓ ⲁⲓⲓ̀ ϣⲁⲣⲟ Ⲁⲥ
ⲉⲣ ⲟⲩⲱ̀ ⲛ̀ϫⲉ ⲉⲩⲫⲏⲙⲓⲁ̀ ϯⲥⲩⲛⲕⲗⲏⲧⲓⲕⲏ ⲡⲉϫⲁⲥ 5
ⲛⲁϥ ϫⲉ ⲁⲓⲥⲱⲧⲉⲙ ϧⲉⲛ ⲡⲓⲉⲩⲁⲅⲅⲉⲗⲓⲟⲛ ⲉ̀ⲑ ⲟⲩⲁⲃ
ϫⲉ ϧⲉⲛ ⲡⲓⲥⲛⲟⲩ ⲉ̀ⲧ ⲁ ⲡⲓⲇⲓⲁⲃⲟⲗⲟⲥ † ⲙ̀ ⲡⲉϥⲟⲩⲟⲓ
ⲉ̀ ⲡⲉⲛⲥⲱⲧⲏⲣ ⲛ̀ ⲁⲅⲁⲑⲟⲥ ⲉⲑⲣⲉϥ ⲉⲣ ⲡⲓⲣⲁⲍⲓⲛ
ⲙ̀ⲙⲟϥ Ⲁϥⲭⲟⲥ ⲛⲁϥ ϩⲱϥ ϫⲉ ⲫⲁϩⲧⲕ ⲛ̀ⲧⲉⲕⲟⲩⲱϣⲧ
ⲙ̀ⲙⲟⲓ ⲁ̀ⲛⲟⲕ ϯⲛⲁ ϯ ⲛⲁⲕ ⲛ̀ ⲛⲓⲙⲉⲧⲟⲩⲣⲱⲟⲩ ⲧⲏⲣⲟⲩ 10
ⲛ̀ⲧⲉ ⲡⲓⲕⲟⲥⲙⲟⲥ ⲛⲉⲙ ⲡⲟⲩⲱ̀ⲟⲩ Ⲟⲩⲟϩ ⲁ̀ ⲡⲭ̅ⲥ̅ ⲉ̀ⲙⲓ
ⲣ̅ⲕ̅ⲏ̅. Ⲁ. ⲛ̀ ϯⲟⲩⲛⲟⲩ ϫⲉ ⲟⲩⲥⲁ ⲙ̀ ⲡⲉⲧϩⲱⲟⲩ ⲛⲉ | Ⲁϥ ⲉⲣ
ⲉ̀ⲡⲓⲧⲓⲙⲁⲛ ⲛⲁϥ ⲙⲏⲡⲱⲥ ⲛ̀ⲑⲟⲕ ⲡⲉ ⲫⲏ ⲉ̀ⲧⲉⲙⲙⲁⲩ
ⲉⲕⲟⲩⲱϣ ⲉ̀ ⲉⲣ ϩⲁⲗ ⲙ̀ⲙⲟⲓ Ⲁϥ ⲉⲣ ⲟⲩⲱ̀ ⲛ̀ϫⲉ
ⲡⲓⲇⲓⲁⲃⲟⲗⲟⲥ ϫⲉ ⲁⲛⲟⲕ ⲁⲛ ⲡⲉ ⲫⲏ ⲉ̀ⲧⲉⲙⲙⲁⲩ ⲛ̀ⲛⲉ 15
ϣⲱⲡⲓ ⲙ̀ⲙⲟⲓ ⲉ̀ⲛⲉϩ ⲛ̀ ⲁϣ ⲛ̀ ⲣⲏϯ ⲉⲣⲉ ⲫⲏ
ⲉ̀ⲧⲉⲙⲙⲁⲩ ⲛⲁϫⲓⲙⲓ ⲙ̀ ⲡⲁⲓ ⲛⲓϣϯ ⲛ̀ ⲱⲟⲩ ⲉ̀ ϯⲉⲣ
ⲫⲟⲣⲓⲛ ⲙ̀ⲙⲟϥ ⲓⲥϫⲉⲛ ⲡⲓⲛⲁⲩ ⲅⲁⲣ ⲉ̀ⲧⲁϥ ⲉⲣ ⲁⲧ
ⲥⲱⲧⲉⲙ ⲛ̀ⲥⲁ ϯⲉⲛⲧⲟⲗⲏ ⲛ̀ⲧⲉ ⲡϭ̅ⲥ̅ ⲁϥⲭⲱⲛⲧ ⲉ̀ⲣⲟϥ
ⲁϥⲟⲩⲁϩⲥⲁϩⲛⲓ ⲛⲏⲓ ⲁ̀ⲛⲟⲕ ⲙⲓⲭⲁⲏⲗ ⲁⲓⲃⲁϣϥ ⲉ̀ⲃⲟⲗ 20
ⲙ̀ⲡⲉϥ ⲱ̀ⲟⲩ ⲧⲏⲣϥ Ⲁⲥ ⲉⲣ ⲟⲩⲱ̀ ⲛ̀ϫⲉ ϯⲥϩⲓⲙⲓ
ⲣ̅ⲕ̅ⲏ̅. B. ⲉ̀ⲧⲧⲁⲓⲏⲟⲩⲧ ⲉⲥϫⲱ ⲙ̀ⲙⲟⲥ ϫⲉ ⲓ̀ⲥϫⲉ ⲛ̀ⲑⲟⲕ | ⲡⲉ
ⲙⲓⲭⲁⲏⲗ ⲁϥⲑⲱⲛ ⲡⲓⲙⲏⲓⲛⲓ ⲛ̀ⲧⲉ ⲡⲓⲥⲧⲁⲩⲣⲟⲥ ⲉϥ
ϩⲓϫⲉⲛ ⲡⲉⲕϣⲃⲱⲧ ⲕⲁⲧⲁ ⲡⲓⲣⲏϯ ⲉ̀ ϯⲛⲁⲩ ⲉ̀ⲣⲟϥ
ⲉϥⲫⲟⲧϩ ⲉ̀ ⲧⲁⲓ ϩⲓⲕⲱⲛ ⲉⲣⲉ ⲡⲓⲭⲁⲣⲁⲕⲧⲏⲣ ⲛ̀ⲧⲉ 25
ⲙⲓⲭⲁⲏⲗ ⲫⲟⲧϩ ⲉ̀ⲃⲟⲗ ⲉ̀ⲣⲟⲥ Ⲁϥ ⲉⲣ ⲟⲩⲱ̀ ⲛ̀ϫⲉ
ⲡⲓⲇⲓⲁⲃⲟⲗⲟⲥ ⲉϥϫⲱ ⲙ̀ⲙⲟⲥ ϫⲉ ⲛⲁⲓ· ⲍⲱⲅⲣⲁⲫⲓⲁ̀
ⲉⲩⲟⲩⲱϣ ⲉ̀ ⲧⲁⲗⲉ ⲕⲟⲥⲙⲏⲥⲓⲥ ⲉ̀ϫⲱⲟⲩ ⲛ̀ϫⲉ ⲛⲓⲍⲱ-

ⲅⲣⲁⲫⲟⲥ ϫⲉ ⲭⲁⲥ ⲉⲣⲉ ⲧⲟⲩⲧⲉⲭⲛⲏ ⲛⲁϭⲓ ⲱⲟⲩ ⲛ̄
ϩⲟⲩⲟ̀ ⲉⲡⲓ ⲇⲏ ⲡⲓⲙⲏⲓⲛⲓ ⲛ̀ⲧⲉ ⲡⲓⲥⲧⲁⲩⲣⲟⲥ ⲛ̀ ⲧⲟⲧⲉⲛ
ⲁⲛ ⲟⲩⲇⲉ ϧⲉⲛ ϯⲁⲅⲅⲉⲗⲓ ⲧⲏⲣⲥ ⲁⲥ ⲉⲣ ⲟⲩⲱ̀ ⲛ̀ϫⲉ
ⲉⲩⲫⲏⲙⲓⲁ̀ ⲉⲥϫⲱ ⲙ̀ⲙⲟⲥ ϫⲉ ⲛ̀ ⲁϣ ⲛ̀ ⲣⲏϯ ϯⲛⲁⲧⲉⲛ-

ⲣ̄ⲕ̄ⲑ̄. ⲁ. ϩⲟⲩⲧ ⲛⲉⲕⲥⲁϫⲓ | ⲕⲉ ⲅⲁⲣ ⲙⲁⲧⲟⲓ ⲛⲓⲃⲉⲛ ⲉⲑ ⲛⲁⲓ̀ 5
ⲉ̀ⲃⲟⲗ ϩⲓⲧⲉⲛ ⲡⲟⲩⲣⲟ ⲙ̀ⲡⲁⲣⲉ ϩⲗⲓ ⲛ̀ ⲣⲱⲙⲓ ϫⲱⲕ
ⲙ̀ⲡⲟⲩⲁϩⲥⲁϩⲛⲓ ⲉ̀ⲃⲟⲗ ⲉⲧⲁⲩⲓ̀ ⲉⲑⲃⲏⲧϥ ⲟⲩⲇⲉ ⲙ̀ⲡ
ⲁⲩϣⲟⲡⲟⲩ ⲉ̀ⲣⲱⲟⲩ ⲉ̀ ⲡⲧⲏⲣϥ ⲉⲑⲃⲉ ϫⲉ ϯⲧⲉⲃⲥ ⲛ̀ⲧⲉ
ⲡⲟⲩⲣⲟ ⲛ̀ⲧⲟⲧⲟⲩ ⲁⲛ ⲟⲩⲟϩ ⲟⲛ ⲛⲓ ⲕⲉ ⲥϧⲁⲓ ⲉ̀ ϣⲁⲣⲉ
ⲡⲟⲩⲣⲟ ⲟⲩⲟⲣⲡⲟⲩ ⲉ̀ⲃⲟⲗϧⲉⲛ ⲧⲉϥⲙⲉⲧⲟⲩⲣⲟ ⲕⲁⲛ 10
ϩⲁⲛⲥϧⲁⲓ ⲛ̀ ϩⲓⲣⲏⲛⲓⲕⲟⲛ ⲛⲉ ⲙ̀ⲡⲁⲩⲧⲉⲛ ϩⲟⲩⲧⲟⲩ
ⲛ̀ϫⲉ ⲟⲩⲟⲛ ⲛⲓⲃⲉⲛ ⲉϣⲱⲡ ⲥⲉⲧⲏⲃⲥ ⲁⲛ ⲉ̀ ϯⲥⲫⲣⲁⲅⲓⲥ
ⲛ̀ⲧⲉ ⲡⲟⲩⲣⲟ ⲫⲁⲓ ⲇⲉ ϩⲱϥ ⲡⲉ ⲙ̀ ⲫⲣⲏϯ ⲛ̀ ⲛⲓⲁⲅⲅⲉⲗⲟⲥ
ⲁⲩϣⲁⲛⲓ̀ ϩⲓϫⲉⲛ ⲡⲓⲕⲁϩⲓ ⲉ̀ⲣⲉ ⲡⲓⲙⲏⲓⲛⲓ ⲛ̀ⲧⲉ ⲡⲓⲥⲧⲁⲩ-

ⲣ̄ⲕ̄ⲑ̄. ⲃ. ⲣⲟⲥ ⲛ̀ⲧⲉ ⲡⲟⲩⲣⲟ ⲛ̀ⲧⲉ ⲡⲱⲟⲩ | ϩⲓⲱϥ ⲁⲛ ⲙ̀ 15
ⲡⲁⲩⲧⲉⲛϩⲟⲩⲧⲟⲩ ϫⲉ ϩⲁⲛⲁⲅⲅⲉⲗⲟⲥ ⲛⲉ ⲁⲗⲗⲁ
ⲧⲉⲛⲛⲁ̀ⲫⲱⲧ ⲥⲁ ⲃⲟⲗ ⲙ̀ⲙⲱⲟⲩ ϫⲉ ϩⲁⲛⲇⲉⲙⲱⲛ
ⲛⲉ ⲙⲁⲗⲓⲥⲧⲁ ⲡⲓⲛⲓϣϯ ⲛ̀ ⲁⲣⲭⲏⲁⲅⲅⲉⲗⲟⲥ ⲛ̀ⲧⲉ
ⲛⲓⲁⲅⲅⲉⲗⲟⲥ ⲧⲏⲣⲟⲩ ⲛ̀ ⲁϣ ⲛ̀ ⲣⲏϯ ϥⲛⲁⲓ̀ ϩⲓϫⲉⲛ
ⲡⲓⲕⲁϩⲓ ⲛ̀ⲧⲉϥϣⲧⲉⲙⲉⲛ ⲡⲓϩⲟⲡⲗⲟⲛ ⲛ̀ⲧⲉ ϯⲥⲫⲣⲁⲅⲓⲥ 20
ⲛ̀ ⲟⲩϫⲁⲓ ⲛ̀ⲧⲉ ⲡⲉϥⲟⲩⲣⲟ ⲉϥⲛ̀ⲛⲏⲟⲩ ⲉ̀ⲧⲉ ⲫⲁⲓ ⲡⲉ
ⲡⲓⲥⲧⲁⲩⲣⲟⲥ ⲉⲑ. ⲟⲩⲁⲃ ⲛ̀ⲧⲉ ⲓⲏ̅ⲥ̅ ⲡⲭ̅ⲥ̅ ⲡϣⲏⲣⲓ ⲙ̀
ⲫϯ ⲉ̀ⲧ ⲟⲛϧ ⲉϣⲱⲡ ⲭⲟⲩⲱϣ ⲛ̀ⲧⲁⲧⲉⲛ ϩⲟⲩⲧⲕ ϫⲉ
ⲛ̀ⲑⲟⲕ ⲡⲉ ⲙⲓⲭⲁⲏⲗ ⲡⲓⲣⲉϥⲛⲟϩⲉⲙ ⲭⲁⲧ ⲛ̀ⲧⲁⲓ̀ⲛⲓ

ⲣ̄ⲗ̄. ⲁ. ϩⲁⲣⲟⲕ ⲛ̀ⲧⲉϥϩⲓⲕⲱⲛ ⲛ̀ | ⲛ̀ⲧⲉⲕ ⲉⲣ ⲁⲥⲡⲁⲍⲉⲥⲑⲉ 25
ⲙ̀ⲙⲟⲥ ⲟⲩⲟϩ ⲁ̀ⲛⲟⲕ ϯⲛⲁⲟⲩⲱϣⲧ ⲙ̀ⲙⲟⲕ ⲁⲧϭⲛⲉ
ϩⲏⲧ ⲃ ⲉ̀ ⲡⲧⲏⲣϥ ⲡⲓⲇⲓⲁ̀ⲃⲟⲗⲟⲥ ⲇⲉ ⲉ̀ⲧⲁϥⲛⲁⲩ ϫⲉ
ⲁⲥⲟⲣⲃⲉϥ ⲉ̀ ϧⲟⲩⲛ ⲥⲁ ⲥⲁ ⲛⲓⲃⲉⲛ ⲟⲩⲟϩ ⲙ̀ⲡ ⲉϥϫⲉⲙ

ⲉⲗⲓ ⲛ̀ ⲁⲡⲟⲗⲟⲅⲓⲁ ⲉ̀ⲭⲱ ⲙ̀ ⲡⲉⲥⲙ̄ⲑⲟ ⲉ̀ⲃⲟⲗ ⲟⲩⲟϩ
ⲁⲥⲧⲱⲛⲥ ϧⲉⲛ ⲡⲓⲙⲁ ⲉ̀ ⲛⲁⲥϩⲉⲙⲥⲓ ⲛ̀ ϧⲏⲧⲥ ⲉⲥⲟⲩⲱϣ
ⲉ̀ⲓ̀ ϩⲁⲣⲟϥ ⲛ̀ ϯⲓⲕⲱⲛ ⲛ̀ⲧⲉ ⲡⲓⲁⲣⲭⲏⲁⲅⲅⲉⲗⲟⲥ ⲉ̅ⲑ
ⲟⲩⲁⲃ ⲙⲓⲭⲁⲏⲗ ⲁϥϣⲓⲃϯ ⲙ̀ⲡⲉϥⲥⲙⲟⲧ ⲁϥϭⲓ ⲙ̀ ⲡⲓⲛⲓ
ⲛ̀ ⲟⲩⲙⲟⲩⲓ ⲉϥϩⲉⲙϩⲉⲙ ϩⲱⲥ ⲇⲉ ⲛ̀ⲧⲉ ⲡⲉϥⲃ̀ⲣⲱⲟⲩ 5
ⲙⲟϩ ⲛ̀ ϯⲡⲟⲗⲓⲥ ⲧⲏⲣⲥ ⲁϥⲭⲱⲗⲉⲙ ⲁϥⲁⲙⲟⲛⲓ ⲙ̀ |
ⲡⲉⲥⲙⲟⲩⲧ ⲁϥⲱϣϩ ⲙ̀ⲙⲟⲥ ϩⲱⲥ ⲇⲉ ⲛ̀ⲧ ⲉⲥⲭⲁ ⲧⲟⲧⲥ
ⲉ̀ⲃⲟⲗ ⲫⲙⲟⲩ ⲟⲩⲟϩ ⲁϥⲭⲱ ⲛ̀ ϩⲁⲛⲥⲁϫⲓ ⲙ̀ ⲡⲁⲓ
ⲣⲏϯ ⲟⲛ ϫⲉ ⲫⲁⲓ ⲡⲉ ⲡⲓⲉ̀ϩⲟⲟⲩ ⲉ̀ⲧ ⲁⲣⲉ ⲓ̀ ⲉ̀ⲃⲟⲗ
ϫⲓϫ ⲛ̀ ϧⲏⲧϥ ⲁⲓⲃⲓϭⲓ ⲉⲓⲭⲱⲣϫ ⲉ̀ⲣⲟ ⲓⲥ ⲟⲩⲛⲓϣϯ 10
ⲛ̀ ⲥⲏⲟⲩ ⲁⲗⲗⲁ ⲙ̀ⲡⲓ ϣϫⲉⲙϫⲟⲙ ⲉ̀ⲣⲟ ϣⲁ ϯⲛⲁⲩ
ⲙⲁⲣⲉ ϭⲓ ϯⲛⲟⲩ ⲛ̀ⲧⲉϥⲛⲁϩⲙⲓ. ⲉ̀ⲃⲟⲗϧⲉⲛ ⲛⲁ ϫⲓϫ
ⲛ̀ϫⲉ ⲫⲏ ⲉⲣⲉ ⲉⲣ ⲑⲁⲣⲓⲛ ⲙ̀ⲙⲟϥ ϯⲥϩⲓⲙⲓ ⲇⲉ ⲛ̀ ⲥⲁⲃⲏ
ⲉ̀ⲧⲉⲙⲙⲁⲩ ⲛⲁⲥϫⲉⲭϫⲱⲭ ⲉ̀ⲙⲁϣⲱ ⲡⲉ ϩⲱⲥ ⲇⲉ
ⲛ̀ⲧⲉⲥ ⲭⲁ ⲧⲟⲧⲥ ⲉ̀ⲃⲟⲗ ⲉ̀ ⲫⲙⲟⲩ ⲁⲥⲱϣ ⲉ̀ⲃⲟⲗ ⲉⲥϫⲱ 15
ⲙ̀ⲙⲟⲥ ϫⲉ ⲡⲓⲁⲣⲭⲏⲁⲅⲅⲉⲗⲟⲥ ⲙⲓⲭⲁⲏⲗ | ⲁ̀ⲣⲓ ⲃⲟⲏⲑⲓⲛ
ⲉⲣⲟⲓ ϧⲉⲛ ⲧⲁⲓ ⲟⲩⲛⲟⲩ ⲛ̀ ⲁⲛⲁⲅⲕⲏ ⲉ̀ϯ ⲇⲉ ⲉϥⲕⲱϯ
ⲉ̀ϯ ⲙ̀ⲕⲁϩ ⲛⲁⲥ ⲛ̀ϫⲉ ⲡⲓⲇⲓⲁⲃⲟⲗⲟⲥ ⲓⲥ ⲡⲓⲁⲣⲭⲏⲁ-
ⲅⲅⲉⲗⲟⲥ ⲉ̅ⲑ ⲟⲩⲁⲃ ⲙⲓⲭⲁⲏⲗ ⲁϥⲟⲩⲱⲛϩ ⲛⲁⲥ ⲉ̀ⲃⲟⲗ
ⲛ̀ ϯⲟⲩⲛⲟⲩ ⲉϥ ⲉⲣ ⲫⲟⲣⲓⲛ ⲛ̀ ⲟⲩⲁ̀ⲝⲓⲱⲙⲁ ⲙ̀ ⲃⲁⲥⲓ- 20
ⲗⲓⲕⲟⲛ ⲉⲣⲉ ⲟⲩⲟⲛ ⲟⲩϣⲃⲱⲧ ⲛ̀ ⲛⲟⲩⲃ ⲭⲏ ϧⲉⲛ ⲧⲉϥ-
ϫⲓϫ ⲛ̀ ⲟⲩⲓ̀ⲛⲁⲙ ⲉ̀ⲃⲟⲗ ⲉⲣⲉ ⲡⲧⲩⲡⲟⲥ ⲙ̀ ⲡⲓⲥⲧⲁⲩⲣⲟⲥ
ⲉ̅ⲑ ⲟⲩⲁⲃ ⲭⲏ ϩⲓϫⲱϥ Ⲟⲩⲟϩ ⲁ̀ ⲡⲓⲙⲁ ⲧⲏⲣϥ ⲉⲣ
ⲟⲩⲱⲓⲛⲓ ⲉ̀ϩⲟⲧⲉ ⲫⲣⲏ ⲛ̀ ⲟⲩⲑⲃⲁ ⲛ̀ ⲕⲱⲃ ⲛ̀ ⲥⲟⲡ
Ⲡⲓⲇⲓⲁⲃⲟⲗⲟⲥ ⲇⲉ ⲉ̀ⲧⲁϥⲛⲁⲩ ⲉ̀ⲣⲟϥ ⲁϥⲱϣ ⲉ̀ⲃⲟⲗ ϧⲉⲛ 25
ⲟⲩ ϩⲟϯ ⲉϥϫⲱ ⲙ̀ⲙⲟⲥ ϫⲉ ⲡⲁ ⲟ̅ⲥ̅ ⲡⲁⲣⲭⲏⲁⲅⲅⲉⲗⲟⲥ
ⲙⲓⲭⲁⲏⲗ ⲁⲓ ⲉⲣ ⲛⲟⲃⲓ | ⲉ̀ ⲧⲫⲉ ⲛⲉⲙ ⲡⲉⲕⲙ̄ⲑⲟ ⲉ̀ⲃⲟⲗ
ϫⲉ ⲁⲓ ⲉⲣ ⲧⲟⲗⲙⲁⲛ ϩⲟⲗⲱⲥ ⲁⲓⲓ̀ ⲉ̀ ϧⲟⲩⲛ ⲉ̀ ⲡⲓⲙⲁ ⲉⲣⲉ

16*

ⲧⲉⲕⲥⲓⲕⲱⲛ ⲛ̀ ϩⲏⲧϥ ϯϩⲟ ⲉ̀ⲣⲟⲕ ⲙ̀ⲡ ⲉⲣ ⲧⲁⲕⲟⲓ ϧⲁ
ⲧⲥⲏ ⲙ̀ ⲡⲁ ⲥⲛⲟⲩ ⲁ̀ ⲡⲓⲣⲉϥ ⲑⲁⲙⲓⲟ̀ ⲅⲁⲣ ⲉⲣ
ⲥⲩⲛⲭⲱⲣⲓⲛ ⲛⲏⲓ ⲛ̀ ⲥⲁⲛ ⲕⲉ ⲕⲟⲩϫⲓ ⲛ̀ ⲉ̀ϩⲟⲟⲩ ⲛ̀ⲑⲟⲕ
ⲇⲉ ⲱ̀ ⲡⲁ ⲟ̅ⲥ̅ ⲡⲓⲁⲣⲭⲏⲁⲅⲅⲉⲗⲟⲥ ⲛ̀ⲑⲟⲕ ⲡⲉ ⲉ̀ⲧⲁⲕⲁⲓ̀ⲧ
ⲛ̀ ϣⲉⲙⲙⲟ ⲉ̀ ⲛⲓⲙⲁⲛϣⲱⲡⲓ ⲛ̀ⲧⲉ ⲛⲓⲫⲏⲟⲩⲓ̀ ⲟⲩⲟϩ 5
ϯⲛⲁϣⲉ ⲛⲏⲓ ⲛ̀ⲧⲁ ⲫⲱⲧ ⲥⲁⲃⲟⲗ ⲙ̀ⲙⲟⲕ ϣⲁ ⲡⲓⲉ̀ϩⲟⲟⲩ
ⲛ̀ⲧⲉ ⲡⲁⲓⲛⲓϣϯ ⲛ̀ ϣⲓⲡⲓ ϯ ⲉⲣ ⲟ̀ⲙⲟⲗⲟⲅⲓⲛ ⲛⲁⲕ ⲟⲩⲟϩ
ϯⲱⲣⲕ ⲙ̀ ⲡⲉⲙⲑⲟ ⲙ̀ ⲫϯ ϫⲉ ⲛ̀ ⲛⲁⲧⲁⲥⲑⲟⲓ ⲁⲛ ϫⲉ

ⲣ̅ⲟ̅ⲃ̅. ⲁ. ⲓ̀ⲥϫⲉⲛ ⲡⲁⲓ ⲛⲁⲩ ⲉ̀ ⲉⲣ | ⲡⲓⲣⲁϫⲓⲛ ϩⲁⲛⲣⲱⲙⲓ ⲓⲉ̀
ⲥϩⲓⲙⲓ ϧⲉⲛ ⲡⲓⲙⲁ ⲉ̀ⲛ ⲁⲕⲭⲏ ⲙ̀ⲙⲟⲕ ⲛⲁⲓ ⲇⲉ ⲉⲣⲉ 10
ⲡⲓⲇⲓⲁ̀ⲃⲟⲗⲟⲥ ϫⲱ ⲙ̀ⲙⲱⲟⲩ ⲉϥⲥⲟⲛϩ ⲛ̀ ⲧⲟⲧϥ ⲙ̀
ⲡⲓⲁⲣⲭⲏⲁⲅⲅⲉⲗⲟⲥ ⲉ̀ⲑ ⲟⲩⲁⲃ ⲙⲓⲭⲁⲏⲗ ⲙ̀ ⲫⲣⲏϯ ⲛ̀
ⲟⲩⲃⲁϫ ϧⲉⲛ ⲧϫⲓϫ ⲛ̀ ⲟⲩⲕⲟⲩϫⲓ ⲛ̀ ⲁ̀ⲗⲟⲩ ⲟⲩⲟϩ
ⲉ̀ⲧⲁϥⲁⲓϥ ⲛ̀ ⲟⲩϫⲱⲃ ⲉ̀ⲙⲁϣⲱ ⲁϥⲭⲁϥ ⲉ̀ⲃⲟⲗ ϧⲉⲛ
ⲟⲩⲛⲓϣϯ ⲛ̀ ϣⲓⲡⲓ ⲡⲉϫⲉ ⲡⲓⲁⲣⲭⲏⲁⲅⲅⲉⲗⲟⲥ ⲙⲓⲭⲁⲏⲗ 15
ⲛ̀ ⲉⲩⲫⲏⲙⲓⲁ̀ ϯⲥⲩⲛⲕⲗⲏⲧⲓⲕⲏ ϫⲉ ϭⲣⲟ ⲙ̀ⲙⲟ ⲟⲩⲟϩ
ϫⲉⲙ ⲛⲟⲙϯ ⲙ̀ⲡ ⲉⲣ ⲉⲣ ϩⲟϯ ϧⲁ ⲧⲥⲏ ⲙ̀ ⲡⲓⲇⲓⲁ̀-
ⲃⲟⲗⲟⲥ ⲉ̀ⲡⲓ ⲇⲉ ϥⲛⲁϣϫⲉⲙϫⲟⲙ ⲉⲣⲟ ⲁⲛ ϫⲉ ⲓ̀ⲥϫⲉⲛ

ⲣ̅ⲟ̅ⲃ̅. ⲃ. ⲡⲁⲓ ⲛⲁⲩ | ⲁ̀ⲛⲟⲕ ⲡⲉ ⲙⲓⲭⲁⲏⲗ ⲡⲓⲁⲣⲭⲏⲁⲅⲅⲉⲗⲟⲥ
ⲫⲏ ⲉ̀ⲧ ⲉⲣ ⲇⲓⲁ̀ⲕⲱⲛⲓⲛ ⲉ̀ⲣⲟϥ ⲫⲏ ⲉ̀ⲧ ⲁ̀ ⲡⲉⲙⲁ- 20
ⲕⲁⲣⲓⲟⲥ ⲛ̀ ϩⲁⲓ ⲁⲣⲓⲥⲧⲁⲣⲭⲟⲥ ⲡⲓⲥⲧⲣⲁⲧⲩⲗⲁⲧⲏⲥ
ⲧⲏⲓϥ ⲉ̀ ⲧⲟⲧ ⲁ̀ⲛⲟⲕ ⲡⲉ ⲙⲓⲭⲁⲏⲗ ⲫⲏ ⲉ̀ⲣⲉ
ⲧⲱⲃϩ ⲙ̀ⲙⲟϥ ⲙ̀ ⲙⲏⲛⲓ ⲙ̀ ⲡⲉⲙⲑⲟ ⲉ̀ⲃⲟⲗ ⲛ̀ ⲧⲁ
ϩⲓⲕⲱⲛ ⲉ̀ⲣⲉ ⲡⲁ ⲭⲁⲣⲁⲕⲧⲏⲣ ⲥϧⲏⲟⲩⲧ ⲉ̀ⲣⲟⲥ ⲉ̀
ϧⲟⲩⲛ ϧⲉⲛ ⲡⲉ ⲕⲟⲓⲧⲱⲛ ⲁ̀ⲛⲟⲕ ⲡⲉ ⲙⲓⲭⲁⲏⲗ ⲫⲏ 25
ⲉ̀ⲧ ⲱ̀ⲗⲓ ⲛ̀ ⲛⲉ ⲧⲱⲃϩ ⲉ̀ ϧⲟⲩⲛ ⲙ̀ ⲡⲉⲙⲑⲟ ⲙ̀ ⲫϯ
ⲁ̀ⲛⲟⲕ ⲡⲉ ⲉ̀ⲧ ⲟϩⲓ ⲉ̀ ⲣⲁⲧϥ ⲙ̀ ⲡⲓⲛⲁⲩ ⲉ̀ⲣⲉ ⲥⲁϫⲓ
ⲛⲉⲙ ⲡⲉ ϩⲁⲓ ϫⲉ ⲙⲁⲣⲟⲩϥⲱⲧϩ ⲛⲏⲓ ⲉ̀ⲃⲟⲗ ⲙ̀ ⲡⲓ-

ρπγ. a. χαρακτηρ ⲙ̄ ⲡⲓⲁⲣⲭⲏⲁⲅⲅⲉⲗⲟⲥ ⲙⲓⲭⲁⲏⲗ ⲛ̄ⲧⲁⲭⲁϥ
ϧⲉⲛ ⲡⲁ ⲏⲓ ⲛ̄ ⲛⲁϣϯ ⲟⲩⲟϩ ⲛ̄ⲧⲉⲕⲑⲏⲓⲧ ⲉ̀ ⲧⲟⲧϥ
ⲛ̄ⲧⲉϥϣⲱⲡⲓ ⲛⲏⲓ ⲛ̄ ⲕⲟⲩⲗⲁⲧⲱⲣ ⲛ̄ⲧⲉϥ ⲉⲣ ⲛⲁϣϯ
ⲛⲏⲓ ϧⲁⲧⲉⲛ ⲡ̅ⲥ̅ ϣⲁⲧ ⲉϥϣⲓⲛⲓ ⲛⲏⲓ ⲛ̄ⲧⲁϩⲱⲗ
ϣⲁⲣⲟϥ ⲙ̄ ⲫⲣⲏϯ ⲛ̄ ⲣⲱⲙⲓ ⲛⲓⲃⲉⲛ ⲁ̀ⲛⲟⲕ ⲡⲉ ⲙⲓⲭⲁⲏⲗ 5
ⲫⲏ ⲉ̀ⲧ ⲥⲱⲧⲉⲙ ⲛ̄ ⲟⲩⲟⲛ ⲛⲓⲃⲉⲛ ⲉ̀ⲧ ⲧⲱⲃϩ ⲙ̄ ⲫϯ
ϧⲉⲛ ⲡⲁ ⲣⲁⲛ ⲙ̇ⲡ ϥⲣ ⲉⲣ ϩⲟⲧ ϩⲏⲡⲡⲉ ⲅⲁⲣ ⲙⲉⲛ-
ⲉⲛⲥⲁ ⲑⲣⲉ ϫⲱⲕ ⲙ̄ⲡⲉ ϣⲉⲙϣⲓ ⲉ̀ⲃⲟⲗ ⲉ̀ⲣⲉ ⲓ̀ⲣⲓ ⲙ̄ⲙⲟϥ
ϧⲉⲛ ⲡⲁⲣⲁⲛ ϯⲛⲏⲟⲩ ⲛ̄ⲥⲱⲓ ⲁ̀ⲛⲟⲕ ⲛⲉⲙ ⲕⲉ ⲙⲏϣ
ⲛ̄ ⲁⲅⲅⲉⲗⲟⲥ ⲛ̄ⲧⲁⲟⲗⲧ ⲉ̀ ⲛⲓ ⲙⲁ ⲛ̄ ⲉⲙⲧⲟⲛ ⲛ̄ⲧⲉ ⲫϯ 10
ρπγ. b. ⲛⲁⲓ ⲉ̀ⲧ ⲁ ⲡⲉ ϩⲁⲓ ⲉⲣ ⲕⲗⲏⲣⲟⲛⲟⲙⲓⲛ | ⲙ̄ⲙⲱⲟⲩ ϯϩⲓⲣⲏⲛⲏ
ⲛⲉⲙⲉ Ⲟⲩⲟϩ ⲉ̀ⲧⲁϥϫⲉ ⲛⲁⲓ ⲛⲁⲥ ⲛ̄ϫⲉ ⲡⲓⲁⲣⲭⲏⲁⲅ-
ⲅⲉⲗⲟⲥ ⲙⲓⲭⲁⲏⲗ ⲁϥϩⲱⲗ ⲉ̀ ⲡϣⲱⲓ ⲉ̀ ⲛⲓⲫⲏⲟⲩⲓ̀ ϧⲉⲛ
ⲟⲩⲛⲓϣϯ ⲛ̀ ⲱ̀ⲟⲩ ⲉⲥⲟϩⲓ ⲉ̀ ⲣⲁⲧⲥ ⲉⲥⲥⲟⲙⲥ ⲛ̄ ⲥⲱϥ
Ⲙⲉⲛⲉⲛⲥⲁ ⲛⲁⲓ ⲇⲉ ⲁⲥϣⲉ ⲛⲁⲥ ⲉ̀ ϯⲉⲕⲕⲗⲏⲥⲓⲁ̀ ⲉ̀ 15
ⲣⲁⲧϥ ⲛ̀ ⲁ̀ⲃⲃⲁ ⲁⲛⲑⲩⲙⲟⲥ ⲡⲓⲉ̀ⲡⲓⲥⲕⲟⲡⲟⲥ ⲛ̄ⲧⲉ
ⲧⲁⲓ ⲡⲟⲗⲓⲥ Ⲡⲓϣⲟⲣⲡ ⲙ̄ ⲫⲱϣⲉⲛ ϧⲉⲛ ⲛⲉⲛϫⲓϫ ⲙ̄
ⲡⲓⲭⲣⲏⲥⲟⲥⲧⲟⲙⲟⲥ ⲉ̀ⲑ ⲟⲩⲁⲃ ⲓ̀ⲱⲁⲛⲛⲏⲥ ⲡⲓⲁⲣⲭⲏⲉ̀-
ⲡⲓⲥⲕⲟⲡⲟⲥ ⲛ̄ⲧⲉ ⲕⲱⲥⲧⲁⲛⲧⲓⲛⲟⲩⲡⲟⲗⲓⲥ ⲫⲏ ⲉ̀ⲧ ⲁ̀
ρπδ. a. ⲧⲁⲓ ⲛⲏⲥⲟⲥ ⲧⲏⲣⲥ ϭⲓ ⲟⲩⲱⲓⲛⲓ ⲉ̀ⲃⲟⲗϩⲓ ⲧⲟⲧϥ | ⲟⲩⲟϩ 20
ⲁⲥⲧⲁⲙⲟϥ ⲉ̀ ⲛⲏ ⲧⲏⲣⲟⲩ ⲉ̀ⲧ ⲁ̀ ⲡⲓⲁⲣⲭⲏⲁ̀ⲅⲅⲉⲗⲟⲥ
ϫⲟⲧⲟⲩ ⲛⲁⲥ ⲁϥϯ ⲱ̀ⲟⲩ ⲙ̄ ⲫϯ ⲛⲉⲙ ⲡⲓⲛⲓϣϯ ⲛ̀
ⲁⲣⲭⲏⲁⲅⲅⲉⲗⲟⲥ ⲉ̀ⲑ ⲟⲩⲁⲃ ⲙⲓⲭⲁⲏⲗ Ⲟⲩⲟϩ ⲁϥⲑⲱⲟⲩϯ
ⲛ̀ ϯⲥⲩⲛⲁⲝⲓⲥ ⲁϥⲭⲱ ⲙ̄ ⲡⲓϣⲉⲙϣⲉ ⲉ̀ⲃⲟⲗ ϧⲉⲛ ⲟⲩ-
ⲭⲱⲗⲉⲙ ⲛⲉⲙ ⲟⲩⲛⲓϣϯ ⲛ̀ ⲧⲁⲓⲟ̀ Ⲙⲉⲛⲉⲛⲥⲁ ⲛ̀ ϯ 25
ⲥⲩⲛⲁⲝⲓⲥ ⲁⲥⲓ̀ ⲉ̀ⲃⲟⲗϧⲉⲛ ϯⲉ̀ⲕⲕⲗⲏⲥⲓⲁ̀ ⲁⲥϩⲱⲗ ⲉ̀
ⲡⲉⲥⲏⲓ ⲟⲩⲟϩ ⲁⲥϫⲱⲕ ⲉ̀ⲃⲟⲗ ⲙ̄ ⲡⲓϣⲉⲙϣⲓ ⲛ̄ⲧⲉ
ⲛⲓⲥⲛⲏⲟⲩ ⲛ̀ ϩⲏⲕⲓ ⲉⲥ ⲉⲣ ⲇⲓⲁ̀ⲕⲱⲛⲓⲛ ⲉ̀ⲣⲱⲟⲩ Ⲟⲩⲟϩ

ⲉⲧⲁⲩⲕⲏⲛ ⲉⲩⲟⲩⲱⲙ ⲟⲩⲟϩ ⲉⲩⲥⲱ ⲁⲥⲟⲩⲱⲣⲡ ⲛ̀ⲥⲁ

ⲣ̅ⲕ̅ⲇ̅. ʙ. ⲡⲁ ⲓⲱⲧ ⲉ̀ⲛⲉⲡⲓⲥⲕⲟⲡⲟⲥ | ⲁⲥϯϩⲟ ⲉⲣⲟϥ ⲉⲑⲣⲉϥⲁⲓⲥ
ⲛⲉⲙⲡϣⲁ ⲛ̀ⲧⲉϥϩⲱⲗ ⲉ̀ ⲡⲉⲥⲏⲓ ⲟⲩⲟϩ ⲁϥϩⲱⲗ ϣⲁ-
ⲣⲟⲥ ⲛ̀ ⲭⲱⲗⲉⲙ Ⲉⲧⲁⲩⲉⲗ ⲡⲓϣⲓⲛⲓ ⲇⲉ ⲛⲁⲥ ⲛ̀ⲧⲉϥ
ⲡⲁⲣⲟⲩⲥⲓⲁ̀ ϣⲁⲣⲟⲥ ⲁⲥⲓ̀ ⲉ̀ⲃⲟⲗ ϩⲁ ϫⲱϥ ϣⲁ ⲡⲓⲙⲁϩ 5
ⲅ̄ ⲛ̀ ⲣⲟ ⲛ̀ⲧⲉ ⲡⲉⲥⲏⲓ ⲁⲥϥⲁⲃⲧⲥ ⲉϫⲉⲛ ⲛⲉϥⲃⲁⲗⲁϫ
ⲁⲥϯ ⲉ̀ⲣⲱⲟⲩ ⲛ̀ ⲟⲩⲛⲓϣϯ ⲛ̀ ⲛⲁⲩ ⲛ̀ⲑⲟϥ ϫⲉ
ⲡⲓⲉ̀ⲡⲓⲥⲕⲟⲡⲟⲥ ⲉⲑ ⲟⲩⲁⲃ ⲁϥⲧⲟⲩⲛⲟⲥⲥ ⲉ̀ϩⲣⲏⲓ ⲉϥϫⲱ
ⲙ̀ⲙⲟⲥ ⲛⲁⲥ ϫⲉ ⲧⲱⲛⲓ ⲉ̀ϩⲣⲏⲓ ⲱ̀ ϯⲥϩⲓⲙⲓ ⲉⲧ ⲥⲙⲁ-
ⲣⲱⲟⲩⲧ ϩⲓⲧⲉⲛ ⲫϯ ⲛⲉⲙ ⲡⲓⲣⲱⲙⲓ Ⲁⲗⲏⲑⲱⲥ ⲁ̀ ⲫϯ 10
ϭⲓ ⲛ̀ ⲛⲉ ⲑⲩⲥⲓⲁ̀ ⲛ̀ⲧⲟϯ ⲙ̀ ⲫⲣⲏϯ ⲛ̀ ⲁ̀ⲃⲉⲗ ⲡⲓⲑⲙⲏⲓ

ⲣ̅ⲕ̅ⲉ̅. ⲁ. ⲟⲩⲟϩ | ⲁϥϣⲱⲗⲉⲙ ⲉ̀ ⲛⲉϭⲗⲓⲗ ⲙ̀ ⲫⲣⲏϯ ⲛ̀ ⲛⲁ
ⲙⲉⲗⲭⲓⲥⲉⲇⲉⲕ ⲡⲟⲩⲣⲟ ⲛ̀ ⲥⲁⲗⲏⲙ ⲡⲓⲟⲩⲏⲃ ⲛ̀ⲧⲉ ⲫϯ
ⲉⲧ ϭⲟⲥⲓ ϫⲉ ⲁ̀ⲣⲉ ⲉⲛ ⲟⲩ ϧⲉⲛ ⲟⲩⲥⲱⲟⲩⲧⲉⲛ ⲛ̀ⲑⲟⲥ
ⲇⲉ ⲁⲥⲁⲙⲟⲛⲓ ⲙ̀ⲙⲟϥ ϧⲉⲛ ⲟⲩⲛⲓϣϯ ⲛ̀ ⲧⲓⲙⲏ ⲁⲥⲟⲗϥ 15
ⲉ̀ϧⲟⲩⲛ ⲉ̀ ⲡⲉⲥⲕⲟⲓⲧⲱⲛ ⲉ̀ⲣⲉ ⲧϩⲓⲕⲱⲛ ⲙ̀ ⲡⲓⲁⲣⲭⲏⲁⲅ-
ⲅⲉⲗⲟⲥ ⲙⲓⲭⲁⲏⲗ ⲛ̀ ϧⲏⲧϥ Ⲁⲥⲭⲱ ϧⲁⲣⲟϥ ⲛ̀ ⲟⲩ-
ⲑⲣⲟⲛⲟⲥ ⲉ̀ⲛ ⲉⲗⲉⲫⲁⲛⲧⲓⲛⲟⲛ ⲛⲉⲙ ϩⲁⲛⲥⲩⲙⲯⲉⲗⲓⲟⲛ
ⲛ̀ ϩⲁⲧ ⲉⲑⲣⲉ ⲛⲓⲡⲣⲉⲥⲃⲩⲧⲉⲣⲟⲥ ⲛⲉⲙ ⲛⲓⲇⲓⲁ̀ⲕⲱⲛ
ϩⲉⲙⲥⲓ ϩⲓϫⲱⲟⲩ Ⲉⲧⲁⲩϣⲗⲏⲗ ⲇⲉ ⲁⲩϩⲉⲙⲥⲓ ⲟⲩⲟϩ 20

ⲣ̅ⲕ̅ⲉ̅. ʙ. ⲁⲥⲟⲩⲱⲛ | ⲛ̀ ⲛⲓⲣⲱⲟⲩ ⲛ̀ⲧⲉ ⲡⲉⲥⲏⲓ ⲁⲥ ⲓ̀ⲛⲓ ⲛ̀ ⲛⲉⲥ-
ϩⲩⲡⲁⲣⲭⲟⲛⲧⲁ ⲧⲏⲣⲟⲩ ⲉ̀ⲃⲟⲗ ⲓⲥϫⲉⲛ ⲟⲩ ⲕⲉⲫⲁⲗⲉⲟⲛ
ϣⲁ ⲟⲩ ⲉ̀ⲗⲁⲭⲓⲥⲧⲟⲛ ⲫⲏ ⲉⲧ ⲧⲁⲓⲏⲟⲩⲧ ⲛⲉⲙ ⲫⲏ
ⲉⲧ ϫⲟϫⲉⲃ ⲁⲥⲭⲁⲩ ⲙ̀ⲡⲉⲥⲙ̀ⲑⲟ ⲉ̀ⲃⲟⲗ Ⲡⲉϫⲁⲥ ⲛⲁϥ
ϫⲉ ⲡⲁⲓⲱⲧ ⲉⲑ ⲟⲩⲁⲃ ϭⲓ ⲛ̀ ⲛⲁⲓ ⲕⲟⲩϫⲓ ⲛ̀ ⲭⲣⲏⲙⲁ 25
ⲛ̀ ⲧⲟⲧ ⲛ̀ⲧⲉⲕⲥⲟⲣⲟⲩ ⲉ̀ ⲛⲓϩⲏⲕⲓ ϧⲁⲣⲟⲓ ⲛⲉⲙ ⲡⲁ ⲙⲁ-
ⲕⲁⲣⲓⲟⲥ ⲛ̀ ϩⲁⲓ ϧⲉⲛ ⲫⲣⲁⲛ ⲙ̀ ⲡⲓⲁ̀ⲣⲭⲏⲁⲅⲅⲉⲗⲟⲥ
ⲉⲑ ⲟⲩⲁⲃ ⲙⲓⲭⲁⲏⲗ ϩⲓⲛⲁ ⲛ̀ⲧⲉϥ ϯϩⲟ ⲉ̀ϫⲱⲓ ⲙ̀ ⲡⲉⲙ-

ⲑⲟ ⲙ̄· ⲫϯ ⲁ̀ⲛⲟⲕ ⲛⲉⲙ ⲡⲁ ⲙⲁⲕⲁⲣⲓⲟⲥ ⲛ̀ ϩⲁⲓ
ⲁ̀ⲣⲓⲥⲧⲁⲣⲭⲟⲥ ⲡⲓⲥⲧⲣⲁⲧⲩⲗⲁⲧⲏⲥ ⲉⲑⲣⲉ ϥ ⲉⲣ ⲟⲩⲛⲁⲓ

ⲣ̄ⲕ̄ⲋ̄. ⲁ. ⲛⲉⲙ ⲧⲁⲧⲁⲗⲉ | ⲡⲱⲣⲟⲥ ⲙ̄ ⲯⲩⲭⲏ ϧⲉⲛ ⲡⲉϥⲃⲏⲙⲁ
ⲉ̀ⲧ ⲟⲓ ⲛ̀ ϩⲟϯ Ⲡⲓⲉ̀ⲡⲓⲥⲕⲟⲡⲟⲥ ⲇⲉ ⲁϥⲟⲩⲁϩⲥⲁϩⲛⲓ
ⲉⲑⲣⲟⲩ ⲱ̀ⲗⲓ ⲛⲉⲛ ⲭⲁⲓ ⲛⲓⲃⲉⲛ ⲉ̀ⲧ ⲉⲛⲧⲁⲥ ⲉ̀ ϯⲉⲕ- 5
ⲕⲗⲏⲥⲓⲁ ⲟⲩⲟϩ ⲛⲉⲥⲉ̀ⲃⲓⲁⲓⲕ ⲁⲥⲭⲁⲩ ⲉ̀ⲃⲟⲗ ⲉⲩⲟⲓ ⲛ̀
ⲣⲉⲙϩⲉ Ⲁⲥϣⲱⲡⲓ ⲇⲉ ϧⲉⲛ ⲡⲁⲓ ⲉ̀ϩⲟⲟⲩ ⲛ̀ ⲟⲩⲱⲧ
ⲉ̀ⲧⲉ ⲥⲟⲩ ⲓ̄ⲉ̄ ⲙ̄ ⲡⲁⲱⲛⲓ ⲡⲉ Ⲉⲧⲓ ⲉⲛϩⲉⲙⲥⲓ ⲛⲉⲙ
ⲡⲓⲉ̀ⲡⲓⲥⲕⲟⲡⲟⲥ ⲛ̀ ⲥⲁⲝⲓ ⲁⲛϣⲱⲗⲉⲙ ⲉ̀ ⲟⲩⲛⲓϣϯ ⲛ̀
ⲥⲑⲟⲓ ⲛ̀ ⲟⲩϧⲓ ⲙ̄ⲡ ⲉⲛϣⲱⲗⲉⲙ ⲉ̀ ⲟⲩⲟⲛ ⲙ̄ ⲡⲉϥⲣⲏϯ 10
ⲉ̀ⲛⲉϩ Ⲉ̀ⲡⲓ ⲇⲏ ⲛⲁⲓ ⲙ̀ⲙⲁⲩ ϩⲱ ⲡⲉ ⲉⲓϩⲉⲙⲥⲓ ⲛⲉⲙ
ⲡⲁ ⲓⲱⲧ ⲁⲛⲑⲩⲙⲟⲥ ⲡⲓⲉ̀ⲡⲓⲥⲕⲟⲡⲓⲥ (sic) ⲉ̀ⲑ ⲟⲩⲁⲃ

ⲣ̄ⲕ̄ⲋ̄. ⲃ. ⲡⲓϣⲟⲣⲡ | ⲙ̀ ⲫⲱϣⲉⲛ ϧⲉⲛ ⲛⲉⲛⲭⲓⲝ ⲙ̀ ⲫⲏ ⲉ̀ⲑ
ⲟⲩⲁⲃ ⲓⲱⲁⲛⲛⲏⲥ ⲡⲓⲡⲓⲭⲣⲏⲥ[ⲟⲥ]ⲧⲟⲙⲟⲥ ⲉⲓⲟⲓ ⲙ̀ ⲡⲣⲉⲥ-
ⲃⲩⲧⲉⲣⲟⲥ Ⲉⲧⲁⲛϣⲱⲗⲉⲙ ⲇⲉ ⲙ̀ ⲡⲁⲓ ⲛⲓϣϯ ⲛ̀ ⲥⲑⲟⲓ 15
ⲛ̀ ⲟⲩϧⲓ ⲁⲛⲭⲁ ⲧⲟⲧⲉⲛ ⲉ̀ⲃⲟⲗϩⲓⲧⲉⲛ ⲧⲁⲓ ⲛⲓϣϯ ⲛ̀
ⲑⲉⲱ̀ⲣⲓⲁ Ⲙⲉⲛⲉⲛⲥⲱⲥ ⲁⲥⲧⲁⲥⲑⲟⲥ ϩⲁ ⲡⲁ ⲓⲱⲧ ⲛ̀
ⲉ̀ⲡⲓⲥⲕⲟⲡⲟⲥ ⲡⲉⲭⲁⲥ ⲛⲁⲥ ⲝⲉ ϯϩⲟ ⲉ̀ⲣⲟⲕ ⲡⲁ ⲓ̀ⲱⲧ
ⲉⲑⲣⲉⲕⲧϩⲟ ⲉ̀ⲭⲱⲓ ϩⲓⲛⲁ ⲛ̀ⲧⲁ ⲉⲣ ⲁ̀ⲡⲁⲛⲧⲁⲛ ⲉ̀ ⲫϯ
ϧⲉⲛ ⲟⲩⲟⲩⲛⲟⲩ ⲉ̀ ⲛⲁⲛⲉⲥ Ⲝⲉ ⲟⲩⲏⲓ ⲁⲥⲃⲱⲛⲧ ⲉ̀ⲣⲟⲓ 20
ⲛ̀ⲝⲉ ϯⲟⲩⲛⲟⲩ ⲉ̀ⲧⲟⲩⲛⲁⲫⲱⲣⲝ ⲛ̀ ⲧⲁ ⲯⲩⲭⲏ ⲉ̀ⲃⲟⲗ-

ⲣ̄ⲕ̄ⲍ̄. ⲁ. ϧⲉⲛ ⲡⲁ ⲥⲱⲙⲁ ⲛ̀ ⲉ̀ⲃⲓⲏⲛ ϣⲁ ⲡⲓⲉ̀ϩⲟⲟⲩ | ⲛ̀ⲧⲉ
ⲡⲓⲛⲓϣϯ ⲛ̀ ϩⲁⲡ Ⲕⲉ ⲅⲁⲣ ⲓⲥ ⲡⲓⲁⲣⲭⲁⲅⲅⲉⲗⲟⲥ
ⲙⲓⲭⲁⲏⲗ ⲁϥⲓ̀ ⲛ̀ⲥⲱⲓ ⲉ̀ⲣⲉ ⲁⲣⲓⲥⲧⲁⲣⲭⲟⲥ ⲡⲁ ϩⲁⲓ
ⲙⲟϣⲓ ⲛⲉⲙⲁϥ ⲛⲉⲙ ϩⲁⲛ ⲕⲉ ⲙⲏϣ ⲛ̀ ⲁⲅⲅⲉⲗⲟⲥ 25
ⲛⲉⲙⲁϥ Ⲉⲧⲁⲥ ⲉⲛⲕⲟⲧ ⲇⲉ ⲉ̀ⲝⲉⲛ ⲡⲉⲥⲙⲁ ⲉⲛ ⲕⲟⲧ
ⲉ̀ⲧⲁⲥⲫⲟⲣϣϥ ϧⲉⲛ ⲛⲉⲥⲭⲓⲝ ⲁ̀ ⲡⲓⲉ̀ⲡⲓⲥⲕⲟⲡⲟⲥ ϣⲗⲏⲗ
ⲉ̀ⲭⲱⲥ ⲛ̀ ⲟⲩⲛⲓϣϯ ⲛ̀ ⲛⲁⲩ Ⲙⲉⲛⲉⲛⲥⲱⲥ ⲁⲥϧⲁⲓ

ⲛ̀ ⲡⲉϭⲟ ⲉ̀ ⲡϣⲱⲓ ⲃⲉⲛ ⲡϩⲟ ⲙ̀ ⲡⲓⲉ̄ⲡⲓⲥⲕⲟⲡⲟⲥ
ⲛⲉⲙ ⲡⲓⲙⲏϣ ⲧⲏⲣϥ ⲡⲉϫⲁⲥ ⲛⲱⲟⲩ ϫⲉ ϯϣⲓⲛⲓ ⲉ̀ⲣⲱ-
ⲧⲉⲛ ⲃⲉⲛ ⲡⲟ̅ⲥ̅ Ⲁⲣⲓ ϯⲁ̀ⲅⲁⲡⲏ ⲛ̀ ⲧⲉⲧⲉⲛϯ ⲛⲏⲓ ⲛ̀

ⲣ̅ⲟ̅ⲍ̅. ⲃ. ⲧϩⲓⲕⲱⲛ ⲙ̀ ⲡⲓⲁⲣⲭⲏⲁⲅⲅⲉⲗⲟⲥ ⲙⲓⲭⲁⲏⲗ | ⲛ̀ⲧⲁ ⲉⲣ
ⲁⲥⲡⲁⲍⲉⲥⲑⲏ ⲙ̀ⲙⲟⲥ ⲙ̀ ⲡⲁⲓ ⲕⲉ ⲥⲟⲡ ⳝⲁ ϯϩⲏ ⲙ̀ⲡⲁ 5
ϯⲓ ⲉ̀ⲃⲟⲗⲃⲉⲛ ⲥⲱⲙⲁ ⲃⲉⲛ ϯⲟⲩⲛⲟⲩ ⲁ̀ ⲡⲓⲉ̄ⲡⲓⲥⲕⲟⲡⲟⲥ
ⲁ̀ⲙⲟⲛⲓ ⲛ̀ ϯϩⲓⲕⲱⲛ ⲁϥⲧⲏⲓⲥ ⲛⲁⲥ ⲛ̀ⲑⲟⲥ ⲇⲉ ⲁⲥ ⲉⲣ
ⲁⲥⲡⲁⲍⲉⲥⲑⲏ ⲙ̀ⲙⲟⲥ ⲉⲥϫⲱ̀ ⲙ̀ⲙⲟⲥ ϫⲉ ⲡⲁ ⲟ̅ⲥ̅ ⲡⲓⲁⲣⲭⲏ
ⲁⲅⲅⲉⲗⲟⲥ ⲉ̅ⲑ ⲟⲩⲁⲃ ⲙⲓⲭⲁⲏⲗ ⲟϩⲓ ⲉ̀ ⲣⲁⲧⲕ ⲛⲉⲙⲏⲓ
ⳝⲉⲛ ⲧⲁⲓ ⲟⲩⲛⲟⲩ ⲑⲁⲓ ⲉ̀ⲧ ⲟⲓ ⲛ̀ ϩⲟⲧ Ⲛⲁⲓ ⲇⲉ 10
ⲉⲛ ⲥⲱⲧⲉⲙ ⲉ̀ⲣⲟⲥ ⲉⲥϫⲱ̀ ⲙ̀ⲙⲱⲟⲩ ⲁ̀ⲛⲟⲛ ⲇⲉ ⲛⲉⲙ
ⲡⲓⲙⲏϣ ⲁⲛⲥⲱⲧⲉⲙ ⲉ̀ ⲡⲃⲣⲱⲟⲩ ⲛ̀ ⲟⲩⲛⲓϣϯ ⲛ̀ ⲙⲏϣ
ⲉⲩⲃⲟⲕⲓ ⲉ̀ⲙⲁϣⲱ ⲉ̀ϫⲉⲛ ⲛⲟⲩⲉ̀ⲣⲛⲟⲩ ⲙ̀ ⲫⲣⲏϯ ⲛ̀

ⲣ̅ⲟ̅ⲏ̅. ⲁ. ⲟⲩⲕⲁⲧⲁⲣⲁⲕⲧⲏⲥ ⲉϥϣϣ | ⲉ̀ⲃⲟⲗ ⲟⲩⲟϩ ⲁ̀ ⲛⲉⲛⲃⲁⲗ
ⲛ̀ ⲛⲓⲙⲏϣ ⲛⲓⲕⲟⲩϫⲓ ⲛⲉⲙ ⲛⲓⲛⲓϣϯ ⲛⲓϩⲱⲟⲩⲧ ⲛⲉⲙ 15
ⲛⲓϩⲓⲟⲙⲓ ⲁⲩⲛⲁⲩ ⲉ̀ ⲡⲓⲁⲣⲭⲏⲁⲅⲅⲉⲗⲟⲥ ⲉ̅ⲑ ⲟⲩⲁⲃ
ⲙⲓⲭⲁⲏⲗ ⲉϥ ⲉⲣ ⲟⲩⲱⲓⲛⲓ ⲙ̀ ⲫⲣⲏϯ ⲙ̀ ⲫⲣⲏ ⲉϥⲟ̀ϩⲓ
ⲉ̀ ⲣⲁⲧϥ ϩⲓϫⲉⲛ ⲉⲩⲫⲏⲙⲓⲁ̀ ϯⲥⲩⲛⲕⲗⲏⲧⲓⲕⲏ Ⲉⲣⲉ
ⲛⲓⲥⲛⲃⲓ ⲛ̀ ⲣⲁⲧϥ ⲟⲓ ⲙ̀ ⲫⲣⲏϯ ⲛ̀ ⲟⲩϩⲟⲙⲧ ⲙ̀ ⲃⲁⲣⲱⲧ
ⲉϥⲫⲟⲥⲓ ⲃⲉⲛ ⲟⲩⲭⲣⲱⲙ ⲉⲣⲉ ⲟⲩⲟⲛ ⲟⲩⲥⲁⲗⲡⲓⲅⲅⲟⲥ 20
ⳝⲉⲛ ⲧⲉϥϫⲓϫ ⲛ̀ ⲟⲩⲓ̀ⲛⲁⲙ ⲉ̀ⲃⲟⲗ ⲉ̀ⲣⲉ ⲟⲩⲟⲛ ⲟⲩⲧⲣⲟ-
ⲭⲟⲥ ⲙ̀ ⲫⲣⲏϯ ⲛ̀ ⲟⲩϩⲁⲣⲙⲁ ⳝⲉⲛ ⲧⲉϥϫⲓϫ ⲛ̀ ϭⲁϫⲏ
ⲉ̀ⲣⲉ ⲟⲩⲟⲛ ⲟⲩⲥⲧⲁⲩⲣⲟⲥ ϩⲓϫⲱϥ Ⲉϥ ⲉⲣ ⲫⲟⲣⲓⲛ ⲛ̀

ⲣ̅ⲟ̅ⲏ̅. ⲃ. ⲟⲩϩⲉⲃⲥⲱ | ⲉⲥⲥⲱⲧⲡ ⲉ̀ϩⲟⲧⲉ ⲑⲁ ⲛⲓⲟⲩⲣⲱⲟⲩ ⲛ̀ⲧⲉ
ⲡⲓⲕⲟⲥⲙⲟⲥ ⲛ̀ ⲟⲩⲑⲃⲁ ⲛ̀ ⲕⲱⲃ ⲛ̀ ⲥⲟⲡ Ⲉⲧⲁⲛⲛⲁⲩ ⲇⲉ 25
ⲉ̀ⲣⲟϥ ⲙ̀ ⲡⲁⲓ ⲣⲏϯ ⲁⲛϣⲑⲟⲣⲧⲉⲣ ⲟⲩⲟϩ ⲁⲛⲭⲁ
ⲧⲟⲧⲉⲛ ⲉ̀ⲃⲟⲗ ⲉ̀ⲑⲃⲉ ⲧⲉϥϩⲟϯ Ⲟⲩⲟϩ ⲁⲛⲛⲁⲩ ⲉ̀ⲣⲟϥ
ⲉϥⲟ̀ϩⲓ ⲉ̀ ⲣⲁⲧϥ ⲉϥⲥⲟⲟⲩⲧⲉⲛ ⲛ̀ⲧⲉϥⲥⲧⲟⲗⲏ ⲛ̀ ⲟⲩⲱⲓⲛⲓ

ⲉⲃⲟⲗ ϩⲱⲥ ⲉϥⲥⲟⲗⲥⲉⲗ ⲛ̀ ϯⲯⲩⲭⲏ ⲛ̀ ϯⲥϩⲓⲙⲓ ⲙ̀
ⲙⲁⲕⲁⲣⲓⲁ ⲉⲧⲉⲙⲙⲁⲩ ⲉⲩⲫⲏⲙⲓⲁ ϯⲥⲩⲛⲕⲗⲏⲧⲓⲕⲏ
ⲉⲑⲣⲉⲥⲓ̀ ⲉϫⲉⲛ ⲧⲉϥⲥⲧⲟⲗⲏ ⲉⲑ ⲟⲩⲁⲃ Ⲡⲁⲓ ⲣⲏϯ ⲇⲉ
ⲁⲥϯ ⲙ̀ ⲡⲉⲥⲡ͞ⲛ͞ⲁ ⲉⲣⲉ ϯϩⲓⲕⲱⲛ ⲛ̀ⲧⲉ ⲡⲓⲁⲣⲭⲏⲁⲅ-

ⲣ̄ⲟ̄ⲑ̄. ⲁ. ⲅⲉⲗⲟⲥ ⲙⲓⲭⲁⲏⲗ ⲧⲁⲗⲏⲟⲩⲧ ϩⲓϫⲉⲛ ⲛⲉⲥⲃⲁⲗ | ⲙ̀ⲡⲁⲧⲉ- 5
ⲥⲓ̀ ⲉ̀ⲃⲟⲗϧⲉⲛ ⲥⲱⲙⲁ Ⲟⲩⲟϩ ⲁⲛⲥⲱⲧⲉⲙ ⲉ̀ ⲡ̀ϩⲣⲱⲟⲩ
ⲙ̀ ⲙⲏϣ ⲉⲩ ⲉⲣ ⲯⲁⲗⲓⲛ ⲉⲩⲭⲱ ⲙ̀ⲙⲟⲥ ϫⲉ ⲡ͞ⲟ͞ⲥ
ⲥⲱⲟⲩⲛ ⲙ̀ ⲫⲙⲱⲓⲧ ⲛ̀ⲧⲉ ⲛⲓⲉⲑⲙⲏⲓ ⲧⲟⲩⲕⲗⲏⲣⲟⲛⲟⲙⲓⲁ̀
ⲉⲥⲉϣⲱⲡⲓ ϣⲁ ⲉ̀ⲛⲉϩ ϯϩⲓⲕⲱⲛ ⲇⲉ ⲛ̀ⲧⲉ ⲡⲓⲁⲣⲭⲏⲁⲅ-
ⲅⲉⲗⲟⲥ ⲙⲓⲭⲁⲏⲗ ⲉ̀ⲧ ⲭⲏ ϩⲓϫⲉⲛ ⲡϩⲟ ⲛ̀ ϯⲥϩⲓⲙⲓ 10
ϫⲉ ⲉ̀ⲧⲁⲥϯ ⲙ̀ ⲡⲉⲥ ⲡ͞ⲛ͞ⲁ ⲁ̀ ϯϩⲓⲕⲱⲛ ϩⲁⲗⲁⲓ ⲛ̀
ⲧⲟⲩⲛⲟⲩ ⲙ̀ⲡ ⲉⲛⲉ̀ⲙⲓ ϫⲉ ⲉ̀ⲧⲁⲥϣⲱⲗ ⲉ̀ ⲑⲱⲛ ⲟⲩⲟϩ
ⲁⲛⲭⲁ ϯⲥϩⲓⲙⲓ ϧⲉⲛ ⲡⲓⲙϩⲁⲩ ⲛ̀ⲧⲉ ⲁⲣⲓⲥⲧⲁⲣⲭⲟⲥ
ⲡⲉⲥϩⲁⲓ Ⲁⲥϣⲱⲡⲓ ⲇⲉ ⲉ̀ⲧⲁⲛⲑⲱⲙⲥ ⲙ̀ⲙⲟⲥ ⲁ̀ⲛⲓ̀ ⲉ̀

ⲣ̄ⲟ̄ⲑ̄. ⲃ. ϯⲉⲕⲕⲗⲏⲥⲓⲁ̀ | ⲉⲑⲣⲉⲛ ⲉⲣ ϯⲥⲩⲛⲁⲝⲓⲥ ⲁ̀ ⲡⲓⲉ̀ⲡⲓⲥ- 15
ⲕⲟⲡⲟⲥ ⲓ̀ ⲉ̀ϧⲟⲩⲛ ⲉ̀ ⲡⲓⲧⲟⲡⲟⲥ ⲫⲁⲓ ⲛ̀ ⲑⲟⲩⲏⲧ ⲛ̀ ϩⲏⲧϥ
ϯⲛⲟⲩ ⲇⲉ ϧⲉⲛ ⲫⲣⲁⲛ ⲙ̀ ⲡⲓⲁⲣⲭⲏⲁⲅⲅⲉⲗⲟⲥ ⲉⲑ ⲟⲩⲁⲃ
ⲙⲓⲭⲁⲏⲗ Ⲟⲩⲟϩ ⲉ̀ⲧⲁϥ ϣⲉ ⲉ̀ϧⲟⲩⲛ ⲉ̀ ⲡⲓⲑⲩⲥⲓⲁⲥⲧⲏ-
ⲣⲓⲟⲛ ⲕⲁⲧⲁ ⲧⲉϥⲥⲩⲛⲏⲑⲓⲁ̀ ⲁϥⲛⲁⲩ ⲉ̀ ϯϩⲓⲕⲱⲛ ⲙ̀
ⲡⲓⲁⲣⲭⲏⲁⲅⲅⲉⲗⲟⲥ ⲑⲏ ⲉ̀ⲧⲁⲥϩⲁⲗⲁⲓ ⲉ̀ⲃⲟⲗϧⲉⲛ ⲡⲓⲏⲓ 20
ⲛ̀ ⲉⲩⲫⲏⲙⲓⲁ̀ ⲉⲥⲁ̀ϣⲓ ϧⲉⲛ ⲡⲓⲁ̀ⲏⲣ ⲁⲧϭⲛⲉ ϫⲓϫ ⲛ̀
ⲣⲱⲙⲓ ϧⲉⲛ ϯⲭⲟⲅⲕⲏ ⲛ̀ⲧⲉ ⲡⲓⲙⲁ ⲉⲑ ⲟⲩⲁⲃ Ⲡⲓⲉ̀ⲡⲓⲥ-
ⲕⲟⲡⲟⲥ ⲇⲉ ⲁϥⲱϣ ⲉ̀ⲃⲟⲗ ⲉϥϫⲱ ⲙ̀ⲙⲟⲥ ϫⲉ ⲱ̀ ⲛⲓⲣⲱⲙⲓ
ⲛ̀ⲧⲉ ϯⲧⲣⲁⲕⲏ ϯⲛⲏⲥⲟⲥ ⲁ̀ⲙⲱⲓⲛⲓ ⲛ̀ ⲧⲉⲧⲉⲛⲛⲁⲩ ⲉ̀

ⲣ̄ⲡ̄. ⲁ. ⲧⲁⲓ ⲛⲓϣϯ | ⲛ̀ ϫⲟⲙ ⲛ̀ⲧⲉ ⲡⲓⲁⲣⲭⲏⲁⲅⲅⲉⲗⲟⲥ ⲉⲑ 25
ⲟⲩⲁⲃ ⲙⲓⲭⲁⲏⲗ Ⲟⲩⲟϩ ⲁ̀ ⲡⲓⲙⲏϣ ⲧⲏⲣϥ ϭⲟϫⲓ ⲉ̀
ϧⲟⲩⲛ ⲉ̀ ⲡⲓⲑⲩⲥⲓⲁⲥⲧⲏⲣⲓⲟⲛ ⲟⲩⲟϩ ⲁⲛⲛⲁⲩ ϧⲉⲛ ⲛⲉⲛ
ⲃⲁⲗ ⲉ̀ ϯϩⲓⲕⲱⲛ ⲛ̀ⲧⲉ ⲡⲓⲁⲣⲭⲏⲁⲅⲅⲉⲗⲟⲥ ⲙⲓⲭⲁⲏⲗ

ἐϲⲁϣⲓ ϧⲉⲛ ⲡⲓⲗⲏⲣ ⲁⲧϭⲛⲉ ⲭⲓⲭ ⲛ̀ ⲣⲱⲙⲓ ⲓⲉ ⲕⲉ
ϩⲗⲓ ⲙ̀ ⲡⲁⲓ ⲣⲏϯ Ⲁⲗⲗⲁ ⲛⲁϥⲧⲁⲭⲣⲏⲟⲩⲧ ⲛ̀ ⲁⲧⲕⲓⲙ
ⲛ̀ ⲟⲩⲥⲧⲩⲗⲗⲟⲥ ⲛ̀ ⲁⲇⲁⲙⲁⲛⲧⲓⲛⲟⲛ ⲉⲧⲉ ⲙ̀ⲡ ⲁϧⲕⲓⲙ
ⲛ̀ⲥⲁ ϩⲗⲓ ⲛ̀ ⲥⲁ ⲉ̀ ⲡⲧⲏⲣϥ Ⲱⲟⲩⲏⲣ ⲛⲉ ⲛⲓϩⲣⲱⲟⲩ
ⲉⲧⲁⲩϣⲱⲡⲓ ⲙ̀ ⲛⲓⲛⲁⲩ ⲉⲧⲉⲙⲙⲁⲩ ⲉ̀ⲣⲉ ⲡⲓⲙⲏϣ ⲧⲏⲣϥ 5

ⲣ̄ⲡ̄. ⲃ. ⲱϣ ⲉ̀ⲃⲟⲗ ⲉⲩϯⲱⲟⲩ ⲙ̀ ⲫϯ ⲛⲉⲙ ⲡⲓⲁⲣⲭⲏⲁⲅⲅⲉⲗⲟⲥ |
ⲉⲑ ⲟⲩⲁⲃ ⲙⲓⲭⲁⲏⲗ Ⲟⲩⲟϩ ⲁ̀ ⲡϣⲓⲛⲓ ⲛ̀ ⲧⲁⲓ ϣⲫⲏⲣⲓ
ⲛ̀ ⲧⲁⲓ ⲙⲁⲓⲏ̀ ⲫⲟϩ ϣⲁ ⲛⲓⲟⲩⲣⲱⲟⲩ ⲙ̀ ⲙⲁⲓ ⲛⲟⲩϯ
ⲉⲣⲕⲁⲇⲓⲟⲥ ⲛ̀ ⲉⲩⲇⲟⲝⲓⲁ̀ ϯⲟⲩⲣⲱ ϧⲉⲛ ⲕⲱⲥⲧⲁⲛⲧⲓⲛⲟⲩ-
ⲡⲟⲗⲓⲥ ⲛⲉⲙ ⲡⲟⲩⲣⲟ ⲟⲛⲛⲟⲩⲣⲓⲟⲥ ϧⲉⲛ ⲣⲱⲙⲏ Ⲟⲩⲟϩ 10
ⲁⲩⲥⲉⲙⲛⲏⲧⲥ ⲉⲑⲣⲟⲩ ⲉⲣ ⲁⲡⲁⲛⲧⲁⲛ ⲉ̀ ⲧⲁⲓ ⲛⲏⲥⲟⲥ
ⲛⲉⲙ ⲛ̀ ⲟⲩⲉ̀ⲣⲏⲟⲩ Ⲟⲩⲟϩ ⲡⲁⲓ ⲣⲏϯ ⲁⲩ ⲉⲣ ⲁⲡⲁⲛ-
ⲧⲁⲛ ⲛⲉⲙ ⲟⲩⲉ̀ⲣⲏⲟⲩ ⲉⲩⲥⲟⲡ ⲛⲉⲙ ϯⲟⲩⲣⲱ ⲁⲩⲛⲁⲩ
ϧⲉⲛ ⲛⲟⲩⲃⲁⲗ ⲉ̀ ϯϣⲫⲏⲣⲓ ⲛ̀ⲧⲉ ϯϩⲓⲕⲱⲛ ⲛ̀ⲧⲉ ⲡⲓⲁⲣ-
ⲭⲏⲁⲅⲅⲉⲗⲟⲥ ⲉⲑ ⲟⲩⲁⲃ ⲙⲓⲭⲁⲏⲗ Ⲟⲩⲟϩ ⲁⲩⲟⲩⲱϣⲧ 15

ⲣ̄ⲡ̄ⲁ̄. ⲁ. ϩⲓⲭⲉⲛ ⲡⲓⲕⲁϩⲓ ϩⲓⲭⲉⲛ ⲡⲓϭⲗⲟϫ | ⲛ̀ⲧⲉ ⲡⲓⲙⲁⲕⲁⲣⲓⲟⲥ
ⲓⲱⲁⲛⲛⲏⲥ ⲡⲓⲭⲣⲏⲥⲟⲥⲧⲟⲙⲟⲥ ⲉ̀ⲧⲁϥϫⲱⲕ ⲉ̀ⲃⲟⲗϩⲓ
ϫⲱϥ ⲫⲁⲓ ⲉ̀ⲧⲁϥⲓ̀ⲣⲓ ⲛ̀ ϩⲁⲛⲛⲓϣϯ ⲛ̀ ⲧⲁⲗϭⲟ ϧⲉⲛ
ⲧⲁⲓ ⲛⲏⲥⲟⲥ Ϩⲱⲥ ⲇⲉ ⲣⲱⲙⲓ ⲛⲓⲃⲉⲛ ϧⲉⲛ ϯⲟⲩⲛⲟⲩ
ⲁⲩϣⲁⲛ ⲛ̀ ⲕⲟⲧ ϩⲓⲭⲉⲛ ⲡⲓϭⲗⲟϫ ⲉ̀ⲧⲉⲙⲙⲁⲩ ⲛ̀ⲧⲉ 20
ⲡⲓⲁ̀ⲅⲓⲟⲥ ⲓⲱⲁⲛⲛⲏⲥ ϣⲁⲩϯⲙⲁϯ ⲙ̀ ⲡⲓⲟⲩϫⲁⲓ ⲥⲁ
ⲧⲟⲧⲟⲩ Ⲱ ⲛⲓⲙ ⲉⲑⲛⲁϣϫⲁϫⲓ ⲉ̀ ⲛⲓϣⲫⲏⲣⲓ ⲉ̀ⲧⲁⲩϣⲱⲡⲓ
ⲉ̀ⲃⲟⲗϩⲓⲧⲉⲛ ϯϩⲓⲕⲱⲛ ⲉ̀ⲧⲉⲙⲙⲁⲩ ⲛ̀ⲧⲉ ⲡⲓⲁⲣⲭⲏⲁⲅ-
ⲅⲉⲗⲟⲥ ⲙⲓⲭⲁⲏⲗ ⲑⲁⲓ ⲉⲧ ⲁⲛⲛⲁⲩ ⲉ̀ⲣⲟⲥ ϯⲛⲟⲩ ϧⲉⲛ

ⲣ̄ⲡ̄ⲁ̄. ⲃ. ⲛⲉⲛⲃⲁⲗ ⲉ̀ⲥⲟⲩⲟⲛϩ ⲉ̀ⲃⲟⲗϧⲉⲛ ⲡⲉϥⲧⲟⲡⲟⲥ ⲉⲑ ⲟⲩⲁⲃ | 25
ⲫⲁⲓ ⲉ̀ⲧⲉⲛⲑⲟⲩⲏⲧ ⲉ̀ⲣⲟϥ ϧⲉⲛ ⲡⲉϥ ⲉⲣ ⲫⲙⲉⲅⲓ̀ ⲉⲑ
ⲟⲩⲁⲃ ⲙ̀ ⲫⲟⲟⲩ ϩⲱⲥ ⲇⲉ ⲕⲁⲧⲁ ⲥⲟⲩ ⲓ̄ⲃ̄ ⲙ̀ ⲡⲓⲁ̀ⲃⲟⲧ
ⲛ̀ⲧⲉ ⲡⲉϩⲟⲟⲩ ⲡⲉ ⲙ̀ ⲡⲓⲁⲣⲭⲏⲁⲅⲅⲉⲗⲟⲥ ⲙⲓⲭⲁⲏⲗ

πε ϣⲁⲣⲉ ϯⲥⲓⲕⲱⲛ ⲉⲧⲉⲙⲙⲁⲩ ⲧⲁⲟⲩⲟ̀ ⲉ̀ⲃⲟⲗ ϩⲁⲛ-
ⲭⲁⲗ ⲛ̀ ⲭⲱⲓⲧ ⲙ̀ ⲡⲓⲇ̄ ⲛ̀ ⲥⲁⲛⲧⲁⲥ ⲉⲩⲟⲡⲧ ⲛ̀ ⲕⲁⲣⲡⲟⲥ
ⲉϥϩⲟⲗϫ ⲕⲁⲧⲁ ⲡⲁⲓ ⲣⲏϯ ϩⲱⲥ ϫⲉ ⲟⲩϣⲉ ⲛ̀ ⲭⲱⲓⲧ
ⲧⲉ ϯⲫⲟⲝⲓ ⲉ̀ⲧⲉⲙⲙⲁⲩ ⲉ̀ⲣⲉ ϯⲥⲓⲕⲱⲛ ⲫⲟⲧ ⲉ̀ⲣⲟⲥ
ϩⲁⲣⲁ ⲧⲉⲧⲉⲛⲓ̀ⲣⲓ ⲙ̀ ⲫⲙⲉⲩⲓ̀ ⲁⲛ ⲛ̀ⲑⲉ ⲉ̀ⲣⲉ ⲥⲁ ⲃⲟⲩⲛ 5
ⲙ̀ⲙⲟⲥ ϣⲱⲛⲓ ϧⲉⲛ ⲡⲓϣⲱⲛⲓ ⲉ̀ⲧⲟⲩⲙⲟⲩϯ ⲉ̀ⲣⲟϥ ϫⲉ
ⲁ̀ⲡⲟⲥⲧⲏⲛⲁ ⲉ̀ⲧⲉ ⲡⲓⲭⲁⲗⲕⲱⲛ ⲡⲉ ⲛⲉⲙ ⲡⲓⲣⲏϯ ⲉ̀-
ⲣ̄ⲡ̄ⲃ̄. ⲁ. ⲧⲁⲥϣⲙⲁ ⲉ̀ⲃⲟⲗ, ⲉ̀ ⲡⲧⲏⲣϥ ⲟⲩⲟϩ ⲁⲥ ⲉⲣ ⲁⲧ ϫⲟⲙ
ⲉⲙⲁϣⲱ ϩⲓⲧⲉⲛ ⲡⲓϣⲱⲛⲓ ⲛⲉⲙ ⲡⲓ ⲃⲓⲥⲓ ⲉⲧ ϩⲓ ϫⲱⲥ
ⲟⲩⲟϩ ⲉ̀ⲧⲁⲥⲓ̀ ϧⲉⲛ ⲡⲉⲥⲛⲓϣϯ ⲛ̀ ⲛⲁϩϯ ⲉ̀ ⲃⲟⲩⲛ ⲉ̀ 10
ⲡⲁⲓ ⲧⲟⲡⲟⲥ ⲉ̀ⲑ ⲟⲩⲁⲃ ⲁⲥϭⲓ ⲉ̀ⲃⲟⲗϧⲉⲛ ⲡⲓⲕⲁⲣⲡⲟⲥ
ⲛ̀ⲭⲱⲓⲧ ⲉⲧ ⲁ̀ ϯⲥⲓⲕⲱⲛ ⲧⲁⲟⲩⲱ̀ⲟⲩ ⲉ̀ⲃⲟⲗ ⲛ̀ ⲥⲟⲩ
ⲓ̄ⲃ̄ ⲙ̀ ⲡⲓⲁ̀ⲃⲟⲧ ⲉ̀ⲧⲁϥⲥⲓⲛⲓ ⲟⲩⲟϩ ⲁ̀ ⲧⲉⲧⲉⲛⲛⲁⲩ
ⲉ̀ⲣⲟⲥ ϫⲉ ϧⲉⲛ ⲡⲭⲓⲛⲑⲣⲉⲥ ⲟⲩⲱⲙ ⲉ̀ⲃⲟⲗϧⲉⲛ ⲡⲟⲩⲧⲁϩ
ⲛ̀ ϯⲥⲓⲕⲱⲛ ⲁ̀ ⲡⲓϣⲱⲛⲓ ⲉⲧ ⲥⲁⲃⲟⲩⲛ ⲙ̀ⲙⲟⲥ ⲫⲟϫⲓ 15
ⲛ̀ ϯⲟⲩⲛⲟⲩ ⲁⲥⲧⲟⲩⲃⲟ ⲟⲩⲟϩ ⲁⲥⲟⲩϫⲁⲓ ⲁⲥϣⲉ
ⲛⲁⲥ ⲉ̀ ⲡⲉⲥⲏⲓ ⲉⲥϯⲱ̀ⲟⲩ ⲙ̀ ⲫϯ ⲛⲉⲙ ⲡⲓⲁⲣⲭⲏ-
ⲣ̄ⲡ̄ⲃ̄. ⲃ. ⲁⲅⲅⲉⲗⲟⲥ ⲉ̀ⲑ ⲟⲩⲁⲃ ⲙⲓⲭⲁⲏⲗ | ϩⲱⲥ ⲇⲉ ⲙ̀ⲡ ⲉⲥϣⲱ-
ⲛⲓ ⲉ̀ ⲡⲧⲏⲣϥ ⲥⲱⲧⲉⲙ ⲟⲛ ⲉ̀ ⲧⲁⲓ ⲕⲉ ⲛⲓϣϯ ⲛ̀
ϣⲫⲏⲣⲓ ⲉ̀ⲧⲁⲥϣⲱⲡⲓ ⲉ̀ⲛⲟⲩⲉϣ ⲉⲛⲭⲁⲥ ⲉ̀ⲃⲟⲗ ⲁⲛ ⲧⲉ 20
ⲁ̀ⲣⲉⲧⲉⲛⲛⲁⲩ ⲇⲉ ⲟⲛ ⲉ̀ ⲡⲓⲣⲱⲙⲓ ⲉⲧ ϣⲱⲛⲓ ⲉ̀ ⲡⲉϥ-
ⲕⲣⲁⲛⲓⲟⲛ ⲉϥϯ ⲧⲕⲁⲥ ⲉ̀ ⲡⲉϥⲟⲩⲁⲓ ⲛ̀ ⲥⲫⲓⲣ ⲛ̀ⲧⲉ
ⲧⲉϥⲁ̀ⲫⲉ ϩⲱⲥ ϫⲉ ⲛ̀ⲧⲉ ⲡⲉϥⲃⲁⲗ ⲛ̀ ⲟⲩⲓ̀ⲛⲁⲙ ⲥⲱⲧⲏⲣ
ⲡⲁⲣⲁ ⲕⲉ ⲕⲟⲩϫⲓ ⲛ̀ⲧⲉϥϥⲱϫⲓ ⲉ̀ⲃⲟⲗϧⲉⲛ ⲧⲉϥⲁ̀ⲫⲉ
ⲟⲩⲟϩ ⲉ̀ⲧⲁϥⲓ̀ ⲉ̀ ⲃⲟⲩⲛ ⲉ̀ ⲡⲁⲓ ⲧⲟⲡⲟⲥ ⲉ̀ⲑ ⲟⲩⲁⲃ 25
ⲁϥϭⲓ ⲛ̀ ⲟⲩⲕⲟⲩϫⲓ ⲛ̀ ⲛⲉϩ ϧⲉⲛ ⲡⲓⲫⲁⲛⲟⲥ ⲁϥ ⲉⲣ
ⲣ̄ⲡ̄ⲅ̄. ⲁ. ⲥⲫⲣⲁⲅⲓⲍⲓⲛ ⲙ̀ ⲡⲉϥϩⲟ ϧⲉⲛ ⲫⲣⲁⲛ ⲙ̀ ⲫⲓⲱⲧ ⲛⲉⲙ |
ⲡϣⲏⲣⲓ ⲛⲉⲙ ⲡⲓⲡ̄ⲛ̄ⲁ̄ ⲉ̀ⲑ ⲟⲩⲁⲃ ⲟⲩⲟϩ ⲁϥϭⲓ ⲛ̀ ⲟⲩ-

17*

ϫⲱⲃⲓ ϧⲉⲛ ⲛⲏ ⲉ̀ⲣⲉ ϯⲥⲓⲕⲱⲛ ⲧⲁⲟⲩⲟ̀ ⲙ̀ⲙⲱⲟⲩ ⲉ̀ⲃⲟⲗ
ⲁϥⲭⲁⲥ ϩⲓϫⲉⲛ ⲡⲓⲙⲁ ⲉ̀ⲑ ⲙⲟⲕϩ ⲛ̀ⲧⲉ ⲧⲉϥⲁϥⲉ
ⲁϥⲟⲩϫⲁⲓ ⲛ̀ ϯⲟⲩⲛⲟⲩ ⲟⲩⲟϩ ⲁϥϣⲉ ⲛⲁϥ ⲉ̀ ⲡⲉϥⲏⲓ
ϧⲉⲛ ⲟⲩϩⲓⲣⲏⲛⲏ Ⲧⲉⲛ ⲛⲁⲥⲁϫⲓ ⲉ̀ ⲁϣ ⲓ̀ⲉ ⲧⲉⲛⲛⲁⲭⲁ
ⲁϣ ⲉ̀ⲃⲟⲗ ⲱ̀ ⲡⲁ ϭⲥ̄ ⲟⲩⲟϩ ⲡⲁ ⲛⲏⲃ ⲙⲉⲛⲉⲛⲥⲁ 5
ⲫϯ Ⲁⲗⲏⲑⲱⲥ ⲛ̀ⲑⲟⲕ ⲡⲉ ⲡⲓⲣⲉϥⲉⲣϩⲙⲏⲓ ⲛ̀ⲧⲉ ⲣⲱⲙⲓ
ⲛⲓⲃⲉⲛ ⲛⲉⲙ ⲛⲓⲧⲉⲃⲛⲱⲟⲩⲓ̀ ⲉⲕ ⲉⲣ ⲟⲓⲕⲟⲛⲟⲙⲓⲛ ⲙ̀ⲙⲱⲟⲩ
ⲧⲏⲣⲟⲩ ⲙ̀ ⲡⲉⲙⲑⲟ ⲙ̀ ⲫϯ Ⲁϣ ⲡⲉ ⲡⲓⲧⲁⲓⲟ̀ ⲉⲧ

ⲣ̄ⲡ̄ⲅ̄. ⲃ. ⲉⲛⲛⲁϣⲧⲁⲓⲟ̀ⲕ ⲛ̀ ϧⲏⲧϥ ⲱ̀ ⲡⲓⲁⲣⲭⲏⲥⲧⲣⲁⲧⲓⲕⲟⲥ |
ⲛ̀ⲧⲉ ⲧϫⲟⲙ ⲛ̀ ⲛⲓⲫⲏⲟⲩⲓ̀ ⲉⲓⲥⲱⲟⲩⲛ ϫⲉ ⲙ̀ⲙⲟⲛ ⲧⲁⲓⲟ̀ 10
ϣⲛⲏϣ ⲛⲉⲙ ⲫⲱⲕ ϫⲉ ⲟⲩⲏⲓ ⲕⲟ̀ϩⲓ ⲉ̀ ⲣⲁⲧⲕ ⲛ̀ ⲥⲏⲟⲩ
ⲛⲓⲃⲉⲛ ⲙ̀ ⲡⲉⲙⲑⲟ ⲙ̀ ⲡⲓⲑⲣⲟⲛⲟⲥ ⲛ̀ⲧⲉ ⲡⲓⲡⲁⲛⲧⲟ-
ⲕⲣⲁⲧⲱⲣ ⲉⲕⲧⲱⲃϩ ⲙ̀ⲙⲟϥ ⲉⲑⲃⲉ ⲡⲧⲁϩⲟ ⲉ̀ ⲣⲁⲧϥ ⲛ̀
ϯⲙⲉⲧⲣⲱⲙⲓ ⲧⲏⲣⲥ Ⲟⲩⲟϩ ⲧⲉⲛⲥⲱⲟⲩⲛ ϫⲉ ⲛ̀ⲑⲟⲕ
ⲡⲉ ⲉ̀ⲧⲉ ⲡⲓⲉⲣϣⲓϣⲓ ⲛ̀ ⲧⲟⲧⲕ ⲉⲑⲣⲉⲕϫⲁⲓ ⲉ̀ϩⲣⲏⲓ ⲉ̀ 15
ⲡⲓⲕⲁⲧⲁⲡⲉⲧⲁⲥⲙⲁ ⲛ̀ⲧⲉ ⲫϯ ⲡⲓⲡⲁⲛⲧⲟⲕⲣⲁⲧⲱⲣ ⲁⲧ-
ϭⲛⲉ ⲉⲣ ⲕⲟⲗⲓⲛ ⲙ̀ⲙⲟⲕ Ⲙⲁⲣⲉⲛϩⲱ ⲉ̀ⲣⲟⲛ ϣⲁ ⲡⲁⲓ
ⲙⲁ ⲉⲛⲥⲁϫⲓ ⲉⲑⲃⲉ ⲡⲁⲗⲅⲅⲉⲗⲟⲥ ⲙ̀ ⲡϭⲥ̄ ⲛⲁⲓ ⲣⲉϥ-
ϣⲉⲙϣⲓ ⲛ̀ ϣⲁϩ ⲛ̀ ⲭⲣⲱⲙ ⲡⲓⲁⲣⲭⲁⲅⲅⲉⲗⲟⲥ ⲉⲑ ⲟⲩⲁⲃ

ⲣ̄ⲡ̄ⲇ̄. ⲁ. Ⲟⲩⲟϩ ⲛ̀ⲧⲉⲛϫⲟⲥ ϩⲱⲛ | ⲛⲉⲙ ⲡⲓⲡⲣⲟⲫⲏⲧⲏⲥ ⲇⲁⲩⲓⲇ 20
ⲫⲁⲓ ⲉ̀ⲧⲁϥⲭⲁϥ ⲛⲁⲛ ⲉ̀ϩⲣⲏⲓ ϧⲉⲛ ⲧⲁⲣⲭⲏ ⲙ̀
ⲡⲓⲗⲟⲅⲟⲥ ⲛ̀ⲧⲉⲛ ϫⲟⲥ ϩⲱⲛ ⲙ̀ ⲡⲁⲓ ⲣⲏϯ Ϫⲉ ϣⲁⲣⲉ
ⲡⲁⲅⲅⲉⲗⲟⲥ ⲙ̀ ⲡϭⲥ̄ ⲉⲓⲕⲟⲧ ⲙ̀ ⲡⲕⲱϯ ⲛ̀ ⲟⲩⲟⲛ ⲛⲓⲃⲉⲛ
ⲉⲧ ⲉⲣ ϩⲟϯ ϧⲁ ⲧⲉϥϩⲏ ⲟⲩⲟϩ ⲛ̀ⲧⲉϥⲛⲁϩⲙⲟⲩ
Ⲙⲁⲣⲉⲛⲧⲁⲥⲑⲟ ⲙ̀ ⲡⲓⲥⲁϫⲓ ϩⲓϫⲉⲛ ⲡⲓⲣⲉϥϭⲟ ⲟⲩⲟϩ 25
ⲡⲓⲣⲉϥϭⲓ ⲭⲗⲟⲙ ⲟⲩⲟϩ ⲡⲓⲉ̀ⲛⲓⲱ̀ⲭⲟⲥ ⲫⲁⲓ ⲉ̀ⲧⲁϥϭⲣⲟ
ϧⲉⲛ ⲁⲅⲱⲛ ⲛⲓⲃⲉⲛ ⲉⲧ ϩⲏⲡ ⲛⲉⲙ ⲛⲏ ⲉⲑ ⲟⲩⲱ̀ⲛϩ
ⲉ̀ⲃⲟⲗ ⲫⲁⲓ ⲉ̀ⲧⲁϥϭⲓ ⲛ̀ ϯⲇⲱⲣⲉⲁ ⲛ̀ⲧⲉ ⲡⲓⲡ̄ⲛ̄ⲁ̄ ⲉⲑ

ⲟⲩⲁⲃ ⲫⲁⲓ ⲉⲧⲁϥⲣⲱⲃⲧ ⲉ ⲃ̇ⲣⲏⲓ ⲛ̇ ⲭⲟⲗⲁⲟⲅⲟⲙⲟⲣ
ⲙ̇ ⲃⲉⲣⲓ | ⲫⲏ ⲉ̇ⲧ ⲉⲣ ⲟⲩⲱⲓⲛⲓ ⲉ̇ ⲕⲱⲥⲧⲁⲛⲧⲓⲛⲟⲩ-
ⲡⲟⲗⲓⲥ ⲙ̇ⲙⲁⲩⲁⲧⲥ ⲁⲛ ⲁⲗⲗⲁ ⲛⲉⲙ ⲛⲓ ⲕⲉ ⲛⲏⲥⲟⲥ
ⲛⲉⲙ ϯⲟⲓⲕⲟⲩⲙⲉⲛⲏ ⲧⲏⲣⲥ ⲉⲓⲥⲁϫⲓ ⲉ̇ ⲡⲁ ⲟ̅ⲥ̅ ⲛ̇ ⲓⲱⲧ
ⲓⲱⲁⲛⲛⲏⲥ ⲡⲓⲁⲣⲭⲏⲉ̇ⲡⲓⲥⲕⲟⲡⲟⲥ ⲛ̇ⲧⲉ ⲕⲱⲥⲧⲁⲛⲧⲓⲛⲟⲩ-
ⲡⲟⲗⲓⲥ ⲙⲁⲗⲗⲟⲛ ⲇⲉ ϯⲟⲓⲕⲟⲩⲙⲉⲛⲏ ⲧⲏⲣⲥ ⲱ̇ ⲛⲓⲙ
ⲉⲑⲛⲁϣϥⲓⲣⲓ ⲉ̇ ⲛⲉⲕⲥⲁϫⲓ ⲉ̇ⲑ ⲙⲉⲍ ⲙ̇ ⲡⲱⲛϩ ⲉ̇ⲑ ⲙⲉⲍ
ⲛ̇ ⲥⲟⲗⲥⲉⲗ ⲛⲓⲃⲉⲛ ⲙ̇ ⲡⲛ̅ⲁ̅ⲧⲓⲕⲟⲛ ⲱ̇ ⲛⲓⲙ ⲉⲑⲛⲁϣ-
ⲥⲁϫⲓ ⲟⲩⲟϩ ⲛ̇ⲧⲉϥ ϭⲓ ⲏⲡⲓ ⲙ̇ ⲡⲁ ϣⲁⲓ ⲛ̇ ⲛⲉⲕⲉ-
ⲍⲏⲅⲏⲥⲓⲥ ⲉ̇ⲧⲁⲕ ⲉⲣ ⲉⲍⲏⲅⲏⲍⲓⲛ ⲙ̇ⲙⲱⲟⲩ ⲱ̇ ⲡⲓ-
ⲭⲣⲏⲥⲟⲥⲧⲟⲙⲟⲥ ⲉ̇ⲑ ⲟⲩⲁⲃ ⲓⲱⲁⲛⲛⲏⲥ ⲡⲓⲗⲁⲥ ⲛ̇ ⲛⲟⲩⲃ
ⲉⲕ ⲉⲣ ⲉⲛⲭⲣⲓⲁ ⲛ̇ ⲣⲱⲕ ⲙ̇ⲙⲓⲛ | ⲙ̇ⲙⲟⲕ ⲉⲑⲣⲉ ⲕϫⲱ
ⲙ̇ ⲡⲉⲕⲧⲁⲓⲟ̇ ϫⲉ ⲟⲩⲏⲓ ⲙ̇ⲙⲟⲛϣϫⲟⲙ ⲛ̇ ⲗⲁⲥ ⲛ̇ ⲥⲁⲣⲍ
ⲛⲁⲥϫⲱ ⲙ̇ ⲡⲧⲁⲓⲟ̇ ⲙ̇ ⲡⲉⲕⲃⲓⲟⲥ ⲉ̇ⲑ ⲟⲩⲁⲃ ⲇⲕϫⲫⲓ
ⲇⲛ̇ ⲍⲁⲛⲟⲩⲣⲱⲟⲩ ⲛ̇ⲕⲱϣⲡⲓ ⲁⲛ ⲃⲉⲛ ⲡⲭⲓⲛⲑⲣⲟⲩⲣⲁⲕⲟⲩ
ⲥⲁ ⲃⲟⲗ ⲛ̇ ϯⲙⲉⲑⲙⲏⲓ ⲕⲁⲧⲁ ⲫⲣⲏϯ ⲉ̇ⲣⲉ ⲇⲁⲩⲓⲇ
ⲉⲣ ⲡⲣⲟⲫⲏⲧⲉⲩⲓⲛ ϧⲁ ⲛⲉⲛⲓⲟϯ ⲛ̇ ⲁ̇ⲡⲟⲥⲧⲟⲗⲟⲥ ⲉϥϫⲱ
ⲙ̇ⲙⲟⲥ ϫⲉ ⲁ̇ ⲡⲟⲩϩⲣⲱⲟⲩ ϣⲉ ⲛⲁϥ ⲉ̇ⲃⲟⲗ ϩⲓϫⲉⲛ
ⲡⲕⲁϩⲓ ⲧⲏⲣϥ ⲟⲩⲟϩ ⲛ̇ⲟⲩⲥⲁϫⲓ ⲁⲩϥⲟϩ ϣⲁ
ⲁⲩⲣⲏϫⲥ ⲛ̇ ϯⲟⲓⲕⲟⲩⲙⲉⲛⲏ ⲛ̇ⲑⲟⲕ ϩⲱⲕ ⲱ̇ ⲡⲓⲛⲓϣϯ
ⲓⲱⲁⲛⲛⲏⲥ ⲁϣ ⲡⲉ ⲡⲓⲙⲱⲓⲧ ⲓⲉ ⲁϣ ⲡⲉ ⲡⲓⲙⲟⲩⲛⲁⲥ-
ⲧⲏⲣⲓⲟⲛ ⲉⲧ ⲃⲉⲛ ϯⲟⲓⲕⲟⲩⲙⲉⲛⲏ | ⲧⲏⲣⲥ ⲉⲧⲉⲕⲛⲁϫⲓⲙⲓ
ⲛ̇ ⲃⲏⲧⲟⲩ ⲁⲛ ⲙ̇ ⲡⲉⲕⲃⲓⲟⲥ ⲛⲉⲙ ⲛⲉⲕⲉⲍⲏⲅⲏⲥⲓⲥ ⲉⲧ
ϩⲟⲗϫ ϣⲁ ⲉ̇ϩⲣⲏⲓ ⲉ̇ ⲛⲏ ⲉ̇ⲧⲟⲩⲙⲟⲩϯ ⲉ̇ⲣⲱⲟⲩ ϫⲉ
ⲫⲩⲥⲓⲥ ⲥⲛⲟⲩϯ ⲁⲩⲓ̇ ⲓⲥ ⲡⲉⲛⲡⲟⲗⲓⲥ ⲉ̇ ⲡⲟⲗⲓⲥ ⲛⲉⲙ
ⲓⲥϫⲉⲛ ⲭⲱⲣⲁ ⲉ̇ ⲭⲱⲣⲁ ⲁⲩⲟⲩⲱⲧⲉⲃ ⲛ̇ ⲛⲉⲕⲗⲟⲅⲟⲥ
ⲁⲩⲭⲁ ⲛ̇ ⲧⲟⲧⲟⲩ ⲙ̇ ⲫⲩⲗⲁⲕⲧⲏⲣⲓⲟⲛ ⲉⲩ ⲉⲣ ⲙⲉⲗⲉⲧⲁⲛ
ⲛ̇ ⲃⲏⲧⲟⲩ ⲛ̇ ⲥⲏⲟⲩ ⲛⲓⲃⲉⲛ ϯⲛⲁ ⲉⲣ ⲧⲟⲗⲙⲁⲛ ⲛ̇ⲧⲁϫⲟⲥ

ϫⲉ ⲉⲧ ⲁ ϯ ⲟⲩⲣⲱ ⲉⲣ ⲉⲍⲱⲣⲓⲍⲓⲛ ⲙ̀ⲙⲟⲕ ⲉ̀ ⲧⲁⲓ
ⲛⲏⲥⲟⲥ ⲉ̀ⲃⲟⲗ ϩⲓⲧⲉⲛ ⲟⲩⲥⲩⲛⲭⲱⲣⲏⲥⲓⲥ ⲛ̀ⲧⲉ ⲫϯ ⲉ̀
ⲁⲕⲫⲱⲛϩ ⲛ̀ⲧⲉⲛⲫⲩⲥⲓⲥ ⲉⲑ ⲛⲁϣⲧ ⲙ̀ ⲫⲣⲏϯ ⲛ̀ ⲛⲓⲱⲛⲓ

ⲣ̅ⲡ̅ⲅ̅. ⲁ. ⲟⲩⲟϩ ⲁⲕⲉⲣⲟⲩⲃ̀ⲛⲟⲛ ⲉ̀ⲙⲁϣⲱ | ⲟⲩⲟϩ ⲁⲛⲭⲱ
ⲛ̀ⲥⲱⲛ ⲛ̀ ϯⲙⲉⲧϣⲁⲙϣⲉ ⲓ̀ⲇⲱⲗⲟⲛ ⲉ ⲁⲛϣⲉⲙϣⲓ ⲙ̀ 5
ⲫϯ ⲡⲓⲣⲉϥⲑⲁⲙⲓⲟ̀ ⲛ̀ⲧⲉ ⲡⲓⲉⲡⲧⲏⲣϥ ⲉ̀ ⲁⲕⲓ̀ ⲉ̀ ⲧⲁⲓ
ⲛⲏⲥⲟⲥ ⲙ̀ ⲫⲣⲏϯ ⲛ̀ ⲟⲩϣⲉⲙⲙⲟ ⲁⲕϣⲉ ⲛⲁⲕ ⲉⲕⲧⲉⲛ-
ⲑⲱⲛⲧ ⲉ̀ ⲟⲩϫⲟⲓ ⲉϥⲙⲟⲛⲓ ϧⲉⲛ ⲡⲓⲡⲁⲗⲁⲧⲓⲟⲛ ⲛ̀ⲧⲉ
ⲡⲓⲟⲩⲣⲱⲟⲩ ⲉϥⲟⲡⲧ ⲛ̀ ⲉⲭⲙⲁⲗⲱⲧⲟⲥ ⲉ̀ ⲁⲕⲁⲓⲧⲟⲩ ⲛ̀
ⲣⲉⲙϩⲉ ⲉ̀ ⲁⲩⲧⲁⲥⲑⲱⲟⲩ ⲉ̀ ⲡⲟⲩⲕⲁϩⲓ ϧⲉⲛ ⲟⲩϩⲓ- 10
ⲣⲏⲛⲏ ⲛⲉⲙ ⲟⲩⲱ̀ⲟⲩ ϫⲉ ⲟⲩⲏⲓ ⲁ ⲡⲓⲇⲓⲁⲃⲟⲗⲟⲥ ⲉⲣ
ⲉⲭⲙⲁⲗⲱⲧⲉⲩⲓⲛ ⲙ̀ⲙⲱⲟⲩ ⲓ̀ⲥϫⲉⲛ ϣⲟⲣⲡ ⲟⲩⲟϩ ⲁϥ-
ϩⲓⲧⲟⲩ ⲉ̀ ϧⲟⲩⲛ ⲉ̀ ⲡⲓⲭⲁⲕⲓ ⲉⲧ ⲧⲉⲙⲑⲱⲙ ⲁ ⲡⲟⲩⲣⲟ

ⲣ̅ⲡ̅ⲅ̅. ⲃ. ⲛ̀ⲧⲉ ⲛⲓⲟⲩⲣⲱⲟⲩ ⲉⲣ ⲥⲧⲟⲗⲓⲍⲓⲛ ⲙ̀ⲙⲱⲟⲩ | ⲟⲩⲟϩ
ⲁϥⲟⲩⲟⲣⲡⲕ ⲉ̀ ⲧⲁⲓ ⲛⲏⲥⲟⲥ ⲉⲑⲣⲉⲕ ⲥⲱϯ ⲙ̀ⲙⲟⲛ 15
ⲉ̀ⲃⲟⲗϩⲓ ⲧⲟⲧⲥ ⲛ̀ ϯⲉⲭⲙⲁⲗⲱⲥⲓⲁ ⲛ̀ⲧⲉ ⲡⲓⲇⲓⲁⲃⲟⲗⲟⲥ
ⲟⲩⲟϩ ⲁⲕⲧⲏⲓⲧⲉⲛ ⲛ̀ ⲇⲱⲣⲟⲛ ⲙ̀ ⲡⲟⲩⲣⲟ ⲛ̀ⲧⲉ ⲛⲓⲟⲩ-
ⲣⲱⲟⲩ ⲉϩⲟⲧⲉ ⲇⲱⲣⲟⲛ ⲛⲓⲃⲉⲛ ⲙ̀ ⲃⲁⲥⲓⲗⲓⲕⲟⲛ ⲟⲩⲟϩ
ⲟⲩ ⲡⲉ ⲉⲧ ⲥⲱⲧⲡ ⲛ̀ ϩⲟⲩⲟ̀ ⲓⲉ ⲟⲩ ⲡⲉ ⲉⲧ ⲧⲁⲓⲏⲟⲩⲧ
ⲛ̀ ϩⲟⲩⲟ ⲉ̀ ⲛⲓⲯⲩⲭⲏ ⲧⲏⲣⲟⲩ ⲉ̀ⲧⲁⲕⲥⲟⲧⲧⲟⲩ ⲛ̀ 20
ⲧⲟⲧϥ ⲙ̀ ⲡⲓⲇⲓⲁⲃⲟⲗⲟⲥ ⲁⲕⲉⲛⲟⲩ ⲉ̀ⲃⲟⲗ ⲉ̀ ϧⲟⲩⲛ ⲉ̀
ⲡⲓⲡⲁⲗⲗⲁⲧⲓⲟⲛ ⲛ̀ⲧⲉ ⲡⲟⲩⲣⲟ ⲛ̀ⲧⲉ ⲛⲓⲟⲩⲣⲱⲟⲩ ϯϩⲟ̀
ⲉ̀ⲣⲟⲕ ⲱ̀ ⲡⲁ ⳆⲤ̅ ⲛ̀ ⲓⲱⲧ ⲉⲑ ⲟⲩⲁⲃ ϫⲉ ⲭⲁⲥ
ⲉⲕⲉϯ ⲛⲏⲓ ⲛ̀ ⲟⲩⲭⲱ ⲉ̀ⲃⲟⲗ ⲉ̀ⲡⲓ ⲇⲏ ⲁⲓ ⲉⲣ ⲧⲟⲗ-

ⲣ̅ⲡ̅ⲍ̅. ⲁ. ⲙⲁⲛ ⲉ̀ ⲟⲩϩⲱⲃ ⲉϥ ⲥⲁ ⲡ̀ϣⲱⲓ ⲛ̀ ⲛⲁ ⲙⲉⲧⲣⲟⲛ | 25
ⲉⲧⲉ ⲫⲁⲓ ⲡⲉ ⲉⲑⲣⲉ ⲥⲁϫⲓ ⲉ̀ ⲡⲉⲕⲧⲁⲓⲟ̀ ϯⲙⲉⲩⲓ̀ ⲱ̀
ⲛⲁ ⲙⲉⲛⲣⲁϯ ϫⲉ ⲁ ⲡⲓϣⲓ ⲛ̀ ⲥⲁϫⲓ ϣⲱⲡⲓ ⲥⲁ ⲥⲁ
ⲛⲓⲃⲉⲛ ϣⲁⲣⲉ ⲡⲓϩϧⲟⲩ ⲛ̀ ⲥⲁϫⲓ ⲅⲁⲣ ⲉⲑⲣⲉ ⲕ ⲉⲣ

ⲡⲱⲃϣ ⲛ̀ ⲡⲓϣⲟⲣⲡ ⲉ̀ⲧⲁⲕ ⲥⲟⲑⲙⲉϥ ⲟⲩⲱⲓ ⲅⲁⲣ ⲡⲉ
ⲉ̀ⲧ ϣⲟⲡ ⲃⲉⲛ ϩⲱⲃ ⲛⲓⲃⲉⲛ ⲗⲟⲓⲡⲟⲛ ⲙⲁⲣⲉⲛ † ⲛ̀
ⲡⲉⲛⲟⲩⲟⲓ ⲉ̀ ⲡⲓⲁⲣⲭⲏⲁⲅⲅⲉⲗⲟⲥ ⲉ̀ⲑ ⲟⲩⲁⲃ ⲙⲓⲭⲁⲏⲗ
ⲛ̀ⲧⲉⲛ†ϩⲟ ⲉ̀ⲣⲟⲕ ϫⲉ ⲉϥⲉ̀ⲧⲱⲃϩ[1] ⲉ̀ϫⲱⲛ ⲛⲁϩⲣⲉⲛ ⲫ†
ⲡⲓⲁ̀ⲅⲁⲑⲟⲥ ⲛ̀ⲧⲉϥⲭⲁ ⲛⲉⲛ ⲛⲟⲃⲓ ⲛⲁⲛ ⲉ̀ⲃⲟⲗ ϫⲉ
ⲛ̀ⲑⲟϥ ⲡⲉ ⲉ̀ⲧⲉ ⲟⲩⲟⲛϣϫⲟⲙ ⲙ̀ⲙⲟϥ ⲛⲁϩⲣⲉⲛ ⲡⲉⲛ
ⲟ̅ⲥ̅ ⲓ̅ⲏ̅ⲥ̅ ⲡ̅ⲭ̅ⲥ̅ ⲫⲁⲓ ⲉ̀ⲧⲉ ⲉ̀ⲃⲟⲗϩⲓ ⲧⲟⲧϥ ⲉⲣⲉ ⲱ̀ⲟⲩ
ⲛⲓⲃⲉⲛ ⲛⲉⲙ ⲧⲁⲓⲟ̀ | . . . .
. . . .

The last words of this Encomium are wanting. After the words وكل كرامة, which — ⲛⲉⲙ ⲧⲁⲓⲟ̀ [ⲛⲓⲃⲉⲛ], there is written by another hand الان وكل اوان والى ابد الابدين امين.

---

[1] The Ms. has ⲉϥⲉϥⲉ̀ⲧⲱⲃϩ.

SPECIMEN OF THE ARABIC VERSION
OF THE
ENCOMIUM UPON SAINT MICHAEL
BY
ABBA THEODOSIUS OF ALEXANDRIA.

كان انسان مُحبّ للاله باز من سنهُور المدينه
محباً للصدقات والمعرُوف (sic) اسمهُ دوروثاوس وكان
لهذا معينةً | اسمها ثاأوبستا وكانت هاذه عابده جدّاً
كاملة في المرحمه والمحبّه مثل زوجها وكان لهم
5 قرابين عظيمه علي اسم اله رئيس الملائكة الاطهار
ميخائيل ۞ وكانا منذ زمان زيجتهما شباب وكانا والديهما
قد خلفو لهما ارث عظيم بسعة غنا واموالٍ عظيمة
وانعام كثيرة من الاعنام | والبقر والبهايم جدّاً مع
بقيّه زينة هذا العالم وكان لهم الاثنان نية صالحة
10 لله ورئيس ملايكته الاطهار ميخائيل ۞ وكانوا اذا
بلغوا الي اثنى عشر في الشهر يهتموا بالقرابين من
باكر اليوم الحادي عشر الي اليوم الثاني عشر في
الشهر يرسلوا القربان والخمر الي كنيسة رئيس الملايكة
ميخائيل بنشاطٍ عظيم بغير تواني ۞ ومن بعد هذا
15 يذبحوا | الاغنام ويرجعوا الي الاهتمام بالطعام بحبّه
كما يليق بالشعب ومن بعد التناول من السراير

Fol. 35b.

Fol. 36a.

Fol. 36b.

18

المحبيه في اليوم الثاني عشر من الشهر يجمعوا كل
المعوزين من الطعام العميان والعُرج والمعوزين من الايتام
والارامل والغربا ويقفوا يخدُموهم بانتشاط نفس وسعة
روح | وفرح قلب حتي يكملوا الاكل حينيذٍ يقدموا
5 لهم خمرًا مختارًا ويسقوهم حتي يكملوا الشرب يدهنوا
رووسهم بدهن مُكرّم قايلين امضوا بسلام ايها
الاخوة الاحبا لاّنا قد استحقينا عظم هذه الكرامه
اليوم وهذا المجد العالي بنقل اقدامكم الي منزل
عبيدكم ۞ فهكذا كانوا يعملون في كل اثنى عشر
10 من الشهر حتّى انّ | سيطهم (sic) ذاع في كل مكان من
كورة مصر وكان كثير يفتخرون بهم ويمجّدوا اللّه
خالقهم من اجل مجد اعمالهم الصّالحه ويكرموا
ويبجحوا ابايهم الذين ولدوهم وكان كل الناس يعظموهم
لاجل قريحتهم الصالحه التى اظهروها باسم الاه
15 ميخاييل وكانوا دايمًا هاربين من المجد الفارغ فان
رجاهم كان ثابتًا باللّه ورييس الملايكة الاطهار |
ميخائيل ۞ وكان من بعد زمان كبير وهم مواطبين
على هذا العمل هكذا امر اللّه ان لا تمطر السَّمآء
علي الارض ثلثة سنين من اجل خطايا بنى البشر
20 حتى قلقت جميع ارض مصر وكل سكانها لاجل شدّة
عدم الشبع وموت الجزع كما هو مكتوب ۞ حينئذ نُجلًا
(sic) كثيرين وماتوا وفنيت البهايم معا لانّ | مآ النيلّ
لم يطلع ولم ينزل علي الارض مطرا (sic) منذ ثلثة سنين
وكان هذا الرّجل القدّيس وزوجته لم يفتروا مما كانوا
25 يعملوه فى كل شهر يطلبوا من اللّه ورييس ملايكته
ميخاييل قايلين يا اله ميخاييل لا تنزع قربانك ولا

محبتك لنا نحن عبيدك وفيما هم فى هذا لم يجدوا عوضًا
وكثير من بهايمهم هلكوا فلما كملت | سنتين Fol. 39 a.
واستقبلوا الثالثة فرغ كل شىء لهم وعوزوا ولم يبق
لهم الا القليل ومات جميع غنمهم سوي خروف
5 واحد ۞ فقال ذلك الرجل العابد لزوجته الطوبانيه الم
تعلمى يا اختى ان اليوم هو الحادى عشر من بابه
وغدا يكون عيد رييس الملايكه ميخاييل فلنهتم
بقربان ندفعه للاقيوم ونذبح هذا الخروف فهى
عيد رييس الملايكه | الاطهار ميخاييل وان متنا Fol. 39b.
10 فنمت للرب وان عشنا فنحن له ايضًا وليكون
اسم الرب مباركًا الي الابد ۞ فقالت زوجته حيّ
هو الرب يا اخي ان هذا الحزن كاين معى من
داخل قلبى من قبل امس لكنى لم اجد جسارة ان
اسالك لانى اعلم ما الذى كان منا والان فعظيم هو
15 فرحي لانك لم تنس قربان الله فاصنع يا اخي كما
قد قلت | فلما كان باكر الثانى عشر من بابه قاموا Fol. 40 a.
سحرًا جدا وكملوا جميع خدمهم ولم يقصروا شيء عن
زمان سعتهم ولم يبق لهم شيّ خلا قليل دقيق
ويسير من الخمر ونسيت ثيابهم ما خلا الذي تزوجوا
20 فيهم فقط وكأنوا مع هذا يمجدون الله ورييس
الملايكة الاطهار ميخاييل بتسابيح وبركات في الليل
والنهار بدموع كثيرة | قايلين يا ربنا يسوع المسيح Fol. 40b.
عيننا (sic) يا رييس الملايكه ميخاييل اسال الرب فينا
لكي يفتح لنا يد نعمته وبركته لىلا يُفنى متا رجا
25 محبتك وقربانك هذا الذى نقدمه لله على اسمك
الطاهر يا رييس الملائكه ميخاييل ۞ انت تعلم

قلوبنا ومحبتنا فيك وليس لنا شفيع الا انت انت هو
شفيعنا | منذ صغرنا والي الان تشفع فينا قدّام اللّه Fol. 41a
مخلّصنا ٭ نحن الان نطلب اليك ايّها المهتم الصالح
ميخائيل رييس الملايكة الاطهار فان هذا الحزن
5 العظيم ادركنا في اخرتنا من بعد ما كنا قد قرّرنا
مع اللّه ومعك ان لا نقطع قربانك وصدقاتك فليدركنا
صلاحك ٭ اطلب الي اللّه ليصنع معنا رحمة
عظيمة | ويخرجنا من هذا العمر الباطل مثل جميع Fol. 41b
اباينا فهاهوذا انت ترا يا شفيعنا ما قد اصابنا
10 لاجل خطايانا وجيد لنا ان نموت الان فانّ الموت
لكل احدٍ خير من الحياة بغير ثمرةٍ صالحة ليلّا تدوم
علينا هذه الشدّه فننسى قربانك وصدقاتك الذى
قرّرناهم مع اللّه ومعك ايضًا لانّ المسكنه تصنع اعمال
كثيرة تجلب الي الموت وتلجى الناس | الي الملل ٭ Fol. 42a
15 والان نحن نظهر ضعفنا بين يديك يا رييس الملايكه
ميخائيل فلا تنسانا من اجل خطايانا بل اصنع
معنا كمثل ما هو مكتوب انّ ملاك الربّ يحوط بجميع
الذين يخافونه وينجّيهم وقال داورد ايضا من
اجل اقوام انهُ يقوتهم فى اوان الجوع وقال البارّ ايضا
20 يطلب خبزًا النهار كله والربّ يعطى ويرحم | والان Fol. 42b
ايّها الشفيع الطاهر ميخائيل رييس الملايكه انت
تراكل ما تفعلهُ عبيدك وليس لنا كلام نقوله الا هذا
فقط انا قد بلغنا ان نموت فاعنّا يا اللّه مخلّصنا
ونقول ايضًا هذا القول الاخر نبارك الربّ الربّ اعطا
25 والربّ اخذ فلتكن مشية الربّ وليكن اسم الربّ مُبارك
الى الابد امين ٭ وبهذا الكلام وما اشبههُ كان

القدّيسين يقولون | منذ الثانى عشر من بابه
مواطبين الطلب الي الاه ميخاييل الي الحادي عشر
من شهر هتور الذي يكون صبحته الثانى عشر
منه يوم العيد العظيم الذى لرييس الملايكه ميخاييل
كما نحن مجتمعين فيه اليوم نعيّد معكم يا احبّانا
فلما بلغوا وقت الاهتمام بالقربان المقدّس عشية
اليوم الحادي عشر ليلة الثانى عشر كل شهر كعادتهم
عاد ذلك الرجل المؤمن | بالحقيقه الي امراته العابده
وقال لها يا اختى انتى جالسه ماذا تعلمين الست
تعلمين ان غدا هو العيد هل نسيتى القربان الصالح
او هل ثقل عليك ذكر رييس الملايكة ميخاييل الكريم
الحلو على قلبك يا اختي لا تكوني عديمة الرجا بالله
فانه هو الذي ينعم على كل احد ✻ فقالت لهُ تلك
الطوبانيه جيّدا اتيتنى بهذا الانفاس الملو فرحًا
جيّدا جلبت لي عزا | وفرحًا وغنا النفس وهو تذكار
رييس الملايكه ميخاييل المكرّم بالحقيقه يا اخي انّ
من باكر هذا النهار والي الان لم تمتنع دموع
عيني والنار تاكل في احشاي من اجل عيد رييس
الملايكة الاطهار شفيعنا ميخاييل والان يا اخي انظر
ماذا تفعل ليلا يهلك قرباننا ويخسر الشى الاخر
الذي فرغنا ان نفعلهُ | لاتّا سمعنا المعلم بولس يقول
ان الذى يبتدى بفعل الخير فليكمّلهُ الي يوم ظهور
ربنا يسوع المسيح وهوذا نحن قد بدينا بالعمل
الصالح فلنحرص على كماله فقال لها فما الذي يكون
منا يا اختى اذ ليس لنا كفاف في ما نعجزه فقالت
بفرح هوذا عندنا قليل خبز نحبّ ان نضعهُ قدام

الاخوه وقليل زيت يلقى في الطعام ومسح رووس الاخوه | Fol. 45a.
لكن ليس عندنا دقيق ولا قمح فقال الحقيقة يا
اختى ليس لنا شى؞ ولا عندنا خروف نذبحه لكن
ارادة الربّ تكون ليس يطالبنا اللّه الا بقوتنا كما
5 هو مكتوب احبّك يا ربّ قوتى نجيّد ان نعطى قليل
افضل من ان لا نصنع شى البتّه لكن الذي خطر
ببالي انا اقولهُ لك هوذا ثياب كل واحد واحد منّا
الذي للاكليل قد بقوا انا احد ثوبى اوّلاً | اشترى Fol. 45b.
به قمح للقربان فهو يكفي لقربان الشعب من اجل
10 الجوع وغلا القمح واذا كان غدا اخذتُ ثوبك انتي
ايضًا ۞ وامضى فاشترى به خروف ونذبحهُ ضبحة
العيد فانه عيد عظيم لرييس الملايكة الاطهار ميخاييل
وان وجدنا اكلنا وان لم نجد نجّدنا اللّه ۞ وان مُتنا
الربّ يقبلنا | لانّا لم نقطع قربانه فقالت لهُ المراة الحكيمة Fol. 46a.
15 يا اخي ليس ثوبى وثوبك فقط بل وردائي ايضًا واسلم
نفسي لاجل قربان الربّ والصّدقه فقال لها بعلها
جيدًا يا اختى لقد اظهرتي تربيحه صالحه لكن حتّى
رداك لاجل انك تستري راسك به كمثل قول المعلم
بولس ۞ بعد هذا اخذ ثوبه الذى تناول | فيه السرايب Fol. 46b.
20 المقدّسه ودفعهُ عن القمح ودفع القمح للامنوت (sic) وعاد
الي بيته بفرح قايلًا قد هيا لنا الربّ امر القربان
فلمّا كان باكر اليوم الثانى عشر من هنور اجتمعت به
المراة العابده وقالت لهُ قم يا اخى لتاخذ ثوبى
ولعلّ تجد به خروف لكي نهيّى شغل الاخوه الذين
25 ياتوا الينا ۞ فاراد ان يعلم تربحته فقال | لها يا Fol. 47a.
اختى اذا اخذتُ ثوبك واردتى ان تباركى فماذا

تصنعى في هذا العيد العظيم اليوم فانى انا ذكر
اذا مضيتُ الى مكان وانا هكذا فلا انتضح والمراة
فلا يمكنها ان تعرّي جسدها ولاسيما في الكنيسة ٭
فلما سمعت عابدة الاله هذا الكلام بكت بمرارةٍ
5 وقالت الويل لي يا اخى الحبيب ما هذا الذى تقولهُ
لي هل افترقنا | اليوم وصرنا اثنين اليس انا وانت
جسدًا واحدًا اليس يكون لي معك نصيب في القربان
اليس احدنا ايضا جزوٌ في عيد رييس الملايكه
ميخاييل لا يا اخى لا تظن بهذا هكذا في قلبك
10 اننى اصير عريانة فان الحاضرين في الكنيسه الذكور
والاناث بالمسيح هُم ملايكه وروؤسا ملايكه والشاروبيم
والسارافيم والمخلّص في وسطهم وكانت تقول هذا وهي
تبكي بمرارةٍ فلما راى عظم احتراق ذغسها قلق
بسببها وفرح لقوة ايمانها ٭ وقال لها قومي فاهتمي
15 بالقربان واريت لنرسلها الي الكنيسه فنضع المايده
مع الخبز القليل واهتمى بيسير من البقل حتى امضى
لعلّ يعدّ الله لنا خروف فنجهّز للاخوه طعام في
هذا العيد العظيم. وللوقت قام باجتهادٍ عظيم
ونيّةٍ صالحةٍ بالله ورييس ملايكته الاطهار ميخاييل
20 واخذ الثوب وسار طالبًا من الاه ميخاييل ان يسهّل
طريقه وبينما هو جايز مرّ براعى غنم فقال لهُ السلام
لك يا حبيب فقال لهُ الراعي ولك انت ايضا فقال
الرجل العابد للراعي هل اجد عندك اليوم خروف
فان انسان كبير قد جا الينا فقال | لهُ الراعي الي
25 كم يكون ثمنهُ فقال لهُ يكفى ثلث دينار فقال لهُ
الراعي اعطيني الثمن لكي اعطيه لك فدفع لهُ ذلك ،

الرجل الصالح ثوب زوجته تايلاً خذ هذه عندك
الي ثلثه ايام فاذا لم احضر اليك ثلث دينار نحذه
وانت في حلٍ منه فاجابه الراعي تايلا وما افعل انا
بهذا الثوب وليس احد في بيتي يلبس عليه الا

5 صوف | وردَّ الثوب الي الرجل العابد فعاد في طريقه
باكيًا بمرارةٍ مفكرا في نفسه ان ماذا يفعل وماذا
يقول لزوجته وفيما هو ساير في طريقه باكيًا وعيناه
تقبله من البكاء فنظر قدَّامه فراي ريس الملايكه
ميخايل جايبًا راكب فرس اشهب كمثل ارخن

10 الملك العظيم وملايكه اخر سايرين معهُ في شبه
اجنادٍ نحاف جدًا | وكان يسعى في الطريق المسلوك
فترك طريق الارخن واجناده ۞ فلما بلغ اليه ريس
الملايكه الاطهار ميخاييل حيد (sic) باللجام الذي في
فم الفرس الي دوروثاوس فوقف وقال افرح يا دوروثاوس

15 البارّ الصالح اين انت ماضى ومن اين اتيت
وانت هكذا لابس هذا الثوب تسير وحدك في
الطريق ۰ فاجاب دوروثاوس تايلاً نحو ذلك الريس
السلام عليك انت ايضًا | يا سيّدى ومَولاي الريس
حسنًا كان مجيتك الينا اليوم۰ فقال لهُ الريس الذي

20 هو ميخاييل اليس ثاوربستا حيّه ۞ فاجاب دوروثاوس
ووجهه ناظرًا الي الارض من اجل مجد الارخن وقال
عبدتك حيّه يا سيدي فقال لهُ الامير ما هو هذا
الذى معك ۰ فاجابهُ دوروثاوس وهو مستخى هي ثوب
زوجتى فقال لهُ ذلك الارخن ماذا تفعل بها فاجابه

25 دوروثاوس ان انسان عظيم قد جآ اليّ اليوم ولم
اجد شيء | يلايمه وليس بيدى ذهب من اجل

الزمان الذي بلغنا اليد اخذتها لاعطيها في ثمن
خروف فلم ياخذها الراعي وليس اعلم ماذا اصنع
وماذا اضع قدام الرييس ۞ فقال لهُ الارخن الذى
هو ميخائيل بل ماذا انا ضمنتك منه واخذتُ لك خروف
5 تضيفني اليوم والذين معي ۞ فاجاب دوروثاوس
وقال نعم يا سيّدى اجعلني مستحق ان تدخل
تحت | سقف بيت عبدكم فاجاب الارخن الذي هو Fol. 51b.
ميخائيل وقال لاحد الملايكه التابعين لهُ اذهب مع
دوروثاوس الي الراعي فقل لهُ قال لك الرييس الذي
10 جاز بك السّاعه ارسل لهُ خروف ثمنه ثلث دينار وانا
اخذ ثمنه في نصف النهار وارسله اليك ۞ فذهب
دوروثاوس مع ذلك الملاك المتشبّه بالجند | الي Fol. 52a.
الراعي على اسم رييس الملايكه واخذوا الخروف فتفرس
الرييس الذى هو ميخائيل في دوروثاوس وقال لهُ هوذا
15 الخروف قد حصل من اجل صنيع ذلك الرجل العظيم
الذي اضفته في وليمتك اليوم فانظر لعل تجد لي حوث
لحاجتي فاننى لا آكل لحمًا فقال دوروثاوس للارخن
بفرح اللّه يعدّهُ لاشتريه ۞ | فقال لهُ الارخن باي Fol. 52b.
شي نشتريه. فقال لهُ اضع هذا الثوب رهنا حتي اعطي
20 الثمن فقال الارخن اذا كان هكذا ضع الثوب عندك
وانا ارسل باسمي واخذ الحوث حتي ترسل لهُ الثمن ۞
ودعا ذلك الارخن احد الاجناد الذين معه وقال
لهُ اذهب الي المورده وقل للصيّادين قال لكم الرييس
الذي جاز بكم | ارسلوا الي حوثًا جيّدًا يكون ثمنه Fol. 53a.
25 ثلث دينار وانا ارسل اليكم الثمن مع دوروثاوس في
نصف هذا النهار فذهب ذلك الملاك الذى هو في

حلية جندي باسم ميخاييل الي صيادين السمك
واخذ منهم حوتًا وجآ به الي الرييس فقال ذلك
الارخن لدوروثاوس قد كمل الشغل ؛فقال دوروثاوس
نعم يا سيّدي | قد كمل كلّ شي ٭ فاجاب الارخن
5 وقال انطلقوا فحملوا الخروف والحوت وذهبوا وكان
دوروثاوس يسير وهو مفكر في قلبه من اين اجد
ثمن الخروف والحوت مع ما يحتاجه هذا الرييس من
الخبز والخمر والفرش وكانت افكار كثيره علي قلبه ان
ما هو الذى يصلعه وكان مواطب علي الصّلاة الي
10 اللّه | ولرييس الملايكة الاطهار ميخاييل قايلاً يا
رييس الملايكة الاطهار شفيعنا الامين قف معي
اليوم انا عبدك فانك عالم انني صانع هذا كله علي
اسم ربّنا يسوع المسيح وكان دوروثاوس مفكر بهذا
وهو يمشي وكان رييس الملايكه يعلم فكر قلبه وهو
15 متاذي عليه حتي يري قريحته الصالحه فلما بلغوا
الي بيت دوروثاوس قرع | ميخاييل اوّلاً باب المسكن
فخرجت ثاوبستنا المراة الحرّه فقال ميخاييل السّلام
لك يا ثاوبستنا المراة الصالحه محبّة الاله ما هو عملك
في هذه الايام فاجابته ثاوبستنا وعليك السلام انت
20 ايضًا يا سيّدى ومولاي الارخن حسنًا اتا بك اللّه
الينا اليوم ورييس ملايكته الاطهار ميخاييل ادخل
يا سيّدي ولا تقف خارجا وفيما ثاوبستنا المراة العابده
تقول هذا واذا بدوروثاوس زوجها | قد اقبل والخروف
معه والحوت والثوب ايضًا فتركهم امامها فقالت لهُ يا
25 سيّدي واخى من اين وجدت هولاي واتيت بهم معك
الي هاهنا ولا سيما انا انظر الثوب معك فقال لها

دوروثاوس الارخن استوهبنى انا ودفع لي هولاء فقالت
له ثاوربستا حسنًا انا اللّه الينا اليوم بهذا الرييس
ورييس الملايكة الاطهار ميخاييل والـذيـن معه
بالحقيقة نعمة | للذين قد ضمنونا وكانت تقول هذا
بفرح فقال الرييس الذي هو ميخاييل هوذا انا اذهب
الي القداس فان اليوم عيد رييس الملايكة الاطهار
ميخاييل وقد حان الوقت فاجلسوا انتم وهيوا المكان
جيّدًا اما الحروف فاذبحوه والحوت فلا تدنوا منه الي
ان احضر اعمل فيه ارادتي فقالوا يكون كامر سيّدنا
وذهب عنهم فاما هم | فلم يعلموا من هو لكنهم كانوا
يظنوا انّهُ رييس ارضي فقال دوروثاوس لزوجته ثاربستا
ما الذى نصنعه وما الذي نفرش تحت هذا الرييس
ومن اين نجد خبزا يصلح لكرامته دعيني اتسوّل
اليوم لنصنع ما نقدر عليه * فقالت له زوجته يا اخي
ان اللّه لا يتخلّا عنا قم لعل تجد انسان يذبم
الخروف ونجهّز الة | البيت فصنع كذلك فقالت لَهُ
ايضًا تقدّم القليل الخمر لنعلم هل يصلح للارخن ام
لا * فذهب وفتح فم المطموره فوجدها مملوة خمر
الي الباب فذعر دوروثاوس وعاد الي زوجته وسالها
قايلاً هل احد احضر خمر الي هنا من حين فخرجت
فقالت لهُ حيّ هو الربّ انّ من حين الوقت الذى
اخرجت فيه القليل الخمر الي القربان اليوم لم يفضل
شيّ في | المطموره سوا صرف واحد داخلها فقال لها
تأنّي حتي ننظر كمول الامر ثم عادوا ليخرجوا قليل
زيت لاجل النفقه ومسم رووس الاخوه * فلما دخلوا
الي مكان الزيت وجدوا سبع صروف زيت مملوه الي

فوق وامطار مملوءه من كل شيء من جميع ما يعوزه
البيت ۞ سمن وجبن | وعسل وخلّ وبقية ما يكون Fol. 57b
في البيت امّا هو فوقع عليهم الخوف من بعد ذلك
دخلوا الي قيطونهم فوجدوا صندوق مملوا من كل
5 صنف من القماش المكرّم يفوق من عرسهم وايامهم
الاولي بعد هذا مضوا الي موضع استعداد الخبز
فوجدوا خبزًا سخنًا مختارًا فعلموا للوقت بالنعمة التي
جاءتهم فمجّدوا اللّه | ورييس الملايكه ميخاييل ۞ Fol. 58a
فقال دوروثاوس لثااوبستا زوجته ان اللّه قد اعد
10 لنا كل شي تعالي نفرش للارخن لان الوقت دنا من
حضور والقداس (sic) الطاهر فهيوا كل شيء وفرشوا فرش
عظيم كبير كما يليق بكرامة الرييس ونصبوا مايده
للاخوة كما جرت عادتهم ولبسوا عليهم حُلل مختاره
ومضوا الي الخدمة المقدّسة | ذي كنيسة رييس الملايكه Fol. 58b
15 الاطهار ميخاييل وهم فرحين فرح عظيم جدا فلما
دخلوا الاثنين الي الكنيسه سجدوا امام الاراديون
وصلوا للّه بشكر عظيم وسبّحوا امام صورة رييس
الملايكه ميخاييل قايلين نشكرك يا ربّنا يسوع
المسيح وابيك الصّالح والروح القديس الي الابد
20 امين ونبارك رييس ملايكتك الاطهار ميخاييل لانك
لم تكتم | رحمتك عنّا ولم تنس قرابيننا لكن ارسلت Fol. 59a
الينا تعيننا سريعًا ۞ بعد ذلك تناولوا من السّراير
وقبلوا السّلام واسرعوا وخرجوا امام الاخوة وجلسوا
ينتظروا الرييس باجتهاد عظيم وجمعوا النسآء والرجال
25 حتي امتلا المكان ذكور واناث وكان دوروثاوس
وثااوبستا مشدودين (sic) | قيام يخدموهم في كل شيء Fol. 59b

يعوزه مُحتفلين بالخمر الجيّد والنفقات المختارة
وفيما هو هكذا واذا بالرييس الذي هو ميخاييل قد
جا واجناده معه وقرعوا الباب فاسرع لدوروثاوس
وثااوبستا وخرجوا بفرح وفتحوا الباب وقبلوهم
5 قايلين حسنًا استحققينا مجيّك الينا اليوم يا سيّدنا
الرييس واجنادك حقًا نفرح اليوم | لانه اليوم العظيم
عيد سيّدنا رييس الملايكة الاطهار ميخاييل ادخل
ايّها الرجل المبارك اللّه يفرح معك فلما دخل ذلك
الرييس وجدا (sic) المكان كلّه مملوا رجال ونسآء صغار
10 وكبار صار كمن هو متعجّب وقال لدوروثاوس وثااوبستا
ايّها الاخوة ما حاجتكم بكثرة هولاء الجموع الرجال
والنسآء الذين انا اراهم هكذا اليس قد حملتم
نفوسكم ثقل عظيم | اليوم من اجل مجيّنا اليكم
اليس انتم ترون هذه الشدّه الان كان هذا ينبغى
15 ان يصنع في زمن الرخا فقالوا يا سيّدنا الرييس
اغفر لنا فاننا لم نحمل نفوسنا ثقل من اجلك
لكنّا نشكر اللّه ورييس ملايكته ميخاييل لان كل
الذين تراهم ليس احد منهم غريب منّا لكن كلهم
اقربانا وكلنا جميعنا واحداً في اللّه وكانوا اوليك
20 القديسين يقولون ا هذا وميخاييل رييس الملايكه
يفرح معهم ليكمّل همتهم ومن بعد هذا دخل مع
الذين معه الي المكان الذي هيوه لهُ فلمّا دخلوا
اجلسوا رييس الملايكه علي كرسي فقال لدوروثاوس
احضر الحوث من قبل ان تعملوا فيه شيًا فلما
25 احضروه قال لدوروثاوس اجلس وشقّ بطنه. ففعل
كذلك فقال لهُ الرييس اخرج .....رانه فاخرجهُ واذا

هو عظيم جدًا فقال لهُ وما هو هذا يا سيّدي
فقال لهُ افتحهُ فلما فتحهُ دوروثاوس وجد فيه صرّه
داخله مختومه بخواتيم فتعجب دوروثاوس فيما كان
وقال ما هو هذا يا سيّدي الرييس فقال لهُ الارخن
5 الذي هو ميخاييل ان الجيشان الكبار هم هكذا يبتلعوا
كل شي يجدوه في المياه لكن افتح الصرّه حتى ترى
ما الذي هو داخلها فقال لهُ دوروثاوس يا سيّدي
وكيف يبتلعها وهي مختومه ثمّ ميخاييل رييس
الملايكه يده واخذ الصُرّه واذا هي مملوه ذهبًا
10 مختارًا فعدّهم فوجدهم ثلثمايـة دينار وثلثة قراريط
فاخذهم ورفع عينيه الى السّماء وقال انت عادل يا
ربّ واحكامك مُستقيمه ولا يخزون المتوكلين عليك
فقال الرييس لدوروثاوس وثاؤبستا زوجته تعالوا
امامي ايّها الاخوة الاحبا لاكلمكم لانكم اناس
15 متواضعين ومن اجل انكم تعبتم بزياده لاجلي اليوم
في مجي اليكم ها اللّه قد اعطاكم هذا الذهب بهذه
الخواتيم لانّ هذا هو مال سيّدى الملك وهذه خواتيمه
والان فعوض محبتنكم وتعبكم مع جنس البشر الذي
صنعتم معي ومعهم اليوم | انعم اللّه عليكم بهذه
20 الثلثمايـة مثقال وهذه الثلاثة اثلاث خذهم اعط
واحد للراعي وواحد للسّماك عوض الحوت وخذ
هذا الاخر ادفعهُ عوض القمح الذي دفعتم الثوب
عنه امس واعطيتموه للقربان فتحيّروا وسجدوا امام
الرييس اعني دوروثاوس وثاؤبستا واجابوا قايلين
25 ما هو هذا الذى تقولهُ لنا يا مولانا وسيّدنا الارخن
لعلك | اتبت الينا نحن عبيدك لناخذ منك شيء

اليس واجب علي كل انسانٍ ان يخدم اجناد الملك
اليس انت مُسلَّط علي اجسادنا لكي تصنع فينا
ارادتك الا تنال شي من نعمة اللّه وكرامته اما تعرف
ايُّها السيّد الرييس مقدار هذا العيد العظيم اليوم
5 وان هذا الخبز القليل الذي اكلتهُ مع اقاربنا ليس
هو لنا لكنهُ للّه ولرييس ملايكته الاطهار | ميخاييل Fol. 64 a.
الذي نحن نعيّد لهُ اليوم ٭ لكن ان كانت هذه
ارادتك يا سيّدنا الرييس فنحن ناخذ هذه الاثلاث
فقط عوضًا عن الخروف والحوت والاخر نخلّص به
10 الثوب كما اشرت ٭ فاجابهم الرييس الذي هو
ميخاييل وقال بالحقيقه وحق حياة سيّدى الملك لا
بد ان ناخذوهم كلهم ولا تفقدوا منهم شيٌّ وان
كنتم تتخافون من سيّدى الملك | ليلّا يسمع فيغضب Fol. 64 b.
انا احتمّ عنكم عند سيّدي الملك وارضي قلبه ان
15 ينعم عليكم بكرامات اعظم من هذه واريد ان تعرفوا
الحق ان ليس هولاء فقط نصيبكم مني اعطيه اليكما
لكن اذا رجعت الي مدينتى انا اوهبكم (sic) روس مالكم
وكرامات عظيم اعظم من هذا لكن اتبلوا هذا فانهُ
فايده ٭ | فتعتجب دوروثاوس وثااوبستا زوجته لما Fol. 65 a.
20 سمعوا هذا وقالوا لهُ نطلب اليك يا سيّدنا ان لا
تضحك بنا نحن عبيدك ولا تكلمنا بما يفوق
طبيعتنا متى جيَّت الينا يا سيّدنا واعطيناك ذهب
حتى ناخذ فايدته منك بالحقيقه لم نراك قط يا
سيّدنا ولم تدخل بيتنا ابدًا ومتى راينا وجهك غير
25 اليوم فكيف تقول انك اخذت منا شيا | فاجاب Fol. 65 b.
الرييس وقال اسمعنى لاخبركم متى دخلتُ الي بيتكم

من وقتِ ماتوا ابايكم وورثتم اموالهم ونحـاسهم ۞
من ذلك الوقت والي اليوم انا في بيوتكم مرّة في
كل شهر ومن بعد مضيي ترسلون الي مدينتي
كرامات عظيمة الي سيّدي الملك وقد فرغ ان يكتب
5 اسمايكم عليهم جميعهم الي حين حضوركم عند
سيّدي الملك يعطيها لكم متضاعفه فاجاب دوروثاوس
وثااوبستا تايلين نطلب اليك ايها السيّد الارخن
اصنع معنا معروفًا وعرفنا اسمك لاننا مذعورين من
اجل الكلام الذى قلتهُ لنا فاجاب الرييس الذى
10 هو ميخاييل وقال لهما انا اعلمكما باسمي واسم مدينتي
ان اردتم ان تسمعوا ۞ انا هو ميخاييل رييس
السماييين والارضيين انا هو ميخاييل رييس اجناد
قوات السموات انا هو ميخاييل رييس الذهور النيّره
انا هو ميخاييل القوي مفرق الحروب كلها امام
15 الملك انا هو ميخاييل فخر السماييين والارضيين انا
هو ميخاييل العظيم الذي تحنن اللّه جميعه (sic) ساكنه
فيه انا هو ميخاييل كرسى المملكة السماييه ۞ اذا
هو ميخاييل رييس الملايكه الواقفين بين يدي
اللّه انا هو ميخاييل الذي يقدم ترابين وكرامات
20 الناس الي اللّه الملك انا هو ميخاييل الماشي مع
الناس الذين رجاهم بالربّ ۞ انا هو ميخاييل رييس
الملايكه المهتم بكل البشريه باستقامةٍ وخدمتكم
انتم ايضا منذ صغركم والي الان ولا افتر عن خدمتكم
الي ان تبلغوا الي ملكي المسيح الغير زايد كما
25 خدمتموني انا ايضًا وسيّدي بقوةٍ عظيمةٍ هل انسي
ترابينكم أو اترك عتى كراماتكم وصدقاتكم الذى

ENCOMIUM OF ABBA THEODOSIUS.

تدفعوهم للّه على اسمى ٭ اليس انا كنت واقفى
بالامس في وسطكم اسمع ما كنتم تقولون مع بعضكم
بسبب عادتكم في القربان والعيد اليس كنت معكم
في الوقت الذي بكيتم فيه وطلبتم الىّ وقلتم اسال
5 اللّه ان ينقلنا من هذا العالم من قبل ان ينقطع
عنا رجآ صدقاتك اليس انا كنت اراكم في الوقت
الذي اخرجتما ثياب بركتكما وابعتموهم من اجل
قرباني ٭ اقول لكما انتى موجود في هذا جميعهُ
معكما ولم انس شيًا مما دفعتموهُ من منذ صغركما
10 والى الان لكنى معترف بهم الجميع عنكم قدام اللّه
الذي هو ملكى ٭ بالحقيقه قد اخذتم مراحمكم مثل
هابيل ونوح وابرهيم لانكم دفعتم باستقامةٍ طوباكما
والخير يكون لكما مثل اسمايكما كذلك ايضًا بركاتكما ٭
لان تفسير دوروثاوس هو قربان اللّه وتفسير ثاوبستا
15 هي المؤمنه باللّه انا هو رييس الملايكه ميخاييل
القايم بين يدي اللّه وقد صرتُ شفيعًا فيكما عند
اللّه انا هو ميخاييل الذي اخذت صلواتكما وطلباتكما
وترابينكما ومراحمكما واصعدتهم الي اللّه وهكذا ايضًا
قرنيليوس انا الذي مضيتُ اليه واعلمتهُ طريق الحياة
20 من قبل المعمودية التي نالها من بطرس الرسول
العظيم لا تخافا فانى لا افارقكما وقد اقتربت منكما
عند سيّدي بسبب قربكما منى ومن اجل محبتكما
العظيمه نى لانه مكتوب اقتربوا من اللّه يقترب اللّه
منكم والان يا دوروثاوس وثاوبستا اقبلا اليكم القوة
25 والرحمة من يدي لانى قد فرغت ان اقول لكما ان
هذه الفايده والتاج في يروشليم السمايه مدينة

ملك السّماييـن والارضيين * قد فرغت ان اشكر
لكما قدام اللّٰه عوضًا | من قرابينكما وصدقاتكما *
فلما قال هذا اعطاهم الذهب والسّلام وصعد الي
السّمآء والملايكه وكان دوروثاوس وثااوبستا ناظرين
5 اليه بخوف حتى دخل الي السّمآء بسلام من اللّٰه
امين فصنع دوروثاوس وثااوبستا كما امرهما رييس
الملايكه الاطهار ميخاييل واكملا العيد بفرح واكلا
ومتجّدا اللّٰه | ولم يكسلا في عملهما ومراحمهما التي
يصنعاها باسم الۂ ميخاييل حتي اكملوا عمرهما *

SPECIMEN OF THE ARABIC VERSION
OF THE
ENCOMIUM UPON SAINT MICHAEL
BY
SEVERUS, BISHOP OF ANTIOCH.

فاسمعوا لاعلمكم هذه الاعجوبه العظيمه التي
كانت بقوة اللّه ورييس الملايكة الاطهار ميخاييل
وتطلباته التي اخبرنا بها من جهة اناس مؤمنين
بها ❊ كان انسان كاتب يسمى اولًا قطسُن من اهل
5 كورة | انتيكى وكان غنيًّا جدًا وكان لهُ اموال كثيره Fol. 92 a.
ولم يكن يعرف اللّه لكنهُ كان كافرًا يعبد الشمس وكان
هذا مقيمًا بين امّته وكانت ارادة اللّه خلاصه ❊ فلما
كان مرة وقد حمل تجارته في سفينةٍ ومضى الي
مدينه من كورة فيلبايس تسمى قلونيه وكانت عبادة
10 اللّه في هذه ظاهره فلما دخل اليها | في الاوّل من Fol. 92 b.
شهر هتور فاقام في المدينه ليبيع تجارته فبلغ الي
اليوم الحادي عشر من شهر هتور فلما كان وقت
الظهيره في ذلك اليوم اجتاز ببيعة رييس الملايكه
ميخاييل فراها وهي مُزيّنه بالقناديل والشموع تعجّب
15 جدًا وجلس في ذلك المكان وكان بتدبير من
اللّه لينظر كمال الامر فلما كان المسآء نظر إلَي كل

20*

Fol. 93 a. | الشعب الذين اجتمعوا بذلك المكان يصنعون الحانًا
ويقولوا تراتيل دلموه فتعجّب الرجل ومن زيادة
تعجّبه رتد علي باب البيعه فاجتمع الكهنه وبقية
الشعب ايضًا في الليل ليعملوا العيد ٭ فتعجّب
5 الرجل ايضًا جدًّا لاجل ما سمع فلما كان باكرًا حضر
ذلك الرجل الي اثنين مسيحيين سُكان في تلك
المدينه وطلب اليهم قايلًا ٭ يا اخوتي ما الذي كان
Fol. 93 b. | وما هذا الرسم الذي كان في هذه المدينه اليوم
فقالا لهُ ان اليوم الثاني عشر من هتور وهو
10 عيد ريس الملايكه الاطهار ميخاييل لانهُ [هو] الذي
يطلب الي اللّه عنا ان يغفر لنا خطايانا وينقذنا من كل
شرّ فقال لها الكاتب وابن هو ذلك لاتكلم انا ايضًا
معهُ واطلب منه ان ينقذنى من كل شرّ فاجابا وقالا
Fol. 94 a. لهُ ليس يمكنك ان تراه الان حتي | تصير كاملًا لكن
15 ان اردت ان تصير مسيحيًا فاطلب منهُ وليس العبد
فقط ترا بل وسيده ايضًا تنظر وتتعجّب من مجده
وهو ينجيّك من كل شر فقال لهم ذلك الكاتب يا
اخوتى اطلب اليكم ان تاخذوني معكم باكرًا واصير
نصرانيا وانا اعطيكم دينارًا لكلّ واحد لان قلبى
Fol. 94 b. 20 قد مال الي معبودكم فقال لهُ الرجلين | ليس تقدر
تصير مثلنا حتي يصلي عليك انبنا الاسقف ويرشمك
ويعمّدك باسم الاب والابن والروح القدس فتصير
نصرانيًا لكن طوّل روحك حتي ينفرغ ابينا الاسقف
نحملك اليه ويصيّرك مثلنا اما هو فصنع كما قالا لهُ
25 وثانا ذلك اليوم وفي الغد اتا اليهما وقال لهما يا
Fol. 95 a. اخوتي الصالحين اتبلاني اليكما لكي اللّه | الذي قلتما

لي من اجله يعطيكما اجركما فاتيا به اوليك الرجلين المؤمنين الي الاسقف واعلماه بكلما كان فقال الاسقف لذلك الرجل الكاتب من اي كورةٍ انت فقال لهُ انا من كورة انتيكي فقال لهُ الاسقف تلمبك راضي بان
5 تصير نصرانيًا فقال ذلك الكاتب نعم يا ابي فانّ

Fol. 95 b.
الذي قد رايتهُ وسمعتهُ في هذه | المدينه اضطّرني ان اصير نصرانيًا فقال لهُ الاسقف اي الاهِ تعبد فقال لهُ انا اعبد الشمس فقال لهُ الاسقف فاذا غابت الشمس عن الارض وتلحقك شدّه فاين تجدها
10 لتعينك فقال لهُ الكاتب يا ابي لتدركني رحمتك وتعمّدني انا اطلب اليك ان تصيّرني نصرانيًا مثل رجال هذه المدينه كلهم فقال لهُ الاسقف فهل لك زوجه |

Fol. 96 a.
او بنون امّا هو فقال لهُ انّ زوجتي واولادي في مدينتي ۞ فقال لهُ الاسقف ان كان نعم فليس
15 نباركك الان ليلًا لا يرتضوا زوجتك وبنوك بهذا فيصير بينكم شقاق مع بعضكم البعض ويفترقوا منك وامّا ان تجحدوك العباده والصبغه التي نلتها

Fol. 96 b.
فانّ الخالفة الاولي لم تكن آلّا بالمراة لكن | ان ارتضوا بهذا فتعالوا لاجعلكم مسيحيين فلما سمع
20 الكاتب هذا فرح جدًا حينئذٍ قبل من الاسقف البركه وخرج واستعدّ ليمضى الي مدينته وانّ الشيطان مبغض كلّ خير لما علم انّ الرجل قد مال بقلبه الي اللّه حسده ولما توسّط البحر اقام عاصف شديد الي ان صارت الامواج يعلوا السفينه حتى عن قليل
25 كادت | تغرق ويموت كلمن فيها فصرخ ذلك الرجل

Fol. 97 a.
الكاتب قايلًا يا سيّدى يسوع المسيح عينى في

الشعب الذين اجتمعوا بذلك المكان يصنعون الحانًا Fol. 93 a.
ويقولوا تراتيل دلموه فتعجّب الرجل ومن زيادة
تعجّبه رقد علي باب البيعة فاجتمع الكهنة وبقية
الشعب ايضًا في الليل ليعملوا العيد ✱ فتعجّب
5 الرجل ايضًا جدًا لاجل ما سمع فلما كان باكرًا حضر
ذلك الرجل الي اثنين مسيحيّين سُكّان في تلك
المدينه وطلب اليهم قايلًا ✱ يا اخوتي ما الذي كان Fol. 93 b.
وما هذا الرسم الذي كان في هذه المدينه اليوم
فقالا لهُ اوليك ان اليوم الثاني عشر من هتور وهو
10 عيد رييس الملايكه الاطهار ميخاييل لانه [هو] الذي
يطلب الي اللّه عنا ان يغفر لنا خطايانا وينقذنا من كل
شر فقال لها الكاتب وابن هو ذلك لاتكلم انا ايضًا
معهُ واطلب منه ان ينقذنى من كل شرٍّ فاجابا وقالا
لهُ ليس يمكنك ان تراه الان حتي | تصير كاملًا لكن Fol. 94 a.
15 ان اردت ان تصير مسيحيًا فاطلب منهُ وليس العبد
فقط ترا بل وسيده ايضًا تنظر وتتعجّب من مجده
وهو ينجّيك من كل شرٍ فقال لهم ذلك الكاتب يا
اخوتى اطلب اليكم ان تاخذوني معكم باكرًا واصير
نصرانيا وانا اعطيكم دينارًا لكلّ واحد لان قلبى
20 قد مال الي معبودكم فقال لهُ الرجلين | ليس تقدر Fol. 94 b.
تصير مثلنا حتي يصلي عليك انبنا الاسقف ويرشمك
ويعمّدك باسم الاب والابن والروح القدس فتصير
نصرانيًا لكن طوّل روحك حتي ينفرغ ابينا الاسقف
نحملك اليه ويصيّرك مثلنا اما هو فصنع كما قالا لهُ
25 وتانا ذلك اليوم وفي الغد اتا اليهما وقال لهما يا
اخوتي الصالحين اتبلّاني اليكما لكي اللّه | الذي قلتما Fol. 95 a.

لي من اجله يعطيكما اجركما فاتيا به اوليك الرجلين
المؤمنين الي الاسقف واعلماه بكلما كان فقال الاسقف
لذلك الرجل الكاتب من اي كورة انت فقال لهُ انا
من كورة انتيكي فقال لهُ الاسقف قلبك راضي بان
5 تصير نصرانيًا فقال ذلك الكاتب نعم يا ابي فانّ
الذي قد رايتهُ وسمعتهُ في هذه | المدينه اضطرني ان
اصير نصرانيًا فقال لهُ الاسقف اي الاهٍ تعبد فقال
لهُ انا اعبد الشمس فقال لهُ الاسقف فاذا غابت
الشمس عن الارض وتلحقك شدّه فاين تجدها
10 لتعينك فقال لهُ الكاتب يا ابي لتدركني رحمتك
وتعمّدني انا اطلب اليك ان تصيّرني نصرانيًا مثل
رجال هذه المدينه كلهم فقال لهُ الاسقف فهل لك
زوجه | او بنون امّا هو فقال لهُ انّ زوجتي واولادي
في مدينتي ✱ فقال لهُ الاسقف ان كان نعم فليس
15 نبارككّ الان ليلّا لا يرتضوا زوجتك وبنوك بهذا
فيصير بينكم شقاق مع بعضكم البعض ويفترقوا
منك وامّا ان تجحدوك العباده والصّبغه التي نلتها
فانّ المخالفة الاولي لم تكن آلّا بالمراة لكن | ان
ارتضوا بهذا فتعالوا لاجعلكم مسيحييّن فلما سمع
20 الكاتب هذا فرح جدّا حينئذٍ قبل من الاسقف
البركه وخرج واستعد ليمضى الي مدينته وانّ الشيطان
مبغض كلّ خير لما علم انّ الرجل قد مال بقلبه
الي اللّه حسده ولما توسّط البحر اقام عاصف شديد
الي ان صارت الامواج يعلوا السّفينه حتي عن قليل
25 كادت | تغرق ويموت كلمن فيها فصرخ ذلك الرجل
الكاتب قايلًا يا سيّدى يسوع المسيح عينى في

هذه الشدّه العظيمه وانا اؤمن بالمجد العظيم الذي
رايته في بيعة رييس الملايكة الاطهار ميخاييل لانّى
انا واهل بيتي مقبلين لنكون نصارا الي يوم موتنا
وفي تلك الساعه جآ اليه صوتًا تايلًا لا تخف فليس
5 شيء من الشرّ | يصيبك ففي الساعه صارت الامواج   Fol. 97 b.
الي سكون وهدات السّفينه وسارت مُستقيمه وبامر
اللّه وصل الي مدينته ولم يصيبهُ شي من الشرّ فلما
دخل الي بيتهِ فرح فرحًا عظيمًا وقص على اهله
الاعجوبه التي كانت في البحر وكلما كان منه في
10 مدينة قلونيه ✤ ثم قال لهم ايضا بالحقيقه ان
الشمس التي تخدمها ليست هي الاله بل | هي عبده   Fol. 98 a.
للاله العظيم السماني يسوع المسيح ابن اللّه الحى
ذاك الذي هو اله الكلّ الذي به كان كل شيء وكلّمهم
ايضا بكرامة رييس الملايكة الاطهار ميخاييل فتعجّب
15 ابنه الاكبر عجبًا شديدًا ثم عاد الرجل الي زوجتهِ
وقال لها ان كنتي انتي تطيعيني فقومي تعالي معي
ونصير نصاري ونتعبّد للمسيح من غير ان نشك   Fol. 98 b.
البته وان كنتى غير راضيه فانا اتركك وهوذا قد بقى
لي ثمانية الف مثقال اعطيك منهم الف مثقال
20 وابقي في عبادتك وانا امضى لكي انال مغفرة خطاياي
فقالت له زوجته جيدًا يا اخي وسيّدي بالحقيقه كل
طريق تمضى فيه انا ايضا الي معك والموت الذي
تموت بهِ انا ايضًا اموت بهِ ✤ وهكذا جهّزوا كل مالهم
وركبوا واتوا الي مدينة قلونيه | بمعاضدة اللّه لهم   Fol. 99 a.
25 فمضوا الي الرجلين الاوّلين فسلموا عليهما واعلموهما
انهم قد حضروا ليصيروا نصاري واوليك ادخلوهم

الي الاسقف واعلموا ان هذا ذلك الرجل الذى اتا
زمانًا لكي يصير نصرانيًا فها هو قد اتا انا وزوجته
وبنيه لكي يصيروا مسيحيّين ففرح الاسقف فرحًا
عظيما جدًا من اجل رجعة نفوسهم ۞ فلما دخلوا
5 اليه قال لهم نعم انتم بالحقيقه تريدوا ان تصيروا
نصارا فاجابوا بتواضع قايلين بمشية الله يا ابينا
وصلواتك المقدسه حينيذٍ امر الاسقف ان يهيّوا الاردن
في بيعة رييس الملايكه ميخاييل ووعظ الرجل وزوجته
واربعة اولاده وعبيدهم ثم عمّدهم باسم الاب والابن
10 والروح القدس وكان اسم الكاتب اوّلا كتنسُون فغيّره
واسماه مثاوُس ودعا اسم زوجته السلامه ۞ واربعة
اولادهم اسما الاوّل يوحنا والثاني استفانوس والثالث
يوسف والرابع دانيال ثم قدّم القداس ونالهم
من السراير المُقدسه جسد ودم ربّنا يسوع المسيح ۞
15 ومن بعد الصبغه اقاموا شهر ايّام عند الاسقف
وهو يعظهم بكلام الايمان المستقيم فامّا مثاوُس
الكاتب من زيادة الفرح الذي ادركه دفع ستمايه
مثقال لبيعة رييس الملايكه عن خلاصه بعد هذا
تزوّدوا البركه من الاسقف ليمضوا الي مدينتهم
20 فشيعهم رؤسا المدينه وجميع الشعب بفرح عظيم
وبمشية الله ورجعوا الي كورتهم مسترشدين برييس
الملايكة الاطهار ميخاييل فلما مضوا الي بيوتهم
صنعوا عيدًا عظيمًا لاهلهم وفرّقوا صدقات عظيمه
للعاجزين والارامل والايتام وكان اهل الكورة يتعجبون
25 منهم وكان اسمهم في فم كل احدٍ وكانوا يمضوا في
جميع تلك الكوره بسيرتهم الحسنه فلما كان من بعد

انقضا شهرين ايام تنجّ الانسان المختار مثاوس
وصل الي الساعة الحادية عشرة واخذ | اجرة النهار
كلّه بطلبات رييس الملايكه ميخاييل قايمًا اولاده
الصغار واتمهم فلم يملّوا من الخيرات التي يصنعوها
5 اكثر من زمان حياة ابيهم قاما الشيطان وجنوده
فلم يحتمل ما كان يرا من الخيرات التي يصنعوها
هولاء القديسين بل اقام اهل المدينة عليهم وجعلهم
يبغضوم بغضه شديده فقاموا عليهم واخذوا اموالهم
بالظلم وكلّما كان في خزاينهم ۞ فقال يوحنّا لاتّه
10 واخوته اما ترون اننا قد تعبنا جدًّا من حين مات
ابينا فقوموا بنا نترك هذه المدينه ونمضى الي
مدينة المملكه ونسكن هناك فانه مكتوب في الانجيل
المقدّس اذا طردوكم من هذه المدينه فاهربوا الي
اخري وها هوذا هم قد طردونا واتعبونا فلتكن ارادة
15 الرب علينا وهكذا قاموا في خفيه واخذوا بقيه ما
فضل لهم وذهبوا الي مدينة المملكه وسكنوا هناك
وكانوا يقولوا يا اله رييس الملايكه ميخاييل كن لنا
عونًا ثم زادوا علي صدقاتهم التي كانوا يعملوها
اولًا فلم يحتمل الشيطان هذا لكنه قلق لانّه كان
20 ينظر ان القديسين يعطوا الصدقات بامانةٍ ولم
يعلم ان رييس الملايكة الاطهار ميخاييل كان يفعحه
وهو فكان يزيّر كالاسد فلما مضت ايامًا قليلًا دخلوا
حراس المدينه وسرقوا دار ارخن المدينه الاعظم
واخذوا له اموال عظيمه فاعلم ذلك الارخن الوالي
25 المسلط علي تلك المدينه بهذا فسال الوالي عن
الامر من نواب المدينه وانّ النواب مسكوا الحرّاس

| Fol. 103b. | وكلفوهم ان يبحثوا عن انية | ذلك الرييس وفيما هم
مضطربين لهذا الامر واذا الشيطان قد تشبّه بانسان
وصار يمشى في المدينه كلها ويصرخ قايلًا انا اعرف
من سرق انية سيلون الارخن ۞ لاني ارا هولاي الاربعة
5 صبيان الغربا الذى اتوا الي هنا في هذه الايام هم
الذي دخلوا الي البيت وسرقوه انا اعلم بالحقيقه
ان الامر هو هكذا منذ سكنهم هذه الكورة وان
| Fol. 104a. | رجال تلك المدينه لما سمعوا هذا | اعلموا به الوالي
وفي الساعه جذبوهم بشعور رووسهم كما امر الوالي
10 ورجاو بهم امامه وكانوا يجذبوهم بلا رحمه وكانت امهم
يمشى خلفهم وتبكى وتعزيهم قايلًا ۞ لا تخافوا يا
اولادي لانّ الله الذي امنّا به وعظيم رووسا ملايكته
الاطهار ميجاييل قادر ان يخلصكم من كلّ شرّ ومن
| Fol. 104b. | الذى كذبوا عليكم بسببه | وفيما هي تتكلّم بهذا
15 كان نحوهم صوتا من السماء قايلًا لا تخافوا فاني لا
ادع شيًا من الشرّ يصيبكم انا هو ميجاييل حافظكم
من كلّ شرّ وفيما هم قيام امام الوالي وهو يسالهم واذا
برييس الملايكه قد تشبّه بوزير الملك وانا من بعدٍ
فلما راه الوالي قام ووقف لهُ وطلب اليه ان ياتي
| Fol. 105a. | 20 ويجلس لكي يسمع هو ايضًا هذا الاحتجاج اما هو |
فجلس ۞ فامر القايد ان يقدّم اليه الصبيان فقال
لهم لعلكم ان تردّوا عملة الارخن اليه من قبل ان
اعدّ بكم اما هم فاجابوا قايلين حتّ هو الربّ الاه
المسيحيّين وجد اعظم روسا ملايكته الاطهار ميجاييل
25 لم يتفق لنا مثل هذا الامر ابدًا فقال رييس الملايكه
| Fol. 105b. | ميجاييل للوالي انا اعرف كيف | يظهر الحقّ ۞ ليمسك

الاصغر في اخوة هولاء القوم ويدخل به الي دار رييس
الحراس الذى قلبه متعوب بهولاء الناس ويصرخ
قايلا باسم سيّدي يسوع المسيح تظهر عملة سيلون
الارخن هذه التي اهتمونا بها ففي تلك الساعة يظهر
5 الحق ٭ وللوقت امر الوالي ان يوّخذ الابن الاصغر
ويدخل به الي دار رييس الحراس كما قال | رييس   Fol. 106a.
الملايكه ميخاييل ثم صرخ قايلا باسم سيّدى يسوع
المسيح ورييس الملايكه الاطهار ميخاييل تظهر عملة
سيلون الارخن ٭ وفي تلك الساعه كان صوتًا وكلّ
10 احدٍ يسمعه انزلوا الي اسفل الدهليز فتجدوا كل
شيء٠ وهولاء الصبيان ابرياً كل ذنبٍ فنزلوا الوقت
الي اسفل الدهليز فوجدوا العملة كلها | واعلموا   Fol. 106b.
الوالي بالذى كان فتعجّب جدًا تحوّل وجهه مستحيًا
ان كيف يقول الذى كان لذلك الوزير الذى هو
15 ميخاييل ثم لم يعلم الي اين مضي حينيٍذ تعجّب
جدًا واطلق الاربعة صبيان وهم يريّيٍن فدخلوا الي
بيوتهم وهم معجّدين للّه ورييس الملايكه ميخاييل
فامّا القدّيسين فلم يملوا من الخيرات التى يصنعوها
مع كل احدٍ حتى ان الجميع تعجبوا من سيرتهم
20 الصالحه | وكان ايضًا من بعد زمانٍ مذ كان هذا   Fol. 107a.
سعى انسان في رجلين عند الملك ان لهُ عليهما
دين قديم ٭ فسلّم الملك الرجلين الي اجنادٍ حتى
يعطيه كل منهما مايَة مثقال ولم يكن لهما ما يعطوه
وان القديس يوحنّا وجدهما صدفه فرآ الاجناد
25 يقتلان الرجلين بعير رحمه نقال للاجناد ما هي
العله التي انتم تضربون هذين الرجلين بسببها   Fol. 107b.

فقال له الاجناد انهم ممسوكين على ماية مثقال كل
واحدٍ منهم فقال لهم فاذا اخذتم المايتى مثقال
تطلقوهم فقال الاجناد نعم واذا لم يعطونا اياهم
نسنقتلهم فطلب يوحنا الي الجندان يتاتوا قليلًا
5 الي ان يعرد اليهم اما هو فمضى واحضر المايتى مثقال
ودفعها لهم وعتق اوليك الرجلين والاربعة اجناد
المترسمين بهما دفع لكلّ واحد منهم مثقال | فلم
تحمل الشيطان عدو كل صدّيق بل امتلا حسد على
القديسين من اجل اعمالهم الحسنه فاتار عليهم
10 تجارب صعبه جدّا بزيادةٍ وهي هذا وكان من بعد
هذا استضاف رجل من اهل تلك المدينه برجلٍ
صديق لهُ وكان المسآء وكان ذلك الرجل ساكن
بجناب بيت اوليك القديسين فلما اكلوا وشربوا قام ذلك
الرجل ليذهب الي بيته | وبينما هو ماشى في شوارع
15 المدينه فلدغته عقرب فوقع ميتًا في الساعه ولم
يعلم انسان بما كان وفيما كان حرّاس المدينه يطوفوا
مع اصحابهم وجدوا ذلك الرجل ميتا فاتوا بسراج
وفتشوا جسده ولم يعلموا بما كان منه ثم كفنوه فلما
كان باكرا ارادوا ان يحملوه الي القبر واذا بالشيطان
20 قد تشبّه بانسان وكان يصيح في المدينه كلها
قايلًا ان هذا الرجل الميت | الذى لم يعلم احد من
الناس بموته ولا من قتله لم يكن هذا الشر من احد
من الناس الا هولاء الاربعة صبيان الغربا وانا اشهد
بهذا الامر فذاع هذا الكلام في المدينة كلها فذهب
25 الوالي واعلم الملك كسنطس بهذا وفي تلك السّاعه
امر الملك بان ياتوا بالاربعة صبيان مكتفين اليدين

الاصغر في اخوة هولاء القوم ويدخل به الي دار رييس
الحراس الذي قلبه متعوب بهولاء الناس ويصرخ
قايلا باسم سيّدي يسوع المسيح تظهر عملة سيلون
الارخن هذه التي اهتمونا بها ففي تلك السّاعة يظهر
5 الحقّ ❈ وللوقت امر الوالي ان يؤخذ الابن الاصغر
ويدخل به الي دار رييس الحراس كما قال | رييس Fol. 106a.
الملايكه ميخاييل ثم صرخ قايلا باسم سيّدى يسوع
المسيح ورييس الملايكه الاطهار ميخاييل تظهر عملة
سيلون الارخن ❈ وفي تلك السّاعه كان صوتًا وكلّ
10 احدٍ يسمعه انزلوا الي اسفل الدهليز فتجدوا كل
شيء وهولاء الصبيان ابرياً كل ذنب فنزلوا الوقت
الي اسفل الدهليز فوجدوا العملة كلها | واعلموا Fol. 106b.
الوالي بالذي كان فتعجّب جدًّا تحوّل وجهه مستحيًا
ان كيف يقول الذي كان لذلك الوزير الذي هو
15 ميخاييل ثم لم يعلم الي اين مضي حينيٍذ تعجّب
جدًّا واطلق الاربعة صبيان وهم يريئين فدخلوا الي
بيوتهم وهم ممجّدين للّه ورييس الملايكه ميخاييل
فامّا القدّيسين فلم يملوا من الخيرات التي يصنعوها
مع كل احدٍ حتى ان الجميع تعجبوا من سيرتهم
20 الصالحه | وكان ايضًا من بعد زمانٍ مذ كان هذا Fol. 107a.
سعى انسانٌ في رجلين عند الملك ان لهُ عليهما
دين قديم ❈ فسلّم الملك الرجلين الي اجنادٍ حتى
يعطيه كل منهما ماية مثقال ولم يكن لهما ما يعطوه
وانّ القدّيس يوحنّا وجدهما صدفه فرآ الاجناد
25 يقتلان الرجلين بغير رحمه فقال للاجناد ما هي
العله التي انتم تضربون هذين الرجلين بسببها | Fol. 107b.

فقال له الاجناد انهم ممسوكين على ماية مثقال كل
واحدٍ منهم فقال لهم فاذا اخذتم المايتى مثقال
تطلقوهم فقال الاجناد نعم واذا لم يعطونا اياهم
فسنقتلهم فطلب يوحنّا الي الجندان يتاثروا قليلًا
5 الي ان يعود اليهم اما هو فمضى واحضر المايتى مثقال
ودفعها لهم وعتق اوليك الرجلين والاربعة اجناد
المترسمين بهما دفع لكلّ واحد منهم مثقال | فلم
تحمل الشيطان عدو كل صدّيق بل امتلا حسد علي
القديسين من اجل اعمالهم الحسنه فاثار عليهم
10 تجارب صعبه جدّا بزيادةٍ وهي هذا وكان من بعد
هذا استضاف رجل من اهل تلك المدينه برجلٍ
صديق لهُ وكان المسآء وكان ذلك الرجل ساكن
بجناب بيت اوليك القديسين فلما اكلوا وشربوا قام ذلك
الرّجل ليذهب الي بيته | وبينما هو ماشى في شوارع
15 المدينه فلدغته عقرب فوقع ميتًا في السّاعه ولم
يعلم انسان بما كان وفيما كان حرّاس المدينه يطوفوا
مع اصحابهم وجدوا ذلك الرجل ميتًا فاتوا بسراج
وفتشوا جسده ولم يعلموا بما كان منه ثم كفنوه فلما
كان باكرا ارادوا ان يحملوه الي القبر واذا بالشيطان
20 قد تشبّه بانسان وكان يصيح في المدينه كلها
قايلًا انّ هذا الرجل الميت | الذي لم يعلم احد من
الناس بموته ولا من قتله لم يكن هذا الشر من احد
من الناس الا هولاء الاربعة صبيان الغربا وانا اشهد
بهذا الامر فذاع هذا الكلام في المدينه كلها فذهب
25 الوالي واعلم الملك كسنطس بهذا وفي تلك السّاعة
امر الملك بان ياتوا بالاربعة صبيان مكتفين اليدين

21*

الي خلف وان يعملوا في اعناقهم جنازير ثقالا وبهم
وارقفوهم امام الملك فكان نحوهم صوتا قايلا | لا
تتحانوا نها قد انقضى زمان التعب وحصل لكم
النياح من قبل الرب حينئذٍ لما اقاموهم امام الملك
5 بشبه ظلمه ففي تلك السّاعه تشبّه رييس الملايكه
ميخاييل بشبه اميرا كبيرًا لملك الروم واتى ٭ فلما
راه الملك كسنطس قام ورقف امامه فلما بلغ اليه
جلسا مع بعضهما بعض فلما راى رييس الملايكه
ميخاييل الصبيان | قيام قال للملك كسنطس ما هو
10 امر هولا الصبيان فاعلمه الملك بالذي كان فقال له
ميخاييل فمن يعلم من الذى قتل هذا الرّجل فقال
له الملك قد اخبرتُ ان هولاء هم الذين قتلوه ٭
فقال ميخاييل ان عندنا اذا كان امرًا هكذا وهو ان
يموت واحدًا ولم نعلم ما الذى كان منه فنحضر
15 الرجل الميت في الوسط ونساله فيكلمنا | ويخبرنا
من الذى قتله والان ان كنت تريد ان تعرف الحق
فليتقدّم ايضًا ذلك الرجل الميت الي ها هنا ونسالهُ وهو
يكلّمنا ويعرّفنا من الذى قتلهُ وفي تلك السّاعه امر
الملك فقدموا الميت في الوسط فقال رييس الملايكه
20 ميخاييل لذانيال اصغر اخوة القدّيسين اذهب وقل
لهذا الميت باسم سيّدي يسوع المسيح الاه السّما
والارض اخبرنا | ما الذى كان منك ففعل الفتى الصغير
هكذا وان اللّه محبّ البشر المريد ان يتمّجد اسمهُ
المقدّس في كل مكان ليومنوا به اعاد نفس الرجل
25 اليه مرّة اخري وعاش من اجل خلاص الملك والجميع
كلهُ الذى في تلك الكوره وصرح ذلك الرجل قايلا الويل

لك ايها الملك كسنطس لانك تجاسرت وجلست مع رييس الملايكه ميخاييل رييس اجناد القوات السماييه | ان هولاء الرجال الذين اتهمتموهم هم صديقين وابريا من الذنب وليس هم الذين قتلونى
5 لكن عقرب لدغنى فمتُ لكن لاجل صفوة هولاء الرجال ادركك هذا الخير العظيم واستحقيت ان تنظر الي رييس الملايكه الاطهار ميخاييل والان فقد رايتم اعاجيب الله فارجعوا من كل قلوبكم واتركوا عنكم هذه اللذات وهذه الاصنام الميته التى لا ربح | فيها
10 لكي الله يغفر لكم ما سلف من خطاياكم واما انا فادركتنى نعمة عظيمة لانني رايتُ رييس الملايكه ميخاييل من اجل هولاء الرجال الابرار ¤ وفي تلك الساعه ارتفع رييس الملايكه صاعدا بمجدٍ عظيم والملك ينظره وكل الجميع وهو صاعدا الي السماء
15 واخذ معهُ نفس ذلك الميت الي السموات واما الملك وكل احدٍ فصاروا في خوفٍ عظيم جدًا ومن بعد وقتٍ | كبير اطمان قلب الملك من الخوف ومن ذلك الامر المعجب الذى راه وقام وقبل فم يوحنا قايلًا مباركة هي الساعة التى دخلتم فيها الي هذه المدينه
20 اطلب اليكم ان تعرفونى الاهكم الذى امنتم به لنومن نحن به ايضا فنخلص ¤ فقال لهم يوحنا نحن مومنون بالربّ يسوع المسيح ابن الله الحى فصرخ الملك قايلًا وكل الجميع معه بالحقيقه | اله حى هو يسوع المسيح وليس الاه سواه ¤ فقال يوحنا
25 للملك قم فاكتب لملك روميه قسطنطين واعلمه بكل شئٍ واطلب اليه ان يرسل الينا واحدًا من

الاساقفه الي كورتنا فيعظكم باسم الاب والابن والروح القدس فكتب الملك كسنطس الي الملك قسطنطينوس

Fol. 113b. قايلًا له هكذا كسنطس الذى يقال لهُ ملكًا | استجر
وكتب لعظمه الملك وجلالته قسطنطين عبد يسوع
5 المسيح السلام لك ان نعمه عظيمه قد ادركتنا من
قبل اللّه الصالح فذكرنا واخرجنا من عبادة الاصنام
الطمثه واعادنا اليه من قبل صلاحيتهِ الكبيره
وطلبات رييس الملايكه الاطهار ميخاييل هذا الذى
جعلنى مستحقًا ان انظره بعينى وجعل الميت

Fol. 114a. 10 يكلمنا مشافهه من بعد موته | وبعد هذا مضى صاعدًا
بمجدٍ عظيم ونحن باجمعنا ننظره والان نطلب الي
سيادتك ان ترسل الينا واحدًا من الاساقفه الذي
عندك ليفى لنا بالامانة المستقيمه ويعرّفنا نحن
ايضًا الطريق الموديه الي اللّه ويهب لنا الخاتم
15 المقدس واذا فعلت معنا هذا تنال اكاليلًا عظيمه
عند المسيح علي هذا الامر كن معافا ايها الملك
الالهي بقوة المسيح ملك الكلّ وباجتهادٍ عظيم |

Fol. 114b. احذ الملك البارّ قسطيطين الكتب فقراهم وتعجّب
جدًا مما كان ومجّد اللّه ✠ وباهتمام عظيم كتب الي
20 القديس يوحنّا رييس اساقفه افسُس هكذا ✠ قبل كل
شئٍ اقبل يديك الطاهرين اللتين يقلبوا جسد ابن
اللّه ✠ انه بالحقيقه صار الينا فرح عظيم من اللّه
هوذا انا ارسل اليك انت ايضا فانني عارف انك تفرح

Fol. 115a. بزيادةٍ | اريد ان تتعب تعبًا قليلًا وتجتهد بقلبك
25 كله اذ تعلم ان تعبك لا يسقط فافعل من اجل
المسيح الذي تعب من اجل جنس البشر وتتكلف

وتمضى الى مدينة انتياس لتشفى المرضا الذين بها
باسم المسيح وتخرجهم من خدمة عبادة الاوثان
النجسه وتعمّد باسم الاب والابن والروح القدس فهذا
يصير لك افتخارًا عند الربّ | وعند ملايكته الاطهار Fol. 115 b.
5 لكى نخلص معا بقوة المسيح الاهنا ✱ هذه الكتب
ارسلها الملك قسطنطين الي انبا بوحنا ريس
اساقفة افسُس مع رسالة كسنطس الملك فلما قرا
ريس الاساقفه الكتب فرح جدًا على رجوع الكورة
كلها حينيد اخذ معه شماسين وقسوس واغنسطسين
10 وثلثة مرتلين واثنى عشر من | الشعب واخذ معنا Fol. 116 a.
استعداد الهيكل وهي مايده ذهب واربعة كاسات
فضه وثلثه كاسات ذهب وملعقه من الحجر الكريم
والاربعة اناجيل والمزمور والرسول والابركسيس ورسايل
القتاليقون وعلي الجمله كلّ استعداد البيعة ثم ساروا
15 في الطريق وهم يصلّوا بفرح فلما قربوا من المدينه
عرّفوا الملك | بمجي ريس الاساقفه والذين معه فخرج Fol. 116 b.
الملك ويوحنا وكل جماعة المدينه ليتلقوا ريس
الاساقفه فلما بلغوا الي ريس الاساقفه سجد لُه الملك
وكل الجميع وتباركوا منه وقبض الملك على رسس الاساقفه
20 كلما كان منه واعلمه بيوحنا قايلًا ان من قبل هذا
واخوته رحمنا للّه وهكذا مضوا | الي مدينه بهدو Fol. 117 a.
عظيم وانّ الملك سال ريس الاساقفه وادخلو الي
القصر لانّ المدينه لم يكن بنى فيها كنيسه بعد
فلما كان الغد قال ريس الاساقفه للملك لنحدّد رسم
25 كنيسه فقال الملك يا ابي انّ لي طريق جديد وهم
يبنون فيه امض بنا لننظره فان كان موايق صنعناه

كنيسة فمضى رييس الاساقفه والملك معا فنظروا الى
الطريق | الذى يبنون فيه فارضا ذلك رييس الاساقفه
فامر الملك ان يصرخ المنادي في المدينة كلها ان
ياتى ساير الناس ويعملوا في الكنيسه وهكذا اجمع
5 اهل المدينه كلها وعملوا في الكنيسه من الرييس
الي المسكين حتى الي الملك كان هو ايضًا يعمل
بيديه مثل كل احدٍ مؤمن انه ينال بركه من المسيح
وبارادة الله كمل البنا في ستة عشر يومًا | وكرّز رييس
الاساقفه الكنيسه على اسم العذرى القديسه والدة
10 الاله مريم فلما راى كثرة الجموع يعمدون قال للملك
في اين يعتمد هذا الجميع العظيم لانّ المدينه لم
يكن بنى فيها كنايس ولم يكن فساقى فاجاب الحكيم
يوحنّا وقال للملك ولرييس الاساقفه انا اقول ان
هذه البركة الماء التى هي شرقي المدينه انها
15 مستحقه لهذه الكرامة العظيمة | وفي تلك السّاعه
كان صوت من السّماء وكل احدٍ يسمعه قايلًا هذا
هو الذى رسمه الله يا يوحنّا ابن الرسل ٭ فلما سمع
رييس الاساقفه والملك وكل الجميع ذلك تعجّبوا ثم
امر رييس الاساقفه والملك ان يجتمع الجميع الي تلك
20 البركه وصلّى رييس الاساقفه على الماء كعادة الفسائى
كلّهم وكانت اعجوبه عظيمه في ذلك | الوقت وهو
انه لما بلغ الي التقديس سمع الجميع كلّه صوت من
الماء يقول التقديس مع رييس الاساقفه فلما كمّل
رييس الاساقفه الصّلوات امر ان ينزل الجميع كلّه الى
25 الماء فانطرحوا كلّهم في الماء وهم يصرخون قايلين
ننصبغ باسم الاب والابن ولروح القدس ثم اعتمد

الملك وكل الجمع وانا بهم ريس الاساقفه الي الكنيسه
وقسم | يوحنّا اسقفًا لهم واخوته الثلثه قسم احدهم
قسّيسًا والاثنين الاخر شمامسه ۞ وكان للملك ابنًا
اسمه اقلاس نصيّره شمّاسًا وكان جميع الشعب يبتهلون
5 بالربّ حينيذٍ اهتم ريس الاساقفه بالقربان فرفعهُ
على المذبح وقدّس عليه ۞ فتعجّب الملك وكلّ
الجمع | ممّا رآوا وسمعوا لانهم لم يسمعوا كلام هكذا
ابذا ولم يروا هذا المثال البتّه وهذا كان اوّل مرة
رفع القربان في تلك الكورة ۞

SPECIMEN OF THE ARABIC VERSION

OF THE

ENCOMIUM UPON SAINT MICHAEL

BY

EUSTATHIUS, BISHOP OF TRAKÉ.

اتري تذكرون انتم اوفيميه زوجة ارسطرخوس
الامير هذا الذى ولاه الملك العابد انوريوس على
جزيرة الاترکي انتم تعرفون كلكم ايّها الشعب المحبّ
للمسيح انّ هذا الامير كان عابدًا جدًّا كما يشهد
له بذلك كل احد انّ صلواته وصدقاته صعدت قدّام
5 الله مثل | ترنيليوس زمانًا كان هذا الرجل المكرم [Fol. 133b.]
ارسطرخوس اميرًا ومنذ اخذ المعمودیّة المقدسه من
يد ابينا المكرّم والمعلم العظيم يوحتا لم يفتر من
الصدقات والقرابين في كل اثني عشر من الشهر
باسم رييس الملايكة الاطهار ميخاييل وفي الحادي
10 وعشرين من الشهر باسم العذري الطاهرة مريم
والتاسع وعشرين من الشهر ميلاد ربنا يسوع المسيح
وكان يعطى القرابين | والصّدقات التي لا عدد لها [Fol. 134a.]
لذكر اسم الله الكلمه كان هذا الرجل البارّ يصنع
هذا زمانا كبيرًا من بعد كمل زمانه ليمضى الي
15 المسيح مثل كل انسان فدعا اوفيميه زوجته وقال لها

يا اختى هوذا انتى ترى ان زمانى قد تمّ لامضي
الي الربّ كمثل ابايي كلهم ٭ وقد سمعتى انتى كل
التعاليم المحييه التى اوصانا بها | الاب الطوباذي
يوحنا هذا الذي به استمنأت هذه الجزيره كلها
5 وعرفت اللّه وقد سمعت منه مرار كثيره باذنك في
بيتك يقول ان ليس شيّ اعظم من المحبّه وايضا قال
ان للمرحمه نحر في الدينونه وعلي الجمله بقيّه وصاياه
المعزيه التى قالها لنا من اجل خلاص نفوسنا اعني
ذلك العظيم يوحنا ٭ وايضًا هوذا انا اوصيك وقد
10 جعلت اللّه رقيبى | وامامي من قبل خروجي من
هذا العالم انك لا تفترى ولا تتركي ما كنا نصنعه الان
في اليوم الثاني عشر من الشهر عيد رييس الملايكه
الاطهار ميخاييل والحادي والعشرين عيد الملكه ام
ملك الملوك والتاسع والعشرين ميلاد الاله الكلمه
15 واحذري ان تحتقري قربان رييس الملايكه الاطهار
ميخاييل لانه يطلب عن كل احدٍ فلعلّهُ يطلب
عنّا امام اللّه ليصنع معنا رحمه صدقه ويقبل اليه
نفسى الشقيّه فاما تلك المراة الحكيمه فقالت لبعلها
يا سيدي واخى حىّ هو الربّ الذى امنّا بهِ اننى لا اترك
20 خلفى شيّ ممّا اوصيتني به لكنى ازيد عليه بالاكثر
بل في قلبى كلام اريدك ان تحتملنى نيه وتكمله
لي من قبل ان يدفن جسدك اما هو فقال | لها كلّ
شيّ تريديه قوليه لي وانا اكمله لك بمشيّة اللّه
فقالت لهُ انا اريد ان تامر مصوّر ان ينقش لي صوره
25 رييس الملايكه الاطهار ميخاييل في لوح خشب
وتعطيها لي لاجعلها في قيطرونى الذى انام فيه

وتسلمني لهُ كالوديعه لكي اذ خرجت من الجسد يكون لي حارسًا ومنقيًا من كل الافكار الشريره الشيطانيه | لانك اذا خرجت من الجسد اكل خبزي بالبكا ووجع القلب لان منذ الوقت الذي يمضي

5 زوج المراة عنها ليس يبقى لها رجا في الحياة مرة اخرى وتكون تشبه جسد بغير راس وجسد بعدم الراس هو ميت وحده ۞ لان الحكيم بولس فرغ ان يقول ان راس المراة بعلها وامراة بغير زوج تشبه سفينه بغير مدبر مستعده للغرق | وكل الركاب فيها

10 فالان يا سيّدي واخي كما انك لم تخزن قلبي البتّه بكلمةٍ فهذا الذي سالته منك ايقًا لا توجعني بسببه ليكون رييس الملايكه الاطهار ميخاييل حافظًا لك ۞ فان ليس رجاً بعد لكنني مترجيه رحمة اللّه ورييس ملايكه الاعظم ميخاييل فلمّا سمع الاسفهسلار ذلك

15 الكلام عتجل ليكمّل | ما سالتهُ وللوقت من السّاعه امر ان يوتا اليه مصور حكيم فامره ان ينقش شخص رييس الملايكه الاطهار ميخاييل في لوح خشب ويطليه بالذهب المختار والحجاره الكريمه فلمّا كمله ودفعهُ لها فرحت به جدًا كمثل من وجد غنايم كثيره

20 كما هو مكتوب وقالت لهُ يا سيّدي الاخ لتدركني رحمتك وتسلى في قلبي في هذا الكلام الاخير لكي اذا تخلّا قلبي وصرت ضعيفه فلا ينور علّ شيٍ من الموامرات من بعد دفن جسدك ۞ فقال لها كلما تتمنيه انا مستعد ان اكمله لك كما تعلمي انني لم

25 احزن قلبك في امر من الامور البتّه اما هي فقالت لهُ انا اريد ان تسلّمني ليد رييس الملايكة الاطهار

ميخاييل هذا الذى صوّرتهُ لى فى هذا اللوح الخشب
وتطلب اليه عنّى لكى | يكون لى عضدًا الي يوم
مماتى لانّ بعد خروجك من الجسد لا يبقا لى رجاء
الا باللّه ورييس الملايكه ميخاييل لانك تعلم انّ
5 الامراة الارمله تاكل خبزها بالبكاء والتنهّد فلمّا
سمع ذلك الامير هذا تآلم لاجل هذا الكلام المرّ
الذى قالتهُ لهُ لكنّه تعجّب من عظم امانتها فى
رييس الملايكه الاطهار ميخاييل ثم امسك | بيدها وسلّمها
لرييس الملايكه ميخاييل الذى نقش صورته فى اللوح
10 الخشب وصرخ قايلا يا رييس الملايكه ميخاييل الذى
قتل الثعبان الاوّل الذى زرع العظمه وقاوم سيّده
فربطه وجعله فى البحيره النار المملوه من النيران
والكبريت ايّها السّاجد فى كل حين امام الاب الصالح
من اجل جنس البشر شبه وصورة اللّه | ضابط الكلّ
15 ها انذا اسلّم اليك اليوم اوفيميه زوجتى كمثل الوديعه
لكى تحرسها وتنجّيها من كلّ الموامرات الشيطانيه
التى يثيرهم عليها واذا طلبت اليك تعينها وتسمع
لها وتخلصها لانّ ليس لنا رجآء الّا اللّه واياك فلمّا
سمعت اوفيميه فرحت جدًّا ووقفت بامانةٍ عظيمه انّ
20 ليس بقى سيّ من حيل الشيطان يقدر عليها من
ذلك | الوقت لانّ رييس الملايكه ميخاييل صار
لها حارسًا * ومن بعد هذا اخذت صورة رييس
الملايكه المنقوشه فاقامتها فى القيطون الذى تنام
فيه وصارت ترفع امام الصورة بخورا فايق وقنديل
25 موقودًا امامها ليلا ونهارًا بغير فتور وكانت تسجد لهُ
ثلاث دفوع فى كل يوم وتساله ان يعينها * وكان

Fol. 140b. من بعد هذا | افتقد اللّه الامير ارسطرخوس العابد
الذي سبقنا فذكرنا اسمه عن قليل فمضى الي
طريق ساير الناس فاما اوفيميه المراة الحكيمة[1]
زوجة ارسطرخوس الامير فلم تمل من الصدقات
5 التى تصنعهم والقدّاسات التي كان ارسطرخوس
يعملهم وهو حتى قبل وفاته باسم رييس الملايكه الاطهار
ميخاييل ۞ وكانت مسرعه في ان تزيد عليهم
Fol. 141a. جدا اكثر من ذلك الزمان الذي | زوجها حىّ ۞
وان الشيطان المبغض الخير لجنسنا منذ الاول لم
10 يحتمل ان ينظر الي تلك الخيرات التي كانت الامراه
تعملهم باسم رييس الملايكه الاطهار ميخاييل محسدها
واراد ان يضيع اجرها الذي كانت تترجاه من اللّه
ولمّا كان ذات يوم التمس شكل راهبه وسار معه شياطين
اخر في شكل عذارا لابسين اساكيم ذهب وجا فوقف
Fol. 141b. 15 عند باب بيتها وارسل اليها جاريه قايلاً اذهبي
نقولي لاوفيميه النقيه زوجة ارسطرخوس الامير ان
هوذا عذري راهبه واقفه علي الباب تريد ان تخضع
لك هي وبنتها معها وان تلك الامراة الحكيمه لما
سمعت هذا الكلام خرجت الي الباب الرابع من
20 بيتها وامرت ان تدخل اليها تظنّ انها راهبه بالحقيقه
Fol. 142a. خرجوا العبيد | فرآوه واذ هو الشيطان قايمًا متوشحًا
باسكيم زور ۞ فسجدوا لهُ فامره بالدخول هو والذين
معه ۞ فدخل الشيطان ووجهه مطرق الي الارض كانها
راهبه بالحقيقه والذين معه عملوا م ايضًا هكذا فلما

---

[1] On the margin المحتشمه.

راتهم اوفيميه البارّه وهم بهذا الشكل هكذا تعجبت
جدًا من عظم تواضعهم فقامت وامسكتهُ لانه كان
لابس شكلَ | امراه وادخلتهُ الي بيتها فلما بلغ الي Fol. 142b
القيطون حيث صورة رييس الملايكه ميخاييل خاف
5 ذلك الشيطان ان يدخلهُ هو ومن معهُ فاما تلك
الامراة الحكيمه فكانت تكرمهم قايله اصنعوا محبه يا
احباى الاخوات وادخلوا الي هذا القيطون لتحلّ (sic)
صلواتكم المقدّسه فيه الانى اشهد لكم اللّه علىّ
وربيس ملايكته الاطهار ميخاييل ان مذ يوم توفي
10 زوجي الطوبانى ارسطرخوس | والي الان لم يدخل Fol. 143a
انسان قطّ من داخل باب هذا القيطون الّا جواري
خاصّه الذين يخدموني في حاجة الجسد والنسوان
اقاربي المتقيات الآتيات الىّ ليتفقدوني كحبّة اللّه ٭
فاجاب الشيطان المتشبّه بالراهبه قايلًا لماذا لم
15 يدخل رجلًا البتّه من داخل قيطونك وكل مكان لا
يكون فيه ذكرًا ليس يكون معونة اللّه فيه ٭ وجميع Fol. 143b
النسوه اللاتى على الارض متزوّجين سوا امراةً واحدةً
وهي مريم امّ المسيح ٭ واذا اردتي مرضاة اللّه من
كل قلبك فانا ابشر عليكِ با مير صالح امام الربّ فقالت
20 وما هو فقال الشيطان اما تعرفي السيد اللوروخس
الربيس العظيم هذا كبير في اصلاح امر الملك
انوربيوس هو نسيبي وهو قريب الملك في جنسه Fol. 144a
وقد ماتت امراتهُ قبل هذه الايام وعند ما سمع بنياح
زوجك ارسطرخوس الامير الجلّ قال ليس هو عدل ان
25 اتزوّج امراة حقيره دون كرامتى لكن اقوم فاتزوّج
اوفيميه الباره وهي انتى واتقدّم لها الارجوان اكثر

من المرة الاولي وقد اعطاني هذا المهر كي اعطيه
لك ليطيب قلبك ان تجلسي معه فانهُ كبير في البلاط
والملك | يحبهُ جدًا ۞ وللوقت اوراها ذهب كثير وفضة
وحلى ذهب يقصد تطغيها بحيله الشريرة وان العفيفه
5 اجابت بوداعة عظيمه كيف يمكنني ان اعمل امرًا
هكذا من ذاتي وحدي دعيني حتي امضي واستشير
كفيلي الذى سلمني اليه زوجي الطوباني قبل خروجه
من الجسد فان امرني ان اقيم مع زوج | فانا اقيم
من غير تشكّك واذ لم يامرني بذلك فلا افعل شيء
10 من ذاتي ابدًا فاجاب الشيطان قايلًا واين هو ذلك
الكفيل فقالت اوفيميه ها هوذا داخل قيطوني معي
مذ يوم سلمني له زوجي يحرسني ليلا ونهارًا والي
هذه الساعه ۞ فاجاب الشيطان وقال لها اتعلمين
انك قد وضعتى في قلبك ان تكمّلي وصايا | الربّ
15 فها هوذا قد صرتي مدانه بهم كلهم لانّ الربّ قال
انّ الذي يسقط في وصيّة واحده فهو مدانًا بالكلّ
اما تعرفي ان اللّه يبغض الكذب جدًا وداورد ايضًا
يقول في المزمور الخامس الربّ ينبذ كل الناطقين
بالكذب فمتى اعتمدتي الكذب فان اللّه يهلكك
20 سريعًا الم تقولي لي عن قليل ان من يوم خرج
زوجي من الجسد والي | هذه الساعة لم يدخل رجل
واحد الي قيطوني حتى ولا عبيدى فاجابت اوفيميه
قايله اني انما قلتُ لك الحقّ ولم اكذب اقول لك
يا اختي المكرّمه واحلف لك باللّه ضابط الكلّ
25 وبرييس ملايكته الاطهار ميخاييل الذي قتل الحيّة
الاولي انّ مذ يوم توفي الطوباني زوجي والي هذا

| Fol. 146b. | اليوم لم يدخل رجل واحد داخل باب قيطوني
ولم احتمل ان يقترب مني فلا سيما ان يرا وجهي
فاجاب الشيطان المتشبّه بالراهبه وقال لاورببيته الم
تقولي من الاوّل انه منذ تنيّح زوجي لم يدخل الّي
5 ولا رجل واحد فها هوذا الان قد اخطيتي واكملتى
الاثم اذ حلفتى كاذبه الم تقولي لي عن قليل دعيني
| Fol. 147a. | اولًا ادخل الي قيطوني لاستشير كفيلي الذي سلمني
زوجي لهُ من قبل خروجه من الجسد اليس الكفيل
رجل هل يوهن كفيل علي امراة قطّ هوذا الرجل
10 الان داخل قيطونك وقد وجدتهُ انا من داخل
مخدعك فالا قد كذبتي واقسمتي كذبًا وانا فلا
اقبلك البته ولا اخذك لقريبي ولو دفعت لي جميع
| Fol. 147b. | ما لك امّا اورببيته فضحكت ضحكًا روحانيا وقالت
للشيطان المتشبّه بالراهبه يا اختى انّ هذا الامر
15 عسر عليّ معما انّ ليس هذا المال ولا هذا الحلى
الذي احضرته معك فقط بل ولو اعطيت بالحقيقه
الاموال والتحف التي في قصر الملك الباز انوريوس
| Fol. 148a. | وجميع زينته وكل كنوز العالم لا يكون لي ان احالف
العهود التي قرّرتها مع الطوباني بعلي ارسطرخوس
20 الامير الجليل ولا اتفق مع رجل اخر غريب حتي امضى
اليه طاهره من كل دنس واذا قلت ان كفيلي داخل
قيطوني لم اكذب فان الكفيل الذي سلمنى اليه
سيّدي وبعلي هو اشد من كل الكفلا الذى للعالم ٭
| Fol. 148b. | فانه غير محتاج ان يعرّفه احد عن خطيه ولا عن
25 صلاح ومهما اضمرناه او نكرناه في قلوبنا وحواسنا
يعلمهُ للوقت وانّ خطر ببال احد فكر شيطاني

فيمضى ويتوكل[1] ذلك الكفيل للوقت ويستشفع باسمه
خاصّه وان احتاطت عساكر الشيطان احد وسيّجت
عليه فياتيه ومن ساعته يتفرّقون مثل الدخان
وان اخترتي يا اختي فانا اسلمك لذلك الكفيل
5 ليكون لك انتي ايضًا معينًا الي يوم خروجك من
الجسد * ومن بعد موتك ايضًا يسلمك الي الاله
الصالح مثل قربان طيب وترثين الحياة المؤبده
فاجاب ذلك الشيطان المتشبّه بالراهبه وقال لها
اريني انا ايضا هذا الرجل فانه كما تقولين عظيم
10 هو غناه | فاجابت اوفيميّه وقالت لها قومي بنا
لنحوّل وجوهنا لناحية الشرق ونصلى صلاة امام
الرب وتعترفي لذلك الكفيل بما قد اضمرتيه في
قلبك وتقولين هكذا * اللهم اغفر لي عمّا اضمرتهُ في
هذا الكفيل وهذه المراة التى سلمها زوجها لهُ وانني
15 لا ارجع افكر هكذا في قلبي بقدوس اللّه ابدا فاذا
انتى اعترفتي هكذا انا اريك | الكفيل مواجهك ومن
بعد ذلك تسالينه في معونتك واسعافك فقال لها
الشيطان ان علّى وصيه من قبل ان اتوشم بهذا
الاسكيم المقدّس انني لا ابسط يدي للصلاة حتي
20 اعود الي مكاني ولا اكل مع احد من العلمانيين اذ
لم يكن متشكل بشكلنا فاجابت اوفيميّه وقالت
للشيطان انك قد قلتى لي ان من حفظ الناموس
كله ويسقط | في شيّ واحد فقد صار مدانا بالكلّ

---

[1] On the margin يقصد.

فهوذا انتى قد وقعتى من فمك وحدك وخالفتى
وصايا الربّ التى اوصا بها رسله القديسين منذ
البدء فقال لها الشيطان وما هي الوصايا التى
خالفتها اعلمينى بهم ليلا اقيم عليك حرب عظيم
5 للموت اذ لم تظهر بهم لى الان فاجابت اوفيميّه
وقالت لذلك الشيطان | اليس في الاوّل اوصا مخلّصنا Fol. 151a.
الصالح تلاميذه عند ما ارسلهم ليكرزوا قايلاً وايّ
بيت دخلتموه فسلموا عليه وقولوا السلام لهذا
البيت فان سلامكم يحلّ عليه وان كان لا فسلامكم
10 يرجع اليكم واوصاهم ايضًا ان يصلوا في الموضع
الذي يدخلونه وان ياكلوا ايضا مع كل احدٍ ما خلا
الذين لا يعترفون بان المسيح جآ | بالجسد اذ Fol. 151b.
قال كلوا ممّا يقدّم لكم وكلوا بغير فحص وكلوا
بشكر وقد اوصانا الرّسول ايضًا في رسايله قايلا هكذا
15 صلّوا بلا فتور واشكروا في كل شيء وان رجال اللّه
ايضًا يصلّون علي الدوام ليلًا ونهارًا فان كنتى
انتي امراه وليس فيك شيٍّ من اصل المكر فانهضى
بنا نصلى ومن بعد الصّلاه | انا احضر لك ذلك Fol. 152a.
الكفيل ونراه ونسلم عليه ثم لفم وان كنا غير
20 مستحقين لنظر وجهه * فلمّا علم الشيطان ان
اوفيميّه قد حصرتهُ من كل جههٍ احتار كيف يهرب
فبدا يغيّر شكله وتشكّل بشكل شنع جدا * وان
تلك المراة الكريمه اوفيميّة لما رات ان شكله قد
تغيّر خافت جدًّا | وصرخت قايله يا رييس الملايكه Fol. 152b.
25 ميخاييل اغتنى في هذه الساعة الشديده يا من
سحق كل قوة العدوّ اغنّي فانك تعلم يا سيّدي ان

الطوباني زوجي اسلمني اليك قبل خروجه من الجسد
لكي تحرسني وتكون لي حصنا منيعًا من كلّ
مضرّات العدوّ ولما قالت هذا رشمت ذاتها باسم
الاب والابن والروح القدس | وفي تلك الساعة انحل Fol. 153a.
5 الشيطان وكل انعاله من قدامها كمثل العنكبوت
ومن بعد ذلك بزمانٍ ظهر لها الشيطان بشكل
انسان حبشي شنع جدًا وعليه جلود المعزي وعينيه
مملوه دمّا وشعر راسه مثل شعر خنزير برّي وفي يديه
سيفين مسلوله يلمعان جدا ٭ نوقف | امامها وكانت Fol. 153b.
10 رايحته فايحه امامها كثيرًا فلمّا راته اوفيميه انه قد
تغيّر في شكله نهضت للوقت ودخلت الي قيطونها
ومسكت المثال الذى صورة ريس الملايكة ميخاييل
مصوّرة فيه وكانت تعانقه وتصرخ قايله يا ريس الملايكه
الاطهار ميخاييل اعنّي ونجنى من هذا المكّار وان
15 الشيطان وقف خارجًا | من باب القيطون فانه لم Fol. 154a.
يقدر ان يدخل لاجل مجد ريس الملايكه ميخاييل
الذى ملاه وجعل اصابعه في انفه وصاح من انفه
صارخا قايلا الغوث ما الذى ائعله ياوفيميه دخلت
اليك اريد ان اطغيك واحدتك الي الهلاك معى
20 فغلبتيني بهذا اللوح الخشب الذى مسكتيه انا من
الاوّل حرّكت شعب اليهود علي ماسيا | الذي يُدعى Fol. 154b.
المسيح ظانًّا اني ابطل قوّته فذلني وكل قوتي عند
خشبة الصليب ومنذ البدء انا الذى اطغيت ادم
وحوّا وصيّرتهم خالفوا وصيّة اللّه وغربتهم من
25 الفردوس والمساكن النورانيّه وانا ايضًا الذي اطغيت
الملايكه حتى سقطوا من مجدهم انا الذى جعلت

ENCOMIUM OF EUSTATHIUS.

الجبابرة اخطوا حتى محقهم اللّه بما الطوفان
وانا الذي عرّفت اهل سدوم وغامورا | وثادوريم
وراوبن ان يصنعوا هذه الاثام حتى امطر اللّه عليهم
نارًا وكبريتًا ومحقهم وانا الذي علمت ازبال الحطا
5 وقتلت احاب معها بمخالفتها وانا الذي هيّجت
بني اسراييل على هرون حتى كلّفوه ان يصنع لهم
العجل يعبدوه وغضب اللّه عليهم وابادهم وعلي
الجملة انا الذي جعلتُ كل الخطايا يا ميخاييل
انت الذي اسقطني من السمآء وملايكتي والقيتني في
10 البحيرة النار المتوقده ٭ يا ميخاييل ها قد تركتُ لك
السمآء والارض وصرنا نتطاير في الحرّ وحدنا ونصيد
الذين نقدر على صيدهم واحد بالزنا واخر بالفسق
واخر باليمين الكاذب واخر بالنميمه واخر بالمكر
واخر بالحيل واخر بالحسد واخر بالاحتقاد واخر
15 بالسرقه وان علمنا اننا لا نقدر على احد | نصيده
هكذا جلبنا عليه نومًا ثقيلًا حتى لا يسهر يصلي
على خطاياه ولا مرّه واحده فالان هوذا قد تركنا لك
السمآء والارض حتى لا ننظر وجهك لانّ صورتك
مخيفه لنا جدا وحليتك التي هى مصوّره في هذا
20 اللوح الخشب المذهب منقوشه للاشفيّه غلبت
بهذه القوه العظيمة اليوم خشبه عملت صليب
فحطمت اصلي قبل اليوم وخشبه ايضا | منقوش
فيها صورتك يا ميخاييل هي التي منعتني وغلبتني
وكل (sic) قوتى اليوم ولم تدعني ان اكمل مشيتى اليوم
25 مع اوئيميّه للغوث اليوم فانّ ميخاييل اتعبني
من كل جهه ما الذي اعمل يا اوئيميّه وانتى تقولي

Fol. 155a.

Fol. 155b.

Fol. 156a.

Fol. 156b.

انني ما اقدر عليك لانك قد تعلقتى بهذا اللوح
الذي في يديك فان كان نعم فاعلمى انني اتي
اليك في يوم لا تعرفيه وهو الثاني عشر من | بوُّونه
في ذلك اليوم يكون ميخاييل وجميع الملايكه
5 مجتمعين ساجدين خارج حجاب الاب من اجل
مياه نهر مصر ولاجل النداء والامطار فاني انا اعلم
هذا انه يقيم ثلثة ايام وثلثه ليال لايفتر من الطلبه
ساجدًا من غير ان يرفع راسه حتي يستجيب اللّه
له ويهبه جميع مسالاته هوذا انا اجيبك في | ذلك
10 اليوم واهيى قوات عظيمه وامسك هذا اللوح الذى
في يديك واجعله جزوًا جزوًا على راسك حتى انظر
اين تجدي ميخاييل رييس الملايكه ليعينك في
ذلك اليوم فلمّا سمعت المراة الحكيمه هذا اخذت
صورة رييس الملايكه ميخاييل وطردته بها حتى
15 خرج عن باب القيطون وفي تلك الساعه صار غير
طاهرًا امامها فاما تلك المراة | الكريمه اوفيميه
فصارت تصنع طلبات عظيمه وصلوات كثيره ليلًا
ونهارًا مذ يوم مضى عنها الشيطان الي اليوم الذى
قال لها انني انيك نيّه واحاربك وهو اليوم الثاني
20 عشر من بوونه وكانت تطلب من اللّه ورييس
الملايكه ميخاييل المعونه والظفر فلما كان في الثاني
عشر من بوونه عيد رييس الملايكه ميخاييل اعدّت
اوفيميّه كلّ ما | تحتاج اليه لعيد ميخاييل من
القربان والخمر للشعب في الكنيسه وهيّت للاخوه
25 في بيتها بعد البركه وعلى الجمله اعدّت العيد
حسنًا كما ينبغي لانها كانت غنيّه جدًا وانّ الشيطان

مُبغض الخير كلّ حين لم يحتمل ان ينظر الصّالحات التي صنعتهم هذا المراه وعيتهم لعيد رييس الملايكت الاطهار ميخاييل ۞ فلما كان النهار | باكر الثاني عشر من بوونه فيما هي قايمة تصلى وقت
5 الصباح وتسال اللّه باسم رييس الملايكه ميخاييل ان يقف معها حتى تكمل الخدمه التى ابتدات بها وينجّيها من جميع حيل الشيطان واذا بالشيطان قد اقبل ووقف امامها بشبه رييس ملايكه ولهُ اجنحه عظيمه متمنطق بمنطقةٍ دهب على حقوية مرصعه
10 بحجارٍة كريمه ۞ | وعلى راسه اكليل مصنوع من جواهر كريمة مُثمنه وبيده اليمنى قضيب من ذهب لكن ليس عليه علامة القليب نجا ووقف امامها وهو بهذا الجد العظيم فلما راتهُ خافت جدًا وسقطت على الارض امّا هو فعضدها واقامها وقال لها لا
15 تخافى ايتها المراة الكريمه امام اللّه وملايكته الاطهار ۞ | افرحى ايّتها المراة الذى وجد الطوبانى بعلها نعمه قدام اللّه وانتى ايضا صارت طوبانيتك مثل المصباح يضى قدام اللّه افرحى يا من صارت ترابينها وصدّقاتها مثل السّور يصدّ عن المسكونه
20 كلها طغيان الشيطان الشرير صدّقينى ايتها المراة المباركه فانى اتيتُ من عند اللّه ضابط الكل لما رايت صلواتك التى صنعتيهم اليوم صعدوا قدام اللّه| مضيّة اكثر من الشمس اضعافا كثيره بشعاعٍ عظيم جدا حتى اضطربت جميع عساكر الملايكه وارسلنى
25 اللّه اليك وقال لى كلام اقولهُ لك فاسمعى جميع ما يخرج من فى لتنجدى كرامه عظيمه قدام اللّه

اما تعلمين ان اللّه قال ان الطاعة افضل من
القرابين فان كنتى لا تسمعى الذي اقولهُ لك فليس
انا الذي | تخالفينى بل اللّه فقد كتب انّ كل من
هو غير مُطيع فانه صاير للهلاك فاجابت تلك المراة
5 الحكيمة قايلهُ عرّفنى ما هو الكلام الذي امرك اللّه
ان تقولهُ لي وانا اصنعهم واحفظهم فاجاب الشيطان
وقال لها ان اللّه اوصانى ان اخرج من عنده واتي
اليك واقول لك لا تتلفي اموال الطوبانى زوجك وتقولى
انى اصنع صدقات لخلاص | نفسه هوذا زوجك قد
10 ورث خيرات ملكوت السموات كفّي قليل عن هذه
القرابين وهذه الصدقات الكثيرة التي تصنعيهم فى
عندي اصرفى قليل وادعى في بيتك قليل ليلا تعوزي
بعد زمان ثم بعد هذا اذا راي الشيطان هذه
الصدقات هكذا يحسدك ويبذّر ما لك كما بذّر مال
15 ايّوب | فان ايّوب قد كان هو ايضا يفعل هكذا
للمساكين فلهذا ضاع كلما لهُ وانحل جسده بالدود
الردى ومات مع ما حصل لهُ من الحزن علي اولاده
وبناته فان البيت وقع عليهم وماتوا كلهم في
دفعةٍ واحدة والقديس دويد ايضا حسده من اجل
20 الصدقات التي كان يصنعهم فانه كان يكفن اجساد
الموتي الذين يجدهم ويدفنهم فغار عليه ايضا
وجلب عليه المسكنة معما | انّه كان غنيًا جدّا
واخيرًا جعل العصافير دمعت في عيناه فعمي وليس
الطيور هم هكذا لكنه الشيطان وجنوده تشبهوا
25 بالطيور واعبره لاجل حسدهم لهُ والان يا ابنتى ان
انتى اطعتينى كاوامر الرّب والا انتى تقعى في هذه

الافعال هكذا لان اللّه قال لي ان اقول لك ان ليس
لك ولد من الطوباني زوجك ارسطرخوس الامير
والان | فقومي وتتزوجي برجل جليل لتتزرقي منه الاولاد Fol. 163a.
لكي اذا خرجتى من الجسد يرث كل مالك ويكون
5 يجدّد ذكرك بعد موتك فاذا اقتمى بغير ولي فلا
يكون لك رجآ ابدًا * وامرني الرب ايضا ان اقول
لك ان كنتى لا تطيعيني وتتزوجي احدًا والا فتزوجي
باللوروخس الذي يحارب اتوريوس الملك * | لانه Fol. 163b.
هوذا قد هيا عساكره يريد ان يقلع منه المملكه
10 ويسلط علي جميع كنوز الروم وان تلك المراة الحكيمه
اوفيميه ادركت حيل الشيطان وعلمت انه هو المتكلم
معها بكلام مملو ارجاع فقالت له اعلمني في
ايّ الكتب مكتوب ان لا اصدّي وان لا اصنع قربان
وان لا اصلي وان اتزوج رجلين لانا نجد اللّه | Fol. 164a.
15 يوصيتا في اماكن كثيره قايلا ان المحبّه تغطي
كثرة الخطايا وايضا ان الرحمه يكون لها فخر في
الدينونه وسمعنا ايضا النبيّ يصرخ قايلًا احملوا
ترابينكم وانطلقوا فادخلوا ديار وفي موضع اخر
يقول ذبيحه وتسبيح هو يمجدني وايضا ذبايح
20 اللّه قلوب طاهره وسمعنا بولس ايضا المعلم يكرز
لنا * | بكلامه الحلو قايلًا صلوا بغير فتور واشكروا Fol. 164b.
في كل شئ وتقولي اجلس مع رجلين لا سيما الرجل
الذي ذكرتُ لي اولًا ان اجلس معهُ هو هراطقى ليس
له الاه هذا الذي يهلكهُ اللّه سريعًا ويجعل في فاه
25 لجام ويربطه في لجّة البحر ويذله مع كل قوته تحت
رجلين الملك البارّ اتوريوس وايضًا لاجل الزوج

24

اما تعلمين ان اللّه قال ان الطاعه افضل من القرابين فان كنتى لا تسمعي الذي اقولهُ لك فليس انا الذى | تخالفينى بل اللّه فقد كتب انّ كل من هو غير مُطيع فانه صاير للهلاك فاجابت تلك المراة الحكيمه قايلهُ عرّفنى ما هو الكلام الذى امرك اللّه ان تقولهُ لي وانا اصنعهم واحفظهم فاجاب الشيطان وقال لها ان اللّه اوصانى ان اخرج من عنده واتي اليك واقول لك لا تتلفي اموال الطوبانى زوجك وتقولى اننى اصنع صدقات لخلاص | نفسه هوذا زوجك قد ورث خيرات ملكوت السموات كقيمى قليل عن هذه القرابين وهذه الصدقات الكثيره التى تصنعيهم فى عندي اصرفي قليل ودعى في بيتك قليل ليلا تعوزي بعد زمان ثم بعد هذا اذا راي الشيطان هذه الصدقات هكذا يحسدك ويبذّر ما لك كما بذّر مال ايّوب | فان ايّوب قد كان هو ايضا يفعل هكذا للمساكين فلهذا ضاع كلما لهُ وانحل جسده بالدود الردى ومات مع ما حصل لهُ من الحزن علي اولاده وبناته فان البيت وقع عليهم وماتوا كلهم في دفعةٍ واحده والقديس دويد ايضا حسده من اجل الصدقات التى كان يصنعهم فانه كان يكفن اجساد الموتي الذين يجدهم ويدفنهم فغار عليه ايضا وجلب عليه المسكنه معما | انه كان غنيًّا جدًّا واخيرًا جعل العصافير دمعت في عيناه فعمى وليس الطيور هم هكذا لكنه الشيطان وجنوده تشبهوا بالطيور واعبره لاجل حسدهم لهُ والان يا ابنتى ان انتى اطعتينى كاوامر الربّ والا انتى تقعى في هذه

الافعال هكذا لان اللّه قال لي ان اقول لك ان ليس
لك ولد من الطوبانى زوجك ارسطرخوس الامير
والان| فقومي وتزوجي برجلٍ جليل لتُرزقي منه الاولاد
لكي اذا خرجتى من الجسد يرث كل مالك ويكون
5 يجدّد ذكرك بعد موتك فاذا اقتنى بغير ولدٍ فلا
يكون لك رجاً ابدا * وامرني الرب ايضا ان اقول
لك ان كنتى لا تطيعيني وتتزوجي احدًا والا فتزوجي
باللورورخس الذي يحارب انوريوس الملك * | لانه
هوذا قد هيا عساكره يريد ان يقلع منه المملكه
10 ويسلط على جميع كنوز الروم وانّ تلك المراة الحكيمه
ارفيميته ادركت حيل الشيطان وعلمت انه هو المتكلم
معها بكلام مملو اوجاع فقالت له اعلمني في
اىّ الكتب مكتوب ان لا اصدّق وان لا اصنع قربان
وان لا اصلي وان اتزوج رجلين لانا نجد اللّه |
15 يوصيتا في اماكن كثيره قايلا ان المحبه تغطى
كثره الخطايا وايضا انّ الرحمه يكون لها نطر في
الدينونه وسمعنا ايضا النبىّ يصرخ قايلا احملوا
ترابينكم وانطلقوا فادخلوا ديار وفي موضع اخر
يقول ذبيحه وتسبيحٌ هو يمجدني وايضا ذبايح
20 اللّه قلوب طاهره وسمعنا بولس ايضا المعلم يكرز
لنا * | بكلامه الحلو قايلا صلوا بغير فتور واشكروا
في كل شئ وتقولي اجلس مع رجلين لا سيما الرجل
الذي ذكرتهُ لي اولًا ان اجلس معهُ هو هراطقى ليس
له الاه هذا الذي يهلكه اللّه سريعًا ويجعل في فاه
25 لجام ويربطه في لجّة البحر وبذله مع كل قوته تحت
رجلين الملك الباز انوريوس وايضًا لاجل الزوج

الثاني فقد اعلمنا سُليمن بهذا في | جوابه انّ Fol. 165a.
الزوج الاوّل الذي للميام اذا مات لا يجلسوا مع
زوج اخر مرّة اخري بل يذهبوا الي البريّه ينوحوا
الي يوم الممات ويعلمنا ايضًا انّ جنس الغربان لا
5 يجلسوا مع ذكرٍ غريب بل ذكرٍ واحد وكما انّنا
نشق ثيابنا علي اخٍ لنا عند ما يموت هكذا
يكون اذا مات زوج احد الغربان تخرج لسانها
وحدها وتشقّه بظفرها | لكي اذا زعقت بلغتها يعلم Fol. 165b.
كل احدٍ انّ ليس لها زوج من اجل هذا اذا اراد
10 غراب ان يغصبها تصرخ فللوقت اذا سمعوا صوتها
يعلموا ان واحدًا اراد ان يغصبها بلسانها
المشقوق وهكذا تجتمع ساير الغربان ويساعدوها
وينتهروا ذلك الذي اراد ان يغصبها فلهذا اذا
نظروا الصّبيان الي الغربان مجتمعين هكذا | Fol. 166a.
15 وهم يصرخون قاصدين زجر ذلك الذي يقصد
الاغتصاب لانهُ اراد ان يطغي الذي اوصاهم اللّه
عليه فيقولوا اوليك الصّبيان الجهله ان الغربان
يصنعوا عرسًا ولم يعلموا انهم يقصدوا ان يزجروا
ذلك المريد الخطاء بتلك التي مات زوجها فلا
20 يكون لي ان اخلط مع سيّدى ارسطرخوس بعلي
زيجةٍ اخري ابدًا ولا افتر | من قرابيني وصدقاتي Fol. 166b.
التي كنت اصنع قبل موت الطوباني زوجى باسم ريس
الملايكه الاطهار ميخاييل لكن عرّفيني من انت
هكذا اذ انت لابس هذا المجد العظيم ومن اين
25 اتيت وما اسمك فان مجيّك الى قد انلقنى جدًا ٭
فاجاب الشيطان قايلا اليس انتى سالتى اللّه منذ

ENCOMIUM OF EUSTATHIUS.

اليوم الذي جا اليك الشيطان فيه | المتشبّه بالراهبه
واراد ان يطغيك الم يقول لك انّهُ ياتى اليك في
اليوم الثانى عشر من بوونه وهو عيد رييس الملايكه
فانّ رييس الملايكه ميخاييل لا يتفرغ في ذلك اليوم
5 من السجود امام اللّه من اجل مياه الانهار والمطر
والبشدا * والان فانا هو ميخاييل رييس الملايكه
ارسلنى الربّ اليك لاعينك قبل غروب الشمس اليوم
ليلا ياتى زارع الشرّ | فيصنع بك شرًّا فلذلك يجب
عليك ان تاتي وتسجدي لي فانى تركت ملايكتى
10 واتيت اليك فاجابت اوفيميّه وقالت لهُ سمعت في
الانجيل المقدس ان في الزمان الذي تقدم الشيطان
الي مخلصنا الصالح لكي يجرّبه فقال لهُ اركع لي
ساجدًا وانا اعطيك جميع ممالك العالم وكلّ مجدهم *
وللوقت علم المسيح انه الشرير | فزجره فلعلّك
15 انت هو ذاك تريد تطغيني * فاجابها الشيطان
ليس انا هو ذاك لا يكون لي ان اكون هكذا ابدًا
ومن اين يجد ذاك هذا المجد العظيم الذى انا
لابسه لانّ من الوقت الذي خالف وصيّة الربّ فيه
غضب عليه وامرني انا ميخاييل نعزّيته من جميع
20 مجده فاجابت المراة الجليله قايله ان كنت
انت | هو ميخاييل فاين هي علامة الصليب التى
علي صليبك كما انا اراه منقوش في هذه الصوره
التى هى شخص صورة الملاك ميخاييل فاجاب
الشيطان قايلا هولاء المصوّرين يقصدوا زينه بصورتهم
25 لتمجّد صنعتهم بالاكثر فانّ ليس عندنا علامة
الصليب في جميع الملايكه فاجابت اوفيميّه قايله

Fol. 169a. كيف يمكن ان اصدّق قولك | فان كل جنديّ يخرج من عند الملك لا يكمل احد من الناس الامر الذي جاء بسببه ولا يقبلوه البتّه فانهُ ليس مرسوم برسم للملك وهكذا ايضًا الكتب الذي يرسلهم الملك من مملكته وان كانت كتب سلامه فلا يقبلهم احد فانهم ليسوا مختومين بخواتم الملك وهكذا ايضا الملايكه اذا نزلوا علي الارض اذ لم يكن

Fol. 169b. معهم علامة صليب ملك المجد | لا يصدّقوا اتهم ملايكه لكن يهربوا منهم فانهم شياطين * لا سيما رييس جميع الملايكه كيف ينزل علي الارض ولا ياتي معهُ بسلاح خاتم الخلاص الذي للملك وهو الصليب المقدّس الذي ليسوع المسيح ابن اللّه الحيّ * فان كنت تريد ان اصدّق انك انت ميخاييل المنقذ

Fol. 170a. فدعني اقدّم لك صورته | وتقبّلها وعند ذلك انا اسجد لك من غير اكون ذا قلبين فلمّا راي الشيطان انها قد حصرته من كل جهةٍ ولم يقدر علي حجةٍ يقولها امامها وانها قامت من المكان الذي كانت جالسه فيه تريد ان تحضر له صورة رييس الملايكه ميخاييل غيّر شكله وصار شبه اسد يزيّر حتي انّ

Fol. 170b. صوته ملا المدينة كلها واسرع فامسك | حنجرتها وخنقها حتى قاربت الموت وكان يقول لها هكذا هذا اليوم الذي فيه وتعتى في يدي تعبتُ ولي زمان كبير اصيدك لكن لم اتمكن الي الان فليات الان الذي انتى مُعتمد عليه ويخلصك من يدي وان 25 تلك المراة الحكيمه فانها ضاقت جدًّا حتى انها قاربت الموت فصرخت قايله يا رييس الملايكه ميخاييل |

Fol. 171a.

اعتى في هذه الساعة الشديده وفيما كان الشيطان
يولمها كثيرًا واذا برييس الملايكه ميخاييل ظهر
لها للوقت لابسًا كرتبه ملوكيّه وبيده اليمنى قضيب
من ذهب وعليه موضوع علامة الصليب فاشرق
5 المكان اكثر من الشمس اضعاف كثيره فلما راه
الشيطان صرخ بخوف قايلا يا سيّدي رييس الملايكه
ميخاييل اخطات | في السماء وقدامك فانني قد
استجريتُ ودخلت الي المكان الذى صورتك فيه
اسالك ان لا تهلكنى قبل زمانى فان الخالق سمح
10 لي ايامًا قلايل * وانت يا سيّدي يا رييس الملايكه
الذى غرّبتنى من مساكن السموات والان فانا اهرب
منك الي يوم التخزي العظيم انا اعترف لك واقسم
قدّام اللّه انني لا اعود من هذا الوقت ان | اجرّب
رجل ولا امراه في الموضع الذي تكون فيه هذا ما كان
15 الشيطان يقولهُ وهو مربوط مع رييس الملايكه
ميخاييل مثل عصفور في يد طفل صغير وهو حقير جدًا
ثم بعد ذلك اطلقهُ بتخزي عظيم فقال رييس الملايكه
ميخاييل لاوفميّه اغلبى الشيطان وتقوي ولا تخافي
منه فانه لا يقدر عليك من هذا الوقت | انا هو
20 ميخاييل رييس الملايكه الذي انتى تتحدثمينهُ الذي
سلمك لي ارسطرخوس زوجك الامين الطوباني انا هو
ميخاييل الذى تسالينى كل يوم امام صورتي الذي
شخص منسوخ داخل قيطونك انا هو ميخاييل الذي
ارفع طلباتك امام اللّه انا كنت قايم في الوقت
25 الذي فيه خاطبتى زوجك قايله انقش لي شخص
رييس الملايكه لاجعلهُ | في بيتك ناصرًا لي سلمنى

له ليصير لي كفيلاً ويكون لي عضدًا عند الربّ
ويتعاهدني اذا مضيتُ اليه مثل جميع الناس انا هو
ميخاييل سامع كل الذين يدعون اللّه باسمي
لا تخافي لانّ هوذا من بعد ان تكملى خدمتك
5 التى تصنعيها باسمى تاتي اليّ انا مع كثير من
الملايكه لارفعك الي اماكن النعيم التي للّه التى

Fol. 173b. ورثها زوجك | السلام لك ولمّا قال لها رييس الملايكه
ميخاييل هذا صعد الي السموات بمجد عظيم وهي
واقفه تنظر اليه ومن بعد ذلك مضت الي الكنيسه
10 حيث انبا انتموس اسقف المدينه اوّل من كرّز من
يد القدّيس يوحنا فم الذهب رييس اساقفه مدينه

Fol. 174a. قسطنطينيه الذي استضت جميع الجزاير من قبله |
واعلمتهُ جميع ما قاله لها رييس الملايكه فمجّد اللّه
ورييس ملايكته الاطهار ميخاييل وقدّم القدّاس وخدم
15 بسرعة وكرامة عظيمه ومن بعد القدّاس خرجت من
البيعه ومضت الي بيتها وكملت الخدمه مع الاخوة
الفقرا وهي تتحدّثمهم فلمّا فرغوا ياكلوا ويشربوا

Fol. 174b. ارسلت خلف الاب الاسقف | وطلبت اليه ان ياهلها
للحضور الي بيتها فجآ اليها سريعًا فلمّا بلغها
20 مجيئهُ اليها خرجت للقايه الي ثالث باب من بيتها
وخرّت على قدميه وقبّلتهما زمان كبيراً وانّ الاسقف
القديس اقامها قايلاً تومي ايتها المراة المباركه من
اللّه والناس بالحقيقه قد قبل اللّه منك قربانك

Fol. 175a. مثل هابيل الصدّيق | واشتم بخورك مثل بخور
25 ملكيسداق ملك ساليم كاهن اللّه العلى لانك فعلتى
باستقامة * اما هي فاخذتهُ بكرامة عظيمه وادخلته

الي قيطونها الذي فيه صورة رييس الملايكه ميخاييل
ونصبت لهُ كرسي من عاج والات من فضه لكي
تجلس عليها القسّا والشمامسه فلما صلوا وجلسوا
فتحت | ابواب بيتها واخرجت ساير اموالها من
5 الجليل الي الحقير المثمن والدون ووضعتهم
قدامها وقالت لهُ يا ابي القدّيس خذ منّي هذا
المال القليل وفرّقته علي الفقرا عنّي وعن الطوباني
زوجي باسم رييس الملايكه الاطهار ميخاييل ليسال
اللّه نيّ انا والطوباني زوجي الامير ارسطرخوس ليصنع
10 رحمه مع | نفسى الشقيّه امام منبر المخوف فامر
الاسقف ان يحمل كلّ مالها الي الكنيسه وامّا
عبيدها فصيّرت الكلّ احرارًا فلما كان في هذا اليوم
الواحد الذي هو الثاني عشر من بوونه فيما نحن
جالسين نتحدث مع الاسقف شممنا رايحة بخور
15 عظيم لم يشتم مثله ابدًا ✻ وانا كنت جالسا مع
انتيموس الاب الاسقف القدّيس اوّل | قسمة الاب
القدّيس ابنا يوحتا فم الذهب وكنت انا قسًا فلما
شممنا رايحة ذلك البخور العظيم بهتنا لذلك
المنظر العجيب من بعد ذلك رجعت اوفيميّه الي
20 الاب الاسقف وقالت لهُ اسال لك يا ابي ان تطلب
عني كي التقى اللّه في ساعةٍ جيده فان السّاعه
قد اقترب الذي فيها تفترق نفسى من جسدي
المسكين الي يوم | الحكم العظيم فان هوذا ميخاييل
رييس الملايكه قد اتاني وزوجي ارسطرخوس معه
25 وكثير من الملايكه وانها انضجعت علي مرقدها
وبسطت يديها وان الاب الاسقف صلى عليها وقتا

طويلًا ٭ من بعد هذا رفعت وجهها في وجه
الاسقف والجميع كلّه وقالت لهم انا اسالكم بالرب
ان تصنعوا مكبّا وتعطونى صورة رييس الملايكه
ميخاييل | لاقبّلها مرة اخرى قبل خروجى من Fol. 177b.
5 الجسد وفي الساعه تناول الاسقف الصوره وناولها
لها اما هى فقبّلتها قايله يا سيّدي رييس الملايكه
الاطهار ميخاييل قف معي في هذه الساعة المخوفه
وفيما نحن نسمعها وهي تقول هذا والجميع كله
سمعنا ايضا صوت جموعًا كثيره مسرعين جدًا مع
10 بعضهم مثل المبازيب الكبيره | فرفع الجميع الصغار Fol. 178a.
والكبار والرجال والنساء اعينهم فرآوا ميخاييل
رييس الملايكه يضى مثل الشمس وهو قايمًا
عند اوفيميّه المحتشمه وقصب رجليه مثل النحاس
المبرق المسبوك بالنار وبيده اليمنى بوق وبيده
15 اليسرى بكره مثل المركبه وعليها صليب وهو
لابس لباس | مختار احسن من لباس ملوك Fol. 178b.
العالم اضعاف كثيره فلما راينا‍ه هكذا اضطربنا
وبهتنا من خوفه ٭ وراينا‍ه قايمًا يهيى حلّةً نورانيه
يزين بها نفس تلك المرأة الطوبانيه اوفيميّه لتخرج
20 في حلّته المقدّسه ٭ وهكذا اسلمت روحها وصورة
رييس الملايكه ميخاييل على | عينها قبل خروجها Fol. 179a.
من الجسد ٭ وسمعنا اصوات جماعه يرتلون قايلين
ان الرب عارف بطريق الابرار وميراثهم يدوم الى
الابد ٭ وكانت صورة رييس الملايكه ميخاييل موضوعه
25 على وجه المراة الي ان اسلمت روحها وللوقت طارت
الصوره ولم نعلم الى اين مضت وان نحن جعلنا

المراة في قبر زوجها ارسطرخوس ولما دفنتاها اتينا
الي الكنيسه | لنقدّس وانّ الاسقف دخل الي المكان
الذي نحن مجتمعين فيه الان باسم ميخاييل رييس
الملايكه ولما دخل الى المذبح كعادته راى صورة
5 رييس الملايكه ميخاييل التى طارت من بيت اوفيميّه
معلقه في الجوّ من غير يد انسان في القبة المقدّسة
فصرخ الاسقف تايلا يا رجال جزيره الاتراكي تعالوا
لكي تنظروا عظم | قوة رييس الملايكه ميخاييل فاسرع
الجميع كله الي داخل المذبح فر ينا باعيننا صورة
10 ميخاييل رييس الملايكه معلّقه في الجوّ بغير يد
انسان ولا بشي اخر لكنها ثابته كعمود لا يتحرك
ولا يتزعزع بشي البته ۞ فيا للاصوات التى كانت في
تلك الساعه من الجمع كله صارخين ممجّدين للّه
ورييس | الملايكه ميخاييل وبلغ خبر هذا الاعجوبه
15 العظيمه الي الملك ارغاديوس المحبّ للاله والي
اودكسية الملكه بمدينه قسطنطينيه والملك اونوريوس
بروميه ومرّروا ان يلقوا بعضهم البعض في هذا
الجزيره وهكذا تلقوا بعضهم مع الملكة ونظروا
باعينهم الاعجوبه وهي صورة رييس الملايكه ميخاييل
20 ومجدوا على الارض على سرير | الطوباني يوحتّا فم
الذهب الذي تنيم عليه هذا الذى صنع اشفيه
عظيمه في هذه الجزيره حتى كان كل انسان يرقد
على ذلك السرير للقديس يوحتّا يحصل لهم البر
للوقت من يقدر ان يصف العجايب التى كانت من
25 صورة رييس الملايكه ميخاييل هذا التى رايناها الان
باعيننا ظاهره في بيعته المقدّسه | الذي نحن

25

مجتمعين في تذكاره المقدس اليوم حتى انها كانت
في كلّ اثنى عشر يومًا من الشهر عيد رييس الملايكه
ميخاييل يخرج من اربعة جوانبها اربعة اغصان زيتون
مثمره ثمره طيبه فان ذلك اللوح الذي كانت الصورة
5 منقوشه عليه كان من خشب الزيتون اترى تذكرون
تلك التي كان في احشاها مرض الاستسقا وكانت
تسمى ابسطينا وكيف ورمت | وصارت بغير قوة من
الضعف والشده التي كانت فيها وانها اتت بامانيع
عظيمه الي هذه البيعة المقدّسه واحدت من ثمرة
10 ذلك الزيتون الذي خرج من الصورة في الثاني عشر
من الشهر الماضي وقد رايتم كلكم انه عندما اكلت
من ثمرة تلك الصورة فارتفعها العله التي كانت في
احشاها للوقت وتطهرت وبريت ومضت الي بيتها
ممتجدة للّه ورييس ملائكته الاطهار ميخاييل
15 حتى كانها لم تمرض ٭ اسمعوا ايضا هذه الاعجوبه
التي كانت فانني لا اتركها رايتم ذلك الرجل الضعيف
الذي كان باضارب الشديد في احدي اجناب راسه
حتى ان عينه الايمن كادت عن قليل تنقلع وتخرج
من راسه فاتا الي البيعة المقدّسه واخذ قليل زيت
20 من القنديل ورشم وجهه باسم الاب | والابن والروح
القدس واخذ من الورق الذي اخرجتهم الصورة
وجعل منه علي الموضع الذى يوجعه في راسه فبري
للوقت ومضي الي بيته بسلام ٭

THE ETHIOPIC VERSION

OF THE

ENCOMIUM UPON SAINT MICHAEL

BY

SEVERUS OF ANTIOCH.

በሚካኤል ፡ ምንባብ ።

Fol. 156a. በስመ ፡ አብ ፡ ወወልድ ፡ ወመንፈስ ፡ ቅዱስ ፡ ፩ አምላክ ።

ድርሳን ፡ እመ ፡ ዓሠሩ ፤ ወሰኑዩ ፡ ለኅዳር ፡ ዘደረሰ ፡ ሊቀ ፡ ጳጳሳት ፡ ዘእንጾኪያ ፡ በእንተ ፡ ሊቀ ፡ መላእክት ፡ ሚካኤል ፡ ወአፍቅሮቱ ፡ ለሰብእ ፡ ወተናገረ ፡ በእንተ ፡ ሰንበት ፡ ቅድስት ፡ እስመ ፡ ኀበረ ፡ በዓለ ፡ ሚካኤል ፡ በይ 5 እቲ ፡ ዓመት ፡ ምስለ ፡ ዕለተ ፡ ሰንበት ፡ ወካዕበ ፡ ተናገረ ፡ በእንተ ፡ ማቴዎስ ፡ ነግድ ፡ ወብእሲቱ ፡ ወውሉዱ ፡ ዘከ መ ፡ አኮኑ ፡ በእግዚአብሔር ፡ በስእለተ ፡ ሚካኤል ፡ ሊ ቀ ፡ መላእክት ፡ እስመ ፡ ይቤ ፡ ዘንተ ፡ ድርሳነ ፡ እመ ፡ ፲ ወ፪ ፡ ለኅዳር ፡ እንዘ ፡ ጉቡአን ፡ ሕዝብ ፡ ቤተ ፡ ክር 10 ስቲያን ፡ ሚካኤል ፡ ሊቀ ፡ መላእክት ፡ ይግብሩ ፡ በዓለ ፡ በሰላም ፡ እግዚአብሔር ፡ አሜን ።

ስምዑ ፡ ለመዝምር ፡ ቅዱስ ፡ ዳዊት ፡ ዘነገረነ ፡ ኀብረ ተ ፡ ዝንቱ ፡ በዓል ፡ ዮም ፡ ይትፌሣሕ ፡ እንዘ ፡ ይኬልሕ ፡ ወይብል ፡ ይትዐየን ፡ መልአከ ፡ እግዚአብሔር ፡ አውዶ 15 ሙ ፡ ለእለ ፡ ይፈርህዎ ፡ ወያድኅኖሙ ። አፍቁራንየ ፡ ከ

ልኤቱ ፡ በዓል ፡ ዮም ፡ በዓለ ፡ ሚካኤል ፡ ቅዱስ ፡ ሊቀ ፡
መላእክት ፡ ወበዓለ ፡ እሑድ ፡ ትንሣኤሁ ፡ ለመድኃኒነ ፡
ናሁ ፡ እሬኢ ፡ ሀድአተ ፡ ዓቢየ ፡ ወአልቦ ፡ ሀከከ ፡ ዘይከል
እነ ፡ ወባሕቱ ፡ ተደላው ፡ ኲልክሙ ፡ ትስምዑ ፡ ነገረ ፡

Fol. 156b. ትምህርት ፡ ዘንነግረክሙ ። ወአንትሙኒ ፡ እለ ፡ ትስ|ም 5
ዑ ፡ በእማን ፡ ዘንተ ፡ ነገረ ፡ ስምዑ ፡ ዘይቤ ፡ በዘምእት ፡
ወበ ፡ ዘስሳ ፡ ወበ ፡ ዘሠላሳ ፡ ከመ ፡ ታእምሩ ፡ ኢከነ ፡ ርሑ
ቀ ፡ እምኔን ፡ ዘይሁብ ፡ ዕሴተ ፡ በእማን ፡ እግዚእነ ፡ ኢየ
ሱስ ፡ ክርስቶስ ፡ ወልደ ፡ እግዚአብሔር ፡ ሕያው ፡ እስመ ፡
ይቤ ፡ እምአፉሁ ፡ ዘምሉእ ፡ ሕይወት ፡ ወኲሎ ፡ ጽድቀ ። 10
ኃበ ፡ ሀለው ፡ ክልኤቱ ፡ ወሠለስቱ ፡ ጉቡአን ፡ በስምየ ፡
ህየ ፡ ሀሎኩ ፡ ማእከሎሙ ፡ ወእመሰ ፡ አምላከነ ፡ ምስሌ
ነ ፡ ንትወከፍ ፡ እንከ ፡ ነገረ ፡ ነቢይ ፡ ዳዊት ፡ መዘምር ፡
ዘይቤ ፡ በፍሥሓ ። እስመ ፡ ንጉሥ ፡ እግዚአብሔር ፡ ዲ
በ ፡ ኲሉ ፡ ምድር ፡ ዘምሩ ፡ ልብወ ፡ ነጕሠ ፡ እግዚአብሔ 15
ር ፡ ላዕለ ፡ ኲሉ ፡ አሕዛብ ። አእምሩ ፡ ፍቁራንየ ፡ ከመ ፡
በሉ ፡ ለመድኃኒነ ፡ ዮም ፡ እንተ ፡ ይእቲ ፡ ሰንበት ፡ ቅ
ድስት ፡ ይደልወነ ፡ ንስብሓ ፡ ወንባርከ ፡ ወናክብር ፡ ለእ
ግዚአብሔር ፡ ቀዱሙ ፡ እስመ ፡ ይደልዎ ፡ ኲሉ ፡ ክብር ፡
በኲሉ ፡ ጊዜ ፡ ለዓለም ፡ ዓለም ፡ አሜን ። 20

ወእምዝ ፡ ንንግር ፡ ክብሮ ፡ ለሚካኤል ፡ ዓቢይ ፡ ሊ
ቀ ፡ መላእክት ፡ ቅዱሳን ፡ ሰማዕክሙ ፡ ማቴዎስ ፡ ዘይቤ ፡
በወንጌል ፡ ቅዱስ ። ይቤሎን ፡ መልአክ ፡ ለአንስት ፡ ኢ
ትፍርሁ ፡ እንትንሰ ፡ አአምር ፡ ከመ ፡ ኢየሱሰሃ ፡ ዘተሰቅ

Fol. 157a. ለ ፡ ተኃሣ ፡ ኢሀሎ ፡ ዝየሰ ፡ ተንሥአ ፡ በከመ ፡ ይቤሎ|ሙ 25
ሙ ፡ ለአርዳኢሁ ፡ ወረአዮ ፡ ከመዝ ፡ መብረቅ ፡ ወአልባ
ሲሁ ፡ ጸዓዳ ፡ ከመ ፡ በረድ ፡ ዝውእቱ ፡ ሊቀ ፡ መላእክት ፡
ቅዱስ ፡ ሚካኤል ፡ ቀዳሜ ፡ ሐራ ፡ እምነይለ ፡ ሰማያት ፡

ንግበር ። በዓለ ። ዮም ። አፍቀሪንየ ። እስመ ። እግዚእነ ።
ሀሎ ። ማእከሌነ ። ወኵሎሙ ። ሰራዊተ ። መላእክት ። ይገ
ብሩ ። በዓለ ። ለበዓለ ። ሚካኤል ። መልአክ ። ቅዱስ ። ወ
ሚካኤልኒ ። ይስእሎ ። ለእግዚአብሔር ። በእንተ ። ዘመደ ።
ሰብእ ። በኵሉ ። ጊዜ ። ወእግዚአብሔር ። ይጎድግ ። ሎሙ ። 5
ኃጢአቶሙ ። መኑ ። እምኵሉ ። ቅዱሳን ። ዘኢሀሎ ። ም
ስሌሁ ። ሊቀ ። መላእክት ። ወዘኢያድኅኖ ። እምኵሉ ። ም
ንዳቤሁ ። መኑ ። እምኵሉ ። ሰማዕት ። ዘኢሀሎ ። ምስሌ
ሁ ። ሚካኤል ። ሊቀ ። መላእክት ። ወዘኢያጽንዖ ። ለትእ
ዛዘ ። እግዚአብሔር ። ከመ ። ይንሣእ ። አክሊሎ ። ወለእ 10
መ ። ፈቀድከሙ ። ታእምሩ ። ፍቁራንየ ። ከመ ። ሚካኤል ።
ሊቀ ። መላእክት ። ይሀሉ ። ምስለ ። ኵሉ ። ሰብእ ። እለ ።
ይቀርቡ ። ኀበ ። እግዚአብሔር ። በኵሉ ። ልቦሙ ። ወይስ
እሎ ። ለእግዚአብሔር ። በእንቲአሆሙ ። ከመ ። ይኵኖ
ሙ ። ረዳኤ ። ስምዑ ። እንግረክሙ ። ዘንተ ። ታእምረ ። 15
ዓቢየ ። ዘከነ ። እምኀበ ። እግዚአብሔር ። ወሚካኤል ።
Fol. 157b. ሊቀ ። መላእክት ። በስአለቱ ። | ዘነገርናክሙ ። በእንተ ።
ሰብእ ። እለ ። የአምኑ ። ሀሎ ። ብእሲ ። ዘየአምን ። ቀዳሚ
ስሙ ። ቂሶን ። እምሰብአ ። ደወለ ። ቆ[ሎ]ንያ ። ወበዐል ። ውእ
ቱ ። ፈድፋደ ። ወይገብር ። ዓቢየ ። መንግደ ። ወኢያምር ። ለእ 20
ግዚአብሔር ። አላ ። መስግል ። ውእቱ ። ወያመልክ ። ጠያ
ት ። ከመዝ ። ኮነ ። በእበዱ ። ወእግዚአብሔርሰ ። ፈቀደ ።
ያድኅኖ ። ወእንዘ ። ይወሰድ ። መንግዱ ። በሐመር ። በጽሐ ።
ሀገረ ። እንተ ። ሰሚ ። ቀሎንያ ። ወሰብአሰ ። ያመልክዎ ።
ለእግዚአብሔር ። ወበጽሐ ። ህየ ። እመ ። አሜሩ ። ለጎዳር ። 25
ወሀሎ ። ውስተ ። ሀገር ። ምስያጠ ። ሐንግዱ ። ወአመ ።
ኮነ ። ፲ወ፩ ። ለወርኅ ። ጎዳር ። በይእቲ ። ዕለት ፤ ጊዜ ። ቀ
ትር ። ኀለፈ ። ሚከኤል ። ሊቀ ። መላእክት ። እንተ ። ምሥ

ያጥ ። ወርእዮሙ ። ለሠየጣ ። እንዘ ። ያሤኒዩ ። መኃትወ ።
ወአልባሰ ። ወአንክረ ። ፈድፋደ ። ወነበረ ። ህየ ። ወበምክሩ ።
ለእግዚአብሔር ። ርእየ ። ተፍጻሜተ ። ግብሩ ። ። ወመሲ
ዮ ። ርእዮሙ ። ለኵሉ ። ሕዝብ ። እላ ። ተጋብኡ ። በውእ
ቱ ። መካን ። ወገብሩ ። ጸሎተ ። ሰርከ ። ወይቤሉ ። ዝግራ ። 5
ጥዑም ። ወውእቱ ። ብእሲ ። አንከረ ። ወእምብዝኅ ። ዘር
እየ ። ኖመ ። አንቀጸ ። ቤተ ። ክርስቲያን ። ወበሌሊት ። ካ
ዕበ ። ተጋብኡ ። ካህናት ። ወጠቢባን ። ከመ ። ይጻልዩ ። ጸ
ሎተ ። ነግህ ። ወውእቶሰ ። ብእሲ ። አንከረ ። ፈድፋደ ። በ
Fol. 138a. እንተ ። ዘሰምዐ ። ወጸቢሓ ። ረከበ ። ክልኤተ ። ዕደ | ወ ። 10
ክርስቲያን ። እምሰብአ ። ይእቲ ። ሀገር ። ወተስእሎሙ ።
ወይቤ ። አጐየ ። ምንት ። ዘከን ። በዛቲ ። ዕለት ። ወሌሊ
ት ። ውስተ ። ዛቲ ። ሀገር ። ብዝኅ ። ዘምር ። ወፍሥሓ ። ወ
ይቤልዎ ። ክልኤሆሙ ። ዮም ። ፲ወ፪ ለኅዳር ። ንገብር ።
በዓለ ። ለሊቀ ። መላእክት ። ቅዱስ ። ሚካኤል ። እስመ ። 15
ይስእሎ ። ለእግዚአብሔር ። በእንቲአነ ። ከመ ። ይስረይ ።
ለነ ። ኃጢአተነ ። ወያድኅነነ ። እምኵሉ ። እኩይ ። ወይቤ
ሎሙ ። ውእቱ ። ብእሲ ። አይቲ ። ሀሉ ። ከመ ። እትንገር ።
ምስሌሁ ። ወእስአሎ ። ከመ ። ያድኅነነ ። እምኵሉ ። ምን
ዳቤየ ። አውሥኡ ። ወይቤልዎ ። ኢትክል ። ትርእዮ ። ይ 20
እዜ ። እስከ ። ትክውን ። ፍጹም ። ወለእመ ። ኮንከ ። ክርስ
ቲያናዊ ። አኮ ። ገብረ ። ባሕቱ ። ዘትስእል ። አላ ። ትሬእዮ ።
ለእግዚኡ ። ወታነክር ። እምስብሐቲሁ ። ወውእቱ ። ያድ
ኃነክ ። እምኵሉ ። እኩይ ። ወይቤሎሙ ። ውእቱ ። ብእሲ ።
አስተበቍዓክሙ ። አጐየ ። ትሰዱኒ ። ምስሌክሙ ። ወእ 25
ኩን ። ክርስቲያናዌ ። ወእህብክሙ ። በበ ። ዲናር ። ወርቅ ።
እስመ ። ተመይጠ ። ልብየ ። ኀበ ። አምልክትክሙ ። ኀቡረ ።
ወይቤልዎ ። እሉ ። ዕደው ። ኢትክውን ። ከማነ ። እስከ ። ይ

ኤሊ ። ለዕሴክ ። አቡነ ። ቅዱስ ። ወየኃትመከ ። ወያጠምቀ
ከ ። በስመ ። አብ ። ወወልድ ። ወመንፈስ ። ቅዱስ ። ወትከ
Fol. 158b. ውን ። ክርስቲያናዊ ። ዳእሙ ። | ተዐገሥ ። እስከ ። ይፈጸ
ም ። አቡነ ። ኤጲስ ። ቆጶስ ። ወንወስደከ ። ኀቤሁ ። ወይሬ
ስየከ ። ከማነ ። ወገብረ ። በከመ ። ይቤልዎ ። ወተዐገሠ ። ይ 5
እተ ። ዕለተ ። ወበሳኒታ ። በጽሐ ። ኀቤሆሙ ። ወይቤሎ
ሙ ። አጎዊየ ። ጌራን ። ተወከፉኒ ። ኀቤክሙ ። ከመ ። እግ
ዚእብሔር ። ዘንገርክሙ ። ኪያሁ ። የህብክሙ ። ዕሴተክ
ሙ ። ወከልኤሆሙ ። መህይምናን ። ወሰድዎ ። ኀበ ። ኤ
ጲስ ። ቆጶስ ። ወይቤሎ ። ለውእቱ ። ብእሲ ። እምአይ ። ብ 10
ሔር ። እንተ ። ወይቤ ። እንሰ ። እምደወለ ። ቀ[ሉ]ን ያ ። ወይ
ቤሎ ። ኤጲስ ። ቆጶስ ። ሠምሩኑ ። ልብከ ። ትኩን ። ክርስቲ
ያናዊ ። ወይቤ ። ውእቱ ። ነገድ ። እወ ። አባ ። ዘርኢኩ ።
ወዘሰማዕኩ ። በዛቲ ። ሀገር ። ሠምሪነ ። እኩን ። ክርስቲያና
ዊ ። ወይቤሎ ። ቅዱስ ። መነ ። ታመልክ ። እምአግልከት ። 15
ወአውሥአ ። ወይቤ ። አመልክ ። ፀሐየ ። ወይቤሎ ። ቅዱ
ስ ። ሶበ ። የዐርብ ። ፀሐይ ። ውስተ ። ምድር ። ወይረክበከ ።
ምንዳቤ ። በአይቴ ። ትረክቦ ። ከመ ። ይርዳአከ ። ወአው
ሥአ ። ውእቱ ። ነገድ ። ወይቤ ። ምሕረት ። ትብጽሐኒ ።
ከመ ። ታጥምቀኒ ። ወአስተብቍዓክ ። ትረሲየኒ ። ክርስቲያ 20
ናዊ ። ከመ ። ኩሎሙ ። ሰብአ ። ዛቲ ። ሀገር ። ወይቤሎ ።
ቅዱስ ። ብከቱ ። ብእሲተ ። ወውሉደ ። ወይቤ ። ቢየ ። ህየ ።
ብእሲት ። ወውሉደ ። በሀገርየ ። ወይቤሎ ። ቅዱስ ። በእንተ
Fol. 159a. ዝ ። ኢንክል ። ናጥምቀ ። ይእዜ ። እስከ ። ተሐውር ። ኀቤ |
ሆሙ ። ከመ ። ኢትትናፈቁ ። በበይናቲከሙ ። ወኢትፈ 25
ለጡ ። አው ። ትክሕድ ። ቅኔከ ። ወጥምቀትክ ። እንተ ። ተ
ወከፍከ ። እስመ ። ቀዳሚት ። ዕልወት ። ኮነት ። እምሳብ ።
ብእሲት ። ወባሕቱ ። ለእም ። ሰምረ ። ልባ ። ምስለክ ። ን

ዑ ፡ ወእሬስየክሙ ፡ ክርስቲያን ፡ ወውእቱ ፡ ነግድ ፡ ሶ
በ ፡ ሰምዐ ፡ ዘንተ ፡ ተፈሥሐ ፡ ፈድፋደ ፡ ወሰቤሃ ፡ ተባረ
ከ ፡ እምኤሊስ ፡ ቀጸስ ፡ ወመዐአ ፡ ወተደለወ ፡ ይሖር ፡ ብ
ሔር ። ወናሁ ፡ ሰይጣን ፡ ጸላኤ ፡ ኵሉ ፡ ሠናይት ፡ አእ
ሚሮ ፡ ከመ ፡ መጠወ ፡ ልቦ ፡ ውእቱ ፡ ብእሲ ፡ ኀበ ፡ እግ 5
ዚአብሔር ፡ ቀንአ ፡ ላዕሌሁ ፡ ወሶበ ፡ በጽሐ ፡ ማእከለ ፡
ባሕር ፡ አንሥአ ፡ ዐውሎ ፡ ጽኑዐ ፡ ወረሰየ ፡ ማዕበለ ፡ ዘይ
ትሌዓል ፡ እም ፡ ሐመር ፡ እስከ ፡ ሕቀ ፡ ከመ ፡ ዘእምተሰ
ጥመት ፡ ወእሞቱ ፡ ኵሎሙ ፡ እለ ፡ ውስተ ፡ ሐመር ። ወ
ውእቱሰ ፡ ብእሲ ፡ ነግድ ፡ ከልሐ ፡ ወይቤ ፡ እግዚአ ፡ ኢ 10
የሱስ ፡ ክርስቶስ ፡ ርድአኒ ፡ በዝንቱ ፡ ዓቢይ ፡ ምንዳቤ ፡
ወአነ ፡ አአምን ፡ በእንተ ፡ ስብሐት ፡ ዓቢይ ፡ ዘርኢኩ ፡
በዝ ፡ ቤተ ፡ ክርስቲያኑ ፡ ለሊቀ ፡ መላእክት ፡ ሚካኤል ፡
ቅዱስ ፡ እስመ ፡ እመጽእ ፡ አነ ፡ ወኵሉ ፡ ቤትየ ፡ ወንክ
ውን ፡ ክርስቲያን ፡ እስከ ፡ ዕለተ ፡ ንመውት ። ወሰቤሃ ፡ 15
መጽአ ፡ ኀቤሁ ፡ ቃል ፡ እንዘ ፡ ይብል ፡ ኢትፍራህ ፡ አል
ቦ ፡ እኵይ ፡ ዘይቀርብ ፡ ኀቤክ ፡ ወበጊዜሃ ፡ አርመመ ፡ ማ
Fol. 159b. ዕበል ፡ እስከ ፡ ታሕቱ ፡ ወከነ ፡ ዛሕን ፡ ወተዐረየ ፡ ሐመሪ ፡
ወሐሪ ፡ በርቱዕ ፡ በትእዛዘ ፡ እግዚአብሔር ፡ ወበጽሐ ፡
ብሔር ፡ ወኢረከበ ፡ ምንተኒ ፡ እኵየ ፡ ወአቲፆ ፡ ቤቶ ፡ 20
ተፈሥሐ ፡ ዓቢየ ፡ ፍሥሐ ፡ ወነገሮሙ ፡ ለሰብኡ ፡ ተአ
ምረ ፡ ዘከነ ፡ ኀቤሁ ፡ በውስተ ፡ ሐመር ። ወኵሎ ፡ ዘከነ ፡
እስከ ፡ ሀገረ ፡ ቀ[ሉ]ንያ ፡ ወይቤሎሙ ፡ በአግንኢኬን ፡ ፀ
ሐይ ፡ አምላክ ፡ ዝንቱ ፡ ዘናመልክ ፡ ዳእሙ ፡ ናምልክ
ለአምላክ ፡ ሰማይ ፡ ኀያል ፡ ኢየሱስ ፡ ክርስቶስ ፡ ወልደ 25
እግዚአብሔር ፡ ሕያው ፡ ውእቱኬ ፡ አምላክ ፡ ኵሉ ፡ ወ
ኵሉ ፡ እምኀቤሁ ፡ ወነገሮሙ ፡ ዕበየ ፡ ክብሩ ፡ ለሊቀ ፡ መ
ላእክት ፡ ሚካኤል ። ወአንከረ ፡ ፈድፋደ ፡ ዘየቢ ፡ ወል

ዱ ፡ ወሐረ ፡ ውእቱ ፡ ብእሲ ፡ ጎብ ፡ ብእሲቱ ፡ ወይቤላ ፡
እመ ፡ ሰማዕክኒ ፡ ተንሥኢ ፡ ምስለየ ፡ ንኩን ፡ ክርስቲያነ ፡
ወንትቀነይ ፡ ለክርስቶስ ፡ ወኢትኩኒ ፡ ዘክልእ ፡ ልቡ ፡
ግሙራ ። ወለእመ ፡ ኢሠምረ ፡ ልብኪ ፡ አንሰ ፡ ኢየአዝ
ዘኪ ፡ ናሁ ፡ ሰግንያ ፡ ምእት ፡ ወርቅ ፡ ዘተርፈኒ ፡ ወአነ ፡ 5
እሁብኪ ፡ ዐሠርት ፡ ምእት ፡ ዲናረ ፡ ወንበራ ፡ በአምልኮ
ትኪ ። ወአንሰ ፡ አሐውር ፡ እንኃእ ፡ ስርየተ ፡ ኂጢአት
የ ። ወትቤሎ ፡ ብእሲቱ ፡ ሠናይ ፡ እግዚእየ ፡ እጉየ ፡ በ
አግን ፡ ዙሎ ፡ ፍኖተ ፡ ጎብ ፡ ተሐውር ፡ አንሄ ፡ አሐውር ፡
ምስሌክ ፡ ወሞተ ፡ እንተ ፡ ትመውት ፡ እመውት ፡ ምስሌ 10
Fol. 160a. ኪ ። ወክማሁ ፡ ተሠ|ናእው ፡ ኵሎሙ ፡ ወወርጉ ፡ ሐመ
ረ ፡ ወመርሐሙ ፡ እግዚአብሔር ፡ በረድኤቱ ፡ ወበጽሑ ፡
ሀገረ ፡ ቆሎንያ ፡ ወሐሩ ፡ ጎብ ፡ ክልኤ ፡ ዕደው ፡ እለ ፡ ት
ካት ፡ ወአምኃዎሙ ፡ ወነገርዎሙ ፡ ከመ ፡ መጽኡ ፡ ይኩ
ኑ ፡ ክርስቲያነ ። ወእሙንቱኒ ፡ ወሰድዎሙ ፡ ጎብ ፡ ጳጳ 15
ስ ፡ ወይቤልዎ ፡ ውእቱ ፡ ብእሲ ፡ ዘመጽአ ፡ ቀዲሙ ፡ ይ
ኩን ፡ ክርስቲያነ ፡ ናሁ ፡ መጽአ ፡ ምስለ ፡ ብእሲቱ ፡ ወው
ሉዱ ፡ ይኩኑ ፡ ክርስቲያን ፡ ወተፈሥሐ ፡ ጳጳስ ፡ ዐቢየ ፡
ፍሥሐ ፡ በእንተ ፡ መድኃኒተ ፡ ነፍስ ። ወቀርቡ ፡ ጎቤሁ ፡
ወይቤሎሙ ፡ በአግንኑ ፡ ትፈቅዱ ፡ ትኩኑ ፡ ክርስቲያነ ፡ 20
ወአውሥኡ ፡ በትሕትና ፡ ወይቤሉ ፡ እቡን ፡ ለእመ ፡ ፈ
ቀደ ፡ እግዚአብሔር ፡ ወጸሎትከ ፡ ቅድስት ። ወሶቤሃ ፡
አስተዳለወ ፡ ጳጳስ ፡ ጥምቀተ ፡ ቤተ ፡ ክርስቲያን ፡ ዘሊ
ተ ፡ መላእክተ ፡ ቅዱስ ፡ ሚካኤል ፡ ወመህሮ ፡ ለውእቱ ፡
ብእሲ ፡ ወለብእሲቱ ፡ ወለአርባዕቱ ፡ ውሉዱ ፡ ወለአግብ 25
ርቲሆሙ ፡ ወአጥመቆሙ ፡ በስመ ፡ አብ ፡ ወወልድ ፡ ወ
መንፈስ ፡ ቅዱስ ፡ ወቀዳሚ ፡ ስሙ ፡ ለውእቱ ፡ ባዕል
ቴሎን ፡ ወወለጠ ፡ ስሞ ፡ ወሰመዮ ፡ ማቴዎስ ፡ ወለብእሲ

ቱ ፡ ሰመያ ፡ ጌራና ፡ ወለአርባዕቱ ፡ ውሉዱ ፡ ሰመዮ ፡ ለ
ቀዳሚ ፡ ዮሐንስ ፡ ወለካልኡ ፡ እስጢፋኖስ ፡ ወለሣልስ ፡
ዮሴፍ ፡ ወለራብዕ ፡ ዳንኤል ። ወሠርዐ ፡ ቅዳሴ ፡ ወመጠ
Fol. 160b. ዎሙ ፡ እምስጢር ፡ ቅዱስ ፡ | ወደመ ፡ ለእግዚእነ ፡ ኢየ
ሱስ ፡ ክርስቶስ ።   5
       ወእምድኅረ ፡ ተጠምቁ ፡ ነብሩ ፡ ወርኅ ፡ ፍጹመ ፡ ኀ
በ ፡ ቅዱስ ፡ እንዘ ፡ ይሜህሮሙ ፡ ነገረ ፡ ሃይማኖት ፡ ርትዕ
ት ። ወማቴዎስ ፡ ነግድ ፡ እምብዝኁ ፡ ፍሥሓ ፡ ዘረከበ ፡
ወሀበ ፡ ፸፪ ፡ ዲናረ ፡ ለቤተ ፡ ክርስቲያን ፡ ሊቀ ፡ መላእከ
ት ፡ በእንተ ፡ መድኀኒቱ ። ወእምዝ ፡ ተባረኩ ፡ እምጻጻስ ፡ 10
ወሐሩ ፡ ብሔሮሙ ፡ እንዘ ፡ ይሜኒይዎሙ ፡ ወቤተ ፡ ሀገ
ር ፡ ወጠቢባን ፡ በዐቢይ ፡ ፍሥሓ ፡ ወበ ፡ ፈቃደ ፡ እግዚ
አብሔር ፡ አተው ፡ ሀገሮሙ ፡ እንዘ ፡ ይመርሐሙ ፡ ሊቀ ፡
መላእከት ፡ ሚካኤል ። ወአተዎሙ ፡ ቤቶሙ ፡ ገብሩ ፡ በ
ዓለ ፡ ዐቢየ ፡ ለአዝማዲሆሙ ፡ ወወሀቡ ፡ ብዙኅ ፡ ምጽ 15
ዋተ ፡ ለነዳያን ፡ ወለምበላታት ፡ ወለእንለ ፡ ማውታ ፡ እስ
ከ ፡ ያነክሮሙ ፡ ኵሉ ፡ ሰብእ ፡ ወጥዑም ፡ አስማቲሆሙ ፡
በአፈ ፡ ኵሉ ። ወተሰምዐ ፡ በብሔሮሙ ፡ ሠናይ ፡ ምግባ
ሮሙ ፡ ወእምድኅረ ፡ ክልኤ ፡ አውራኅ ፡ አዕረፈ ፡ ውእ
ቱ ፡ ብእሲ ፡ ማቴዎስ ፡ ጻሩይ ፡ እስመ ፡ መጽአ ፡ በ፲ወ፭ ፡ 20
ለዓት ፡ ወነሥአ ፡ ዐሰበ ፡ መዓልት ፡ ፍጹመ ፡ በስእለቱ ፡
ለቅዱስ ፡ ሚካኤል ፡ ሊቀ ፡ መላእከት ። ወደቂቁሰ ፡ ምስ
ለ ፡ እሞሙ ፡ ኢያንተጉ ፡ ሠናየ ፡ ዘይገብሩ ፡ ፈድፋደ ፡
እመዋዕለ ፡ አባሆሙ ። ወዲያብሎስሰ ፡ ምስለ ፡ አጋንንቲ
Fol. 161a. ሁ ፡ ኢተወግሰ ፡ ይርአይ ፡ ኂሩተ ፡ ዘይገብሩ ፡ | እሉ ፡ ቅዱሳ 25
ን ፡ አላ ፡ አቀመ ፡ ላዕሴሆሙ ፡ መኳንንተ ፡ ሀገር ፡ ወእስ
ተጻልአሙ ፡ ዐቢየ ፡ ጽልአ ፡ ወቆሙ ፡ ላዕሴሆሙ ፡ ወነ
ሥኡ ፡ ንዋዮሙ ፡ በዐመፃ ፡ ወዘወስተ ፡ መዛግብቲሆሙ ።

ወዮሐንስሰ ፡ ይቤሎሙ ፡ ለእሙ ፡ ወለአጎዊሁ ፡ ናሁ ፡ ን
ሬኢዮሙ ፡ ለእሉ ፡ እንዘ ፡ ይሣቂዩን ፡ ፈድፋደ ፡ እምእ
ሙ ፡ ዎተ ፡ አቡነ ፡ ተንሥኡ ፡ ንጎድጋ ፡ ለዛቲ ፡ ሀገር ፡
ወንሐር ፡ ሀገረ ፡ ንጉሥ ፡ ወንጎድር ፡ ህየ ፡ እስሙ ፡ ጸሐ
ፍ ፡ በወንጌል ፡ ቅዱስ ፡ ሰብ ፡ ይሰዱክሙ ፡ እምዛቲ ፡ ሀገ 5
ር ፡ ጉዩ ፡ ውስተ ፡ ካልእታ ። ወይእዜኒ ፡ ናሁ ፡ ሰደዱነ ፡
ወሣቀዩን ፡ ወአሕመሙን ፡ ዳእሙ ፡ ይኩን ፡ ፈቃደ ፡ እግ
ዚአብሔር ፡ በላዕሴን ። ወእምዝ ፡ ተንሥኡ ፡ በኅቡእ ፡
ወነሥኡ ፡ ዘተርፈ ፡ ንዋዮሙ ፡ ወሐሩ ፡ ውስተ ፡ ሀገረ ፡
ንጉሥ ፡ ወጎደሩ ፡ ህየ ፡ እንዘ ፡ ይብሉ ፡ እግዚኡ ፡ ለሚካ 10
ኤል ፡ ሊቀ ፡ መላእክት ፡ ኩነነ ፡ ረዳኤ ። ወወሰኮ ፡ ከዕበ ፡
ምጽዋተ ፡ እምዝ ፡ ይገብሩ ፡ ቀዳሚ ። ወሰይጣንሰ ፡ ኢተ
ዐገሰ ፡ አላ ፡ ተሀውከ ፡ ሰብ ፡ ርእዮሙ ፡ ለቅዱሳን ፡ እንዘ ፡
ይሁቡ ፡ ምጽዋተ ፡ በህይማናት ፡ ወኢያእመረ ፡ ከመ ፡
ያስተጎፍር ፡ ቅዱስ ፡ ሚካኤል ፡ ሊቀ ፡ መላእክት ፡ ወአኀ 15
ዘ ፡ ይጠሐር ፡ ከመ ፡ እንበሳ ፡ ወእምድጎረ ፡ ሕዳጥ ፡ መዋ
ዕል ፡ ሐሩ ፡ ዐቀብተ ፡ ሀገር ፡ ኃበ ፡ ቤተ ፡ እሕዱ ፡ ባዕል ፡
ወሠረቁ ፡ ቤቶ ፡ በይእቲ ፡ ሀገር ፡ ወነሥኡ ፡ ብዙኀ ፡ ንዋ
የ ፡ | ወነገር ፡ ባዕል ፡ ለመስፍን ፡ ዘይኸንን ፡ ይእቲ ፡ ሀገ
ረ ። ወሐተቶሙ ፡ መስፍን ፡ ለሰገራት ፡ እለ ፡ ይእቲ ፡ ሀገ 20
ር ፡ ወሰገራትኒ ፡ አጎዝዎሙ ፡ ለእለ ፡ የዐቅቡ ፡ ወአሰር
ዎሙ ፡ ከመ ፡ ያርኢዩ ፡ ንዋየ ፡ ውእቱ ፡ ባዕል ፡ ወእንዘ ፡
ይህውክዎሙ ፡ በእንተዝ ። ወናሁ ፡ ሰይጣን ፡ ተመሰለ ፡
ከመ ፡ ሰብእ ፡ ወአንሰሰወ ፡ ውስተ ፡ ኵሉ ፡ ሀገር ፡ እንዘ ፡
ይኬልሕ ፡ ወይብል ፡ አነ ፡ አእምር ፡ ዘሰረቀ ፡ ንዋዮ ፡ ለሴ 25
ሎም ፡ ባዕል ፡ ወአነ ፡ ርኢክዎሙ ፡ ለእሉ ፡ አርባዕቱ ፡
ወራዙት ፡ ፈላሲያን ፡ እለ ፡ መጽኡ ፡ ዝየ ፡ በዝንቱ ፡ መ
ዋዕል ፡ ከመ ፡ በኡ ፡ ቤቶ ፡ ወአእመርኩ ፡ ጥዮቀ ፡ ከመ ፡

ዝንቱ ፡ ምግባሮሙ ፡ እም ፡ አመ ፡ ሀለው ፡ ብሔሮሙ ፨ ወሰሚያሙ ፡ ዘንተ ፡ ሰብእ ፡ ሀገር ፡ ነገርዖ ፡ ለመስፍን ፡ ወበጊዜሃ ፡ ሰሐብዎሙ ፡ በሥዕርት ፡ ርእሶሙ ፡ በትእዛዘ መስፍን ፡ ወእምጽእዎሙ ፡ ቅድሜሁ ፡ እንዘ ፡ ይስሕብ ዎሙ ፡ ዘእንበለ ፡ ምሕረት ፨ ወሀለወት ፡ እሞሙ ፡ ተሐ 5 ውር ፡ ድኅሬሆሙ ፡ ወትብኪ ፡ ወትናዝዞሙ ፡ እንዘ ፡ ትብ ል ፡ ኢትፍርሁ ፡ ደቂቅየ ፡ አነ ፡ አአምን ፡ ከመ ፡ እግዚአብ ሔር ፡ ወሊቀ ፡ መላእክት ፡ ሚካኤል ፡ ዘተአመነ ፡ ኪያሁ ፡ ይከል ፡ አድኅኖትክሙ ፡ እምኵሉ ፡ እኩይ ፡ በእንተ ፡ ዘ ሐሰው ፡ ላዕሌክሙ ፨ ወዘንተ ፡ እንዘ ፡ ትብል ፡ ወናሁ ፡ 10 ቃል ፡ እምሰማይ ፡ ዘይብል ፡ ኢትፍርሁ ፡ አነ ፡ ኢየኀድ

Fol. 162a. ግ ፡ ምንተ|ኒ ፡ እኩይ ፡ ኢይርክብክሙ ፡ አነ ፡ ሚካኤል ፡ ዘአዐቅብክሙ ፡ እምኵሉ ፡ እኩይ ፨ ወእንዘ ፡ ይቀውሙ ፡ ቅድመ ፡ መስፍን ፡ ወያአምንዎሙ ፡ ወናሁ ፡ ሊቀ ፡ መላ እክት ፡ በአምሳለ ፡ መልእክት ፡ ንጉሥ ፡ መጽአ ፡ እምር 15 ሑቅ ፨ ወሰብ ፡ ርእዮ ፡ መስፍን ፡ ተንሥአ ፡ ወአስተብ ቀዓ ፡ ይንበር ፡ ከመ ፡ ይስመዕ ፡ ውእቱ ፡ ፍትሐ ፡ ወነበ ረ ፡ ወአዘዘ ፡ መስፍን ፡ ያምጽእዎሙ ፡ ለደቂቅ ፡ ወይቤ ሎሙ ፡ እፍጡኑ ፡ አንትሙሰ ፡ ሀቡ ፡ ንዋዮ ፡ ለባዕል ፡ እ ምቅድመ ፡ ትትኩነኑ ፨ ወአውሥኤ ፡ ወይቤልዎ ፡ ሕያ 20 ው ፡ እግዚአብሔር ፡ አምላኮሙ ፡ ለክርስቲያን ፡ ወክበ ሩ ፡ ለቅዱስ ፡ ሚካኤል ፡ ሊቀ ፡ መላእክት ፡ ከመ ፡ ኢተደ መርነ ፡ በዝንቱ ፡ ግብር ፨ ወይቤሎ ፡ ሊቀ ፡ መላእክት ፡ ሚካኤል ፡ ለመስፍን ፡ አነ ፡ አአምር ፡ ዘከመ ፡ ይትከሠት ፡ እሙነ ፡ አንገዝም ፡ ለዘ ፡ ይንእስ ፡ እንሆሙ ፡ ለእሉ ፡ ዕደ 25 ው ፡ ወእብእም ፡ ውስተ ፡ ቤተ ፡ ዐቀብት ፡ እለ ፡ አጻሙ ውዎሙ ፡ ለእሉ ፡ ሰብእ ፡ ወይክላሕ ፡ ወይበል ፡ በሰሙ ፡ ለእግዚእነ ፡ ኢየሱስ ፡ ክርስቶስ ፡ ይትከሠት ፡ ንዋዩ ፡ ለ

ENCOMIUM OF SEVERUS. 205

ሴሎም ፡ ባዕል ፡ ዘበእንቲአሃ ፡ ረከቡ ፡ ምክንያተ ፡ ወሰቤ
ሃ ፡ በአግን ፡ ያስተርኢ ።
   ወእምዝ ፡ አዘዘ ፡ መስፍን ፡ ይንሥእዎ ፡ ለዘ ፡ ይንእ
ስ ፡ ወልድ ፡ ወያብእዎ ፡ ውስተ ፡ ቤተ ፡ ሊቀ ፡ ዐቀብት ፡

Fol. 162b. በከመ ፡ ይቤ ፡ ሊቀ ፡ መላእክት ፡ ሚ | ካኤል ፡ ወከልሐ ፡ 5
ወይቤ ፡ በስመ ፡ እግዚእነ ፡ ኢየሱስ ፡ ክርስቶስ ፡ ወሊቀ ፡
መላእክት ፡ ቅዱስ ፡ ሚካኤል ፡ ይትከሥት ፡ ንዋዩ ፡ ለሴ
ሎም ፡ ባዕል ። ወበጊዜሃ ፡ ኮነ ፡ ቃል ፡ ወሰምዑ ፡ ኵሎ
ሙ ፡ ዘይብል ፡ ረዱ ፡ ውስተ ፡ ዛቲ ፡ በዓት ፡ ወትረክቡ ፡
ኵሎ ፡ ወዝኒ ፡ ወልድ ፡ ዘይእንስ ፡ ወአንዊሁ ፡ ንጽሓን ፡ 10
እምኃጢአት ። ወሶቤሃ ፡ ወረዱ ፡ ውስተ ፡ በዓት ፡ ወረክ
ቡ ፡ ኵሎ ፡ ንዋየ ፡ ወነገርዎ ፡ ለመስፍን ፡ ዘኮነ ፡ ወእንከ
ረ ፡ ፈድፋደ ። ወሰበ ፡ ተመይጠ ፡ ከመ ፡ ይንግር ፡ ለዘ ፡
መስሎ ፡ ላእክ ፡ ዝውእቱ ፡ ሚካኤል ፡ ወኢረከቦ ። ወሶ
ቤሃ ፡ አንከረ ፡ ፈድፋደ ፡ ወፈነዎሙ ፡ ለአርበዕቱ ፡ ደቂቅ ፡ 15
ገውዛኒሆሙ ፡ ወአተው ፡ ቤቶሙ ፡ እንዘ ፡ ይሴብሕዎ ፡
ለእግዚአብሔር ፡ ወለሊቀ ፡ መላእክት ፡ ሚካኤል ፡ ቅዱ
ስ ። ወእሙንቱሰ ፡ ቅዳሳን ፡ ኢያንተጉ ፡ ኂሩተ ፡ ዘይገ
ብሩ ፡ ኵሎ ፡ ጊዜ ፡ እስከ ፡ ያነክር ፡ ኵሎ ፡ እምሠናይ ፡
ገዕዘሙ ። ወካዕበ ፡ እምድኅሬ ፡ ሕዳጥ ፡ መዋዕል ፡ እስ 20
ተዋደዮሙ ፡ ብእሲ ፡ ለከልኤ ፡ ዕደው ፡ በቅድሜ ፡ ንጉ
ሥ ፡ ባዕደ ፡ ዘላዕሌሆሙ ፡ እምቅድም ፡ ወመጠዎሙ ፡
ንጉሥ ፡ ውስተ ፡ እደ ፡ ሐራ ፡ ከመ ፡ ይንሥእዎሙ ፡ በበ
ምእት ፡ ዲናር ። ወአልቦሙ ፡ ዘይሁቡ ፡ ወናሁ ፡ ቅዱስ ፡
ዮሐንስ ፡ ተራከበሙ ፡ በቅሩብ ፡ ወርኢዮሙ ፡ ለሐራ ፡ እ 25

Fol. 163a. ንዘ ፡ ይቀሥፍዎሙ ፡ ለዕደው ፡ ዘእ | ንበለ ፡ ምሕረት ።
ወይቤሎሙ ፡ ለሐራ ፡ ምንትኑ ፡ ገብሩ ፡ ዘትዘብጥዎሙ ፡
ለእሉ ፡ ዕደው ፡ በእንቲአሁ ። ወይቤሉ ፡ ሐራ ፡ ንሕነ ፡ ን

እንዘሙ ፡ በእንተ ፡ ምእት ፡ ዲናር ፡ ወይቤሉሙ ፡ ለእ
ሙ ፡ ወሀቡክሙ ፡ ክልኤተ ፡ ምእተ ፡ ዲናረ ፡ ተጎድግዖ
ሙኑ ፡ ወይቤሉ ፡ ሐራ ፡ እወ ። ዳእሙ ፡ ለእሙ ፡ ኢወሀቡ ፡
ንሕነ ፡ ንቀትሎሙ ። ወዮሐንስ ፡ ሰአሎሙ ፡ ላሐራ ፡ ወ
ይቤ ፡ ተንገሡኒ ፡ ንስቲተ ፡ እስከ ፡ እንብእ ፡ ጎቤክሙ ፡ 5
ወሖረ ፡ ወእምጽአ ፡ ክልኤተ ፡ ምእተ ፡ ዲናረ ፡ ወወሀበ
ሙ ፡ ወፈትሐሙ ፡ ለክልኤ ፡ ዕደው ፡ ወለአርባዕቱ ፡ ሐ
ራ ። ዘስሉጣን ፡ ላዕሴሆሙ ፡ ወሀቦሙ ፡ በበ ፡ ዲናር ። ወ
ከዕበ ፡ ሰይጣን ፡ ጸላኤ ፡ ኵሉ ፡ ሠናይ ፡ ኢተዐገሰ ፡ አላ ፡
መልአ ፡ ቅንአት ፡ ላዕለ ፡ ቅዱሳን ፡ በእንተ ፡ ሠናይ ፡ ግ 10
ብሮሙ ፡ ወእንሥአ ፡ ዐቢየ ፡ መከራ ፡ ላዕሴሆሙ ፡ ወዕ
ጹብ ፡ ወናሁ ፡ ንነግር ።

ወእምዝ ፡ ሀሎ ፡ ብእሲ ፡ ውስተ ፡ ሀገር ፡ ወጸውዖ
ሙ ፡ ለፍቁራኒሁ ፡ ሰርከ ፡ ወውእቱ ፡ ብእሲ ፡ ይጎድር ፡
እንጻረ ፡ እንቀጸሙ ፡ ለእሉ ፡ ቅዱሳን ፡ ወእምድኅረ ፡ በ 15
ልዑ ፡ ወሰተዩ ፡ ተንሥአ ፡ እሐዱ ፡ እምኔሆሙ ፡ ይእቲ ፡
ቤቶ ፡ ወእንዘ ፡ የሐውር ፡ ውስተ ፡ ጽጉ ፡ ሀገር ፡ ነሰከ
አቅረብ ፡ ወወድቀ ፡ ወሞተ ፡ ሰቤሃ ፡ ወአልቦ ፡ ዘአእመሮ ፡
ዘኮነ ፡ እምሰብእ ። ወሐበይተ ፡ ሀገር ፡ እለ ፡ የአውዱ ፡
ይከብብ ፡ ለውእቱ ፡ ብእ|ሲ ፡ ምዌቱ ፡ ወወሰድዎ ፡ ውስ 20
ተ ፡ መርጎብ ፡ ወጎሠሡ ፡ ኵሉ ፡ ሥጋሁ ፡ ወኢያእመሩ ፡
ዘኮነ ፡ ወበጽባሕ ፡ ሐሩ ፡ ይቅበርዎ ፡ ወናሁ ፡ ሰይጣን ፡
ኮነ ፡ በእምሳለ ፡ ሰብእ ፡ ወከልሐ ፡ ውስተ ፡ ኵላ ፡ ሀገር ፡
እንዘ ፡ ይብል ፡ ዝንቱ ፡ ብእሲ ፡ ዘሞተ ፡ አልቦ ፡ እም ፡ ሰ
ብእ ፡ ዘአእመረ ፡ ሞቶ ፡ ወእንሰ ፡ አአምር ፡ ዘቀተሎ ፡ ወ 25
ኢኮነ ፡ ዝንቱ ፡ ግብር ፡ እምካልእ ፡ ሰብእ ፡ ዘእንበለ ፡ እ
ሉ ፡ እርላዕቱ ፡ ደቂቅ ፡ ነኪራን ፡ ወአነ ፡ ስምዕ ፡ በዝንቱ ፡
ግብር ። ወተሰምዐ ፡ ዝንቱ ፡ ነገር ፡ ውስተ ፡ ኵላ ፡ ሀገር ፡

ወሐረ ፡ መስፍን ፡ ወነገር ፡ ለንጉሥ ፡ ክሣቲጦስ ፡ ወበጊ
ዜሃ ፡ አዘዘ ፡ ንጉሥ ፡ ያምጽእዎም ፡ ለቱአር ፡ ደባዕቂቅ ፡
እሱራን ፡ እደዊሆሙ ፡ ዲጎሪተ ፡ ወጋግ ፡ ውስተ ፡ ከሳው
ዲሆሙ ፡ እንዝ ፡ ይስሕብዎሙ ፡ ጎበ ፡ ንጉሥ ። ወመጽ
አ ፡ ጎቤሆሙ ፡ ቃል ፡ ዘይብል ፡ ኢትፍርሁ ፡ ናሁ ፡ መዋ 5
ዕለ ፡ ጻማ ፡ ጎለፈ ፡ ወቀርበ ፡ ጎቤክሙ ፡ ዕረፍት ፡ እምኅ
በ ፡ እግዚእብሔር ፡ ወአቀምዎሙ ፡ ቅድመ ፡ ንጉሥ ፡
ከመዝ ፡ አባሲያን ። ወሰዓሃ ፡ ናሁ ፡ ሊቀ ፡ መላእክት ፡
ቅዱስ ፡ ሚካኤል ፡ ተመሰለ ፡ በአመሳለ ፡ ወቢይ ፡ ላእከ
ዘንቱው ፡ ሮም ፡ ወሰበ ፡ ርእዮ ፡ ንጉሥ ፡ ክሣቲጦስ ፡ ቆ 10
መ ፡ ቅድሜሁ ፡ ወቀሪቦ ፡ ጎቤሁ ፡ ወነበሩ ፡ ጎቡረ ፡ ወሚ
ካኤል ፡ ሊቀ ፡ መላእክት ፡ ሰበ ፡ ይሬኢዮሙ ፡ ለደቂቅ ፡
እንዝ ፡ ይቀውሙ ፡ ይቤሎ ፡ ለንጉሥ ፡ ክሣቲጦስ ፡ ምን
Fol. 164a. ተ ፡ ገብሩ ፡ እሉ ፡ ሕፃናት ፡ ወነገር ፡ ንጉሥ ፡ ኩሎ ፡
ዘከነ ፡ ወይቤሎ ፡ ሚካኤል ፡ በአግንቱ ፡ ኢያአመርክሙ ፡ 15
ዘከነ ፡ ብእሲሁ ፡ ወይቤሎ ፡ ንጉሥ ፡ አምጽእዎሙ ፡ ሊ
ተ ፡ ለእሉ ፡ ወይቤሉ ፡ እሉ ፡ እሙንቱ ፡ እለ ፡ ቀተሉ ፡
ወይቤሎ ፡ ሚካኤል ፡ በነቤነጽ ፡ ሰበ ፡ ይከውን ፡ ከመዝ ፡
ወይመውት ፡ ብእሲ ፡ ወኢያአምሩ ፡ ዘከነ ፡ ናሙጽአ ፡ ለ
ውእቱ ፡ ብእሲ ፡ ዘሞተ ፡ ማእከለ ፡ ወንሴአሎ ፡ ወውእቱ ፡ 20
ይትናገር ፡ ምስሌን ፡ ወይነግረን ፡ ዘቀተሉ ። ወይእዜኒ ፡
እመ ፡ ፈቀድከ ፡ ታእምር ፡ ጽድቀ ፡ ያምጽእዎ ፡ ለውእቱ ፡
ዘሞተ ፡ ውስተ ፡ ዝንቱ ፡ መካን ፡ ወንሴአሎ ፡ ወውእቱ ፡
ይትናገር ፡ ምስሌን ፡ ወናእምር ፡ ዘቀተሉ ። ወበጊዜሃ ፡
አዘዘ ፡ ንጉሥ ፡ ያምጽእዎ ፡ ለዘ ፡ ሞተ ፡ ማእከለ ፡ ወይቤ 25
ሉ ፡ ሊቀ ፡ መላእክት ፡ ሚካኤል ፡ ለዳንኤል ፡ ዘይእስ
እትሆሙ ፡ ሑር ፡ ወበሉ ፡ ለዝንቱ ፡ ምውት ፡ በሰመ ፡ እ
ግዚእየ ፡ ኢየሱስ ፡ ክርስቶስ ፡ ንጉሠ ፡ ሰማይ ፡ ወምድር ፡

ንግረኒ ፡ ዘኮንክ ። ወገብረ ፡ ውእቱ ፡ ወልድ ፡ ንኡስ ፡ ከ
ማሁ ፡ ወእግዚአብሔር ፡ መፍቀሬ ፡ ሰብእ ፡ ፈቀደ ፡ ይሰ
ባሕ ፡ ስሙ ፡ ቅዱስ ፡ በኵሉ ፡ መካን ፡ ወይእመኑ ፡ ቦቱ ፡
ወአግብል ፡ ነፍስ ፡ ውእቱ ፡ ብእሲ ፡ ዳግመ ፡ ወሐይወ ፡ በእ
ንተ ፡ መድኃኒት ፡ ንጉሥ ፡ ወለዙሎሙ ፡ ሰብእ ፡ ይእቲ ፡ 5
ብሔር ፡ ወከልሐ ፡ ውእቱ ፡ ብእሲ ፡ ወይቤ ፡ አልለከ ፡ ከ
Fol. 164 b. ሢቲጦስ ፡ ንጉሥ ፡ እስመ ፡ ደፈርክ ፡ ወነበርክ ፡ ምስለ ፡
ሊቀ ፡ መላእክት ፡ ቅዱስ ፡ ሚካኤል ፡ ሊቀ ፡ ኃይል ፡ ሰጋ
ያት ፡ ወእሉኒ ፡ ዐደው ፡ እለ ፡ ተአገልክምዎሙ ፡ ቅዱሳን ፡
ወንሹሐን ፡ ወአልቦሙ ፡ ኃጢአት ። ወአከ ፡ እሙንቱ ፡ 10
እለ ፡ ቀተሉኒ ፡ እላ ፡ አቅረብ ፡ ነሰከኒ ፡ ወሞትኩ ፡ ወበእ
ንተ ፡ ዘተኃርኩ ፡ እሉ ፡ ዐደው ፡ ረከበተኒ ፡ ዛቲ ፡ ዐባይ ፡
ሥናይት ፡ ወከንኩ ፡ ድልወ ፡ እርአዮ ፡ ለሊቀ ፡ መላእክ
ት ፡ ቅዱስ ፡ ሚካኤል ። ወይእዜኒ ፡ ናሁ ፡ ርኢክሙ ፡ ተ
አምረ ፡ እግዚአብሔር ፡ ተመየጡኬ ፡ ኃቤሁ ፡ በኵሉ ፡ 15
ልብክሙ ፡ ወኃድጉ ፡ እምኔክሙ ፡ ዘንተ ፡ ፍትወተ ፡ ወዘ
ንተ ፡ አግልክተ ፡ ምውታን ፡ እለ ፡ አልቦሙ ፡ ነፍስ ፡ ከመ ፡
ይስረይ ፡ ለክሙ ፡ እግዚአብሔር ፡ ኃጢአትክሙ ፡ ዘተካ
ት ። ወሊተኒ ፡ ዐቢየ ፡ ጸጋ ፡ ረከበተኒ ፡ እስመ ፡ ርኢክዎ ፡
ለሊቀ ፡ መላእክት ፡ ሚካኤል ፡ በእንተ ፡ እሉ ፡ ዐደው ፡ 20
ቅዱሳን ፡ ወበዚዛሃ ፡ ሐረ ፡ ሊቀ ፡ መላእክት ፡ ሚካኤል ፡
ውስተ ፡ አርያም ፡ በዐቢይ ፡ ስብሐት ፡ ወርእዮ ፡ ንጉሥ ፡
ወኵሉ ፡ ሕዝብ ፡ እንዘ ፡ የዐርግ ፡ ውስተ ፡ ሰማይ ፡ ወወ
ሰደ ፡ ምስሌሁ ፡ ነፍስ ፡ ለዘ ፡ ሞተ ፡ ወንጉሥ ፡ ወኵሎ
ሙ ፡ ፈርሁ ፡ ፈድፋደ ። ወእምድኃሬ ፡ ጉንዱይ ፡ ገብአ ፡ 25
ልቡ ፡ ለንጉሥ ፡ እምፍርሀት ፡ በእንተ ፡ ዐቢይ ፡ መንክር ፡
ዘርእየ ። ወተንሥአ ፡ ወሰዐመ ፡ አፋሁ ፡ ለዮሐንስ ፡ ወ
ይቤ ፡ ቡርክት ፡ ሰዓት ፡ እንተ ፡ በእክሙ ፡ ውስተ ፡ ዛቲ ፡

Fol. 165a. ሀገር ፡ ወ|ንስእለክሙ ፡ ትንግሩን ፡ አምላክሙ ፡ ዘተአ
ምኑ ፡ ቦቱ ፡ ከመ ፡ ንሕነኒ ፡ ንአምን ፡ ቦቱ ፡ ወንድኅን ።
ወይቤሎሙ ፡ ዮሐንስ ፡ ንሕነሰ ፡ ነአምን ፡ በእግዚእነ ፡
ኢየሱስ ፡ ክርስቶስ ፡ ወልደ ፡ እግዚአብሔር ፡ ሕያው ።
ወከልሑ ፡ ንጉሥ ፡ ወዥሉሙ ፡ ሕዝብ ፡ እንዘ ፡ ይብሉ ፡ 5
በአግን ፡ አምላክ ፡ ሕያው ፡ ኢየሱስ ፡ ክርስቶስ ፡ ወአል
ቦ ፡ አምላክ ፡ ዘእንበሌሁ ። ወይቤሎ ፡ ዮሐንስ ፡ ለንጉሥ ፡
ተንሥእ ፡ ወለአክ ፡ ኀበ ፡ ቄስጠንጢኖስ ፡ ንጉሥ ፡ ሮም ፡
ወንገር ፡ ዥሉ ፡ ወስአሎ ፡ ከመ ፡ ይፈኑ ፡ ለነ ፡ አሐደ ፡
እምኤጲስ ፡ ቆጶሳት ፡ እለ ፡ ብሔሩ ፡ ዘይሜህርክሙ ፡ ወ 10
ያጠምቀክሙ ፡ በስመ ፡ አብ ፡ ወልድ ፡ ወመንፈስ ፡ ቅዱ
ስ ። ወለአከ ፡ ንጉሥ ፡ ክሢቲጦስ ፡ ኀበ ፡ ቄስጠንጢኖስ ፡
ንጉሥ ፡ እንዘ ፡ ይብል ፡ ከመዝ ፡ ክሢቲጦስ ፡ ዘተሰምየ ፡
ንጉሥ ፡ ይትባል ፡ ይልአክ ፡ ለንጉሥ ፡ ዐቢየ ፡ አጋዚ ፡
ቄስጠንጢኒያ ፡ ገብሩ ፡ ለኢየሱስ ፡ ክርስቶስ ፡ ሰላም ፡ ለ 15
ከ ፡ አ ፡ ወዐባይ ፡ ጸጋ ፡ እንተ ፡ ረከበተነ ፡ አምነ ፡ አግ
ዚአብሔር ፡ ኔር ። ወተዘከረነ ፡ ወአንገፈነ ፡ እምተቀንዮ ፡
ለአግልክት ፡ ርኩሳን ፡ ወሜጠነ ፡ ኀቤሁ ፡ በእንተ ፡ ዕበየ ፡
ኔራቱ ፡ ዘኢይት ፡ ጉለቀ ፡ ወስአለቱ ፡ ለዐቢይ ፡ ሊቀ ፡
መላእክት ፡ ቅዱስ ፡ ሚካኤል ፡ ዘረሰየኒ ፡ ድልወ ፡ እርአ 20
ዮ ፡ በዐይንቲየ ፡ ወረሰዮ ፡ ለምውት ፡ ይትናገር ፡ ምስ
Fol. 165b. ሌነ ፡ እፈ ፡ በአፉ ፡ እምድኃሬ ፡ ሞተ ። ወእምዝ ፡ ሐረ
ውስተ ፡ እርያም ፡ በዓቢይ ፡ ስብሐት ፡ እንዘ ፡ ይሬኢዮ ፡
ዥሉ ። ወዓዲ ፡ ንስእል ፡ ዕበየከ ፡ ትፈኑ ፡ ለነ ፡ አሐደ ፡
እምኤጲስቆጶሳት ፡ እለ ፡ ምዙናንከ ፡ ከመ ፡ ያብርሀ ፡ ላዕ 25
ሌነ ፡ በብርሃነ ፡ ሀይማኖት ፡ ርትዕት ፡ ወይንግረነ ፡ ፍኖተ ፡
እንተ ፡ ታብጽሕ ፡ ኀበ ፡ እግዚአብሔር ፡ ወየሀበነ ፡ ማኅተ
መ ፡ ቅዱስ ። ወእመ ፡ ዘንተ ፡ ገበርከ ፡ ለነ ፡ ትነሥእ ፡ ዓ

27

ቢየ ። አክሊለ ። በኅብ ። ክርስቶስ ። በእንተ ። ዝንቱ ። መድ
ኃኒት ። ለንጉሥ ። መሀይምን ። በእንተ ። ኃይሉ ። ለክርስ
ቶስ ። ንጉሥ ። ኵሉ ። ወበፍሥሓ ። ወቢይ ። ንሥአ ። ለይ
እቲ ። መጽሐፍ ። ቴስጠንጢኖስ ። ንጉሥ ። ወአንበባ ። ወ
አንከረ ። ፈድፋደ ። በእንተ ። ዘከነ ። ወሰብሐ ። ለእግዚአ 5
ብሐር ። ወወባይ ። ጽሒቅ ። ጸሐፈ ። ኃብ ። ቅዱስ ። ዮሐንስ ።
ሊቀ ። ጳጳሳት ። ዘኤፌሶን ። እንዘ ። ይብል ። ቅድመ ። ኵሉ ።
እስዕም ። እደዊከ ። ቅዱሳተ ። እለ ። ይእኃዝ ። ሥጋሁ ። ለ
ወልደ ። እግዚአብሐር ። በአማን ። ዓቢይ ። ፍሥሓ ። ዘከ
ነ ። ለነ ። እምኀበ ። እግዚአብሐር ። ናሁ ። ልአክነ ። ኃቤከ ። 10
እስመ ። ነአምር ። ከመ ። ትትፌሣሕ ። ወትወስክ ። ፈድፋ
ደ ። ወንሬቅድ ። ትጻር ። ጻጋ ። ወትደለው ። በኵሉ ። ልብ
ከ ። እስመ ። ታአምር ። ከመ ። ኢይወድቅ ። ጻጋከ ። እስመ ።
Fol. 166a. ትገብር ። በእንተ ። ክር|ስቶስ ። ዘጸመወ ። በእንተ ። ሰብእ ።
ወተአዘዝ ። ለሊክ ። ወሐር ። ሀገረ ። ዲድያስ ። ከመ ። ትፈ 15
ውስ ። ሕሙማን ። እለ ። ሀየ ። በስሙ ። ለክርስቶስ ። ወትከ
ልአሙ ። እምተቀንዮ ። ለአግልክተ ። ርኵሳን ። ወታጠምቆሙ ።
በስመ ። አብ ። ወወልድ ። ወመንፈስ ። ቅዱስ ። ወ
ዝንቱ ። ይከውነክ ። ምክሐ ። በኅብ ። ክርስቶስ ። ወመላእ
ክቲሁ ። ቅዱሳን ። ከመ ። ትድኅን ። ኃቡረ ። በኃይሉ ። ለክ 20
ርስቶስ ። እምላክነ ። ዘንተ ። መጽሐፈ ። ለእከ ። ንጉሥ ።
ቴስጠንጢኖስ ። ለአባ ። ዮሐንስ ። ሊቀ ። ጳጳሳት ። ዘኤፌ
ሶን ። ወካልእት ። መልአክከት ። ዘከሚቲጦስ ። ንጉሥ ።
ወሊቀ ። ጳጳሳት ። አንቢዐ ። መጽሐፈ ። ተፈሥሓ ። ፈድፋ
ደ ። በእንተ ። ተመይጦቶሙ ። ለኵሉ ። እዲያም ። ወሰቤ 25
ሃ ። ንሥአ ። ምስሌሁ ። ዲያቆናተ ። ወቀሲስ ። ወአናጉንስ
ጢስ ። ወሡለስተ ። መጻሕፍት ። ጸሎት ። ወ ፩ ወ ፪ መ
ምህራነ ። ወነሥአ ። ምስሌሁ ። በዘ ። ይትገበር ። ምስጢር ።

ወማእደ ፡ ዘወርቅ ፡ ወርባዕተ ፡ ጽዋዓት ፡ ብሩር ፡ ወሥለ
ስተ ፡ ጽዋዓት ፡ ወርቅ ፡ ወሰበን ፡ ዘሐሪር ፡ ወመከደን ፡
ዘዲባግ ፡ ወአርባዕተ ፡ ወንጌላት ፡ ወመጽሐፈ ፡ ጸሉሎስ ፡
ወገብረ ፡ ሐዋርያት ፡ ወመጽሐፈ ፡ መዝሙር ፡ ፍጹመ ፡
ኵሉ ፡ ዘይትፈቀድ ፡ ለቤተ ፡ ክርስቲያን ፡ ወጸለዩ ፡ ወሖ   5

Fol. 166b. ሩ ፡ በፍ|ኖት ፡ እንዘ ፡ ይትፌሥሑ ። ወሰበ ፡ አልጸቁ ፡
ሀገረ ፡ ነገርዎ ፡ ለንጉሥ ፡ ምጽአቶሙ ፡ ለሊቃነ ፡ ጳጳሳት ፡
ወእለ ፡ ምስሌሁ ፡ ወተፈሥሑ ፡ ንጉሥ ፡ ወዮሐንስ ፡ ወ
ኵሎሙ ፡ ሕዝብ ፡ ወወፅኡ ፡ ይትራከብዎ ፡ ለሊቀ ፡ ጳጳ
ሳት ፡ ወሰበ ፡ ቀርቡ ፡ ኀቤሁ ፡ ሰገዱ ፡ ሉቱ ፡ ንጉሥ ፡ ወ   10
ኵሉ ፡ ሕዝብ ፡ ወተባረኩ ፡ በኀቤሁ ፡ ወነገሮ ፡ ንጉሥ ፡
ለሊቀ ፡ ጳጳሳት ፡ ኵሉ ፡ ዘከነ ፡ ወአርእዮ ፡ ዮሐንስሃ ፡ ወ
ይቤሉ ፡ በእንተ ፡ ዝንቱ ፡ ወአዓዊሁ ፡ ተሣሀለነ ፡ እግዚ
አብሔር ። ወከማሁ ፡ ሐሩ ፡ በወቢይ ፡ አስተርከበ ፡ ውስ
ተ ፡ ሀገር ፡ ወአስተብቍዖ ፡ ንጉሥ ፡ ለሊቀ ፡ ጳጳሳት ፡ ከ   15
መ ፡ ይባእ ፡ ጽርሐ ፡ እስመ ፡ ዓዲሆሙ ፡ ኢሐነጹ ፡ ቤተ ፡
ክርስቲያን ፡ በይእቲ ፡ ሀገር ። ወበሳኒታ ፡ ይቤሉ ፡ ሊቀ ፡
ጳጳሳት ፡ ለንጉሥ ፡ ንሕንጽ ፡ ቤተ ፡ ክርስቲያን ፡ ወይቤ
ሉ ፡ ንጉሥ ፡ ሀሉ ፡ መካን ፡ ሐዲሳ ፡ ገብ ፡ ይትሐነጽ ፡ ተ
ንሥእ ፡ ንርዪ ፡ ለእም ፡ ይደሉ ፡ ወንሬሲዮ ፡ ቤተ ፡ ክርስ   20
ቲያን ፡ ወሖሩ ፡ ኀቡረ ፡ ወርእይዎ ፡ ለውእቱ ፡ መካን ፡ ኀ
በ ፡ የሐንጹ ፡ ወሠምረ ፡ ሊቀ ፡ ጳጳሳት ፡ ወአዘዘ ፡ ንጉሥ ፡
አዋደ ፡ ዘይሰብክ ፡ ውስተ ፡ ኵሉ ፡ ሀገር ፡ ከመ ፡ ይምጽ
ኡ ፡ ኵሉ ፡ ሰብእ ፡ ወይግብሩ ፡ ቤተ ፡ ክርስቲያን ፡ እመሂ ፡
በዕል ፡ ወእመሂ ፡ መኰንን ፡ ወእመሂ ፡ ነዳይ ፡ ወንጉሥኒ ፡   25

Fol. 167a. ይትገበር ፡ በእ|ዴሁ ፡ ከመ ፡ ኵሎሙ ፡ ተስፈሙ ፡ ይንሣ
እ ፡ በረከተ ፡ እምኀበ ፡ ክርስቶስ ፡ ወበፈቃደ ፡ እግዚአብ
ሔር ፡ ፈጸሙ ፡ ሕንጸት ፡ በ፺ወ፪ ፡ ዕለት ። ወሊቀ ፡ ጳጳ

27*

ሳት ፡ ቀደሳ ፡ ለይእቲ ፡ ቤተ ፡ ክርስቲያን ፡ በሰግ ፡ ለቅድ
ስት ፡ ድንግል ፡ ማርያም ፡ እሙ ፡ ለእግዚእነ ። ወርኢዮ ፡
ብዙኀ ፡ ሕዝብ ፡ እለ ፡ ይጠመቁ ፡ ይቤ ፡ ንጉሥ ፡ በአይቴ ፡
ታጠቆሙ ፡ ለእሉ ፡ እምቅድመ ፡ ይትሐንጽ ፡ ምጥግታ
ት ፡ ዘቤተ ፡ ክርስቲያን ። አውሥአ ፡ ጢቢብ ፡ ዮሐንስ ፡ 5
ወይቤሎሙ ፡ ለንጉሥ ፡ ወለሊቀ ፡ ጳጳሳት ፡ ሀሉ ፡ ባሕር ፡
እንተ ፡ ምስራቀ ፡ ሀገር ፡ ወይመስለኒሰ ፡ ዘይደሉ ፡ ለዝን
ቱ ፡ ዓቢይ ፡ ክብር ። ወበጊዜሃ ፡ መጽአ ፡ ታል ፡ እምሰግ
ይ ፡ ወሰምዑ ፡ ኵሎሙ ፡ ዘይብል ፡ ዝንቱ ፡ ዘነሥአ ፡ እ
ምኔብ ፡ እንዚአብሔር ፡ ዮሐንስ ፡ ወልደ ፡ ላእክ ፡ ወንጉ 10
ሥ ፡ ወሊቀ ፡ ጳጳሳት ፡ ወኵሉ ፡ ሕዝብ ፡ ሰሚዖሙ ፡ አንከ
ሩ ፡ ወይቤሉ ፡ ይትጋባእ ፡ ኵሉ ፡ ሕዝብ ፡ ለቡራኬ ፡ ወጸ
ለየ ፡ ሊቀ ፡ ጳጳሳት ፡ ባዕሴሆሙ ፡ ፍጹመ ፡ ጥምቀተ ።
ወከነ ፡ ዐቢይ ፡ ተአምር ፡ በይእቲ ፡ ዕለት ፡ ሰብ ፡ ቀርበ ፡
ይንትሞሙ ፡ ሰምዑ ፡ ኵሎሙ ፡ ሕዝብ ፡ ታለ ፡ እምያት ፡ 15
ዘይብል ፡ ቅዳሴ ፡ ምስለ ፡ ሊቀ ፡ ጳጳሳት ። ወፈጺሞ ፡ ጸ
ሎተ ፡ አዘዘሙ ፡ ለኵሉ ፡ ሕዝብ ፡ ይርፉ ፡ ውስተ ፡ ምጥ
ጣቃት ፡ ወተወርው ፡ ኵሎሙ ፡ ውስተ ፡ ግይ ። እንዘ ፡
ይኬልሑ ፡ ወይብሉ ፡ ንጠመቅ ፡ በስመ ፡ አብ ፡ ወወልድ ፡
ወመንፈስ ፡ ቅዱስ ። ወተጠሚቆሙ ፡ ንጉሥ ፡ ወኵ 20
ሉ ፡ ሕዝብ ፡ ቦአ ፡ ሊቀ ፡ ጳጳሳት ፡ ውስተ ፡ ቤተ ፡ ክርስቲ
ያን ፡ ወሤሞ ፡ ለዮሐንስ ፡ ኤጲስ ፡ ቆጶስ ፡ ወለሠለስቱ ፡
አኃዊሁ ፡ አሐደ ፡ ቀሲስ ፡ ወክልኤ ፡ ዲያቆናተ ፡ ወቦቱ ፡
ንጉሥ ፡ ወልደ ፡ ዘስሙ ፡ አግላስ ፡ ወረሰዮ ፡ ዲያቆን ፡
ወኵሎ ፡ ሕዝብ ፡ ይትፈሥሑ ፡ በእግዚአብሔር ። ወአ 25
ጋዘ ፡ ሊቀ ፡ ጳጳሳት ፡ ይሡራዕ ፡ ቅዳሴ ። ወአንከሩ ፡ ንጉ
ሥ ፡ ወኵሉ ፡ ሕዝብ ፡ በዘርእየ ፡ ወሰምዑ ፡ እስመ ፡ ኢር
ኢዩ ፡ ዘከመዝ ፡ ግብረ ፡ ወኢሰምዑ ፡ ዘከመዝ ፡ ነገረ ።

እስመ ፡ ዝንቱ ፡ ቀዳሚሁ ፡ ዘተውህበ ፡ ቍርባን ፡ በውእ
ቱ ፡ ብሔር ፡ ወተመጢዎሙ ፡ ኵሎሙ ፡ እምስጢር ፡ ቅ
ዱስ ፡ ወሀቡሙ ፡ ሊቀ ፡ ጳጳሳት ፡ ሰላም ። ወለለ ፡ አሐዱ ፡
አሐዱ ፡ አተው ፡ ውስተ ፡ ማኅደሮሙ ፡ ወነበረ ፡ ሊቀ ፡
ጳጳሳት ፡ ሳቤሆሙ ፡ ወርኅ ፡ ፍጹመ ፡ እንዘ ፡ ይገሥጾሙ ፡ 5
ወይሜህሮሙ ፡ ኵሉ ፡ ሥርዓተ ፡ ቤተ ፡ ክርስቲያን ። ወ
እምዝ ፡ አተወ ፡ ብሔረ ፡ በዓቢይ ፡ ፍሥሐ ። ወንጉሥሰ ፡
ከሂቲጦስ ፡ ወኵሎሙ ፡ ሕዝብ ፡ ሰብሕዎ ፡ ለእግዚአብሔ
ር ፡ ወአክበርዎ ፡ ለቅዱስ ፡ ዮሐንስ ፡ ኤጲስ ፡ ቀጳስ ፡ ወለአኀ
ዊሁ ፡ እስመ ፡ ይትወሰኩ ፡ ለትምህርት ፡ እግዚአብሔር ። 10
Fol. 168a. ወእምድኅ|ረ ፡ ሕዳጥ ፡ መዋዕል ፡ ይቤሎ ፡ ቅዱስ ፡
ኤጲስ ፡ ቀጳስ ፡ ለንጉሥ ፡ ንሕንጽ ፡ ቤተ ፡ ክርስቲያን ፡
በስመ ፡ ለሚካኤል ፡ ሊቀ ፡ መላእክት ፡ ወይቤሉ ፡ ንን
ሥ ፡ እበ ፡ ገበር ፡ ፈቃደከ ፡ ናሁ ፡ ንሕነ ፡ ድልዋን ፡ ንስ
ማዕከ ፡ ወቅዱስ ፡ ኤጲስ ፡ ቀጳስ ፡ ዮሐንስ ፡ ሰረራ ፡ ለቤተ ፡ 15
ክርስቲያን ፡ ወኵሉ ፡ ሰብአ ፡ ሀገር ፡ ይትራድኡ ፡ ምስሌ
ሁ ፡ ወበቢይ ፡ ጽሒቅ ፡ ፈጸሙ ፡ በሰመንቱ ፡ አውራኅ ፡
ወቅዱስ ፡ ኤጲስ ፡ ቀጳስ ፡ ቀደሰ ፡ ለቤተ ፡ ክርስቲያን ፡ አ
ሙ ፡ ፳ወ፪ ፡ ለወርኅ ፡ ጋዳር ፡ በስሙ ፡ ለቅዱስ ፡ ሚካኤ
ል ፡ ሊቀ ፡ መላእክት ፡ ወነበረ ፡ በዓሉ ፡ ለቅዱስ ፡ ሚካ 20
ኤል ፡ ምስለ ፡ ቅዱሴ ፡ ቤት ፡ ክርስቲያኑ ፡ ወእምድኀረ ፡
ቅደሴ ፡ ሑሩ ፡ ኤጲስ ፡ ቀጳስ ፡ ወንጉሥ ፡ ወኵሉ ፡ ሕዝብ
ሳበ ፡ ቤተ ፡ ጌርስ ፡ ጠባት ፡ ወነሠትዎ ፡ ወአውዑዩ ፡ መ
ንበር ፡ ለጌርስ ፡ ወጋኔን ፡ ዘይነድር ፡ ውስተ ፡ ጣዖቱ ፡
ከልሐ ፡ ወይቤ ፡ አጸመውከኒ ፡ ፈድፋደ ፡ አዮሐንስ ፡ ወ 25
አውፃእከኒ ፡ እማኅደርየ ፡ ወአዘዘ ፡ ንጉሥ ፡ ይሕንጹ ፡
ዐባየ ፡ ቤተ ፡ ክርስቲያን ፡ ሳበ ፡ ውእቱ ፡ መካን ፡ ወረሰይ
ዋ ፡ በስመ ፡ ሐዋርያት ። ወቅዱስ ፡ ዮሐንስ ፡ ያጸንዖሙ ፡

ለኩሎሙ ፡ ውስተ ፡ ሀይማኖት ፡ ወያከብርዎ ፡ ኩሎሙ ። ወሰሚዖ ፡ ቄስጠንጢኖስ ፡ ንጉሥ ፡ በእንተ ፡ ኩሉ ፡ ጊራ
ት ፡ ዘገብረ ፡ ዮሐንስ ፡ ወሰብሖ ፡ ለእግዚአብሔር ፡ ወለአ

Fol. 168b. ክ ፡ ጎቤሁ ፡ መጽሐፈ ፡ እንዘ ፡ ይስእሎ | ፡ ከመ ፡ ይበርክ ፡
ላዕሌሁ ፡ ወላዕለ ፡ መንግሥቱ ፡ ወሰሞ ፡ ባቲ ፡ ዳንኤል ፡ 5
ሐዲስ ፡ ነሣኤ ፡ አማልክተ ። ወበሐረ ፡ አብድያኖስ ፡ ይ
ሁቡ ፡ ምሕረተ ፡ ኩሉ ፡ ዕለተ ፡ በኩሉ ፡ መዋዕሊሁ ፡ ለቅ
ዱስ ፡ ዮሐንስ ፡ በእንተ ፡ ብዝኅ ፡ ተአምር ፡ ዘገብረ ፡ እግ
ዚአብሔር ፡ በእደዊሁ ።

ርእዩኬ ፡ አፍቀራንየ ፡ ኃይሎ ፡ ለእግዚአብሔር ፡ ወ 10
ሣህሎ ፡ ለቅዱስ ፡ ሚካኤል ፡ ሊቀ ፡ መላእክት ፡ ይትረከ
ብ ፡ ስእለቱ ፡ ለሚካኤል ፡ በእንተ ፡ ፍሬ ፡ ኩሉ ፡ ዘርእ
ገራውህ ። ወበስእለቱ ፡ ለሚካኤል ፡ ዕፀው ፡ ይሁቡ ፡ ፍ
ሬሆሙ ፡ ይትረከብ ፡ ሰእለቱ ፡ ለሚካኤል ፡ ላዕለ ፡ አሕማ
ር ፡ ሰብ ፡ ይነግዱ ። ወያዓርፉ ፡ ይትረከብ ፡ ስእለቱ ፡ ለሚ 15
ካኤል ፡ ለእለ ፡ ይዓይሉ ፡ ውስተ ፡ እድባር ፡ ከመ ፡ ያጽን
ዖሙ ፡ ለፍልስቶሙ ፡ ይትረከብ ፡ ስእለቱ ፡ ለሚካኤል ፡
ጎበ ፡ ይትጋብኡ ፡ መነከሳት ፡ የህብ ፡ ሰላመ ፡ ማእከሎሙ ።
ይትረከብ ፡ ስእለቱ ፡ ለሚካኤል ፡ ላዕለ ፡ ጸሎቶሙ ፡ ለኤ
ጲስ ፡ ቆጶሳት ፡ ወቀሳውስት ፡ ወዲያቆናት ፡ ዲበ ፡ ማእድ ፡ 20
ይትረከብ ፡ ጸሎቱ ፡ ለሚካኤል ፡ ዘይረድአሙ ፡ ለገፋዓን ፡
ወለእለ ፡ ውስተ ፡ መዋቅሕተ ። ይትረከብ ፡ ጸሎቱ ፡ ለ
ሚካኤል ፡ ዘይረድአሙ ፡ ለእለ ፡ ውስተ ፡ መንሱት ። ወ
ያጸንዖሙ ፡ ለሕያዋን ፡ በመዳቤሆሙ ፡ ወይስእሉ ፡ ለእ
ግዚአብሔር ፡ በእንተ ፡ ምውታን ፡ ከመ ፡ ይምሐሮሙ ። 25

Fol. 169a. | ለመኑ ፡ እምዳድቃን ፡ ዘኢመጽአ ፡ ጎቤሁ ፡ ሚካኤል ፡
ወዘኢረድአ ፡ በኩሉ ፡ ምንዳቤሁ ። ወመኑ ፡ እመሰማዕ
ት ፡ ዘኢመጽአ ፡ ጎቤሁ ፡ ሊቀ ፡ መላእክት ፡ ወኢረድአ

መ ፡ በኵሉ ፡ ምንዳቤሆሙ ፡ ወሐዘኖሙ ፡ ወሥቃዮሙ ።
ናሁኬ ፡ ፍቁራኒየ ፡ እእመርን ፡ ፍቅር ፡ ለእግዚአብሔር ፡
ላዕለ ፡ ሰብእ ፡ ወስእለቱ ፡ ለሚካኤል ፡ ሊቀ ፡ መለእክት ፡
እስመ ፡ ይተነብል ፡ ለኵሉ ፡ ሰብእ ፡ ወይስእል ፡ በእንቲአ
ሆሙ ፡ ቅድመ ፡ እግዚአብሔር ፡ አብ ፡ ከመ ፡ ይምሐር 5
ሙ ፡ ለኩሎሙ ፡ ወይስርሐሙ ፡ ወለነኒ ፡ ይምሐረነ ፡ በእ
ንቲአሁ ፡ ከመ ፡ ይምጽአነ ፡ ፈድፋደ ፡ ወይስአል ፡ በእን
ቲአነ ፡ ቅድመ ፡ እግዚአብሔር ። ወንፋቀር ፡ በበይናቲነ ፡
በፍቅረ ፡ እግዚአብሔር ፡ ወነሀሉ ፡ ኵልነ ፡ በአሐዱ ፡ ፍ
ቅር ። ወኢንደይ ፡ ውስተ ፡ አፉነ ፡ ሕብለ ፡ እስመ ፡ እኩ 10
ይ ፡ መዝገብ ፡ ይእቲ ፡ ሕብል ፡ ወጽይእት ፡ ኃጢአት ፡
ዝሙት ፡ ወምንት ፡ በቅድመ ፡ እግዚአብሔር ፡ ወመላ
እክቲሁ ፡ ወሞት ፡ ወንደት ፡ ለነፍስ ፡ ወቅንእት ፡ ፍቁ
ራ ፡ ለሰይጣን ፡ ወጽልእ ። ለእግዚአብሔር ፡ ወመለእክ
ቲሁ ፡ ወታጻልእሙ ፡ ለክርስቲያን ፡ ወዓርኩ ፡ ለሐጕል ። 15
ወይአዜኒ ፡ አጓዊነ ፡ ንግድፍ ፡ እምኔነ ፡ ፍናተ ፡ ርኩስ ፡
ወንሐር ፡ በፍኖት ፡ ሠናይ ፡ ወምሕዋር ፡ ርቱዕ ፡ ወ|ንሐ
ር ፡ ዘእንበለ ፡ ኃጢአት ፡ ወዘእንበለ ፡ ነውር ። ኢኮነ ፡ አ
ውስተ ፡ ንጹሕ ፡ ዘያረሱዕ ፡ ለሰብእ ፡ እምአመ ፡ ኮነ ፡ ርኅ
ዱ ፡ ሙሴ ፡ አመ ፡ ተናገረ ፡ ምስለ ፡ እግዚአብሔር ፡ ጽሂ 20
ወጼ ፡ ቃለ ፡ ወቦቱ ፡ ብእሲት ፡ ወሙሉደ ፡ ወኢኮነ ፡ ዕቅ
ፍት ፡ ለበአቱ ፡ ውስተ ፡ ሠናይ ፡ ወበሕቱ ፡ ኢያጽንዐ ፡
ቃሎ ፡ ፈድፋደ ። ዳእሙ ፡ ዝንቱ ፡ ይአክል ፡ ስምዐ ፡ ዘ
ብሉይ ፡ ወዘሐዲስ ፡ ዳእሙ ፡ ንፈጽም ፡ ነገረ ፡ ወንቅረብ ፡
ንግበር ፡ በዓለ ፡ ዮም ፡ ለቅዱስ ፡ ሚካኤል ፡ ሊቀ ፡ መላ 25
እክት ። እስመ ፡ ዝንቱ ፡ በዓል ፡ ኢይፈቅድ ፡ ባዕለ ፡ ዘይ
በልዕ ፡ ወይስቲ ፡ ወይትሬሣሕ ፡ በሕቱ ፡ ወይድኅሙ ፡
ለነዳያን ፡ ወምስኪናን ፡ ርቱዕዪሆሙ ፡ ወጽሙአኒሆሙ ።

ዝንቱ ፡ በዓል ፡ ኢይፈቅድ ፡ ባዕለ ፡ ዘይለብስ ፡ አልባሰ ፡
ክቡር ፡ ወነዳይስ ፡ ዕራቁ ፡ ይቄርር ፡ በአስሐቲያ ። ዝንቱ ፡
በዓል ፡ ኢይፈቅድ ፡ ሰብአ ፡ እለ ፡ ይደለው ፡ ለአብያተ ፡
ስርግው ፡ ወነዳይስ ፡ ይስክብ ፡ አፍአ ፡ በቁር ። ዝንተ ፡
በዓል ፡ ኢይፈቅድ ፡ ዘይበልዕ ፡ በፍሥሓ ፡ እንዘ ፡ ይቴነ 5
ስ ፡ ነዳይ ፡ በውስተ ፡ መዋቅሕት ። ዝንቱ ፡ በዓል ፡ ኢይ
ፈቅድ ፡ ዘየረፍቅ ፡ ባሕቲቱ ፡ እንዘ ፡ ይደዊ ፡ ነዳይ ፡ ወ
ኢይሪክብ ፡ ዘይንውጸ ፡ እሉ ፡ ትእዛዝ ፡ ጽሑፍ ፡ ውስተ ፡
Fol. 170a. ወንጌል ። ወይእዜኒ ፡ አጎዊነ ፡ ንስእሎ ፡ ለሚካኤል ፡
ሊቀ ፡ መላእክት ፡ በርቱዕ ፡ ልብ ፡ ከመ ፡ ይንሣእ ፡ ለነ ፡ 10
ጸጋ ፡ በቀድመ ፡ እግዚአብሔር ። ወዓዲ ፡ እብለክሙ ፡
ከመ ፡ ይቀውም ፡ ዓለም ፡ በስእለቱ ፡ ለሚካኤል ፡ ወቅ
ድስት ፡ ድንግል ፡ ማርያም ፡ እሙ ፡ ለእግዚእነ ። ወይእ
ዜኒ ፡ ንሰብሖሙ ፡ በስብሐት ፡ ዘይደሉ ፡ ለዝንቱ ፡ በዓል ፡
እስመ ፡ ንሬኢ ፡ ከመ ፡ ቀርበ ፡ ጊዜሁ ፡ ከመ ፡ ይቅርቡ ፡ 15
ወይፈጽሙ ፡ ምስጢረ ፡ ቅዱስ ፡ ወንስብሖ ፡ ለዘ ፡ ይደላ
ዎ ፡ ኩሉ ፡ ስብሐት ፡ እግዚእን ፡ ወአምላክን ፡ ወመድኃኒ
ን ፡ ኢየሱስ ፡ ክርስቶስ ፡ ዘሎቱ ፡ ይደሉ ፡ ኩሉ ፡ ስብሐት ፡
ወሎሉ ፡ ክብር ፡ ወሎሉ ፡ ሰጊድ ፡ ወለአብ ፡ ምስሌሁ ፡ ወ
መንፈስ ፡ ቅዱስ ፡ ማሕየዊ ፡ ዘዕሩይ ፡ ምስሌሁ ፡ ይእዜኒ ፡ 20
ወዘልፈኒ ፡ ወለዓለመ ፡ ዓለም ፡ አሜን ።

ስብሐት ፡ ለእግዚአብሔር ፡ ለዓለም ።

COPTIC FORMS
OF GREEK AND OTHER WORDS WHICH OCCUR IN THE THREE ENCOMIUMS ON SAINT MICHAEL.

Coptic.	Greek etc.	Passages.
ⲀⲂⲂⲀ	אבא, Ἀββᾶ	1.4; 63.2; 83.3; 125.16.
ⲀⲄⲀⲐⲞⲤ	ἀγαθός	19.11; 30.4; 35.23; 36.18; 42.14; 56.15; 81.20; 104.14; 107.22; 109.5; 114.24; 121.8; 135.5; ⲘⲈⲦⲀⲄⲀⲐⲞⲤ 11.17; 30.9; 81.22;
ⲀⲄⲀⲐⲞⲚ	ἀγαθόν	11.8; 19.28; 25.17; 31.26; 32.17; 47.19; 49.12; 52.12; 94.21; 107.8; 116.22.
ⲀⲄⲀⲠⲎ	ἀγάπη	1.11; 9.21; 22.27; 24.25; 25.10; 26.3; 28.13; 29.23; 45.10; 49.27; 51.10; 54.11; 56.2; 96.7; 97.17; 102.28; 103.11; 115.23; 116.21; 117.1; 118.14; 120.10; 128.3.
ⲀⲄⲀⲠⲎⲦⲞⲤ	ἀγαπητός	39.17.
ⲀⲄⲄⲈⲖⲞⲤ	ἄγγελος	1.6; 7.15; 9.8; 11.5; 14.2; 19.10; 94.2; &c.
ⲀⲄⲄⲈⲖⲒ	ἄγγελαι	116.4; 121.4; 122.3.
ⲀⲄⲄⲈⲖⲒⲔⲎ	ἀγγελική	113.18.
ⲀⲄⲒⲀ	ἅγια	60.24; 63.8; 64.24.
ⲀⲄⲒⲀⲌⲒⲚ	ἁγίζω	68.2; 84.21; 87.2.

COPTIC FORMS OF GREEK &c. WORDS.

Coptic.	Greek etc.	Passages.
ⲁⲅⲓⲁⲥⲙⲟⲥ	ἁγιασμός	85.12; 98.7.
ⲁⲅⲓⲟⲥ	ἅγιος	61.3; 73.7; 82.12; 87.15; 93.3; 130.21; &c.
ⲁⲅⲓⲟⲧⲁⲧⲟⲥ	ἁγιοτατος	1.2.
ⲁⲅⲱⲛ	ἀγών	19.27; 132.27.
ⲁⲅⲱⲛⲓⲍⲉⲥⲑⲉ	ἀγωνίζομαι	54.3.
ⲁⲇⲁⲙⲓⲛⲧⲓⲛⲟⲛ	ἀδαμάντινον	115.24; 130.3.
ⲁⲏⲣ	ἀήρ	112.16; 129.21; 130.1.
ⲁⲕⲧⲓⲛ	ἀκτίν (ἀκτίς)	116.3.
ⲁⲗⲏⲑⲓⲛⲟⲛ	ἀληθινόν	2.11.
ⲁⲗⲏⲑⲱⲥ	ἀληθῶς	60.24; 70.13; 71.2; 81.6; 126.10; 132.6.
ⲁⲗⲗⲁ	ἀλλά	3.20; 4.9; 5.25; 6 3; 7.13; 10.10; 20.5; 21.27; 22.7; 24.17; 25.13; 30.24; 32.28; 33.4; 34.25; 40.16; 42.18; 43.23; 46.3; 59.7; 64.7; 65.7; 66.9; 67.19; 69.12; 70.15; 73.7; 77.10; 80.6; 89.22; 90.13; 94.8; 95.6; 97.22; 98.26; 104.3; 107.9; 115.12; 119.10; 123.11; 130.2; 133.3.
ⲁⲗⲗⲟⲉⲑⲣⲓⲟⲅⲛ	ἀλλότριον (?)	50.4.
ⲁⲙⲏⲛ	אמן	1.23; 25.6; 31.11; 42.15; 50.13; 61.21; 63.21; 91.5; 93.18.
ⲁⲛⲁⲅⲕⲁⲍⲓⲛ	ἀναγκάζω	3.18; 4.8; 70.25; 74.10.
ⲁⲛⲁⲅⲕⲏ	ἀνάγκη	1.22; 8.12; 19.23; 46.11; 68.25; 69.26; 88.17; 110.8; 123.17.
ⲁⲛⲁⲅⲛⲱⲥⲧⲏⲥ	ἀναγνώστης	83.8.
ⲁⲛⲁⲥⲧⲁⲥⲓⲥ	ἀνάστασις	64.5.
ⲁⲛⲁⲧⲟⲗⲏ	ἀνατολή	108.2.
ⲁⲛⲁⲫⲟⲣⲁ	ἀναφορά	42.1.

Coptic	Greek etc.	Passages.
ⲁⲛⲁⲭⲱⲣⲓⲛ	ἀναχωρέω	86.11.
ⲁⲛⲉⲭⲉⲥⲑⲉ	ἀνέχω	105.23.
ⲁⲛⲟⲙⲓⲁ	ἀνομία	106.1.
ⲁⲛⲧⲓⲗⲟⲅⲓⲁ	ἀντιλογία	75.13.
ⲁⲍⲓⲱⲙⲁ	ἀξίωμα	59.3; 123.20.
ⲁⲡⲁⲛⲧⲁⲛ	ἀπαντάω	63.10; 77.3; 83.21; 127.9; 130.12.
ⲁⲡⲁⲍ ⲁⲡⲗⲱⲥ	ἅπαξ ἁπλῶς	15.5; 21.23.
ⲁⲡⲁⲣⲭⲏ	ἀπαρχή	114.18.
ⲁⲡⲁⲣⲭⲟⲥ	ἄπαρχος	103.23.
ⲁⲡⲗⲱⲥ	ἁπλῶς	7.26; 15.5; 21.23; 83.16; 88.16; 97.1; 112.11; 114.20.
ⲁⲡⲟⲕⲣⲓⲥⲓⲥ	ἀπόκρισις	41.11.
ⲁⲡⲟⲗⲟⲅⲓⲁ	ἀπολογία	123.1.
ⲁⲡⲟ[ⲥ]ⲧⲁⲍⲉⲥⲑⲉ	ἀποστατέω	69.9.
ⲁⲡⲟⲥⲧⲏⲛⲁ	ἀπόστημα	131.7.
ⲁⲡⲟⲥⲧⲟⲗⲟⲥ	ἀπόστολος	1.5; 5.20; 7.9; 18.12; 49.24; 55.25; 61.6; 83.15; 85.5; 87.14; 108.26; 109.17; 133.17.
ⲁⲡⲟⲅⲑⲏⲕⲏ	ἀποθήκη	73.11.
ⲁⲣⲉⲧⲏ	ἀρετή	1.4; 5.8; 8.28; 39.2; 51.19.
ⲁⲣⲓⲥⲧⲟⲛ	ἄριστον	8.2; 11.9; 13.4; 16.11; 20.24; 22.9; 94.11; ⲁⲣⲁⲥⲧⲟⲛ 94.22.
ⲁⲣⲕⲟⲥ	ἀργός	23.17; ⲙⲉⲧⲁⲣⲕⲟⲥ 5.5; 26.23.
ⲁⲣⲭⲉⲟⲥ	ἀρχαῖος	41.22; 100.9; 105.19.
ⲁⲣⲭⲏ	ἀρχή	2.1; 5.12; 25.27; 58.7; 132.21.
ⲁⲣⲭⲏⲁⲅⲅⲉⲗⲟⲥ	ἀρχιάγγελος	7.15; &c.
ⲁⲣⲭⲏⲅⲟⲩⲥ	ἀρχηγός	2.15; 10.17.
ⲁⲣⲭⲏⲇⲓⲁⲕⲱⲛ	ἀρχιδιάκονος	19.6.
ⲁⲣⲭⲏⲉⲡⲓⲥⲕⲟⲡⲟⲥ	ἀρχιεπίσκοπος	1.6; 63.2; 82.12; 83.4; 84.2; 85.5; 86.9; 133.5.

Coptic.	Greek etc.	Passages.
ⲁⲣⲭⲏⲡⲣⲟⲫⲏ-ⲧⲏⲥ	ἀρχιπροφή-της	55.3.
(ⲁⲣⲭⲏⲣⲉϥⲣⲱⲓⲥ		75.24; 76.4).
ⲁⲣⲭⲏⲥⲧⲣⲁⲧⲏ-ⲅⲟⲥ		20.22; 65.11.
ⲁⲣⲭⲏⲥⲧⲣⲁⲧⲓ-ⲕⲟⲥ		94.13; 132.9.
ⲁⲣⲭⲏⲥⲧⲣⲁϯ-ⲅⲟⲩⲥ	ἀρχιστρά-τηγος	47.26.
ⲁⲣⲭⲏⲥⲧⲣⲁⲧⲓ-ⲕⲟⲩⲥ		80.3.
ⲁⲣⲭⲏⲥⲧⲣⲁⲧⲩ-ⲅⲟⲩⲥ		4.16; 6.20; 20.26; 21.15; 22.26; 23.3; 58.4.
ⲁⲣⲭⲏⲥⲧⲣⲁⲧⲩ-ⲗⲁⲧⲏⲥ	ἀρχιστρατη-λάτης	94.17.
ⲁⲣⲭⲱⲛ	ἄρχων	4.15; 5.27; 7.18; 8.18; 9.1; 14.20; 36.10; 37.2; 38.4; 39.2; 40.1; 41.28; 42.4; 43.2; 44.9; 45.2; 46.6; 47.6; 57.3; 59.6; 72.15; 74.4; 75.15; 76.9; 84.15; 94.18.
ⲁⲥⲕⲓⲧⲏⲥ	ἀσκητής	88.5.
ⲁⲥⲕⲩⲥⲓⲥ	ἄσκησις	5.21; 88.6.
ⲁⲥⲡⲁⲍⲉⲥⲑⲉ	ἀσπάζομαι	71.8; 82.14; 109.8; 122.25; 128.5.
ⲁⲥⲡⲁⲥⲙⲟⲥ	ἀσπασμός	103.24.
ⲁⲥⲱⲙⲁⲧⲟⲥ	ἀσώματος	4.11.
ⲁⲩⲗⲏ	αὐλή	7.21; 20.24; 21.13; 22.13; ⲁⲩⲗ-ⲏⲟⲩ 22.24; 25.26; 52.22; 118.22.
ⲁⲩⲧⲟⲕⲣⲁⲧⲱⲣ	αὐτοκράτωρ	81.18.
ⲃⲁⲡⲧⲓⲥⲧⲏⲥ	βαπτιστής	61.4.
ⲃⲁⲥⲁⲛⲓⲍⲓⲛ	βασανίζω	74.16.

COPTIC FORMS OF GREEK &c. WORDS.

Coptic.	Greek etc.	Passages.
ΒΑCΑΝΟC	βάσανος	19.26; 88.24.
ΒΑCΙΛΙΚΟΝ	βασιλικόν	63.13; 123.20; 134.18.
ΒΗΛΛΟΝ	βῆλον	66.22.
ΒΗΜΑ	βῆμα	127.3.
ΒΙΑ	βία	ⲱ̀ ΒΙΑ 111.14; 113.9.
ΒΙΟC	βίος	30.11; 50.20; 76.24; 113.14.
ΒΙΤΗC	πίθος (?)	41.13.
ΒΟΗΘΙΑ	βοήθεια	100.20; 101.7; 103.16; 108.13.
ΒΟΗΘΙΝ	βοηθέω	29.20; 31.6; 52.18; 68.26; 69.25; 88.16; 110.8; 111.7; 114.2; 120.28; 123.16.
ΒΟΗΘΟC	βοηθός	11.26; 17.22; 26.4; 65.28; 73.24; 88.13; 107.20; 114.14; 119.25.
ΒΟΥΛΗ	βουλή	99.15; 100.18.
ΓΑΜΟC	γάμος	89.18; 120.8.
ΓΑΡ	γάρ	65.18; 74.16; 77.23; 81.19; 86.6; 88.19; 89.18; 90.3; 94.10; 95.26; 96.26; 98.14; 104.7; 107.27; 116.23; 118.6; 121.18; 122.5; 124.2; 125.7; 134.28; 135.1.
ΓΕΝΝΗ	καινή	89.25.
ΓΕΝΟC	γένος	8.9; 12.24; 13.17; 45.11; 55.17; 60.6; 65.17; 82.22; 90.14; 100.14; 101.20; 103.26; 119.12.
ΓΡΑΦΗ	γραφή	1.18; 4.5; 95.11; 118.14.
ΔΑΞΙC	τάξις	8.19; 24.12; 58.26.
ΔΕ	δέ	5.23; 32.12; 35.23; 43.1; 46.23; 51.18; 52.18; 56.1; 68.6; 70.25; 76.21; 77.2; 79.23; 82.13; 96.17; 109.22; 110.14; 114.2; 122.13; 123.5; 124.10; 127.4; 128.7; 129.3.

Coptic	Greek etc.	Passages.
ⲆⲈⲘⲰⲚ	δαίμων	73.5; 87.9; 101.27; 117.17; 122.17.
ⲆⲎⲘⲞⲤⲒⲞⲚ	δεμόσιον	76.27.
ⲆⲒⲀⲂⲞⲖⲞⲤ	διάβολος	63.7; 69.17; 73.26; 74.12; 77.16; 78.6; 89.12; 100.18; 101.19; 102.12; 103.12; 104.22; 105.25; 106.17; 107.12; 108.14; 109.3; 110.17; 114.10; 115.5; 117.12; 118.11; 120.17; 121.7; 122.27; 123.18; 134.11.
ⲆⲒⲀⲆⲒⲔⲒⲀ	διαδικέω	56.20.
ⲆⲒⲀⲐⲎⲔⲎ	διαθήκη	54 22.
ⲆⲒⲀⲔⲞⲚ } ⲆⲒⲀⲔⲰⲚ }	διάκων	83.8. 4.13; 85.24; 126.19.
ⲆⲒⲀⲔⲰⲚⲞⲤ	διάκονος	85.26.
ⲆⲒⲀⲔⲰⲚⲒⲚ	διακονέω	25.24; 27.4; 42.28; 45.24; 48.12; 52.13; 124.20; 125.28.ᵗ
ⲆⲒⲀⲖⲞⲄⲞⲤ	διάλογος	63.15.
ⲆⲒⲔⲀⲤⲦⲎⲢⲒⲞⲚ	δικαστήριον	88.14.
ⲆⲒⲔⲈⲞⲤ	δίκαιος	44.28; 54.6; 80.5; 88.19; 104.2.
ⲆⲒⲞⲒⲔⲒⲦⲎⲤ	διοικητής	74 8.
ⲆⲒⲠⲖⲞⲄⲚ	διπλόον	87.5.
ⲆⲒⲠⲚⲞⲚ	δεῖπνον	6.26; 11.6; 94.22.
ⲆⲰⲢⲈⲀ	δωρεά	45.28; 51.7; 132.28.
ⲆⲰⲢⲞⲚ	δῶρον	23.26; 24.4; 25.8; 26.8; 28.13; 29.7; 30.8; 31.25; 32.14; 33.8; 34.3; 42.18; 45.18; 48.9; 52.14; 54.4; 59.14; 107.23; 134.17.
ⲈⲄⲔⲰⲘⲒⲞⲚ } ⲈⲚⲔⲰⲘⲒⲞⲚ }	ἐγχώμιον	58.10; 93.5; ⲈⲨⲈⲄⲔⲰⲘⲒⲞⲚ 5.11. 93.1.
ⲈⲐⲚⲞⲤ	ἔθνος	5.28; 64.22; ⲘⲈⲦⲈⲐⲚⲞⲤ 66.10.

COPTIC FORMS OF GREEK &c. WORDS.

Coptic.	Greek etc.	Passages.
ϥΚΚΛΗΣΙΔ	ἐκκλησία	22.19; 26.21; 34.15; 35.5; 42.7; 53.20; 83.17; 84.3; 85.21; 86.14; 87.6; 125.15; 127.6; 129.15.
ϥΛΑΧΙΣΤΟΝ	ἐλάχιστον	125.33.
ϥΛϥΥΘϥΡΟΣ	ἐλεύθερος	39.16.
ϥΛϥΦΑΝΤΙΝΟΝ	ἐλεφάντινον	126.18.
ϥΝϥΡΓΙΑ	ἐνέργεια	110.18.
ϥΝϥΡΓΙΝ	ἐνερέω	87.25.
ϥΝΙⲰΧΟΣ	ἡνίοχος	132.26.
ϥΝΟΧΟΣ	ἔνοχος	108.23.
ϥΝΤΟΛΗ	ἐντολή	90.13; 105.1; 111.24; ΝΤΟΛΗ 11.26; 108.15; 121.19.
ϥΖϥΓΗΖΙΝ	ἐξηγέομαι	133.10.
ϥΖϥΓΗΣΙΣ	ἐξήγησις	133.10.
ϥΖⲰΡΙΖΙΝ	ἐξορίζω	93.3; 134.1.
ϥΠΑ	ⲛ̄ⲡⲉ	93.1.
ϥΠΑΓΓϥΛΙΑ	ἐπαγγελία	15.19.
ϥΠΙ Δϥ } ϥΠΙ ΔΗ }	ἐπὶ δέ	107.27. 67.26; 86.4; 102.22; 103.2; 108.20; 111.9; 114.22; 117.3; 120.16; 122.2; 124.18; 127.11.
ϥΠΙΒΟΥΛΗ	ἐπιβουλή	99.15; 110.14.
ϥΠΙΘΡΟΠΟΣ	ἐπίτροπος	48.5.
ϥΠΙΘΥΜΙΑ	ἐπιθυμία	18.2.
ϥΠΙΣΚΟΠΟΣ	ἐπίσκοπος	68.1; 69.1; 71.10; 72.8; 81.11; 82.1; 85.22; 86.18; 87.1; 88.9; 93.2; 125.16; 126.2; 127.4; 128.1; 129.15.
ϥΠΙΣΤΟΛΗ	ἐπιστολή	83.4; 87.20; 109.18.
ϥΠΙΣΤΟΛΗ ΚΑΘΟΛΙΚΟΝ		83.15.
ϥΠΙΤΙΜΑΝ	ἐπιτιμάω	119.29; 120.1; 121.13.

COPTIC FORMS OF GREEK &c. WORDS.

Coptic	Greek etc.	Passages
ⲉⲣⲁⲇⲣⲓⲟⲛ	ἀρητήριον	42.10.
ⲉⲣⲉⲧⲓⲛ	ἐρωτέω	5.2; 6.9; 11.16; 23.15; 29.5; 99.17; 101.7; 108.13; 115.1; 120.18.
ⲉⲣⲙⲉⲛⲓⲁ	ἑρμηνεία	49.14.
ⲉⲣⲟⲩⲯⲁⲗⲧⲏⲥ	ἱεροψάλτης	93.21.
ⲉⲧⲏⲙⲁ	αἴτημα	1.16; 24.1; 113.25.
ⲉⲧⲓ ⲇⲉ	ἔτι δέ	75.3; 123.17.
ⲉⲩⲁⲅⲅⲉⲗⲓⲟⲛ	εὐαγγέλιον	53.5; 65.3; 73.16; 83.14; 90.15; 121.6.
ⲉⲩⲅⲉⲛⲏⲥ	εὐγενής	103.10.
ⲉⲩⲕⲉⲗⲗⲁ		41.7.
ⲉⲩⲕⲉⲣⲓⲁ	εὐκαιρία	77.3.
ⲉⲩⲥⲉⲃⲏⲥ	εὐσεβής	26.5; 28.20; 31.23; 34.4; 35.17; 36.3; 95.25; 106.23; 101.8; 119.6.
ⲉⲩⲭⲏ	εὐχή	13.8; 85.15.
ⲉⲫ ⲟⲥⲟⲛ	ἐφ' ὅσον	106.10.
ⲉⲭⲙⲁⲗⲱⲥⲓⲁ	αἰχμαλωσία	134.16.
ⲉⲭⲙⲁⲗⲱⲧⲉⲩⲓⲛ	αἰχμαλωτίζω	134.12.
ⲉⲭⲙⲁⲗⲱⲧⲟⲥ	αἰχμάλωτος	134.9.
ⲉⲱⲛ	αἰών	25.26; 47.28.
ⲍⲱⲅⲣⲁⲫⲓⲁ	ζωγραφία	112.28; 121.27.
ⲍⲱⲅⲣⲁⲫⲓⲛ	ζωγραφέω	99.21; 111.4.
ⲍⲱⲅⲣⲁⲫⲟⲥ } ⲍⲱⲕⲣⲁⲫⲟⲥ }	ζωγράφος	99.4; 121.28. 98 1.
ⲑⲁⲗⲁⲥⲥⲁ	θάλασσα	3.3.
ⲑⲁⲛⲉⲥⲑⲉ	θανατόω	118 10.
ⲑⲁⲣⲓⲛ	θαρσέω	100.23; 113.12; 123.12; ⲑⲁⲣⲡⲓ (sic) 99.14.
ⲑⲉⲟⲇⲟⲕⲟⲥ	θεοτόκος	84.22; 90.21.
ⲑⲉⲟⲥⲉⲃⲏⲥ	θεοσεβής	34.16.

COPTIC FORMS OF GREEK &c. WORDS.

Coptic.	Greek etc.	Passages.
ΘΕѠΡΙΔ	θεωρία	127.17.
ΘΛΙΨΙС	θλῖψις	24.21; 65.21; 88.24.
ΘΡΙΤΟΝ	τρίτον (?)	44.26; 45.13.
ΘΡΟΝΟС	θρόνος	7.16; 44.5; 53.9; 61.12; 126.18; 132.12.
ΘΥСΙΔ	θυσία	24.5; 26.20; 31.20; 49.4; 54.15; 59.11; 115.23; 118.21; 126.11.
ΘΥСΙΑСΤΗΡΙΟΝ	θυσιαστήριον	83.10; 129.18.
ΙΔѠΛΟΝ	εἴδωλον	80.13; 81.21; 82.25; 87.10; 134.5.
ΙΤΕ	εἴτε	25.11; 64.9; 84.15; 114.17.
ΚΑΖΟΦΥΛΑ-ΓΙѠΝ	γαζοφυλάκιον	52.6; ΚΑΖѠΦΥΛΑΓΙΟΝ 52.2.
ΚΑΘΑΡΟС	καθαρός	20.15.
ΚΑΘΗΚΙΝ	καθηγόεμαι	71.21; 72.8; 86.13; ΚΑΘΗΓΙΝ 81.12.
ΚΑΘΟΛΙΚΟΝ	καθολικόν	83.16.
ΚΑΙ ΓΑΡ	καὶ γάρ	98.15.
ΚΑΛΙΝ	καλέω	77.22.
ΚΑΛΟС	καλός	24.7; ΚΑΛΟΥ 33.9.
ΚΑΛѠС	καλῶς	4.2; 5.24; 22.14; 32.3; 33.22; 36.23; 39.20; 40.3; 43.6; 71.1; 114.21.
ΚΑΝ	καὶ ἄν	8.6; 107.11; 122.10.
ΚΑΠΝΟС	καπνός	107.18.
ΚΑΡΠΟС	καρπός	88.2; 131.2.
ΚΑΤΑ	κατά	1.13; 7.25; 8.20; 10.21; 19.4; 23.24; 24.2; 26.19; 28.10; 31.21; 40.14; 42.3; 46.8; 47.12; 54.7; 65.3; 68.7; 71.7; 74.22; 77.3; 93.20; 96.8; 99.10; 103.11; 107.27; 114.21; 116.12; 117.2;

Coptic	Greek etc.	Passages
		121.24; 129.19; 130.27; 131.3; 133.16.
ΚΑΤΑΔΙΚΟC	κατάδικος	78.22.
ΚΑΤΑΚΙΟΝ	κατάγειον	76.11.
ΚΑΤΑΚΛΥCΜΟC	κατακλυσμός	121.1.
ΚΑΤΑΛΑΛΙΑ	καταλαλιά	10.8; 89.7; 112.19.
ΚΑΤΑΠΕΤΑCΜΑ	καταπέτασμα	113.18; 132.16.
ΚΑΤΑΡΑΚΤΗC	καταρράκτης	13.18; 128.14.
ΚΑΤΑΦΡΟΝΙΝ	καταφρονέω	97.13.
ΚΕ ΓΑΡ	καὶ γάρ	68.19; 80.4; 82.5; 99.26; 105.3; 109.20; 118.16; 127.23.
ΚΕ ΠΕΡ	καὶ πέρ	117.13.
ΚΕΛΕΥΙΝ	κελεύω	76.3; 79.17.
ΚΕΦΑΛΕΟΝ	κεφάλαιον	126.22.
ΚΛΗΡΙΚΟC	κληρικός	67.1.
ΚΛΗΡΟΝΟΜΙΑ	κληρονομία	26.12; 129.8.
ΚΛΗΡΟΝΟΜΙΝ	κληρονομέω	47.9; 107.23; 116.22; 117.27; 125.11.
ΚΟΙΤΩΝ	κοιτών	41.19; 103.1; 104.24; 105.13; 106.5; 124.25; 125.3; 107.3; 111.2; 114.5; 126.16.
ΚШΙΤΩΝ		101.2; 102.24.
ΚΟΙΝΟΜΙΝ	οἰκονομέω	4.1; 13.22.
ΚΟΙΝΩΝΙ	κοινωνέω	75.20; ΚШΙΝШΝΙΝ 106.28.
ΚΟΛΑCΙC	κόλασις	75.19; 88.16.
ΚΟΛΙΝ	κωλύω	132.17; ΚШΛΙΝ 113.6.
ΚΟΛΛΑΡΙΟΝ	collarium	78.16.
ΚΟΛΥΜΒΗΘΡΑ	κολυμβήθρα	84.26; ΚΟΛΥΜΒΗΤΡΑ 85.10.
ΚΟΡΥΜΦΕΟC	κορυφαῖος	61.6.
ΚΟCΜΟC	κόσμος	3.8; 6.12; 9.16; 10.11; 12.22;

COPTIC FORMS OF GREEK &c. WORDS.

Coptic.	Greek etc.	Passages.
		13.15; 24.21; 25.25; 26.16; 48.28; 51.17; 55.25; 90.19; 97.6; 106.25; 107.6; 121.11; 128.25.
ⲕⲟⲥⲙⲓⲕⲟⲛ	κοσμικόν	108.18.
ⲕⲟⲥⲙⲏⲥⲓⲥ	κόσμησις	26.15; 104.10; 106.21; 121.28.
ⲕⲟⲩⲗⲁⲧⲱⲣ	curator	104.16; 106.5; 107.3; 108.5; 109.25.
ⲕⲣⲁⲛⲓⲟⲛ	χρανίον	131.22.
ⲕⲣⲓⲥⲓⲥ	χρίσις	97.1; 118.19.
ⲕⲣⲓⲧⲏⲥ	χριτής	15.25.
ⲕⲩⲃⲱⲧⲟⲥ	χιβωτός	2.21; 3.11; 13.16; 54.19; 58.11.
ⲕⲩⲑⲁⲣⲁ	χιθάρα	16.11; 94.1.
ⲕⲩⲣⲓ	χύριος	39.19; 43.7; 45.21; 103.23.
ⲕⲩⲣⲓⲁⲕⲏ	χυριαχή	18.21; 63.8; 64.25.
ⲕⲩⲣⲓⲝ	χήρυξ	84.12.
ⲗⲁⲕⲕⲟⲥ	λάκκος	18.7.
ⲗⲁⲙⲡⲁⲥ	λαμπάς	115.22.
ⲗⲁⲟⲥ	λαός	15.17; 17.4; 26.26; 33.9; 55.11; 60.21; 61.15; 95.26; 111.18; 114.19.
ⲗⲉⲡⲧⲟⲛ	λεπτόν	52.5.
ⲗⲟⲅⲓⲥⲙⲟⲥ	λογισμός	107.10.
ⲗⲟⲅⲟⲥ	λόγος	2.6; 5.13; 60.23; 61.13; 63.1; 95.7; 96.14; 97.12; 132.22.
ⲗⲟⲅⲭⲏ	λόγχη	89.8.
ⲗⲟⲓⲡⲟⲛ	λοιπόν	73.9; 74.2; 81.28; 80.10; 89.25; 90.16; 97.4; 100.5; 103.19; 104.15; 115.26; 113.25; 117.19; 120.7; 135.2.
ⲗⲩⲙⲏⲛ	λιμήν	3.1; 98.2.

Coptic.	Greek etc.	Passages.
ⲗⲩⲙⲛⲏ		3.1; 84.28; 85.8; 100.11; 111.3; 112.14.
ⲗⲩⲭⲛⲓⲕⲟⲛ	λυχνικόν	66.26.
ⲙⲁⲑⲏⲧⲏⲥ	μαθητής	65.8; 109.6.
ⲙⲁⲕⲁⲣⲓⲁ	μαχαρία	28.21; 32.2; 129.2.
ⲙⲁⲕⲁⲣⲓⲥⲙⲟⲥ	μαχαρισμός	52.7; 115.21.
ⲙⲁⲕⲁⲣⲓⲟⲥ	μαχάριος	93.8; 103.5; 104.17; 105.20; 106.27; 110.11; 115.20; 116.20; 117.23; 124.20; 126.27; 127.1; 130.16.
ⲙⲁⲗⲓⲥⲧⲁ	μάλιστα	4.7; 21.25; 34.15; 39.28; 122.18.
ⲙⲁⲗⲗⲟⲛ	μᾶλλον	117.15; 133.6.
ⲙⲁⲡⲡⲁ	μάππα	83.12.
ⲙⲁⲣⲅⲁⲣⲓⲧⲏⲥ	μαργαρίτης	115.11.
ⲙⲁⲣⲧⲩⲣⲓⲁ	μαρτυρία	19.27.
ⲙⲁⲣⲧⲩⲣⲟⲥ	μάρτυρος	19.20; 61.4; 65.21; 88.22.
ⲙⲁⲭⲉⲣⲁ	μάχαιρα	14.15.
ⲙⲉⲇⲣⲓⲧⲏⲥ	μετρητής	41.14.
ⲙⲉⲗⲉⲧⲁⲛ	μελετάω	133.27.
ⲙⲉⲛ	μέν	119.1.
ⲙⲉⲣⲟⲥ	μέρος	34.22; 113.28.
ⲙⲉⲥⲓⲧⲏⲥ	μεσίτης	8.18.
ⲙⲉⲧⲁⲛⲟⲓⲁ	μετάνοια	54.12.
ⲙⲉⲧⲣⲟⲛ	μέτρον	134.25.
ⲙⲏⲡⲟⲧⲉ	μήποτε	2.18; 3.12; 20.11; 21.22; 25.12; 29.22; 30.16; 32.13; 46.13.
ⲙⲏⲡⲱⲥ	μήπως	3.10; 69.6; 116.26; 121.13.
ⲙⲏⲧⲉ	μήτε	31.24.
ⲙⲟⲛⲁⲭⲏ	μοναχή	120.20; ⲙⲟⲩⲛⲁⲭⲏ 101.26; 102.5; 103.13; 106.17; 107.25.
ⲙⲟⲩⲛⲁⲭⲟⲥ	μοναχός	88.7.

COPTIC FORMS OF GREEK &c. WORDS.

Coptic.	Greek etc.	Passages.
ⲙⲟⲩⲛⲁⲥⲧⲏⲣⲓⲟⲛ	μοναστήριον	133.21.
ⲙⲟⲛⲟⲛ	μόνον	106.20.
ⲙⲟⲣⲫⲏ	μορφή	110.3; 112 27.
ⲙⲟⲩⲥⲓⲕⲟⲛ	μουσικόν	94.1.
ⲙⲩⲥⲧⲏⲣⲓⲟⲛ	μυστήριον	26.27; 33.27; 42.20; 72.5; 86.9; 90.24.
ⲛⲏⲥⲟⲥ	νῆσος	14 25; 93.2; 95.25; 96.25; 125.20; 129.24; 130.11; 133.3; 134.2.
ⲛⲟⲏⲙⲁ	νόημα	95.11.
ⲛⲟⲙⲓⲥⲙⲁ	νόμισμα	67.25.
ⲛⲟⲙⲟⲥ	νόμος	108.21.
ⲛⲟⲩⲥ	νόος	95.13.
ⲛⲩⲙⲫⲓⲛ	νυμφιάω	59.21.
ⲟⲓⲕⲟⲛⲟⲙⲓⲁ	οἰκονομία	66.23.
ⲟⲓⲕⲟⲛⲟⲙⲓⲛ	οἰκονομέω	132.7.
ⲟⲓⲕⲟⲛⲟⲙⲟⲥ	οἰκονόμος	28.25; 34.1.
ⲟⲓⲕⲟⲩⲙⲉⲛⲏ	οἰκουμένη	115.24; 133.6.
ⲟⲗⲟⲥⲓⲣⲓⲕⲟⲛ	ὁλοσηρικόν	85.13.
ⲟⲙⲟⲗⲟⲅⲓⲛ	ὁμολογέω	108.4; 124.7.
ⲟⲙⲟⲟⲩⲥⲓⲟⲥ	ὁμοούσιος	10.25; 61.19; 91.3.
ⲟⲣⲑⲓⲛⲟⲛ		67.2.
ⲟⲣⲑⲟⲇⲟⲍⲟⲥ	ὀρθόδοξος	xi.8
ⲟⲣⲫⲁⲛⲟⲥ	ὀρφανός	23.4; 27.2; 72.22; 90.2.
ⲟⲩⲇⲉ	οὐδέ	4.3; 10.6; 13.20; 32.26; 37.5; 42.17; 46.27; 86.5; 105.22; 108.18; 118.14; 122.3.
ⲟⲩⲛ	οὖν	1.17.
ⲡⲁⲑⲟⲥ	πάθος	118.12.
ⲡⲁⲗⲉⲁ	παλαιά	89.24.

Coptic.	Greek etc.	Passages.
ⲡⲁⲗⲓⲛ	πάλιν	23.22; 53.28; 119.7.
ⲡⲁⲗⲁⲧⲓⲟⲛ	παλάτιον	134.8; ⲡⲁⲗⲗⲁⲧⲓⲟⲛ 6.20; 84.2; 104.8; 106.22; 134.22; ⲡⲁⲗⲗⲁ-ⲇⲓⲟⲛ 11.11.
ⲡⲁⲛⲧⲟⲕⲣⲁⲧⲱⲣ	παντοχράτωρ	100.15; 105.17; 115.27; 132.12.
ⲡⲁⲛⲧⲱⲥ	πάντως	64.10.
ⲡⲁⲣⲁ	παρά	101.18; 104.2; 131.24.
ⲡⲁⲣⲁⲃⲁⲥⲓⲥ	παράβασις	54.13; 69.11.
ⲡⲁⲣⲁⲃⲉⲛⲓⲛ	παραβιάζομαι	11.25; 106.26; 108.24; ⲡⲁⲣⲁ-ⲃⲁⲛⲓⲛ 111.23.
ⲡⲁⲣⲁⲃⲟⲗⲏ	παραβολή	93.19.
ⲡⲁⲣⲁⲇⲓⲥⲟⲥ	παράδεισος	11.25; 111.25.
ⲡⲁⲣⲁⲑⲏⲕⲏ	παραθήκη	98.5; 100.17.
ⲡⲁⲣⲁⲛⲟⲙⲓⲁ	παρανομία	112.3.
ⲡⲁⲣⲁⲛⲟⲙⲟⲥ	παράνομος	18.17.
ⲡⲁⲣⲑⲉⲛⲟⲥ	παρθένος	55.21; 60.24; 84.21; 90.20; 95.1; 96.10; 101.28; 102.5.
ⲡⲁⲣⲟⲩⲥⲓⲁ	παρουσία	63.4; 83.19; 126.5.
ⲡⲁⲣⲣⲏⲥⲓⲁ	παρρησία	8.16; 21.1; 24.22; 60 7.
ⲡⲁⲧⲣⲓⲁⲣⲭⲏⲥ	πατριάχης	5.27; 13.26; 14.20; 61.4; 63.1.
ⲡⲁⲧⲣⲓⲕⲓⲟⲥ	πατρίκιος	75.9; 76 17.
ⲡⲉⲇⲁⲗⲟⲛ	πέταλον	99.7.
ⲡⲉⲗⲁⲅⲟⲥ	πέλαγος	2.19; 58.8; 119.5.
ⲡⲓⲣⲁⲍⲓⲛ	πειράω	121.8; 124.9.
ⲡⲓⲣⲁⲥⲙⲟⲥ	πειρασμός	77.19.
ⲡⲓⲥⲧⲉⲩⲓⲛ	πιστεύω	59.25; 115.25.
ⲡⲓⲥⲧⲟⲥ	πιστός	31.22; 36.18; 39.7; 68.12.
ⲡⲗⲁⲧⲓⲁ	πλατεῖα	77.26.
ⲡⲗⲏⲛ	πλήν	9.21; 24.8; 33.24; 51.26; 53.26; 57.12; 58.22; 68.4; 73.18; 97.23; 100.3; 120.13.

Coptic.	Greek etc.	Passages.
ⲡⲗⲏⲣⲟⲫⲟⲣⲓⲛ	πληροφορέω	97.24.
ⲡⲟⲗⲉⲙⲟⲥ	πόλεμος	48.1.
ⲡⲟⲗⲓⲥ	πόλις	66.13; 67.6; 68.20; 69.4; 70.7; 72.15; 73.8; 74.5; 78.2; 80.2; 80.28; 83.21; 84.3; 85.1; 87.8; 123.6; 125.17; 133.25.
ⲡⲟⲛⲏⲣⲓⲁ	πονηρία	78.10.
ⲡⲟⲣⲛⲓⲁ	πορνεία	22.21; 89.12; 112.18.
ⲡⲟⲧⲏⲣⲓⲟⲛ	ποτήριον	2.8; 83.11.
ⲡⲣⲁⲅⲙⲁⲧⲓⲁ	πραγματεία	66.8.
ⲡⲣⲁⲅⲙⲁⲧⲉⲩⲧⲏⲥ	πραγματευτής	63.12; 66.5; 67.13; 68.14; 69.14; 71.25; 72.10.
ⲡⲣⲁⲍⲓⲥ	πρᾶξις	72.25; 83.15.
ⲡⲣⲉⲡⲓ	πρέπω	20.10; 26.25; 40.27; 90.22; 91.1.
ⲡⲣⲉⲥⲃⲉⲩⲓⲛ	πρεσβεύω	6.19; 30.2; 57.21; 60.11; ⲣⲉϥⲉⲣⲡⲣⲉⲥⲃⲉⲩⲓⲛ 4.21; 56.4; 59.17.
ⲡⲣⲉⲥⲃⲉⲩⲧⲏⲥ	πρεσβευτής	88.27.
ⲡⲣⲉⲥⲃⲓⲁ	πρεσβεία	60.25.
ⲡⲣⲉⲥⲃⲩⲧⲉⲣⲟⲥ	πρεσβύτερος	83.8; 85.23; 88.10; 126.19; 127.15.
ⲡⲣⲉⲧⲁ	praeda	74.6; 75.15; 76.8.
ⲡⲣⲟⲇⲟⲙⲁⲣⲧⲩⲣⲟⲥ	προτομάρτυρος	19.6.
ⲡⲣⲟⲇⲣⲟⲙⲟⲥ	πρόδρομος	61.4.
ⲡⲣⲟⲛⲟⲓⲁ	πρόνοια	
ⲡⲣⲟⲕⲟⲡⲧⲓⲛ	προκόπτω	86.19.
ⲡⲣⲟⲥⲉⲩⲭⲏ	προσευχή	16.6; 22.20; 49.20; 108.3.
ⲡⲣⲟⲥⲉⲩⲭⲏⲥⲉⲑ	προσεύχομαι	16.3.

Coptic	Greek etc.	Passages.
ⲡⲣⲟⲥⲕⲩⲛⲏⲥⲓⲥ	προσκύνησις	61.17; 91.1.
ⲡⲣⲟⲥⲕⲩⲛⲓⲛ	προσκυνέω	102.6.
ⲡⲣⲟⲥⲧⲁⲧⲏⲥ	προστάτης	29.28; 30.1; 31.3; 32.12; 39.7; 57.11.
ⲡⲣⲟⲥⲫⲉⲣⲓⲛ	προσφέρω	86.2.
ⲡⲣⲟⲥⲫⲟⲣⲁ	προσφορά	34.22; 35.4; 40.8; 41.6; 85.28; 86.7; 96.10; 97.13; 114.18; 116.24; 118.15; 120.10
ⲡⲣⲟⲫⲏⲧⲉⲩⲓⲛ	πρόφημι	133.17.
ⲡⲣⲟⲫⲏⲧⲏⲥ	προφήτης	7.7; 17.7; 18.1; 25 1; 61.6; 64.19; 94.5; 118.20; 132.20.
ⲡⲣⲟⲫⲏⲧⲓⲁ	προφητεία	18.1.
ⲡⲣⲟⲍⲉⲣⲉⲥⲓⲥ	προαίρεσις	33.23; 34.8; 39.13; 44.2; 51.24.
ⲡⲱⲥ	πῶς	13.5; 20.19.
ⲣⲱⲙⲉⲟⲥ	Ῥωμαῖος	78.25; 81.9; 118.9.
ⲥⲁⲗⲡⲓⲅⲅⲟⲥ	σάλπιγγος	128.20.
ⲥⲉⲣⲕⲓⲛⲟⲛ	σάρκινον	4.10; 94.28.
ⲥⲁⲣⲝ	σαρξ	3.28; 10.1; 16.10; 19.4; 55.20; 58.23; 56.28; 82.15; 93.22; 94.15; 109.14; 133.13.
ⲥⲉⲣⲁⲫⲓⲙ	שׂרפים	7.16; 34.28.
ⲥⲕⲁⲛⲇⲁⲗⲟⲛ	σκάνδαλον	9.22; 25.14; 69.8.
ⲥⲕⲉⲡⲁⲥⲙⲁ	σκέπασμα	83.13.
ⲥⲕⲉⲡⲏ	σκέπη	37.15.
ⲥⲕⲉⲩⲟⲥ	σκεῦος	40.25; 56.22; 74.10.
ⲥⲟⲫⲟⲥ	σοφός	16.22; 33.18; 84.26; 98.15; 99.4.
ⲥⲡⲟⲇⲁⲍⲓⲛ	σπουδάζω	20.7; ⲥⲡⲟⲧⲁⲍⲓⲛ 52.10.
ⲥⲡⲟⲩⲇⲏ	σπουδή	2.5; 26.23; 35.10; 42.23; 59.15; 60.12; 82.8; 86.27.
ⲥⲧⲁⲩⲣⲟⲥ	σταυρός	95.7; 111.22; 113.3; 115.13; 121.23; 122.2; 123.22; 128.23.

COPTIC FORMS OF GREEK &c. WORDS. 233

Coptic.	Greek etc.	Passages.
ctaυροφωρος	σταυροφόρος	61.11.
ctaυρωnin	σταυρόω	18.18; 65.6.
ctεφanoc	στέφανος	19.5.
ctεφanoγ	στεφανόω	66.21.
ctoλh	στολή	9.4; 20.11; 22.18; 42.6; 52.27; 112.28; 128.28; 129.3.
ctoλizin	στολίζω	134 14.
ctpateγma	στράτευμα	107.15; 118.7.
ctpatγλathc	στρατηλάτης	36.28; 78.24; 95.27; 96.4; 98.28; 100.1; 101.9; 102.4; 104.1; 106.27; 117.24; 124.21; 127.2.
ctγλλoc	στῦλος	130.3.
cγγγεnhc	συγγενής	19.4; 43.26; 46.2; 103.25; 106.13; cγnγεnhc 5.15.
cγmβaλon	σύμβαλον	94.1.
cγmmεnin } cγmnhi	συμμένω	83.18. 104.12.
cγmφonia	συμφωνία	32.4.
cγmψελion	συμψέλλιον	126.18.
cγnaγεcθε	συνάγω	64.17.
cγnazic	σύναξις	72.4; 87.7; 125.24; 129.15.
cγnhδεcic	συναίτησις	26.17; 35.11.
cγnhθia	συνήθεια	31.21; 42.5; 48.24; 129.19.
cγnθhkh⸗	συνθήκη	106.26.
cγnkλhtikh	συγκλητική	93.12; 95.23; 96.19; 101.11; 102.3; 103.10; 104.4; 105.26; 109.3; 110.1; 113.9; 114.18; 121.5; 124.16; 128.18; 129.2.
cγnxωrhcic	συγχώρησις	21.3; 134.2.
cγnxωrin	συγχωρέω	124.3.
cφpaγizin	σφραγίζω	18.7; 19.1; 110.15; 131.27.

30

Coptic.	Greek etc.	Passages.
cфparic	σφραγίς	18.8; 45.8; 82.4; 122.12.
cxhma	σχῆμα	101.26; 102.13; 108.16.
cwma	σῶμα	2.7; 4.23; 10.1; 20.12; 22.1; 23.6; 34.15; 45.25; 53.23; 72.6; 78.4; 89.11; 93.9; 97.25; 98.6; 99.15; 103.9; 104.18; 105.11; 106.7; 107.21; 110.12; 118.1; 127.21; 128.6; 129.6; atcw-matoc 61.1.
cwthp	σωτήρ	2.10; 10.22; 30.3; 31.7; 34.28; 51.28; 56.8; 64.5; 90.27; 109.5; 121.8.
tarma	τάγμα	7.14; 9.8; 20.1; 24.11.
talepwpoc	ταλαίπωρος	97.18; 127.3.
tapanh	δαπάνη	41.11; 43.1.
telioc	τέλειος	67.19.
tepmhc		85.21; 37.21; 38.16; 46.6.
timh	τιμή	126.15.
tolman	τολμάω	5.26; 6.4; 21.6; 80.2; 81.17; 123.28; 133.28.
topoc	τόπος	63.17; 67.1; 69.27; 71.20; 72.11; 87.2; 95.26; 114.19; 129.15; 130.25; 131.11.
tote	τότε	3.3; 27.6; 76.18.
traphza	τράπεζα	10.19; 23.1; 35.6; 42.4; 83.11; 88.10.
triac	τριάς	93.15.
tricmakapioc	τρισμακάριος	96.24.
troxoc	τροχός	128.21.
tупoc	τύπος	86.6; 123.22.
фanoc	φανός	66.21; 101.4; 131.26.

COPTIC FORMS OF GREEK &c. WORDS. 235

Coptic.	Greek etc.	Passages.
ⲫⲓⲗⲟⲛⲟⲙⲟⲥ	φιλόνομος	67.2.
ⲫⲓⲗⲟⲡⲟⲛⲟⲥ	φιλόπονος	72.16; 83.9.
ⲫⲟⲣⲓⲛ	φορέω	90.3; 94.19; 102.13; 108.19; 110.3; 120.14; 121.18; 123.20; 128.23; ⲫⲱⲣⲓⲛ 9.2.
ⲫⲩⲗⲁⲕⲧⲏⲣⲓⲟⲛ	φυλακτήριον	133.27.
ⲫⲩⲥⲓⲁⲗⲟⲅⲟⲥ	φυσιολόγος	119.8.
ⲫⲩⲥⲓⲥ	φύσις	46.28; 133.25; 134.3.
ⲭⲁⲗⲓⲛⲟⲩⲥ	χαλινός	119.4.
ⲭⲁⲗⲕⲱⲛ		131.7.
ⲭⲁⲙⲟⲥ	χαμός	36.16.
ⲭⲁⲣⲁⲕⲧⲏⲣ	χαραχτήρ	99.5; 100.7; 100.28; 121.25; 124.24; 125.1.
ⲭⲁⲣⲓⲍⲉⲥⲑⲉ	χαρίζομαι	113.20.
ⲭⲁⲣⲓⲥ	χάρις	54.26.
ⲭⲁⲣⲧⲏⲥ	χάρτης	17.27.
ⲭⲉⲣⲉ	χαῖρε	8.7; 36.17; 115.19.
ⲭⲉⲣⲉⲧⲉ	χαιρετίζω	81.19.
ⲭⲉⲣⲉⲧⲓⲥⲙⲟⲥ	χαιρετισμός	8.12.
ⲭⲉⲣⲟⲩⲃⲓⲙ	כְּרֻבִים	7.16; 34.29.
ⲭⲏⲣⲁ	χήρα	23.4; 27.3; 52.4; 72.21; 90.2; 99.27.
ⲭⲓⲙⲱⲛ	χειμών	69.20.
ⲭⲓⲱⲛ	χιών	65.10.
ⲭⲟⲅⲕⲏ	κόγχη	129.22.
ⲭⲟⲗⲏ	χολή	100.2.
ⲭⲣⲏⲙⲁ	χρῆμα	26.13; 46.21; 47.9; 52.1; 106.20; 118.8; 126.25.
ⲭⲣⲓⲁ	χρεία	38.3; 39.1; 43.16; 89.28; 90.3; 103.9; 107.7; 114.17; 133.12.

COPTIC FORMS OF GREEK &c. WORDS.

Coptic.	Greek etc.	Passages.
ⲭⲣⲏⲥⲧⲓⲁⲛⲟⲥ	Χριστιανός	67.6; 68.4; 69.13; 70.1; 71.9; 75.18; 89.14.
ⲭⲩⲣⲟⲇⲟⲛⲓⲛ	χειροτονέω	85.21.
ⲭⲱⲣⲁ	χώρα	24.10; 27.15; 66.13; 68.15; 72.17; 74.14; 79.27; 81.12; 83.7; 86.8; 87.22; 133.26; ⲣⲉⲙ†-ⲭⲱⲣⲁ 66.6.
ⲭⲱⲣⲓⲥ	χωρίς	8.18; 15.9; 26.23; 30.15.
ⲭⲱⲣⲟⲥ	χορός	7.11; 8.19; 19.19; 60.28; 61.10; 65.14.
ⲯⲁⲗⲓⲛ	ψάλλω	16.17; 129.7; ⲣⲉϥⲉⲣⲯⲁⲗⲓⲛ 64.20.
ⲯⲁⲗⲙⲟⲥ	ψαλμός	105.7.
ⲯⲁⲗⲙⲱⲇⲟⲥ	ψαλμῳδός	63.22; 83.9.
ⲯⲁⲗⲙⲱⲇⲓⲁ	ψαλμῳδία	16.16.
ⲯⲁⲗⲧⲏⲣⲓⲟⲛ	ψαλτήριον	83.14.
ⲯⲩⲭⲏ	ψυχή	3.4; 4.22; 20.8; 21.10; 27.5; 32.6; 33.21; 43.23; 55.21; 71.15; 79.25; 80.21; 86.23; 89.11; 97.3; 98.14; 116.21; 127.3; 129.1; 134.20.
ϩⲁⲣⲁ	ἄρα	5.9; 131.4.
ϩⲁⲣⲙⲁ	ἅρμα	128.22.
ϩⲉⲗⲗⲏⲛⲟⲥ	Ἕλλην	66.9.
ϩⲉⲗⲡⲓⲥ	ἐλπίς	9.9; 27.23; 29.23; 32.1; 48.28; 98.12; 99.25; 100.21; 118.2.
ϩⲉⲝⲓⲥ	ἕξις	24.21.
ϩⲉⲣⲉⲥⲓⲥ	αἵρεσις	27.20.
ϩⲉⲣⲉⲧⲓⲕⲟⲥ	αἱρετιχος	119.2.
ϩⲏⲅⲏⲙⲱⲛ	ἡγεμών	24.6; 75.13; 76.2, 78.13.
ϩⲓⲕⲱⲛ	εἰκών	2.13; 7.28; 11.14; 42.12; 100.15;

Coptic	Greek etc.	Passages.
		101.3; 102.24; 111.3; 113.5; 114.4; 121.25; 122.25; 123.3; 124.1; 126.16; 128.4; 129.4; 130.14; 131.1; 132.1.
ϩΙΝΑ	ἵνα	3.4; 4.6; 5.6; 7.24; 21.14; 24.1; 25.19; 29.21; 35.7; 40.23; 45.23; 56.17; 80.14; 126.28; 127.19.
ϩΙΡΗΝΗ	εἰρήνη	1.23; 3.14; 4.27; 16.26; 22.23; 27.10; 35.16; 36.22; 39.16; 42.21; 50.10; 52.22; 57.9; 58.19; 63.20; 86.10; 93.17; 109.9; 114.20; 125.11; 132.4.
ϩΙΡΗΝΙΚΟΝ	εἰρηνικόν	88.8; 122.11.
ϩΟΛⲰC	ὅλος	24.17; 25.13; 29.15; 31.6; 47.20; 52.5; 53.4; 103.14; 109.27; 123.28; ϩⲰΛΟϩ 6.4.
ϩΟΠΛΟΝ	ὅπλον	122.20.
ϩΟCΟΝ	ὅσος	64.18; ⲈⲪ ΟϩΟΝ 106.10.
ϩΥΔΟΝΗ	ἡδονή	80.13.
ϩΥΛΙΚΟΝ	ὑλικόν	95.4.
ϩΥΜΝΟC	ὕμνος	66.27.
ϩΥΠΑΡΧΟΝΤΑ	ὑπάρχοντα	73.10; 117.3; 125.22.
ϩΥCΟΝ	ἴσος	10.5.
ϩⲰC	ὡς	76.23; 82.20; 123.5; 130.19; 131.18.

LIST OF PROPER NAMES.

Ⲁⲁⲣⲱⲛ		7.4; 15.23; 112.8.
Ⲁⲃⲃⲁⲕⲟⲩⲙ		18.11.
Ⲁⲃⲇⲉⲛⲁⲅⲱ		61.9.
Ⲁⲃⲉⲗ		49.10; 54.15; 126.11.
Ⲁⲃⲏⲗ		12.3.
Ⲁⲃⲣⲁⲁⲙ		5.27; 7.3; 13.26; 49.11; 54.21.
Ⲁⲇⲁⲙ		7.2; 8.1; 11.16; 13.7; 54.11; 55.18; 60.6; 111.23.
Ⲁⲍⲁⲣⲓⲁⲥ		7.6; 19.12.
Ⲁⲙⲉⲛⲧ︥,	*Amentet*,	53.17; 55.23.
Ⲁⲛⲁⲛⲓⲁⲥ		7.6; 19.12.
Ⲁⲛⲑⲩⲙⲟⲥ		125.16; 127.12.
Ⲁⲛⲛⲁ		15.24.
Ⲁⲛⲧⲓⲟⲭⲓⲁ		63.2.
Ⲁⲣⲓⲥⲧⲁⲣⲭⲟⲥ		93.10; 95.24; 96.4; 101.9; 102.4; 103.5; 106.27; 117.23; 124.21; 127.2; 129.13.
Ⲁⲫⲱⲫ,	*Āpep*,	14.22; 111.28.
Ⲁⲭⲁⲃ		112.6.
Ⲃⲁⲃⲩⲗⲱⲛ		
Ⲃⲁⲣⲁⲭ		7.4.
Ⲅⲁⲃⲣⲓⲏⲗ		14.3.
Ⲅⲉⲱⲛ,		28.6.
Ⲅⲉⲇⲉⲱⲛ		7.4; 15.20; 112.2.

LIST OF PROPER NAMES.

Δανιηλ	18.1; 87.21.
Δανιηλ, son of Ketsón,	72.4.
Δανιηλ, son of Kesanthos,	79.19.
Δλογβια, Tobit,	117.9.
Δαγια	7.5; 16.9; 50.27; 55.9; 63.22; 64.20; 93.21; 105.6; 132.20; 133.16.
Δωροθεος	26.4; 36.17; 37.1; 38.4; 39.10; 40.1; 41.2; 42.25; 43.4; 44.6; 45.2; 46.24; 47.17; 49.14; 50.1; 51.8.
Ελισαβετ	19.3.
Ελισεος	7.7.
Εντιας	82.23; 87.22.
Εντικη	66.6; 68.16.
Ενωχ	7.2; 12.21; 54.17.
Ερκαδιος	130.9.
Εγα	11.26; 54.12; 111.23.
Εγδοξια	130.9.
Εγсταθιος	93.1.
Εγφημια	93.11; 95.23; 96.18; 100.16; 101.11; 102.3; 104.4; 105.14; 106.15; 108.1; 109.3; 110.1; 111.14; 113.8; 114.8; 121.5; 122.4; 124.16; 128.18; 129.2.
Εφεсος	82.13; 83.4; 85.26.
Ζαχαριας	7.8; 18.26.
Ζεγс	87.9.
Ζωβοιν	112.3.
Ηλιας	7.6.
Ηλαριχος	103.23; ηλλαριχος 118.5.
Ησαγ	14.25; 54.27.

LIST OF PROPER NAMES.

Ⲏⲥⲁⲓⲁⲥ	7.5; Ⲏⲥⲓⲁⲓⲥ 17.6.
Ⲏⲥⲟⲩ	15.4; 55.5.
Ⲑⲉⲇⲱⲓⲙ	112.2.
Ⲑⲉⲟⲇⲟⲥⲓⲟⲥ	1.5.
Ⲑⲉⲟⲡⲓⲥⲑⲉ	26.5; 36.25; 39.15; 40.2; 41.27; 42.26; 43.4; 45.2; 46.24; 47.17; 49.15; 50.7; 51.8.
Ⲓⲁⲕⲱⲃ	7.3; 14.21; 54.26.
Ⲓⲉⲍⲁⲃⲉⲗ	112.6.
Ⲓⲉⲍⲉⲕⲓⲁⲥ	16.28; 55.15.
Ⲓⲉⲍⲉⲕⲓⲏⲗ	7.5; 17.23.
Ⲓⲉⲣⲉⲙⲓⲁⲥ	7.6; 17.15.
Ⲓⲉⲫⲑⲁⲓⲉ	7.5; 15.23.
Ⲓⲏⲥⲟⲩ	7.4.
Ⲓⲗ̄ⲏⲙ, Jerusalem,	50.5.
Ⲓⲟⲣⲇⲁⲛⲛⲏⲥ	71.20.
Ⲓⲟⲩⲇⲁ	17.19.
Ⲓⲟⲩⲇⲁⲓ	18.17; 111.18.
Ⲓⲥⲁⲁⲕ	7.3; 14.4; 54.24.
Ⲓⲥⲗ̄, Israel,	15.1; 112.8.
Ⲓⲱⲁⲛⲛⲏⲥ, the Baptist,	5.15; 7.8; 18.26; 19.2; 61.4.
Ⲓⲱⲁⲛⲛⲏⲥ, Bishop of Ephesus,	82.12; 83 3.
Ⲓⲱⲁⲛⲛⲏⲥ Chrysostom	93.4; 96.6; 97.4; 125.19; 127.14; 130.17; 133.5.
Ⲓⲱⲁⲛⲛⲏⲥ, son of Ketsôn,	72.2; 73.11; 77.2; 80.27; 81.3; 83.20; 86.17; 87.1.
Ⲓⲱⲁⲛⲛⲏⲥ, the Patriarch,	xi.6.
Ⲓⲱⲃ	117.3.
Ⲓⲱⲥⲏⲫ, son of Jacob,	7.3; 15.2; 54.28.
Ⲓⲱⲥⲏⲫ, son of Ketsôn,	72.3.
Ⲕⲁⲓⲛ	12.15.
Ⲕⲁⲗⲱⲛⲓⲁ	66.14; 70.12; 71.6.

LIST OF PROPER NAMES.

Κεcανθοc	78.14; 79.3; 80.1; 81.14; 83.5; 86.16.
Κετcων	66.5; 71.25.
Κορνηλιοc	96.3.
Κωcταντινοc	81.9; 82.9; 87.17; 83.3.
Κωcταντινογπολιc	125.19; 130.9; 133.2.
Λαβαν	14.26.
Μαδιαμ	15.23.
Μαθογcαλα	7.2; 13.1.
Μαμρη	14.5.
Μαναccη	17.11.
Μαριαμ	84.22; 90.21; 95.1; 96.11; 103.18.
Μαρια	18.20; 19.4; 60.24.
Ματθεοc	63.11; 65.3.
Μαθεοc, son of Ketsôn	9.72; 71.26.
Μελοχ	xi.17.
Μελχιcεδεκ	126.13.
Μεcιαc	111.19.
Μηχαηλ	xi.18.
Νιcαηλ	7.6; 19.12.
Μιcακ	61.9.
Μωγcηc	7.3; 15.13; 55.3; 89.19.
Ναβοχοδονοcορ	19.15.
Ναγη	15.14; 55.6.
Νωε	7.2; 13.10; 49.10; 54.19.
Οννογριοc	95.25; 103.25; 106.23; 118.6; 119.6; 130.10.
Παγλοc	5.21; 32.16; 33.26; 98.15; 118.25.
Πετροc	49.24.
Ρακοϯ, 𓂋𓐰𓊖 *Raqeṯit*,	1.7.

Ⲣⲁⲥ ⲉⲗ ⲃⲁⲗⲓⲝ راس الحليم xi.18.
Ⲣⲏ,   66.10; 68.24; 70.14.
Ⲣⲱⲙⲏ   130.10.
Ⲥⲁⲇⲁⲛⲁⲥ   10.16.
Ⲥⲁⲗⲏⲙ   126.13.
Ⲥⲁⲙⲯⲱⲙ   7.4; 16.8.
Ⲥⲉⲇⲣⲁⲕ   61.9.
Ⲥⲉⲛⲁⲅⲱⲣ, سنهور، 26.2.
Ⲥⲉⲩⲏⲣⲟⲥ   63.2.
Ⲥⲏⲑ   7.2.
Ⲥⲟⲗⲟⲙⲱⲛ   7.5; 16.21; 55.12; 119.8.
Ⲥⲧⲉⲫⲁⲛⲟⲥ   7.10; 61.10.
Ⲥⲧⲉⲫⲁⲛⲟⲥ, son of Ketsón, 72.3.
Ⲥⲩⲗⲱⲛ   74.15.
Ⲥⲩⲗⲱⲙ   75.28; 76.8.
Ⲥⲩⲙⲉⲱⲛ   7.10.
Ⲥⲩⲣⲓⲟⲥ   17.3.
Ⲥⲱⲇⲱⲙⲁ   112.2.
Ⲧⲣⲁⲕⲏ   93.2; 129.24.
Ⲫⲓⲗⲓⲡⲡⲟⲓⲥ   66.13.
Ⲭⲏⲙⲓ   15.17; 27.16; 28.2.
Ⲭⲟⲗⲇⲟⲅⲟⲙⲟⲣ   133.1.
Ⲭⲣⲏⲥⲟⲥⲧⲟⲙⲟⲥ   93.4; 125.18; 127.14; 130.17; 133.11.
Ϩⲓⲣⲏⲛⲏ,   Irene,   72.1.

www.ingramcontent.com/pod-product-compliance
Lightning Source LLC
Chambersburg PA
CBHW032023220426
43664CB00006B/347